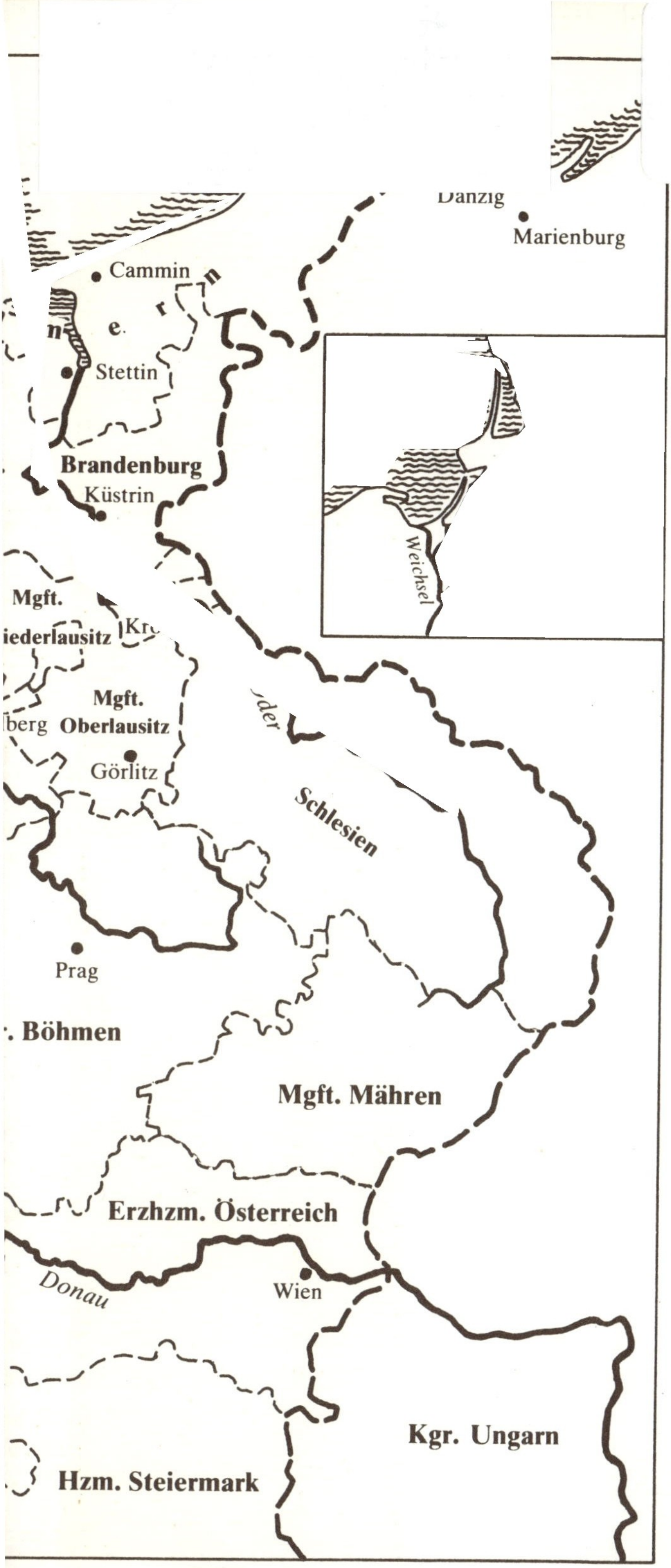

Danzig

Marienburg

Cammin

n

e.

Stettin

Brandenburg
Küstrin

Weichsel

Mgft.
iederlausitz Kr

Mgft.
berg Oberlausitz

der

Görlitz

Schlesien

Prag

. Böhmen

Mgft. Mähren

Erzhzm. Österreich

Donau

Wien

Kgr. Ungarn

Hzm. Steiermark

**Das Zeitalter
der Reformation
und Gegen-
reformation**

Reformation und Gegenreformation

KARL BRANDI

Reformation
und
Gegenreformation

*Mit einem Vorwort
von Dieter Albrecht*

SOCIETÄTS-VERLAG

Unveränderter Neudruck des Werkes
Deutsche Geschichte im Zeitalter der
Reformation und Gegenreformation

1. Auflage 1927
2. Auflage 1942
3. Auflage 1960
4. Auflage 1967
5. Auflage 1979

Mit 8 Bildtafeln
Alle Rechte vorbehalten · Societäts-Verlag
© 1979 Frankfurter Societäts-Druckerei GmbH
© 1960 F. Bruckmann KG München
Druck: F. L. Wagener, Lemgo
Bindearbeiten Klemme & Bleimund, Bielefeld
Printed in Germany 1979
ISBN 3 7973 0341 6

Zur Reformationsgeschichte

Dieses Buch, das ursprünglich als Teil einer von Erich Marcks geplanten Deutschen Geschichte gedacht war, habe ich auch deshalb gern zu schreiben übernommen, weil ich wünschte, meine Biographie Karls V. von dem weiteren Hintergrunde zu entlasten; nach der Unterbrechung des Krieges ergriff ich doppelt dankbar die Gelegenheit, mich wieder in den großen Stoff der deutschen Reformation ganz einzuarbeiten. Der innere Anlaß aber liegt in jedem Sinne tiefer und berührt sich mit meiner eigenen Entwicklung.

Ich habe mich bemüht, den bewegendsten und trotz so vieler Enttäuschungen an Menschen und Vorgängen größten Abschnitt der deutschen Geschichte in seiner universalen Bedeutung herauszuarbeiten und den Zusammenhang nach seiner zwingenden inneren Notwendigkeit in großen Zügen zu erzählen. Es erscheint mir nicht unnötig, ausdrücklich zu bekennen, daß ich das Erzählen nach wie vor als die eigentliche Form der Geschichte betrachte. In solcher Gesinnung aber denselben Abschnitt aufs neue darzustellen, dessen erste klassische Gestaltung wir Leopold Ranke verdanken, erscheint doppelt gewagt. Indessen, ganz abgesehen von dem bescheideneren Rahmen, darf ich gerade in Rankes Sinne wohl als Pflicht jeder Generation der Wissenschaft in Anspruch nehmen, immer wieder die seitherige Forschung zusammenzufassen. Und man wird manches doch inzwischen anders sehen und auffassen, auch angesichts der gründlichen Forschung, die wir seit Ranke erhalten haben. Ich denke dabei vor allem an die vielfach so schwere und schmerzliche Abschichtung des Neuen vom Alten und an den Zusammenhang des Religiösen mit der ganzen Breite der historischen Lebensvorgänge. In den letzten Kapiteln bewege ich mich auf dem mir aus den Archiven selbst besonders vertrauten Boden, so daß ich da auch im einzelnen eigenes zu bieten hoffe.

Daß ich das Buch der Universität Marburg als der einzigen eigentlichen Gründung der Reformation zu ihrem Jubelfeste widme, wolle man aus der tiefen Dankbarkeit gegen diejenige Universität verstehen, an die ich vor dreißig Jahren zum verantwortlichen akademischen Lehramt berufen wurde.

Göttingen, 1927

Die Geschichte der Gegenreformation und des Dreißigjährigen Krieges war für mich viel mehr als diejenige der Reformation eine Aufgabe der Gestaltung. Zwar haben wir einige gute neuere Zusammenfassungen, aber ihr Zweck war mehr die Darbietung des gegenwärtigen Standes unseres Wissens über das einzelne als die Erfassung dieses Zeitraumes nach seiner Einheit und inneren Struktur oder Notwendigkeit. Die ältere, mit Recht hochgewertete, reiche, kritische und unparteiische Darstellung von Moriz Ritter verlangt geradezu nach Einfügung einer Dynamik im Sinne einer Auswägung der Kräfte und einer Wiederentdeckung ihres ursprünglichen Gegeneinanderwirkens. Dem Kundigen wird nicht entgehen, wieviel ich Ritter verdanke, und doch hoffe ich, in dem Aufbau des Ganzen und seiner inneren Begründung etwas wirklich Neues zu bieten, ohne die Form der Erzählung zu verletzen.

Das aber konnte nicht geschehen ohne erneutes Zurückgehen auf die Quellen. Und hier habe ich einen zweiten, ebenso stark empfundenen Dank abzustatten an die lange Reihe der Freunde und Mitarbeiter Ritters bei der Historischen Kommission, von denen ich nur Fr. v. Bezold, A. v. Druffel, M. Lossen und Walter Goetz nenne. Insbesondere des letzteren umfassende Aktenveröffentlichungen und weitausgreifende Studien erhellen strichweise den ganzen Zeitraum und stellen zusammen mit den Arbeiten von S. Riezler vor allem die bayerische Politik in ein neues Licht. Die Habsburger sind in dem alten System der Aushilfen mehr oder weniger steckengeblieben, ohne die große Einheit Karls V. je wieder zu erreichen. Die Wittelsbacher in Bayern und in der Pfalz dagegen zeigen, wenn auch unter sehr viel einfacheren Verhältnissen, eine ausgeprägte Eigenart und Folgerichtigkeit, die den Verlauf der Dinge bis tief in den großen Krieg hinein bestimmte.

Gegenüber den immer wieder auftretenden oberflächlichen Zweifeln an dem religiös-kirchlichen Grundcharakter der Zeit habe ich mich bemüht, diese Züge besonders klar herauszuarbeiten, auch hier monumentalen Publikationen, wie derjenigen der Görres-Gesellschaft über das Trienter Konzil, Hansens Akten zur Geschichte des Jesuitenordens und vielen anderen Werken, tief verpflichtet. Ich verkenne nicht die zeitige Umsetzung des Religiösen in das Politische. Aber gerade das hängt unmittelbar mit dem Wesen der Anschauungen von Religion und Kirche als äußeren Lebensgestaltungen zusammen, die im Calvinismus und im erneuerten Katholizismus zum Durchbruch gekommen sind. Es ist müßig, darüber zu streiten, ob dabei im tiefsten Grunde die politische oder die religiöse Tendenz die stärkere war; eine Kausalität im Sinne der absolut primären, einseitigen Verursachung kennt die Geschichte überhaupt nicht. Immer zeigt sie als ihr Wesen das Zusammenwirken eines unendlichen Geschehens.

Gleichwohl, der Versuchung, auf die gleichzeitige englische Geschichte und die bewegten inneren Verhältnisse Frankreichs mehr als unbedingt nötig war einzugehen, habe ich um der strafferen Führung der deutschen Geschichte willen widerstanden. Dagegen durften Umrisse der bedeutend einfacheren Entwicklung der östlichen und nordöstlichen Mächte nicht fehlen, zumal gerade sie für den Fortschritt der deutschen Geschichte zunehmend wichtiger werden sollten.

Daß bei der innerlichen Auseinandersetzung mit dem Stoffe auch dieses Bandes etwas Persönliches mitschwingt, muß ich bekennen. Es steht in Beziehung dazu, daß ich ihn dem Andenken der beiden westfälischen Landsleute gewidmet habe, denen ich die eigentliche Führung zur Geschichte als Wissenschaft verdanke, August v. Druffel und Paul Scheffer-Boichorst.

Göttingen, 1930

Inzwischen hat sich ein neuer Verlag dieses Werkes angenommen und die beiden Halbbände über Reformation und Gegenreformation zu einer Einheit zusammengefaßt. Darüber ist 1937 meine Biographie Karls V. erstmals, 1940 in dritter Auflage erschienen und 1941 durch einen zweiten Band mit Nachweisungen und Erörterungen ergänzt worden. Die Reformationszeit habe ich also aufs neue gründlich durcharbeiten müssen, was der Revision der vorliegenden Darstellung auch für die späteren Teile zugute gekommen sein dürfte. Dafür fühle ich mich fruchtbarer Kritik selbst in bezug auf diejenigen Stellen zu Dank verpflichtet, wo ich nach reiflicher Überlegung bei meiner Formulierung beharre.

Göttingen, 1942

Karl Brandi

VORWORT ZUR VIERTEN AUFLAGE

In den letzten Jahrzehnten des vorigen Jahrhunderts hat in München eine Reihe von Historikern an der Sammlung und kritischen Edition der sogenannten Wittelsbacher Korrespondenzen im Zeitalter der Gegenreformation und des Dreißigjährigen Krieges gearbeitet. Mit der Erschließung von Briefen und Akten der bayerischen und pfälzischen Wittelsbacher sollten, das war der Gedanke, zugleich die großen konfessionspolitischen und verfassungspolitischen Gegensätze des Zeitalters erhellt werden, die sich in der Politik und in dem Gegensatz zwischen München und Heidelberg in manchen Momenten am reinsten verdichteten. Tatsächlich haben diese Männer – August Kluckhohn, Friedrich v. Bezold, Moriz Ritter, Felix Stieve, August v. Druffel, Max Lossen, Walter Goetz, Anton Chroust – mit ihren Editionen die kritische Erforschung der deutschen Geschichte des Zeitalters grundgelegt, und einer von ihnen, Moriz Ritter, hat die klassische Darstellung der deutschen Geschichte in dieser Epoche geschrieben.

Zu diesem Kreis hat in den Jahren 1892–1895 auch der junge Karl Brandi gehört. Seine Mitarbeit an einem Band der Wittelsbacher Korrespondenzen, nämlich Druffels Beiträgen zur Reichsgeschichte 1553–1555, hat ihn, der von der Beschäftigung mit der mittelalterlichen Geschichte ausgegangen war, zur Geschichte des 16. Jahrhunderts geführt, die dann bis zu seinem Tode am 9. März 1946 im Mittelpunkt seines ausgebreiteten wissenschaftlichen Interesses stehen sollte. Wenn dabei das Schwergewicht auf der ersten Jahrhunderthälfte lag, wie das Hauptwerk Brandis, die große Biographie Karls V., erweist (Band I 1937, Band II 1941), so bezeugt der vorliegende Band, daß der Ausgangspunkt nicht vergessen wurde, und es lag nicht nur am Thema, daß Brandi die bayerische Politik der Gegenreformation besonders eingehend gewürdigt hat.

Ursprünglich hatte Brandi nur eine Geschichte der Reformation beabsichtigt, als Teil einer von Erich Marcks geplanten, aber dann nicht zustande gekommenen fünfbändigen Deutschen Geschichte. Er ergriff die Aufgabe, um die Biographie Karls V., die er ganz auf die Person des Kaisers konzentrieren wollte, von ihrem weiteren Hintergrund zu entlasten; der innere Anlaß aber lag, wie er im Vorwort zur 1. Auflage (1927) schrieb, »in jedem Sinne tiefer« und stand im Zusammenhang mit seiner weltanschaulichen Entwicklung von ursprünglicher Bindung an die katholische Kirche zu einem Standpunkt über den Konfessionen. In einem Brief zwei Tage vor seinem Tode hat er diese Entwicklung gekennzeichnet als das »Streben nach einem Christentum, das es nie gegeben hat und nie geben wird, nach einer Kirche, die nie da war und doch von Millionen ersehnt und umfaßt wurde, ja nach einem Humanismus, der ebenfalls nie verwirklicht wurde und doch das Ideal von Jahrhunderten blieb«. Er bekannte sich überzeugt, »daß nur von hier aus das universale Geschichtsbild möglich ist, das gegenüber den einzelnen Perioden der Kirchengeschichte, vor allem gegen Reformation und Gegenreformation, die Freiheit wahrt, vollends gegenüber dem, was man modernen Protestantismus nennt. Es müssen einige durch die Jahrtausende hindurch Zeugen der allgemeinen Kirche bleiben, und dahin gehören die Historiker.«

Der Standpunkt über den Konfessionen hat Brandi den Verfolg eines weiteren Prinzips erleichtert, an dem er ebenfalls immer festgehalten hat: daß der Historiker über Geschichte nicht räsonieren, sondern sie erzählen solle, dem vielschichtigen Stoff der Geschichte durch intensive Gestaltung geprägte, ja künstlerische Form verleihen müsse. Diese Grundsätze, die mit der Kraft zu straffer Linienführung und unter Betonung der politischen Geschichte durchgeführt wurden, haben Brandis Reformationsgeschichte jene eindrucksvolle Geschlossenheit und Durchsichtigkeit verliehen, die ihr rasch eine breite Leserschaft sicherten. Sie haben freilich seinerzeit die Kritik auch zu dem Hinweis veranlaßt, daß die theologische Problematik verschiedentlich zu undifferenziert behandelt und gewisse Fragen, insbesondere wirtschafts- und sozialgeschichtlicher Thematik, die weniger erzählt werden können als erörtert werden müssen, vernachlässigt worden seien.

Wenn solche Einwände gegen die fast gleichzeitige Reformationsgeschichte von Paul Joachimsen damals nicht erhoben wurden, so stand Brandis anschließende Geschichte der Gegenreformation und der Religionskriege, die zunächst (1930) als eigener Band erschien, von Anfang an geradezu konkurrenzlos da. Was Moriz Ritter für die deutsche Geschichte dieser Epoche aus den Quellen heraus weitläufig dargestellt hatte, wurde von Brandi zu einer dynamischen, höchst lebendigen Erzählung zusammengefaßt und konturiert, aus den neuen Quellenpublikationen ergänzt und mit farbigen Akzenten versehen und vor allem im Sinne einer universalhistorischen Betrachtung mit den großen Tendenzen des Zeitalters in Zusammenhang gebracht und aus ihnen verdeutlicht. Natürlich hat die Forschung seither auch zu manchen dieser Probleme neue Betrachtungsweisen und Einsichten hervorgebracht. Dennoch wird man sagen dürfen, daß Brandis »Gegenreformation« auch heute noch die fesselndste, den schwierigen Stoff besonders übersichtlich disponierende, dabei auf wissenschaftlicher Grundlage beruhende Darstellung des Themas in deutscher Sprache ist.

Die 1927 beziehungsweise 1930 separat erschienenen Bände »Reformation« und »Gegenreformation« wurden 1942 in zweiter, umgearbeiteter Auflage zu einem Doppelband zusammengefaßt. Eine unveränderte dritte Auflage ist 1960 erschienen, ihrem Text folgt unverändert auch die jetzige vierte Auflage.

Regensburg, 1969

Dieter Albrecht

I
Vom Mittelalter zur Reformation

Die Geschichtsschreibung hat frühzeitig Zusammenhänge und Einheiten entdeckt, deren nur zu leicht erstarrende Bilder aus fortschreitender Erkenntnis wieder aufgelöst und umgruppiert werden müssen. Auch das »Mittelalter«, weit entfernt, eine eindeutige, immer wiederkehrende Form geschichtlichen Inhalts zu sein, hat als Periode verrinnende Grenzen und als Schauplatz kein gleichbegrenztes Maß. Dem Dichter Novalis erschien das Mittelalter noch in dogmatischer Geschlossenheit und Vergoldung: »Es waren schöne, glänzende Zeiten, wo Europa *ein* christliches Land war, wo *eine* Christenheit diesen menschlich gestalteten Weltteil bewohnte, *ein* großes, gemeinschaftliches Interesse die entlegensten Provinzen dieses weiten, geistlichen Reiches verband. Ohne große weltliche Besitztümer lenkte und vereinigte ein Oberhaupt die großen politischen Kräfte. Eine zahlreiche Zunft stand unmittelbar unter demselben und vollführte dessen Winke. Kindliches Zutrauen knüpfte die Menschen an ihre Verkündigungen.« Die kirchliche Geschlossenheit täuschte ihm eine gleiche religiöse und soziale Einheit vor, und aus demselben Geiste ließ er das Leben ganzer Jahrhunderte pulsieren.

Dieser Traum hat sich für uns verflüchtigt; selbst das Größte erkennen wir als geworden, in sich voll Auflösung und menschlich bis in das Heiligste. Aus weiter Ferne betrachtet, heben sich auf jener westöstlich noch unbegrenzten Weltbühne vom Mittelmeer bis zur Nordsee aus der Fülle der wieder in sich selbst versinkenden Bewegungen wohl große formende Erscheinungen ab; in gewissen Mittelpunkten und Richtungen wirkte sich ein höheres Leben nachhaltiger aus; bestimmte Ideen ordneten sich in großartigen Verbindungen zu unerhörten Steigerungen, gewannen Form, bewußten Ausdruck und lebendige Vertretung; sie führten zu Kämpfen und neuen Umgestaltungen in den Machteinheiten, die sich selbst wieder aus landschaftlicher, stammhafter oder geistiger Gemeinschaft, aus starker persönlicher Führung oder zögerndem Zusammenschluß widerstreitender Ohnmacht aufbauten. Aber alles blieb Bewegung.

Und doch, eine ans Wunderbare grenzende geistige Herrschaft war in jenen Jahrhunderten mehr als ein Ziel. Niemals vorher und niemals nachher hat die Menschheit eine solche grundsätzliche Verbindung von Glauben und Macht erlebt wie auf der Höhe dieser Zeiten. Auch uns Kindern eines ganz anderen Zeitalters, vielleicht innerlicherer Art und tieferer Verantwortung, aber doch zerrissener Erscheinung, dünkt es etwas Überwältigendes, wie wenigstens durch die ganze abendländische Christenheit täglich Gott in gleicher Form gedient wurde, wie ungeheure Dome eines Stils und gleicher Anlage durchflutet waren von einer gleichgestimmten Menschheit; wie unübersehbare Pilger- und Heereszüge ergriffen schienen von einer Sehnsucht und von einem Willen; wie diese ideale Einheit, sinnfällig dargestellt durch eine aufs reichste abgestufte Hierarchie, in ihrer Spitze das Firmament selbst zu berühren wagte, ihre Diener bald in prächtigster, bald in unendlich demütiger Gebarung auf einer lebendigen und unverrückbaren Jakobsleiter Himmel und Erde verbanden.

Freilich auch in dieser leuchtenden Gemeinschaft durchdringt ein geschärftes Auge das tiefe Dunkel der Schatten. Der Aufbau dieses Systems von Macht und Glauben war begleitet vom Groll der Kleinen, dem Widerspruch der Mächtigen, von verschwiegenen Nöten der menschlichen Natur, von verhaltenen Fragen der Denker und der Religiosen. Und wenn es auch das Wunderbarste an dieser geschichtlichen Erscheinung gewesen ist, daß sich lange Zeit selbst aus düsteren Grüften neue Lichtquellen, aus Zerfall gesunde Neubildungen, aus Kritik aufbauende Werte ergaben, wenn der Gesamtorganismus in seiner täglich wachsenden Vielgestaltigkeit immer wieder wirksame Kräfte der Verbindung und der Heilung erzeugte, auch das Fremdartigste, selbst das Gift, ohne Schaden für das Ganze in sich aufzunehmen schien – eines Tages lag es doch vor aller Augen, daß man des Verfalls nicht mehr Herr wurde, daß eine Krankheit eingetreten sein mußte, für die man auf Erden den Arzt vergebens suchte.

Daß eine »Reformation«, eine Neugestaltung, notwendig sei, hörte man jahrhundertelang immer wieder von den Klugen, die mit Aderlaß und Heilmitteln das äußere Wesen zu verjüngen dachten. Zunächst geriet es nur zum Ärgeren. Erst aus der furchtbarsten Erschütterung des innersten Wesens eines einzelnen ergab sich jene heilsame Krisis, die zwar den Leib auflöste, aber die Seele zu retten versprach. Es ist wahr, die Gemeinschaft der germanisch-romanischen Völker ist darüber nicht sogleich verschwunden, aber das Blut pulsierte fortan nicht mehr aus einem Herzen. Es ist wahr, daß auch das Christentum noch ein Begriff geblieben ist, wie eine gemeinsame ferne Heimat; allein, zwei Seelen oder mehr beherrschten seitdem die ehemals in eins gebundene Welt. Sie suchten sich auch ihre neuen sinnlichen Erscheinungen. Die römische Kirche blieb so wenig wie die neue protestantische Welt das Ebenbild der alten. Die alte römische, man möchte sagen suburbikarische Welt blieb zerschlagen. An die Stelle einer einheitlichen Christenheit traten christliche Konfessionen mit ungleichen Bindungen an die zunehmend erstarkten deutschen und europäischen Staaten.

Diesem ungeheuren, halb geistigen, halb schon politischen Vorgang traten andere Umgruppierungen alter Mächte zur Seite. Frühzeitig in unlöslichem Zusammenhang mit dem Fortgang der geistigen Bewegung wurden in derselben Epoche auch die weltpolitischen Spannungen des Abendlandes neu orientiert. Bis dahin war Italien als Sitz von Kaisertum und Papsttum, als Heimat abendländischer Kultur, als Mittlerin zum Orient Ziel und Einsatz aller universalen Politik. Es behielt seinen Charakter als Objekt der europäischen Politik bis ins 19. Jahrhundert, aber es hörte auf, selbst Mittelpunkt der Politik zu sein. Denn die neue universale Macht des Hauses Habsburg fügte nicht nur »Vorderösterreich«, Burgund und die Niederlande, sondern auch Italien ein in die große Umklammerung Frankreichs, die sich mit dem Besitz Spaniens vollendete und im Laufe des 16. Jahrhunderts das Schwergewicht Europas zeitweise nach dem Westen verschob. Soweit diese Umklammerung durch das stets latente, oft sehr wirksame Bündnis Frankreichs mit dem römischen Papst, den deutschen Protestanten und den Türken, später auch mit Dänemark und Schweden bekämpft wurde, gab sie in dieser Zeit der Neubildungen bisher unbekannten, teils freien, teils konfessionellen Mächtegruppen das Leben und erweiterte den Kreis der Mächte aus sich auch wieder nach dem Osten. Die Achse Europas verschob sich aus der nordsüdlichen Lage für Jahrhunderte in die westöstliche.

Was im kaiserlichen Mittelalter der lombardische Bund gewesen war, das wurden jetzt für das Haus Habsburg deutsche, brabantische, holländische Städte. Deutschland teilte das Schicksal Italiens. Noch mehr. Selbst Durchbruchsland der Reformation und zugleich vornehmstes Titelreich der habsburgischen Dynastie, wurde Deutschland doppelt zum Schauplatz welthistorischer Entscheidungen. Seine Reichsstände, konfessionell geschieden, stiegen im Kampfe miteinander und mit dem Kaiser zu europäischen Staaten auf. Das Reich aber verlor darüber endgültig Einheit, Kraft und Blüte; wie dem Abendlande die kirchliche Einheit, so ging dem deutschen Volke die politische Einheit in Trümmer. Die Zeiten der Reformation und der Gegenreformation schließen in Deutschland ab mit dem großen Kriege, mit einer Verwüstung von Land und Volkstum.

Und doch bedeutete die deutsche Reformation eine Verjüngung der Welt und eine Befreiung ihrer Seele. Zwar hat man neuerdings behauptet, daß die Entbindung des europäischen Menschen weder in der Renaissance noch in der Reformation, sondern erst in jener westeuropäischen Kultur erfolgt sei, deren letzte Formulierungen in der Aufklärung zum billigen Gemeingut wurden. Indessen, wie nicht die geistige Entfesselung, sondern eine Wiederentdeckung innerer Bindungen auch vom 18. zum 19. Jahrhundert das entscheidende Ereignis der Kultur werden sollte, so ist eben hierfür vom 15. zum 16. Jahrhundert überall der Grund gelegt worden. Nicht der schrankenlose Individualismus, weder in der Welt- noch in der Staatsanschauung, schuf die neuen Kräfte, sondern zunächst die nicht mehr so leicht beschwichtigte Angst um Gnade und Bewährung; später das darin wurzelnde absolute Pflichtbewußtsein. Denn auf der Seite des Sittlichen lag in der Tat Richtung und Kraft der ganzen deutschen Bewegung. Auch staatlich verdient nicht die naturrechtlich theoretische Konstruktion der Gesellschaft den Dank der Menschheit, sondern jene Sammlung von Heiligkeit und Zucht auf die wirklichen und greifbaren Gebilde von Gemeinde und Staat, die beide Jahrhunderte auf ihre Art zuwege brachten. Wenn der enge deutsche Territorialstaat und seine nordgermanischen Verwandten, gleich den Vereinigten Niederlanden, ihre Weihe erst der Reformation verdankten, so erwuchs aus ihnen auch eine neue germanische Staatsidee gegen den kontinentalen Imperialismus des fränkisch-römischen oder französischen Reiches. Selbst der profanen Weltkultur schuf die Wahrheit der »Sektierer« in unzähligen Lebenszentren reichere Entwicklungsmöglichkeiten, als der dogmatisierte Imperialismus sie geboten hatte.

Kirchlich und staatlich also ein völliger, endgültiger Bruch mit den Weltreichsideen von Orient und Spätantike, der wahre Anfang einer neuen Zeit. Landes- und Gemeindekirchen, Bundesstaat und Staatenbünde wurden für kontinentale wie für überseeische Neubildungen die Formen der Reife und des höheren Rechts, Schutz des Besonderen im Universalen.

Um das Ganze dieser ungeheuren Krisis der europäischen Gesamtentwicklung, die in der deutschen Reformation ihren erschütternden Durchbruch erlebte, zu verstehen, bedarf es einer tieferen Versenkung in die Gestaltungen und inneren Bedingtheiten jener Jahrhunderte, die wir das Mittelalter nennen. Die deutsche Geschichte überschreitet damit nicht ihre natürlichen Grenzen; denn sie war und ist nach ihrem zentralen Schauplatz und nach der Wesensart des deutschen Volkes stets universell.

Die Römische Kirche und das Papsttum

Aus einzelnen christlichen Gemeinden hat sich die allgemeine Kirche erst im Kampfe mit dem heidnischen Staat und einer Vielheit von Meinungen selbst gefunden als eine große rechtgläubige Einheit von geheiligter Ordnung und festem Bekenntnis. Die Enge des auserwählten Volkes lag weit hinter ihr, aber selbst in der Weite der Menschheit verlor sie nicht ganz den Zusammenhang mit dem Gesetz und mit dem zürnenden Gotte Israels. Schließlich machte die Anerkennung dieser orthodoxen Kirche durch den römischen Staat ihre innere Gesetzlichkeit zu einer öffentlich-rechtlichen. Jede neue Beunruhigung durch theologische Streitigkeiten führte zur obrigkeitlichen Anerkennung einer einzelnen Meinung, zur Unterdrückung aller abweichenden; die Ketzergesetze der staufischen Periode sind nur der erneute Ausdruck des schon unter den altrömischen Kaisern notwendigen Kampfes für die Einheit dieser Reichskirche.

Eines ergab sich aus dem anderen. Innere und äußere Gesetze und Formen sorgten dafür, daß der freie persönliche Glaube sich unterzuordnen hatte der harten und höheren Forderung unbedingten Gehorsams. Schon der Zeit Augustinus' war dieser Glaube des Gehorsams etwas Selbstverständliches.

Nicht anders war es zum herrschenden Priestertum, zur Hierarchie gekommen. Bereits ein gutes Jahrhundert nach dem Tode des Herrn hatten sich Klerus und Volk geschieden. Sogar die Abstufung des Klerus und seine Beherrschung durch einen monarchischen Episkopat war alt. Da die Autorität der Apostel auf die Bischöfe überglitt, so wurden sie zu den eigentlichen Trägern von Lehre und Disziplin. Nachdem das Christentum Tradition geworden war, stellte es sich auch im einzelnen dar in objektiven Ordnungen. Statt des werbenden hinreißenden Apostolats der erklärende homiletische Unterricht; statt der persönlichen Erfahrung die Überlieferung; statt der alles erfüllenden und alles in sich schließenden brüderlichen Gemeinschaft die Gesetzeskirche mit Vorstehern und Geboten, Ehrerbietung und Strafen.

Wichtig auch in diesem Sinne die Einfügung der Kirche in den römischen Staat mit seinen unerbittlich strengen Rechtsbegriffen und seinem fast architektonischen Aufbau nach Gemeinden, Provinzen, Diözesen und Reichshälften. Die kirchlichen Gemeinschaften wurden das genaue Abbild dieser Gliederung; die kirchlichen Würdenträger gleich den weltlichen ausgestattet mit Ehren und Abzeichen, mit reicher Mitgift an Grund und Boden, auch mit weltlicher Bildung.

Als nun das römische Reich verfiel, da vermochte nur diese kirchliche Hierarchie in den Provinzen die alten Zusammenhänge, die höhere Lebensordnung und die Reste literarischer Bildung zu bewahren; ja, ihre Stellung als Großgrundbesitzerin festigte sie erst recht in dieser Zeit erneuter Naturalwirtschaft. Freilich war es eine empfindliche Störung des historischen Zusammenhangs auch für die Kirche, als im 5. Jahrhundert der natürliche Ausgleich von Römer- und Germanentum ins Stocken geriet, als germanische Volkskönige das Gefüge der Provinzen endgültig sprengten, das Kaisertum im Westen vernichteten und – vielfach selbst noch Heiden oder Arianer – auch der kirchlichen Einrichtungen spotteten. Aber die schlimmste Gefahr völliger Auflösung ist vorübergegangen. Das Ende des weströmischen Reiches (476) und die Taufe Chlodwigs im orthodoxen römischen Glauben (um 496) lagen nur wenige Jahre auseinander.

Indessen zogen neue Gefahren herauf. Zwar wurde der begüterte römische Episkopat in den germanischen Reichen als geistlicher Adel anerkannt und von ihren großen Familien selbst übernommen; ja, er bildete im Aufbau dieser Reiche bald das stärkste tragende Gerüst, das sie aus

Herrschaften erst zu Staaten machen sollte. Er spielte eine Rolle bei den Franken, stieg auf unter den Karolingern und trug vollends das Reich der Ottonen mit seinen Ideen von Kultur, von Zusammenhalt und höherer Bestimmung dieses ganzen irdischen Wesens – auch der Macht. Aber eben in dieser engen, nach dem Vorbild des entwickelten Lehnswesens geordneten Beziehung der Bischöfe zum Königtum lag eine um so stärkere Gefährdung des eigentlich kirchlichen Gefüges, als die Ausstattung der Bistümer aus Königsgut entweder nach dem germanischen Eigentumsrecht des Herrn an seinen Kirchen oder zum mindesten nach fränkischem Lehnsrecht nur als geliehen und eben deshalb nur mit Dienst belastet gedacht werden konnte. Die belehnten Inhaber der Bischofssitze übten in der Tat bald nur zu gern gleich ihren Brüdern und Verwandten den Königsdienst in Waffen.

Alle Reiche des Abendlandes, das deutsche voran, aber auch das französische und das anglonormannische, kannten den Streit um die »Investitur« als Kampf um die völlige Einverleibung der höchsten kirchlichen Würdenträger und damit der Landeskirche selbst in den weltlichen Lehnsstaat. Aus eigener Kraft wollten und konnten diese Prälaten den Kampf nicht bestehen. Auch der Radikalismus des niederen Klerus und asketischer Orden hätte nicht genügt ohne eine ordnende und überlegene Führung. Diese aber kam von Rom.

Die Kirche der Reichshauptstadt hatte in der Hierarchie des altrömischen Reiches noch eine durchaus begrenzte Bedeutung. Nur ein Primat der Ehre war ihr unter Mitwirkung und Beifall der ehrwürdigen Patriarchensitze des Orients gegenüber dem mehr und mehr abhängigen Hofbischof von Neu-Rom oder Konstantinopel in den feierlichsten Erklärungen ökumenischer Konzilien eingeräumt worden. In kirchenrechtlichen Auseinandersetzungen mit den byzantinischen Kaisern hatten demgemäß die Bischöfe von Rom öfter das führende Wort gesprochen. Wenn sie dabei auch noch nicht wagten, die furchtbare Scheidung Augustins von den Erwählten und Verdammten auf die christliche Kirche und das römische Reich anzuwenden, so prägte doch Papst Gelasius (494) die nicht minder wirksame Formel, »daß das bischöfliche Amt um so höher über das königliche emporrage, als die Priester im Jüngsten Gericht auch über die Seelen der Könige würden Rechenschaft ablegen müssen«.

Zudem banden sich an den Namen Roms früh die heiligsten und großartigsten Vorstellungen; da war der Schauplatz der schwersten Verfolgungen, der Ruheplatz so vieler Märtyrer und Bekenner; trotz des Verfalls noch immer eindrucksvolle Straßen, Plätze und Basiliken – Grund genug zu jenen Huldigungen an das »Goldene Rom«, die durch das Mittelalter hin nicht verstummten. Dazu trat den germanischen Völkern der Apostel Petrus als von Gott selbst bestellter Beschließer des Himmelreiches in seinen Nachfolgern immer verpflichtender und anspruchsvoller entgegen. Gerade der Umstand, daß dieses heilige Rom aufgehört hatte, eine Stätte wirklicher Macht zu sein, daß weder römische Kaiser noch germanische Könige ihr Palatium dort aufschlugen, gab dem Bischof von Rom jene Mischung von Hochgefühl und Schutzbedürfnis, die durch alle folgenden Jahrhunderte so wirksam bleiben sollte. Im 8. und 9. Jahrhundert erlebte man von Süden her ein Vordringen erst der Griechen, dann der Sarazenen; aus Oberitalien kamen noch schlimmere Nöte von den Langobarden. Man fühlte sich wie eingeschlossen, aber man nährte das stolze Gefühl, die letzten echten Römer vorzustellen. Voll historischer Wahrheit für das Lebensgefühl ihrer Zeit gab die gefälschte Schenkung Constantins (um 760) den Bischöfen von Rom in der Tat die Richtung für Jahrhunderte. Als aber die Bedrängnis zu groß geworden und man nach dem Untergang des Langobardenreiches (774) in den Franken nur mächtigere Nachbarn eingetauscht hatte, da übertrumpften diese Römer des Jahres 800 das fremde, nun herrschende Königtum durch die großartige Idee der Herstellung eines römischen Kaisertums. Es war ein Schritt höchsten Wagnisses. Man lief Gefahr, alles zu verspielen, und gewann alles. Rom gewann in seinem kaiserlichen Vogt den wie man hoffte doch abhängigen Vorkämpfer für die Einheit des Abendlandes, die nur eine kirchliche sein konnte. Zu Werbern und Streitern aber für das neue geistliche Reich, das noch durch Jahrhunderte immer wieder neu begründet werden mußte, gewann das Papsttum nicht so sehr die Träger der alten Hierarchie in den Provinzen und Eroberungsgebieten als vielmehr die unverbrauchte Energie organisierter Orden. Wie schon Eremiten aus dem Orient für das asketische Ideal im altrömischen Abendland geworben hatten und Benediktiner die Seele der angelsächsischen Mission bildeten, so blieb zu allen Zeiten die vom Mutterboden losgelöste Beweglichkeit wandernder Ordensleute das wirksamste Mittel, die altrömische und die altfränkische Verstaatlichung der Kirche zu überwinden. Insbesondere die jüngeren Abspaltungen und Verschärfungen der feudalisierten Benediktiner, die Kluniazenser und Zisterzienser, wurden die eigentlichen Vorkämpfer des neuen priesterlichen Römerreiches. Sie wollten keinem König und keiner Heimat gehören als dem Erdkreis, den zu beherrschen man zu Rom in verwegenster Anpassung an die wachsende Erweiterung des Horizonts bis in die sagenhaften Fernen des Ostens sich bereit hielt.

Als nach dem Zusammenbruch des großen Karolingerreiches und seiner verkümmerten Teilreiche die Spannung zwischen den verwöhnten Ansprüchen der Kleriker und der tatsächlichen Gewaltherrschaft örtlicher Machthaber ebenso unerträglich geworden war wie der öffentliche Unfriede und der Gegensatz zwischen dem asketischen Ideal und den verbreiteten Formen klösterlicher Weltlichkeit, da hatten entschlossene Reformer aus Lothringen und Burgund zuerst eine stürmische Bewegung heraufgeführt mit der Parole »Herstellung der Regel« und »Kanonisches Leben«; das sollte heißen, ein Leben nach den alten Ordnungen der Kirche und der Klöster. Sie hatten sich dabei von neuem gestützt auf die Privilegien und die Ehre des römischen Namens. Eben in dieser Bewegung hatte die Ablehnung jeglichen Eingriffs der Laien in die geistlichen Güter und Ämter (was man Simonie nannte) programmatische Bedeutung gewonnen, bald genug unter entschlossener Führung von Rom. Die Bewegung war verstärkt durch radikal volkstümliche Züge, als auch die Priesterehe als unkanonisch gebrandmarkt und allgemein das Bild der jungfräulichen Reinheit der Kirche den begehrlichen Lüsten dieser Welt entgegengestellt wurde.

Kaum aber hatte die Christenheit sich an den neuen Idealen der Befreiung des Klerus von den sündhaften Fesseln begeistert und in einzelnen Fällen den Fürsten dieser Welt überwunden, da ergriff noch mitten in der klösterlichen Bewegung die empfänglich gewordenen Gemüter der viel größere Gedanke einer Befreiung des unterdrückten Heiligen Landes von den Heiden. Die letzten verhaltenen Wandertriebe des längst seßhaft gewordenen Germanentums erwachten und steigerten sich mit Rittertum und Aventüre zu dem das Abendland erschütternden Schrei »Gott will es!«. Und wiederum sah man die Päpste in der Führung. Gleich wandernden Kluniazenseräbten haben sie das Kreuz gepredigt (1095). Kein Zweifel, gegen Ende des 11. Jahrhunderts waren sie die unbestrittenen Führer einer tief erregten Christenheit. Ihr Name und ihre Briefe gewannen Klang und Geltung von Spanien bis in den hohen Norden, von Irland bis an die Grenzen der Griechen und Mohammedaner.

Nun wirkte sich die Gesetzlichkeit erst recht großartig und fruchtbar aus. Längst hatte die Abwehr heidnischer oder arianischer Germanen, Sarazenen, Ungarn, Normannen und Slawen sich auch an den Angriffskrieg gegen die Feinde Gottes gewöhnt. Nun zogen die Gottesstreiter ins Heilige Land voll tiefer Ergriffenheit; sie küßten die Erde und umfingen die Steine; aber nur um so schrecklicher wüteten ihre Schwerter unter den Juden und Muselmanen. Kein Erbarmen, früher oder später – auch nicht gegen die Ketzer der Provence und von Toulouse, so wenig wie in Karl dem Großen bei Verden oder Cromwell bei Drogheda. Ein päpstlicher Legat berichtete aus dem Kreuzzuge gegen die Albigenser (1209), sie hätten bei der Einnahme von Beziers ungefähr 20000 Menschen umgebracht, beiderlei Geschlechts und jeglichen Alters, die Stadt in Brand gesteckt und so Gottes wunderbares Wüten erlebt!

Wie aber, wenn das im 11. Jahrhundert vielleicht noch waffenmächtige, moralisch aber geschickt ins Unrecht gesetzte Kaisertum sich seinerseits auf die Aufgabe des weltlichen Schwertes besann, wenn neue Heilige das Papsttum in Schatten stellten und dieses Papsttum selbst den Versuchungen der Macht und vielleicht auch schon des Reichtums seinen Tribut entrichtete?

Das 12. Jahrhundert hat beides erlebt. Der heilige Bernhard von Clairvaux nahm das Papsttum warnend in die Schule. Gerhoh von Reichersberg und Joachim von Floris rückten ihm ebenso eindringlich seine Sünden vor wie Walther von der Vogelweide. Die ehrwürdige Person des alten Barbarossa durfte keineswegs nur auf Demütigungen des kaiserlichen Namens zurückblicken. Seiner Familie winkte zudem die Aussicht auf die Vereinigung der fünf Kronen von Deutschland, Burgund und der Lombardei, von Rom und Sizilien. Mußte dann nicht das umklammerte Papsttum, dem die frommen Eiferer längst »in zwölfter Stunde« ihre Mahn- und Drohbriefe entgegenschleuderten, politisch umfaßt und kirchlich auf sein Hirtenamt in engen Grenzen zurückgeführt werden – höchstens ein Reichsbistum, gleich den anderen? Das Ganze doch wieder die weltliche Form des römischen Reiches?

Der Gang der Geschichte hat es anders gefügt. Zu stark waren schon die Widerstände gegen eine kaiserliche Universalmonarchie in Sizilien wie in den erwachenden Städten und Landschaften Italiens und Deutschlands, als daß es für das Papsttum eine unlösbare Aufgabe gewesen wäre, das Gespenst der kaiserlichen Erbmonarchie zu bannen. So stark aber erwies sich doch die neue Gefahr für die »Freiheit der Kirche«, daß sie den Päpsten nahelegte, alle Mittel aufzubieten, und daß aus dem unverbrauchten Schatz kampferprobter Kräfte auch dem herrschenden Papsttum ungemessene moralische und wirtschaftliche Hilfen zuflossen. So haben die großen Päpste des ausgehenden 12. und des 13. Jahrhunderts gekämpft mit geistlichen und weltlichen Mitteln, mit einem Aufgebot von Bündnissen und Diplomatie, von Mandaten und großen konziliaren Demonstrationen, von neuen Orden und volkstümlichen Erregungen, bis von dem der Kirche einst so ergebenen und dann so verhängnisvollen Hause der Hohenstaufen auch nicht ein Glied noch ein Erbe unter den Lebenden blieb. Mit einer Leidenschaft des politischen Instinktes, die sich über Recht und Wahrheit, über Frieden und Glück ganzer Generationen großartig hinwegsetzte, behauptete das Papsttum die in den letzten Jahrhunderten gewonnene Stellung, befestigte sie durch den Besitz des sogenannten Kirchenstaates und steigerte sie noch durch rücksichtslose Vernichtung derjenigen Macht, die bis dahin im Bunde mit der königlichen dem Namen des Heiligen Römischen Reiches immer wieder Inhalt und Nachdruck gegeben hatte – der Bischöfe. Nun erst wurde aus der Heiligkeit und Ehre Roms eine fast absolute Herrschaft.

War schon der ganze Aufstieg des Papsttums begleitet gewesen von grundsätzlichen Formulierungen hochgespannter Ansprüche, so griff die Theorie des Papalsystems im 13. und frühen 14. Jahrhundert auch darin nach dem letzten. Sie gipfelte in der Lehre, daß dem Papsttum nicht nur die vornehmste kirchliche Würde und Gewalt, sondern geradezu der Inbegriff aller Hoheit derart gegeben sei, daß neben ihm keine unabhängige Macht bestehe, also auch alle bischöfliche Gewalt nur eine abgeleitete sei.

Ausdrücklich nach dem Vorbild der Beamten des Kaisers im altrömischen Recht wurde die bischöfliche Gewalt als eine mandierte bezeichnet. So lehrten es Thomas von Aquino und Bonaventura, der *doctor angelicus* und der *doctor seraphicus*, in Übereinstimmung mit der römischen Praxis ihrer Zeit. Seitdem haben die Bischöfe wohl noch gelegentlich um ihr *jus divinum*, um ihr göttliches Recht, als Nachfolger der Apostel gekämpft, aber nur zaghaft und ohne Erfolg.

Statt dessen erweiterte Bonifaz VIII. die Stellung des Papstes folgerichtig auch gegenüber jedem einzelnen Laien als dessen oberster Bischof und Herr. In der Bulle *Unam sanctam* erklärte er, wiederum in Anlehnung an ein Wort des Thomas von Aquino, die Unterordnung unter den Papst in feierlichster Form für eine Bedingung des Seelenheils (1302). Das war mehr als eine große Geste gegenüber dem Einzelfall Philipps des Schönen von Frankreich. Es entsprach durchaus dieser Richtung der Herrschaftsentwicklung, daß über die Zugehörigkeit aller Getauften, ja jeder menschlichen Kreatur zum Machtbereich des Papstes ein Zweifel nicht mehr bestehen sollte.

Die äußere Form der Einordnung aller Christen in das Reich des Papstes wurde entsprechend dem längst befestigten Wesen dieser Priesterkirche, die alle Laien unlöslich an ihre verordneten Priester kettete, die Erfassung aller Kirchen und Klöster, aller Bischöfe, aller Archidiakone und Pfarrer, aller Ordensbrüder, Kapitel und Generale durch dieselbe päpstliche Verwaltung und Jurisdiktion. In Petri Schlüsseln sollte man fortan nicht nur die Zugänge zu den Pforten des Himmels, sondern auch zu allen Ämtern und Würden, Benefizien und Einkünften der Christenheit verehren.

Diese Zentralisation der Macht vollendete die Unterwerfung der Bischöfe. Hatte die Übertragung der Bischofswahl an die seit Ausgang des 12. Jahrhunderts neu gebildeten Domkapitel eine Fülle zwiespältiger Wahlen zur Folge gehabt, so entwickelte das päpstliche Kirchenrecht daraus ein ganzes System von Wahl- und Personalprüfungen, das bald die Entscheidung völlig in die Hände der Kurie legte. Die adligen Kapitel hatten weder die sittliche oder politische Kraft noch die theologische Bildung, sich dagegen zu wehren. Der Abschluß im 15. Jahrhundert war, daß sich der Papst die Konfirmation jedes Bischofs vorbehielt, daß er von jedem Bischof den Unterwerfungseid forderte und ihm die Fahrt nach Rom – *ad limina apostolorum* – zur Pflicht machte. Der Episkopat blieb gebrochen. Später durfte man in kirchenpolitischen Verhandlungen wohl die Frage aufwerfen, welchen Wert die Zugeständnisse geistlicher Fürsten eigentlich noch haben könnten, da sie ja gar nicht ihre eigenen Herren seien.

Das päpstliche Ernennungsrecht griff weiter. Durch eine Reihe von Erlassen glitt auch die Verfügung über die niederen Kirchenstellen in ungeheurem Umfange an die römische Kurie. Insbesondere die avignonesischen Päpste beschleunigten das Tempo des Heimfalls der Pfründen an die Kurie derartig, daß es im 15. Jahrhundert schon als ein Entgegenkommen erscheinen mußte, wenn von sämtlichen Pfründen der Christenheit die Kurie nur noch die Hälfte beanspruchte.

Dieselbe Zentralisation wie bei der Besetzung der Pfründen erstrebte das Papsttum auch auf dem Gebiete der Gerichtsbarkeit. In einer langen Entwicklung hatte sich unter Einfluß des römischen Rechts und in Konkurrenz mit der schwerfälligen weltlichen Rechtspflege die umfassendste Jurisdiktion geistlicher Gerichte ergeben, die ihren Bereich von den kirchlichen Personen und Sachen, Zehnten und Patronaten, von Verfehlungen und Bußen auf das gesamte Sakramentsrecht, Familienrecht, Verlöbnis, Mitgift, eheliche Geburt, auf alle Angelegenheiten der Armen, Witwen, Waisen und Pilger ausdehnten. Schließlich fand schon Innozenz III., daß eigentlich alle Fälle vor das geistliche Gericht gehörten, bei denen das Moment der Sünde mitspiele. Damit wäre insbesondere das ganze Strafrecht eine Angelegenheit des geistlichen Gerichts geworden, wie man ja auf der Höhe jener klerikalen Reformbestrebungen des 11. Jahrhunderts in den Tagen des Gottesfriedens bereits die Hand darnach ausgestreckt hatte – freilich nur, um alsbald vor den harten Notwendigkeiten von Blut und Eisen doch wieder zurückzuschrecken.

Dafür gelang die innere Organisierung. Die vielfach abgestufte geistliche Rechtspflege, von den Archidiakonaten über das bischöfliche Offizialat zur höchsten Instanz, räumte, wiederum nach Analogie des altrömischen Rechts, dem Papst die Stellung des römischen Kaisers im Zivilprozeß ein. Seit dem 11. und 12. Jahrhundert mehrten sich die Appellationen an die Kurie, bis schließlich die Behandlung aller geistlichen Prozesse durch päpstliche Delegierte oder Subdelegierte gang und gäbe wurde. Das Verfahren selbst, im kanonischen Prozeß vorbildlich zum schriftlichen und kontradiktorischen ausgebildet, wurde eben dadurch nur immer strenger und drückender. Zur altgermanischen Prozeßform der Klage hatte schon das fränkische Königsrecht den Prozeß von Amts wegen mit Untersuchung und Zeugen gesellt, den Inquisitionsprozeß. Seitdem aber der im 12. und 13. Jahrhundert so lange zurückgetretene Ketzerbegriff wieder wachsende Bedeutung gewann, steigerte man die älteren Formen zu dem höchst gefährlichen Verfahren auf Grund der geheimen Anzeige, der Denunziation. Um die Christenheit rein zu halten von dem Makel der Ketzerei, bestellten die Päpste im 13. Jahrhundert das heilige Offizium der Inquisition und legten es in die Hände des neuen päpstlich privilegierten und schriftgelehrten Dominikanerordens. Begründet als außerordentliches päpstliches Gericht, überließ die heilige Inquisition nur die Vollstreckung der peinlichen Strafen an Leib und Leben der weltlichen Gewalt. Denn die Kirche sollte sich nach wie vor von Blut und Brand gebührend fernhalten.

Diese ganze Entwicklung des geistlichen Rechtes und Prozesses hatte eine sehr bedeutende Folge für die Träger der Hierarchie wie für die Praxis der Seelsorge. Seit dem 12. Jahrhundert bedurfte man für die hohen und höchsten Stellen der Kirche in erster Linie geschulter Juristen. Das heilig-mäßige Leben mochte sich nach spätantiker Tradition in Klöster und Ere-mitagen flüchten, die werbende Kraft des Apostolats in die Predigt der neuen Bettelorden – für die regierende Kirche rief man nach den Kano-nisten. Sie vielseitig und spitzfindig auszubilden, wurde die gefährliche Aufgabe der spätmittelalterlichen Universitäten. Aber nicht nur im Kir-chenregiment, sondern bis in die seelsorgerische Praxis hinein trieben sie die Technik der Kasuistik, der formalen Behandlung isolierter Fälle nach dem Tatbestand statt nach der Gesinnung. Da nun überhaupt die geistliche Zivil- und Strafjustiz mit der Beichtpraxis immer enger zusammengeriet, erfolgte eine entsprechend verhängnisvolle Verquickung des Zivilrecht-lichen mit der Sünde. Schon früh wurden rein kirchliche Disziplinarstrafen mit Wirkung auf Diesseits und Jenseits verhängt, bei der Eintreibung päpstlicher Geldforderungen so gut wie bei rein sittlichen Verstößen. Um 1300 schon hieß es in einer Flugschrift, an jedem Tag, da man das geist-liche Gericht hege, würden mehr als 10000 Seelen von dem Wege des Heils in die Hände des Satans überliefert.

Diese Entwicklung konnte in der Tat das gesamte bürgerliche Leben in Abhängigkeit von der päpstlichen Rechtspflege bringen – der Ansatz zu einer auf Erden nie so erlebten Gewalt. Aus dem Nachfolger Petri war schon in seiner Stellung zu den Bischöfen der Vicarius Christi, der Stell-vertreter Gottes auf Erden geworden. Nun legte das höchste Richteramt letzten Endes auch praktisch das Seelenheil aller Menschen in seine aller-heiligsten Hände.

Welche Schranken blieben bei dieser schwindelnden Steigerung der Macht noch gegenüber dem, was man den Gipfel des Absolutismus nennen muß? Die Theoretiker und Schmeichler des avignonesischen Zeitalters schreckten vor keiner Folgerung zurück. Sie erneuerten den verwegenen Satz des römischen Rechts: *Stat pro ratione voluntas* – »der allerhöchste Wille bedarf keiner Begründung«. Man nahm für den Papst die Machtvollkom-menheit in Anspruch, nicht nur das Recht zu üben und weiterzubilden, sondern auch Ausnahmen vom Recht in Privilegien und Verordnungen gegen das Recht in Dispensen zu erlassen. So begründete der Papst neben der ordentlichen Seelsorge der Bischöfe und Pfarrer die außerordentliche der Bettelorden; in leidenschaftlichen Kämpfen wurde vom 13. Jahrhun-dert an darum gestritten. Er begründete auch eine Fülle von Bestimmun-gen über die Zulassung zum geistlichen Amt, aber er behielt sich vor, in jedem Falle davon zu dispensieren. Er heiligte Eide und Gelübde, aber er entband von den einen so gut wie von den anderen. Streng lauteten die geistlichen Amtspflichten, aber der Papst konnte sie lösen. Seelsorgepfründ-en sollten nicht zu mehreren in einer Hand vereinigt werden; allein, es gab eine Fülle von Möglichkeiten, dieses Gebot zu umgehen, zum Beispiel dadurch, daß man sie dem Namen nach vereinigte oder eine der anderen unterordnete oder sie »verlegte« und was dergleichen Mittel mehr waren. Nicht, daß alles dies übersehen und von nachdenklichen Kirchenmännern irgend gebilligt worden wäre! Allein, an der unerbittlichen Logik des Systems ließ sich nicht rütteln. Es ist das Verhängnis jedes Absolutismus, daß Heiligkeit und Unangreifbarkeit zwangsläufig auf alle Maßnahmen auch der ausführenden Organe des allerhöchsten Willens überströmen müssen. Selbst wenn stets ein Heiliger den Stuhl Petri innegehabt hätte, seine Diener blieben Menschen. Schon insofern war die Großartigkeit und Einheit des kirchlichen Organismus schwer erkauft.

Wie aber, wenn ganz offen die allerhöchste Stelle versagte? Zunächst – wenn es nicht gelang, jene Gefahren, die in den Wahlkörpern schlummerten, wenigstens an der höchsten Stelle zu bannen? Wenn es dem Kollegium der Kardinäle nicht gelang, der römischen Kirche stets ein einiges Haupt zu schenken? Die Aufgabe erwies sich von den Tagen der Begründung des heiligen Kollegiums an (1059) oft genug als unlösbar; schon 1130 hatte man eine Doppelwahl, die für Jahre die Christenheit spaltete; das wiederholte sich seitdem öfter. Manchmal warteten Christenheit und Kirchenstaat Wochen, Monate und Jahre auf einen guten Ausgang des Konklave. Daß die unwilligen Bürger von Perugia einmal das Dach des Versammlungshauses abdeckten, um dem heiligen Geist leichteren Zutritt zu verschaffen, war eine frivole Erfindung dieser spottlustigen Zeit, aber daß es immer wieder zu unheilbaren Schismen kam, gab doch zu denken. Als sich ein solches Schisma (seit 1376) gar durch Generationen hinzog, da blieb auch die heilende Kritik nicht bei harmlosen Mitteln stehen. Es galt die Frage nach dem eigentlichen Träger der Gewalt in dieser Kirche.

Deutsche und französische Gelehrte entwickelten die konziliare Theorie, das heißt auch in der vorsichtigsten Fassung die Lehre, daß im Falle der Not die letzte Entscheidung bei der Versammlung gemeiner Christenheit, beim Konzil, liege. Zur Begründung griff man an die Wurzel des bisherigen Kirchenrechts. Längst an aristotelischer Philosophie und Staatslehre geschult, erneuerte man einen Gedanken, der wirklich dem Urchristentum wie der ganzen antiken Verfassung zugrunde gelegen hatte: Träger der Souveränität kann nur die Gemeinde sein, das Volk. Diese Volkssouveränität aber mußte logisch so konstruiert werden, daß das Volk gefaßt wurde als die Summe der Individuen; das war ebenso nominalistisch wie formaldemokratisch gedacht und wurde von der größten Tragweite für das jüngere Europa. Denn da man sich selbst sagte, daß nicht alle gleichzeitig reden und gleichzeitig handeln können, so mußte sich die Summe der einzelnen »vertreten« lassen von Mandataren. Offenbar auf solche Gedankengänge und nicht mehr auf das inzwischen zertrümmerte *jus divinum* der Bischöfe bauten viele die Lehre von den allgemeinen Konzilien als »Repräsentation der allgemeinen Kirche« auf. Konnte es wohl eine Lehre geben gefährlicher für das Wesen des Absolutismus, der in den schweren Angeln von Tradition und Inspiration hing? In der Tat, man blieb nicht bei der »Notstandstheorie« stehen, sondern folgerte in Basel wie in Konstanz, daß allgemein auch der Papst unter dem Konzil stehe, und man verkündete das in feierlichen Dekreten.

Auch darüber brauchte die Christenheit nicht aus den Fugen zu gehen, wenn nur die Einheit hergestellt wurde und das hergestellte Papsttum genug Ausdauer besaß, die doktrinären Folgerungen der Konzilsfreunde abzuschneiden. Beides ist geschehen. Das Papsttum siegte wirklich über das Rumpfkonzil von Basel. Nicht ohne furchtbare Erschütterungen und neue moralische Einbuße behauptete sich also das erneuerte einige Papsttum in Rom, schließlich noch einmal gehoben durch die, wenn auch widerwillige, Bekehrung des auf dem Totenbette liegenden Griechentums (1439).

Da verfiel es einer neuen, eigentlich ganz unnatürlichen Krankheit. Um so unheimlicher und gefährlicher, als sie bis zuletzt von der märchenhaften Pracht einer bis dahin unerhörten Kulturblüte breit und üppig überdeckt wurde.

Das Abendland war seit dem 12. Jahrhundert so gründlich zur Geldwirtschaft zurückgekehrt, daß nicht nur die Städte, sondern auch die Fürsten und Kirchen statt von ihren Eigenwirtschaften mehr und mehr vom Markte lebten, daß Steuern die Naturallieferungen ablösten und daß »Geld« sich nicht nur in klingender Münze, sondern zunehmend auch in Wechseln und Krediten darstellte. Wie andere Fürstenhöfe, machte auch die römische Kurie diese Entwicklung mit; auch ihre Einkünfte aus den verlehnten oder großenteils verlorenen Gütern waren stark zurückgegangen, aus Taxen und Gebühren dagegen fortwährend im Steigen. Je mehr die Vergebung von Pfründen in der ganzen Christenheit an die römische Kurie gezogen und in deren Schreibstuben ausgefertigt wurde, je dreister sich die Bewerber darum drängten, um so größer die tägliche Versuchung, Taxen und Erkenntlichkeiten dafür zu erhöhen. Dazu war seit dem 13. Jahrhundert eine Entwicklung der Kreuzzugssteuer getreten, die das gesamte Kirchengut nicht nur beim Wechsel des Pfründeninhabers, sondern ganz allgemein belastete. Endlich wurden auch für die materiellen Entscheidungen, Anwartschaften, Dispense zum Erwerb geistlicher Würden oder zu Ehen in verbotenen Graden, Umwandlung von Gelübden und Gnaden aller Art erst feste Sätze, dann willkürlich bemessene Gebühren *(Compositiones)* erhoben.

Je größer die durch Dispens ausgeglichene Ungesetzlichkeit, um so höher die Gebühren, so daß sich für die Finanzbehörden selbst ein verhängnisvolles Interesse gerade an den schlimmsten Irregularitäten ergeben mußte. Es war alles sehr menschlich und verständlich zugegangen, und nur von Zeit zu Zeit erstaunten die Betroffenen selbst über das Ausmaß käuflicher Gnaden.

Aus einer Fülle von Veröffentlichungen gerade des letzten Menschenalters übersehen wir diese Dinge im Zusammenhange der an sich großartigen kurialen Behördenorganisation viel deutlicher als die Zeitgenossen. Wir sehen, wie von den alten Grundbehörden der apostolischen Kanzlei und der apostolischen Kammer immer neue Tochterbehörden für geheime und geheimste Schreiben und Geschäfte abgelöst wurden und dadurch das Gefüge dieser Zentralbehörden immer verwickelter, die Summe ihrer Einnahmen immer größer und damit die Bewerbung um ihre Beamtenstellen selbst immer reißender wurde.

Eben daran knüpft die letzte Phase der Entwicklung des kurialen Finanzwesens insofern an, als eine neue bedeutende Einnahmequelle seit der Mitte des 15. Jahrhunderts erschlossen wurde im Verkauf dieser Ämter, in der Umwandlung der Beamtenkollegien in *officia vacabilia*. Die gewöhnlichsten Stellen brachten nur 100 Dukaten, aber höhere Ämter kosteten mehrere Tausend, und vom 15. zum 16. Jahrhundert verdoppelten oder verdreifachten sich noch die Sätze. Je weniger die Anwärter selbst über das nötige flüssige Kapital verfügten, um so begieriger legten sich die Bankhäuser ins Mittel, so daß sich mit der Zeit die Praxis ergab, daß die Banken ihr Kapital in den römischen Behörden arbeiten ließen; sie streckten das Geld zum Erwerb von Stellen vor, das sich dann aus erhöhten Einkünften verzinsen mußte.

Bedenkt man, daß Tribute wie der Peterspfennig aus England, Kreuzzugssteuern und Gebühren für den Pfründenerwerb aus der ganzen Welt bei der Unsicherheit des Verkehrs am besten durch Wechsel und Banken gezahlt wurden, so ermißt man die innige und gefährliche Verflechtung des ganzen kirchlichen Wesens mit dem internationalen Finanzgeschäft. Es waren auch deutsche Bankhäuser, wie die Fugger, beteiligt; aber in der Hauptsache waren doch die Träger und Gewinner jenes gewichtigen Handels die italienischen Firmen von Florenz, Siena und Rom, die wieder mit anderen Banken Italiens im nützlichsten Austausch standen.

Schon diese Verhältnisse hatten die römische Kurie und ihre Würdenträger in sehr weltliche Händel verstrickt und ihre Lebensrichtung von der Nachfolge Christi notwendig entfernt. Daß der Papst inmitten eines Heeres von Kurialen aller Art, von Geldleuten und Gesandten aus aller Herren Länder, schwerlich als Heiliger und als Seelenhirt leben konnte, versteht sich. Daß er aber ein Fürst sein mußte mit Höflingen und Türstehern, mit Soldaten und Festungen, ganz weltlicher Lebensführung und vornehmen Passionen, das hatte Gründe, die mit der bisher betrachteten Entwicklung des Papalsystems nur locker zusammenhingen.

Die politische Unabhängigkeit Roms und seines Gebietes, diese eigentümliche Erscheinung des Kirchenstaates, im 8. Jahrhundert angestrebt, im frühen 13. Jahrhundert verwirklicht, wurde nachträglich zu einer nicht mehr wegzudenkenden Voraussetzung und Begleiterscheinung der universalen Machtstellung der Päpste. Aber freilich schon die Erneuerung des Kirchenstaats im 13. Jahrhundert lehrte, welche Hemmnisse ein territorialer Staat für die universale Politik und für die persönliche Integrität der Päpste bedeutete; schon damals wurde für einen päpstlichen Nepoten eine hochfürstliche Heirat erwogen. Familienpolitik blieb unumgänglich. Je größer die Kirche, je umfassender das kirchliche Regiment, je entwickelter die moderne Staatspolitik in Italien geworden war, um so mehr bedurfte man auf dem Stuhl Petri nicht nur eines tüchtigen und tatkräftigen Kanonisten, sondern geradezu eines weltlich gebildeten Mannes von hochfürstlicher Lebensart. Das aber hieß, daß der Nachfolger Petri, der eben jetzt so gern unter dem Fischerring siegelte, im 15. und 16. Jahrhundert der Gesellschaft und der Lebensluft entstammte, die wir seit Jacob Burckhardt als »Renaissance« bezeichnen, jener geistig bewegten, weltbejahenden, sittlich skrupellosen, dafür in äußerer Kultur glänzenden Menschen des damaligen Italien. Das hieß, daß auch das Haupt der Christenheit Politik treiben mußte, wie sie sich nun einmal im Zeitalter Machiavellis gestaltet hatte, mit Geld und Kriegen, Agenten und Diplomaten.

Aber wenn sich damit zugleich ein immer tieferer Riß auftat zwischen diesen hochgebildeten und tüchtigen Renaissancefürsten auf dem Stuhle Petri und den Strengen und Einfältigen, die in der Armut und Liebe die Nachfolge Christi suchten, wenn nicht erst seit den Tagen des Savonarola, sondern schon im 12. und 13. Jahrhundert die Frommen und Kleinen in der römischen Kirche das verdorbene und verlorene Babel zu sehen vermeinten, so hat doch das Papsttum der Renaissance für die Mit- und Nachwelt noch einmal eine solche Steigerung des römischen Namens heraufgeführt, daß die Publizisten der Kurie das entsetzliche Bekenntnis nicht scheuten, auch in einem nichtswürdigen Menschen ruhe die ganze Fülle geistlicher Gewalt. Damals erfaßte das erstaunte Auge der Christen zum erstenmal statt des alten Erdkreises rund um das Mittelmeer die beiden Hemisphären der Erdkugel; als Alexander VI. die berühmte Demarkationslinie über die Erde zog zur Begrenzung der spanischen Entdeckungen, da geschah das »im Namen des allmächtigen Gottes«. Derselbe Sproß des Hauses Borgia aber mißbrauchte seine allerhöchste Binde- und Lösegewalt, indem er den Cesare Borgia zunächst als eigenen Sohn anerkannte, dann in feierlicher Bulle als ehelich geborenes Kind bezeichnete, ihn von der Altersgrenze dispensierte und ihn siebzehnjährig mit geistlichen Stellen versah, ihn weiter gegen alles Kirchenrecht zum Kardinal machte und ihn wiederum gegen alles Recht vom Kardinalat entband, damit er eine Ehe schließe und unter Blut und Schrecken ein weltliches Fürstentum gründe.

Die unablässig gesteigerte Heiligkeit des Amtes hüllte Person und Leben in einen solchen Schimmer, daß die individuelle Wirklichkeit sich darin auflöste. Wo es aber gar nicht mehr gelang, gegen die harten Umrisse dieser Wirklichkeit die Augen zu verschließen, da ertrug die jener Kultur eigentümliche, fast großartige Abhärtung gegen das Sittliche auch so starke Spannungen.

Die Frage nach Recht und Dauer dieser Erscheinungen also mußte tiefer angesetzt werden.

Klerus und Volk / Theologie und Kultus

Alle wirksamen Kultgemeinschaften oder Kirchen wurzeln im Staat oder in der Tiefe des Volkstums. Wo beides fehlt, dürfte es übel bestellt sein um ihr Leben; Theologie allein kann sich sogar beschränken auf die Gebildeten unter ihren Verächtern.

Die mittelalterliche Kirche verfügte wirklich über beide Quellen der Kraft. Sie war selbst ein staatliches Gebilde und lieh ihr Wesen an werdende Staaten, die erst in der Ablösung von ihr sich selbst gefunden haben. Aber sie nährte sich auch aus altem und neuem Volkstum, insofern sie bei Zeiten die gestaltenfrohe Welt der schönen und würdigen Bedürfnisse einer alten Kultur in sich aufnahm, auch der wilden Phantastik und disziplinären Härte der Barbaren Raum gab und später sogar gegenüber einer kleinbürgerlich gewordenen Volksseele sich hütete, als Spielverderberin aufzutreten. Mit ererbtem Verständnis für die Gefahr des Ernstes im Leben duldete sie jederzeit weitherzig die Harmlosigkeit des frommen Spiels.

So ruhte die Kraft dieser Kirche nicht nur in ihrer Organisation und Macht, sondern zum nicht geringen Teil in der Gesamtheit der Kultur, von der sie im natürlichen Ablauf der Generationen immer wieder Tochter und Mutter wurde.

Die mittelalterliche Theologie beruhte auf den religiösen Erlebnissen und philosophischen Fassungen der Propheten, Apostel und Kirchenväter, die das einzelne im Kampfe präzisiert und das Unaussprechliche in Artikel und Unterscheidungslehren gebracht hatten. Sie selbst hat nicht so viel Neues geschaffen, wie später die Reformatoren meinten. Allerdings hat auch sie aufgebaut und gestaltet. Wie man jahrhundertelang die Tempel und Paläste um Säulen und Marmorfliesen plünderte, wie man die alten Stücke zersägte und immer neu zusammenfügte, wie man aus den Poesien und Prosawerken heidnischer und christlicher Autoren die *flosculi*, die Blümchen, pflückte zu erborgten Sträußen, so behalf man sich auch in der Theologie Jahrhunderte hindurch mit den lateinischen Vätern als der letzten Originalarbeit. Man zersägte und zerschnitt ihre Werke wie alle anderen Reste vergangenen Lebens.

Darüber stießen gelegentlich grell widersprechende Meinungen zusammen; aber man fand sich damit ab, ja man gewöhnte sich, jede Formulierung hinzunehmen und seinen Scharfsinn am Unvereinbaren zu üben.

Wohl sind auch Zeiten rationaler Kritik gekommen, und im 12. Jahrhundert hatte Abaelard unter dem vielsagenden Titel *Sic et non*, »Ja und Nein«, eine lange Liste widersprechender Sätze aufgestellt und versöhnt. Der Nominalismus vermochte auch sonst die überlieferten Formulierungen, etwa für die Mysterien des Abendmahles und der Trinität, mit seiner natürlichen Fassungskraft nicht ohne weiteres zu begreifen. Er stellte vorwitzige Fragen, mußte aber bald einsehen, daß der bloße Rationalismus den vereinigten Kräften von Tradition und Macht nicht von fern gewachsen war. Was blieb, verfiel der Ketzerei. Die siegreiche Scholastik, längst in Auseinandersetzungen mit Heiden und Häretikern aller Schattierungen, machte dem Verstande nur das Zugeständnis, daß sie sich um eine möglichst faßbare Darstellung überlieferter Spekulationen bemühte und durch die Folgerichtigkeit des Gesamtaufbaues von dem einzelnen ablenkte.

Das war schon etwas Großes. Indessen, je verwegener uns dieses schulmäßig begrifflich Lehrgebäude dünkt, um so wichtiger, daß es gleichzeitig erfüllt und durchglüht wurde von Stimmungen und Ergriffenheiten, die aus ganz anderen Grundkräften der Seele stammen. Wir finden der Scholastik verschwistert die Mystik. Neben das logische Begreifen trat die bewegte Anschauung, die liebende Hingebung an das Unzergliederte, an das Ganze und Lebendige, an die Natur wie an Gottes Wunderwerke, an die Heilsgeschichte und an die Mysterien der Erlösung als persönliche Erlebnisse. Das liebende Begreifen erhielt durch die uralten Bilder der Brautschaft nach dem Hohen Liede, angewandt auf das Verhältnis der Seele zu Gott oder zu ihrem himmlischen Bräutigam Christus, eine unerhörte Innigkeit und Farbenglut.

Verband man beides, die tiefsinnige Anschauung und die ordnenden Gedanken, so konnte es gelingen, die sichtbare Welt so gut wie die Geheimnisse des Glaubens symbolisch zu verstehen und begrifflich zu fassen. Man zog das Übernatürliche in jede Minute und in jeden Winkel dieses irdischen Daseins und machte auch das Unfaßbare in bedeutender Symbolik oder in logischer Konstruktion dem ordnenden Verstand begreiflich.

Die kirchlichen Systeme der Mystik und Scholastik gefielen sich in himmelanstrebenden Konstruktionen so gut wie die Meister der gotischen Gewölbe, Bögen und Türme. Dieselben Motive, dieselbe Freude an Zahlen und Symmetrie, an Gleichgewicht, an Maßwerk und weiten kühnen Spannungen – Gedankendome, durchflutet von Himmelslicht! Das krauseste Schmuckwerk überrankte und überwucherte aus freiem Spiel der Phantasie die rationalen Grundmotive in unendlichen Variationen.

So liegt das Schöpferische und das historisch Wirksame in dem grandiosen Aufbau des Ganzen und in der unendlichen Freiheit volkstümlicher Gestaltung. Von diesem Ineinandergreifen kann man sich heute selbst in rein katholischen und von der modernen Welt wenig berührten Gegenden kaum eine genügend lebendige Vorstellung machen. Zeit und Raum waren davon ebenso beherrscht wie Recht und Sitte, und niemand vermag zu sagen, wo jeweils mehr das Christliche oder das Volkstümliche, das Gerüst oder das Rankenwerk begann oder aufhörte, denn die Verkettung war tausendfach und auf jeder Stufe neu geschlossen.

Das Kirchenjahr gliederte die Zeitlichkeit in einen Rhythmus, den die ungeheure und vielstimmige Instrumentation der Natur mit immer neuem rauschendem Inhalt erfüllte. Alle Jahreszeiten brachten ihre Gaben. Eingebettet in Winterschnee und Dunkel erlebte die Christenheit die Menschwerdung des Herrn, den Zug der Heiligen Drei Könige und das Fest der Lichtmeß. Durch Karneval und Fasten vorbereitet, in die Zerknirschung der Karwoche mit inneren und äußeren Mitteln der Schaustellungen, Holzklappern und Altarzerstörung hineingeleitet, empfand das gedrückte Herz schon das Oster- und Frühlingsfest wie ein Alleluja der Rettung und Freude, um sich von Himmelfahrt bis Pfingsten im jungen Jahr mit Sprachengabe und Mission über Länder und Völker zu erheben.

Keine Stätte, die nicht von diesem Natur und Glauben verbindenden Reigen der Festtage und Festzeiten ergriffen, geschmückt und wieder entkleidet wäre; durch Stadt und Land und Haus und Stuben beziehungsreiche Kränze und Bildwerke, Kerzen und geweihtes Wasser. Die großen Straßen begleitet von Hospizen. Die letzten Ziele aller Abenteuer und Wanderungen heilige Stätten. Geburten und Eheschließungen, Tod und Seelgerät machten die kirchlichen Bücher zu Stammrollen der Gemeinden; kein Glück und kein Leid, das nicht seine kirchliche Ausstrahlung, Spiegelung und Erleichterung gefunden hätte. So wurde nicht der mystische Begriff der Kirche, sondern ihre sichtbare Macht und ihre volkstümliche Erscheinung das historisch Wesentliche.

Diese Wirklichkeit ergriff den einzelnen Christen in unerbittlicher und unentbehrlicher Fürsorge. »Es gibt kein Heil«, so lehrte das vierte Laterankonzil (1215), »außerhalb dieser Kirche, in der Christus Opfer und Priester ist und jeder Gläubige seinem verordneten Pfarrer wenigstens einmal im Jahr seine Sünden zu beichten und aus seinen Händen das Sakrament des Altars zu empfangen hat.« Verfehlungen gegen Glauben und Gehorsam zogen Ausschluß oder Todesstrafe nach sich. Alle sittlichen Verfehlungen blieben in der Wertung weit dahinter zurück.

Die Kirche verkündete das Heil und seine Gefährdung. Dafür erbot sie sich auch, dem gehorsamen Sohn der Kirche den sicheren Schutz und bei Verlusten den vollen Ausgleich aus ihrem unerschöpflichen Gnadenschatze zu gewähren. Als Grundlage dieses Gnadenschatzes betrachtete sie gewiß die Verdienste Christi, aber die tägliche Erneuerung des Opfers Christi durch den kirchlichen Kultus rückte dessen Verdienstlichkeit nur um so stärker in den Vordergrund. Die Priester dieser Kirche, die Mönche ihrer Klöster, alle mitwirkenden Organe sammelten deshalb in erster Linie mit an den ewig sich mehrenden Verdiensten. Das Leben in der Welt hieß geistlich immer nur Verlust, mindestens Gefahr des Verlustes; das Leben nach der Regel dagegen überschüssiger Gewinn. Dabei stufte sich die Verdienstlichkeit des asketischen Lebens im Rahmen der Kirche noch mannigfaltig ab. Insbesondere gewann der geschlossene, von Haus aus klösterliche Gottesdienst des hohen Chors, an dem die Laien schon lange keinen Anteil mehr hatten, ständig an Bedeutung. Die Scheidung von Klerus und Volk wurde viel mehr als eine Teilung des Dienstes.

Seit dem Papstwahldekret von 1059 und allen weiteren Wahlordnungen der Kirche ist die Laienschaft endgültig aus der Verwaltung der Kirche entfernt. Die Kirche bestellte fortan auch die Bischöfe ohne alle Mitwirkung des Volkes; sie wurde innerlich wie äußerlich, in ihren Trägern, ihrem Kultus und ihrer Bildung, zur reinen Priesterkirche. Der Gegensatz prägte sich nur um so stärker aus, als sich die Kirche dauernd und ausschließlich der lateinischen Sprache bediente, während die Laienschaft für ihre neue Kultur den Ausdruck im Volgare, in der Landessprache suchte.

So geschah es auch, daß der ehrwürdige Mittelpunkt des alten Gemeinde-Gottesdienstes, die heilige Messe, trotz ihrer uralten, auf das Zusammenwirken von Priester und Volk aufgebauten Liturgie, entweder zu einer ausschließlich klerikalen Chorfeier hinter den hohen Mauern des Lettners oder zu einem stillen priesterlichen Opfer zusammenschrumpfte, bei dem die Gemeinde nur noch durch eingelernte Ministranten dargestellt wurde. Dieser Gottesdienst mit seiner Folge von Ehrfurcht, Zerknirschung und Reinigung, von Vertrauen und Hoffnung, Lobpreisung und Erhebung, von dem symbolischen Akt der Opferung bis zu der Höhe der »Wandlung« und dem Genuß des Leibes und Blutes durch den Priester, unterbrochen nur durch das Gebet des Herrn, schließt eine Fülle von Schönheiten in sich, die nur in lebendigem Austausch ganz wirksam sein konnten. Die alte Forderung, daß die Gemeinde wenigstens in Gloria und Sanktus einstimmen sollte, ließ doch nur eine bescheidene Mitwirkung zu, wenn auch angenommen werden darf, daß im späten Mittelalter aus erneuter Bildung wenigstens die Schuljugend tieferen Anteil nahm.

Die Auslösung der Kommunion der Gemeinde aus der Messe wirkte bei der Trennung zugleich als Ursache und als Folge maßgebend mit. Die priesterliche Messe gesellte sich nun erst recht zu den rein klerikalen, an sich verdienstlichen Werken. Den Laien blieb das Zuschauen und die Beschaffung immer neuer Mittel zur Feier heiliger Messen und zum Unterhalt messelesender Priester. Im späteren Mittelalter wurde der bequemste, wirksamste und deshalb verbreitetste Erwerb ausgleichender Verdienste die Stiftung von Messen an besonderen Altären, wohl gar in neuerbauten Kapellen. Nun bevölkerten sich die Kirchen mit gestifteten Altären und die Altäre mit Stifterbildern; es häuften sich die kleinen Kapellen, die wie Sternenkränze die hohen Chöre umsäumten – eine reiche bilder- und formenfrohe Betätigung, unendlich anregend für die bildende Kunst, aber zugleich die Auswertung des Allerheiligsten in kleiner und kleinster Münze. Nicht anders ging es mit der Darbietung der Sakramente und Sakramentalien. Von der Wiege bis zum Grabe begleiteten kirchliche Heilshandlungen den Menschen auf seiner Lebensfahrt. Die reichste Symbolik stellte den Menschen fort und fort in die innigste Berührung mit der überirdischen Welt. Die Theologie lehrte – ohne Zweifel – überall die Bedeutung der Anteilnahme des einzelnen; in der Wirklichkeit aber stellten sich alle kirchlichen Handlungen dar als Spenden aus Priesterhand. Es entwickelte sich auch theologisch die Lehre von der Kraft der Handlung als solcher, die Vorstellung von dem *opus operatum*, deren man ja etwa bei der Kindertaufe auch gar nicht entraten konnte.

Je großartiger der durch das ganze kirchliche Heilssystem gehende Gedanke von der Anrechnung überströmender fremder Verdienste war, von der *satisfactio superabundans* Christi bis zum *opus supererogationis* der Heiligen und Büßer, um so mehr trat naturgemäß der Anteil des Empfangenden zurück. Und je mehr die höchste Vollkommenheit, der *status perfectionis*, durch die *consilia evangelica* der Virginität, der Armut und des absoluten Gehorsams in Wahrheit dem Mönchtum und zum Teil auch dem Weltklerus vorbehalten blieb, um so mehr behalf sich die Laienschaft auch in ihren sittlichen Anstrengungen mit den »guten Werken«, mit denen sie die höherwertigen Leistungen des Klerus unterstützte. Es war eine Kapitalisierung der guten Werke durch Zahlung ihrer Prämien.

War schon die vollkommene Armut für den Laien, der im tätigen Leben stand, aus praktischen Gründen unerreichbar, so blieb vollends jede Einzelgabe weit dahinter zurück. Aber die bedeutendste näherte sich ihr doch am meisten. Und so galt durch das ganze Mittelalter als die vornehmste Leistung der Laienschaft die fromme, möglichst ansehnliche Stiftung – die Hingabe von Gut und Geld und nutzbaren Rechten an die Kirche zum Unterhalt des Klerus und der kirchlichen Gebäude, zur Förderung der kirchlichen Armen-, Kranken- und Pilgerhäuser. Unsere Quellen erzählen in fast ermüdender Geschwätzigkeit von diesen Schenkungen und Stiftungen; die Patrizier und Fürsten des späteren Mittelalters wetteiferten darin mit den Königen und Grundherren des früheren. Das Ergebnis war jene Anhäufung von Grundbesitz und Einkünften in den Händen der Kirche, die sie zur Hervorbringung ewig denkwürdiger Werke der darstellenden Kunst befähigte. Man hat ganz recht bemerkt, die glänzende kirchliche Kultur gerade des späteren Mittelalters sei eine Folge der Lehre von den guten Werken gewesen. Es fragt sich nur, ob das alles in sittlicher Hinsicht nicht doch zu teuer erkauft war.

Indessen, die Trennung von Klerus und Volk, die zunehmende klerikale Abgeschlossenheit des Kultus hat noch eine andere schwerwiegende Folge gehabt. Das Kultbedürfnis des Volkes streckte sich nicht nur immer aufs neue den reichen und geheimnisvollen Zeremonien der Kirche begierig entgegen, sondern es schuf sich selbst unter dieser Anregung seine eigenen Formen, halb geistlich, halb weltlich; halb poetisch, halb religiös. Es dichtete weiter an dem großen Wechselgesang zwischen Himmel und Erde. Phantastische Ausgestaltungen des religiösen Volkslebens, vulgärer Heiligenkult und Teufelsspuk, Bilder und Reliquien, Wallfahrten und Brüderschaften, religiöse Prozessionen und Schaustellungen, eine breite grenzenlose Betätigung, die nur zum Teil noch in das eigentlich kirchliche Wesen eingebaut werden konnte.

Das Volk lernte mit dem leeren Glanz, der von dem Heiligen ausströmte, zu spielen und das Heiligste selbst darüber zu vergessen. Die originellen und innerlichen Denker aber ergaben sich vollends einer mystischen Spekulation, die weder mit der kirchlichen Lehre, noch mit dem Leben der kirchlichen Gemeinschaften viel gemein hatte, sondern hinausführte in die schrankenlose Weite des religiösen Individualismus und der Phantastik. Die heimliche Offenbarung wurde zum beliebtesten Volksbuch religiöser Laien.

Bei der frühesten Verkündigung des Christentums hatte man sich vielfach notgedrungen mit Umformungen beholfen. Wie die Vorzeit die lebendigen Vorgänge der Natur mythisch gestaltet und vermenschlicht hatte, wie dann in Italien Venus und Mars als Dämonen fortlebten, auch in den Norden verschleppt, hier wie dort oft als nur zu nah erlebte Mächte, so sind auch die Elfen, Nixen und Kobolde eingeordnet in die sich bekämpfenden guten und bösen Engel orientalisch-christlicher Überlieferung. Und wie der volkstümliche Glaube längst das Große und Außerordentliche mit den Göttern und Riesen in Verbindung gebracht hatte, so liebte es die christliche Zeit, das Riesenhafte und Unbegreifliche, das grotesk Häßliche, wie das hinreißend Verführerische als Dämonen- und Teufelswerk anzusprechen.

Neue Entdeckungen und Künste wurden Teufelswerk so gut wie das sinnlich Betörende. Hexen sind unheimlich und abstoßend, oder jung und schön. Es ist bekannt, wie sich von der Inquisition des Fehlglaubens im 15. Jahrhundert der Kampf gegen die Hexen abspaltete und, fast mehr Folge als Voraussetzung dieser wahnwitzigen Verfolgung, der ganze Knäuel ängstlicher und fanatischer Vorstellungen, der die folgenden Jahrhunderte hindurch eher stärker und verwirrter werden sollte als gemindert und gelöst. Noch im 12. Jahrhundert von der Kirche bekämpft, wurden die volkstümlichen Anklagen in einer Bulle Innozenz VIII. von 1484 zusammengefaßt und im »Hexenhammer« von 1487 zu den fürchterlichsten und abgeschmacktesten Sätzen verdichtet.

Die sinnlich phantastische Zeit, durch den raschen Aufschwung der Kultur unendlich angeregt und doch ohne alle sichere Kritik, stellte sich den uralten Kampf der Geister um die Seelen immer derber vor Augen und sah die Verführten und Ketzer in körperlicher Gemeinschaft mit Teufeln und Dämonen. Unendlich oft schilderte die bildende Kunst den Kampf der Engel und Teufel um die aufschwebende Seele in drastischen Gefechten, die den weiten Luftraum großer Gemälde ganz erfüllen.

In den Kreisen der Gelehrten und Gebildeten nahm das alles eine feinere, stellenweise poetische, aber darum nicht minder heidnische Form an mit der populären Astrologie. Es war eine Mischung orientalischer Vorstellungen von der Macht der Gestirne, insbesondere der Planeten als Tagesregenten, und aufgefrischter neuplatonischer Ideen, wenn sich die Renaissance das Weltall beseelte durch Machtkreise mit geheimnisvollen Wirkungen auch auf das Leben der Menschen. Beobachtung der Gestirne um ihrer unentrinnbaren Macht willen, Horoskop und Stundenwahl bedeuteten die gelehrte Art des Verkehrs mit dem Übernatürlichen. Päpste bestimmten Tag und Stunde für das Konsistorium nach dem Stand der Gestirne, Astrologen stellten die Nativität; der Unsinn willkürlichster Kombinationen erwies sich als furchtbare Bedrohung.

Zwischen dem Schrecken niederen Dämonenglaubens und der trockensten Astrologie zahllose Zwischenformen: Personifizierung aller äußeren, Objektivierung aller inneren Nöte des Menschen, durchsetzt von Wundersucht und tastender Wissenschaft. Und dagegen die Schutz- und Abwehrmittel, die alle in dem einen Punkt sich trafen, den Menschen zu versöhnen; es galt Beschwörung, nicht Überwindung.

Seit dem 15. Jahrhundert steigerten die gedruckten Bilder, Blätter und Bücher, diese eigentlichen Erreger großer Massenstimmungen, das alles ins Unendliche. Aus dem Geklüft des uralten Untergrundes der abendländischen Kultur stiegen nun vollends greifbar die dunkelsten und bizarresten Vorstellungen empor und bedrängten die Leser und Beschauer. Der aufkeimende Glaube an die Möglichkeit, verborgene Tiefen der Natur zu ergründen, brachte gerade den unverstandenen und geheimnisvollen Einsprengungen alter Kulturschichten ein gefährliches Zutrauen entgegen. Das Lesen am gestirnten Himmel, Nativität und Wahrsagung, die Ahnung von ungeheuren Notwendigkeiten in Verbindung mit willkürlicher Verknüpfung des einzelnen, grobsinnliche Fassung ältester Elemente übersinnlicher Welterklärung – das alles umdüsterte die populäre Vorstellungswelt mit neuen Schrecknissen und rückte an die Stelle jener großartigen Verschmelzung heidnischer und christlicher, volkstümlicher und gelehrter Elemente in dem System der Scholastik einen neuen zehrenden Zwiespalt.

Dämonen und Engel leiten hinüber in die weniger elementare als gemütliche, oft genug sehr kleinbürgerliche Welt der lieben Heiligen. Das Martyrium, die Gedächtnisfeier, bedeutete in der christlichen Welt den entscheidenden Ausgangspunkt. Anfangs waren die lokalen Märtyrer und Bekenner gering an Zahl, im 4. Jahrhundert können wir sie noch in Beispielen leicht übersehen; dann tauschte und dublierte man sie, in wenigen

33

Jahrhunderten war es eine unübersehbare Menge. Die Sammlung und Benennung der Reliquien, die wundertätigen Stätten und Bilder hatten daran ihren Anteil. Mit den heiligen 14 Nothelfern gegen Feuer, Viehschaden, Hunger, Pest und andere schwere Not berührt man den Interessenkreis des kleinen Besitzes, mit der Gruppe der wehrhaften Engel und Ritter St. Michael, St. Georg dem Drachentöter und St. Martin mit dem Mantel die Märchen- und Legendenwelt der Ritter und Herren.

Natürlich reicht dieser ganze kirchliche und unkirchliche Kultus von groben Untiefen der menschlichen Natur bis in die Höhen der christlichen Lehre über die Verehrung des Großen und Herrlichen als Abglanz des Ewigen. Die Hilfsbedürftigkeit des einzelnen schuf sich gern die wundervolle Vorstellung von der Gemeinschaft der Heiligen und, mit einer Beimischung höfischer Anschauung in der Scheu vor dem Allerhöchsten, das Bedürfnis nach Fürsprache am Thron der ewigen Gerechtigkeit und Allmacht.

Das alles in der liebenswürdigsten Fassung, aus ritterlichem Frauendienst gesteigert zu dem Marienkultus des hohen Mittelalters. Zwar ist der Kultus uralt; apokryphe Evangelien kennen die ganze Gemütlichkeit der Legende, und schon im 5. Jahrhundert hatte der Streit um die Begriffe »Gottesgebärerin« oder »Christusgebärerin« seine Höhe erreicht. Aber erst die romantische Stimmung des 11. und 12. Jahrhunderts rückte die Jungfrau, Mutter und Königin so in den Mittelpunkt der himmlischen Heerscharen, wie wir das schließlich aus Walther von der Vogelweide und aus Dante kennen. Die Zahl der Feste, die Ausbildung ihrer Liturgie, eine eigene marianische Theologie folgten willig dem Bedürfnis des Volkes.

Die Länder und Städte wählten ihre Patrone nach den führenden Kirchen; die Bruderschaften und Stände, die Soldaten und Truppengattungen erkoren ihre Heiligen gleich dem einzelnen Christenmenschen, dem der Namenspatron neben dem Schutzengel als Helfer vom Tage der Taufe ab zur Seite trat. Ein buntes, schillerndes, dem menschlichen Empfinden unmittelbar zugängliches Patronat der Heiligen als großes und glänzendes Abbild der priesterlichen Mittlerschaft zwischen Laienschaft und Gottheit.

So verehrungswürdig in der Wurzel, so bedenklich in ihren Folgen erwies sich dagegen beizeiten die Aufspürung und Aufspeicherung der Reliquien. Von Pilgerfahrten und Kriegen wurden Reliquien mitgebracht wie Erinnerungen und Trophäen. An friedliche, listige und gewaltsame Verschleppung von Reliquien hatten sich seit Jahrhunderten ganze Literaturgattungen von Erzählungen und Wunderberichten angeschlossen. Kam ein Pilger gar ins Heilige Land, so konnte er von dort alles mitnehmen: Erde und Steine, Pflanzen, Holz und Jordanwasser. Nur daß die gewerbsmäßigen Händler alles das sehr viel anspruchsvoller benannten: Partikeln vom Kreuz des Erlösers, von seinem Grabe, von seinen Kleidern, vom Hause der Heiligen Familie. Sie griffen zu den häßlichsten und unmöglichsten Dingen, wie zum Stroh aus der Krippe, zum Blut des Erlösers, zur Milch der Gottesmutter; es gab Partikeln von Petri Hütte auf dem Berge Tabor. Boccaccio läßt Fra Cipolla seinen Bauern Federn vom Flügel des heiligen Michael versprechen, er zeigt ihnen dafür Kohlen vom Martyrium des heiligen Laurentius.

Reiche Leute sammelten Reliquien, wie man Marken oder Notgeld sammelt. Der Nürnberger Patrizier Muffel brachte es auf 308 Stück, Friedrich der Weise hatte 5005 mit 127 799 Jahren Ablaß, der Kurfürst und Erzbischof Albrecht von Brandenburg gar 8933 Partikelchen, an die sich sogar einige Millionen Jahre Ablaß schließen sollten.

Vom einzelnen ging es zu den Genossenschaften. Kollegien kannten schon die Alten, im Rechtsleben wie im Kult. Das deutsche Recht war darin vollends unerschöpflich. Aus doppelter Wurzel also war das Vereins- und Ordenswesen so üppig aufgeschossen; wirtschaftliche, nachbarliche und berufliche Beziehungen führten ebenso zu dauernden Genossenschaften wie einzelne Anlässe oder besondere Zwecke. Unzählig waren besonders in den mittelalterlichen Städten, deren Lebenselement dieselbe Idee war, zünftige und unzünftige Bruderschaften; alle mit besonderen Ordnungen, Häusern, Altären, Kapellen oder Kirchen. Unlöslich verquickten sich gerade in ihnen das Kirchliche und das Weltliche. Kirchlich bildeten diese Bruderschaften in bürgerlich-philiströser Art kleine Heilsysteme für sich, sie beteten oder ließen beten, singen und Messe lesen zum Nutzen der Fraternität und führten nicht selten genau Buch über dieses Sondervermögen an Gnade. Viele suchten, nachdem diese Form geistlicher Gewerkschaft gefunden war, bei möglichst vielen Gesellschaften gleichzeitig Teilhaber zu werden. Berühmt ist das Beispiel der Kölner Bruderschaft von St. Ursula Schifflein, deren Register zu Anfang des 16. Jahrhunderts 6455 heilige Messen, 3550 Psalter, 200 000 Rosenkränze, 20 000 Te Deum und 63 000 mal 10 000 Pater Noster und Ave Maria zählte.

Verband sich der Wandertrieb mit dem Geselligen, so kam es zu den ebenso vielgestaltigen Formen der Wallfahrt. Großen Stils stellten sie sich dar als Pilgerfahrt ins Heilige Land oder zu den gnadenreichen Hauptkirchen von Rom oder über die Pyrenäen nach St. Jago di Compostella. Aber schon in der nächsten Nachbarschaft konnte es gesuchte Heiligtümer geben oder wenigstens vorübergehende Berühmtheiten. Die Mode wechselte wie der Heilerfolg oder die sonstige Anziehungskraft. Die Besitzer und Aussteller ihrer Reliquien und Bilder rechneten auf volle Opferstöcke, die Wallfahrer auf Erbauung, Entsühnung, Zeitvertreib und Lustbarkeit. Trotz aller Verbote war die Jahrmarktstimmung aus den Wallfahrtsorten nicht zu beseitigen. 1434 mußte durch das Basler Konzil das Feilbieten von Bildern und Waren in der Kirche des kleinen Nikolausberg bei Göttingen verboten werden – der Zudrang zum heiligen Nikolaus war zeitweilig gewaltig. Auch Betrug kam vor. Das blutschwitzende Kreuz von Stralsund fand man ausgehöhlt und mit Wein getränkt.

Bei manchen volkstümlichen Veranstaltungen ist die Absicht auf das Heilige schließlich ganz verschwunden, andere konnten sie unter glücklichen Umständen immer wieder gewinnen. Bildliche und szenische Darstellung der heiligen Geschichte ersetzten dem Volke Bilderbücher und Erzählungen. Geistliche Spiele gab es zu Ostern und Weihnachten; mehr und mehr in den Karneval zusammengezogen, trat das Mysterium zurück hinter den Mummenschanz. Zeitig machte man Einlagen mit volkstümlichen Figuren und derben Späßen, mit scharfer Satire auf Pfaffen und Mönche, aber auch auf die Schwächen und Schäden der anderen Stände; oft prächtig und drastisch, in Aufzügen und Prozessionen – selbst wieder Anregung und Stoff für plastische, malerische und literarische Gestaltungen.

Man würde sich gewiß ein falsches Bild machen, wenn man in diesen lauten und schrillen Erscheinungen des Volkslebens schon die mittelalterliche Frömmigkeit erfaßt zu haben glaubte; sie liegt zu allen Zeiten in tieferen Schichten des menschlichen Herzens versenkt. Ihrer besonderen Art nach hat auch sie ihre Geschichte. Durch das ganze Mittelalter haben religiöse Spannungen und Lösungen verschiedener Intensität sich abgewechselt. Weder ein gleichmäßiger Verfall, noch weniger freilich ein gleichmäßiges Steigen, sondern starke örtliche und zeitliche Schwankungen. Nicht selten war die religiöse Erregung des Abendlandes derartig, daß uns noch heute aus den Quellen etwas wie Fieberglut entgegenschlägt.

Auch das 14. und 15. Jahrhundert kannte Heilige und Bekenner; doch haftete die religiöse Ergriffenheit des Volkes jetzt mehr als je an der eindringlichen Predigt in der Volkssprache, die ihrerseits zu einer neuen volkstümlichen Kunst erwacht war. Diese Predigten sahen die ersten Massenversammlungen des Abendlandes in geschlossenen Räumen; auch deshalb die aller Gewölbe spottende Ausweitung ihrer Grundrisse oder eine Verfünffachung des Kirchenschiffes mit einem Wald von Säulen oder Pfeilern.

Die ungeheure Wirkung der Sitten- und Bußprediger vom 13. bis zum 16. Jahrhundert läßt auf einen tiefen Widerhall ihrer Worte in der Breite des Volkes schließen. Hier fand auch die hohe Mystik ihr äußeres Prachtgewand wie ihr Martyrium. Mit hinreißender Macht der Sprache kündeten die Meister von dem inneren Glück der göttlichen Erleuchtung, von dem Wesen der Liebe und der wahren Nachfolge Christi; zornig wetterten sie gegen Gut und Glanz dieser Welt, gegen Flitter und Prunk in geistlichen wie in weltlichen Dingen. Nicht wenige streiften oder erlebten die Schrecken der Inquisition und die Demütigung des Widerrufs, von Meister Eckhart († 1327) hinab auf Johann Ruchrad aus Oberwesel (†1481). Viele gingen ihre eigenen Wege kühn und fromm, wie Tauler und Mersvin in Straßburg, Heinrich Suso in Konstanz, Ruysbroek in den Niederlanden.

Ruysbroeks Schüler war Gerhard Groot zu Deventer, der die Genossenschaft der Brüder vom gemeinsamen Leben begründete, um damit neben die rauschende Predigt den liebevollen und eindringlichen Unterricht zu stellen und ihm eine ebenso vorbildliche Form zu geben wie jene Meister dem lauthallenden Wort. Aus diesem Kreise ging das Buch des Thomas a Kempis »Von der Nachfolge Christi« hervor, das vielleicht am reinsten die Wärme spätmittelalterlicher Frömmigkeit erkennen läßt. Da ist denn auch eine mildbewegte Ablehnung der geräuschvollen Volksreligion zu lesen. »Viele laufen nach verschiedenen Orten, um die Reliquien der Heiligen zu besuchen, und erstaunen bei Anhörung ihrer Werke, besichtigen ihre geräumigen Kirchengebäude und küssen ihre in Seide und Gold gehüllten heiligen Gebeine – und doch bist Du, o Herr, selbst gegenwärtig! Zur Beschauung jener Dinge bewegt oft der Vorwitz die Menschen und die Neuheit des noch nicht Gesehenen; darum bringen sie auch wenig Frucht der Besserung zurück.«

Aber alle Tiefen und alle Erweiterungen mittelalterlicher Frömmigkeit kamen letzten Endes doch wieder dem kirchlichen Wesen zugute. Denn solange die Heilmittel der Kirche absolut verbindlich waren, solange nahm im Guten wie im Üblen jede religiöse Bewegung ihre Richtung doch zuletzt auf die Kirche. Und da die Freuden des Himmels und die Glückseligkeit der Gotteskinder unendlich viel schwerer auszumalen waren als die Schrecknisse von Hölle und Fegefeuer, da die in den Nöten und Leidenschaften des Tages stehende Menschheit immer mehr Anlaß hatte, ihre Schuld als ihre Gerechtigkeit zu empfinden, so traten für die große Masse des Volkes wohl zu allen Zeiten die Bilder von Hölle, Tod und Teufel weitaus in den Vordergrund. Umstürmt, geängstigt und geplagt von diesen Bildern, strömte das Volk von jeder Predigt oder Erbauung, nach jeder Krankheit oder Pestilenz, von jeder Erregung seiner eigenen Phantastik oder religiöser Betätigung nur um so begieriger zu den Heilmitteln der Kirche, zu den kirchlichen Werken, vor allem zum Sakrament der Buße.

Denn so hing doch alles aufs einfachste miteinander zusammen: der Laie, nicht nur disziplinär an die kirchlichen Ordnungen gebunden, sondern nach dem Gang der kirchlichen Entwicklung selbst ohnmächtig in der Sorge um sein Seelenheil; die Kirche aber als Priesterkirche im ausschließlichen Besitz der Verfügung über unermeßliche Gnadenschätze, allein in der Lage, sie nennenswert zu mehren und so aus täglich gemehrter Fülle auszuteilen und das ewige Heil zu gewähren.

Die Lossprechung von den Sünden, das heißt von der ewigen Sündenschuld, sollte jeder Priester kraft seiner Binde- und Lösegewalt vornehmen können. Nur für einzelne ganz schwere Fälle hatte sich der Papst die Absolution besonders vorbehalten; sie wurden seit dem 14. Jahrhundert in der Bulle *In coena domini* eigens aufgezählt. Im übrigen stellte sich auch sonst die erste entscheidende Leistung des Büßenden, die Ohrenbeichte, mehr und mehr dar als kasuistisches Bekenntnis mit nachfolgender Inquisition und richterlichem Urteil, das in jenen Sonderfällen sogar bis zum Spruch der höheren Instanz suspendiert bleiben mußte. Eben die Bedeutung der oft nur begrenzten Fakultäten des Beichtvaters betonte noch mehr als die Kasuistik der Behandlung den Vorrang des priesterlichen Anteils vor dem des Beichtkindes.

Der Priester aber löste nicht nur von der Schuld, sondern auch von den ewigen Sündenstrafen durch Verordnung der Genugtuung und bestimmter kirchlicher Leistungen. Wer ohne priesterliche Absolution ins Jenseits fährt, ist beladen mit Schuld und Straflast; die ungelöste schwere Schuld treibt ihn zur Hölle, wo seiner auch das volle Maß der Strafen wartet. Ist er nur von der Schuld ledig gesprochen, so bleibt die Abbüßung der Strafen im Fegefeuer, soweit nicht auch diese Strafen durch ihn oder durch andere, immer durch Zuteilung aus dem Gnadenschatz der Kirche, gesühnt sind. Endlich kannte die Kirche von alters her auch rein disziplinäre Strafen zur Züchtigung wie zur Besserung.

An diese Kirchenstrafen knüpfte die Sonderentwicklung an, die am Ende des Mittelalters eine so überragende Bedeutung gewinnen sollte im Ablaß. Zeitig erließen einzelne Bischöfe einen Teil der Strafe; Papst Urban II. erließ die ganze Strafe für die Kreuzfahrer (1095), diesmal zuerst in der Form einer allgemeinen Verkündigung. Man begann dann, den Straferlaß auch auf die Dauer der Strafen im Fegefeuer zu beziehen – Erlaß also, ganz oder zum Teil, diesseitiger und jenseitiger Sündenstrafen. Das alles ist der alte Strafnachlaß, die *indulgentia a poena*. Etwas völlig anderes scheint aber auf den ersten Blick ein ebenfalls früh auftretender Ablaß, der als *indulgentia a poena et a culpa* bezeichnet wird, Nachlaß von Strafe und Schuld. Schon die Zeitgenossen hat das darin liegende Mißverständnis beschäftigt. Daß es sich ernstlich nicht um einen Ersatz des Bußsakraments, also um Lösung von der Schuld durch einen Ablaß handeln kann, ist genügend festgestellt; denn auch bei diesem Ablaß wird Reue und Beichte, also auch Absolution vorausgesetzt. So ist die Erklärung darin zu sehen, daß durch eine verkürzte Formulierung Bezug genommen wird auf die gleichzeitige Verleihung des päpstlichen Reservatrechtes an den betreffenden Beichtvater, in allen Fällen, auch in vorbehaltenen Fällen, von Schuld zu absolvieren. Denn die Formel steht vorzüglich in päpstlichen Ablaßbriefen, wie ihr denn eine besondere Bedeutung zukommt in der Verkündigung der großen Jubiläumsablässe.

War schon hier, wie die Erfahrung gelehrt hat, das Mißverständnis in der Formulierung gefährlich nahe gelegt, so wurde diese Gefahr verstärkt durch zwei weitere Umstände. Der eine lag in der Möglichkeit, den Ablaß zu gewinnen vor der Beichte, der andere in der Möglichkeit, ihn auch Verstorbenen zuzuwenden; in diesem Fall wurde er erworben ganz ohne das Sakrament der Buße. Ein vollkommener Ablaß, also einschließlich des Rechtes der freien Wahl des Beichtvaters, mit Anspruch auf Absolution auch in päpstlichen Reservatfällen, konnte erworben werden durch soge-

nannte Beichtbriefe. Welche große Gefahr in dieser vorweg erteilten päpstlichen Absolution lag, zeigen die Warnungen vor der Sünde »im Vertrauen
auf die erworbene Indulgenz«, die nur zu oft ausgesprochen werden mußten.

Die Gegenleistungen aller dieser Ablässe, Indulgenzen oder Beichtbriefe
war anfangs mit Kreuzzug und Pilgerfahrten zu den Hauptkirchen von
Rom eine sehr hohe gewesen, immer noch in einem Verhältnis zu dem wirklichen oder vorgestellten Maß der Strafe. Mit der Zeit aber sanken die Forderungen; schließlich blieb nur die Geldzahlung übrig und damit die ganz
unzweifelhafte Tatsache, daß man das Fegefeuer bei dem nötigen Aufwand
von Geld völlig auszukaufen in der Lage war. Wie bei den Gebühren kirchlicher Behörden, wie beim Erwerb von Dispensen und Expektanzen, Pfründen und Verleihungen der Geldverkehr der großen Welt, die Vermittlung
der Bankhäuser unvermeidlich geworden war, so fügten sich auch die Ab-
laßverkündigungen großen Stils, die stets auch irgendeinem geistlichen oder
kirchlichen Interesse zugute kommen sollten, den üblichen Formen des
Wirtschaftslebens ein. Ablaßkommissäre »arbeiteten« mit Bankhäusern, und
Bankhäuser »übernahmen« wieder die glückliche Emission von Ablässen –
eine absonderliche Vermischung des Heiligen mit dem Profanen.

So also stellt sich uns das Verhältnis zwischen Kirche und Volk dar: auf der
einen Seite die geschäftig großartige Betätigung der Mönch- und Priesterkirche mit ihren Vollkommenheiten, Opfern, Tagzeiten und guten Werken,
an denen vor allem doch die tägliche Sicherung des Gnadenschatzes der
Kirche zu hängen schien; alles Kultische im Grunde genommen ganz dem
Rechtfertigungsgedanken, wenn man so will, der sittlichen Welt dienstbar
geworden. Auf der anderen die bunte und religiös phantastische, künstlerisch fruchtbare, aber sittlich wertlose, oft genug gefährliche Gedankenwelt und Betätigung der Laienschaft, die, bedroht von Teufeln, Versuchungen
und unerkannten Schrecknissen, zwar zu den lieben Heiligen und Patronen
zu flüchten, in »guten Werken« sich zu erschöpfen vermochte, aber doch
nur von der Kirche die entscheidende Zuteilung von Schuld- und Straf-
tilgung erwarten durfte. Diese Kirche, von Jahrhundert zu Jahrhundert
mehr zusammengefaßt und dargestellt, verwaltet und beherrscht vom römischen Papsttum, unter dessen Namen vor allem auch die letzten Verein-
fachungen der kirchlichen Leistungen auf die Geldzahlung als General-
nenner aller guten Werke und die zunehmende Betonung der Fakultäten
des Absolvierenden zurückgingen – gebietende Macht im Leben und höchster Trost im Tode für jeden einzelnen und alle, die ihm lieb waren.

Ermißt man das alles, so begreift man, wie die Lebens- und Schicksals-
frage jedes Christenmenschen, gebunden an Lossprechung und Ablaß,
hineingestellt war in den ungeheuren Apparat dieser großen weltpolitischen
Erscheinung – scheinbar untergeordnet und gering für das Ganze und doch
dessen letzte tragende Einheit. Es sollte der Tag kommen, da diese Einsicht
in einer religiösen Natur blitzartig aufleuchtete und zündete.

Noch stand die römische Kirche äußerlich stärker da als je zuvor. Ihre Idee, ihre tatsächliche Herrschaft, ihr inniger Zusammenhang mit einem halb religiösen, halb sinnlich phantastischen Volksleben waren bis in das 16. Jahrhundert unerschüttert. Die Bewegung der Renaissance hatte den Namen Roms mit einer neuen Würde umkleidet; seine Kultur- und Kirchensprache war Gegenstand der Liebe und Pflege geworden. Papst Alexander VI. teilte den Erdkreis. Sein Nachfolger Julius machte aus dem kümmerlichen Patrimonium Petri einen modernen Staat, und der erste politische Kritiker der Zeit, Niccolo Machiavelli, huldigte seiner rücksichtslosen Staatskunst. Leo X. aber schien den Traum Innozenz' III. zu erfüllen und auch Toscana als Besitz des Hauses Medici der Kirche zu unterwerfen. Ein rein päpstliches Konzil (1512–1517) diktierte den Glauben und übernahm alle Vorstellungen von der ideellen Unangreifbarkeit dieses ganzen geistlich-weltlichen Wesens.

Dabei waren noch unermeßliche Mittel zur Verfügung desselben Papstes; sein Wink vergab gehäufte Pfründen und besteuerte Klerus und Volk durch Taxen, Gebühren und Ablässe. Lauteten sie auf das gute Werk der Erbauung von St. Peter, so war erst recht die symbolische Hoheit dieser Mutterkirche in Beziehung gesetzt zu dem Seelenheil der Lebendigen und Abgestorbenen.

Das volkstümlich kirchliche Leben stand in offener Blüte. Die kirchliche Kunst, im Norden noch im Vollbesitz aller rauschenden und intimen Ausdrucksmittel der Gotik, erhielt eben jetzt von Italien her die stolze Größe und Vornehmheit des klassischen Stils, der sich an den Alten gebildet hatte. Die neue, wunderbare deutsche Art, mit beweglichen Lettern gedruckte Bücher in Massen herzustellen, kam zuerst der kirchlichen Praxis und der herrschenden kirchlichen Wissenschaft zugute, und eben diese verwirklichte im Zeichen des Humanismus nur ein Jahrhunderte altes Vermächtnis, wenn sie sich noch einmal getraute, in stürmischem Anlauf das Christliche mit dem Antiken zu versöhnen.

Sogar die Könige und Fürsten schienen einen ewigen Frieden gemacht zu haben mit der Kurie von Rom. Im tiefsten Dunkel der Vergangenheit lagen die deutschen Kirchenkämpfe. Die erste große Zeit des englischen Parlaments hatte keine sichtbaren Spuren zurückgelassen. Die Formulierung der gallikanischen Freiheiten des frühen 15. Jahrhunderts wurde 1516 wieder preisgegeben. Nur die verstärkte Macht der Kronen von England, Frankreich und Spanien war die bleibende, kirchenpolitisch noch latente Frage dieser Auseinandersetzungen. Aber von den nationalkirchlichen Anwandlungen deutscher Kurfürsten im späteren 15. Jahrhundert war nicht mehr die Rede. Das Abendland gegliedert, nicht geteilt; noch einmal von einer geistigen Herrschaft und Kultur zusammengehalten.

Und doch tut der Historiker gut, die Art und Stärke auch der schweigenden und ruhenden Mächte sorgfältig zu prüfen. Wenn sich das historische Geschehen zu jedem Zeitpunkt scheinbar frei aus der in sich ausgeglichenen Summe aller wirkenden Kräfte aufbaut, so haben diese Kräfte doch alle ihre eigene Entwicklung und Notwendigkeit. Denn das ist das Wesen der historischen Ideenlehre, zu der auch wir uns bekennen, daß gewisse Gedanken oder isolierbare Zusammenhänge realer oder idealer Verkettung, eigenen Gesetzen und Rhythmen folgend, als die vorzüglich bewegenden Elemente der Geschichte begriffen werden müssen. Sie stellen, auch als unsichtbare Größen, Guthaben oder Schulden oft entlegener Vergangenheiten mit in die Rechnung des Tages. Deshalb können ganze Reihen zerstörender oder umbildender Tendenzen lange Zeit ohne Wirkung bleiben, wenn sie sich gegenseitig aufheben. Die Geschichte des ausgehenden Mittelalters hat auf kirchen- und kulturpolitischem Gebiet in den Zusammenstößen universaler und nationaler Bestrebungen höchst merkwürdige Neutralisierungen dieser Art aufzuweisen. Und doch erstarkten über den scheinbar widersprechenden Ideenbildungen unvermerkt zwei neue Mächte: die zwischen ihnen liegenden Gedanken des weltlichen Staates und der weltlichen Bildung.

Zunächst mußte, so gut wie die römische Kirche, auch die Idee des weltlichen Imperiums durch die Renaissance gewinnen. Dante hatte den hochmittelalterlichen Imperialismus an die Schwelle eines neuen Zeitalters geleitet, die er als Schöpfer nationaler Kunstsprache selbst bald überschritt. Die Methode seiner Staatslehre war noch völlig scholastisch; sie schöpfte aus denselben Quellen und bediente sich derselben Kunstgriffe wie die sehr viel früher und glücklicher entwickelte Theorie des geistlichen Imperiums. Aber wenn Dante aus der Heiligen Schrift und aus den Vätern, aus dem römischen Recht und den Dichtern die göttliche Ordnung des Kaisertums ableitete, wenn er oft berufene Bilder, wie das von den zwei Leuchten am Firmament, umdeutete zugunsten des Eigenrechts kaiserlicher Herrschaft, wenn er sogar in merkwürdig kritischer Anwandlung die Bibelstelle von den zwei Schwertern mit dem Hinweis auf Petri oft bewiesene Harmlosigkeit ablehnte, so war mit all dem doch (gerade auf der Höhe päpstlicher Ansprüche) die gleiche Heiligkeit für den weltlichen Staatsgedanken in Anspruch genommen wie für den geistlichen.

Petrarca huldigte dem Cäsarenkult im sonderbarsten Gegensatz zur Wirklichkeit der italienischen Staaten. Aber die gleiche Stimmung konnte in Deutschland für das Kaisertum deutscher Nation jeden Augenblick gewaltige nationale Bedeutung gewinnen. In den Tagen konziliarer Opposition gegen Rom, der Sehnsucht nach einer deutschen Reichs- und Kirchenreform wurde das aus den Quellen gewonnene Geschichtsbild vom Kampf der Deutschen gegen Rom seit den Tagen des Helden Arminius auch praktisch wirksam. Und diese Vorstellung blieb lebendig und nahm Erinnerungen an die Kirchenkämpfe in sich auf, um im Zeitalter der Bücher und Flugschriften zum Gemeingut weiter Kreise zu werden. In einem Reformprojekt des späten 15. Jahrhunderts, aus der Feder des Ritters Hans von Hermannsgrün (1495), sind es die großen Kaiser Karolus, Otto und Friedrich Barbarossa, die nächtlicherweile unter die im Dom zu Magdeburg versammelten Reichsstände treten, um ihnen Ratschläge zu erteilen. Man sieht, auch hier entsteht ein neuer Glaube, wenngleich noch in halb geistlichem Gewande, zugunsten des weltlichen Staats.

Indessen, aus denselben Quellen der Geschichte speiste sich auch der Gegensinn gegen jede universale Macht, sei es Papsttum oder Kaisertum. Der Gedanke landschaftlicher Einzelmächte war so alt wie das Mittelalter, wogte auf und ab, um schließlich übermächtig zu werden und das Abendland zu sprengen. Von Theorie ist hier lange nicht die Rede. Die Kirche hatte die ersten christlich-germanischen Könige gesalbt und gekrönt und damit ihrem System gewissermaßen eingeordnet. Der noch weitergehende Versuch, möglichst viele Reiche in eine römische Oberlehnherrschaft einzubauen, hatte versagt. Es war damit gegangen wie mit so vielen gotischen Domen; den bedeutendsten Ansätzen fehlte die Vollendung. Darüber drängten von unten her neue Mächte aus dem Mutterboden der Wirklichkeit. Sie spotteten nach Art und Zahl der planmäßigen Eingliederung in das geistliche Imperium. · Statt dessen erwuchs auch ihnen im Zeitalter der Scholastik die geistige Rechtfertigung aus den rationalen Begriffen von Fürstentum und Herrschaft. Ja, man überwand bald theoretisch wie praktisch die einseitige Form mittelalterlichen Herrentums und entdeckte in den Städten wieder die Idee des Gemeinwesens. Schon bald nach Dante entnahm Marsilius von Padua der antiken Staatslehre die Theorie von der Volkssouveränität, auch in den fürstlichen Staaten. Man wollte am Hofe Ludwigs des Bayern auf ein von der Kurie unabhängiges Wahlrecht der Kurfürsten hinaus und fand seine Wurzel in dem ursprünglichen Herrschaftsrecht des Volkes »oder seiner Mehrheit«. Noch immer berief man sich auf kirchliche Zeugnisse neben den antiken; aber die Emanzipation des Staates machte sichtliche Fortschritte. Je weniger sich die Staaten auf die universalen Spannungen des alten römischen Reiches einstellten, um so geschlossener und fester wurde ihr natürlicher Aufbau. Das galt von den deutschen Territorien so gut wie von den neuen Staaten Italiens und den größeren Fürstentümern von Burgund, England und Frankreich, Castilien und Aragon. Insbesondere die italienischen Stadtstaaten gewannen darüber hinaus ein Bewußtsein ihrer selbst, das, gefördert durch kaufmännisches, wirtschaftliches Denken, auch den Staat der Berechnung, der Vernunft, selbst der Konstruktion unterwarf.

Was diese Staaten in Wirklichkeit trug, war eine zunächst nur im kleinsten Raume mögliche Intensität der Staatsidee; eine nach dem Muster entweder der geschlossenen Stadtgemeinde oder der Gutsherrschaft arbeitende patrimoniale oder kommunale Zusammenfassung von Wirtschaft und Verwaltung, mit Polizei und Justiz – Unabhängigkeit der Produktion, Zusammenhalten des Eigenen und Ausschluß des Fremden; Überwachung nicht nur wirtschaftlicher, sondern auch kultureller Einrichtungen, Verfügung über Kirchen, Klöster und Schulen. Eben damit begann die große Umkehrung der mittelalterlichen Entwicklung. Nicht die Einordnung der Staaten in die universale Kirche oder die Einordnung der gesamten Kirche in eine universale Reichsidee, sondern die Zerschlagung des Allgemeinen in seine lokalen Elemente und deren Einbau in den werdenden Landesstaat.

Seit Jahrhunderten hatten die Geistlichen als Stände, als Gutsherren und Pfründeninhaber auf der Schneide gestanden zwischen Kirche und Staat. Der Sinn aller Konkordate war eine glimpfliche Teilung des Ernennungsrechts und der zugehörigen Gebühren. Beide Teile forderten oft ungestüm ihr Recht; auch die Fürsten. Im Laufe des Mittelalters schienen sie mehrfach obzusiegen, allein die große Linie zeigte bis in die letzten Jahrhunderte ein Vorwiegen des geistlichen Gedankens. Nun begann er zu verblassen. Vom 14. Jahrhundert ab stiegen wieder die Ansprüche und Erfolge des Staates im ganzen Abendlande. Der bleibende Ertrag der vorübergehenden Bundesgenossenschaft zwischen dem jungen englischen Parlament und der Theologie des Wiclif war jedenfalls ein ungeheures Übergewicht des Königtums über die Kirche von England, eine Entwertung ihrer inneren Kraft zugunsten und zu Lasten der Krone. In Frankreich ist die historische Tradition und ihre Pflege noch offensichtlicher. Man hatte einst in Deutschland für die Freiheit der Kirche, d. h. für das Papsttum gekämpft, aber im eigenen Lande fanden sich Königtum und Bistum im entgegengesetzten Sinne. Als man 1438 die Synode von Bourges rüstete, entstand auf dem Namen Ludwigs des Heiligen eine pragmatische Sanktion, die es vorzüglich mit den Provisionen der Pfründen zu tun hatte und die trotz des entgegenkommenden Konkordats, das Franz I. 1516 zu Bologna mit Leo X. abschloß, eine der festesten Stützen der gallikanischen Freiheiten bis in das 17. Jahrhundert bleiben sollte.

In den deutschen Fürstentümern aber, die jünger, wenn auch in ihren Kreisen nicht minder anspruchsvoll waren, besaß man schon die eigenkirchliche Abhängigkeit der kleinen Pfründen. Man erstrebte die Verfügung auch über die großen. Österreich ging im 13. Jahrhundert, wenn auch ohne rechten Erfolg, zuerst den Weg der landeskirchlichen Organisation sogar für die Bistümer; im 15. Jahrhundert kam dieselbe Politik zum Ziele. Kleinere Territorien folgten und gesellten zu den Bemühungen um Einfügung umschlossener Bistümer in ihre Landeshoheit noch den Zugriff auf die benachbarten – was sie freilich bald genug untereinander in die schwersten Hader bringen sollte.

Nun wurde das Streben der Staaten auf ihre kirchliche Abrundung und Abgeschlossenheit noch durch ein außerhalb des reinen Machtgedankens liegendes Moment beschleunigt. Seit dem Durchdringen der Geldwirtschaft gewann der Staat ein wachsendes Interesse an der Erhaltung seines Edelmetallbesitzes. Einseitiges Abströmen wurde gefürchtet; römische Taxen und Ablaßsammlungen waren gleichmäßig verhaßt, erst recht jede regelmäßige Besteuerung des Klerus, weil sie der Staat für sich beanspruchte. Hier hatte die Wurzel des Kirchenstreits zwischen Philipp dem Schönen und Bonifaz VIII. gelegen. Auch England faßte um diese Zeit die ersten Beschlüsse gegen die »Enterbung des Königs« durch die römische Kurie; der Ton wurde schärfer gegen das französisch-avignonesische Papsttum, als man sich im Kriege mit Frankreich befand. Es wurden aber auch die Forderungen allgemeiner. Sie griffen über das Pfründenwesen weit hinaus und bestritten die Wirksamkeit päpstlicher Gerichte und die Rechtmäßigkeit der Lehnsabhängigkeit Englands vom römischen Stuhle.

In Deutschland hörte man einst Walther von der Vogelweide leidenschaftlich wettern und klagen über die Zinse und Zehnten vom deutschen Volk an den Papst zu Rom – um so wirksamer, als bei ihm der männliche Zorn gegen die Habsucht und den Unfrieden begleitet war von der zartesten Innigkeit seiner religiösen Hingebung. Seitdem sind auch diese Klagen nicht mehr verstummt, wenn sie auch in ungleicher Stärke zu uns hinabklingen und nie wieder die großartige Wucht seiner Sprache erreichten. Während man im Reiche bis zur Goldenen Bulle um die rein politische Frage der Unabhängigkeit des deutschen Königtums von der römischen Approbation kämpfte, zogen sich die Klagen gegen die römischen Provisionen, Taxen, Steuern und Gerichtsurteile in die davon unmittelbar betroffenen geistlichen und weltlichen Fürstentümer. So war es am Ende durch das ganze Mittelalter bei allen Staatsproblemen gewesen, mochten sie Gebiete, Lehen oder Steuern betreffen – immer stießen die beiden Staatsgedanken, der universalkirchliche mit dem jeweils stärksten weltlichen zusammen. Auch der kirchliche hatte sich neuerdings in dem großartigsten Ausbau seiner Verwaltung gestärkt, aber der weltliche zeigte bereits die größere Lebenskraft.

Was vom Fürstentum oft nur unklar und unvollkommen ergriffen wurde, erscheint bei den Städten zeitig in reinster Ausprägung. Wenn sie sich auch historisch in dieser Aufgabe verbraucht haben, so wirkten sie doch als wichtigste Schrittmacher des modernen Staates. Nicht umsonst sind die Städte Italiens vorangegangen. Auch von deutschen fürstlichen oder Freistädten empfing die Idee des geschlossenen Gemeinwesens starke Nahrung. Wehrhaft im engen Mauerkranz, gewöhnt an gemeinsame Not, im täglichen Verkehr geschärft für Überheblichkeiten aller Art, entwickelte die Bürgerschaft aus sich zuerst wieder den demokratischen Gedanken, der selbst in der Kirche während der feudalen Jahrhunderte verschüttet gewesen war. Die Einfügung aller Personen und Angelegenheiten in das Gemeinwesen machte vor den Klerikern so wenig Halt wie vor den Sitten und Trachten. Die Kirchen gehörten vielfach der Gemeinde; Spitäler und milde Stiftungen standen in bürgerlicher Obhut. Wie man Einsprüche der bischöflichen Gewalt bekämpfte oder fernhielt, vielfach schon deshalb, weil der Bischof als Stadtherr verhaßt war, so verschmähte man gegen den Bischof nicht einmal die Machtmittel der römischen Kurie, ohne ihr etwa besonders ergeben zu sein. In den Städten hatte vollends die Theorie der Volkssouveränität und der Unterordnung aller Stände, auch des Priestertums, unter den Staat eine aus den Stadtrepubliken Oberitaliens selbst genährte Überzeugungskraft. Marsilius von Padua sprach nur aus, was in unzähligen Gemeinden selbstverständliche Daseinsform war; er gab deshalb mehr als nur einen Aufguß des Aristoteles.

In ihrer weiteren Ausgestaltung wurde die weltliche Staatsidee vor allem getragen von einem gelehrten Beamtentum, das aus dem römischen Recht und aus den Ableitungen antiker Staatslehre seine Gesichtspunkte zog; aus der Praxis seine Kunst. Das eigene Verhältnis zum Staat streifte die privatrechtlichen Reste des früheren Reichs- und Fürstendienstes langsam ab. Es ist von großer Bedeutung, daß in dieser Hinsicht der weltliche Staat dem geistlichen früh einen wirklichen Vorsprung abgewann. Zu einer Zeit, da die Kirche bei aller Großartigkeit ihrer Finanzwirtschaft, aller Klarheit ihrer Prozeßführung und aller Weite ihrer Verwaltung mit ihren Pfründen noch tief im Benefizialwesen steckte, hatte das nicht mehr dinglich gesicherte weltliche Beamtentum schon die höhere Weihe einer vom Boden gelösten Dienstauffassung erhalten. Die »Regierung« wurde ein Begriff, neben dem das Persönliche zurücktreten konnte.

Es muß freilich unterschieden werden zwischen dem inneren und dem äußeren Dienst. Daß sich die Staaten am ehesten und tiefsten ihres Wesens gegeneinander bewußt wurden, zeigt die Geschichte der italienischen Staaten, diese Wiege der Diplomatie und der Staatswissenschaft. Aus den Erfahrungen päpstlicher Legaten, venetianischer, mailändischer und florentiner Gesandten erwuchs die Staatskunst der Neuzeit. Niccolo Machiavelli ist selbst im Außendienst emporgekommen, erst im engen Rahmen der toskanisch-kirchenstaatlichen Verhältnisse, dann in der großen Welt von Frankreich und Deutschland. Darüber klärte sich das Bild des Staates als Macht, dessen Organismus schon mehr Interesse erweckte als das starre Gebilde der römischen Kirche. Machiavelli spürte den Gesetzen des Handelns im Staate nach und verriet damit, wie sehr er das Wesen seines Objektes bereits erfaßt hatte. Im diplomatischen Dienst gerieten die Staaten unter verschiedene Beleuchtung, ihre Leitung am klarsten in die Sphäre der Freiheit. Der Vertreter des Staates, der wechselnde Aufträge übernahm statt fester Amtsobliegenheiten, gewann die Freiheit des Kaufmanns, dem der Augenblick alles ist und stets die letzte Anspannung lohnt.

Neben den unmittelbaren Staatsdienern erschienen als nächste Träger seiner reinen Idee die Stände. Lebte wenigstens die fürstliche Beamtenschaft immer zuerst im Dienste des Herrn, so sind umgekehrt die Stände groß geworden in helfender oder kritischer Auseinandersetzung mit Fürst und Dynastie. Sie bahnten die Wege zur letzten, innerlich stärksten Form des Staates, den ein ganzes Volk, seiner selbst bewußt, darstellt. Aber eben auf diesen Wegen schon entbanden sich tiefe Kräfte des weltlichen Staates. Die geistliche Idee, fast schon entwertet, gab nur das Geleit. »Kein Herr auf Erden ist so gefreit, daß er Macht hat, die Untertanen nach seiner Willkür wider Recht und Billigkeit zu beschweren«, so rief der Ritter und Doktor Dietrich von Plieningen auf dem Landtag 1514 im Namen der Stände dem bayrischen Herzog zu. »Wie sich der Papst einen Knecht aller Knechte schreibt, so ist jeder Fürst nur Administrator oder Verweser. Die Untertanen aber sind nicht schuldig zu dulden, daß ihnen das *jus naturale* und das *jus gentium* benommen werde. *Defensio* ist ihnen von Natur gestattet.« Damit war wirksamer als in der formalen Doktrin von der Volkssouveränität das Recht über Fürsten und Volk stabiliert.

Im übrigen wurden doch auch andere Teile des Volkes auf ihre Art hineingezogen in das Werk der Befreiung des weltlichen Staates. Unter anderem geschah das mehr als durch die rationale Klärung durch die langsame Umformung der volkstümlichen Vorstellungswelt in einer bewegten, von flüchtigsten Stimmungen oft beunruhigten öffentlichen Meinung. Sie bildete sich am einzelnen und begann, unter Entwertung des Alten, in primitiven Idealen gewisse Grundelemente des sozialen Daseins wieder zu ahnen und in ihr Bewußtsein aufzunehmen. Der Geistliche verlor seine hohe Stellung zuerst in den Vorstellungen der Menschen. Der Bauer, die Arbeit, das soziale Recht, eine Ahnung von »Freiheit« wurden dafür eingesetzt.
Was hatte nicht der Kleriker einst bedeutet, als vornehmster Träger einer doppelten Kultur; wie war er zum Herrn geworden, ohne doch darüber das Heilige zu verlieren! Als er im Gewand der Kleinen und Armen auftrat – wie überlegen war nochmals seine Härte und Demut! Noch immer gab es Kirchenfürsten von angeborener Hoheit, Prediger von hinreißender Macht über die Gemüter, Lehrer voll Güte und Reichtum des Wissens. Jedoch die große Masse der Prälaten war in der öffentlichen Einschätzung längst tief gesunken; sie teilten alle Schwächen ihres adeligen Standes und erschienen daher erst recht zwiespältig in ihrer Lebensführung. Die alten Stifte waren vielfach arg heruntergekommen, die jüngeren Kanonikate warfen nur noch Renten mäßigen Ertrages ab. Vollends die Bettelorden hatten Schwung und Ansehen der ersten Zeit verloren. Die Vorstellungen von ihnen, die Wort und Bild wiedergeben, sind voll Schmutz und Verachtung. Das Pfründen- und Provisionswesen begann sich furchtbar zu rächen. Besonders im Hinblick auf die Seelsorge. Statt heiligmäßiger, gebildeter oder auch nur rechtschaffener Hirten versahen ärmliche und ungebildete Vikare die Obliegenheiten eines Amtes, dessen

Früchte großen Herren zuflossen. Wie im einzelnen die Verhältnisse wirklich lagen, ist schwer auszumachen; möglich, daß unsere Berichte zu mißfarbig und einseitig malen. Aber an der Tatsache dieser von Spott und Mitleid erfüllten zeitgenössischen Vorstellungen ist nicht zu zweifeln; sie waren an sich schon eine geschichtsbildende Größe. Je mehr aber die Träger des Kirchlichen in der öffentlichen Meinung sanken, um so mehr wurde Raum für neue Werte des weltlichen Lebens.

Es gab tiefe Umgestaltungen des sozialen Lebens. Auch dabei wirkten die Bilder und die Bücher oder Flugschriften mit. Denn die soziale Frage ist zu allen Zeiten in erster Linie das Problem eines bewußt empfundenen Mißverhältnisses zwischen der Lebenshaltung großer Volksmassen und dem herausfordernden Auftreten einzelner bevorzugter Stände. Insofern war die Stellung des Klerus im späten Mittelalter nur ein Teil davon. Auch in den Bauernschaften gärte es. Besonders aber auf der eng geschlossenen Bühne des städtischen Lebens stieß seit drei Jahrhunderten immer wieder das Volk der Straße mit den »großen Hansen« zusammen; die Summierung gehäufter Erlebnisse auf Geschlechter- und Zunftkämpfe war schon eine Art politischer Umformung der ursprünglich mehr elementaren Stimmungen. An diesen hatte die kirchliche oder moralische Formulierung ihren nicht geringen Anteil. Schon Walther von der Vogelweide eiferte gegen die soziale Überhebung; er kannte wie das Christentum keinen Unterschied zwischen Herrn und Knecht. Nach ihm aber, im Zeitalter der Bettelorden, kehrte sich das Verhältnis geradezu um. Nun wurde die Armut auf den Thron gesetzt und der kleine Mann verherrlicht. Es begann die Lobpreisung des Bauern; neben dem gefühlsmäßig Unbestimmten spielte dabei eine Ahnung seiner Stellung in der Produktion mit; er schaffte das tägliche Brot, auch das heilige Brot und den Wein, darin der Herr selbst gegenwärtig sein wollte. Dem armen Lazarus trat nur zu deutlich der reiche Prasser gegenüber, und das Gleichnis vom Nadelöhr klang vielen Ohren gar zu gut.

Dazu kam ein letztes bedeutendes Element. Es ist bemerkenswert, daß die Ketzerei, so massenhaft sie auch seit dem 12. Jahrhundert auftrat, fast immer eine vornehme Erscheinung gewesen ist und dem Gefüge der Welt erst in Verbindung mit den sozialen Problemen gefährlich wurde. Von philosophischen Bruchstücken der Alten war die Theologie der Scholastik einst ausgegangen; sie erstarkte im Kampf mit einem ganzen Komplex von Lehren, Vorstellungen und kritischen Anwandlungen aus nichtchristlichen Kulturen, unter denen der Averroismus am meisten greifbar hervortritt; man bezichtigte Bonifaz VIII. der Hinneigung dazu. Allein das alles hat der Kirche so wenig geschadet wie die völlige Indifferenz einzelner Renaissancepäpste und Kardinäle.

Dagegen hatte die Kurie selbst wiederholt jene Kleinen in den Dienst ihrer Politik gestellt, die mit sozialen auch kirchliche und zunehmend dogmatische Sondermeinungen vertraten. Hier erfolgten politische Ladungen noch unbekannter Auswirkung. Pataria, Waldenser, Humiliaten, Anfänge und Fortgang der Bettelorden – ebensoviel innere Verwandtschaft wie Verschiedenheit der politischen Einstellung und des äußeren Schicksals! Schon zeigte sich eine Abnahme in der Assimilationskraft der Kirche. Furchtbar waren die Nöte der Fraticellen des Franziskanerordens in ihrer Verfolgung. Aber auch ihr Martyrium berührt nur flüchtig die große Welt des Geschichtlichen.

Anders die Theologie des Wiclif und der Hussiten. Hier verstärkte sich das Soziale durch das Politische und Nationale. Die begriffliche Fassung und Formulierung des von weiten Kreisen unbestimmt Empfundenen ist immer schon eine Art Geburtsstunde historischer Ideen; wirksam werden auch sie erst im Kampf. John Wiclif verdankt seine Stellung in der Geschichte der Theologie auf der einen Seite (gleich den Waldensern) seinem bewußten und erklärten Zurückgehen auf die Heilige Schrift als Gesetz Gottes; auf der anderen Seite lag seine packende Kraft in dem Kirchlichsozialen und in der Verbindung mit den kirchenpolitischen Kämpfen der Krone. »Die Mittel der Kirche sollen dem König gehören, die Kirche selbst ist arm und nur aus dem Geist« – so kam es nicht ohne Schärfe über seine Lippen. Als das geistliche Gericht Miene machte, ihn zu vernichten, schützten ihn König und Volk. Als er in späteren Jahren nach der Schrift sogar das allerheiligste Sakrament des Altars verwarf, blieb er im Schutz dieser Mächte. Aber das Theologische stand an Wirkung dauernd zurück hinter dem Sozialen. Die Lehre von der heiligen Armut, die bei Wiclif zum zweitenmal welthistorisch werden wollte, hatte wohl auch ihren Anteil an dem Bauernkrieg von 1381. Jedenfalls war es seine radikale Kirchenlehre, die von hier aus mit ungeheurer Wirkung auf die Böhmen überging.

Johannes Hus ergriff und verbreitete seit 1402 an der Bethlehemskirche zu Prag in leidenschaftlicher und offenbar hinreißender Predigt die Wiclifschen Lehren von der Kirche gegen ihre Vertreter, ihre Macht und Herrlichkeiten. »Die Kirche ist eine unsichtbare Gemeinschaft; dem Papst zu gehorchen, ist keine Bedingung des Seelenheils.« So verurteilte denn das Konstanzer Konzil erst Wiclif, dessen Leiche ausgegraben und verbrannt wurde; dann verbrannte es auch Hus lebendigen Leibes. Aus seiner Asche stieg aber eine soziale und nationale Erhebung auf, wie sie die deutsche Geschichte noch niemals erlebt hatte. Es war das kleine Volk von Prag, das in stürmischer Aufwallung am 30. Juli 1419 jene sieben Ratsherren zum Fenster hinauswarf. Und wieder das kleine Volk der Bauern, das sich gegen die gemäßigteren Herren am Verklärungsberge Tabor sammelte und dann auszog, um mit Wiclifs Lehren blutigen Ernst zu machen. Sie wollten alles kurz und klein schlagen, was nicht durch die Bibel seine heilige Begründung fände. Da das Deutschtum in Prag und Konstanz als offene Vormacht der alten Kirche aufgetreten war, da die deutschen Herren auch in erster Linie Träger von Reichtum und Kultur waren, steigerte sich die von den Ereignissen zunehmend national beeinflußte Bewegung zu einer böhmisch-national-sozialen Propaganda der Tat von alttestamentlicher Wucht gegen die Gottlosen und Reichen. Predigt und Schrift in der Volkssprache wirkten doppelt, als Mittel und als Zweck, um jeden Zweifel auszuschließen über die Richtung auch dieser, der römisch-kirchlichen Kultur scharf feindseligen Bewegung.

Damit haben wir die stärkste Kraft berührt, die seit Jahrhunderten die Einheit des Abendlandes gefährdete, das Nationale. Der Begriff hat im Laufe der Zeit einen sehr weiten, im 19. Jahrhundert sogar einen durchaus staatspolitischen Inhalt gewonnen. Allein das zunächst als ursprünglich Empfundene war die Sprachgemeinschaft; sie hat gerade in der romanischen, aber auch in Teilen der germanischen Welt die Stammesverschiedenheit überwunden und ihrerseits neue Einheiten geschaffen. Daß man sich ihrer im Gegensatz zum Fremden stets bewußt gewesen ist, liegt in der Natur der Sache. Eine andere Frage – und daran hängt der weitere Begriff des Nationalbewußtseins – ist die Beziehung der bewußten Sprachgemeinschaft auf echte oder eingebildete Stammesgemeinschaft und beider auf irgendwelche Herrschaftsverbände.

Mit ihr kreuzte sich die Beziehung einzelner oder mehrerer dieser Gemeinschaften auf die räumliche Welt von Heimat und Vaterland. In der deutschen Dichtung Walthers von der Vogelweide ist diese schon vorher gelegentlich auftretende Verknüpfung in ihrer sittlichen Steigerung zum vaterländisch-völkischen Hochgefühl bereits ganz fest und zuversichtlich geworden.

> Ich han lande viel gesehen
> unde nam der besten gerne war;
> übel müze mir geschehen,
> kunde ich min herze bringen dar,
> daz im wol gevallen
> wolde fremeder site.
> Von der Elbe unz an den Rin
> und herwider unz an Ungerlant,
> so mugen wol die besten sin,
> die ich in der werlte han erkant;
> tugend und reine minne,
> swer die suochen wil,
> der sol komen in unser lant: da ist wunne vil.

Um dieselbe Zeit ist überall im Abendland von den Anfängen einer Nationalliteratur zu sprechen, wie sie aus jenem Hochgefühl naturkräftig emporwuchs. Das bedeutete aber in gesellschaftlicher Hinsicht zugleich das

Mündigwerden des Laientums in der eigenen Gestaltung seines Gemütslebens. Damit tritt die Laienbildung als ein neuer Faktor mit in die Kulturwelt des Abendlandes und zersetzt dessen vorwiegend klerikale Führung. Das nationale Laientum erwies sich zeitweise auch als vornehmster Träger aller jener staatspolitischen, kirchenpolitischen und sozialen Gegenbewegungen gegen die römische Einheit. Wie Walther von der Vogelweide zuerst so in der Volkssprache von des heiligen Reiches Herrlichkeit und Not zeugte und gegen römische Habgier eiferte, so war hundert Jahre später auch der Heros des italienischen Volgare, der Laie Dante Alighieri (†1321), staatspolitisch national und kirchenpolitisch radikal.

Aber das ist nun das Allermerkwürdigste an der spätmittelalterlichen Kulturentwicklung, daß gerade aus dieser nationalen Bewegung Italiens eine verjüngte universale aufsteigen sollte, die einerseits neue einheitliche Bildungsideen über das ganze Abendland ausbreitete, andererseits doch auch wieder die Keime zu einem bisher nicht gekannten historischen Nationalgefühl und zu einer ebenso historischen wie kritischen Theologie in sich trug.

Der Humanismus ist in doppeltem Sinne eine literarische Bewegung. Seine Voraussetzungen liegen zuerst in der Sprache und Literatur des erwachenden italienischen Volkes. Unter Mitwirkung historisch-geographischer Traditionen erwuchs dem Dichter Dante aus dem Wesen der Volkssprache zuerst das Nationalgefühl eines Italieners, der für Italien das römische Kaisertum als nationale Herrschaftsform in Anspruch nahm. Aber bei ihm wie bei dem zweiten Bahnbrecher der nationalen Kunstsprache, Francesco Petrarca, wurzelte alles dieses tief im elementar Gefühlsmäßigen. Sie waren beide von Haus aus Lyriker, von deren Lippen die Laute der Muttersprache auch in der kunstvollen Gestaltung doch als Herzenstöne strömten. Aus ihrem Sentiment wurde so gut das Kirchlich-Universale verklärt wie das Nationale romantisch in das Weltweite gesteigert. Mit Land und Volk stieg aus seinen literarischen Denkmälern auch eine universale Vergangenheit auf, und um dieses Dienstes willen liebte man sie und erkannte verehrend ihre wahre Größe. Denn gleichzeitig wirkte das literarische Feingefühl dieser Dichter im Sinne einer Durchdringung der Form und der Entdeckung des ewigen Menschlichkeitsgehaltes der klassischen Literatur; ganz so, wie erst die liebenden Augen der selbst reif gewordenen Künstler auch die »musikalischen Proportionen« in den antiken Werken der bildenden Kunst wieder erkannten.

Auf dem Wege zu dieser bewußten Erfassung der alten Meister machte man nun Entdeckungen, die ganz abseits von den Stimmungen der ästhetischen Welt lagen und die für sich geeignet waren, die Grundlagen des Geisteslebens selbst zu erschüttern, die man eben aufs neue legte. Da die Denkmäler der Alten aus Schutt und Trümmern, aus Inschriften und Handschriften verschiedenen Alters zurückgewonnen werden mußten, begann man in ihrer handwerksmäßig empfundenen ungleichen Qualität etwas von den Bedingungen der historischen Überlieferung überhaupt zu ahnen. Man lernte gute und schlechte Handschriften zu unterscheiden. Man begriff, daß durch die Tradition die Reinheit der Texte angegriffen sein konnte. Ja, der Begriff der Echtheit, den die Gerichte nie ganz verloren hatten, wurde auch für das Gebiet des Geschichtlichen wieder gefunden und damit nicht nur die Möglichkeit einer Verschlechterung, sondern geradezu einer Verfälschung der Überlieferung entdeckt. Für die Philologie und damit für die Geschichte bedeutete das ihre Begründung als Wissenschaft an dem entscheidenden Punkte, nämlich aus dem Wesen der Überlieferung.

Materiell wurde in Italien die römische Geschichte mit den »Altertümern« und dann in Deutschland die »Deutsche Geschichte« aus den jetzt wieder erschlossenen Quellen als eine wahre Entdeckung herausgeholt. Mit der »Germania« des Tacitus hatte man in der ungeheuren Weite einer dunklen Vergangenheit den leuchtenden Anfang der bis dahin noch nicht bewußt aufgefaßten geschichtlichen Existenz des eigenen Volkes gewonnen; von dort bis zur bekannten Gegenwart spannte sich nun erst die neue Welt deutscher Geschichte, die sich nach und nach durch das Gerüst der Chroniken weiter gliederte. Dieses neue historische Sehen aber vertiefte das aus älteren Schichten fließende Nationalgefühl und gab auch den Studien eine bis dahin nicht gekannte patriotische Färbung. Der »teure Held« Arminius und sein Kampf gegen die Römer sollte fortan aus den Vorstellungen der Deutschen nicht wieder verschwinden. So schlug die von Haus aus ganz universale Bewegung des Humanismus mit ihrer Verherrlichung des alten Rom und seiner »berühmten Männer« auf deutschem Boden in das gerade Gegenteil um und führte mit der Kritik des Fremden die bis dahin der Nation am meisten entfremdeten Gelehrten an die Spitze ihrer Propheten. Von hier aus ist der Überschwang nationaler Töne am Oberrhein, etwa bei dem Begründer der deutschen Geschichte (1505) Jakob Wimpfeling und seinen Freunden, zu verstehen. Wimpfelings »Germania« war zunächst nur die Verteidigung des Deutschtums im Elsaß aus der Geschichte, gewann aber eben damit, etwa durch die Inanspruchnahme Karls des Großen für das Deutschtum gegen die Franzosen, eine allgemeinere Bedeutung. So merkwürdig der Umweg, so deutlich auch hier die innerliche Auflösung des Universalen durch das landschaftlich Nationale.

Aber nochmals – auch des mittelalterlich Klerikalen durch das Laientum. Es lag an einer eigentümlichen Verstrickung von Gründen, daß die humanistische Bewegung Italiens im Gegensatz zur mittelalterlichen Gelehrsamkeit sehr stark vom Laientum getragen wurde. Zunächst war sie ja als literarische Erscheinung die Erbin höfischer Laienkultur gewesen. Sodann bildeten weltliche Kanzleibeamte und Notare das wichtigste Element bei einer Reform der Prosa. Endlich bewährte sich die Gesamtbewegung als Tochter italienischer Städtekultur auch da noch, wo sie die kleinen und großen Höfe ergriff. Sie verband Gelehrte mit Geschäftsleuten und Künstlern und verleugnete selbst in ihrer deutschen Abspaltung nicht ganz die ungebundene Lebenslust ihrer Heimat. Da die deutschen Universitäten sich nur langsam der neuen gefährlichen Bildung erschlossen, man diese vielmehr noch lange über Berg holen mußte, so gewann auch das internationale gelehrte Wanderleben neben den immer noch beteiligten Klerikern neuen Nachwuchs aus der Laienwelt. Und doch waren die Bedingungen in Deutschland selbst stark abweichend, und es nimmt nicht Wunder, daß hier auch in anderer Hinsicht die Folgen schließlich geradezu entgegengesetzt waren.

Denn die frühesten großen Wirkungen des deutschen Humanismus sollten auf theologischem Gebiet liegen. Es bleibt auf den ersten Blick einer der überraschendsten historischen Vorgänge, wie die weltliche Renaissancekultur sich auf deutschem Boden so vorwiegend des Theologischen bemächtigte.

Die moralphilosophischen Neigungen des italienischen Frühhumanismus mit ihren Fragestellungen nach dem Vorrang des tätigen oder des beschaulichen Lebens, nach dem Wert der Askese und dem »höchsten Gut« hatten sich trotz aller mönchischen Reminiszenzen gegen das Ende des 15. Jahrhunderts vom Christlichen schon recht weit in das indifferent Antike verloren. Auch die von religiösen Stimmungen viel stärker durchwehte Kosmologie der Platoniker zeigte mehr das erotische Element, das der literarischen Bewegung aus ihrer Vorgeschichte unlösbar innewohnte, als das sittlich religiöse. Andererseits erfolgte gegenüber dem blühenden Kultus und den lieben Gewohnheiten der von tausend schönheitstrunkenen Künstlern bedienten Kirche eher Hingebung als Entfremdung. Natürlich bemerkt man in allen diesen Richtungen gleichsinnige Wellen der großen Strömung auch auf deutschem Boden.

Allein, wo sie sich sammelte und niederschlug, gewann sie doch meist eine durchaus eigenartige Klärung. Zunächst wurde sie von den großen politischen und nationalen Erregungen nicht nur in der Konzilsperiode von Konstanz und Basel, sondern immer wieder berührt; und sie entnahm daraus gerade die Kritik des Fremden, des rein Rhetorischen und des sittlich Ungebundenen. Außerdem fehlten die modernen Voraussetzungen italienischer Städte; Heimstätten der neuen Bildung blieben mehr als im Süden doch die Gelehrtenstuben und neben wenigen Fürstenhöfen die Schulen. Von hier aus kam eine Lebensstimmung liebender Hingebung, wie sie die großen Mystiker beseelt hatte, der neuen Heiligkeit des Studiums zugute. Insofern steigerte man die Möglichkeiten, blieb freilich andererseits doch wieder in engeren Grenzen der Theologie, die ohnehin in Deutschland bis dahin bescheiden war.

So wenig sich die Deutschen an der Grundlegung der Scholastik wesentlich beteiligt hatten, so gläubig hatten sie später auch deren »moderne

Schule« von außen übernommen. Gewisse Universitäten bevorzugten wohl die alte, andere aber bewußt die moderne. Gelegentlich vertiefte man das Eintreten für die *via antiqua* zu einem Gegensatz gegen die Spitzfindigkeiten der neueren und zur bewußten Pflege der Realien, auch der Sprachen und Texte, und wirkte gerade damit für die neue Zeit wegbereitend. Aber an der eigentlich spekulativen und systematischen Richtung der Theologie blieben die Deutschen dauernd wenig beteiligt; alle klingenden Namen gehören hier den Engländern und Franzosen. Auch die »Theologie des Plato«, mit ihrer kosmologischen Verherrlichung der schaffenden Liebe, wie man sie auf den sonnigen Hügeln bei Florenz gern trieb, fand in Deutschland keine Jünger.

Dagegen bot die geistige Richtung der Mystik, deren verhaltener oder stürmischer Ausdruck in der Muttersprache immer die Stimme des Herzens verkündete, einer wahren Erneuerung der inneren Bildung noch ganz andere Möglichkeiten als die *via antiqua*. Hier gab es wirklich jene deutsche Schule von Meister Eckhart an (†1327) über die Oberländer Tauler und Seuse, die Niederländer Ruysbroek und Geerd Groot hinab zu den Brüdern vom gemeinsamen Leben, die uns nun noch einmal in einem neuen Zusammenhang begegnet. Ihr großes Anliegen, die innere Gotteserfassung aus dem Zustand reiner Gelassenheit mit der Frucht eines gottseligen menschenfreundlichen Wandels, zielte unmittelbar auf das religiöse Leben des ganzen Volkes, also auch der Laien. In dieser *devotio moderna* behielten die äußeren Heilmittel der Kirche wenig Platz; auch war diese Versenkung in die Geheimnisse Gottes ja den Laien so gut gegeben wie den Klerikern; es bedurfte da keines Mittlers. Was Wunder, daß sowohl die großen Führer wie ungezählte ihrer überschwenglichen Nachfolger Argwohn und blutige Verfolgung zu bestehen hatten.

Und doch, in dem gesammelten Ernst der Besten blieben die Gefahren ebenso der Ekstase wie der Sektierer beschworen und die Elemente des praktischen Christentums gerettet. Das freie »gemeinsame Leben« von Klerikern und Laien förderte sowohl die Brüderlichkeit wie anspruchslose Studien. Neben Predigt und Seelsorge trat hier außerdem zeitig die Jugenderziehung in den Vordergrund und damit eine wirksame Form werbender Verbreitung dieser geistigen Haltung. Aus der Schule von Zwolle und dem Lebensernst der »Brüder« gingen Theologen wie Wessel Gansforth († 1489) und die Führer des deutschen Frühhumanismus hervor: Agricola, Langen, Hegius und Dringenberg. Wessel Gansforth unhumanistisch, den Kernfragen der Seelsorge zugewandt. Seine Theologie und, was wichtiger ist, seine Stellung zur Kirche rücken den kühnen Mann immer wieder in die erste Linie der Bahnbrecher einer neuen Zeit – freilich doch mehr als Zeugen für die Wege des Denkens als des Handelns oder gar der unmittelbar greifbaren Folgen innerer Wandlung. Sichtbarer war zunächst die von der Zeitströmung williger getragene Wirksamkeit jener Humanisten. Eben ihre Richtung zeigte das Neue und Eigenartige der deutschen Bewegung, ohne ihren schützenden Ursprung ganz zu verleugnen.

Rudolf Agricola (†1485) stellt für uns in jeder Hinsicht den großen Zusammenhang her, wenn er bekannte: »Petrarca verdanken wir die Bildung unseres Jahrhunderts; ihm gebührt der Dank aller Zeiten – des Altertums dafür, daß er seine Schätze dem Untergang entrissen, der neuen Zeit dafür, daß er durch eigene Kraft eine neue Bildung begründet und sie den kommenden Jahrhunderten als Erbe überwiesen hat.« Alexander Hegius führte als Rektor von Deventer die klassischen Autoren in den Unterricht ein; Langen begründete das Münsterische Schulwesen und der Westfale Ludwig Dringenberg die elsässische Schule von Schlettstadt, aus der Wimpfeling und Beatus Rhenanus hervorgingen. Sie standen schon im geistigen Austausch mit all den anderen Stätten des oberdeutschen Humanismus.

Aber so eng dessen Bund mit der deutschen Geschichte im Elsaß wie am Hofe Maximilians auch geknüpft wurde, je mehr man sich den Höhen des deutschen Humanismus näherte, um so beherrschender wurde doch wieder sein kirchlich-universaler Charakter. Der Pforzheimer Johannes Reuchlin (1455–1522) ging den üblichen Weg eines jungen Humanisten von Heidelberg nach Florenz, über eine lateinische Komödie zum Homer, über die griechischen Väter zur Heiligen Schrift. Ja, er verfolgte ihn noch weiter zum hebräischen Urtext, zur Grammatik und zum Studium jüdischer Literatur. Dabei blieb dieser Laie im tätigen Leben, wurde Rat und Kanzler des Schwäbischen Bundes. Aber seine Einstellung war ganz universal und frei. Gegen seine rein gelehrte Beschäftigung mit jüdischen Büchern machte ein enges Überchristentum von Köln aus mobil, wodurch es zu jenem Streit kam, in dem Reuchlin die literarischen Zustimmungen als »Briefe berühmter Männer« veröffentlichte. Die ungerufene Unterstützung des Erfurter Humanistenkreises erfand dazu als Gegenstück die *Epistolae obscurorum virorum*, die bitterbösen Dunkelmännerbriefe. In dieser berühmten Satire, zu der auch Ulrich von Hutten einiges beisteuerte, gab Crotus Rubeanus aus dem Erfurter Kreis des Mutian im Namen der neuen deutschen Bildung die alte Theologie und ihre geistlichen Träger dem allgemeinen Gelächter und der Verachtung preis.

Viel schärfer noch setzte in derselben Richtung ein Literat ein, der schon damals als Fürst der Humanisten bezeichnet werden mußte und der trotz der herbsten Kritik am Alten doch wieder von allem Nationalen in Leben und Werken am weitesten entfernt war. Versteht man das Mittelalter als die Welt einer universalen christlich-lateinischen Lebensrichtung auf dem Kulturgrunde des Altertums, dann war Desiderius Erasmus aus Rotterdam sein letzter großer Vertreter.

Er hatte keine Heimat und keine Familie, schrieb in keiner Muttersprache und diente keinem Vaterlande oder Staat. Weltbürgerlich im Rahmen einer zwar sehr reformbedürftigen, aber im Wesen nicht angegriffenen Kirche, erfüllt von dem verjüngten, aber seit dem heiligen Hieronymus nie verschwundenen Ideal des christlichen Gelehrtenbundes. Mit 24 Jahren aus dem Kloster wieder befreit, durch die Not des Lebens eine Zeitlang unbarmherzig hindurchgetrieben, gehörte Erasmus früh der großen Welt. Paris erzog ihn; seit 1498 stand er in Oxford unter dem Einfluß des in Florenz gebildeten Colet; Burgund sah ihn wieder und gab ihm als »Rat« eine Staatspension, doch blieb er sein Leben lang unstet. Er besuchte wiederholt Italien; Basel fesselte ihn einige Jahre. Dieser Mann war der kenntnisreichste Philologe, trotz einiger Unbegreiflichkeiten; nach dem Maßstab seiner Zeit ein Herausgeber von Fleiß und Akribie, von ungemessener Arbeitskraft; voll Spott und Witz, der schärfste und eleganteste Satiriker. Es war ihm ebenso ernst mit seiner individuellen Geistigkeit, auch auf religiösem Gebiet, wie mit der unermüdlichen Arbeit an der Herausgabe der Kirchenväter und der Heiligen Schrift. Seit 1517 erschien seine Paraphrase des Neuen Testaments. Im Grunde war es noch einmal im größten Stil das Thema des frühesten Mittelalters, das er sich stellte: Christentum und antike Bildung vollkommen zu versöhnen. Sein Ideal der Frömmigkeit weist in die Schule der alten Mystik und der Brüder vom gemeinsamen Leben. In dem geräuschvollen Kirchentum der volksmäßigen guten Werke sah er eine abständige, wenn auch immer wieder durchdringende Gesetzesreligion. Seiner weltüberlegenen Gelassenheit sollte Christus selbst das absolute Vorbild sein: die Harmonie aller Tugenden. Da blieb freilich auch für die höhere Dinglichkeit der mittelalterlichen Theologie kein Raum mehr; es war eine Revision des Mittelalters bis auf seine Wurzeln. Beispiel ist alles und die Kirche im Grunde nicht viel anderes als die Behüterin der heiligen Schriften; der Theologe ihr berufener Erklärer.

So hatte sich schon Wessel Gansforth den Theologen der Zukunft gedacht, als christlichen Weisen und Lehrer. Aus den echten Quellen sollte die neue Wissenschaft der Menschheit erst das wahre Evangelium schenken. Sünde und Schuld, Gnade und Erlösung, diese Grundideen des ganzen Heilsystems stehen natürlich noch immer im Mittelpunkt, aber ihr Sinn und Wirken sind aus dem kirchlichen Gefüge ganz überwiegend in die Einzelpersönlichkeit verlegt, ihre furchtbar drückende Schwere ist zu einer feinen Geistigkeit erleichtert, angenähert an andere moralische und ästhetische Lebensprobleme. Mit Freiheit dachten diese Männer der letzten höchsten Renaissancekultur nicht nur die moralische, sondern auch die religiöse Welt zu meistern. »Ich habe Dich weder sterblich noch unsterblich gemacht«, ließ Pico della Mirandola Gott zu Adam sprechen, »damit Du Dein eigener Bildner und Erzieher seiest, zu welchem Bild und Wesen Du willst; – Du kannst zum Tier entarten, Du kannst aufsteigen zu Gott!« Dieses prometheische Verlangen durchzieht auch die Theologie des Erasmus, glänzend und berauschend. Sein theologisches Symbol: der freie Wille.

Man war in Italien dem antiken Lebensgefühl, gegen das sich einst das Christentum der innerlichen Menschen mit Blut und Not durchgesetzt hatte, immer näher gekommen. Die Sonne Homers begann wieder zu leuchten, und die schöne Wirklichkeit fand ihre Priester in Tempeln, die sich auch äußerlich der antiken Form wieder näherten. »Nächtliche Beleuchtung schaffe man wie bei den Alten, die in den Schalen ihrer Kandelaber große wohlduftende Flammen anzündeten«, sagte Leone Battista Alberti in seinem Buche von der Baukunst. Von den Wänden seines Tempels sollte man lesen: »Liebe und du wirst geliebt werden« oder »Sei wie du zu scheinen wünschest«. Von der ewigen Liebe und den geoffenbarten Worten der Heiligen Schrift ist nicht die Rede. Die Künstler unterfingen sich der größten Aufgaben, und der berufenste Kritiker des 16. Jahrhunderts sagte von den Werken der Meister seiner Jugendzeit: Sie waren schöner als nur irgend die Antiken. Der Tanz der Musen und Chariten grüßte wieder von den Wänden päpstlicher Gemächer, und aus den Badezimmern römischer Kardinäle leuchtete die lieblichste Sinnlichkeit der enthüllten Natur. Man träumte und sprach von einem goldenen Zeitalter, das wie in den Tagen des Augustus die Erde beglücke.

Erasmus teilte nicht die Stimmung der Italiener seiner Tage. Aber er hielt mit ihnen Frieden und nahm von ihnen reiche Ehren.

Wohin ging der Weg dieses merkwürdigen Zeitalters? Wies nicht doch alles auf eine neue universale Weltkultur, wie sie teils von Italien her, teils aus eigenen burgundischen und niederländischen Wurzeln auch den Westen Europas schon erfüllte? Gewiß mit wachsender Selbständigkeit der Staaten als Trägern der Macht, vielleicht unter nützlichen Kompromissen mit der ebenso mächtigen römischen Kurie in bezug auf alle Fragen der kirchlichen Verwaltung; etwa so, wie der spanische und der französische Staat jetzt und später es darstellten? Aber was würde Deutschland mit seiner staatlichen Auflösung, der starken Abhängigkeit seiner zwiespältigen Kultur und der Bescheidenheit seiner Theologie in dieser neuen europäischen Welt bedeuten? Deutschland stand wirklich trotz aller scheinbaren Blüte vor dem sicheren Tiefstand seiner geistigen, politischen, auch wirtschaftlichen Weltgeltung.

Man ahnte in Deutschland wohl, daß in der Welt des Geistigen etwas bevorstehe. Das eigentlich Religiöse bedeutete dem Deutschen offenbar mehr als dem gleichzeitigen Italiener oder Franzosen. Aber welche Gestaltungen das Geistige gewinnen, ob es gar auf die nationale, die politische Welt zurückwirken würde, das lag im tiefsten Dunkel. Als der Nürnberger Patrizier Willibald Pirckheimer, der Freund Dürers, in den Reuchlinschen Streit mit einer Trostschrift eingriff, da wollte er seine Hoffnung setzen auf den Fortgang der Studien und der Theologie. Gewisse Vertreter einer neuen Richtung glaubte sein spähendes Auge schon zu erkennen: Erasmus und Reuchlin, Staupitz, Johann Eck, Ökolampad, Cochlaeus und Thomas Murner, Martin Luther, Emser, Mutian und Spalatin. Denkwürdige Auslese von Humanisten und Theologen, alten Freunden und späteren Gegnern! Und doch lag die Zukunft nicht bei den Gelehrten und nicht bei einer friedlichen Reform. Es war vielmehr bestimmt, daß ein gewaltiges Stück aus der religiösen Energie der Menschheit sich ablösen sollte, um mit elementarer Wucht alle Träume der Freiheit zu zersprengen, mit dem alten Kirchenwesen die alte Weltordnung weithin in Trümmer zu legen und die Menschheit zu zwingen, sich aus der Tiefe ihres religiösen Bedürfnisses wieder zurechtzufinden – nicht ein goldenes Zeitalter der Freiheit, sondern die Hand Gottes mit der Seele suchend.

Der Ablaßstreit in Sachsen / Luthers Frühzeit

Am Eingang der Periode deutscher Geschichte, die wir darstellen, wie an entscheidenden Wendepunkten ihres Verlaufs steht mit welthistorischen Wirkungen der Streit um Magdeburg zwischen Kursachsen und Brandenburg. Die breitgelagerte, wohlbefestigte Handelsstadt an der Elbe war schon damals der Schlüssel des Stromes, das Erzstift mit dem traditionellen Anhang des Bistums Halberstadt das vornehmste und reichste Fürstentum am Rande der beiden Kurstaaten.

Bis zum Herbst des Jahres 1513 hatte Herzog Ernst von Sachsen das Erzstift inne, dessen älterer Bruder den Erzstuhl von Mainz besessen hatte. Nun folgte ein Brandenburger. Am 30. August 1513 wählte das Magdeburger Domkapitel den dreiundzwanzigjährigen Markgrafen Albrecht von Brandenburg, den jüngsten Bruder des Kurfürsten Joachim. Noch im September postulierte ihn auch das Kapitel von Halberstadt als Administrator. Die Vereinigung der beiden Pfründen und die übergroße Jugend erforderten Dispens. Eine stattliche Gesandtschaft erwirkte ihn in Rom: Der junge Markgraf sollte im nächsten Jahr zum Bischof geweiht werden dürfen. Ohne große Kosten war das nicht erreicht; schon allein das *Servitium commune*, die zwischen Papst und Kardinälen zu teilende Gebühr, belief sich auf 1079 Dukaten; das Fuggersche Kontor in Rom zahlte die Summe.

Kaum aber war dieser Handel zur Befriedigung der Brandenburger erledigt, als sich ihnen durch den Tod des Erzbischofs von Mainz die Aussicht eröffnete auf einen Kurhut. Der Mainzer Erzstuhl war 1504 durch den Tod Bertholds von Henneberg, 1508 durch den Tod Jakobs von Liebenstein und jetzt 1514 durch das Ende Uriels von Gemmingen erledigt. Jedesmal waren bei der Neubesetzung schwere Summen in Rom gezahlt worden. Das unter den Schulden seufzende Kapitel sah sich nach einem zahlungskräftigen Kandidaten um. Kaiser Maximilian bemühte sich für Ernst von Salzburg; Kurfürst Ludwig von der Pfalz für einen seiner vier geistlichen Brüder – die Stimmung verstärkte sich aber zugunsten des jungen Brandenburgers, weil die zweitgrößte Stadt des Stiftes, Erfurt, gestützt auf Kursachsen, der mainzischen Regierung eben besondere Sorge machte. Hier brauchte man ein Gegengewicht. Ein solches versprach der Kurfürst von Brandenburg: Auf eigene Kosten wollte er das Stift beschirmen.

Also wurde Albrecht von Brandenburg, konfirmierter Erzbischof von Magdeburg und Bischof von Halberstadt, gewählt. Einen Augenblick dachte man, er würde nur die Sitze wechseln: Allein, die brandenburgisch-mainzische Gesandtschaft in Rom schickte sich an, für ihren jungen Herrn die drei Bistümer zu vereinigen. Mainzer und Magdeburger Domherren wirkten zusammen mit Dr. Johann Blankenfeld, kurbrandenburgischer Prokurator in Rom, und einem Herrn von Alvensleben. Aus ihren Berichten kennen wir die denkwürdigen Verhandlungen, die Anstoß geben sollten zu dem größten welthistorischen Konflikt.

Vom Juni bis zum August 1514 verhandelte man, vorzüglich an der Dataria, das heißt der jungen Behörde, an der nicht nur die Bittschriften erledigt, sondern auch jene eigentümlichen, zuerst in der Penitentiarie für Dispense nach freiem Ermessen berechneten *Compositiones* erhoben wurden. Die Deutschen erfuhren bald unter der Hand, daß man für 10 000 Dukaten wohl die unerhörte Dispens zur Vereinigung von drei hohen Stiften erreichen werde. Sie boten einige Tausend weniger, aber es hieß, die Summe sei bereits auf 10 000 Fl. ermäßigt. So zähe die Deutschen handelten, so zähe hielt der alte Datar, der Kardinal Lorenzo Pucci, fest. Man steigerte die Summe auf 12 000 und bemerkte, es habe auch 12 Apostel gegeben, worauf Blankenfeld schlagfertig erwiderte: »Aber doch nur 7 Todsünden.« Schließlich blieb es bei den 10 000 Dukaten. Denn über den Verhandlungen war den Deutschen zugebracht, der Papst werde wohl bereit sein, dem Herrn Erzbischof zur Bestreitung so hoher Ausgaben die Erträgnisse eines Plenarablasses auf zehn Jahre zu bewilligen. Auch diese Verhandlungen führten zum Ziel. Der bewilligte Ablaß lautete auf den Bau von St. Peter; aber der Papst begnügte sich mit der Hälfte des Ertrages, die andere Hälfte ließ er dem Erzbischof. Das war viel. Der letzte für den baltischen Nordosten bewilligte Ablaß hatte allein in drei Jahren dem Hochmeister über 20 000 Dukaten eingebracht. Solcher Summen bedurfte es allerdings, denn außer der *Compositio* beliefen sich bereits die durch das Haus Fugger vorgeschossenen Unkosten auf 34 700 Dukaten. Und wie hoch mögen sich erst die allgemeinen Unkosten der Gesandtschaft gestellt haben!

Den Zeitgenossen ist dieser trotz aller bürokratischen Umkleidung schmähliche Handel verborgen geblieben. Sie hörten nur ein halbes Jahr nachher durch päpstliche Bulle vom 31. März 1515 an die Gläubigen in den Diözesen Mainz und Magdeburg, im Bistum Halberstadt und in den brandenburgischen Landen, daß Seine Heiligkeit einen vollkommenen Ablaß bewilligt habe, »indem wir aus allen Kräften bemüht sind, unseres Heilandes und Erlösers heiligen Befehlen pflichtgemäß nachzukommen«. Die Instruktion des jungen Erzbischofs gab die Erläuterungen dazu. Es ward ausgeschrieben erstens ein Ablaß für die Lebenden in der Form des Beichtbriefes, das heißt der Erlaubnis zur Wahl eines mit allen Vollmachten, auch in päpstlichen Reservatfällen, ausgestatteten Beichtvaters und somit die weitestgehende Erleichterung der Befreiung von Schuld und Strafe für alle Sünden, und zweitens ein Ablaß für die Verstorbenen, wobei ausdrücklich daran erinnert wurde, daß man diesen auch ohne alle Leistungen des Sakraments der Buße, lediglich durch Zahlung, zugunsten Abgestorbener gewinnen könne.

Wir haben Fragmente von Ablaßpredigten, in denen aufs eindringlichste die Zeit der Gnade gepriesen, die Leichtigkeit des Erwerbs und die furchtbare Not der armen Seelen im Fegefeuer ausgemalt werden. Wie sollte das auch anders sein, da die glückliche Emission allein die Rentabilität dieses Finanzmittels gewährleistete. Denn von dem Ertrage gingen wieder sehr erhebliche Spesen ab, und erst die Hälfte des Reinertrages konnte der Herr Erzbischof von Mainz und Magdeburg zur Begleichung seiner Schulden beim Hause Fugger verwenden.

Die Verkündigung des Ablasses wurde, soweit man sieht, von vornherein in die Hände des Dominikaners Johann Tetzel gelegt, der schon in den Jahren vorher als Unterkommissar des päpstlichen Ablaßhändlers Arcimboldi tätig gewesen war; ein heftiger Mann, der auch über das Maß des Geschäftsbetriebes hinaus, das die Sache mit sich brachte, Anstoß erregte; aber jede Form der Anpreisung blieb doch harmlos gegenüber dem Wesen dieser Sache und dem Anlaß ihrer erneuten Ausschreibung.

Kurfürst Friedrich der Weise von Sachsen hielt den Ablaß von seinem Lande fern. Herzog Georg von Sachsen, dessen Kirchenpolitik wir erst heute recht genau kennen, verwies Tetzel aus Leipzig, weil ihm der Handel doppelt zuwider war. Beim livländischen Ablaß hatte er noch eine strenge landesherrliche Aufsicht bestellt und einen Anteil daran begehrt zur Durchführung der kostspieligen Heiligsprechung Bennos von Meißen. Jetzt waren ihm Geldausfuhr und Anlaß gleichermaßen widerwärtig. Die Folge war freilich, daß nun das Volk nur um so mehr ins Brandenburgische oder Magdeburgische lief, wo man den Segen feilbot.

Auch sonst erregte die Angelegenheit viel Aufsehen. Wir dürfen nicht zweifeln: Wenn vielerorts das Interesse am Ertrag dasjenige am Seelenheil überwog, so fand man andernorts Neid, Ärger und bei ernsten Seelsorgern und erfahrenen Beichtvätern eine tiefere Sorge über das Treiben des Volkes und der Kirche.

Da nun alle Mahnung und Predigt fruchtlos schien, stand einer unter ihnen auf, um vor aller Welt das unerträgliche Treiben anzugreifen. Am 31. Oktober 1517 schlug Martin Luther, Augustinerordens, Professor und Seelsorger zu Wittenberg, 95 Thesen an die Tür der Schloßkirche zur Disputation über Wesen und Kraft des Ablasses. Die Thesen betreffen Satz für

Satz das ganze System der Lehre von Buße, Schuld und Strafe, Fegefeuer und Ablaß. Die Verkündigung des Ablasses wird getroffen, im ganzen aber die Kirche wie der Heilige Vater gegen die Mißbräuche verteidigt. Es soll die rechte Kirchenlehre ans Licht gestellt und den Marktschreiern des Heils das Handwerk gelegt werden. Das naheliegende Mißverständnis eines Nachlasses von Schuld wird scharf abgelehnt. »Wir behaupten, daß päpstliche Ablässe höchstens Strafen, aber kein Titelchen von Schuld zu tilgen vermögen.« Zahlreiche Einzelheiten werden theologisch beleuchtet. Dazwischen klingt dann wohl eine ganz volkstümliche, untheologische Entrüstung durch, wenn Luther fragt: »Warum leert denn der Papst, wenn er es schon kann, das Fegefeuer nicht auf einmal, aus christlicher Liebe statt gegen Geld?« Und: »Warum baut dieser reichste Fürst den Dom von St. Peter nicht aus eigenen Mitteln statt mit den Groschen der armen Gläubigen?« Den Dom von St. Peter! Luther ahnte noch nicht, wozu vor allem das Geld erpredigt und erpreßt werden sollte.

Die Thesen wurden im Sturm verbreitet; Luther selbst übersandte sie dem Erzbischof. Der junge Herr befragte erst seine Universität, dann rief er die römische Kurie an; doch im Dezember gab er seinen magdeburgischen Räten Weisungen gegen die Thesen. Um dieselbe Zeit aber übertrug auch die Kurie die Angelegenheit bereits einem ihrer würdigsten und gelehrtesten Theologen, dem Kardinal Thomas de Vio aus Gaeta (Cajetan). Antworten kamen aus Rom und aus Deutschland; hier auch von Tetzel und dem Professor Eck. Es ist welthistorisch wichtig, wie sie ihrerseits mit sicherem Gefühl für den inneren Zusammenhang des ganzen kirchlichen Systems Luther alsbald beschuldigten, daß er im Kampf um den päpstlichen Ablaß den Primat Petri antaste. Schon im Juni 1518 instruierte der päpstliche Fiskal Mario da Perusco den Prozeß gegen Luther wegen Verdachts der Ketzerei.

In der Tat: Auch vor Luther selbst tat sich die furchtbare Frage auf nach der innerlichen Berechtigung dieses ganzen Systems.

Wie weit war der unbekannte Augustiner für so große Dinge gerüstet? Wird es dem Universitätsprediger von Wittenberg gehen wie dem letzten großen Kritiker des Ablasses, dem Domprediger von Worms, Johann von Wesel – Unterwerfung und Vernichtung? Oder wird er standhaft bleiben? Worauf stützte er sich? Noch stand er völlig allein.

Martin Luther war kein ganz junger Mann mehr. Er hatte die Dreißig längst überschritten. Ein innerlich und äußerlich inhaltreiches Leben lag schon hinter ihm. Dieses Leben hatte ihn nicht eben sanft getragen; er hatte ehrlich damit gerungen. Nicht weil es ihn gebildet hätte, sondern weil seine Kraft aufgebrochen hat, gewinnt es für uns Wert.

Luther war bäuerlicher Abstammung, aber seine Eltern lebten im Mansfelder Bergdienst schon fast in bürgerlichen Verhältnissen. So kam er auch nach auswärts auf die Schule; von der Mansfelder Trivialschule als Vierzehnjähriger 1497 nach Magdeburg zu den Brüdern vom gemeinsamen Leben, im nächsten Jahre nach Eisenach. 1501 bezog der Achtzehnjährige die Universität Erfurt. Es liegt ein Schimmer auf diesen Jahren wie von glücklichen Semestern. Freilich, der Humanistenkreis der Crotus Rubeanus und Mutianus blieb ihm noch fremd. Er ging durch die Schule einer moderneren Scholastik; soviel man spürt, ein rechter fleißiger Student. 1505 machte er den Magister der freien Künste, die erste Stufe der gelehrten Bildung. Nun mochte es zwar den enttäuschten Vater bekümmern, aber die Welt nicht allzusehr verwundern, daß der junge Magister von der Philosophie zur Theologie überging und noch im selben Jahre in die Lebensgemeinschaft des Augustinerklosters eintrat. Für sein Leben war es doch das entscheidende Ereignis.

Luther ist Mönch geworden gegen den Wunsch der Eltern, aus innerem Drang. Er war Mönch im Sinne des Mittelalters, aus geistigen und geistlichen Gründen zugleich; auch um des Seelenheils willen; auch zu Erfurt wußte man von den besonderen Gnaden des Mönchtums; auch ihn hatte die Hand Gottes sonderlich gerührt. Eine leidenschaftliche Natur, mußte er sich vom regulären Leben das Außerordentlichste versprechen. War es schon in der Welt möglich, die Seligkeit zu erringen, wie viel mehr unter dem unermeßlichen Gnadenhimmel des Ordens! Wie konnte es ihm da fehlen an der vollendeten Sammlung im Gebet, an einer ganz würdigen Reue, an der heiligsten Inbrunst beim Empfang der Sakramente. Er rang darum, und nicht ganz vergebens.

Und doch überkamen ihn furchtbare, erschütternde Nöte, wie er es früh und spät bezeugte in Bildern und Worten von elementarer Wucht, die uns ansprechen wie das Grollen des Donners und das niederschmetternde Zucken der Blitze. Sie waren nicht grober, äußerer Art. Sie kamen mit der Vertiefung in Theologie und Leben, in das theologische Denken über die eigene Berufung, in die Frage nach dem Maße der Vollkommenheit. Auch die Priesterweihe 1507 bildete keine Epoche. Es ist doch wohl so, daß er in der Tiefe dieser Not, einen Augenblick ganz erfüllt von der schroffen augustinischen Prädestinationslehre, mit Entsetzen auf die Möglichkeit blickte, doch nicht zu den Erwählten zu gehören. Dahinter steht das noch Gewaltigere, daß er es wagte, Gottes ganze Größe und Reinheit zu erfassen, und überwältigt zusammenbrach in seiner Kleinheit und Schwachheit. »Denn das vermag kein Mensch auf Erden zu lassen: Wenn er recht an Gott gedencket, so erschrickt ihm das Herz im Leibe und liefe wohl zur Welt aus. Ja, sobald er Gott höret nennen, so wird er scheu und schüchtern.« Erst in der größten, wie er sagt, höllischen Pein der Verzweiflung, da das Studium erst recht ängstigte und auch väterlicher Zuspruch versagte, da entdeckte er sich selbst das eigentliche Wesen des Evangeliums der Erlösung, die überwältigende Größe des Opfertodes Christi und die

Verheißung unendlicher Gnade für das arme Menschenkind, das willig die Hand des gütigen Vaters ergreift, um »unter und über dem ›Nein‹ das tiefe heimliche ›Ja‹ Gottes zu vernehmen«. Gewiß war auch das nichts anderes als die reinste Form aller bisherigen Frömmigkeit. Und doch stiegen Leidenschaft und Zweifel, geistige Unruhe und Verzagen immer wieder in ihm auf und schüttelten die arme Seele in neuer Verzweiflung, noch Jahre hindurch.

Es mochte eine Hilfe von außen sein, daß Luther 1508 den Erfurter Konvent vertauschen mußte gegen den Wittenberger, daß seine sich selbst verzehrende Kraft vor neue praktische Aufgaben gestellt wurde. Immerhin, auch den Luther dieser Jahre kann man sich nicht eifrig und mittelalterlich genug vorstellen. 1510 wird er in Angelegenheiten seines Ordens nach Rom gesandt; man hatte wohl seine außerordentlichen Eigenschaften erkannt. Aber er nahm begierig die Gelegenheit wahr, recht viel an guten Werken zu verdienen. Die Romfahrt hat er in Devotion und Erbauung zurückgelegt, und wenn ihm später aus der Erfahrung dieser Reise auch ganz unheilige Bilder von dem Kaufhaus der Dataria und dem gotteslästerlich prächtigen Einherfahren der Kurialen in der Erinnerung auftauchten, zunächst hat er sie kaum beachtet und nicht gedeutet; er fand unendliches Heiltum und gab sich ihm hin. Auch seine Theologie bewegte sich in den überkommenen Bahnen.

Bald nach der Heimkehr kamen die theologischen Studien zum Abschluß. Der 18. Oktober 1512 brachte die Promotion zum Doktor der Theologie und damit für den Neunundzwanzigjährigen das Lehramt an der Universität.

Darüber beginnt, wie es scheint, die erste entschiedene Wendung seines Denkens über das Mittelalterlich-Klösterliche hinaus. Ihn beruhigte weder die mönchische Askese noch die gefühlsmäßige Frömmigkeit der Mystik, sondern erst die straffe Denkarbeit der gelehrten Theologie aus der eigensten und tiefsten Versenkung in den Sinn der Heiligen Schrift selbst. Noch einmal hat eben diese Versenkung ihm die letzten und furchtbarsten Qualen gebracht in der Unvereinbarkeit ihrer überkommenen Ausdeutungen. Was in den ruhigsten Augenblicken ringender Jahre persönliche Gewißheit geworden war, wird nach und nach gefaßt in unangreifbaren Sätzen. Das erst gibt seinem Geist die bewegte Form, seinem Wesen Gestalt, seiner Wirkung nach außen Wucht und Maß.

Es handelt sich bald um nichts geringeres als um die Wiederentdeckung des Paulus, des paulinischen Glaubens – nicht auf dem Wege humanistischen Interesses, sondern aus innerlichem Einklang von Studium und religiösem Erlebnis. Freilich, wir wissen aus den nun immer reicher werdenden Zeugnissen, daß auch dieser Prozeß sich sehr langsam vollendete. Nur daß die Predigten, Kolleghefte und Exegesen keinen Zweifel lassen an der Energie der theologischen Arbeit dieser Jahre; spätestens 1516 ist in ihm die Lehre von der Heilsgewißheit im wesentlichen fertig – beseligend ist das Paulus-Wort Römer I, 16/17, zum Angelpunkt seines Glaubens geworden: »Denn ich schäme mich des Evangeliums von Christo nicht, denn es ist eine Kraft Gottes, die da selig macht alle, die daran glauben. Sintemal darinnen geoffenbaret wird die Gerechtigkeit, die vor Gott gilt, welche kommt aus Glauben in Glauben, wie denn geschrieben steht: Der Gerechte wird seines Glaubens leben.«

Damals berührte er sich zuerst mit der humanistischen Theologie; aber er empfand mit großer Sicherheit die andere Welt. Wohl auch aus einem Schriftwort, aber nicht in der Kraft des selbstbewußten Geistes, sondern aus angstvoller Verzweiflung und demütiger Ergebung in Gottes gnädige Barmherzigkeit hatte er den Weg des Heils gefunden. So unterschied er sich auch dadurch gänzlich von der Art der Humanisten, daß er ihre überlegene und oft graziöse Kritik des kirchlichen Systems nicht teilte. Sie standen mitten darin und spotteten ihrer selbst; ihm war es vorbehalten, eines Tages das ganze System aus den Angeln zu heben, dem er so lange demütig ergeben war.

Aber dazu führte ihn nicht der kritische Verstand oder gar der Reiz der Polemik, sondern – hier liegt der entscheidende Punkt seiner Sittlichkeit – erst die Pflicht und Not der Seelsorge. Seit 1515 hatte Luther zunächst in Vertretung die Seelsorge an der Stadtkirche übernommen. Er war nun ganz Lehrer und Seelsorger, und es ist sehr wesentlich, zu erkennen, wie der persönliche Lebensprozeß, den er eben in sich zum Abschluß gebracht hatte, nun noch einmal mit derselben Seelenangst erlebt wurde im Sinne der Gemeinde. Von hier aus erfolgte der Einspruch gegen den Ablaß und damit gegen einen Kernpunkt des ganzen Systems, insofern päpstliche Autorität und vulgäre Heilspraxis gleichzeitig getroffen wurden. Historisch ist dies der größte Schritt: das Heraustreten aus dem Individuellen in die Welt, in die Gemeinde – dieser Einspruch gegen die Gefährdung des Seelenheils der ganzen christlichen Gemeinde. Sie heißt noch Wittenberg, ist aber schon die gemeine Christenheit.

Gleichwohl, der Luther, der die Thesen anheftete und den die nächsten Monate schon im Sturme weiterführen mußten, stand in dieser weiten Welt noch völlig allein; er ahnte nicht entfernt die Folgen seiner Haltung.

Verantwortung und Gefahr trug er noch Jahre hindurch ganz allein. Aber in seiner strahlenden Heilsgewißheit gewann er aus der Gesundheit seiner kernhaften Natur alsbald auch die äußeren Formen des fast übermütigen Helden. Aus seiner überschäumenden Lust, Gottes Streiter zu sein, sprudelt der unvergleichliche Reiz seiner männlichen Rede. »Hie bin ich zu Wittenberg, Doktor Martinus Luther, Augustiner, und ist etwa ein Ketzermeister, der sich Eisen zu fressen und Felsen zu zerreißen bedunkt, den laß ich wissen, daß er hat sicher Geleit, offen Tor und frei Herberg darinnen.«

Aus dem Ablaßstreit ist über Nacht der Kirchenstreit geworden. Die Dinge hingen zu tief ineinander. Der Sermon von dem Ablaß führte schon hinüber, der römische Prozeß, der verschiedene von Ordensrücksichten und großer Politik nachhaltig beeinflußte Stadien durchmachte, steht mitten darin.

Machen wir uns den Zusammenhang noch einmal klar; unsere ganze bisherige Darstellung gipfelt in diesem Punkte. Die mittelalterliche Kirche war nach ihrer Verfassung immer stärker erst zur Priesterkirche, dann zur Papstkirche geworden; das Hirtenamt derartig in Petri Schlüsseln zusammengefaßt, daß darin Grund und Quell aller Gnadenverleihung gesehen werden mußte. Die Form dieser Verleihung, wie sie zuletzt dem Volke am sichtbarsten und eindringlichsten geboten wurde, war der päpstliche Ablaß, hinter dessen geräuschvoller Verkündigung schon das Sakrament der Buße fast zurücktrat; in der priesterlichen Darbietung blieb das Geheimnis der Erlösung vollends versunken. Das Augenfälligste aber dieses Ablaßhandels selbst war wieder die massenhafte Einsammlung baren Geldes, die den jungen deutschen Staaten wirtschaftlich und politisch gleich unerwünscht sein mußte und die uralten Klagen über Zinse und Zehnten nach Rom ins Ungeheure steigerte. Was Wunder also, wenn diese Sache in Studierstuben und an Fürstenhöfen, auf Märkten und im Volke mit einem Schlage zur aufregendsten Angelegenheit wurde? Was Wunder, wenn Luther sich alsbald vor die Frage nach Sein oder Nichtsein dieses ganzen Kirchenwesens gestellt sah?

Luther führte seine Sache als eine Frage des Gewissens. Was bedeuteten alle Kirchenkämpfe vergangener Jahrhunderte mit ihrem Streit um Investitur und Eigenkirchen, um Grenzen und Lehnshoheiten, um päpstliche Monate, Annaten und Servitien gegen dieses Anliegen jeder einzelnen Christenseele? Und doch waren sie unvergessen, stiegen wie aus Gräbern auf, um als lauter Chor die große Gewissenssache zu begleiten. Die Gravamina deutscher Nation, die man dem Augsburger Reichstage 1518 vorlegte, waren das Bindemittel zwischen der Bewegung des Theologen und dem Verständnis der Fürsten und Reichsstände.

Noch war die Verbindung nicht da; zunächst gab es für Luther nur die Wittenberger Größen, Universität und Hof. Kurfürst Friedrich der Weise hatte die Universität gegründet und seitdem zärtlich gepflegt. Wie eng jetzt und später sein persönliches Verhältnis zu Luther und dessen Theologie gewesen ist, läßt sich quellenmäßig nicht feststellen. Tatsache aber ist, daß der Wettiner bis zu seinem Tode mit unverwüstlicher Bedächtigkeit seine fürstliche Hand über Luther gehalten hat, gewiß nicht ohne Hilfe des treuen Spalatin und schwerlich ohne tiefere Anteilnahme. Unzweideutiger noch hielten sich die Kollegen an der Universität; auch da wurden Namen klingend wie Nikolaus von Amsdorf, des Theologen, Justus Jonas, des Juristen.

Indessen, auch außerhalb Wittenbergs ist bald nicht nur eine unbestimmte populäre Erregung, sondern im Fluge auch die Zustimmung eines weiteren Kreises bedeutender Männer laut geworden.

So erscheint es nicht überraschend, daß Friedrich der Weise die Auslieferung Luthers nach Rom ablehnte und nur zu einer Aussprache zwischen ihm und dem Legaten am Augsburger Reichstag, dem Kardinal Cajetan, die Hand bot. Tatsächlich war das die erste für später unendlich folgenreiche Hilfe des Landesherrn für den Theologen. Gegen Mitte Oktober 1518 weilte Luther in Augsburg. Er war in großer, einfach menschlicher Sorge seinen Weg dahin gezogen, und doch gibt es ein ganz falsches Bild, wenn man sich ihn noch immer als einen bescheidenen Bettelmönch vorstellt. Der Doktor Luther war im letzten Jahr durchaus unter die bekanntesten Männer gerückt, und kein Geringerer als Konrad Peutinger, der Augsburger Patrizier, lud ihn zur Abendtafel. Bischöfe und Domherren bezeugten ihm ihre Teilnahme; Stimmungen gegen die römische Kurie fand er genugsam. Daß er nicht ohne Scheu vor dem Kardinallegaten erschien und zunächst versuchte, ihm Genüge zu tun, begreift sich. Indessen, die Unvereinbarkeit ihrer Auffassungen zeigte sich sofort. Der Legat wurde heftig, verlangte Widerruf, Luther blieb fest; wieder ein historischer Augenblick erster Ordnung!

Nun häuften und drängten sich die Ereignisse. Die Freunde halfen Luther bei seiner Appellation *a papa male informato ad papam melius informandum*. Unter ihrem Schutze entwich er auch aus Augsburg in der Nacht vom 19. zum 20. Oktober. In Wittenberg appellierte er geradezu vom Papst an ein Konzil.

Das Konzil war damals kein durchaus eindeutiger Begriff; man hatte vor kurzem eines zu Rom gefeiert, das war völlig päpstlich gewesen. Was dagegen in dem Gedächtnis der Deutschen lebte, waren die Konzilien von Konstanz und Basel. Damit verband sich eine Vorstellung von Erhabenheit selbst über den Papst; freilich auch die Erinnerung an die Hinrichtung des Johannes Hus. Daß Luther in diesen Monaten und Jahren, wo er wider Willen in eine Auseinandersetzung mit Mächten des geistlichen und weltlichen Rechts hineingezogen wurde, sich vielfach tastend bewegte, sich beraten ließ, kühne Schritte vorwärts tat, anhielt und wieder zurückwich, erklärt sich genugsam aus der Tatsache, daß in dem Augenblicke, da er die Grundlagen des Systems antastete, in dem sie alle lebten, der Boden unter ihnen allen wankte. Wo blieb das Lot, an dem alles Stehende gemessen wurde, wenn der Schwerpunkt der Welt völlig verschoben war? Wo war das Recht und der Richter, wenn es zum Letzten kam? Luther war ganz sicher und furchtlos. Die Welt aber erschien ihm, da er den sehenden Blick erhob, so, daß er »vor Staunen nicht wußte, was er sagen sollte«, die Leute dünkten ihn in zwei Sprachen zu reden, und freundschaftlicher Zuspruch kam in sehr ungleicher Aufrichtigkeit zu ihm. Auch wo der Zuspruch gütig war und wohlmeinend – konnte er schweigen? Das Unrecht und die Verderbnis ruhig um sich greifen lassen? Sein Geist und die Welt trieben ihn gleichzeitig vorwärts. »Das Wort Gottes ist Schwert, ist Krieg, ist Zerstörung, ist Ärgernis, ist Verderben, ist Gift, und wie der Bär auf dem Wege und die Löwin im Walde, so begegnet es den Söhnen Ephraims.«

Im Februar 1519 wurde Luther durch Eck zur Teilnahme an einer Disputation in Leipzig aufgefordert, die ursprünglich allein zwischen Eck und dem Wittenberger Karlstadt geplant war. Die Vorbereitung zu dieser Disputation trieb Luther ein Stück vorwärts, die Disputation selbst entschied seine Stellung zur Kirche. Zur Vorbereitung gehörten 13 neue Thesen; die letzte, über die Gewalt des Papstes, verwarf dessen Lehrautorität, anerkannte aber seine Herrschaft. Am 27. Juli trat Luther selbst mit ein. In der Disputation Luthers mit Eck handelte es sich sogleich fast allein um die letzte These. Eck zeigte sich in der Debatte nicht nur Karlstadt, sondern auch Luther offenbar überlegen; mochte Luther vor dem Humanisten auch die bessere Bibelkenntnis voraus haben, in den Materien, um die es sich handelte, Kirchengeschichte und Kirchenrecht, war Eck besser beschlagen.

Ein merkwürdiger Anblick für uns: Beide Gegner bekämpfen und schlagen sich mit Argumenten, deren Unkraft für uns zutage liegt. Luther nannte den Primat eine Schöpfung der letzten 400 Jahre; Eck konnte ihn um so leichter widerlegen, als alle gefälschten Dekretalen noch für echt galten. Das wichtigste blieb, daß Luther der Verwandtschaft mit den Hussiten bezichtigt wurde, worauf er die kühne Äußerung tat: »Auch unter den Sätzen des Hus sind einige echt christlich und evangelisch.« Man kennt das Entsetzen des Landesherrn, Herzog Georgs. Luther wagte viel, in diesem Lande den Hussiten irgend Ehre zu geben. Er wagte noch mehr im selben Atemzuge, wenn er das gefeierte und verehrte Konstanzer Konzil antastete. Er sprengte die Feste, in die er eben noch flüchten wollte – »auch ein Konzil kann irren«.

In dem Augenblicke, da sich Luther in der Pleißenburg zu Leipzig für Hus einsetzte und gegen das Konzil, waren er und seine Sache am meisten gefährdet. Er schien nun offenbar im Unrecht; nicht bloß der Ketzerei verdächtig, sondern auch ein Reichsfeind. Johann von Wesel hatte in seinem Ablaßtraktat auch schon behauptet, daß weder Papst noch Konzil berechtigt seien, etwas bei Todsünde zu gebieten; allein er hatte sich inzwischen gebeugt. Außerdem war alles, was Luther sprach und tat, unendlich viel aktueller. Dieser Mann, so ganz ohne Machtinstinkte, traf eben deshalb die alte Welt überall an den historisch-politisch entscheidenden Punkten. Mit Schrecken wandten viele sich wieder ab. Gelehrte wurden kühl, Fürsten stutzten. Herzog Georg blieb entrüstet. Die Kurie, durch politische Rücksichten auf die deutsche Königswahl lange zurückgehalten, konnte jetzt dem Prozeß gegen den Ketzer freien Lauf lassen und zum Schluß kommen.

In solcher Gefahr bewährten sich erst recht Luthers unversiegliche Quellen innerer Kraft. Nie war der Mann größer als in diesem Jahre 1519/20. Über der fortschreitenden Arbeit ging ihm nun wirklich der große Zusammenhang auf zwischen Lehre und Kirche, Kirche und Nation. In vollem Einklang mit den zu Leipzig geäußerten Meinungen erfüllte ihn wieder der augustinische Kirchenbegriff. Die wahre allgemeine Kirche ist die Gemeinschaft der Erwählten, der Begnadeten; sie bedarf keines Regiments, keines Priestertums. Das klang schon in der 58. These einmal an. »Die Verdienste Christi und der Heiligen wirken die Gnade auch ohne den Papst.« Damit war freilich auch der Zuversicht jener Renaissance-Menschen der Krieg erklärt, die den freien Willen priesen. Nun sollte es das Geheimnis des Glaubens sein, ganz unfrei zu werden, ganz Gottes – aus Gnade. Luthers unerschöpfliche Gedankenfülle, mehr noch die durchdringende Entschiedenheit seiner Grundanschauung hielt die Öffentlichkeit mit Schrift und Wort in einem Banne, dem sich niemand entziehen konnte. Vielleicht waren viele von den Alten für immer stutzig geworden; aus ihnen entstanden ihm auch manche nicht verächtliche Gegner. Dagegen hallte es aus den Kreisen der Jungen bald um so ungestümer zurück.

Und es gab deren in Fülle. Da waren die jungen Erasmianer, die in Basel und anderswo von einer Renaissance des Christentums träumten, die noch daran hingen, daß aus ihren Studien sich die *spes renascentis Christianismi* verwirkliche. Dann war da die neue Bildungsschicht der städtischen Patrizier und mehr noch die ungebundene Schar studierter Ritter und Literaten. Es ist ganz gleich, ob sie Luther wirklich verstanden oder nur die ihnen gleichgestimmten Töne vernahmen; sie teilten, erregten und bildeten schließlich das, was man öffentliche Meinung nennt. Einer aus ihnen wird trotz aller Kritik, die neuerdings an ihm geübt worden ist, immer an dieser Stelle zuerst genannt werden müssen, weil in ihm die ganze Problematik der Jugend jener Tage ans Licht tritt, Ulrich von Hutten. Niemand kennzeichnet für uns so grell das Ende des alten Rittertums, das wohl oder übel unterkriechen mußte im Fürstendienst; kein Laie in Deutschland ist ein so glänzendes Beispiel für die aufregende Kraft der neuen humanistischen Bildung, in der Spott und Witz sich ebenso befreiten wie die historische Einsicht und die Freude am geschichtlichen Helden. Natürlich war dies Völkchen ungebunden, sittlich vielfach verwahrlost, auch Rückfällen in das immer noch lebendige Raubrittertum ausgesetzt. Aber es bleibt um so mehr bewundernswert, wie dieser von Not und Sorgen, Krankheit und Enttäuschung zeitlebens hin und her geworfene junge Mann gestrebt, gearbeitet, gedichtet und gesungen hat, wie er den Ton der Zeit fand und oft genug mit hellstem Klang einstimmte in das, was die Besten bewegte.

War es so schlimm, daß ihn, den Literaten, die geistigen Kämpfe wie die persönlichen zunächst von der Seite des Wortes berührten; daß er gern und laut mit dabei war? Bewies er nicht doch einen sicheren Blick, wenn er die schönste Flugschrift des Investiturstreites und die schneidigste Kampfschrift der Renaissance auch ins deutsche Publikum warf? Die Schrift des angeblichen Walram von Naumburg war dem siebzehnjährigen Erzherzog Ferdinand gewidmet mit dem Wunsche, das junge Fürstenblut möge helfen, Deutschland, das eine so ruhmreiche Vergangenheit besitze, aufs neue zu befreien von Rom.

Das war im Frühjahr 1520. Im Herbst kam Hutten, da nun doch am Mainzer Hof seines Bleibens nicht mehr war, zu Sickingen auf die Ebernburg. Im September erließ er von hier aus sein Sendschreiben an Kaiser und Kurfürsten: Das geistliche Gut, das unfruchtbar gewordene Erbe der Kaiserzeit, solle vom Reich zurückgenommen werden zur Einrichtung von Schulen, zur Armenpflege und – zur Schaffung eines Reichsheeres. Hier wäre der Platz auch für das überschüssige Rittertum gewesen.

Im steigenden Gefühl von seinem Beruf und von der Reife der Zeiten begann nun Hutten deutsch zu schreiben und deutsch zu dichten. Das deutsche »Gesprächbüchlein« (Übersetzung seiner alten Satiren) ist Sickingen gewidmet. Auf dem Titelblatt sieht man Hutten und Luther wie zwei neue Heilige, oben den zürnenden himmlischen Vater und unten die wehrhaften Deutschen, wie sie mit Schwert und Spieß gegen Papst, Kardinäle, Bischöfe und Pfaffen andrängen. Welch kühne Ausdeutung der Zeiten und welche Kreuzzugstimmung! Gott will es!

Denn nun folgte die »Klag und Vermahnung gegen den übermäßig unchristlichen Gewalt des Papstes zu Rom und der ungeistlichen Geistlichen«.

> Jetzt ist die Zeit zu heben an
> um Freiheit kriegen, Gott wills han!
> Herzu ihr frommen Deutschen all
> mit Gottes Hilf, der Wahrheit Schall,
> ihr Landsknecht und ihr Reuter gut
> und all, die haben freien Mut:
> Den Aberglauben tilgen wir,
> die Wahrheit bringen wieder hier,
> und dweil das nit mag sein in gut,
> so muß es kosten aber Blut!
> Wer wollt in solchem bleiben dheim?
> Ich habs gewagt, das ist mein Reim!

In diese schmetternden Fanfaren mischte sich drohend und feierlich Luthers schweres Sturmgeläute.

Es sind zunächst ganz andere Töne als bei Hutten. Der Sermon von der Bereitung zum Sterben, von der Buße, von der Taufe, von dem hochwürdigsten Sakrament des Leichnams Christi – alle noch 1519; vom Bann, von den guten Werken, von der Messe, vom Papsttum zu Rom – man sieht, welche Bücher und Büchlein die junge Buchdruckerkunst dem deutschen Volke jetzt ins Haus brachte. Von unendlicher Tragweite die gereinigte Lehre von den guten Werken. Das sind nicht nach Herkommen der Kirche das Beten, Fasten, Almosengeben und andere sichtbare Werke der Barmherzigkeit; sondern, wenn einer »sein Herz in der Zuversicht findet, daß sein Tun Gott gefällt, so ist das Werk gut«; ja, das Geringste und Nächste ist Gott am meisten wohlgefällig. Was brauchen Eltern noch Fasten, Kirchen, Almosen? »So sie ihre Kinder zu Gottes Dienst recht erziehen, haben sie fürwahr beide Hände voll guter Werke vor sich. Denn was sind hier die Hungrigen, Durstigen, Nackten, Gefangenen, Kranken, Fremdlinge anders als Seiner eigenen Kinder Seelen, mit welchen Gott Dir aus Deinem Haus ein Spital macht und Dich ihnen zum Spittelmeister setzet, daß Du ihrer warten sollst, sie speisen und tränken mit guten Worten und Werken, daß sie lernen Gott trauen, glauben und fürchten und ihre Hoffnung auf ihn setzen, daß sie zeitliche Ding lernen verachten, Unglück sanfte tragen und den Tod nicht fürchten, das Leben nicht liebhaben. Siehe, welch große Lektion das ist, wie viel Du habest guter Werk vor Dir in Deinem Haus, an Deinem Kind, das solcher Ding aller bedarf. O, wie eine selige Ehe und Haus wäre das, wo solche Eltern innen wären! Fürwahr es wäre eine rechte Kirche, ein auserwählt Kloster, ja ein Paradies.«

Welch ein Bekenntnis zur Familie, und welche Zartheit in der Entdeckung der weltlich guten Werke! Aber neben so weichen und innigen Tönen der Sehnsucht, wie es so ein ander Wesen haben könnte in Kirche und Haus, stehen jene wuchtigen Anklagen und Kriegsrufe wider den Antichrist in Rom, die in der Tat mit Huttens Tonart zusammenklangen. »Mir scheint wahrlich, es bleibt kein ander Mittel, als daß der Kaiser, die Könige und Fürsten zu den Waffen gehen, diese Pest des Erdkreises mit Eisen angreifen.« – »Warum greifen wir nicht diese Kardinäle, diese Päpste und das ganze Geschwürm des römischen Sodom, welche die Kirche Gottes ohn Unterlaß schänden, mit allen Waffen an und waschen unsere Hände in ihrem Blut!« Die Zeit verstand dergleichen sehr wohl. In elementarer Unausgeglichenheit trug sie selbst das Grobe und Gewalttätige neben dem Süßesten und Zarten im Herzen. Luther warf sich mit aller Leidenschaft seines Wesens in den Kampf. »Schelte, lästere, richte meine Person und mein Leben nur frisch, wer do will; es ist ihm schon vergeben. Es liegt nichts an mir; aber Christus Wort will ich mit fröhlichem Herzen und frischem Mut verantworten, niemands angesehen!«

So verstanden sie ihn. Schon im Herbst 1519 knüpfte Crotus Rubeanus von Rom aus an; heimgekehrt, schrieb er seine *Oratio pro Hutteno et Luthero.*

Eobanus Hessus, Pirckheimer, Botzheim, Konrad Pellikan – lauter Literaten von Namen. Im Mai 1520 kam ein Bote des Ritters Silvester von Schaumburg; im Juli bot er hundert Mann vom Adel zu Luthers Schutz, als man zweifeln konnte, ob der Wittenberger Hof ganz fest bliebe. Hartmut von Kronberg gestand noch später, wie Unzählige es Luther dankten, daß sie durch ihn »zu dem lebendigen Bronnen gekommen«.

Wie nahm Luther das alles auf? Es überkam ihn doch übermächtig, und er dachte wirklich in diesen Monaten, daß durch den christlichen Adel deutscher Nation, Kaiser, Fürsten und Herren die Welt im Namen Christi erneuert werden könnte. Jetzt spürte er die ganze Breite der Front, in der er vorwärts stürmte, und machte sich auch die Schlachtrufe der anderen mit zu eigen.

Er blieb der geistige Führer. Luther wurde nun 37 Jahre; er stand auf der Höhe seiner Kraft. Er wird geschildert abgezehrt und von leidenschaftlichem Blick, aber nirgends ermüdet, ohne jede Enttäuschung, ohne jede Bitternis, von fröhlichem Mute ganz erfüllt.

Vom August bis zum November 1520 ergingen seine drei großen Reformationsschriften: »An den christlichen Adel«, »Von der babylonischen Gefangenschaft« und »Von der Freiheit eines Christenmenschen«. Sie erschöpften Geist und Gehalt jener Tage. Die erste am meisten kirchenpolitisch, am meisten durchsetzt von den Ideen, die damals ringsum durchs Land flogen, die zweite am meisten dogmatisch, die stärkste Nachwirkung aus den Disputationen der letzten Jahre, scharf und unbändig; dagegen die dritte wieder aus dem Urgrund seines persönlichen Glaubens quellend – weich und innig, die Krone des ganzen Werkes.

»Die Zeit des Schweigens ist vergangen, die Zeit zu reden ist kommen. Ich hab zusammengetragen etliche Stücke christlichen Standes Besserung belangend, dem christlichen Adel deutscher Nation vorzulegen, ob Gott doch wollte durch den Laienstand seiner Kirche helfen, sintemal der geistliche Stand, dem es billiger gebührte, ist ganz unachtsam worden.« Drei papierne Mauern hat Rom zum Schutz seiner Herrschaft aufgerichtet; die müssen fallen. Daß die geistliche Macht sei über der weltlichen, daß die Heilige Schrift nur vom Papst könne richtig ausgelegt werden und daß nur ihm zukomme, ein allgemeines Konzil zu berufen. »Man hats erfunden, daß Papst, Bischöfe, Priester und Klostervolk wird der geistliche Stand genannt, – alle Christen sind wahrhaftig geistlichs Stands.« Deshalb sind sie alle auch verantwortlich.

Folgen die Artikel, wovon auf dem Concilio gehandelt werden solle und die von weltlicher Gewalt oder vom Konzil durchzuführen seien. Das waren die alten Gravamina deutscher Nation, nur erweitert, vertieft, drastischer in der Formulierung; diese Klagen über des Papstes Herrschaft, Hoffart und Habsucht, über das unnütze Dasein der Kardinäle, die bischöflichen Eide, römische Gerichtsbarkeit, Provisionen und Taxwesen mit all den bedenklichen Nebenerscheinungen, wie Reservationen und Anwartschaften, Kompositionen, Annaten und Steuern; alles unhistorisch in der Verkennung notwendiger Voraussetzungen, aber treffend in den Tatsachen. So werden auch die politischen Rechte der Kurie in bezug auf das Kaisertum, auf Neapel und Sizilien angegriffen; nicht minder römische Ansprüche auf den Fußkuß und andere äußere Huldigungen. Folgen Klagen über die Bettelorden, über den massenhaft umgangenen Coelibat, über Seelenmessen, unnötige Feste und Feiertage, über unzählige Dispense von allem, was Rechtens sein sollte, wie die ausgeklügelten Ehehindernisse. Luther tritt ein für eine geordnete Armenpflege an Stelle der verderblichen Almosen, eifert gegen Stifte und Bruderschaften. »Ich rede auch von den Bruderschaften, darinnen man Ablaß, Messen und gute Werke austeilet. Lieber! Du hast in der Taufe eine Bruderschaft mit Christo, allen Engeln, Heiligen und Christen auf Erden angefangen; halt dieselbe und tue ihr genug, so hast Du genug Bruderschaften.«

Unter den sozialen Fragen stößt man auch auf die Hussiten und findet da eine Abrechnung mit den Gegnern in und nach Leipzig, die nichts zu wünschen läßt. »Es ist hohe Zeit, daß wir auch einmal ernstlich und mit Wahrheit der Böhmen Sache vornehmen, daß einmal aufhören die greuliche Lästerung, Haß und Neid auf beiden Seiten.« Von Hus heißt es: »Er sei ein Ketzer, wie böse er immer möchte sein, so hat man ihn doch mit Unrecht und wider Gott verbrannt. Geleit zu halten hat Gott geboten; das sollte man halten, obgleich die Welt sollte vergehen – geschweige denn, einen Ketzer loszuwerden. Man sollte die Ketzer mit Schriften, nicht mit Feuer überwinden, wie die alten Väter getan haben.«

Luther nimmt auch, wie die Ritter, eine Wendung gegen die Geldwirtschaft und den Luxus der Bürger. »Wer arm sein will, soll nicht reich sein; will er aber reich sein, so greife er mit der Hand an den Pflug und suche sich selbst aus der Erden.« Das ist die hohe volkstümliche Einschätzung bäuerlicher Arbeit. Der Luxus erinnert ihn an Spezereien, Saufgelage und den groben Unfug der Frauenhäuser; Herren und Magistrate werden ein selten Wildpret sein im Himmel, weil sie darauf kein genügend Aufsehen haben. Alle diese Einzelheiten, die jahrhundertealte oder ewige Klagen aufnahmen, versinken doch vor der Stimmung des Ganzen. »Ich achte wohl, daß ich hoch gesungen habe, viel Ding vorgebracht, das als unmöglich wird angesehen, viele Stück zu scharf angegriffen. Wie soll ich ihm aber tun? Ich bin es schuldig zu sagen. Es ist mir lieber, die Welt zürne mit mir, denn Gott. Man wird mir ja nicht mehr denn das Leben nehmen können.« Auf die ungeheuerste Verantwortung des Sehenden ist alles gestellt; schließlich klingt es aus wie ein Schrei der Angst. »Lasset uns aufwachen, lieben Deutschen, und Gott mehr denn die Menschen fürchten, daß wir nicht teilhaftig werden aller armen Seelen, die so kläglich durch das schändliche, teuflische Regiment der Römer verloren werden. Was wäre es Wunder, daß uns Gott allesamt plagte, daß wir solche Unehre Gottes leiden!«

Binnen wenig Tagen war die erste Auflage von 4000 Exemplaren vergriffen; sie wurde neu gedruckt, nachgedruckt und immer wieder vergriffen.

Inzwischen kam schon die zweite große Schrift »Von der babylonischen Gefangenschaft« – diesmal in lateinischer Sprache, also für einen engeren Kreis; deshalb rückhaltloser, oft von erschreckender Offenheit; mit scharfer Axt wird hier die Bahn gehauen.

Die Kirche ist in der Gefangenschaft, aus der sie befreit werden muß. Die römische Kurie hat der Kirche mit neuen Sakramentsformen und ihren Ausgestaltungen die Fesseln angelegt, die er aufweisen will. Luther lehnt die Siebenzahl der Sakramente ab und hält nur drei fest, die Taufe, die Buße und das Brotbrechen; eigentlich, sagt er, nur eines, die Vergebung der Sünden. Darüber hinaus löst er die dinglichen Bindungen, sucht die Befreiung in der innerlichen Erfassung des Heils. Beim Abendmahl hält Luther die Worte der Einsetzung »zur Vergebung der Sünden« fest, verwirft aber die substanzielle Wandlung, die objektive Transsubstantiation. Damit fiel das Wesen der Messe, wie es sich in Jahrhunderten entwickelt hatte, auch der im späten Mittelalter so glänzend ausgestaltete Kultus des Sakramentes ohne den Empfang; es fiel aber auch der wesentlichste Grund für die einzigartige Erhabenheit des Priesterstandes; denn nicht er »wandelt« das Brot in den Leib des Herrn, sondern der Empfangende. Ist es aber so, dann war es aus mit diesem Messelesen auf Vorrat zur Mehrung des Heilsschatzes der Kirche oder des einzelnen.

Unter anderem verwirft Luther auch das Sakrament der Ehe, weil er hier keine Brücke findet zu dem entscheidenden Sakramentsbegriff der Sündenvergebung. Aber einmal beim Thema, treibt ihn die grauenvolle Erfahrung des Beichtvaters zu Erwägungen und Ratschlägen, die Zeiten und Herausgeber, für die das nicht geschrieben war, kleinmütig glaubten ausmerzen zu müssen. Mit dem Mönchtum wird die ganze *vita contemplativa* niedriger geschätzt; als Ideal der *vita activa* erscheint auch hier die bäuerliche Arbeit – alles in der Richtung, die schon im Sermon von den Werken zur Säkularisation des Sittlichen geführt hatte.

Ist die Sprache der beiden ersten Schriften gewaltig wie das Toben der Elemente, so berührt sie den Leser in dem Büchlein von der Freiheit eines Christenmenschen wie selige Verheißung. Alles klingt wie Abendläuten, alles glänzt wie im wunderbarsten Sonnenuntergang, dem ein herrlicher Tag neuer Arbeit im Weinberg folgen soll. Dieser Tag freilich ist dem deutschen Volke noch immer nicht aufgegangen, sooft man auch in den folgenden Jahrhunderten das Tönen eines neuen Sonnenaufgangs zu verspüren glaubte und soviel davon auch in der deutschen Musik vom 16. Jahrhundert an schon klingt.

Es »hat die Seele kein ander Ding weder im Himmel noch auf Erden, darin sie lebe frum, frei und Christen sei, denn das heilig Evangelium, das Wort Gottes, von Christo gepredigt«. – »Du hörest Deinen Gott zu Dir reden, wie alle Dein Leben und Werke nichts sein vor Gott, sondern müßtest ewiglich verderben. Daß Du aber aus Dir und Deinem Verderben kommen mögest, so setzt er Dir vor seinen lieben Sohn Jesum Christum und lesset Dir sagen: Du sollt in denselben mit festem Glauben Dich ergeben und frisch in ihn vertrauen, so sollen Dir um desselben Glaubens willen alle Deine Sünd vergeben sein und Du gerecht, wahrhaftig, befriedet, fromm, von allen Dingen frei sein!« Das ist der neue Begriff der deutschen Freiheit, der aus vollkommenster Hingebung, aus demütiger Bescheidenheit weltüberwindende Kraft gewann.

»Ist nu das nit ein fröliche Wirtschaft, da der reiche, edle, frummer Breudgam Christus das arm, vorachte, böses Hürlein zur Ehe nimpt und sie entledigt von allem Übel, zieret mit allen Gütern?«

Aber nun kommt die Frage: »Ei, so denn der Glaub alle Ding ist, und gilt genugsam fromm zu machen, warum sein denn die guten Werk geboten? So wollen wir guter Ding sein und nichts tun!« – »Nein, lieber Mensch, nicht also!« antwortet Dr. Luther, »obwohl der Mensch inwendig nach der Seelen durch den Glauben gnugsam rechtfertig ist, so bleibt er doch noch in diesem leiblichen Leben auf Erden und muß seinen eigen Leib regiern und mit Leuten umbgahen; da heben sich nu die Werke an; hie muß der Leib mit Fasten, Wachen, Arbeiten und aller Zucht getrieben und geübt sein, daß er dem innerlichen Menschen und dem Glauben gehorsam und gleichförmig werde, nicht hindere noch widerstreb« – und dann: »Der Mensch lebt nit allein, sondern auch unter Menschen«, und diesen soll er dienen in aller Wege um Gottes Willen, nicht des Lohnes halber, sondern aus Dank gegen Gottes große Güte. Der Mensch soll sagen: »Ei so will ich doch solchem Vater, der mich mit Gütern überschüttet, frei, frölich und umbsonst tun, was ihm wohlgefellet, und gegen meinen Nechsten auch werden ein Christen, wie Christus mir worden ist, und nichts mehr tun, denn was ich nur sehe ihm not, nützlich und seliglich sei. Sieh, also fleußet aus dem Glauben die Lieb und Lust zu Gott und aus der Lieb ein frei, willig, frölich Leben, dem Nechsten zu dienen umbsonst.«

Das war der große Schritt aus der vulgären mittelalterlichen Verdienstlichkeit heraus zur inneren Freiheit durch Jesum Christum unsern Herrn.

In den Wochen und Monaten, da Luther zuerst noch zum Entsetzen sogar der nächsten Freunde seine zornigen, verwegenen und doch unendlich liebevollen Schriften ausgehen ließ, hatte man in Rom den Prozeß gegen ihn vollendet.

Zuerst war der Prozeß eine Sache des Dominikanerordens gewesen. Das Augsburger Verhör hatte den Kardinal Cajetan veranlaßt, bei Kaiser Maximilian auf ein Einschreiten von Reichs wegen zu dringen, während die Rücksicht auf Kurfürst Friedrich den Weisen um der Königswahl willen doch wieder zur Vorsicht mahnte.

Dann war die Leipziger Disputation erfolgt, und das von Eck darüber aufgenommene Protokoll diente als Grundlage für die Erneuerung des Prozesses in Rom. Der Wittenberger Hof, lange Zeit sehr umworben, suchte hinzuhalten. Aber am 11. Januar 1520 wurde in einem feierlichen Konsistorium des Papstes der Antrag auf das Verfahren gestellt und genehmigt; jetzt tritt auch Aleander hervor; im Februar beteiligten sich weitere Theologen an der Untersuchung; Cajetan, Pucci, Eck und ein spanischer Doktor machen den Bericht. Auch der Papst hatte sich gelegentlich bei den Verhandlungen gezeigt. An Eifer fehlte es also nicht.

Der Augustinerorden, durch dieses Verfahren nahe berührt, bemühte sich unter der Hand um Beilegung. Aber der Prozeß nahm seinen Fortgang. Ende Mai 1520 wurde die Bulle formuliert; sie ging unter den Worten *Exsurge Domine* mit dem Datum des 15. Juli in die Welt. Das war die Verurteilung von 41 Sätzen aus Luthers Äußerungen mit dem Verbot der betreffenden Schriften unter dem Verlangen eines Widerrufes binnen sechzig Tagen; alles unter der wiederholten Versicherung, daß die Päpste in ihren Erlassen »niemals geirrt«.

Bald folgte ein Breve an Friedrich den Weisen, Luther seinen Schutz zu entziehen.

Die Aufnahme der Bulle *Exsurge Domine* in Deutschland war zwiespältig, weithin unfreundlich; auch bei den Bischöfen. Die Universitäten zögerten. Wittenberg berief sich auf die Erregung des Volkes; es ist das erstemal, daß dies Wort, das immer größere Bedeutung gewinnen sollte, in einem entscheidenden Augenblicke in die Wagschale fiel. Man empfand: Das deutsche Volk lehnte ab.

Luther aber vermochte die Verdammung christlicher und ihm felsenfest gewordener Wahrheiten nur noch als die Tat des Antichrists zu verstehen. Er beschloß, die Bulle öffentlich zu verbrennen. Das geschah am 10. Dezember vor dem Elstertor von Wittenberg. Bannbulle und Dekretalen wanderten ins Feuer. Das war die letzte Trennung. Für den kursächsischen Hof eine harte Probe.

Durch die Lande ging es wie ein Lauffeuer, daß der Augustiner zu Wittenberg dem Bann des Papstes trotze und seinen Fluch nicht achte. Nun stand es beim Kaiser, ob nach dem mittelalterlichen Recht dem Fluch der Kirche auch die Acht des Reiches folgen sollte.

II
Das Deutsche Reich und die kirchlichen Neuerungen

Das Reich, das vor die lutherische Frage gestellt wurde, befand sich seit Jahrhunderten in derselben Krise wie die Kirche. Miteinander waren sie emporgestiegen, Kaisertum und Papsttum, beide Erben der Antike, beide universal. Die Kirche hatte ihre Universalität beibehalten und bis dahin gegen die nationalen Bewegungen der Länder behauptet. Konzilsperiode und Humanismus hatten der römischen Idee sogar neue Stärkungen gebracht. Das Reich hatte daran teilgenommen. Ein deutscher König und Kaiser hatte in Konstanz die Einheit der Kirche hergestellt; aus dem Humanismus strömten auch der Reichsidee Kräfte zu. Nicht nur der Kaiseridee. Die deutsche Staats- und Volksgemeinschaft wurde aus den Quellen, von Tacitus an, eigentlich erst entdeckt.

Die auflösenden Kräfte lagen, wie bei der Kirche, tiefer; sie waren nur ganz anderer Art. Im Reich bestand nie die Gefahr der Zentralisation oder des Absolutismus, nie war ein ursprüngliches Volks- oder Staatsgefühl durch Maßregeln einer drückenden Verwaltung auf die Probe gestellt worden; nie galt es für diesen Staat, sich auf sein ursprüngliches Wesen zu besinnen. Es war alles unvergleichbar anders, und wir rühren an neue Grundprobleme unserer Geschichte, wenn wir versuchen, das aufzuweisen.

In der römischen Kirche gingen die Ideen einer Menschheitsreligion und eines Weltreiches vollkommen ineinander auf. Das römische Reich deutscher Nation hat eine solche Idee überhaupt nie gehabt; dieses Imperium war von den Tagen Pipins an bis auf Sigismund hinab eigentlich nie etwas anderes als der zu großartige Name für das Amt eines Vogtes der römischen Kirche. Staats- oder raumpolitisch war damit verbunden der Anspruch auf eine wechselnde, sonderbar unbestimmte Herrschaft in Italien: eine Quelle unendlicher Anregungen, Erhebungen, glanzvoller Taten, doch nicht minder unendlicher Verluste, Gefahren und Demütigungen.

Das engere deutsche Reich aber hing nicht nur in dem weiten und unbestimmten Begriff des Imperium Romanum, sondern jahrhundertelang auch noch in dem besonderen des Regnum Francorum, dieses Erbes Karls des Großen. Es war in keinem Sinne ein Weltreich wie das römische oder ein Nationalstaat wie das ungarische, polnische, norwegische oder das alte angelsächsische Reich. Es hatte ein universales und ein germanisch-romanisches Element in seinem Aufbau. Es war deshalb bis in das 19. Jahrhundert fast unempfindlich für fremdsprachige Elemente in seinem Gefüge; der unveränderte Rest des alten Reiches, die habsburgische Monarchie, ist vor unseren Augen schließlich daran zugrunde gegangen.

Und doch war das alte deutsche Reich nicht einfach ein dynastischer Staat. Im Gegenteil. Wenn sich zeitweilig einzelne Dynastien an der Krone ein Jahrhundert lang behauptet hatten, so war diese Erblichkeit spätestens vom 11. Jahrhundert an grundsätzlich bestritten und seitdem oft durchbrochen.

Gab es überhaupt eine einheitliche Staatsidee des Reiches?

Sie war in der Tat eigentümlich zusammengesetzt aus alten fränkisch-kirchlichen und universalen Zügen, aus neuen Bindungen der Lehnsidee, des landschaftlichen Herzogtums und der bündischen Idee der Gegenseitigkeit und Vertraglichkeit von Friede und Unfriede. Diese unharmonisch zusammengestückten Elemente der Staatsidee waren niemals, weder durch eine hinreißende Lehre noch durch eine zusammenhängende Folge gleichartig geführter Regierungen, zu einer höheren Einheit verschmolzen worden. Etwas von diesem Zwiespalt war auch im Kaisertum des 19. Jahrhunderts noch deutlich zu bemerken.

Die Vereinheitlichung der Reichsidee war um so weniger gelungen, als widerstreitende Mächte unausgesetzt an jedem Aufbau des deutschen Königtums bewußt oder unbewußt rüttelten. Einmal die kirchlichen Ideen, die zwar jegliche Form des Schutzes für Personen und Meinungen vom Königtum verlangten, ihre Einfügung in die königliche Herrschaft aber mehr oder weniger entschlossen ablehnten; die schon in der Gottesfriedensbewegung, vollends im Kirchenstreit den Aufbau weltlicher, königlicher Macht erfolgreich störten und in der Kreuzzugsbewegung sogar die Bindung der Waffen an König und Staat derartig in Zweifel stellten, daß in Frankreich noch im 15. Jahrhundert Staat und Macht an die Kreuzzugsidee glaubten anknüpfen zu müssen.

Neben der kirchlichen Idee und zum Teil in ihrem Schutze entwickelten sich jene beiden anderen Staatsideen, die sich mit ihr in das Verdienst um die Auflösung des Reiches teilten: die landschaftlich-dynastische und die demokratisch-städtische.

Die landschaftlich-dynastische ging auf das patrimoniale, ja auf das patriarchalische Verhältnis zurück und gliederte sich das Stammesmäßige in Recht und Sprache ebenso ein wie die erwünschte Autorität des königlichen Grafen- oder Herzogsamtes. Sie war von äußerst ungleicher Intensität, ganz abgesehen davon, daß sie angesichts der vielen geistlichen Territorien keineswegs das ganze Reich gleichförmig überzog.

Ihr stand die städtisch-kommunale selbst wieder fremd und feindselig gegenüber. Denn Stadt und Bürgerschaft bedeuteten ihrem Wesen nach

Freiheit von Grundhörigkeit und Herrendienst. Unablässig kämpften die Städte gegen die Herren, die sie gegründet oder in ihnen früh oder spät die Herrschaft gewonnen hatten. Die soziale Scheidung von Fürst, Herr und Ritter einerseits, gewerblichem oder kaufmännischem Bürger anderseits verschärfte den Gegensatz.

Dafür erzeugte die städtische Idee des Friedens und der Freiheit von Märkten und Straßen sowohl den eigenen Zusammenschluß auf Gegenseitigkeit wie den Gedanken landschaftlicher Friedensbezirke, wenigstens in befristeten, oft erneuten Bündnissen, und trug damit in das ganze Reich eine neue Idee, deren Tragweite uns noch beschäftigen wird.

Und die Stellung dieses Reiches und seiner Glieder zur Kirche?

Sie war genau so problematisch wie das Dasein und der Aufbau dieses Reiches und seiner Teile selbst. Wie die Kirche im Wettbewerb mit der weltlichen Herrschaft Grundbesitz, Hoheiten, Kirchenstaat und Lehnsfürstentümer gewann, so gut hatten umgekehrt die weltlichen Grundherren ihre Eigenkirchen und Eigenklöster, die Landesherren ihre Visitations- und Präsentationsrechte, die Städte ihre Patronate, ihre Spitäler, Stadtkirchen, Schulen und milden Stiftungen erworben oder gegründet.

In bezug aber auf die kirchliche Disziplin, insbesondere auf die Behandlung der Ketzer, gab es seit der staufischen Zeit (wo man es zuerst mit Ketzern wirklich zu tun hatte) das Reichsrecht, daß dem Kirchenbann auch die Reichsacht folgen sollte und daß die weltliche Gewalt vollstrecken mußte, was das geistliche Gericht geurteilt hatte. Aber das Maß von Pflicht und Recht war nach dem Gesagten begreiflicherweise zwischen dem Reich und den Ständen tatsächlich umstritten. Wer die Blutgerichtsbarkeit besaß, konnte auch Ketzer richten. Wandte man sich also an das Reich, so konnte das sein einmal um der Einheitlichkeit willen, zum zweiten aber auch um einen widerstreitenden Kurfürsten oder Fürsten von Reiches wegen zu zwingen.

Daß es zu kirchlichen, verfassungsmäßig kirchlichen Neuerungen kommen würde, lag zunächst gar nicht im Bereich des Denkbaren. Als es nun doch so weit war, häuften sich die Schwierigkeiten ins Unendliche. Wie viel mehr erst, wenn das Verhältnis der Reichsstände zum Reich und der einzelnen Schichten der Gesellschaft zueinander nicht nur unbestimmt war, sondern selbst in eine neue ungeheure, vielfache gewaltsame Bewegung trat?

Dabei erhebt sich überall die Frage, wie weit die kirchliche Bewegung Ursache oder Folge – oder ganz unbeteiligt gewesen ist.

Das Volk, die Stände und die Reichsverfassung

Es lag im tiefsten Sinne des Christentums, daß die letzte, alles bestimmende Einheit in der Kirche das Einzelwesen mit seiner unsterblichen Seele sein mußte. Die Kirche konnte im Grunde stets nur demokratisch sein trotz ihrer Hierarchie, trotz arm und reich, Fürst, Ritter und Knecht. Wenn sie zum Tisch des Herrn gingen, waren sie alle gleich, und das volkstümliche Spiel des Totentanzes rückte die furchtbarste Gleichheit nur besonders drastisch vor Augen.

Die politischen und sozialen Ordnungen kannten dergleichen nicht. Hier herrschten Gruppen, Körperschaften, Über- und Unterordnung. Ja, das Recht selbst stufte sich ab nach Lebenskreisen und Ständen. Fast wurde es sein Wesen, daß es mit Freiheiten und Bindungen nur im engsten Kreise galt. Gemeines Recht gab es nicht. Dasselbe einheitliche deutsche Volk kannte jahrhundertelang, und für den Fürstenstand bis auf unsere Tage, nicht einmal ein Connubium, die Möglichkeit gleichberechtigter Eheschließung zwischen gewissen Ständen.

Diese Scheidung war uralt. Man sprach immer von frei und unfrei, gemein und edelgeboren. Die Unfreiheit hatte freilich wenig zu tun mit der antiken Sklaverei; denn die Gebundenheit war in jedem Stande wieder eine besondere. Niemand war stärker gebunden als König und Königssohn, gebunden an Land und Leute, an Stand und Leben, politische Ehen und höfisches Zeremoniell. Aber irgendwie gebunden waren alle; darin lag ein Stück Ehre. Die völlige Ungebundenheit war fast gleich der Rechtlosigkeit, der Heimatlosigkeit, der Zwecklosigkeit des Daseins. Seit der staufischen Zeit etwa kannte man die getrennten Lebenskreise der Fürsten, Ritter, Bürger und Bauern; alle freilich wieder in mannigfachen Abstufungen und Übergängen, wie Groß- und Kleinbauern, ländliche und kleinstädtische Landarbeiter; denn viele dieser großen und kleinen Landstädte waren im Grunde befestigte Dörfer geblieben.

Für sich stand die gesamte unvererbliche klerikale Welt, in der sich wohl jene Ordnungen, etwa in adligen Stiften und Kapiteln, spiegelten, ohne sie doch im großen ernstlich zu bestimmen. Vielmehr bildete die klerikale Welt in gewissem Sinne ein Element des sozialen Ausgleichs durch ebenso bedeutende Aufstiegsmöglichkeiten wie durch sinnfällige Demütigung von Herren und Fürsten im Gewand des dienenden Bruders. Das geistige Leben hing zumeist an den klerikalen Ordnungen; das war schon äußerlich gegeben durch die Stätten niederer und höherer Bildung. Wenn es neuerdings auch hochgebildete Patrizier und Ritter gab, so war das von der modernen Bewegung des Humanismus wohl gefördert, aber dem Wesen nach unabhängig; denn irgendwie kannte man seit Jahrhunderten doch auch eine ritterliche Laienkultur.

Indessen, die unbefangene historische Betrachtung bedarf noch einer dritten Klarstellung zu jenen Wirkungen der wirtschaftlichen und beruflichen Lebensbestimmungen. Die Menschen aller Stände und Lebenskreise, Landschaften und Altersstufen sind erfahrungsgemäß, bei aller festen Prägung durch die äußeren Umstände, innerlich wieder von unendlicher moralischer und intellektueller Verschiedenheit. Die Bemerkung erscheint selbstverständlich, ist aber angesichts der in alter und neuer Publizistik so sehr verbreiteten Verallgemeinerungen doch dringend nötig.

Es gab wirklich dieses Deutschland der frommen und ehrenfesten Fürsten, Räte, Patrizier, Meister, Lehrer, Bürger und Bauern, die Kirchen bauten, Handwerke und Künste trieben oder förderten, der Blüte des Handels und der Kultur mit Fleiß und Klugheit den Boden bereiteten; es gab die unendliche Devotion und den hochmütigen Stolz der Familien, die Gutes wirkten auch bei geringerer Gesinnung; es gab die geistig sauberen und erfindungsreichen Meister, denen Buchdruck, Glockenguß, Geschütze und Uhren verdankt wurden; es gab diese Beobachter des Lebens, die zugleich des bewegtesten dramatischen Nachempfindens fähig waren, wie Meister Grünewald und Albrecht Dürer; es gab die stolzen Kaufherren, die wie die Fugger und Welser in aller Herren Länder großartige Geschäfte betrieben. Aber es gab auch »die tollen trunkenen Deutschen«, die am Abend zerschlugen, was der Tag aufgebaut hatte, die sich in kleinen Händeln verbrauchten und, obwohl sie als Fürsten, Herren und Obrigkeiten zu Höherem berufen waren, nicht weiter dachten als in den eigenen Kasten und die eigenen nahen Feldzäune.

So gab es Ideen, die alle zu beherrschen schienen, freilich in unendlich verschiedener Stärke und Art; und es gab Gedanken, die sich in ganz Wenigen verzehrten.

Über den sozialen und wirtschaftlichen Kreisen, sie fast restlos einschließend, standen die politischen Ordnungen. Denn auch das Großkapital, obwohl es über die politischen Grenzen hinausgewachsen schien, zeigte sich doch einstweilen noch stark daran gebunden; die Hanse und ihre Schicksale sollten das bald genug erweisen.

Die politischen Ordnungen aber bestanden in diesem deutschen Reiche in Wahrheit aus einer unübersehbaren Menge von vielen Hunderten reichsunmittelbarer und -mittelbarer, geistlicher und weltlicher Stände. Sie waren nach Gebieten, Macht und Leistungsfähigkeit wieder unendlich verschieden. Um so mehr verlohnt es sich, davon eine möglichst greifbare Vorstellung zu gewinnen.

Die tatsächliche Macht der einzelnen Stände war mannigfach bedingt. Sie hing weniger an der Größe als an der Geschlossenheit des Gebiets, weniger an dem Reichtum als an seiner Verfügbarkeit für Staatszwecke. Auch sind Städte und Herrschaften wirtschaftlich nicht ohne weiteres in Gegensatz zu stellen. Denn wie immer lag die größte Sicherheit des Vermögens im Grundbesitz, allerdings bei oft geringer, stellenweise verschwindender Rentabilität; verbanden sich Bodenschätze damit, um so günstiger. Umgekehrt konnte das flüchtige und vergängliche, in Handel und Gewerbe ruhende Vermögen bei Umsicht und Glück märchenhafte

Zinsen tragen. Deshalb liebten es, auch in Deutschland, die Handelsherren und Städte, zu eigen oder in Pfandschaft Dörfer, Burgen und Güter zu erwerben – bis zu wirklichen Territorien, wie es Nürnberg gelang; entsprechend nahmen geistliche und weltliche Herren schon Anteile von Gewerkschaften, wie Salzpfannen von Lüneburg oder Bergrenten am Harz.

Auch nach der Tüchtigkeit der Verwaltung ihrer Güter und Einkünfte waren die Stände unsagbar verschieden; einige kamen aus den Schulden nie heraus; andere konnten durch Käufe oder Rückkäufe, durch kluges Regiment und Bündnispflege, durch Burgen und Geschütz ihren Kredit und ihre tatsächliche Stellung gewaltig verbessern. Die Größen waren also beweglich. Gerade deshalb ist es so schwer, eine Übersicht darüber zu gewinnen. Ein gewisses, wenn auch sicher nicht einwandfreies Vergleichsmaterial liegt in den Anschlägen zu den Reichshilfen vor; man muß dazu bemerken, daß es auch ein Erfolg der Macht war, diese Anschläge selbst wieder zu drücken, und daß die Großen sicher besser dabei fuhren als die Kleinen. Aber sie geben doch ein Bild und eine leidliche Übersicht über das Ganze.

Nach den älteren Listen standen um 1520 die Erzherzöge von Österreich und die Herzöge von Burgund mit je 900 Gulden an der Spitze. Erst mit 600 Gulden folgten die Kurfürsten, deren Einnahmen ganz gewiß sehr ungleich gewesen sind, also Mainz, Köln, Trier, Pfalz, Sachsen und Brandenburg; der Böhme fehlt im Anschlag. Mit ihnen rangierten die Herzöge von Bayern, von Württemberg, von Lothringen und die Landgrafen von Hessen, also neben ganz alten die jüngsten Fürsten. Folgten die Erzbischöfe von Magdeburg und Salzburg, der Bischof von Würzburg, die Albertiner, die Herzöge von Pommern, von Jülich und Cleve sowie die Markgrafen von Brandenburg-Kulmbach mit je 500 Gulden. Zwischen 300 und 450 sollten leisten die Bischöfe von Bamberg, Münster, Utrecht, Lüttich, die Herzöge von Braunschweig-Lüneburg und von Mecklenburg; zwischen 100 und 300 Gulden die Bischöfe von Augsburg, Konstanz, Straßburg, Speyer, Metz, Verdun, Cambrai, Paderborn, Halberstadt, Eichstätt, Freising, Trient und Brixen; alle anderen 26 Bistümer nur 60 bis 80 Gulden. Von weltlichen Fürsten zahlten 100 bis 300 noch die kleinen Pfalzgrafen, die Herzöge von Calenberg, Lauenburg, Holstein und die Markgrafen von Baden sowie 26 Prälaten, darunter die Äbte und Pröpste von Fulda, Kempten, St. Gallen, Weingarten, Salem, Maulbronn, St. Emmeran, St. Maximin, Stablo, Cornelimünster, Echternach, Werden und Corvey, sowie die Äbtissinnen von Essen und Quedlinburg. Der Rest von drei weltlichen Fürsten (darunter Grubenhagen) und etwa 40 Prälaten blieb unter 100 Gulden.

Sehr merkwürdig ist auch die Verschiedenheit unter den Grafen und Herren. Über 100 Gulden (bis 194), also wie ein kleiner Bischof und Fürst, zahlten die von Werdenberg, Fürstenberg, Öttingen, Rappoltstein, Hardeck, Sonneberg, Hanau, Isenburg, Wolkenstein, Schauenburg, Mansfeld, Ostfriesland, Egmont und Bergen; die von Nassau zu Breda und Dillenburg sogar 400 Gulden. Alle anderen Grafen und Herren, der Zahl nach über hundert, zahlten 6, 8, 14, 30, 50, 70, bis zu 96 Gulden.

Endlich die Reichsstädte. Einzig Köln, Nürnberg und Ulm (man sieht ihre ragenden Kirchen vor sich) reichten mit 600 Gulden in die Klasse der Kurfürsten; Straßburg und Lübeck mit 550, Augsburg, Metz und Frankfurt mit 500 Gulden in die Klasse der großen Fürsten. Aber es gab noch zehn Städte mit über 300 Gulden, darunter Danzig, Hamburg, Worms, Speyer, Basel und einige schwäbische Reichsstädte. Vierzig Städte blieben über 100 Gulden, etwa zwanzig zwischen 50 und 90, nur wenige darunter. Man sieht ohne weiteres, welchen Vorsprung die Fürstentümer mit blühenden Landstädten hatten; bei Bremen heißt es geradezu, »der Erzbischof mit der Stadt«, obwohl hier die Summe mit 90 Gulden merkwürdig bescheiden ist.

Solchen Leistungen der Städte entsprach ihr Einfluß weder in den Territorien noch im Reich. Man versteht aber, daß sie mit ihren Stadtherren und mit ihren Nachbarn, daß Nürnberg mit den Markgrafen in Franken, die schwäbischen Städte mit den Grafen und Herzögen von Württemberg erfolgreich kämpfen konnten. Ihre Stärke lag in ihren stets bereiten, meist sorgsam verwalteten Mitteln, ihren Befestigungen und ihrem Geschütz zu Angriff und Verteidigung; ihre Schwäche in ihrer Vereinzelung und in der starken Gefährdung ihres Kaufmannsgutes.

Den Anschlägen und der Stärke entsprach auch nicht der Einfluß der Grafen und Herren im Reich. Während die Fürsten in allen ihren Linien Virilstimmen (Einzelstimmen) führten, mußten sich die zahlreichen Grafen und Herren, gleich den Prälaten, zu vier Kuriatstimmen zusammenfassen lassen.

Gar nicht herangezogen, weil ohne Sitz und Stimme auf den Reichstagen, blieb die Ritterschaft, die innerhalb der fürstlichen Territorien stellenweise eine beträchtliche Macht darstellte, als Reichsritterschaft aber mit ihren Hunderten von Mitgliedern in der Verfassung ausfiel.

Diese Stände, bis zu den winzigsten ritterschaftlichen Einheiten, lebten ein staatliches Doppelleben.

Auf der einen Seite gehörten sie zum Reich. Im Gefüge des Reiches vermochten sie alle ihre Stellungen zu behaupten durch das Gewicht des Ganzen, wie der Mensch durch die Schwere des Körpers und der Luft. Das Ganze litt keine Verschiebung des Druckes. Gewalt bedeutete Bruch des Ewigen Landfriedens, der seit 1495 tatsächlich als Grundgesetz der Kleinstaaterei aufgerichtet war. Das Gefüge wurde zum Überfluß gestützt durch zahlreiche Erbverbrüderungen, die in den Formen der Verbriefung gegenseitiger Erbansprüche die Dynastien durch ganze Systeme politischer Bündnisse miteinander verknüpften.

In ihren Gebieten dagegen waren sie alle eigentlich völlig unabhängig; ihre »Untertanen« wären ihnen schutzlos ausgeliefert gewesen, wenn nicht auch sie sich wieder gruppenweise als »Landstände« der Prälaten, Ritter und Städte zusammengetan hätten. Erst die Landstände stellten die letzte Schicht der Herren dar, deren Willkür dann freilich der schutzlose Wanderer, der Kaufmann und vor allem der waffenlose Bauer täglich ausgesetzt blieb – oft genug bis zur grausamsten Mordbrennerei oder den kindischsten Quälereien.

Denn alle diese großen und kleinen, reichsunmittelbaren und landständischen Herrschaften der Herren, Prälaten und Ritter übten auf dem Lande für ihre Höfe und Dörfer hohes und niederes Gericht, Gemeindeherrlichkeit und Besteuerung nach Herkommen oder Willkür. Ihre Sitze lagen durcheinander mit landesherrlichen Ämtern und Burgen, in denen oft dieselben Familien (diesmal im Namen des Fürsten), in zunehmendem Maße aber gelehrte Amtleute die entsprechenden Hoheiten ausübten. Um viele Dinge, die uns heute wesentlich scheinen, Kulturaufgaben, Schule und Wohlfahrtspflege, kümmerten sie sich alle gar nicht. Das waren Aufgaben, die noch immer den Kirchen zustanden, und nur soweit diese Kirchen wieder den Landesherren oder Städten gehörten, reichte deren Einfluß auch dahin.

Wirtschaftliche Anliegen, wie Einfluß auf Produktion und Preisbildung, Stapelrecht, Verkehrsfreiheit und Sicherheit, Zölle und Steuern, die den Städten längst am Herzen lagen, waren den fürstlichen Regierungen seit dem 13. Jahrhundert nicht ganz unbekannt, aber im ganzen wenig pfleglich und folgerichtig behandelt worden. Besonders bezeichnend, daß die Fürsten allgemein nicht daran dachten, den Außenhandel den eigenen Untertanen vorzubehalten; Ausländer erfuhren oft besondere Gunst. Münzverträge lagen erst in den dürftigsten Anfängen. Politisch spielten alle diese Dinge eine geringe Rolle.

Das wichtigste Anliegen, sogar bei Städten, bildete vielmehr überall die Territorialpolitik im äußerlichsten Sinne, d. h. die Erweiterung des Hoheitsgebietes durch neue Länder, Städte, Klöster, Gerichte, Dörfer oder Höfe; keine Wüstung oder Mühle war zu gering, darum zu streiten und die armen, etwa unter zweierlei Ansprüchen stehenden Bauern mit Anspruch und Verbot zu quälen. Bei klugen und überlegsamen Fürsten und Räten bemerkte man schon das Streben zu arrondieren, Enklaven aufzusaugen, unabhängige Elemente, wie reichsfreie Grafen und Herren, zu Landsassen zu machen, Reichsstädte zu Landstädten; erst recht, der Selbständigkeit der eigenen Städte zu wehren. Zur Territorialpolitik gehörte auch das Streben, umschlossene oder benachbarte Gebiete durch Vogtei oder Schirmherrschaft oder durch Besetzung mit Angehörigen der eigenen Familie tatsächlich der weltlichen Landesherrschaft einzugliedern; das ging bis zu hohen Abteien und Bistümern.

Für diese ganze landesfürstliche Politik, insbesondere die Brechung der Selbständigkeit eingesessener oder benachbarter geistlicher und weltlicher

Stände, leistete das römische Recht, das nur einen einfachen Herrschafts- und den entsprechenden Untertanenbegriff kannte, erwünschte Dienste. Mit einer gewissen inneren Notwendigkeit zogen die Fürsten, schon um einander wechselweise gewachsen zu sein, die gelehrten Räte in ihren Dienst und gewannen damit in ihrer Umgebung auch ein neues Interesse für die gelehrten Schulen, wie die denkwürdigen Neugründungen von Tübingen und Wittenberg, später von Marburg lehren.

Im übrigen regelte sich das Verhältnis zu den Nachbarn praktisch am wirksamsten durch die seit dem 13. Jahrhundert zwischen Städten und Fürsten unter sich und untereinander erprobten Schiedsgerichte, »Austräge« und Einungen. Denn Landfriedensbruch im eigentlichen Sinne war jetzt nicht so sehr irgendeine private Untat eines Untertanen, sondern vielmehr der ganze Bereich der Friedensverletzungen als Ausdruck des Kampfes um strittige Hoheiten, Erbansprüche oder hochfürstliche Räubereien. Weil dadurch nicht nur die armen Untertanen und die kleinen Stände, der Handel und die Sicherheit der Straßen, sondern alle Nachbarn mit betroffen wurden, blieb das Interesse an jenen vorbeugenden, grober Willkür wehrenden landschaftlichen Bündnissen ein dauerndes, auch wenn einsichtige Könige wie Karl IV. sie nicht planmäßig gepflegt hätten. Freilich bediente man sich ziemlich unverfroren derselben Formen auch zu Angriffszwecken, so daß dem Vertrauen zum Bündniswesen ein tiefeingewurzeltes Mißtrauen zur Seite schritt. Verquickung mit Erbeinungen verschleierte erst recht oft ihr Wesen.

Das Wichtigste aber an allen diesen Städtebünden, Ritterbünden und gemischten Landfriedensbündnissen war die Gewöhnung an vertragliche Ordnungen überhaupt, an bündische Tagungen, Beschlüsse, Finanzen, Aufgebote und Exekutionen.

Das sollte in doppelter Richtung wichtig werden. Einmal gewann man von hier aus eine neue Form des Reichstages, und zum zweiten stellte man aus den bündischen Erfahrungen auch den Reichstagen ihre neuen Aufgaben.

Der Kern der alten königlichen Hoftage waren die königlichen Lehnsleute, die Fürsten, Grafen und Herren gewesen; sie blieben es auch bei der Umformung des Hoftages zum Reichstage. Geistliche und weltliche Fürsten, Prälaten, Grafen und Herren blieben als Fürstenrat der Kern des Reichstags.

Aber zu diesem Kern traten zwei neue Elemente hinzu. Zunächst die Städte. Schon Wilhelm von Holland hatte ihre Vertreter gleichberechtigt neben die Herren gestellt. Aber seit dem Versagen des rheinischen Städtebundes hatten die Städte ihre politische Stellung für ein Jahrhundert nicht mehr zurückgewonnen. Erst die neuen schwäbischen und rheinischen Städtebünde in der Spätzeit Karls IV. und in den Anfängen der Regierung

Wenzels gaben neuen Anlaß zum Verkehr auf gleicher Stufe. Das Ziel einer geordneten Zulassung der Städteboten zu den Reichstagen wurde auch jetzt noch nicht erreicht. Nur der Anspruch blieb, um im späten 15. Jahrhundert durchzudringen.

Wichtiger wurde vielmehr zunächst das zweite neue Element der Reichsverfassung und des Reichstages, der Kurfürstenrat. Den lehrreichsten Wink für seine politische Entstehung gibt das Fehlen des Königs von Böhmen. Denn als sich nach der Zeit der goldenen Bulle die in ihrem Recht auf Königswahl und Mitregierung feierlich bestätigten Kurfürsten in Sachen des Städtekrieges und der Klagen gegen Wenzel zusammenfanden, als sie Ruprecht von der Pfalz zum Könige bestellten, als sie später unter Sigismund ihren Kurverein befestigten und zu einem Sonderelement des Reichstages machten – immer war der Kurfürst von Böhmen zugleich römischer König, immer war ihr Verein gegen ihn gerichtet. Der Kurverein also, oder, als Element des Reichstages, der Kurfürstenrat, war immer eine Erscheinung der Opposition gegen das Königtum. Bei ihm lag die Haupttriebkraft zur Förderung der Bestellung eines Reichsregiments, hier der eigentliche Antrieb zu dem, was man im 15. Jahrhundert Reichsreform nannte.

Freilich spielten noch andere Dinge mit hinein. Es ist unendlich lehrreich für das Verständnis der großen Einheit alles Geschehens, aber auch für die Beweglichkeit allgemeiner Ideen, daß aus dem durch völlig andere Verhältnisse entstandenen Ruf nach Beilegung des Schisma und nach Reform der Kirche sich alsbald der entsprechende Ruf nach Reform des Reiches ergab. Die Gewöhnung an die vernünftige Erörterung allgemeiner Fragen auf den großen Konzilien, die Publizistik der päpstlichen und der Konzilspartei, die Notwendigkeit, insbesondere im Streit um das Baseler Konzil politisch Stellung zu nehmen, die Unzufriedenheit der deutschen Fürsten mit der Haltung Friedrichs III. auch in dieser Frage, alles das wirkte zusammen, im Kreise der Kurfürsten und ihrer Räte die Reichsreform zum Programm zu erheben.

Das Schlagwort bekam solchen Klang, daß der neue König von Böhmen, Georg von Podiebrad, sich den Reichsständen am besten durch ein Reformprojekt glaubte empfehlen zu können. Wirklicher Führer der Reform aber war zuerst Kurfürst Friedrich von der Pfalz, zuletzt der Kurerzkanzler Graf Berthold von Henneberg, Erzbischof von Mainz. Ihre Gegenspieler die Habsburger Friedrich III. und Maximilian.

Auch der König wünschte eine Reform, soweit sie ihm die Mittel der Stände erschloß zur Verfolgung seiner politischen Ziele. Die Kurfürsten und Fürsten wünschten sie, soweit ihre eigenen Rechte am Reich und – in sonderbarem Gegensatz zur Idee – ihre Freiheit vom Reich dadurch gefördert wurden. Die großen Städte begrüßten sie, soweit sie Ordnung, Friede, Recht, gesicherten Handel und Wandel versprach; alle kleineren Stände, weil die Festlegung des bestehenden Zustandes durch einen Ewigen Landfrieden ihre eigene unmögliche Existenz verbriefte. Aber sie alle verabscheuten die Reform in tiefster Seele, sobald sie ihnen Opfer auferlegte, Opfer an Zeit und Geld und Freiheit.

Dazu gab es, wie zu allen Zeiten, ein theoretisches Interesse an diesen Dingen – zu erkennen bei Fürsten und Räten. Das ist die Lust am Konstruieren, ein ästhetisch-logisches Wohlgefallen an der Lösung offenbarer Schwierigkeiten, wie überhaupt an den eigenen Gedanken. Nicht immer entsprach dieser Lust auch der Wirklichkeitssinn. Aber gerade die kühnsten Projekte pflegen am stärksten zu erregen.

Kamen nun die neuen Fragen der Zeit vor den Reichstag, so besaß der Kurfürstenrat als die mit seinen sechs Stimmen am meisten geschlossene, an der Regierung am nächsten beteiligte Größe von selbst die Führung. Einigte er sich mit dem Fürstenrat, so hatten die Städte das Nachsehen. Der König mochte wohl versuchen, als ein Erzherzog im Fürstenrate seine Meinung geltend zu machen – der Natur der Sache nach hatte er fast immer den ganzen Reichstag gegen sich; um so mehr, als es ihm so gut wie nie gelang, einen der drei Teile, und wären es auch nur die Städte gewesen, geschlossen für sich zu gewinnen.

So boten die Reichstage der maximilianischen Zeit das Bild regelrechter ständischer Kämpfe, aus denen in Forderung, Ablehnung oder Bewilligung sich ein wirkliches Verfassungsleben im Reich hätte bilden können. So viel hat sich tatsächlich ergeben, daß das im 15. Jahrhundert völlig auseinanderfallende Reich, wenn auch nur durch Streitfragen, eine neue Einheit erhielt unter dem Schlagwort der Reichsreform.

Der äußere Hergang der Verhandlungen war immer der, daß der König freiwillig oder unter dem Druck der Stände die Reichstage ausschrieb und mit einer Proposition eröffnete, daß dann die beiden Räte und die Städtebank in gesonderte Beratungen eintraten – oft im Plenum, oft in Ausschüssen, woraus sich endlich die formulierten Beschlüsse des Reichstagsabschieds gestalteten.

Nach dem Tode Friedrichs III. gab der Wormser Reichstag vom Sommer 1495 den Auftakt und den Grundton für die maximilianische Periode mit dem Ewigen Landfrieden vom 7. August. Seine zweischneidige Bedeutung wurde schon hervorgehoben. Zur Durchführung des Ewigen Landfriedens sollte ein oberstes ständisches Gericht bestellt werden unter einem königlichen Präsidenten, aber mit sechzehn Richtern auf Vorschlag der Stände, zur Hälfte gelehrten Juristen. Das Gericht, im Gegensatz zum königlichen Kammergericht als Reichskammergericht bezeichnet, trat noch im Herbst zu Frankfurt ins Leben.

Solchen kühnen Anfängen entsprach nicht der Fortgang der Reform. Wie richtig wäre es gewesen, das Reichsheer auf allgemeine Steuern zu stellen, seitdem das Lehnsheer unbrauchbar geworden war und alle Welt längst mit Soldrittern und Soldknechten kämpfte! Maximilian hatte gedrängt, aber die Fürsten fürchteten um ihre Libertät, fürchteten »die französische Servitut« von einem festen königlichen Heere. So kamen sie doch wieder auf die alte Matrikel oder die Matrikularbeiträge zurück. Die Aufgebote sollten danach mit dem Schlüssel der Römermonate, d. h. der Einheitskosten zum Unterhalt von Reisigen und Knechten für einen Monat der Romfahrt in Geld umgerechnet werden können. Man mochte demgemäß einen ganzen, einen halben, auch zwei oder drei Römermonate bewilligen und hatte immer eindeutige Zahlen.

In Augsburg 1500 erhandelten die Stände vom Könige die Bewilligung des Reichsregiments, zusammengesetzt aus 2 königlichen, 6 kurfürstlichen, 2 fürstlichen und 2 städtischen Beisitzern, dazu 2 von Grafen und Prälaten und 6 von Rittern und Doktoren. Diese letzten 6 sollten in sechs Wahlbezirken gewählt werden. Unter Vorsitz von Kursachsen trat das Regiment zusammen, ohne eine ernstliche Wirksamkeit auszuüben; es war im Grunde genommen eine reine Konstruktion; schon 1502 löste es sich auf.

Jene sechs Wahlkreise aber lebten 1507 in neuer Form auf. Jetzt sollten in ihnen, neben den 2 königlichen, 6 kurfürstlichen und 2 gräflichen Beisitzern, 6 weitere Beisitzer zum Reichskammergericht gewählt werden, also von Fürsten und Städten in Reichskreisen.

Als Maximilian, der mit Zustimmung Julius' II. den Kaisertitel angenommen hatte, 1512 zu Trier und nach Verlegung des Reichstags zu Köln vor die Stände trat, war seine politische Stellung schlecht. Er sah sich genötigt, außer Reichsregiment und jährlichen Reichstagen auch eine Neuordnung der Exekutive zum Landfrieden zu bewilligen. Darüber aber gewannen jene Reichskreise zum drittenmal ein neues Gesicht. Wie es schon im Egerischen Landfrieden von 1389 einmal geplant war, die gemeine Hilfe bei großen Landfriedensstörungen in landschaftlichen Kreisen zu organisieren, wollten jetzt die Stände zwar keine königliche Schutzpolizei, wohl aber ihre eigenen Aufgebote, und zwar in 6 Kreisen, aufstellen, zu denen dann noch 2 für die königlichen Erblande und 2 für die kurfürstlichen Gebiete in Aussicht genommen wurden. Die Entschließung war bedeutend, denn man hatte nicht nur die Idee der Exekutivbezirke, sondern vor allem eigentlich zum ersten Male ein in leidlich gleiche Teile gegliedertes Reich, dessen Einheit also wenigstens in der Teilung zur Erscheinung kam. Die Durchführung sollte freilich noch Menschenalter lang auf sich warten lassen.

So war der Zustand der Reichsverfassung, als Maximilian 1518 auf seinem letzten Reichstage in hergebrachter Art über Türkenhilfe und Gravamina, vor allem aber über seine Nachfolge im Reich verhandelte. Damals versprachen die Kurfürsten ihm die Wahl seines Enkels Karl, falls er sich inzwischen zum Kaiser krönen lassen würde. Dazu ist es nicht gekommen.

Am 12. Januar 1519 starb Maximilian im Alter von 70 Jahren.

Die europäische Politik und die Wahl Karls V.

Als im Sommer 1519 wieder ein Kaiser zu wählen war, drängte sich in diese während des 15. Jahrhunderts gar nicht sehr aufregende Frage die Summe der großen Politik zusammen.

Dahin hatten geführt Verschiebungen der Weltpolitik und ungeahnte Erfolge der habsburgischen Hauspolitik.

Für die europäische Politik hatte es im Laufe der Jahrhunderte sehr verschiedene Brennpunkte gegeben. Als sich Abendland und Morgenland im 8. Jahrhundert endgültig schieden, lagen Rom und das römische Gebiet gerade auf der Schneide. Eben dahin strömten seitdem berufene und unberufene Kräfte des Abendlandes, bewußt oder unbewußt, um der weltpolitischen Bedeutung des kaiserlichen und päpstlichen Roms willen. Der Zugang lag in der Lombardei. Aber nicht bloß deshalb war auch dieses Land jahrhundertelang Ziel der Heereszüge, sondern vor allem, weil alle westlich, nördlich und nordöstlich des Walles der Alpen liegenden Reiche durchweg ihre Macht über den Kamm des Gebirges bis zu den Fußpunkten der Pässe ausgedehnt hatten. Es schien ein Gesetz, daß die Burgunder und Franzosen bis Aosta und Susa, die Schwaben oder Schweizer bis Bellinzona und Lugano, die Bündner bis Chiavenna, die Bayern und Österreicher bis Bozen, Trient oder gar bis in die Mark Verona und ins Patriarchat von Aquileja reichen sollten. Eben deshalb ist es unrichtig, für den Kampf um Oberitalien vorzüglich wirtschaftliche Gesichtspunkte geltend zu machen; das Land war reich, und Mailand war Knotenpunkt aller Straßen, gewiß; aber der Weg nach Rom und die natürliche Wirkung unmittelbarer Nachbarschaft blieben doch wohl das Wichtigere.

Vom 11. zum 12. Jahrhundert verschob sich der Schwerpunkt des Interesses noch weiter in den Süden. Die Normannen brachten eine neue aktive Kraft nach Unteritalien; italienische Seefahrt gewann von Pisa, Genua und Venedig aus Raum, und die Gestade des Mittelmeeres traten wieder aus der Dämmerung hervor. Wer Unteritalien und Sizilien besaß, meldete den Anspruch auf die Universalherrschaft an, wenigstens über das Mittelmeer. So war es einst mit den Griechen und Karthagern, mit den Römern, Byzantinern und wieder mit den Arabern gewesen. Jetzt nahmen Normannen und Hohenstaufen das Erbe an. Eben deshalb war es aber die sichtbarste Verschiebung der Macht des Abendlandes in den Westen, als an Stelle der Hohenstaufen in Neapel die französischen Anjou, in Sizilien die spanischen Aragonesen traten. Für Frankreich war die Beherrschung des Papsttums das wichtigste; seine geistige und politische Vormacht sprach sich darin aus. Für Spanien handelte es sich um eine ernste Meldung zur großen Politik; dazu kam, früh bewußt empfunden, die Bedeutung der Kornkammer Siziliens für das spanische Hochland.

Aber für beide Mächte bedeuteten doch die Anfänge der italienischen

Politik mehr Symbole neuer Ansprüche als Verschiebungen ihrer eigenen Schwere; sie ließen mehr oder weniger Nebenlinien oder Vizekönige im Lande, dachten nicht daran, sich gleich den Ottonen und Hohenstaufen in Italien zu verbluten. Denn man befand sich allgemein im Zuge starker Dezentralisation der europäischen Politik. Frankreich holte das Papsttum selbst in die Provence und nahm im übrigen durch das 14. und 15. Jahrhundert seine Front nach Westen und Norden gegen die englischen Ansprüche auf das Festland, so daß hier ein neuer Brennpunkt europäischer Politik am Kanal entstand; Normandie, Calais, Niederlande wurden politische Größen.

In England und den Niederlanden berührte man das Interessengebiet der Hanse, das sich von der Salzbai im Bogen über London, Norwegen nach Wisby zog. Aber der politische Brennpunkt lag für das Gebiet der Hanse durchaus im Nordosten, am Sund, in der Spannung zwischen Lübeck und der Krone Dänemark. Der Norden also wies zwei neue Brennpunkte auf, am Kanal und am Sund.

Auch Spanien behielt durchaus seine eigensten Interessen. Voran stand der Fortgang der Kämpfe gegen die Moriscos; erst militärisch, dann noch lange wirtschaftlich und kulturell gegen die jüdisch-maurische Bevölkerung im Lande; endlich gegen die maurischen Staaten und Seeräuber in Nordafrika. In der Seefahrt nach und um Afrika gingen die Portugiesen voran; die Spanier folgten hier und in der Weltschiffahrt nur zögernd. Daß der Genuese Columbus mit spanischen Schiffen am 12. Oktober 1492 an einer amerikanischen Insel landete, sollte später die Welt verändern; zunächst war es ungewollt und ohne starke Rückwirkung. Ihre größere Aufgabe sahen die Spanier in der Säuberung und in der Einheit der Halbinsel. Für Aragon und Castilien bereitete sich durch die Ehe Ferdinands mit Isabella 1469 die Einigung vor. Sie hofften auch auf Portugal und taten Schritte dazu; nur Zufälle gaben ihrer Familien- und Staatspolitik schließlich eine andere Folge.

Zu den neuen Brennpunkten der europäischen Politik im Norden trat also als dritter derjenige an der Grenze zwischen der spanisch-christlichen und mohammedanisch-arabischen Welt im westlichen Mittelmeer. Noch wichtiger der vierte an der Grenze der österreichisch-ungarischen Christenheit gegen die mohammedanisch-türkische Macht im Donaugebiet. Die großen Sultane Murad I. und Bajesid hatten in weitem Umfange den Balkan gewonnen. Adrianopel war gefallen, die Serben waren auf dem Amselfeld (1389) völlig zusammengebrochen und auch Sigismund von Böhmen, König von Ungarn, mit ungarischen, deutschen und französischen Truppen bei Nikopolis nahe der unteren Donau zum ersten Male von den Türken geschlagen (1396). Das war ein gutes halbes Jahrhundert vor dem Fall von Konstantinopel (1453). Seit dem Jahre 1400 also durfte man von einer Grenzwacht gemeiner Christenheit an der Donau reden. Sie oblag nach dem

Zusammenbruch der Serben und Bulgaren im ersten Treffen den Ungarn, im zweiten den Österreichern, hinter denen Böhmen als Aufnahmestellung blieb. So bildete sich in sehr denkwürdiger Weise schon unter Sigismund, dessen einzige Tochter Albrecht von Österreich heiratete, aus der Abwehr der Türkengefahr von selbst die österreichisch-ungarische Reichsidee, die mit der Macht der Türken aufstieg und später wieder verschwinden sollte. Die Habsburger nahmen die Idee des Luxemburgers auf; Maximilian tat alles, aufs neue den Übergang von Ungarn und Böhmen an sein Haus vorzubereiten; er opferte dafür unbedenklich Preußen an Polen. Wie sehr schon Maximilian als Vorkämpfer gegen die Türken betrachtet wurde, lehrt die Überreichung von Helm und Degen durch die Lateransynode.

Bei solcher Verschiebung der politischen Brennpunkte in den Nordwesten und den Nordosten, in den Südwesten und Südosten des Abendlandes blieb erst recht windgeschützt in seiner Mittellage das Gebiet, das bis dahin Schauplatz aller großen Kämpfe und Bewegungen gewesen war und nun, im 14. und 15. Jahrhundert, die Blüte seiner Kultur erlebte: Toscana, Oberitalien, die Schweiz, Burgund und Flandern.

Zunächst Italien.

Es war der Nachklang großer Ideen und Kämpfe, der hier seinen Stil und seine Verklärung in literarischer und bildender Kunst fand. Zugleich brachte der wieder geöffnete und breit zum Norden strömende Mittelmeerhandel eine ebenso fruchtbare wirtschaftliche wie geistige Belebung. Einzelne Mittelpunkte der Macht stärkten sich auf Kosten der kleineren Nachbarn; schließlich blieben neben den sogenannten fünf Großmächten Neapel, Kirchenstaat, Florenz, Mailand und Venedig nur unbedeutende Herrschaften, wie Monferrat, Mantua, Ferrara und ein paar freie Städte; einige davon gehörten ohnehin eigentlich zum Kirchenstaate, hatten sich jedoch zu politischer Selbständigkeit aufgeschwungen. Eben deshalb war diese in sich sonderbar labile italienische Staatengruppe als Ganzes ohne Widerstandskraft.

Das Umgekehrte war im Norden des mitteleuropäischen Gebiets eingetreten. Von den Zugängen zu den Westalpen bis zur Nordsee hatte sich ein neuer Einheitsstaat gebildet, der in seinen Gliedern nicht minder frei, kulturgesättigt und wirtschaftlich aufsteigend war, der burgundische Staat. Seit dem 14. Jahrhundert hatte eine Nebenlinie des französischen Königshauses mit den französischen Kronlehen des Herzogtums Bourgogne nebst Franche Comté, Artois und Picardie noch zu vereinigen gewußt die Grafschaft Flandern (1369), später Brabant, Hennegau, Holland, Seeland, Luxemburg. Der Prozeß war unter Philipp dem Guten († 1467) zwar noch nicht abgeschlossen (es fehlten vor allem die großen geistlichen Gebiete sowie Geldern und Friesland), aber sein Sohn Karl der Kühne übernahm doch bereits mit dem reichsten und blühendsten Erbe Europas die Idee einer Großstaatsbildung. Zur alten Tüchtigkeit städtisch gewerblicher

Kultur gesellte sich die Blüte höfisch-ritterlichen Wesens. Um den glänzendsten Fürstenhof scharte sich der hohe Adel des Goldenen Vlieses (1430). Bei aller Selbständigkeit der Landschaften verband eine nach französischem Vorbild aufgebaute, selbständig fortgebildete Zentralverwaltung das uneinheitliche, nach Sprache und Kultur so verschiedene Reich zu einer immer mehr geschloss nen Einheit. Um die Mitte des 15. Jahrhunderts schätzte man das Jahreseinkommen des Herzogs auf 900 000 Dukaten; das wäre das Doppelte des Papstes, das Dreifache des Königs von Neapel gewesen. Der Herzog sammelte märchenhafte Schätze von Kleinodien, Perlen, Diamanten, Gemälden, Pokalen und Halsketten. Und doch war dieser Reichtum nicht die Ausbeute, sondern nur der Abglanz des begüterten friedlichen Landes, das sich schon damals fast wie ein überreifer Garten süßester Früchte ausnahm, zwischen denen noch für Jahrhunderte jene immer wieder prachtvolle Sinnlichkeit erblühte, die schließlich in Peter Paul Rubens gipfelte.

Die Politik des burgundischen Fürstentums ging auf Lösung aller Abhängigkeit, von Frankreich so gut wie vom Deutschen Reiche. Karl der Kühne trieb seine Politik im Stil der letzten Ritter stürmisch, hochmütig, gejagt von brennendem Ehrgeiz. Er träumte von Königs- und Kaiserkronen und willigte deshalb auch in die Verbindung seiner einzigen Tochter mit dem Kaisersohn Maximilian. Allein bei Neuß, Granson, Murten und vor Nancy kam sein Ungestüm zu Fall. Wenn Maximilian von Österreich der Erbin Marie auch das ganze Herzogtum nicht zusammenhalten konnte, so rettete er wenigstens die deutschen Niederlande samt der Franche Comté als den wichtigsten und reichsten Teil des gesamten Fürstentums; fürstliche Statthalterinnen und kluge Räte haben diesem Reich der Niederlande sein Wesen und für mehr als ein halbes Jahrhundert trotz unausgesetzter Grenzkämpfe im ganzen doch den Frieden und seine blühende Wirtschaft zu erhalten gewußt.

Endlich ist noch ein Gebiet des Binnenlandes eben in dieser Periode der Dezentralisation europäischer Politik erstarkt, die Urkantone der Schweiz nebst Bern und Zürich, die sich von der Herrschaft des Hauses Habsburg und anderen Abhängigkeiten freikämpften und aus diesen Kämpfen nicht nur die Freiheit, sondern auch den Ruhm einer neuen militärischen Macht davontrugen; Abschluß der Entwicklung 1499 im Schwaben- und Schweizerkrieg Maximilians, der die waffentüchtigen Eidgenossen von der Bindung an die Reichseinrichtungen löste.

Und doch vollzog sich nicht ohne Mitwirkung der Schweizer Knechte um dieselbe Zeit eine rückläufige Bewegung der europäischen Politik.

Zwischen Frankreich und England war Friede gemacht, und wenn es auch nicht an Nachwehen fehlte bis 1559 hinab, so trat doch das Kanalgebiet vorerst zurück. Auch die Politik der Hanse hatte ihre große dänische Periode überschritten, und wenn es neue Sorgen gab aus der Konkurrenz der Niederländer, so erwuchs daraus doch keine große Politik mehr in der Ostsee. Im Süden gab es nicht minder Kampfpausen, sowohl an der Donau wie an den afrikanischen Küsten.

Dafür wurde Italien aufs neue, für ein Menschenalter wenigstens, wieder zum vornehmsten Einsatz der Politik. Das hatte sehr verschiedene Gründe für die einzelnen Teile Italiens und doch denselben Grund in dem allgemeinen politischen Zustand des Landes.

Sowohl das Haus Habsburg in Österreich und Steiermark wie die alte Seerepublik von Venedig hatten zwischen sich an der Küste des Adriatischen Meeres gegen Dalmatien wie an den Ostalpen alle kleinen Mächte aus dem Wege geräumt, um im späten 15. Jahrhundert überall, in Hafenplätzen und in Oberitalien, aneinander zu geraten. Dabei war Venedig auf der Terra ferma vorgedrungen im Kampf mit den stets unruhigen kleinen Stadtherren und der wechselnden Macht der Herzöge von Mailand, während auf österreichischer Seite das Moment der Unruhe in der Persönlichkeit Maximilians gegeben war. Hier also bestand die erste Gefahr von Reibungen und Zusammenstößen.

Des weiteren stellte sich heraus, daß die Schweizer am Fuße der Zentralalpen ihrerseits als Erben des Reiches Nachbarn der Lombardei geworden waren mit allen Gefahren, die durch die Schwankungen im Herzogtum Mailand und durch die neue Kriegstüchtigkeit der Schweizer gegeben waren.

Dazu trat endlich als das Entscheidende das Aussterben des Hauses Anjou (1481), seine Beerbung durch die französische Krone und der Entschluß Karls VIII., Neapel als Erbe der Anjou zu beanspruchen. Das Königreich war einst von dem entarteten Geschlecht an Alfonso von Aragon verlorengegangen und jetzt von einer kraftlos gewordenen aragonesischen Nebenlinie beherrscht. In dem Augenblicke also, wo der König von Frankreich sein Auge auf Neapel richtete, traf er zugleich auf die altaragonesische Interessensphäre von Sizilien. Karl VIII. ließ sich weder davon noch von den Schwierigkeiten eines Feldzugs in entlegene Gebiete ohne nennenswerte Flotte abhalten, und der erste Erfolg seines doch fast überraschenden Einbruchs in das ungeeinte und im großen gesehen fast wehrlose Italien (1494) schien ihm recht zu geben. Indessen, so wehrlos diese Staaten sich zunächst erwiesen, so wenig waren sie geneigt, die ihnen angetane Schmach eines mutwilligen, friedbrecherischen Einmarsches hinzunehmen. Auch zeigte sich auf die Dauer Aragon mehr beteiligt am Schicksal Neapels, als Frankreich vermutet hatte. Genug, schon 1495 verbanden sich die gegen Frankreich und das ihm befreundete Florenz noch an der italienischen Politik beteiligten Mächte, nämlich Kaiser Maximilian, Spanien, Venedig, Mailand und der Papst, zu einem Abwehrbunde. Der Rückzug der Franzosen war nicht unrühmlich, und der Beweis, daß man durch Italien ungestraft marschieren konnte, war einmal erbracht.

Nichts bezeichnender dafür als die Bereitwilligkeit der Republik von

San Marco, schon 1499 zu Blois mit Frankreich doch wieder ein Abkommen auf gemeinsames Vorgehen gegen Mailand zu treffen. Umgekehrt war natürlich Maximilian abgeneigt und die Schweiz bedenklich; aber gerade Maximilian trieb sie mit seinem unglücklichen Schwabenkrieg den Franzosen in die Arme; während der Papst durch Frankreichs Freundschaft für Cesare Borgia gewonnen wurde.

In der Tat, schon im September 1499 war Frankreich im Besitz von Mailand. Nun begehrte es, doch auch Neapel wiederzugewinnen. Es handelte vorsichtiger als fünf Jahre vorher; es verabredete Teilung mit Aragon. Doch war das Ende der Unternehmung nochmals der erzwungene Abzug der Franzosen und die Alleinherrschaft der Spanier, die nun Neapel nicht mehr aus der Hand gaben, sondern durch Vizekönige verwalten ließen.

Auch damit nicht genug. Spanien hatte zu der erprobten Wehrlosigkeit der italienischen Staaten auch noch die Möglichkeit einer militärischen Überlegenheit über Frankreich begriffen und trat fortan vom Süden her als erfolgreicher Mitbewerber um die Macht auch in Reichsitalien auf.

Als wirkliche Kraft, wenn auch nicht des Widerstandes, so doch wertvoller Allianz, hatte sich bis dahin einzig die Republik von San Marco erwiesen. Aber eben diese war ja erst auf Kosten vieler Kleinen im letzten Jahrhundert zur vollen Herrschaft über die Terra ferma gekommen. Außerdem war ihr Maximilian von jeher feindselig; er schürte auch jetzt gegen Venedig mit vollem Erfolg. Papst Julius II. ging mit, um frühere Gebiete der Kirche zurückzugewinnen. Frankreich begehrte in der Liga von Cambrai diejenigen Teile des Herzogtums Mailand, die es bei der letzten Eroberung noch an Venedig hatte überlassen müssen. Florenz beteiligte sich zur Behauptung des in der Franzosenzeit verlorenen Pisa, Spanien wegen der venezianischen Plätze in Apulien. Die Kleinen folgten nach dem ersten Siege der Franzosen unter dem Connétable Karl von Bourbon bei Agnadello (14. Mai 1509). Venedig mußte an Maximilian sogar Verona überlassen und den übrigen Gegnern das, was sie begehrten.

Nun schien die ganze Politik der letzten 15 Jahre rückgängig gemacht zu werden, als die gegeneinander befriedeten Staaten Italiens und mit ihnen die Schweizer die Festsetzung Frankreichs im Herzogtum Mailand als die Quelle allen Übels erkannten und die Franzosen unter dem Feldzeichen der »Heiligen Liga« 1511 nicht ganz ohne Mühe wieder aus dem Lande jagten. Florenz bezahlte seine Franzosenfreundschaft mit dem Verlust der Freiheit; durch den Papst und die Spanier wurde das Haus Medici zurückgeführt. Die Schweizer gaben das Herzogtum Mailand wieder an einen Sforza, wobei sie Locarno und Lugano für sich behielten (1512).

Damit mag das Spiel in Italien und die Gruppe der beteiligten Mächte genügend gekennzeichnet sein. Schließlich gelang es freilich den Franzosen, doch wieder in Mailand Fuß zu fassen. Genua, dessen Flotte für Frankreich besonders wichtig war, nahm zuerst die französische Partei; die eben noch fast allgemein siegreichen Schweizer erlitten von den Franzosen unter Führung ihres jungen Königs Franz selbst eine empfindliche Niederlage bei Marignano (14. September 1515). Der neue Papst, Leo X., bekräftigte die damit zurückgewonnene Vormachtstellung Frankreichs noch durch ein starkes Entgegenkommen im Konkordat von Bologna (18. August 1516).

In diesem Jahre wollte der Florentiner Niccolo Machiavelli sein seit 1512 öfter überarbeitetes Buch »Vom Fürsten« dem jüngeren Lorenzo Medici, späteren Herzog von Urbino, widmen. Das Büchlein begründete aus dem rationalen Sinn der italienischen Städte und aus dem vergleichenden Geschichtsstudium des Humanismus in unübertrefflicher Weise die Politik als eine Erfahrungswissenschaft mit einer Fülle praktischer Beispiele aus allen Zeiten für die Art und Weise, wie sich die Menschen zu den Maßregeln der Macht verhalten. Diesen Feststellungen von unerhörter Unbefangenheit, freilich auch von nüchternem Rationalismus folgte in sonderbarem Gegensatz ein leidenschaftliches Schlußkapitel mit der Aufforderung zur Befreiung Italiens. Man versteht ohne weiteres, daß der damalige Zustand des Gleichgewichts zwischen den Spaniern in Neapel und den Franzosen in Mailand denkbar ungeeignet war zur Sammlung der Patrioten und zur Vertreibung der Barbaren, so glühend Machiavellis Sprache dafür auch werben mochte. Das Buch blieb bis nach seinem Tode (1527) unveröffentlicht.

Inzwischen war die habsburgische Macht gewaltig aufgekommen, und der alte Ferdinand von Aragon tat das letzte, sie zu stärken angesichts des auch für ihn bedrückenden Übergewichts von Frankreich.

Es ist schon erzählt worden, daß Maximilian von Österreich für seine Gemahlin Marie von Burgund und nach deren Tode für seinen Sohn Philipp den Schönen die Niederlande ruhmvoll behauptete. Im Frieden von Senlis (1493) verzichtete er nur auf das Herzogtum der Bourgogne und die anderen altfranzösischen Lehen. Für seinen Sohn Philipp aber gewann Maximilian bald danach die Hand der Juana von Castilien, Tochter Ferdinands und der Isabella. Spanisch-portugiesische Ehen waren in Österreich und Burgund nichts Ungewöhnliches. Die neue Verbindung wurde aber eine doppelte. Am 22. August 1496 verließ die Tochter der Catolicos Spanien, um zu Antwerpen mit Philipp von Österreich vermählt zu werden. Dasselbe Schiff, das die Castilianerin hergeführt hatte, nahm Philipps einzige Schwester Margarete, einst vom französischen Könige begehrt und verschmäht, mit nach Spanien, wo sie dem Infanten Don Juan angetraut wurde. Dieser Erbe der spanischen Königreiche starb freilich schon am 4. Oktober 1497. Auch seine Schwester Isabella, die Infantin von Portugal, starb vor den Eltern. So war Juana die Erbin Ferdinands und der Isabella. Sie war früh erregbaren Gemüts und verfiel später in Trübsinn, aber fast zehn Jahre lebte sie in vielfach beunruhigter Ehe mit dem jungen Habsburger, dem sie allzu leidenschaftlich zugetan war.

Aus ihrer Ehe gingen sechs Kinder von nicht gewöhnlicher Begabung hervor, alle berufen, in der Geschichte der europäischen Staaten eine Rolle zu spielen: Eleonore (geb. 1498), später Königinwitwe von Portugal und Königin von Frankreich; Karl (geb. 24. Februar 1500), König und Kaiser; Isabella (geb. 1501), Königin von Dänemark; Ferdinand (geb. 1503), Erzherzog, König und Kaiser; Marie (geb. 1505), Königinwitwe von Ungarn und Regentin der Niederlande; Katharina (geb. 1507), einmal verlobt mit Joachim von Brandenburg, dann Königin von Portugal.

Als der älteste Sohn geboren war, durfte man ihn als den Erben der habsburgischen und burgundischen Lande sowie der spanischen Königreiche mit allen ihren Nebenländern betrachten. Geboren in Gent, wuchs er auf unter Obhut seiner Tante, der Infantin Margarete. Er bewegte sich in der halb ritterlichen, halb geschäftsklugen Luft dieses immer noch sehr zeremoniösen Hofes. Ein Herr von Chièvres war sein Gouverneur – nach Karls Mündigkeit (6. Januar 1515) sein leitender Minister. Vergebens bemühten sich noch nachher Kaiser Maximilian und die Tante Margarete um Mitwirkung bei der Regierung der Niederlande. Sie lag ausschließlich in den Händen des ersten Kämmerers, des Großkanzlers Sauvage, und etwa noch von Karls Lehrer Adrian von Utrecht.

Die niederländische Regierung folgte keineswegs den habsburgischen Bahnen, sondern sie trieb eine rein niederländische Politik. Diese aber schrieb ihr vor möglichste Freundschaft mit England und unbedingten Frieden mit Frankreich. In dieser Richtung lag vor allem der Vertrag von Noyon vom 13. August 1516, der Frieden und Freundschaft schloß unter der Formel einer späteren ehelichen Verbindung zwischen Madame Louise, Tochter des französischen Königs, und Karl von Österreich. Wohl oder übel schloß sich Maximilian dem Vertrage im Frieden von Brüssel (3. Dezember) an; weniger, weil der Herr von Mailand immer der natürliche Verbündete gegen Venedig war, sondern weil Franz I. und die Republik dem stets geldbedürftigen Kaiser gegen Rückgabe Veronas, aber unter Anerkennung des Besitzes von Riva und Rovereto, die Summe von 200000 Talern Gold versprachen.

Karl selbst verbrachte seine ganze Jugend in den Niederlanden, wo ihm Teil um Teil seines reichen Erbes zufiel.

Nicht ohne Schwierigkeit. Dem alten Ferdinand von Aragon war es lange ein widerwärtiger Gedanke, den fernen Habsburger als seinen Nachfolger zu wissen; er ahnte nicht, wie sehr sich in dem Enkel noch einmal das spanische Blut der Mutter regen sollte. Die Notwendigkeit überholte alle seine Stimmungen; 1504 starb seine Gemahlin Isabella von Castilien. Die Cortes des Königreiches huldigten der Erbin Juana und ihrem österreichischen Gemahl. Als dieser schon am 25. September 1506 starb, anerkannten sie ihre Söhne Karl und Ferdinand als Erben; den König von Aragon hielten sie fern. Kardinal Ximenez, ein halb mönchischer, halb humanistischer Kirchenfürst von ungewöhnlicher Energie, wurde Regent. Karl und Ferdinand mußten auch in Aragon folgen, denn Ferdinands zweite Ehe mit Germaine de Foix brachte ihm zwar einen späten Sohn, aber das Knäblein starb bald nach der Geburt, 1509. Vorübergehend tauchte der Gedanke einer Teilung zwischen Karl und Ferdinand auf, schließlich testierte der alte König kurz vor seinem Tode (23. Januar 1516) doch zugunsten des Infanten 'Karl von Castilien, Herzog von Burgund und Erzherzog von Österreich.

Der junge Fürst wurde als Erbe seiner Kronen auch Erbe aller Gegensätze, die daran hafteten: zwischen Spanien und Frankreich um die Gebiete von Navarra und Neapel, zwischen Frankreich und den Niederlanden um das burgundische Erbe, zwischen Frankreich, der Schweiz und den italienischen Staaten um Mailand.

Hatte sich also die europäische Politik zuletzt im wesentlichen auf die italienische vereinfacht, so vereinfachten sich jetzt alle Gegensätze auf denjenigen zwischen Franz von Frankreich und Karl von Burgund.

Noch lebte der alte Maximilian. Anwartschaften auf die deutsche Krone behandelte er in seinen ohnehin meist bankerotten Verhältnissen jahrelang als politisches Zahlungsmittel. Insbesondere England gegenüber. Schon 1513 und nochmals im Frühjahr 1516 suchte er damit von England Waffen- oder Geldhilfe zu gewinnen. Wenn er die Verhandlungen im Herbst noch einmal wiederholte, so spiegelt sich darin sein Ärger über jene niederländische Politik, die nach Noyon geführt hatte. Dagegen spielte er im Frühjahr 1517, offenbar ganz im Sinne der Niederländer, den eifrigen Förderer einer Wahl Heinrichs VIII. zum römischen Könige, um die für eine Überfahrt Karls nach Spanien unentbehrliche englische Freundschaft zu pflegen. Seitdem aber sehen wir ihn sich mit aller ihm zu Gebote stehenden Hingebung für Karl von Spanien einsetzen.

Der Umschwung bei ihm selbst geschah in denselben Wochen, in denen auch sein Enkel zuerst die Idee der deutschen und der römischen Krone endgültig ergriff, Ende August oder Anfang September 1517, da man in Vlissingen lange Zeit vergebens auf günstigen Seewind nach Spanien wartete. Mir scheint zur Erklärung dieser Entschließung des jungen Fürsten der Hinweis auf sein dynastisches Gefühl vollkommen auszureichen; er wollte von allen Ländern, Ehren und Titeln seiner Ahnen nichts verlieren. Als ihm anderthalb Jahre später, mitten in den Verhandlungen, zu Ohren kam, daß man angesichts der neuerdings aufgetauchten Schwierigkeiten in den Niederlanden an die Wahl seines Bruders gedacht hatte, wandte er sich an seine Tante Margarete in einem langen, mit eigenhändiger Nachschrift versehenen Schreiben, aus dem sein unverhohlener Zorn über die drohende Kränkung hervorleuchtet: »Sie hätten sich das besser überlegen sollen und sich gesagt sein lassen, daß er auf aller Welt nichts mehr begehre als dieses;

anderenfalls könnte es geschehen, daß er um Reich, Ehre und Reputation käme.«

Weniger selbstverständlich ist die Neigung der erlauchten Führer der niederländischen Politik und vollends die Mitwirkung der Spanier. In der Tat brachten die erforderlichen Aufwendungen noch manche Enttäuschung. Zunächst aber setzte der junge Herr die Mittel aller seiner Reiche an das erwünschte Ziel.

Dasselbe tat Maximilian, beraten und unterstützt durch eine Reihe ausgezeichnet tüchtiger und tätiger Räte. Er erreichte teils durch Botschaften und Briefe, teils persönlich auf dem Augsburger Reichstag im August 1518, daß fast alle Kurfürsten ihm die Wahl Karls feierlich versprachen, sobald er selbst zum römischen Kaiser gekrönt sein würde. Wir wissen, daß es dazu nicht gekommen ist.

Nach Maximilians Tode aber setzten sofort diejenigen Gegenbewegungen ein, die längst vorbereitet waren, nämlich von seiten Frankreichs und der römischen Kurie. Was es für den König von Frankreich bedeutete, im Rücken der Niederlande, ja als kaiserlicher Oberlehnsherr der Niederlande König von Deutschland zu sein, was es für die Dauer der französischen Herrschaft in Mailand, vielleicht für viel weitergehende Absichten auf Toscana oder gar auf Neapel bedeutete, römischer Kaiser zu sein, liegt auf der Hand. Setzte sich Franz I. überhaupt dafür ein, und er tat es jahrelang, so darf man sich nur wundern, daß ihm nicht mehr gelungen ist. Der Sieg von Marignano und der Erfolg von Noyon hatten sein Selbstgefühl aufs höchste gesteigert; ganz kurz nachher spielten sich die ersten Verhandlungen mit deutschen Kurfürsten ab. Schon am 16. November 1516 war der Trierische Rat Heinrich Dungin von Wittlich zur Beantwortung des französischen Anbringens am Hofe Franz' I.

Die Haltung der deutschen Kurfürsten war nicht einheitlich; sie ist deshalb viel umstritten, im Grunde aber doch eindeutig. Die Kurfürsten wurden von allen Seiten umworben, von England, Frankreich und den Habsburgern; sie selbst und ihre Räte gewöhnten sich daran, Vorteile und Nachteile nüchtern abzuwägen. Geschenke und Versprechungen ließen sie sich nicht etwa bloß schamhaft gefallen, sondern forderten sie fast alle ziemlich unverfroren und trugen keine hochfürstlichen Bedenken, darum resolut zu feilschen. Der Brandenburger, neben dem Trierer zuerst für Frankreich gewonnen, ließ sich überraschend genug auf die österreichische Seite ziehen und feierte zu Augsburg in aller Form das Verlöbnis des Kurprinzen mit Fräulein Katharina von Hispanien, Karls jüngster Schwester, um dann doch wieder an das stattlichere Angebot Frankreichs verlorenzugehen. Seine Bemühungen um einen ähnlichen Gesinnungswechsel bei dem erzbischöflichen Bruder von Mainz und Magdeburg blieben erfolglos. Der Kardinal Albrecht – denn das war er inzwischen geworden – hielt im wesentlichen an der habsburgischen Kandidatur fest. Nicht minder Köln. Freilich der

Mainzer für über 100000 Gulden, wozu noch über 10000 Gulden für seine Räte kamen; Köln für insgesamt wenigstens über 50000 Gulden. Sicher gemacht war beizeiten auch die böhmische Regierung; Maximilian und der König von Polen verständigten sich als Vormünder, und die Gratifikationen an die böhmischen Herren und Räte blieben wirksam. Schwieriger gestalteten sich die Verhandlungen mit der Pfalz; hier waren mehrfache alte Verstimmungen zu überwinden; Pfalzgraf Friedrich hatte der Prinzessin Eleonore in den Niederlanden gar zu unvorsichtig den Hof gemacht; aber gerade er, mit den Habsburgern doch wieder ausgesöhnt und reich beschenkt, tat das Seinige, dem kurfürstlichen Bruder die Summe von 139000 Gulden, darunter 80000 als Abfindung für Hagenau, annehmbar zu machen. Auch Trier ließ sich durch große Summen von der französischen Seite herüberziehen. Nur der Brandenburger bildete sich ein, die französischen Kronen seien besser als die niederländischen Gulden; oder schämte er sich, zum drittenmal einen Parteiwechsel zu vollziehen?

Einigermaßen undurchsichtig bleibt auch auf diesem Gebiet die Seele Friedrichs des Weisen, Kurfürsten von Sachsen. Zu Lebzeiten Maximilians erklärte er ein- ums anderemal, es wolle ihm nicht gebühren, sich irgend in Verhandlungen einzulassen; er war mit Trier der einzige, der dem alten Kaiser zu Augsburg kein Wahlversprechen gab. Diese Haltung hielt er ebenso gegen alle französischen Werbungen fest. Indessen ließ er die habsburgischen an seinen Bruder Johann gehen, duldete auch dessen Verhandlungen wegen einer habsburgischen Heirat mit stattlicher Mitgift; nur durfte das alles, auch die Gratifikation an seine Räte, nicht mit der Königswahl in Verbindung gebracht werden. Schließlich aber wurde der Kurfürst selbst gegen Willen und Erwartung vorübergehend zum Kandidaten.

Das lag vor allem an der römischen Kurie. Der mediceische Hof Leos X. hatte zwar seit Bologna eine ostensible Freundschaft mit Frankreich und förderte deshalb sogar durch das offizielle Versprechen einer Verleihung des Kardinalshutes an Trier und Köln die französischen Wünsche, wurde aber auch dazu in erster Linie bestimmt durch die grundsätzliche Abneigung gegen die Wahl des Königs von Spanien und Neapel. Einst hatte Ferdinand von Aragon die Belehnung mit Neapel nur unter dem Vorbehalt der Unvereinbarkeit dieser Krone mit dem römischen Kaisertum erhalten; eine entsprechende Erklärung wurde jetzt wiederholt. Aber der Papst mußte sich davon überzeugen, daß die englische Kandidatur nicht auf einen einzigen Wähler, die französische eine Zeitlang vielleicht auf drei, nämlich Trier, Brandenburg und Pfalz, hoffen konnte, daß aber davon nur Brandenburg sicher blieb. Da machte in letzter Stunde die französisch-päpstliche Politik den Versuch, die ihr so überaus unerwünschte Wahl des Habsburgers durch die Gegenkandidatur eines deutschen Kurfürsten zu durchkreuzen. Als solcher konnte nur Friedrich der Weise in Betracht kommen. War der Landesherr Luthers jahrelang schon wegen seiner Kurstimme überhaupt von der

Kurie mit ausgesuchter Vorsicht behandelt, so trat er jetzt für einen Augenblick vollends in den Vordergrund. Der ganz im Sinne der französischen Politik tätige Nuntius Orsini warb im April 1519 noch für Frankreich; am 21. Juni aber ließ er durch den übergeschäftigen Miltitz einen Schriftsatz an den Kurfürsten gelangen, wonach der Papst angeblich seine Bestätigung schon dann in Aussicht stellte, wenn der Kurfürst zur eigenen Stimme nur noch zwei weitere erlange, was sicher nicht genügte. Miltitz ließ seinerseits auch einfließen, der Papst sei wohl geneigt, dem Kurfürsten zuliebe einen seiner Freunde zum Kardinal zu machen, was man sich alsbald gefiel auf Luther zu beziehen, vielleicht um zu erweisen, wie hoch die Kurie ihn bewerte.

Das alles war acht Tage vor der Wahl, die schließlich auf den 28. Juni festgesetzt wurde.

Die allgemeine Lage Deutschlands stand eben damals unter dem Zeichen von zwei Truppenzusammenziehungen, die durch ungewöhnlich starke Spannungen und Landfriedensstörungen im Norden und im Süden bedingt waren. Im Süden hatte die württembergische den Schwäbischen Bund mobil gemacht; im Norden zogen ähnliche Wetter im braunschweigischen Hause zusammen. Beide Verwickelungen wurden von den um die Wahl streitenden Großmächten in ihre Rechnung eingesetzt. Im Stift Hildesheim war Streit zwischen dem Bischof und dem Stiftsadel, insbesondere Gliedern der Familie von Saldern, die Anlehnung fanden an den Herzog Erich von Calenberg und seinen Neffen Herzog Heinrich den Jüngeren von Braunschweig-Wolfenbüttel, dessen Bruder das Stift Minden besaß. Der Bischof von Minden aber stritt mit Herzog Heinrich dem Mittleren von Braunschweig-Lüneburg zu Celle um Diepholz und wurde darüber von Sitz und Stift verjagt. Ihren politischen Charakter erhielt diese sogenannte Stiftsfehde dadurch, daß Heinrich der Mittlere, Schwager Friedrichs des Weisen, alte freundschaftliche Beziehungen zu Frankreich unterhielt, die von Geldern, das in den Niederlanden durch Umfassung bedroht war, verstärkt wurden. Frankreich wünschte sich des Lüneburgers zu bedienen, als man daran dachte, angesichts der Wahl Truppen an der Hand zu haben.

Genau umgekehrt lagen die Dinge in Württemberg. Der Gegensatz der Herzöge zu den kleinen Reichsstädten, die einem abgerundeten schwäbischen Fürstentum im Wege lagen, war das Vermächtnis von Jahrhunderten und die Reutlinger Fehde nur ein neuer Ausbruch. Zudem bestand ein schlechtes Verhältnis des Herzogs zu seiner bayrischen Gemahlin; noch mehr zu einem Teil seines Adels. Wie der Ewige Landfrieden politisch ein Schutz der kleinen Reichsstände war, so dienten diesen auch die landschaftlichen Landfriedensbünde, in Schwaben der Schwäbische Bund. Er war hervorgegangen aus dem ritterlichen St.-Jürgen-Schild, gefördert durch die Städte und die Habsburger, die von jeher ihre Reichsvogtei zur Territorialherrschaft auszubauen suchten. Aber auch andere benachbarte

Fürsten hatten sich im Wettbewerb dem erstarkten Bunde angeschlossen. Nichts natürlicher, als daß nun Herzog Wilhelm von Bayern die Führung des Schwäbischen Bundes gegen den Gemahl seiner Schwester übernahm, daß auch die Habsburger sich beteiligten, während Herzog Ulrich wenigstens vorübergehend die Unterstützung des Königs von Frankreich und der Schweizer fand. Als diese durch die Bemühungen des niederländischen Rates Zevenbergen abberufen wurden, war das Schicksal des Herzogs entschieden. Er verlor sein Land; es stand zur Verfügung des Bundes. Damit war die Fehde im April 1519 erledigt. Die Truppen des Bundes aber wurden ganz bewußt mit Rücksicht auf die bevorstehende Königswahl von den Habsburgern an die Hand genommen und sogar in die Nähe Frankfurts gezogen.

Gleichwohl gaben weder die französischen noch die habsburgischen Rüstungen den Ausschlag bei den letzten Vorbereitungen zur Wahl, sondern beide wirkten nur zur Verstärkung der ohnehin vorhandenen Stimmungen und Absichten. Die habsburgische Politik zeigte sich in den Verhandlungen überlegen und gab durch eine energische Haltung in Schwaben ihren an und für sich schon reicheren Versprechungen auch noch den größeren Kredit.

Es wirkte aber noch etwas anderes, was man zu Unrecht neuerdings in Zweifel gezogen hat. Das unverblümte Eintreten des Papstes für Frankreich erreichte das Gegenteil – während für den Enkel Maximilians in Westdeutschland unverkennbar auch Gefühlsmomente sprachen. Man wußte nicht oder machte es sich mindestens nicht klar, daß dieser junge Herr von Burgund und Spanien zwar väterlicherseits ein Habsburger, aber von mütterlicher und großmütterlicher und urgroßmütterlicher Seite so sehr ein Burgunder, ein Franzose, ein Spanier war, daß unter seinen zweiunddreißig Ahnen nur ein einziger deutschen Geblütes war, eben der Mannesstamm der Habsburger. Aber er war Maximilians Enkel, in den Niederlanden aufgewachsen, und diese Herren Pfalzgrafen, Bischöfe, der Graf von Nassau, der kluge Zevenbergen und alle die alten Räte Maximilians, die seine Sache führten, waren eben Deutsche; wogegen man zu der ganzen französisch-italienischen Gesellschaft wirklich etwas wie einen nationalen Gegensatz empfand; die Äußerungen der Zeit selbst lassen darüber keinen Zweifel.

Auch die humanistische Gelehrsamkeit mußte helfen. Unter den kaiserlichen Publizisten mochte Graf Hermann von Neuenahr den Ton der Zeit richtig treffen, wenn er seinen Herrn mit Krösus, Philipp, Alexander, Xerxes und Leonidas verglich; er vergaß auch nicht zu betonen, daß Belgica, das heißt die Niederlande, nach Tacitus, Ptolemäus, Strabo und Eutrop zu Deutschland gehörten, ähnlich wie kurz vorher die Elsässer Humanisten die deutsche Abkunft der Karolinger glaubten erweisen zu müssen.

Genug, als man nach vielem Hin und Her, am 28. Juni 1519 in der Frankfurter Bartholomäuskirche zur Wahl schritt, gab zwar der Kurfürst von

Brandenburg eine förmliche Protestation zu Protokoll, aber er sowohl wie die anderen persönlich erschienenen fünf Kurfürsten nebst der Botschaft des Königs von Böhmen wählten einstimmig König Karl von Spanien zum römischen König und künftigen Kaiser. »Als solches ausgerufen«, erzählt der Frankfurter Stadtschreiber, »haben die 22 Trompeter des Pfalzgrafen und des Markgrafen von Brandenburg in die Trompeten gestoßen, dann hat man zur Orgel das große *Te Deum laudamus* angestimmt; die Kurfürsten sind vor dem Altare gestanden bis zum Ende des Gesanges, und von allen Klöstern und Kirchentürmen hat man die Glocken geläutet und in allen Gemeinden das Tedeum gesungen.«

»Gott hat uns ein junges edles Blut zum Haupt gegeben, damit viel Herzen zu großer guter Hoffnung erweckt; daneben will sichs ziemen, daß Unser dazu zu tun und der Zeit und Gnade nützlich zu brauchen«, so meinte Luther noch im Jahre darauf.

König Karl weilte in Barcelona, als die Nachricht von der Wahl zu ihm kam. Man darf sich ihn damals keineswegs als Spanier denken. Wie seine Sprache das Französische war, so umgaben ihn fast nur niederländische Staatsmänner französischer Kultur – noch immer Chièvres, Herr von Croy und Adrian von Utrecht, während an Stelle von Sauvage der sehr gebildete und kluge Piemontese Gattinara getreten war. Von den Führern der altspanischen Politik hielten sie den königlichen Herrn anscheinend fern; der alte Kardinalregent Ximenes ist gestorben, ohne ihn gesehen zu haben. Die Königinmutter Juana wurde zwar alsbald nach der Landung von ihrem Sohn in dem Schloß von Tordesillas besucht, in dem man sie halb pflegte, halb in Gewahrsam hielt, aber weder zu den Traditionen ihres Hauses noch zu dem hohen Adel des Landes gewann der König damals ein Verhältnis. Am wenigsten zu den populären Elementen. Alle meinten, die Habsucht der Niederländer und die überstürzte Abreise des gewählten römischen Königs gereiche dem Lande zum Verderben. Die Städte klagten über Steuerdruck und schlechtes Regiment. Am 21. April 1520 fiel das königliche Schloß Valladolid in die Hände von Empörern. Die Comuneros schlossen sich zusammen zur heiligen Junta, und für ein ganzes Jahr befanden sich erhebliche Teile des Königreichs im Bürgerkrieg. Zum Überfluß hatte Karl auch noch vor seiner Abreise nach Deutschland statt eines Spaniers seinen Lehrer, den Großinquisitor Adrian von Utrecht, zum Regenten bestellt.

Unter zunächst zunehmendem Einfluß Gattinaras trat Karl in seine Kaiserpolitik ein. Die habsburgischen Staatsmänner hatten in Deutschland über Frankreich triumphiert; die französische Ehe war nicht mehr das Gegebene. Noch aber schien Vorsicht geboten, noch stand die Überfahrt und der Eintritt in die deutschen Verhältnisse bevor. Gattinara prahlte: »Die Könige von England, Frankreich und Portugal bieten ihre Töchter an.« – Aber er setzte sehr richtig hinzu: »Man darf sich vor der Reise nach

Deutschland noch nicht entscheiden, weil man nicht weiß, wen man gebrauchen wird.«

Umgekehrt lebte Frankreich noch in dem sicheren Gefühl seiner früheren Erfolge. Im Februar 1520 ließ es zu Burgos ein höchst anspruchsvolles Schreiben überreichen. Es forderte die unentgeltliche Investitur mit Mailand von Reiches wegen, das Versprechen, nicht mit Kriegsmacht nach Italien zu ziehen und Geiseln für die Durchführung des Vertrags von Noyon. Das wirkte auf die königlichen Räte derartig, daß sie eine entscheidene Wendung nach England hin nahmen und eine doppelte Zusammenkunft mit dem englischen Hof verabredeten.

Am 25. Mai landete Karl vor Dover. In Canterbury traf er mit seinem Oheim Heinrich VIII. zusammen. Dann begab sich Karl in die Niederlande, Heinrich nach Calais zur französischen Zusammenkunft. Im Juli aber trafen sich Karl und Heinrich zum zweitenmal, jetzt zum Abschluß ihres durch gegenseitige ständige Gesandtschaften verstärkten Vertrages. Die französische Heirat war aufgegeben. Auch an der Kurie verspürte man wesentlich aus territorialpolitischen Gründen (wegen Ferrara) längst Lust, zur neuen Macht hinüberzuschwenken; der spanische Gesandte Manuel wußte diese Stimmung mit neuen Gründen zu stärken.

Zunächst mußte Karl Fühlung mit Deutschland nehmen. Seine Stellung zu den Kurfürsten und Fürsten hatte sich verschoben. Bis dahin waren sie die umworbenen gnädigen Herren, jetzt bemühten sie sich ihrerseits um die Gunst des mächtigen Gebieters.

Das Verhältnis hat sich nicht mehr geändert; so wenig wie im Grunde die Persönlichkeit Karls und seine Art sich zu geben. Auch Karl V. – so hieß er nun nach deutscher Zählung – hatte seine menschlichen Schwächen, nur weniger als alle seine fürstlichen Zeitgenossen. Fromm, ernst und ritterlich erzogen, war er für sein Alter ausgesprochen eifrig in den Geschäften. Frühzeitig beginnen die eigenhändigen Briefe und Nachschriften des Monarchen. In Ratssitzungen fehlte er nicht. Die Befangenheit seines Geistes äußerte sich dazu in einer Art, die nur geeignet war, den Respekt vor seiner Person ganz unbillig zu erhöhen. Diese Langsamkeit, Verschlossenheit, Zähigkeit paßte wie die höchste Vollendung in eine Zeit, die sich vom ritterlichen Überschwang zu kühlen, rechnerischen Überlegungen bekehrte. Dazu kam der Glanz seiner Namen und Titel, die echte Überzeugtheit von der Verpflichtung seines erlauchten Geblüts. Der zarte, nun zwanzigjährige Jüngling mit dem hochmütigen Ausdruck hatte nichts von seinem gewinnenden Großvater, aber er erweckte um so mehr die Vorstellung von einem unnahbaren Gebieter. Frühzeitig wagte weder in seiner Familie noch in seinem Rate irgend jemand ihm ernstlich zu widersprechen. In alledem hat sich Zeit seines Lebens nichts geändert. Nach seiner unerhörten Stellung und der diplomatisch unzugänglichen Art seines Wesens blieb er Anhängern und Gegnern stets der gnädige kaiserliche Herr.

Seine österreichische Regierung hatte inzwischen einen neuen Erfolg zu buchen. Der Schwäbische Bund wollte Württemberg ursprünglich für Ulrichs Sohn Christoph in Sequester nehmen. Nach der Kaiserwahl drangen die Österreicher mit ihrem Einspruch durch; denn als ein zweiter Angriff des Herzogs abgeschlagen war, überzeugte sich der Bund leicht, daß das Land Schwaben nicht befriedet, der Bund auch nicht zu seinen Kriegskosten kommen würde ohne das Haus Österreich. Am 6. Februar 1520 wurde vereinbart, daß das Herzogtum gegen drei- bis vierhunderttausend Gulden Kriegskosten an den König übergehen solle. Als der Hof noch zögerte, legte Zevenbergen in einem bedeutenden Gutachten die Wichtigkeit der Erwerbung für die habsburgischen Länder unwiderleglich dar. Mit dieser Verstärkung seiner Macht werde es dahin kommen, daß »die Fürsten müßten zu Hofe gehen und dienen«. Weise der König aber diese einzige Gelegenheit von der Hand, so sei allen Praktiken der Eidgenossen das Tor geöffnet; die Städte würden sich zu ihnen schlagen, und »nachfolgend das ganze Land Schwaben und der Rheinstrom bis gen Köln, damit zuletzt das ganze Teutschland allein ein Commun sein und alle Oberkeit daraus vertrieben werde«. Gegen Comuneros in Spanien, gegen Eidgenossen und Städte in Deutschland, so begann dieses Regiment. Der neue König wollte auf alte hochfürstliche Weise regieren.

Der Hof füllte sich langsam mit Deutschen. Im Spätsommer 1520 ging es an den Rhein. Auf den 22. Oktober war der Einzug in Aachen angesetzt.

Die Kurfürsten zogen dem jungen Herrn vor die Stadt entgegen. Als sie seiner ansichtig wurden, eilten sie auf ihn zu, stiegen von den Pferden und küßten ihm die Hand. Der Erzbischof von Mainz begrüßte den Erwählten; aus dessen Gefolge dankte der Erzbischof von Salzburg, ein alter Rat Maximilians. Karl saß da entblößten Hauptes. In feierlicher Haltung nahm er schweigend die erste und vornehmste Huldigung auf deutschem Boden entgegen.

Der Einzug in die Stadt vollzog sich mit äußerstem Prunk und großer Umständlichkeit. Nicht so wie ihn eben Albrecht Dürer in Antwerpen erlebt hatte, mit den in den Niederlanden üblichen nackten lebenden Bildern und Allegorien, sondern in durchaus militärischem Gepränge. Auf Reiterfähnlein folgten Grafen, Herren und Kommissare, dann 3000 Knechte unter Franz von Castelalto, sieben Ratsherren von Aachen mit weißen Stäben, der Herzog von Jülich mit 400 Reitern, das Gefolge der Kurfürsten, endlich der königliche Hof in den österreichischen Farben Weiß und Rot. Garden, Pagen, Gesinde, Herolde, die Münzen unters Volk warfen; auf den Gewändern der königlichen Diener zwei Säulen und die Devise *Plus ultra*. Zwischen Hellebardieren die höchsten Würdenträger, spanische Granden, Ritter des Goldenen Vlieses, die Kurfürsten und Fürsten in Person, der Erbmarschall von Pappenheim mit dem Schwert, zuletzt der König selbst im Panzer und Brokatgewand zu Pferde. Hinter ihm fremde Gesandte,

Kirchenfürsten, Räte. Erst am Abend zwischen 7 und 8 Uhr gelangte man zur Kirche. Bezeichnend, daß der König gleichwohl noch die Wahlverschreibung beschwor.

Am 23. morgens begann das Krönungsfest. Am Portal des Münsters die Geistlichkeit – es war wie in den Tagen Ottos I. und seither so oft. Das Volk drängte nach. Gesänge, Gebete, uralte Zeremonien, als wenn es gälte, einen Bischof zu inthronisieren. Dann wurden an den Erwählten in lateinischer Sprache die sechs großen Fragen gestellt, die nun doch wieder ganz gegenwärtig erschienen: »Willst du den heiligen katholischen, uns überlieferten Glauben halten und fördern? Willst du der Kirchen und Kirchendiener treuer Beschützer sein? Willst du das Reich, das dir Gott gegeben, nach der Gerechtigkeit regieren? Willst du die Rechte des Reiches und des Kaisertums wahren, Verlorenes zurückgewinnen? Willst du für arm und reich, Witwen und Waisen ein gerechter Richter sein? Willst du dem heiligsten Vater, dem römischen Papst, und seiner Kirche die schuldige Ergebenheit bewahren?« Jedesmal antwortete der Erwählte: »Volo.« – »Ich will es.«

Zuletzt stellte der Erzbischof von Köln an die Gemeinde auf lateinisch die Frage, die der Abt von Prüm deutsch wiederholte: »Wollet ihr diesem Fürsten und Herrn euch unterwerfen, sein Reich in Treuen stützen, seinen Geboten gehorchen nach dem Wort des Apostels, ein jeder sei untertan höherer Gewalt?« Ein lautes »Fiat, Fiat, Fiat« antwortete ihm.

Eingehüllt in Weihrauchwolken und Kerzenschein, wurde der Erwählte mit den priesterlichen Gewändern bekleidet, mit dem Schwerte Karls des Großen umgürtet. Dann erfolgte die eigentliche Krönung durch die drei Erzbischöfe und Kurfürsten am Rhein. Vom Thron Karls des Großen erteilte der Gekrönte den ersten Ritterschlag. Dann Tedeum, Orgel, Pauken und Trompeten.

Mittags war Krönungsmahl im Rathaus. Abends gab der Gekrönte ein Bankett. Am 26. Oktober nach der Messe verkündete der Erzbischof von Mainz, daß päpstliche Heiligkeit auch diesem römischen Könige den Titel eines »erwählten römischen Kaisers« zugestanden habe.

Der Wormser Reichstag und der Kampf
um das Edikt gegen Luther

Von altfränkischen und altkirchlichen Zeremonien und Festen wandten sich Kaiserhof und Fürsten zu der schweren Arbeit der Gegenwart. Ein Reichstag war ausgeschrieben zum 6. Januar 1521 nach Worms. Da mußten alle jene Fragen der sogenannten Reichsreform zur Verhandlung stehen, mittels deren die Besten doch noch zu einem wirklichen deutschen Staatswesen zu kommen trachteten, während der neue Kaiser nach der Hilfe des Reiches für seine europäische Politik verlangte, die im Grunde weit ab lag von den Interessen eben dieses Reiches. Endlich war auch die Luthersache brennend geworden. In Köln kam Friedrich dem Weisen die Bannbulle gegen Luther zu Gesicht; damit war unzweifelhaft eine neue Rechtslage geschaffen. Die Reichsregierung ihrerseits wünschte Rat und Meinung des angesehensten Kurfürsten gerade vor dem Reichstage zu achten.

Die römische Kurie forderte durch die Nuntien Aleander und Carracciolo ein unverweiltes Einschreiten gegen Luther. Indessen eben hatte eine so gewichtige Autorität wie Erasmus auf Anfragen auch des kursächsischen Hofes sich für Luther eingesetzt: man solle ihn wenigstens hören. Das war gewiß bisher nicht dagewesen, einen erklärten Ketzer noch einmal zu hören. Der Kaiser forderte wirklich den Kurfürsten auf, Luther mit zum Reichstage zu bringen. Der Kurfürst lehnte das in dieser Form ab: er wollte nicht in so enger Verbindung mit dem Ketzer erscheinen – ihn gleichwohl zu seinem Rechte kommen lassen. Dagegen setzte der Nuntius alles in Bewegung. Der kaiserliche Hof schwankte; gegenüber der römischen Kurie einen rasch populär gewordenen Widersacher zu haben, war ein politischer Wert; andererseits schien der Kaiser auch dem heftigen Einspruch Aleanders zugänglich. Aleander hielt bereits Vortrag im Hofrat und legte ein früher entworfenes Mandat vor. Nachdem Luther die Bannbulle verbrannt, billigte der Hofrat am 29. Dezember wirklich das aufs neue vorgelegte Mandat. Und doch ging es nicht aus.

Der Reichstag wurde am 27. Januar eröffnet. Es wehte ein frischer Wind in den Verhandlungen, die zunächst zu einer neuen Kammergerichtsordnung führten, dann zu einer Regimentsordnung – freilich nicht im Sinne der Stände, aber um so nötiger, als der junge Kaiser das Reich in absehbarer Zeit wieder verlassen mußte. Auch wirtschaftspolitische Fragen von hoher Bedeutung wurden ins Auge gefaßt, aber schon jetzt als schwierig dem neuen Regiment heimgestellt.

Worauf es dem Kaiser ankam, war, wie bei den Cortes in Castilien, Geld. Karl forderte Bewilligung eines Heeres von 20000 Knechten und 4000 Reitern auf ein Jahr. Die alte Matrikel rechnete mit 4202 Reitern und 20063 Knechten, wenn alles aufkam; das bedeutete eine Monatsleistung von 118000 Gulden, wenn man den Römermonat zu sechs Wochen rechnete; für das Jahr rund 700000 Gulden. Auch das Reich brauchte Geld für das Reichskammergericht und für das Regiment. Neue Projekte tauchten auf, etwa ein allgemeiner Eingangszoll oder die Einbehaltung aller Annaten im Reich oder die Abwälzung aller Lasten auf die Juden. Das Ende vom Liede war doch wieder die Annahme der Matrikularbeiträge, die wir schon kennen.

Im Hintergrunde dieser wichtigen Verhandlungen nahm ein besonderer Ausschuß die alten Gravamina gegen die römische Kurie vor. Der streng kirchliche Herzog Georg hatte eine eigene lange Liste von Beschwerden aufgestellt. Außerdem rangen die verschiedenen Gruppen noch immer miteinander, wie man es am besten, am sichersten oder am glimpflichsten mit Luther halte.

Mit unerschütterlicher Ruhe erklärte der Kurfürst von Sachsen immer nur im Sinne des Erasmus, es sei billig und recht, Luther zu hören. Dasselbe verlangte die öffentliche Meinung, auch am Reichstag. Wir dürfen nicht zweifeln – mag immer Aleander ängstlichen Gemüts gewesen sein und übertrieben haben –, seine zahlreichen Briefe geben im Grunde die Stimmung am Rhein richtig wieder; und diese sind voll von Klagen über Unfreundlichkeiten, Bedrohungen, giftige Zuschriften; »Steine und Bäume schreien in diesem Lande Luther, und aber Luther!« Auch die Stände wollten ihn hören. Und die kaiserliche Regierung? Sie war fremd im Lande und zögerte; Chièvres war krank, er sollte das Frühjahr nicht überleben; Gattinara und der kaiserliche Beichtvater Glapion wollten den kursächsischen Kanzler Brück gewinnen für eine Einwirkung auf Luther oder für ein Verhör am dritten Ort. Aleander gab seine Versuche nicht auf, auch die Stände zu schärferem Vorgehen zu bestimmen. Am 13. Februar sprach er zu ihnen nicht ungeschickt: Hinweis auf Ziska und die Böhmen, auf Luthers aufrührerische Schrift von der Babylonischen Gefangenschaft und anderes.

Aber die Stände lehnten das bereits vom 15. Februar datierte Mandat am 19. unter Berufung auf die Erregung des gemeinen Mannes ab. Schon waren Streit oder sehr ungleich begründete Meinungsverschiedenheiten in den Räten selbst zu spüren; im Kurfürstenrat standen zwei Parteien deutlich gegeneinander. Endlich siegte doch der Entschluß, Luther kommen zu lassen.

Noch heute ist das Original der kaiserlichen Einladung an Luther erhalten. Sie beginnt: »Ehrsamer, Lieber, Andächtiger! Nachdem wir und des heiligen Reiches Stände fürgenommen, der Lehren und Bücher halben, von Dir ausgangen, Erkundigung von Dir zu empfahen, haben wir Dir unser und des Reichs frei gestrack Sicherheit und Geleit gegeben«, binnen 21 Tagen in Worms zu erscheinen.

Ob Luther kommen würde?

Viele warnten. Auch Friedrich der Weise schrieb seinem Bruder, daß Luther herbeschieden sei; »ob er aber kommen wird, weiß ich nicht«. Die Kurialen wünschten sein Erscheinen grundsätzlich nicht; aber selbst Freunde dachten, um ihn zu schützen, wieder an eine Verlegung des Verhörs auf die Ebernburg. Und doch war es unendlich wichtig, daß er kam.

Der achtunddreißigjährige Mann wies jede Regung menschlicher Furcht von sich. »Und wenn sie gleich ein Feuer machten, das zwischen Wittenberg und Worms bis an den Himmel reicht – weil ich erfordert bin, so will ich doch in dem Namen des Herrn erscheinen und dem Behemot in sein Maul zwischen seine großen Zähne treten und Christum bekennen und denselben walten lassen.« Nicht leichtsinnig und unbedacht – denn er kannte die Geschichte des Johannes Hus –, sondern in tapferem Gott-vertrauen machte er sich auf den Weg, als der Herold erschienen war. Noch galt sein altes Wort: »Man wird mir ja nicht mehr denn das Leben nehmen können.«

Ihn begleiteten ein Ordensbruder, der alte Freund Amsdorf und ein pommerscher Junker. Zu Erfurt schloß sich Justus Jonas an. Luther pre-digte dort mit ungeheurem Erfolg. Sonst litt die Fahrt keinen Aufenthalt. Am 16. April, morgens 10 Uhr, erfolgte der Einzug in Worms unter dem Gedränge des Volkes.

Schon am nächsten Nachmittag, am 17. April, erschien Luther vor Kaiser und Reich. Man legte ihm seine Schriften vor und fragte, ob er sich als Verfasser bekenne. Er bejahte. Da man weiter fragte, ob er von den darin ent-haltenen Lehren widerrufen wolle, erbat er Bedenkzeit. Das war der Anfang.

Der Eindruck war für die Freunde niederschmetternd. Luther schien doch befangen, wohl gar seiner Sache nicht so gewiß; am wenigsten hatte er den erwarteten großen Eindruck gemacht. Die Kurialen atmeten auf; Aleander triumphierte. Daß die Zurückhaltung Luthers ein von der kur-sächsischen Regierung empfohlenes Manöver gewesen wäre, ist ganz aus-geschlossen; der quellenkritische Befund stärkt hier die unabweisbaren psychologischen Erwägungen.

Die Bedenkzeit war gewährt.

Am nächsten Tage, dem 18. April, nachmittags 4 Uhr, trat Luther zum zweiten Male vor die Reichsversammlung; diesmal fröhlich und guter Dinge. Der Offizial von Trier, der auch Eck hieß, leitete das Verhör. Er wiederholte die Frage des vorigen Tages. Nun antwortete Luther in länge-rer, wohlgesetzter Rede, erst deutsch, dann lateinisch. Dreierlei Schriften habe er verfaßt: solche, die von Glauben und Sitten handelten und auch von seinen Gegnern gebilligt würden. Weiter solche, die des Papstes Tyrannei angriffen; er denke nicht daran, sie zu widerrufen. Zum dritten Streitschrif-ten, in denen er vielleicht zu heftig gewesen; aber widerrufen könne er auch diese nicht. Man möge ihn des Irrtums überweisen aus der Heiligen Schrift. »Doch sollen Stände auch«, fügte er hinzu, »gedenken der sonderbaren und furchtbaren Ratschlüsse Gottes und Sorge tragen, daß nicht aus der Ver-folgung seines Wortes ein Fluch und Unsegen sich ergieße auf das noch so hoffnungsvolle Regiment dieses kaiserlichen Jünglings.«

Eck betonte lebhaft, was einmal die allerheiligsten Konzilien festgelegt, bedürfe keiner Disputation; man fordere von ihm eine einfache, nicht gewundene Antwort.

Luther gab die Antwort. »Da Eure Majestät und Eure Herrlichkeiten eine einfache Antwort begehren, will ich sie geben. Solange ich nicht durch die Heilige Schrift oder klare Vernunft widerlegt werde, kann und will ich nichts widerrufen, da gegen das Gewissen zu handeln beschwerlich und gefährlich ist. Gott helfe mir, Amen.«

Man befand sich im Prozeß. Der Offizial warf dem Angeklagten Unbescheidenheit vor, heischte herrisch Widerruf. Luther beharrte. Es wurde dunkel im Saal. Der Kaiser brach auf – in unverhohlener Entrüstung.

Friedrich der Weise sagte seinem Hofkaplan, daß Luther wacker aber kühnlich geredet habe. Der alte Fürst hatte mit unvergleichlichem Geschick die Sache bis dahin gebracht. An der sichtbarsten Stelle des Reiches hatte sein Doktor gesprochen und sich bewährt. Vernehmlich rauschte es durchs deutsche Land.

Aber auch für den jungen Monarchen wurde dieser 18. April denkwürdig. Zum ersten Male trat er aus seiner vollkommenen Reserve; er gab tags darauf ebenfalls ein gewichtiges Bekenntnis. »Vous savez, que je suis descendu des empereurs très chrestiens de la noble nation Germanique, des rois catholiques d'Espaigne, des archeducs d'Austrie, des ducs de Bourgoingne« – so redete der burgundische Kaiser am nächsten Tage zu seinen deutschen Ständen – »und daß alle meine Ahnen bis zum Tode getreue, gläubige Söhne der römischen Kirche gewesen sind«. So will auch er alles einsetzen, Königreiche, Herrschaften, Freunde, Leib, Leben und Seele, um zu verhindern, daß durch seine Schuld Ketzerei unter die Menschen komme zu seiner ewigen Schande. Gegen Luther wird er vorgehen »als gegen einen erklärten Ketzer«. Das war ganz unzweideutig. Der schwerblütige Fürst hat bis zum Ende seiner Tage nicht anders gedacht und nicht anders handeln wollen. Selten rücken welthistorische Gegensätze so nahe, so persönlich, so ausgeprägt aneinander. Dort das religiöse Gewissen des einzelnen, in Kämpfen erprobt und unerschütterlich, im Begriff, der Sprecher eines ganzen aufwachenden Volkes zu werden. Hier nicht minder ernst das tiefste Bewußtsein von Geblüt, von Tradition und Gehorsam, der nicht fragt und nicht schwankt.

So stellten sich die Dinge auf der vorderen Szene der historischen Bühne dar. Weiter hinten vollzogen sich höchst merkwürdige Dinge. Die Stände waren ganz anderer Meinung als ihr fremder Kaiser. Gegen seinen Wunsch schickte sich eine vornehme Kommission an, es nochmals mit Luther zu versuchen: Kurfürsten, Bischöfe, Fürsten, Grafen und Städteboten. Am 24. April verhandelten sie. Glimpflicher war nie zuvor im Abendlande mit einem Ketzer umgegangen worden. Der badische Kanzler Dr. Vehus kam soweit entgegen wie nur denkbar; er rühmte Luthers Schriften, er bat ihn, nicht durch Hartnäckigkeit ihre gute Wirkung aufs Spiel zu setzen, und sagte alles, was sonst noch der wohlwollende Verstand gegenüber der großen Leidenschaft zu sagen hat. Man schlug Luther vor, die Sache einem Konzil anheimzustellen, wenigstens die Autorität des Konzils, an dem das Herz dieser Generation noch so sehr hing, anzuerkennen. Vom Papst redeten sie schon gar nicht erst.

Aber Luther war nicht im geringsten dazu zu bewegen. Aleander schildert ihn als völlig verstockt. Luther habe immer nur wiederholt, er könnte gegen sein Gewissen nicht handeln. Vielleicht waren dies die schwereren Stunden. Aber Luther bewährte sich in allem als der wahrhaft historische Held, nach äußerem Mut und unerschütterlicher innerer Haltung. Er durfte die nächsten Folgen nicht sehen; auch den Wohlmeinenden nicht folgen. Mit Freuden nahm er am 26. April Abschied von Worms.

Der Hof drängte zum Schluß. Der heraufziehende Krieg mit Frankreich beunruhigte die Fürsten und Herren des Westens. Erzherzog Ferdinand zog es nach Linz zur Doppelhochzeit der habsburgischen Geschwister mit den Erben der Kronen von Ungarn und Böhmen, Ludwig und Anna. Der Reichstag lichtete sich.

Unter solchen Umständen schritt Aleander dazu, das Ergebnis der Verhandlungen mit Luther festzuhalten. Am 29. April wurde im burgundischen Rat der Entwurf einer königlichen Botschaft vorgelegt. Am nächsten Tage gaben die Stände dem Kaiser die Form des Mandats anheim. Der Nuntius erhielt Auftrag und benutzte die alten Entwürfe vom Dezember und Februar; dazu eine einseitige Darstellung der Wormser Verhandlungen selbst. Der Entwurf ging auch durch den deutschen Hofrat. Am 7. Mai war Friedrich der Weise krank. Am 8. Mai stimmte der Kaiser auf Gattinaras Vortrag zu. Reinschriften wurden am 12. Mai dem Kaiser zur Vollziehung vorgelegt – da ergaben sich neuerdings Bedenken aus der Geschäftslage des Reichstags und dem Gang der großen Politik.

Noch schwebten die Verhandlungen wegen des Reichsregiments und des Reichskammergerichts. Am 21. Mai wurde im Kurfürstenrat die auswärtige Politik verhandelt. Am 22. entließ der Kaiser den französischen Gesandten. Gattinara hielt eine Rede in Gegenwart der Kurfürsten, die geteilter Meinung waren.

Wegen einer Epidemie, die ihre Opfer forderte, aber auch wegen reichspolitischer Verstimmungen entwich der Kurfürst von Sachsen am 23. Mai sogar nach Heidelberg. Endlich am 25. konnte der Kaiser im Rathaus den Reichstag schließen.

Nach dem Reichstagabschied begab man sich in das kaiserliche Quartier zur Erledigung der noch ausstehenden Sachen. Dabei wurde auch das Edikt gegen Luther in einer deutschen, inzwischen weiter veränderten Form verlesen. Der Kurfürst von Brandenburg als Sprecher stimmte zu. Am nächsten Tage unterschrieb der Kaiser die Originale vom 8. Mai, die in das vatikanische Archiv gekommen sind, während die am 25. Mai verlesene Form durch den Druck verbreitet wurde. Von »Fälschung« ist nicht zu reden.

Zweifellos ist aber das Edikt nicht der Ausdruck der Meinung deutscher Stände, sondern in erster Linie des Kaisers und seines päpstlichen Beraters. Und selbst der Kaiser verzichtete darauf, es Friedrich dem Weisen mitzuteilen. Noch 1524 berief sich der Kurfürst auf die kaiserliche Bewilligung seiner Bitte, »uns dieser Sachen halben, soviel den Luther betrifft, gnediglich verschonen« zu wollen.

Das Edikt ist ein umfangreiches Aktenstück. Sein Rechtsinhalt ist die Verhängung der Reichsacht. Aber eingeleitet wird dieses Urteil durch eine längere historische Erzählung und durch Aufführung einer Reihe von Vorwürfen gegen Luther, die sich besonders auf die Schrift »Von der babylonischen Gefangenschaft« stützen, also gegen Luthers Sakramentslehre gerichtet sind. Er leugne auch, gleich den Heiden, die Freiheit des Willens, verachte die Kirche und habe eine falsche Meinung von der Messe, lehre ein frei eigenwillig ungesetzlich Leben, untergrabe die Autorität, woraus in Kirche und Staat nur Zwietracht erwachsen könne – lästere er doch sogar das heilige Konstanzer Konzil.

»Das alles haben wir zu Herzen genommen«, sagte der Kaiser, »die Stände nach Worms berufen und, obwohl man einen offenbaren Ketzer nicht hören soll, ihn noch einmal gefragt.« Aber auch nach der Bedenkzeit sei er ablehnend geblieben, nach wie vor auch gegenüber dem heiligen Konstanzer Konzil und deutscher Nation. Da nun alles nichts geholfen, haben »wir gedachten Martin Luther mit einhelligem Willen und Rat unser und des heiligen Reichs Kurfürsten, Fürsten, Ständen als von Gottes Kirche abgesondertes Glied und Ketzer erklärt« und verbieten, ihn zu hausen, zu atzen und zu tränken; vielmehr soll jedermann »kraft unser und des Reiches Acht und Aberacht« ihn und seine Anhänger fangen und ihre Güter behalten. Alle seine Schriften sollten verbrannt und vernichtet werden, was auch den Druckern, Malern und Verkäufern bei Strafe an Leib und Gut geboten wird, damit »die hochberühmte Kunst des Druckens allein in guten und löblichen Sachen gebraucht werde«. Alle Bücher, die Glaubenssachen berühren, sollen nur mit Willen des Bischofs und Zulassung der nächsten theologischen Fakultät gedruckt werden.

Das sollte die einhellige Meinung der Stände des Reiches sein? Die Antwort ließ nicht lange auf sich warten. Hinter dem Edikt standen der Kaiser und der Papst; aber beide hatten zunächst wichtigere Sorgen, wie sie meinten.

Noch während der Wormser Verhandlungen kam das Bündnis zwischen Kaiser und Papst zum Abschluß. Leo X. wechselte also die Partei. Am 29. Mai wurde der Vertrag besiegelt.

Schon vorher war aus Spanien die glückliche Botschaft eingetroffen, daß die königlichen und die Adelstruppen über die Comuneros bei Villalar gesiegt hatten. Der Krieg mit Frankreich konnte also ungehemmt in Gang kommen. Schon im März, noch vor der Entlassung des französischen Gesandten, hatte das Geplänkel an der niederländischen Grenze begonnen. Robert von der Mark, der in französischen Dienst getreten war, fiel wegen alter privater Anliegen ins Land. An der spanischen Grenze begann der Krieg in Navarra; doch wiesen die zunächst überraschten Spanier den Einfall bald mit Verlusten zurück. Wichtiger, daß päpstliche und spanische Truppen gegen Mailand marschierten. Im November gewannen sie die

Stadt. Ein halbes Jahr später siegten Spanier und deutsche Landsknechte in offener Feldschlacht bei Bicocca über die Franzosen und ihre vor kurzem noch so hochgeschätzten Schweizer Knechte (27. April 1522). Auch Genua wurde wieder kaiserlich.

Der Kaiser selbst erlebte diese Erfolge noch in seiner niederländischen Heimat. Der einundzwanzigjährige junge Herr hatte sich selbst in das Leben der Campagne an der flandrischen Grenze gestürzt, die ersten Blicke in das Lagerleben getan und sein erstes Liebesabenteuer im Quartier von Oudenaarde gewonnen. Im nächsten Sommer wurde ihm hier die Tochter geboren, die als Margarete von Parma später in schweren Zeiten das Land regieren sollte, die Mutter des Alexander Farnese.

Trotz vorübergehender Verhandlungen mit Frankreich wurde, schon wegen der beabsichtigten Überfahrt nach Spanien, das Verhältnis zu England immer enger. Im Mittelpunkt eines neuen großen Staatsvertrages vom 25. August 1521 stand die durch heilige Eide gesicherte Abrede einer Heirat Karls mit Heinrichs noch ganz kleiner Tochter Maria. Glänzende Feste feierten die neue Freundschaft und den kaiserlichen Eidam, als Karl auf der Überfahrt einen Besuch von vier Wochen in England machte. Im Juli 1522 war er wieder in Spanien.

Volle sieben Jahre blieb der König und Kaiser dort, Deutschland dem Regiment und zunehmend seinem Bruder Ferdinand überlassend; am 28. April 1521 hatten sie die Verwaltung der Länder bereits so geteilt, daß Ferdinand die österreichischen Erblande allein übernahm.

Mittlerweile war Papst Leo X. am 1. Dezember 1521 gestorben. Der Kaiser hatte sich nur scheinbar und sichtlich verspätet für seinen großen Freund, den Leiter der englischen Politik, Kardinal Wolsey, bemüht, sein eigentlicher Kandidat war der Nepot Leos X., Giulio Medici. Zur allgemeinen Überraschung aber wurde Karls Lehrer, der Regent von Spanien, erhoben, der seinen Namen als Hadrian VI. beibehielt. Freilich folgte ihm schon am 18. November 1523 doch Giulio Medici als Clemens VII., nur daß er sich keineswegs als zuverlässiger Parteigänger des Kaisers erweisen sollte.

Wie die Päpste wechselten und Karl V. für Jahre vom deutschen Schauplatz abtrat, so ist auch Luther zunächst aus der deutschen Öffentlichkeit verschwunden. Als er Worms verlassen hatte, kam ihm noch unterwegs die Nachricht zu, daß man ihn aufheben und verbergen wolle. Nicht weit von Eisenach wurde er am 3. Mai im Walde bei Altenstein von einigen Reisigen überrascht und auf die Wartburg geführt. Wer der eigentliche Urheber des klugen Planes gewesen ist, läßt sich nicht feststellen. Außer dem Burghauptmann waren Spalatin und einige Wittenberger jedenfalls Mitwisser; die Korrespondenz erlitt keine lange Unterbrechung. Der Kurfürst verhielt sich wie immer scheinbar unbeteiligt.

Die Entfernung Luthers aus dem Bereich der öffentlichen Gewalt wie aus dem Streit des Tages war von größter Bedeutung. Für ihn selbst wurde die Wartburgzeit eine neue Periode der Sammlung wie der Arbeit. Sein Dasein hat jetzt etwas von der seligen Einsamkeit der alten Väter und Eremiten in der Wüste. Freilich auch von ihren Schrecken, wie sie die bildende Kunst so gern in der »Versuchung des heiligen Antonius« darstellte. Dem einsamen Manne nahten die Dämonen und Unholde mit ihrem Gepolter und ihren Drohungen und den falschen Spiegeln, die sie ihm grinsend hinhielten. »Wie, wenn du irrtest und so viele Leute in Irrtum verführtest, welche alle ewiglich verdammt würden? – Hier brach mir wahrlich der Schweiß aus, und das Herz begann mir zu zittern und zu pochen.« In männlich stürmischen Kämpfen bezwang er Nöte und Zweifel.

Seine publizistische Tätigkeit blieb unvermindert. Bis 1523 ergingen noch über hundert Streit- und Flugschriften theologischen, erbaulichen, polemischen Gehalts. Auch die Anfänge der deutschen Hauspostille gehen in diese Zeit zurück. Die große Frucht der Wartburgzeit aber war die Verdeutschung der Heiligen Schrift, zunächst des Neuen Testaments. Es wurde doch von unermeßlicher Tragweite, daß er es war, der dem Volk die Bibel deutschte. Für ihn selbst bedeutete die Arbeit eine neue erquickende und stärkende Versenkung in das Wort.

Deutsche Bibelübersetzungen gab es längst die Fülle. Neben 202 Handschriften sind aus der Zeit von 1466 bis 1521 nicht weniger als 18 Drucke vollständiger deutscher Bibeln gezählt worden neben der doppelten Zahl von Teilübersetzungen. Indessen, der Umschwung, der mit Luthers Verdeutschung eintrat, war auch zahlenmäßig noch gewaltig. In den folgenden zwölf Jahren erlebte das Neue Testament nicht weniger als 85 Ausgaben.

Die innere theologisch-philologische Arbeit dürfen wir nur streifen. Das Unzulängliche wird man heute nicht mehr betonen; es ist selbstverständlich; an Sprachkenntnissen und Kritik taten es ihm manche Humanisten zuvor. Doch mindert sich der Abstand, wenn man sich erinnert, daß sogar der große Erasmus für sein griechisches Neues Testament geringwertige Handschriften benutzte und, wo ihm eine griechische Handschrift fehlte, unbedenklich aus der Vulgata ins Griechische zurückübersetzte. Das Entscheidende war, daß Luther sein geniales Sprachtalent in den Dienst der höchsten Aufgabe der Theologie stellte und daß seine Sprache und sein Geist den Text des Buches erleuchteten. Was kein Schriftwerk der Poesie oder des Rechtes, kein Wirtschaftsverkehr oder Unterricht zuwege brachten, das leistete diese deutsche Bibel, die Verbindung der ober- und niederdeutschen Stämme in einer Schrift- und Kultursprache.

Bis zum 21. September 1522 war das Neue Testament vollendet. In der Vorrede liest man Luthers Urteil über den Kanon. Es ist nicht historisch, sondern rein aus der Selbstgewißheit der religiösen Kraft begründet. »St. Johannes Evangelium und seine erste Epistel, St. Pauli Episteln, son-

derlich die zu den Römern, Galatern, Ephesern, und St. Petrus erste Epistel«
will er als rechten Kern und Mark aller Bücher erkennen. Er prüft die
Bücher, ob sie »Christum treiben«; eine ganze Anzahl möchte er verwerfen. Von der »heimlichen Offenbarung«, bis dahin in Deutschland so
hochgeschätzt, meinte er kühl: »Endlich halt davon jedermann, was ihm
sein Geist gibt; mein Geist kann sich in das Buch nicht schicken.«

Während Luther in der Einsamkeit der Wartburg welthistorische Arbeit
leistete, standen Reichsregiment und Stände vor der Tagesfrage, wie sie es
mit dem kaiserlichen Wormser Edikt halten sollten.

Zehn Monate nach Worms traten sie im März 1522 in Nürnberg wieder
zusammen. Der schlechte Besuch riet dazu, einen zweiten Reichstag nach
Nürnberg anzuberaumen, der am 18. November eröffnet wurde. Er dauerte
bis zum 9. Februar 1523 und gewann kirchenpolitisch eine weit höhere Bedeutung als Worms, wenn ihm auch das große historische Schauspiel fehlte.

Von Rom war der Reichstag beschickt mit dem Nuntius Chieregati. Er
forderte mit Nachdruck die Durchführung des Edikts. Dafür bot er eine
allgemein überraschende Gegengabe. Sein päpstlicher Auftraggeber, der
Holländer Hadrian VI., der vielleicht nach Spanien paßte, war seltsam
fremd in dem Rom Raphaels und den Tafelrunden Leos X. Schon seine
Anschauungen von Kirche und Kirchenwesen waren im vatikanischen Palast
nicht geläufig; seine persönliche Lebensführung empfand man als tägliche Unfreundlichkeit. Dieser Papst also hatte sich durch Aleander Vortrag halten lassen über die Notwendigkeit der Reform, wovon die Kurialen
sehr wenig erbaut waren. Der Augustinergeneral Egidio da Viterbo mußte
ein Gutachten ausarbeiten (1522), und dieses lag wieder der Instruktion für
Chieregati zugrunde. Man hat diese Instruktion das großartigste Sünden-
bekenntnis der verweltlichten Kurie genannt. »Angesichts der furchtbaren
Mißbräuche an diesem heiligen Hofe«, meint der Papst, »ist es kein Wunder,
daß die Krankheit der Kirche vom Haupt in die Glieder gefahren ist, vom
Papst auf die niederen Prälaten.« – »Du wirst also«, heißt es weiter, »von
unserer Seite versprechen, daß wir diese Kurie gründlich reformieren
werden!«

Von dieser Erklärung an darf man historisch den Beginn der Gegenreformation datieren. An keiner Stelle ist die unmittelbare Wirkung Luthers auf die katholische Kirche selbst so greifbar wie hier, wo die Eindrücke
Schlag auf Schlag einander folgten.

Zur Beantwortung von Chieregatis Werbung, die am 10. Dezember vor-
getragen war, wurde ein besonderer Ausschuß bestellt. Darin saßen einige
Bischöfe mit ihren Räten, ein Rat Herzog Georgs, vor allem der bamberg-
ische Landhofmeister Hans von Schwarzenberg. Dieser kluge Mann, der in
der Rechtspflege seines Fürstentums wie des Reiches noch bedeutend hervortreten sollte, war es in erster Linie, der den Antrag auf Durchführung
des Wormser Edikts von Reiches wegen zu Falle brachte, wieder mit dem

Hinweis auf die drohende Erhebung des gemeinen Mannes. Dagegen begrüßte er die päpstlichen Reformideen und urteilte gutachtlich zusammen mit Dr. Zoch, dem magdeburgischen Kanzler, daß eine Durchführung des Edikts nur angesehen werden könne, »als wollte man evangelische Wahrheit vertrucken und unchristliche beschwerliche Mißbreuche handhaben«. Demnach könne er nur raten, daß der Papst mit dem Kaiser »ein frei christenlich Concilium an einer bequemen Malstat teutscher Nation ausschreibe«. Mittlerweile solle der Kurfürst von Sachsen ersucht werden, daß Luther »nichts neues schreiben und trucken lasse«. Die Prediger sollen das heilige Evangelium nach den Schriften der vier Kirchenlehrer bis auf weitere Erklärung durch das Konzil verkündigen. Gewaltmaßregeln wurden abgelehnt.

Dies sehr bedeutende Gutachten ist offenbar der Anfang einer Umstellung des deutschen Kirchenregiments, soweit das Reich dafür in Betracht kam. Es lag der Antwort an Chieregati und dem Reichstagsabschied zugrunde. Da die Städte, die das Gutachten »ganz tapfer, vernünftig und christenlich« fanden, den Abschied aus anderen Gründen ablehnten, ist freilich kein vollgültiger Reichsbeschluß zustande gekommen.

Das Wichtigste bleibt, daß von diesem Nürnberger Tag viel Licht auf die Wormser Verhandlungen zurückfällt. Was dort quellenmäßig nicht zu belegen war, die wahre Haltung der maßgebenden Fürsten und Räte, liegt hier zutage.

Das aber, was mit Rücksicht auf die Fortentwicklung der Dinge vor allem unsere Aufmerksamkeit fesselt, ist gerade der Zwiespalt zwischen den Ständen selbst. Als sollten die politischen Grundmotive der späteren Reformationszeit schon jetzt anklingen, tat sich der ohnehin ältere Gegensatz zwischen den Ernestinern und Albertinern in Sachsen alsbald auch im Hinblick auf die Kur kund. Schon im Januar 1523 erklärte Kurfürst Joachim von Brandenburg dem kursächsischen Geschäftsträger, die fortgesetzte Begünstigung Luthers könne seinem Herrn die Kur kosten. Im Sommer verstärkte sich das Gerücht in der neuen Form, daß Erzherzog Ferdinand und der König von Böhmen Absichten auf Kursachsen hätten. Hans von der Planitz, der mit Schwarzenberg zusammenhielt, schrieb nach Hause, es möchte wohl gut sein, sich nach Bundesgenossen umzusehen, »daß Euer kurfürstliche Gnaden auch wüßte, bei wem sie nach Gott Hilfe und Trost suchen sollte«. Noch 1524 glaubte Herzog Johann, seinen kurfürstlichen Bruder mit der Gottesgnade trösten zu müssen, falls sie um des Wortes willen verfolgt würden; »man findt es in der Geschrift, das der liebe Christus alweg dem kleinisten Heuflein will beistehen«.

Und das Reichsregiment? Weit entfernt, Träger nationaler Politik zu sein, wie noch Ranke meinte, ist es selbst an innerem Zwiespalt zugrunde gegangen. Man verlegte es nach Eßling, das heißt, man machte eine österreichische Staatskanzlei daraus. Ganz richtig schrieb Ferdinand seinem kaiserlichen Bruder nach Spanien, das Beste wäre seine Wahl zum römischen Könige. Das aber war nicht des Kaisers Meinung noch auch diejenige seines Gesandten Hannart, Vicomte de Lombeke, der berichtete, den Kurfürsten würde der Erzherzog noch zu jung scheinen; ohnehin beschwerten sie sich über dessen Rat, den Spanier Salamanca. Mit anderen Worten, auch der später so wichtige Zwiespalt zwischen den habsburgischen Brüdern meldet sich bei Zeiten an.

Unter solchen Umständen kam man zu einer im Sinne des Kaisers nicht minder unbefriedigenden Behandlung der lutherischen Frage auf dem dritten Nürnberger Reichstage 1524. Der neue Papst Clemens VII., der zeitlebens von einem Konzil nichts wissen wollte, hatte den Juristen Kardinal Campeggio entsandt; der Kaiser Hannart.

Diesmal konnte man nicht, wie 1523, dem Wormser Edikt einfach ausweichen. Aber eben deshalb wurde die Formulierung, die man wählte, erst recht lehrreich. Denn die Stände erklärten nun nichts mehr, als dem Edikt gemäß »so viel ihnen müglich zu geleben«. Außerdem nahmen sie nochmals die Idee eines Konzils in Deutschland mit der denkwürdigen Begründung auf: »Damit das Gute neben dem Bösen nicht untergedruckt und endlich erörtert werden mög, wes sich hinfüro in dem ein jeder halten solle.« Ja, sie gingen noch viel weiter. Sie wollten am nächsten Martinstag in Speyer zu einer »gemeinen Versammlung teutscher Nation« zusammentreten und dort beschließen, »wie es bis zu Anstellung eines gemeinen Concilii gehalten werden solle«. Also, die Reichsversammlung wollte sich – bis zu einem Konzil – wohl gar der materiell kirchlichen und der dogmatischen Fragen annehmen!

Der kaiserliche Rat hatte den Eindruck, als wenn die maßgebenden Kreise ganz lutherisch geworden seien. Das war ähnlich geurteilt, wie Aleander von Worms aus tat, da er zu seinem Entsetzen so viel Lauheit, vielfach sogar Widerstand zu finden glaubte. Allein, noch waren die Stände fast durchweg altkirchlich und wollten nichts anderes sein. Die wenigen entschlossenen Anhänger Luthers hatten nur den einen großen Vorteil, daß sie angesichts der Unsicherheit und Unentschiedenheit der meisten Stände wenigstens eine Politik des Ausweichens mit Erfolg durchführen konnten.

Der Kardinal versprach das Konzil zu befürworten. Aber gegen die Nationalversammlung und gegen die neuen Gravamina hatte er protestiert. Die Entscheidung lag in Spanien.

Der Kaiser verbot die Nationalversammlung.

Der alte und der neue Glaube

Die Frage ist von entscheidendem Gewicht, ob in der historischen Auswirkung weiterhin das religiöse Element die Führung hatte oder ob es nur als erwünschter Titel für politische oder soziale Forderungen angenommen wurde. Stand der religiöse Genius nicht im Grunde ganz einsam, während sich die Massen und die Mächte mit ihm nur in dem Gegensatz gegen das Bestehende, gegen erstarrte Ordnungen, fremde Ansprüche und Gewalt einig fühlten? Wie weit folgten sie ihm innerlich?

Damit verbindet sich sofort die zweite Frage, wie es eigentlich auf der Gegenseite aussah. Stand der Person Luthers und der durch ihn entfesselten Bewegung nur die verletzte Autorität, der bedrohte Besitz entgegen? Und wenn in der alten Kirche, deren tiefstem Schoß ja Luther selbst entstammte, die religiösen Kräfte so lebendig waren, warum strömten nicht alle diese Kräfte ihm zu? Zumal, wenn die germanisierte mittelalterliche Kirche ohnehin (wie man neuerdings betont hat) auf den Primat des Sittlichen hindrängte, innerlich auf Kosten des Religiös-Kultischen? Wie war es eigentlich persönlich bestellt um die einzelnen Stände, ihre Berater, ihre Geistlichen, ihre Universitäten; wie standen die Gelehrten, Gebildeten, die tätigen Bürger der Städte, wie stand dieses buntgeschichtete deutsche Volk zu den Fragen des Tages? Wäre es möglich, darin einen Einblick zu gewinnen, so müßte das doch von der größten Bedeutung sein für die historische Beurteilung dessen, was wir Konfessionen nennen.

Und endlich das Dritte. Was lebte in den ungeheuren Gärungen dieser Zeit an heterodoxen oder unkirchlichen Bewegungen vergangener Jahrhunderte weiter, ermutigt und gekräftigt durch neue wirkliche oder vermeintliche Gemeinschaft? Die Vorstellung von einem einfachen Gegensatz und einer entsprechend klaren und frühen Scheidung muß gänzlich aufgegeben werden. Alles ist Kampf und Ringen, und aus dem Kampf entstehen wieder neue Probleme; alles auch landschaftlich sehr verschieden.

Wir wollen es zunächst versuchen, eine Vorstellung zu gewinnen von den Abtönungen, die sich im Bilde der damaligen deutschen Gesellschaft aufweisen lassen; wobei die eigentümlichen Bindungen, in denen das Religiöse leben mußte, von selbst heraustreten. Das Wesen und die Schwere jener Zeiten werden erst völlig lebendig in den Kämpfen, die Ungezählte mit sich selbst und der Welt durchzumachen hatten. Manche bewegten sich zwischen Himmel und Erde schwindelnd wie im bodenlosen Raum; andere standen beizeiten erstaunlich fest auf einem neuen Grund und trotzten Tod und Teufel. Aber alles scheint noch in ganz verschiedenen Ebenen zu liegen.

Natürlich gab es starre und harte Vertreter der Autorität, die blind zu Exekutionen schritten. Sie waren selbst ein Stück der Zeit und entbanden den äußersten Gegensatz im Martyrium. In Deutschland dürften sie nicht sehr zahlreich gewesen sein. Das lag im Wesen dieses Staates und seiner Teile, wo überall in Fürstentümern und Städten eine unausgesetzte Bewegung herrschte und der Bund von Macht und Zeit noch selten war. Die Legaten und Nuntien der Kurie mochten wenigstens nach außen jene Auffassung vertreten; von den Fürsten gewiß am ehesten die habsburgischen Brüder, während schon ihre Schwestern, die Königinnen von Dänemark und Ungarn, nachdenklicher waren und Neuerungen zuneigten. Karl in den Niederlanden, Ferdinand in Aragon hochfürstlich erzogen, ließen die niederländische und die österreichische Regierung nicht zögern, gemäß Bann und Acht vorzugehen.

In den Niederlanden war die Erregung in den Kreisen der Brüder vom gemeinsamen Leben, der Augustiner und Erasmianer, nicht gering. Antwerpen, wohin sich längst mehr und mehr der Handel von Gent und Brügge zog, hatte im Augustiner-Convent unter Jakob Propst einen Sitz der Bewegung; ebenso Dordrecht unter Heinrich von Zütphen. In Utrecht war Hinne Rode, der Obere des Brüderhauses und Schuldirektor, rührig; man veranstaltete eine Ausgabe von Schriften Wessel Gansforths (1522). Aber dieses niederländische Evangelium wurde scharf bedroht. In Antwerpen zwang man den Augustiner Propst und den Humanisten Gnaphaeus zum Widerruf. Die Brüder des Antwerpener Brüderhauses blieben fest; so wurden zwei von ihnen, Heinrich Voes und Johann von Essen, am 1. Juli 1523 auf dem Markt von Brüssel verbrannt – die ersten Blutzeugen. Heinrich von Zütphen mußte ins Bremische und zu den Dithmarschen flüchten, wurde aber später doch ergriffen und 1524 zu Tode gebracht.

Ähnliche Bilder in den österreichischen Erblanden. Zu Wien wurde Caspar Tauber enthauptet, zu Rattenberg in Tirol ein Mönch zu Tode gemartert; selbst in Württemberg ging die österreichische Regierung wie im eigenen Lande vor.

Anders hielten sich schon die Herzöge von Bayern. Weder Wilhelm noch Ludwig zeigten eine stärkere Persönlichkeit; die Seele ihrer Regierung war der aufgeklärte Rat Leonhard von Eck, der sich in Staat und Kirche als ein unbedingter Verfechter der Ordnung erwies. In seinem Sinn erließen die Herzöge am 5. März 1522 ein Mandat, das sich auf Bann und Edikt stützte, aber ihre Regierung war weit entfernt von einer Inquisition. Wohl schlossen die Herzöge 1524 ihren Regensburger Bund zur Durchführung des Wormser Edikts; gleichwohl kennt die ganze Reformationszeit aus Bayern doch nur drei Hinrichtungen wegen Glaubenssachen – die des Messerschmieds Ambrosi, eines Bäckergesellen und eines Wittenberger Studenten Leonhard Käser, den die Sehnsucht nach dem alten Vater zu seinem Unglück in die Heimat zurückgeführt hatte.

Noch länger als die weltlichen Fürsten zögerten die geistlichen. Man muß sich an Schwarzenberg und Zoch erinnern. Trotz der nahen Niederlande kam es im Kölnischen erst 1529 zu einer Ketzerverbrennung. In dem Österreich nächstgelegenen Salzburg regierte der alte Kardinal Matthäus Lang rücksichtslos gegen Bürger und Bauern, nötigenfalls mit österreichischer Hilfe. Der Bischof von Konstanz ließ Johann Hüglin verbrennen, der Weihbischof von Halberstadt den Mustaeus entmannen.

Sehr bezeichnend ist das Verhalten des Herzogs Georg von Sachsen. In seinem Briefwechsel stoßen wir auf ein unmittelbares Interesse an theologischen Dingen. Sein vortreffliches landesfürstliches Regiment nahm sich auch der Reformen an; aber er ließ die allgemeine kirchliche Ordnung so wenig antasten wie die landesfürstliche Hoheit. Einen ehrbaren Bürger, der sich eine Frau aus dem Kloster holte, ließ er »nach altem Recht« enthaupten. Er war auch der erste, der nach dem Edikt die Exekution an einem Buchhändler vornehmen ließ. Daß am Hofe des Herzogs der Theologe Hieronymus Emser lebte, mag die Gegensätze verschärft haben. Emser trat auch als Gelehrter Luther entgegen und deutete Luther nach seinen eigenen Maßen, wenn er Luthers Auftreten gegen den Ablaß aus dem Ärger des Augustiners über die Verleihung der Ablaßpredigt an die Dominikaner ableitete. So derb der Ton war, in dem Emser und Luther sich befehdeten – auch Emser gab 1527 eine Bibelübersetzung, die sich Achtung verschaffte. Neben ihm die Tradition der albertinischen Räte. Sie hatten den Ablaßhandel schon früher unter dem Gesichtspunkt der Geldausfuhr nach Rom bekämpft. An den theologischen Fragen nahmen sie wenig Interesse, aber sie spielten gerade deshalb reichspolitisch eine gewisse Rolle als »Vermittler«: gegen Rom und gegen Mißbräuche, aber durchaus für die alten kirchlichen und staatlichen Ordnungen.

Das aufsteigende Fürstentum war also an sich keineswegs der Träger einer lutherischen Bewegung, auch wo es theologische Interessen hatte. Herzog Albrecht von Mecklenburg ließ Prediger kommen, und der Hochmeister von Preußen, Albrecht von Brandenburg-Ansbach, trat 1523 mit Luther in Korrespondenz, ließ sich den Übertritt aus dem Orden in die Welt anraten und die Säkularisation der Ordenslande; aber erst nach Jahren schritt er zur Ausführung.

Aus den Kreisen der städtischen Kultur erschien als beachtenswerter Wortführer der Barfüßer Thomas Murner, gekrönter Dichter und Doktor der Rechte, dazu wirklich ein Volksschriftsteller von großer Originalität. Seine »Narrenbeschwörung« von 1509 und seine »Schelmenzunft« gehören neben Erasmus' humanistische Satire. Wie Emser begleitete er Luthers Streitschriften mit entsprechenden Erwiderungen; er schrieb »Vom babylonischen Gefengknus«, »Vom Papsttum wider Dr. Martin Luther« und »An den großmächtigsten und durchlüchtigsten Adel tütscher Nation, das sye den christlichen Glauben beschirmen, wyder den Zerstörer des Glaubens Christi, Martinum Luther, einen Verfierer der einfeltigen Christen«. Der Vergleich ist überaus lehrreich. Murner hält sich nicht bloß ans einzelne, wie viele andere. Er betont, daß »wie je kein andre Meinung in disem Biechlin für uns haben, dan unseren christlichen Glauben zu verfechten und niemans seiner mißbrüch zu verantwurten«. So gibt er denn preis Bann und Sentenzen, die sie »so leichtfertig und oft nur um drei Haselnuß und zwen

Taubendreck mißbrauchen, als ob sie mit einer Axt ein Floh ermorden wolten«. Auch über der Verurteilung des kanonischen Rechtes reicht er Luther die Hand; »da halt ich es wahrlich mit Dir«. Reservatfälle, Seelenmessen und manches andere will er so wenig verteidigen wie die Klöster, soweit sie »des mererenteils die Lantschelmen« und Müßiggänger ernähren. Aber er hilft sich mit der Erwägung, daß in der Welt »fil Ding geduldet und erlitten müessen werden, die nit recht seint«. Mit kühlem Sinn will er Luthers Vorwürfe und Anklagen prüfen und, mit dem Unterschied von Stand und Besitz, auch die Scheidung von Klerikern und Laien aus der Heiligen Schrift erweisen.

Daß Murner Luthers völlig umwühlende Gedanken theologisch nicht verstand, liegt auf der Hand; aber eben deshalb glaubte er ihre bürgerlichen Folgen um so klarer zu sehen. Er nannte Luther den modernen Catilina und meinte von ihm: »Dein zornigs Gemüt wer, das man den Blunder allen schnel in Äschen legt, bald Feierabent macht;« – »Du dust eben wie Hans Fürtzlin, der wolt buwen und fieng an ein Hus ganz abzubrechen; darnach über zwei Jar wolt er ein nüwes buwen; also daz er die zwei Jar im Regen saß und nit so witzig was, das er sich des alten Hus solt behelfen, bis er ein nüwes überkeme.«

1522 nahm der Verfasser der Narrenbeschwörung sich den »großen lutherischen Narren« noch einmal vor; er prophezeite die soziale Revolution und insonderheit, daß, wie immer, die Kleinen das Nachsehen haben würden.

> »Wann sie die Gueter alle nahmen
> und auf ein Haufen legten zusamen,
> so wird dem Armen das darvon,
> als sie in Böhmen haben gethon,
> da auch der Arm meint, das ihm würd
> von geraubtem Gut ein ziemlich Bürd –
> da nahm es der Reich und ließ den Armen
> sich im Elend gon erbarmen.«

Man sieht deutlich, welche Rolle die Flucht vor der sozialen Bewegung spielte. Man scheute sich, gegen Luther vorzugehen »wegen des gemeinen Mannes«, und man warf ihm seinerseits vor, mit den Böhmen zu gehen, nicht nur theologisch, sondern auch sozial; er sollte ein neuer Hus, ein anderer Ziska oder Catilina sein.

Ohne Scheu vor den äußeren Folgen, aber im tiefsten Wesen zurückbebend vor einer Revolution, in der die Grundfesten auch des inneren Menschen erschüttert werden mußten, verhielten sich zahlreiche Kirchenmänner, die das Gute und Heilige nahmen, wo sie es fanden, und gegen das Üble Toleranz übten, wie das seither noch so oft hervortreten sollte. Hatte die Kirche nicht schon ganz andere Stürme erlebt, und waren ihr Gefüge und ihre Tradition nicht das einzig Gewisse auf dieser Welt? Man wollte halten, was man hatte, und das übrige Gott befehlen. In Basel, Straßburg und Augsburg saßen Erasmianer auf den Bischofssitzen. Einige mühten sich ernstlich um eine Besserung und wollten auch Luthers Kritik dabei nicht entbehren. Der bayrische Minorit Caspar Schatzger kam 1522 auf einem Kapitel zu dem Schluß, man solle Luthers Schriften studieren, um ihn so zu überwinden. Dahin gehörte auch der Augustiner Johannes Hofmeister, während Berthold Pirstinger, Bischof von Chiemsee, in Wort und Schrift die Mißbräuche bekämpfte und Anstalten machte zu einem Neubau der Dogmatik in seiner »teutschen Theologie« von 1528; hier spürt man schon die Ansätze zu den gesunden Trieben, aus denen später die Gegenreformation ihre Kraft zog.

In eine furchtbare Krisis trat die ganze Gesellschaft der Humanisten, das heißt derjenigen Gebildeten und Gelehrten, die aus der philologisch-literarischen Versenkung in die überlieferten Texte verschüttete Schönheit und Weisheit heraufholen wollten. Das italienische Lebensideal eines geschmackvollen Daseins war diesseits der Alpen wohl selten begriffen; dazu fehlten die Bedürfnisse des Auges; aber ein Kultus des Geistigen und der Studien, die Versenkung in eine höhere Welt der Bücher, das gab es auch hier. Nun schien der aussichtsreiche Weg zur Wahrheit durch die Studien und mit dem aristokratischen Ideal einer Führung der Welt durch den Gottesgelehrten und den philologischen Beherrscher von Wort und Schrift verlegt von einer elementaren, doch eigentlich ganz ungelehrten Bewegung. Die alten Universitäten verfielen im Umsehen. In Erfurt sank die Zahl der Immatrikulationen von 1520 bis 1526 von 312 auf 14; ähnlich an Herzog Georgs Universität zu Leipzig, in Frankfurt, Rostock, Greifswald. In Wien, wo man 1515 noch 600 Immatrikulationen zählte, gab es in den zwanziger Jahren 20 bis 30, und man glaubte 1522 auch den Grund zu wissen, insofern mit der Entwertung der hohen Pfründen auch die Vorbereitung auf die theologischen Grade wertlos werde.

Der Führer der Augsburger Humanisten Konrad Peutinger wagte nicht weiter zu gehen als zu einer schüchternen Reform der Armenpflegeordnung. Mutiger war man in Straßburg, da man 1522 die Abkehr von der Almosenidee zum sozialen Gedanken wagte; hier widmete auch der Dekan des Domkapitels, Graf Sigmund von Hohenlohe, der Geistlichkeit am Münster sein »Kreuzbüchlein« – »nit wie bisher zu latein«. Es ist noch undogmatisch, aber die Sitten sollen gereinigt werden; »die vergifte Wiese ist geräumet«. Indessen, der alte Straßburger Humanistenkreis löste sich auf. Wimpfeling, der eben noch so begeistert von deutscher Art geschrieben hatte, wurde still und starb ohne Verhältnis zur Gegenwart.

In Nürnberg, wo man zuerst von »Martinianern« gesprochen hatte, erschraken die Vornehmsten vor dem harten Gesicht der Gegenwart. Willibald Pirckheimer zog sich in der Angst vor tumultuarischen Vorgängen in sich selbst zurück. Und gar seine feinsinnige Schwester Caritas Pirckheimer, Äbtissin des Clarissenklosters, deren Eingabe an den Rat zu den kostbarsten Zeugnissen vorreformatorischen Empfindens gehört!

Sie bat, ihnen doch die Barfüßer zur Seelsorge zu belassen. »Wir mögen bei höchster Wahrheit sagen, daß wir das Alte und das Neue Testament deutsch und lateinisch in täglichem Gebrauch und Übung haben und uns nach Vermögen befleißen, das wohl zu verstehen – nit allein dem Buchstaben, sondern auch dem Geiste nach.« – »Es ist uns auch unverborgen«, fährt sie fort, »daß durch die Werke allein kein Mensch (wie der heilige Paulus sagt) gerechtfertigt werden kann, sondern durch den Glauben unseres Herrn Jesus Christus. Wir wissen aber herwiederum auch, daß ein rechter wahrer Glaube nit ohne gute Werk sein kann, als wenig ein guter Baum ohne Frucht. Unser Ruhm ist allein in Christo, der uns aber heißt, unser Kreuz auf uns nehmen und ihm nachfolgen. Deshalb erkennen wir uns schuldig, den alten Adam unterzudrucken, den Leib zu kasteien zum Dienste des Guten, dessen wir im Kloster mehr statthaben, denn draußen.«

Lehrreich, wie nahe diese altkirchliche Frömmigkeit Luther stand. Worüber die Klosterfrau aber klagte, war eine neue Intoleranz, die vor ihr drohend heraufzog; »es ist doch ein jemmerlich Ding, daß sie uns zu einem Glauben dringen wollen, der uns nit im Herzen ist, und« – fast ein ahnungsvoller Aufschrei – »wer hat denn itzt den rechten Glauben? Ich werd bericht, daß die von Straßburg, Bucer, Capito und andere sagen, Christus sei nit Gott gewest, sondern ein frommer Mensch, und nur in sofern heiße er Gottes Sohn. Andere sagen anders.«

Das zarte Heiligtum persönlicher Religiosität, das in dem weitschichtigen alten Kirchengebäude neben dem Schmutz des Wuchers und dem Gespinst des Aberglaubens seinen Platz gefunden hatte, fühlte sich bedroht durch den Purismus einer einheitlichen Restauration.

Die hochgebildeten Humanistenführer waren am wenigsten in der Lage, in der erlebten Religion eines anderen die ihnen verbindliche Norm zu finden. Man hat außerdem ganz richtig darauf hingewiesen, daß ihre geistige Struktur schon über die Grenze des elementaren Empfindens hinaus differenziert war und zur »einfachsten Grundlage des Lebens« nicht mehr zurück konnte. Sie litten an innerer wie äußerer Not; die Pfründen verfielen. Sie verarmten und starben in Dürftigkeit, wie Mutian. Crotus Rubeanus nahm gleich Erasmus Anstoß an der Lehre von dem unfreien Willen, darin gerade Luther sich selig fühlte. Allgemein klagte er: »Das Neue ist nie ohne Gefahr, selten ohne Irrtum. Ich will mit der Hilfe Gottes in der Gemeinschaft der heiligen christlichen Kirchen bleiben und alle Novität vorüberwehen lassen wie einen sauren Rauch und aufs End trachten. In kurzem werden wir alle sterben, jung und alt.« Das war sein letzter völlig resignierter Brief an Albrecht von Preußen.

Erasmus empfand dazu die äußere Unsicherheit; für den Kampf war er nicht geschaffen. Auch war seine Religiosität mehr eine Angelegenheit des gebildeten, humanen Empfindens, kein Kampf mit Tod und Teufel. Den armen todkranken Hutten schüttelte er ab, gegen Luther zögerte er; dann kreuzte er mit ihm die Waffen über das Problem der Willensfreiheit; das war nur noch Symbol. Man verstand sich nicht mehr.

Einige schwankten, wie Eobanus Hessus, der Poet; noch 1524 gegen die Reformation, dann doch am ersten protestantischen Gymnasium zu Nürnberg; wieder im katholischen Erfurt und endlich an der ersten protestantischen Universität zu Marburg. Solche Männer zeigen, wie schwer die Scheidung der Geister sich vollzog.

Leichter wurde es denjenigen, deren ganzes denkendes Leben neben der humanistischen Bildung von vornherein die religiös-kirchliche Lebensfrage erfüllt hatte.

Im Oberland und in der Schweiz gewannen zwei Humanisten eine religiöse Führung, die sich durch Luther angeregt und bestärkt fühlten, sich aber offenbar mehr aus humanistischer als aus lutherischer Wurzel nährten; das waren Johannes Hausschein (Ökolampad), geboren 1482 zu Weinsberg, und Ulrich Zwingli aus Wildhaus in Toggenburg, geboren 1484 – beide also ziemlich genau Altersgenossen Luthers.

Ökolampad war bereits 1516 Prediger in Basel und eben damals dem Erasmus in Freundschaft verbunden. 1518 holten sie ihn nach Augsburg. Auch er hat im Kloster Halt und Vollendung gesucht. Luthers Schriften gaben ihm starke Antriebe. Weniger gehemmt durch den inneren Kampf um die Kernfrage, drängte er gleich zu äußeren Reformen; 1522 feierte er bei Sickingen zum ersten Male die deutsche Messe in neuem Geist. Bald kehrte er nach Basel zurück; eine Zeitlang lehrte er mit Pellikan an der Universität, dann blieben sie ganz der Seelsorge hingegeben. Sie predigten und tauften in deutscher Sprache, spendeten das Abendmahl in beiderlei Gestalt.

Noch tiefer als Ökolampad wurzelte Zwingli im Humanismus. Er war ein fertiger Mann von hoher Bildung und aristokratischem Lebensgefühl, als er von Luthers Schriften tiefer berührt wurde. Als junger Pfarrer hatte er sich mindestens so früh wie Luther Paulus und Augustinus erobert gegen die Scholastik. Was er 1516 zu Maria-Einsiedeln predigte, war erasmisches Christentum, die »Philosophie Christi« gegen Werkheiligkeit. Zum kirchlich-religiösen gesellte sich bei ihm ein politisches Element. Er war eine Führernatur; er sah die Bedeutung des Reislaufens, der Solddienste, war selbst mit bei Novara und 1515 bei Marignano und erfuhr dafür Rücksichten. Im übrigen klagte er nicht an; er führte selbständig neue Wege. Schritt für Schritt setzte er in Zürich eine Reformation ins Werk, freier und unbefangener als Luther. Durch und durch human gerichtet, ergriff er vor allem das Evangelium der Bergpredigt (1519); den Ablaß stellte er ab mit

Hilfe eines ebenso einsichtigen Rates. Nur fehlt hier überall die innere Not. Weil aber keine Kritik und Zerstörung erfolgte, ließ auch der Bischof von Konstanz die Neuerungen geschehen.

Humanistisches und Wittenbergisches liefen früh zusammen in St. Gallen, wo neben dem gebildeten Bürgermeister Vadian der von Luther ganz erfüllte Keßler, ein Mann aus dem Volke, das Evangelium verkündete.

Wittenberg! Wir haben uns bisher, ganz gefesselt von der Persönlichkeit Luthers, kaum gekümmert um die hohe Schule, die ihn trug und von ihm getragen wurde. Es kam die Zeit, da Wittenberg in seiner Art zur Weltuniversität aufstieg und Luther unendlich viel mehr wurde als ein *praeceptor Germaniae*.

Die noch junge kurfürstliche Universität hatte einen ungeheuren Aufschwung genommen. Aber auch hier gab es Menschen eigener Art. Allen voran diejenige Persönlichkeit, die gerade deshalb immer einen Ehrenplatz neben Luther behauptet, Philipp Melanchthon.

Er stammte von der schwäbisch-fränkischen Grenze, aus Bretten, war Großneffe Reuchlins, ein Vollstrecker seines geistigen Erbes. In Heidelberg hatte er die höhere Schule, in Tübingen die humanistische Universität besucht; als Philologe kam er zur Theologie. Mit 19 Jahren edierte er den Terenz, zwei Jahre später folgte eine griechische Grammatik. Nach Wittenberg berufen mitten in der erregtesten Zeit, las er dort zuerst Homer, dann den Brief an Titus. Er jubelte als Humanist einem neuen Zeitalter der Studien entgegen: »Oh, wir Glücklichen, die das erleben!« Die Leipziger Disputation hörte er sich an. Er wurde nicht irre. Zwei Jahre darauf stand er in der vordersten Linie als Verfasser der *Loci communes*, der ersten Lehrschrift der neuen Gesinnung (September 1521). Die ganze Weite seiner philologischen Bildung stellte er in ihren Dienst.

Aber eben mit dieser Stellung begannen auch die Konflikte, die ihn zeitlebens begleiten sollten. Sehnsüchtig blickte der zarte, feine Mann noch oft auf die große alte Gemeinschaft, auf die Einheit der Studien. Der harte Kampf ging ihm über die Kraft. Es gibt keine bessere Charakteristik als diejenige aus Luthers Feder, die zugleich Luthers Verhältnis zu dem gelehrten Freunde entzückend zum Ausdruck bringt; sie steht in Luthers Vorrede zum Colosserkommentar von 1529: »Mein Geist, darum daß er unerfahren ist in feinen Künsten und unpoliert, tut nichts, denn daß er einen großen Wald und Haufen der Worte ausspeiet; so hat er auch das Schicksal, daß er rumorisch und stürmisch ist. Ich bin dazu geboren, daß ich mit Rotten und Teufeln muß kriegen, darum meine Bücher viel kriegerisch sind; ich bin der grobe Waldrechter, der Bahn brechen muß. Aber Meister Philipp fähret säuberlich stille daher, säet und begeußt mit Lust, nachdem ihm Gott gegeben seiner Gaben reichlich.«

Melanchthons feiner Kopf ist uns lebendig greifbar in den Stichen und Bildern von Lucas Cranach und Albrecht Dürer.

Sie reichten von der Höhe deutscher Kunst den Theologen die Hand. Als Melanchthon zur Einrichtung des neuen Gymnasiums nach Nürnberg kam, trat Dürer mit ihm in nächsten Verkehr. Er hatte längst Luthers Schriften gesammelt; einiges verdankte er dem Gnaphaeus in den Niederlanden. So ist denn sein sonst wortkarges Reisetagebuch schon voll wichtiger Zeugnisse. Nach Luthers Verurteilung betet er (Mai 1521) zu Gott, daß »Du diesen eigenen angenommenen Gewalt des römischen Stuhls zerstören wollest«. Er klagt nun um das »Schwerste, daß uns Gott vielleicht noch unter ihrer falschen blinden Lehre will lassen bleiben, die doch die Menschen, die sie Väter nennen, erdichtet und aufgesetzt haben, dadurch das göttliche Wort fälschlich ausgelegt«. Niemand hat in Marienleben und heimlicher Offenbarung die zarte und phantastische Frömmigkeit der Gotik feiner und tiefer begriffen als dieser Zeichner, der zuletzt in seinen Aposteln so unvergleichlich und eindringlich die ersten Verkündiger des reinen Wortes Gottes hinstellte und gegen die bald einreißende Willkür durch seine Beischriften an den Rat predigen ließ: »Alle weltlichen Regenten in disen ferlichen Zeiten nemen billig Acht, daß sie nit für das göttliche Wort menschliche Verführung annehmen, denn Gott will nicht zu seinem Wort getan noch dannen genommen haben.«

Neben Dürer erscheint der Erzgießer Peter Vischer mit der wunderbaren Allegorie von 1524, die jedem Besucher des Weimarer Goethehauses bekannt ist. Zeitlos, frei und rein im Sinn der Renaissance, aber deshalb auch ganz untheologisch und in großartiger Menschlichkeit schreitet da der jugendliche Luther einher wie ein griechischer Götterbote, um das durch einen Eros entfesselte deutsche Gewissen und das Volk mit seinen Waffen zum auferstandenen Christus zu führen. Hinter ihm ist der Koloß des Papsttums dahingestürzt; Hochmut, Habsucht und Üppigkeit entweichen. Dafür erscheinen Glaube, Hoffnung und Liebe auf dem Plan; der Gerechtigkeit werden die Augen wieder verbunden, damit auch sie frei sei. So stellte sich schon den Zeitgenossen die große Bewegung ihrer Tage ganz universal und in heroischen Formen dar – eine Mahnung für alle, die über der reinen Theologie Luthers seine in Leben und Haltung mächtige Wirkungsform vergessen.

Aber man sah in Nürnberg unter den Malern auch andere Gesichter. Hier gingen Reden um, die man als schweres Ärgernis empfand. Auf die Schrift sei so wenig zu geben wie auf die alten Götter. Barthel Beham verglich die Auferstehung Christi mit der Geschichte vom Herzog Ernst; der sei auch eines Tages in einem Berg verschwunden und nicht wieder gesehen. Barthel und sein Bruder Hans Sebald und ihr Genosse Georg Pencz, unzweifelhaft Künstler von Namen und Bedeutung, wurden ausgewiesen. Sie scheinen auch sozial sehr radikal gewesen zu sein. »Dieses Regiment höre doch einmal auf; dann werde alles gleich sein.« So griffen sie keck einer weiten Zukunft vor. Doch war dergleichen Aufklärerei noch selten; auch unter den Künstlern.

Wie wohlgeborgen fühlte sich Hans Sachs im »Worte Gottes«, und wie köstlich nimmt sich seine »Wittenbergisch Nachtigall, die man jetzt höret überall« (1523) unter all seinen unübersehbar vielen »kurtzweiligen Gesprechen, sehnlichen Klugreden, wunderlieblichen Fabeln« aus. Das Titelblatt trägt die Worte Luce 19: »Ich sage Euch, wo dise schweygen, so werden die Stein schreyen!«

In Wittenberg selbst lebte Lucas Cranach, Apotheker, Hofmaler, Hausfreund und Gevatter Luthers, seit 1504 fest gesiedelt, bald »vom Rat« und Bürgermeister. Auch er hatte wie Dürer, nur viel kindlicher, die ganze Poesie der volkstümlichen Frömmigkeit mit ihren lieben Engeln und Heiligen gemalt und den fürstlichen Auftraggebern mit seinen nackten, sonderbar affektierten Judithen, Lukrezien und Paris-Urteilen nach der Mode gedient. Aber er war und blieb mit seinem Denken und Fühlen dem geistlichen Freunde so treu ergeben wie seinem kurfürstlichen Herrn. Als er einen Sohn in guten Jahren verlor, durfte Luther ihm sagen: »Lieber Meister Lucas, halte still.« Auf seinem eindrucksvollsten und bedeutendsten Gemälde, der Altartafel in der Stadtkirche zu Weimar, stehen die beiden alten Freunde unter dem Kreuze Christi, das sie segnet.

Dazu alle die anderen, die Luther täglich umgaben: Justus Jonas und Nikolaus von Amsdorf, Spalatin und die Räte am Hofe, vor allem der sehr gebildete Kanzler Dr. Gregor Brück. War der »ängstliche« Spalatin, der so viel innerlich und äußerlich zu überwinden hatte, in seiner Treue nicht um so mehr zu bewundern?

Wie mag es diesen Männern zumute gewesen sein, die irdisch genug die Abgründe sahen, die sich vor ihnen auftaten?

Einen sicheren Kreis bildeten die Wittenberger Drucker, wie Hans Luft, Melchior Lotter, Johann Rau und wie sie alle heißen; nach dem Edikt waren gerade sie ernstlich gefährdet – gleich den ungezählten Malern, Kupferstechern und Holzschneidern, die nicht müde wurden, Luthers werbende Züge in fliegenden Blättern, Buchtiteln, Bildern und Medaillen zu verbreiten.

Freilich, auch in Wittenberg gab es Irrungen und Lösungen. Der leidenschaftlich übereifrige Karlstadt war noch an der Seite Luthers zu Leipzig; später verlor er sich in ungebundenen Bewegungen. Weit entfernt, ein ebenbürtiger Genosse zu sein, wurde er doch durch seine Schriften von Abendmahl und Taufe bis ins Oberland von ungeheurer selbständiger Wirkung. Unter den Schülern Luthers gingen Veit Dietrich und Johann Agricola auch einmal ihre eigenen Wege; aber Unzählige nahmen doch von Wittenberg, aus Vorlesungen und persönlichem Umgang, den Samen eines neuen Lebens in die Lande durch den ganzen Bereich der deutschen Sprache.

Eine starke Erregung bemächtigte sich überall der Klöster und Ordenshäuser. Massenhaft verließen die Mönche den Konvent und den Habit; Luther bekanntlich als einer der letzten. Andere wollten sich nicht trennen. Seinen alten väterlichen Freund, den ehrwürdigen Staupitz, mußte Luther gehen sehen; der gütige Mann konnte sich nicht mehr finden; er wandte sich nach Salzburg, wurde Benediktiner und blieb ehrwürdig in Erinnerung.

Im Franziskanerorden wirkte von jeher ein starker Einschlag demagogischen Eifers, eine Vorliebe für das volkstümlich Packende, Drastische, ohne Scheu vor dem Burlesken oder Geschmacklosen. Keiner bezeichnender als der auch schon bejahrte Eberlin von Günzburg. Bei ihm geht das Religiöse völlig im Sozialen auf, und seine »15 Puntsgenossen« gehören unter die ersten eben damals aufschießenden Utopien; vor allem der elfte Bundesgenosse mit der »Ordnung des Landes Wolfaria« von 1521. »Kein ehrlichere Arbeit oder Nahrung soll sein denn Ackerbau; aller Adel soll sich nähren von Ackerbau«; deshalb sollen auch »in allen Räten als viel Edelleut als Bauersleut sitzen«. Aber »Gewildt, Vögel und Fisch soll jedermann gemein sein, für seine Not zu fahen, wer es vermag. Holz soll jedermann gemein sein zu hauen, doch nützlich. – »Kein Wein, der in unserm Land nit wächst, soll hereingeführt werden. Kein Tuch, das in unserm Land nicht gemacht wird, soll hereingeführt werden.« So geht es von Handwerk, Spiel, Tanz, Baden; »alle Mann sollen bei großer Pein lang Bärt tragen, keiner soll sein Angesicht glatt haben wie ein Weib«. Auch von der Geistlichkeit redet er seinen Spruch; »die Pfaffen sollen entweders Eheweiber haben oder aber keine Weiber«. – »Nieman soll in Bann geton werden um Schuld; allein um öffentlich unaufhörlich Übertretung der Gebot Gottes sollen die Pfaffen ein bannen.« Endlich auch: »Wer fürhin Ablaß verkündet oder leset, soll offentlich gestraft werden. Das soll großer Ablaß sein, Guts tun seim nächsten Menschen und verzeihen dem Feind.«

Aber welche Überzeugungskraft lag nicht darin, wenn solche Männer den Kampf aufnahmen gegen Mönche und Pfaffen, die sie kennen mußten. »Mönche und Pfaffen«, sagt Eberlin, »haben in Sorge und Angst Tag und Nacht nachgedacht, wie sie uns betrügen möchten, dieweil wir Sorge und Angst gehabt haben um unsere Leibesnahrung für uns, unser Kind und Gesind, und auch das wir uns nicht hatten versehen, daß unsere Seelsorger und Heiligenfresser unter einem guten Schein solch eine Seelenmörderei zugerichtet hätten. Durch die Lehren der hohen Schulen und der Bettelmönche sind die Deutschen ärger dann die Heiden und ärmer dann die Bettler geworden.« Das war die volkstümliche Fassung der Gravamina deutscher Nation.

Solche Töne fanden ein lärmendes Echo im Volk. Buch und Bild, Zeitung und Volkslied trugen die Ideen erregend, aufpeitschend ins Land. Wenn man in den Kreisen der Fürsten, Herren, Patrizier und Humanisten (bei denen freilich die Quellen auch reicher fließen) vielfach noch den Zwiespalt findet und mehr als eine konventionelle Anhänglichkeit an das Alte, – im kleinen Volke sieht es aus, als habe es nur ein einziges Drängen gegeben:

weg von den satten Prälaten und dem kostspieligen Heiltum der alten Zeit, und hin zu den neuen Bronnen des wahren Wortes. Wo Predigt und Literatur nicht künstlich abgesperrt wurden, und selbst da, schien aller Orten die Allgemeinheit das Neue stürmisch zu verlangen.

Bei der Art der mittelalterlichen Kirche, die alles umfaßte und durchdrang – Fürstentümer und Gerichtsbarkeiten, Unterricht und Armenpflege, Sitten und bürgerliche Ordnung, Recht und Unrecht –, mußte bei solcher Gesinnung das ganze öffentliche Wesen in den Grundfesten erzittern.

Es ist doch fast beängstigend zu sehen, wie rasch zuerst für das Volk der Städte, dann auch fürs Land das alte Kirchenwesen seine Heiligkeit verloren hat. Die gestern noch ehrfürchtig betrachteten Zeremonien erschienen heute als leer, lächerlich, sündhaft. Man glaubte in furchtbarer Ernüchterung aufzuwachen und beim Tagesgrauen schon den ganzen nichtigen Flitter einer eben noch in Licht und Farben getauchten Schaustellung wiederzuerkennen. Man hatte ein Gefühl von Scham und Zorn.

Und so gewannen stellenweise, wo es nun doch auf Tod und Leben ging, auch Wort und Schrift und Bild jene schonungslose Bitterkeit, die immer das Zeichen dafür ist, daß nicht mehr die befreiende Kunst, sondern die zerstörende Feindseligkeit am Werke ist.

Fastnacht 1522 führte man zu Bern ein neues Schauspiel des Malers Nikolaus Manuel auf mit dem höchst wirksamen, wenn auch nicht ganz neuen Motiv einer Begegnung Christi und seiner Apostel mit dem prunkvollen Aufzug päpstlicher Heiligkeit. Der erste Höhepunkt ist das Zusammentreffen St. Peters mit dem Papst. »Das ist ein Gesell', den ich nit kenn.« Man sagt ihm, daß es sein Nachfolger sei. Petrus holt sein Augenglas: »Ei, hat er denn keine Füß'?« – »O ja.« – »Warum denn trägt man ihn?« Endlich begegnet Christus selbst dem Papst; Christus umgeben von Armen, Kranken und Notleidenden – der Papst von gewaltiger Pracht und Herrlichkeit. Auf der einen Seite das Elend dieser Welt und das gute Gewissen, auf der anderen Herrschaft, Reichtum, Niedertracht – ganz so wie auf der großartigen Allegorie des Peter Vischer. Die Bauern ziehen Christo nach und tragen als ihre neue Wehr und Waffen die Heilige Schrift im Wams, so daß der Abt Adam Nimmergnug mit seinen zwölf prächtigen Pferden und sieben hübschen Kindern nur flucht, »daß Gott die elend Druckerei müßt schänden«!

Ist es Wunder, daß es unter solchen Stimmungen zeitig nicht an Verunglimpfungen und Verfolgungen von Altkirchlichen fehlte? In Stralsund wurde 1524 ein Mönch von der Kanzel gerissen und mißhandelt, anderswo erlebten predigende Dominikaner Scheltworte und Steinwürfe. An Nürnberg darf ich erinnern. Klagen der Klöster, daß man ihr Wesen störe, auch sonst sehr bewegend. »Wir hätten vielleicht wohl eine gnädige Herrschaft, aber in Wahrheit eine sehr ungnädige Kanzlei«, jammerten die Nonnen von Weida. Wie den Ideen und Personen, erging es den kirchlichen Einrichtungen und Kunstwerken. Sie wurden entheiligt und bald zum Gespött. Zeremonien, Bilder und schöne Formen sanken über die Stufen der Wesenlosigkeit zum Ärgernis und Anstoß. Bilderstürme zogen herauf.

Das ist es doch in erster Linie, was eine vorwiegend geistige Revolution von dem politischen Umsturz im Kampf um die Macht unterscheidet, daß einer ganz allgemeinen, ungeheuren und hinreißenden Überzeugung von der Unmöglichkeit der Fortdauer eines gegenwärtigen Zustandes lange Zeit keine mobile oder auch nur organisierte Macht entspricht. Das Merkwürdige der Frühreformationszeit liegt in dem Fehlen jeder Organisation des Gegensatzes fast auf beiden Seiten, selbst als die Bewegung schon in vollem Gange war. Auch das Beharrende war seiner historischen Aufgabe nur halb bewußt. Es war für sich ein Stück des Selbstverständlichen, das lebt, ohne sich eines Gegensatzes und deshalb seiner Besonderheit bewußt zu sein. Vollends das Neue. Es gab Dinge, über die alle einig schienen, und andere, in denen man tausendfach auseinanderging. Gerade weil die Bewegung so allgemein war, lief sie so sehr Gefahr, sich zu verlieren. Und war nicht auch der Geist der neuen Bewegung durchaus universal? Auf die ganze Christenheit gerichtet? Von Grund aus keineswegs an Ort und Zeit gebunden? Aber eben deshalb ist es historisch so überaus wichtig, zu erkennen, wie man eigentlich zu Form und Organisation kam.

Von Wittenberg waren Luthers Schriften und Rufe ausgegangen, aber nichts weniger als eine Mission, wie später von Genf. Vielmehr sahen sich auch die Wittenberger Theologen selbst einem unübersehbaren Gewirre von sozialen und kirchlichen Erregungen gegenüber, sogar im eigenen Kreis.

Eine starke Hilfe zur Gestaltung erfährt die Welt des Geschehens stets und überall dadurch, daß der Strom der Ideen und Lebensäußerungen irgendwo auf die Schneide des Rechts stößt, die eine Scheidung der Geister erzwingt. Nun waren freilich Bann und Edikt eindeutig, aber die folgenden Reichstagsbeschlüsse wichen offenkundig der klaren Entscheidung aus, weil diese bei ihren Urhebern innerlich schon in sehr verschiedenem Sinne lautete. Um so dringender wurde das Problem der Führung, zumal wenn es sich darum handelte, von einer gewaltigen Einmütigkeit in der Ablehnung zur Einheit eines neuen Glaubens und zur äußeren Eintracht des Verhaltens zu gelangen.

Da ist denn zunächst von der allergrößten Bedeutung geworden, daß sich der Zusammenhang des klerikalen Dienstes erhalten hat. Darin lag nicht bloß die apostolische Tradition. So bestimmt Luther das allgemeine Priestertum verkündet hatte – es ist offenbar, wie er das innerlich verstand –, so sicher wurde seine eigene Bewegung am wirksamsten getragen vom Klerus selbst. Die Theologen der Universitäten und geistlichen Höfe, die Pfarrer und Domprediger und Mönche wurden auch die ersten Verkündiger des neuen Evangeliums. Bruch also, und doch wieder stärkster persönlicher Zusammenhang. Es standen auch noch die alten Kirchen und Kanzeln, von denen man das Wort nicht wieder trennte. Unmerklich gingen damit Ideen und Formen der alten Zeit in die neue hinüber.

Es blieb bei Klerus und Laien; und je ernster wieder die Sammlung auf das Wesentliche wurde, um so sicherer mußten sich Formen, Gemeinden, dogmatische Bindungen ergeben. Der Prozeß der Kirchenbildung im frühen Christentum mochte sich wiederholen. Diese Pfarrer und Ordensleute, die sich ohne Zögern oder aus schweren Kämpfen in Luthers Geist zusammenfanden, lebten noch in unsichtbarer augustinischer Einheit, im sicheren Gleichmaß ihres inneren Lebensgefühls.

Ein einziger Bischof war unter den frühesten Neuerern, Georg Polenz von Samland, seit 1523; – denn der Bischof Johann Thurzo von Breslau starb, bevor er noch zu durchgreifenden Maßregeln gekommen war. Aber Pfarrer und Leutpriester waren es bald ungezählt. Und dann die Ordensleute, die längst einen so großen Teil der Seelsorge trugen. Da waren Luthers Ordensgenossen von den Augustinern wie Caspar Güttel aus Bayern, der noch als Dreiundvierzigjähriger sein Heil im Kloster gesucht hatte; dazu Wenzel Link, der 1523 heiratete, und der Erfurter Lange. Aus dem Franziskanerorden folgten der tapfere Friedrich Myconius, der bald einer der innigsten Lehrer wurde, Stephan Kempen in Hamburg, Kettenbach und Johann Eberlin von Günzburg in Ulm. Alle diese Männer hatten das Ohr des Volkes, die Erfahrung der Rede und des Gottesdienstes.

Welche Kraft war nicht der Dominikaner Martin Bucer! Er lernte schon 1518 Luther in Heidelberg kennen, aufs innerlichste ergriffen von seiner gewaltigen Rede und der wahren christlichen Demut seines Wesens. An Beatus Rhenanus schrieb er sogleich, an Luther selbst noch nach mehr als Jahresfrist halb in griechischer, halb in lateinischer Sprache von dem tiefen Eindruck seiner Persönlichkeit. Seitdem berührte er sich öfter mit Luther, handelte aber doch, wie die Schweizer, auf eigene Verantwortung. Er suchte noch päpstlichen Dispens zum Verlassen des Klosters nach; aber ohne kirchliche Obrigkeit wagte er in einem sickingischen Dorf schon 1522 die Eheschließung; behauptete sich auch in Straßburg gegen den Bischof im Schutz des Rates und bezeugte zeitlebens Selbständigkeit und Kraft des Urteils, noch lange an dem alten Ideal der freien Gemeindekirche hangend und einer der ersten, die doch wieder universal genug auch der Heidenmission gedachten.

Von den Benediktinern kam Ambrosius Blarer, dessen »wahrhafte Verantwortung« aus Freytags Bildern deutscher Vergangenheit Gemeingut geworden ist. Anfänglich war ihm Luthers Lehre ärgerlich gewesen, aber er hat mehr und mehr die Schrift selbst daraus vernommen. So wollte er in Frieden aus dem Kloster scheiden; erst als das mißlang, gab er sich selbst die Freiheit. Von den Praemonstratensern kam Johannes Bugenhagen, Luthers Altersgenosse und bald sein Beichtvater, schon 1523 Pfarrer in Wittenberg, später unendlich tätig beim Aufbau der Landeskirchen. Man sieht an allen diesen Männern, welche Fülle selbsteigner Kräfte von Bindung und Freiheit sich zusammenfand, um ein neues Kirchenwesen aufzurichten.

Die Bedeutung und der Einfluß dieser Männer erklärt wohl im einzelnen auch den Schutz, den sie fanden bei Fürsten, Rittern und Ratsherren in den Städten. Luthers großer Name stand freilich als eine unerschöpfliche Sicherheit für alle dahinter. Man gedenke der Fülle seiner Schriften, der Wucht seines Wortes, des tiefen Zaubers seiner Verkündigung; als Porträt und als Symbol ging sein Bild durch die Lande, auch auf Medaillen; auf einer vom Jahre 1521 liest man die Worte: »Wenn Luther ein Ketzer ist, dann war es auch Christus.«

In Nürnberg gingen die Prioren der Augustiner und Benediktiner selbst voran; mit ihnen die Pröpste von St. Sebald und St. Lorenz. In der Lorenzkirche predigte seit 1522 unter gewaltigem Andrang der scharfsinnige und eifrige Osiander, auch unter den Augen des Reichstages und der Legaten. Neben ihm der frühere Breslauer Domherr Schleupner. In Straßburg ging man von vornherein vielleicht am weitesten, seitdem 1518 die Thesen ihre Wirkung geübt hatten. Früh predigte Matthaeus Zell im Münster, trotz Einspruch des Kapitels. Als ihm die hohe Kanzel versagt wurde, machte ihm ein Schreiner eine neue, und in den weiten Raum strömte es wie sonst. Auch Bucer predigte hier, und Capito reformierte als Propst das Thomas-Stift.

Aus der großen Zahl der schwäbischen Reichsstädte nenne ich nur Schwäbisch Hall, wo Johann Brenz aus Weil, als Student in Heidelberg gebildet und von Luther hingerissen, seit 1522 als Prediger und Seelsorger wirkte. Gleich Luther duldsam gegen das Äußere, baute er von innen heraus, aus dem Wort, seine Gemeinde auf.

In Basel begann man noch 1524 nach einer erfolgreichen Disputation Farels mit den Altgläubigen das, was man gerade hier seit langem als Erneuerung des Christentums ersehnte. In Zürich ergab sich eine neue Lage nach dem Wormser Edikt; der Bischof erhob Einspruch gegen Neuerungen. Aber eben dieser Einspruch machte die Züricher und die Luthersche Bewegung, so verschieden sie von Haus aus waren, zu einer Einheit. Im Januar 1523 ließ es Zwingli zu einer Disputation kommen; nun erschien auch die innere Verwandtschaft mit Luther als eine Hilfe; man kämpfte mit seinen Waffen. Der Rat nahm die Partei seines Leutpriesters; so ging auch Zürich den Weg von Basel.

In den kleinen schwäbischen Reichsstädten Hall, Reutlingen, Eßlingen, Wimpfen, Memmingen – überall wollte man das »reine Wort Gottes hören und von Zeremonien nichts mehr wissen«.

Wie nun aber, wenn die Bewegung doch den Theologen und Seelsorgern aus den Händen glitt, wenn man doch Ernst machte mit dem allgemeinen Priestertum? Eberlin von Günzburg lehrte in Augsburg deutlich: »Seid selbst Hauspriester mit der Bibel in der Hand, und scheuet die Vorachtung nit.« Dasselbe hörte man in Wittenberg; Karlstadt und Gabriel Zwilling, Augustinerordens, erschienen als eifrigste Verkündiger des Evangeliums der Kleinen und der nahen Zukunft – uralte Töne des hohen Mittelalters, doch mit neuer Wirkung. Denn nun standen wirklich Männer aus dem Volke auf, wie der Stübner Markus Thomä, und begannen öffentlich zu predigen. Seine Genossen rühmten ihm den unmittelbaren Verkehr mit der jenseitigen Welt nach – auch das ein Rückfall ins Mittelalter, dies Haschen nach dem Glanz des sinnfälligen Heiligtums.

Doch hatte die Sache ihre ernstere Seite, insofern ein vulgärer, aber durchaus empfundener Spiritualismus alles Äußere und alle Form verwarf und in einen grenzenlosen Subjektivismus der Heilsgewißheit auszuarten drohte. Was dem einzelnen sein Geist gebe, sollte wohl gar objektive Gültigkeit haben. Wenn Luther dergleichen Wendungen brauchte, hatte es im Gefüge theologisch durchdachter und ausgerungener Erkenntnis doch einen völlig anderen Sinn. Aber das Wort vom königlichen Priestertum war zu verlockend. Dann brauchte man keine Kirchen mehr, keine Geistlichen, keine Gemeinden, auch kein Studium; ja die Kindertaufe schien dann ein sündhafter Papismus; Bilder und Statuen ein heidnischer Götzendienst. Man mußte sie zertrümmern.

Da zog es also wirklich einher, das so oft warnend angekündigte Taboritentum! Aber war nicht hier allein Folgerichtigkeit des Denkens und Handelns, hier allein die Aussicht auf ein wirklich erlebtes Laienchristentum? Die tieferen Kräfte einer freien Geistigkeit blieben unverloren; die Erscheinungsformen aber dieser Bewegung erwiesen sie gerade im Augenblick ihres Hervortretens als eine furchtbare Gefahr.

In Zwickau erschien ein gewisser Nikolaus Storch in der Rolle des Wittenberger Markus Thomä und als sein Karlstadt der leidenschaftliche Prädikant Thomas Münzer. Dieser trieb es so arg, daß er Zwickau verlassen mußte, er eilte nach Prag, um dort mit seinem Evangelium des Geistes auch den Kloster- und Bildersturm zu predigen. Nach Jahresfrist ins Kursächsische heimgekehrt, lehrte Münzer 1523 als »Seelwärter« zu Allstedt, schleuderte flammende Anklagen gegen die Fürsten, wurde wieder ausgewiesen und fand erst eine sichere Stätte in der Reichsstadt Mühlhausen. Hier blieb man nicht stehen bei der Erklärung der Schrift durch die Kleinen, sondern verwarf alle Schrift zugunsten der Erleuchtung. Aufs Kirchliche gesehen war diese »Schwärmerei« genau am Gegenpol des vielfach gebundenen, ganz und gar objektiven Mittelalters angelangt; eine eigentümliche Mischung rationaler Nüchternheit mit grenzenlosem Enthusiasmus. Vom Standpunkt der öffentlichen Ordnung aber mußte man die Gefährdung von Sitte und Recht als unerträglich empfinden; Klagen und Bitten kamen wirklich von allen Seiten. Die kursächsische Regierung schien eine Zeitlang fast ratlos.

Von diesen Vorgängen und Gefahren ist Luther auch auf der Wartburg mannigfache Kunde zugekommen. Bald litt es ihn nicht mehr in seiner ohnmächtigen Einsamkeit. Im März 1522 erschien er plötzlich in heiligem Zorn unter seinem Volk zu Wittenberg. Das war gegen den Willen des Kurfürsten und erst recht nicht im Sinne des Reichsregiments. Auf dieser Stufe ist er noch völlig frei von Obrigkeit und Regiment. »Euer kurfürstliche Gnaden wisse, ich komme gen Wittenberg in gar viel einem höheren Schutz, denn des Kurfürsten. Ja ich halt, ich wolle Euer kurfürstlichen Gnaden mehr schützen, denn sie mich schützen könnte. Dazu wenn ich wüßte, daß mich Euer kurfürstliche Gnaden könnte und wollte schützen, so wollt ich nicht kommen. Dieser Sachen soll, noch kann kein Schwert raten oder helfen. Gott muß hier allein schaffen ohne alles menschliche Sorgen und Zutun.«

Acht Tage predigte Luther aufs eindringlichste in der alten Gemeinde, und alsbald ist hier wenigstens Ruhe und Besinnung hergestellt. Aber als er dem nach Orlamünde entwichenen Karlstadt folgte, erntete er nur Mißerfolg. Dafür predigte er in Jena wirksam gegen Bilderstürmer und »Sakramentierer«. Die Schwärmer hatten natürlich auch das Abendmahl in jeder Gestalt verworfen. Seitdem wurde Luther in diesem Punkte empfindlicher, als es nach seiner bisherigen Entwicklung notwendig gewesen wäre. Aber er mußte sich nun auch nach dieser Seite wehren.

Unsagbare Schwierigkeit der Lage! Der Mann, der keine irdische Rücksicht kannte, wurde von allen Seiten gezwungen, sich in einem ganz irdischen Treiben zu behaupten. Die Welt schien völlig verwirrt und die Obrigkeit am meisten. Vollends die zwiespältige Art der Obrigkeit des Fürstentums, die ihn halb schützte, halb mit Sorge betrachtete, und des Reiches, die ihn verfemte, aber auch in sich wieder unklar war. Dazu die grenzenlose Unruhe des sozialen Daseins. Als Luther der Abschied des Reichstags von Nürnberg zu Gesicht kam, erließ er die erregte Flugschrift »Zwei kaiserlich unainige und widerwertige Gebote, den Luther betreffend« gegen Edikt und Abschied. »Das Gericht Gottes über die trunkenen und tollen Fürsten ist allbereit vor der Tür. Was wollt ihr lieben Herren? Gott ist Euch zu klug. Er hat Euch bald zum Narren gemacht. So ist er Euch auch zu mächtig; er hat Euch bald umgebracht. Gott erlöse uns von ihnen und gebe uns in Gnaden andere Regenten. Amen.«

Man hat sich oft hingebend und scharfsinnig um die Darstellung von Luthers Verhältnis zu Obrigkeit und Staat bemüht. Wesentliche Züge sind ganz deutlich: Der Gläubige bedarf keiner Obrigkeit, dagegen wohl die öffentliche Ordnung. Aber angesichts der eben geschilderten Verhältnisse bleiben zwischen Luthers Temperament, seinen Richtlinien aus der Schrift und den unendlich verschiedenen Erscheinungen und Haltungen wirklicher Obrigkeiten unlösbare Spannungen. War etwa die alte Kirche in ihrem Verhältnis zur Obrigkeit zu einer klaren Formel geworden? Wer war die Obrigkeit nach dem Worte des Apostels?

Die Prüfungen sollten noch viel schwerer kommen.

Wirtschaftliche und soziale Kämpfe

Alles Geschehen steht in einem unlöslichen Zusammenhang. Unter welchen Gesichtspunkten auch die Geschichte betrachtet wird, niemals kann sie der Übersicht über das Ganze entraten. So eng mit der geistigen Bewegung der Reformation die soziale verflochten war, so sicher bedarf diese zur Erklärung der Kenntnis ihrer wirtschaftlichen Voraussetzungen, die wieder keine anderen waren, als diejenigen, mit denen das gesamte Staatsleben zu rechnen hatte.

Die großen und kleinen Hofhaltungen, Politik und Kriegführung mit ihren gewaltigen Unkosten erforderten bedeutende Überschüsse der Gesamtwirtschaft. Für die Kirche und ihre Politik wurden diese Überschüsse in den uns bekannten Formen vielgestaltiger Abgaben erfaßt. Für die Staaten in regelmäßigen oder besonders bewilligten Steuern. Auf der niederen Stufe des Wirtschaftslebens erfolgte auch jetzt noch alle Leistung in Naturalwerten und Diensten. Aber sehr weit in das ländliche Leben hinein erstreckten sich bereits Markt und Geld. Nur wenige lebten noch in selbstgenügsamer Hauswirtschaft. Stadt und Land kannten schon deshalb Märkte, weil nachgerade weite Gebiete des Austausches, selbst der wesentlichsten Lebensmittel, bedurften. Die Niederlande führten Getreide ein, andere Gegenden Vieh und Molkereiprodukte. An den riesigen Bedarf von gesalzenen und getrockneten Fischen, von Bier und Wein und Kolonialwaren sei nur erinnert; von den gesamten Textilwaren zu schweigen. Der Großhandel brachte auch ohne die erhebliche Silberproduktion Deutschlands den vollen Gegenwert des Imports. Darauf beruhte die Kulturblüte des frühen 16. Jahrhunderts. Aber ohne mobile Überschüsse konnten weder Staatspolitik noch kirchliche und geistige Kultur bestehen. Kirche, Staaten und geistiges Leben hingen bereits unlöslich an Geldwirtschaft, Markt und Krediten.

Umgekehrt wurde aber das wirtschaftliche Leben, wie immer, wieder tief beeinflußt nicht nur von Staat und Kirche als Einrichtungen, sondern auch aus der Welt des Geistigen. Man sah sich gerade in den zwanziger Jahren des 16. Jahrhunderts vor zwei neuen Gruppen von Problemen, die entweder der religiösen Bewegung wurzelverwandt waren, oder ihr geradezu entstammten.

Die erste Gruppe entsprang dem modernen, durch die Reformkonzilien und ihre Vorgeschichte so stark geförderten rationalen Zuge einer Zeit, die sich mehr als vergangene Jahrhunderte nicht nur der kirchlichen und politischen Fragen, sondern auch der wirtschaftlichen Zusammenhänge zu bemächtigen suchte. Man machte sich, ohnehin angeregt durch die Kalkulation des Handels, Gedanken über das Verhältnis von Einfuhr und Ausfuhr, von Geldproduktion und Geldverschlechterung, von Kapitalbildung und Kapitalwert. Der populäre Abscheu gegen Zins und Wucher war der naive Ausdruck der Tatsache, daß man sich von einer neuen Form des Wirtschaftslebens bedrückt fühlte. Die einen gingen auf vernünftige Verwertung unvollkommener Erkenntnis, die anderen auf die bloße Bekämpfung von Erscheinungen des Wirtschaftslebens, die ihnen unbequem wurden. Auch für solche Ideen wurden die Reichstage zu geistigen Marktplätzen.

Die zweite Gruppe der Probleme geht uns noch näher an. Bei der innigen Verflechtung aller Lebensverhältnisse mit der Kirche mußten Änderungen in den kirchlichen Grundanschauungen aufs tiefste zurückwirken auf den Zusammenhang der Wirtschaft. Wenn Ablaßgelder, Opferstöcke, Almosen und Stiftungen vom Übel oder gar sündhaft waren, entstand entweder ein ungeheurer Ausfall bei Armen, Alten und Kranken, oder es mußte anderweitig für sie gesorgt werden. Wenn Klöster und Kirchen ihr Daseinsrecht verloren, erhob sich die Frage, ob es nötig, nützlich oder gar gefährlich wäre, dahin noch Zinse und Renten, Dienste und Leistungen weiter zu entrichten. Wenn aber vollends ein königliches Priestertum für jedermann verkündet wurde, was konnte da näher liegen, als alle Art von Dienst und Herrschaft abzutun, geistliche und weltliche?

Zu diesen geistigen Dispositionen der Zeit kamen gewisse Umschichtungen der sozialen Verhältnisse, die sonst vielleicht unbeachtet geblieben oder anders zur Auswirkung gekommen wären, jetzt aber empfunden und in den Ideen mit verarbeitet wurden.

Von der kleinen Ritterschaft war schon des öfteren die Rede. Gleich den Städten wünschte sie sich landesherrlichen Steuern und Gerichten möglichst zu entziehen, ohne den Willen, dafür dem Reiche um so mehr zu leisten. Dazu wurde sie gedrückt durch ihre wirtschaftliche Lage. Zwar war auch diese ungleich; im Ostseegebiet von Holstein bis nach Polen, ja bis tief nach Niedersachsen hinein machte der reiche Ertrag von Landesprodukten schon auch die Junker zu Kapitalisten, die Geld verliehen. Aber in Mittel- und Oberdeutschland stand es anders. Die nicht großen ererbten Lehen ernährten eine ritterliche Familie um so weniger, als der Besitz durch Erbteilung parzelliert war. Wollte man gar in den Burgen und festen Häusern des Landes die verfeinerten Bedürfnisse der Städter befriedigen, so empfand man immer bitterer den Mangel an barem Geld. Daß man bei den Bürgern in Schulden geriet, steigerte nur Hochmut und Ärger. Städtische Patrizier kauften Dörfer und Güter. Die Ritter jammerten, daß ein adeliges Fräulein sich schlechter verheirate als eine bürgerliche Jungfer. Sie hatten ihre Stifte, aber diese Hilfe war so dürftig wie das elterliche Haus und verlor auch an Respekt. Die Junker schämten sich ihrer Armut; als in Bayern in den zwanziger Jahren einmal die Ritter aufgeboten wurden, fand sich, daß dem einen das Roß, dem anderen der Harnisch fehlte – glänzend waren sie alle nicht.

Die Abhilfe lag entweder in der Rückkehr zur produktiven Arbeit, zur Gutsverwaltung oder zum Fürstendienst; studiert oder nicht studiert – der Ritter wurde Gutsherr, Rat oder Hofmann. Oder ein Drittes; der Ritter nahm Reiterdienst, trat ins Glied oder brachte selbst ein Fähnlein auf. Indessen, das Kriegshandwerk hatte wie seine Gewinne auch seine Mängel. So kamen nur zu viele auf eine letzte Bahn – zum Raubrittertum. Die Aussaugung der eigenen Bauern gab meist blutwenig her; außerdem vernichtete man damit das letzte, was man besaß. Aber dem fahrenden Kaufmann glaubte man fast ungestraft zusetzen zu können. Es war ein Hohn, wenn man sich noch lange der ritterlichen Form angesagter Fehde bediente; man sandte Fehdebriefe und trieb es dann im Schein des Anstands nur um so ärger. Man veruneinigte sich mit städtischen Soldrittern, Bürgern oder Bauern über Zölle und Geleite, über Schulden und Güter, man machte den einzelnen haftbar für seine Mitbürger; die wahnwitzige Ausdehnung der Fehde auf eine ganze Stadt, auf all ihr auf der Achse befindliches Gut, führte zu himmelschreienden Gewalttaten. Sie nannten das keck ihr Waidwerk auf edles und unedles Wild, Bauern und Pfeffersäcke. Gab man ihnen nicht willig, so zogen sie vom Leder; die Opfer wurden verstümmelt, mit abgehackten Händen und Füßen auf die Straße geworfen.

Es läuft auch gesunder Übermut mit unter, und von dem derben Humor dieser Trink- und Kampfgenossen gibt noch in der späten Reformationszeit ein Fürst wie Albrecht Alcibiades von Brandenburg-Kulmbach drastische Proben, auch er schließlich ein grober Schädling. Im ganzen sind alle diese Heckenreiter und Stegreifritter eine heillose Gesellschaft.

Die Gegenwirkung blieb nicht aus. Der Haß wurde tödlich bei Bauern, Bürgern und Fürsten. Immer planmäßiger, erfolgreicher und blutiger wurden die Raubritter verfolgt, ihre Häuser mit modernem Geschütz von Grund aus zerstört. Für die Fürsten eine erwünschte Gelegenheit, die Freiheit der Ritter zu bekämpfen und sie dem Lande einzuordnen.

Natürlich gab es auch unter der Ritterschaft Leute von ganz anderem Schlage. Nicht nur die Studien, auch der Staat erfuhren gerade von ihnen eine Erneuerung. Hans von Schwarzenberg suchte die fränkische Ritterschaft zu einen und zugleich das »Mordslaster des Raubens« mit grausamster Strafjustiz auszurotten; es ist derselbe, der auf dem letzten Reichstag so bedeutend hervortrat; derselbe, der mit Luther über Freiheit und Dreieinigkeit, über Bilder, Kirchenwesen und Kirchenrecht im Briefwechsel stand und dessen Bamberger Strafrecht später die Grundlage der Carolina bilden sollte.

Aber andere ließen sich vom Zug der Zeit und von dem Kampf gegen das altkirchliche Wesen nur emportreiben zu den verwegensten Ideen. Da war Franz von Sickingen, um 1519 der gefeiertste Soldritter, bald in französischen, bald in kaiserlichen Diensten, ehrlich ergriffen von den neuen Ideen, wirklich diese stilvolle Persönlichkeit der alten Zeit mit all der Unbändigkeit und Unvernunft seines Standes.

Er hatte in seinen Fehden kolossale Brandschatzungen verübt. Der Landgraf von Hessen war dadurch auf die Seite des Schwäbischen Bundes und zur Preisgabe Ulrichs von Württemberg gedrängt. Nun sah Sickingen Hutten bei sich. Man erwog kühn und verwegen die grundsätzliche Einziehung des geistlichen Gutes. Mit Trier wollte man beginnen. Die neue, größte Fehde seines Lebens wurde herausgeputzt mit dem Schmuck des Evangeliums; die Ritterschaft am Mittelrhein und Oberrhein schloß sich zur »brüderlichen Vereinigung« zusammen; sie wollten dem »Evangelium eine Öffnung machen«. Am 27. August 1522 erklärten sie dem Erzbischof von Trier, Richard von Greiffenklau, die Fehde; im September ging es los. Die Ritter überrumpelten die Bischöflichen; es kam zur Belagerung von Trier.

Allein auch der Herr Erzbischof war ein wehrhafter Mann und nicht ohne Freunde; Hessen und Pfalz voran. Die Stadt wurde entsetzt, Sickingen mußte die Belagerung aufgeben. Am 1. Oktober wurde er als Landfriedensbrecher in die Acht erklärt, und nun begann das große Kesseltreiben gegen dies edelste Wild, das selbst so gern jagte. Die Anhänger wurden bald zu Paaren getrieben, ihre festen Häuser zerstört. 1523 im April wurde Sickingen selbst auf dem Landstuhl westlich Kaiserslautern eingeschlossen. Verzweifelte Gegenwehr. Aber das fürstliche Geschütz wurde der steinernen Mauern mächtig. Türme und Brustwehren sanken Stück um Stück in Trümmer. Die Fundamente und Stützmauern zerfielen in Breschen, die Giebel stürzten nach, das Fachwerk ging in Feuer auf. Sickingen selbst wurde von einem stürzenden Balken zu Tode verwundet und unten im gewölbten Keller auf dürftigem Lager gebettet. Da drangen Fall auf Fall seiner Burgstücke dumpf an sein Ohr, bis es zu Ende war.

Am 7. Mai betraten die Fürsten die Ruine und besuchten den Sterbenden, der so gerne wie einer von ihnen goldene Ketten und den Fürstenhut getragen hätte. Er war der letzte, glänzendste Vertreter seines Standes, dessen alte Lebensformen und Lebensbedingungen sich überlebt hatten.

Noch in demselben Herbst endete auch Sickingens schwungsvoller und radikaler Freund Ulrich von Hutten, arm und bresthaft. Nach Sickingens Fall hatte er keine Zuflucht mehr. Nach Frankreich wollte er nicht, Basel litt ihn nicht um des Erasmus willen, auch Mühlhausen nicht. So irrte er wieder heimatlos – bis ihm Zwingli in seiner schönen Menschlichkeit eine Heimstätte bot zum Sterben. Ende August oder Anfang September 1523 wurde Ulrich von Hutten in Zwinglis Schutz auf der Insel Ufenau im Züricher See erlöst.

Für Sickingen hatte Hutten die Städte aufbieten wollen in seiner »Vermahnung an die freien und Reichsstädte deutscher Nation«, aber diese Verbindung war noch viel weniger natürlich als diejenige zwischen Fürsten und Rittern gegen die Städte. Statt dessen haben sich die gesunden Kräfte im Fürstentum und in den Städten die Hand gereicht gegen das Raubrittertum als unerträglichstes Erbstück der Vergangenheit. Der Schwäbische Bund beschloß auf einem Tage zu Nördlingen im Juni 1523 einen Zug mit 13 000 Mann gegen die Raubnester im Lande. Als die Bundesfähnlein am 17. Juli unter den Augen des Regiments in Nürnberg einzogen, waren 23 Burgen gebrochen. Das Regiment hatte gegen solche heilsame Selbsthilfe Mandate erlassen; es verkannte das Wesen der Staatsordnung, die wie jeder Organismus wohl tiefe heilende Eingriffe, nicht aber eine langsame innere Aufreibung vertragen kann.

Städte und Fürsten waren einig gegen das Landübel der Raubritter. Im übrigen befand sich das Fürstentum in ähnlichem Gegensatz zu den Städten wie die Ritter. Man ärgerte sich auch an den Höfen über die Macht und die Mittel der Städte und wünschte sie gleich den Rittern landständisch zu machen.

Auf den Reichstagen behandelte man die Städte noch immer nicht als gleichberechtigt. In Nürnberg, im Winter 1522/23, kam es zu einer offenen Aussprache, als Kurfürsten- und Fürstenrat von den Städten verlangten, daß sie sich an dem »besättigen« ließen, was die Fürsten in Sachen der ungarischen Türkenhilfe beschlossen hatten. Die Städte arbeiteten eine Beschwerde aus, die am zweiten Weihnachtstage 1522 übergeben, aber von den fürstlichen Räten am 23. Januar scharf abgelehnt wurde.

Im Hintergrunde dieses Verfassungsstreites drohten wichtigere Dinge.

Das Reichsregiment hatte ein Finanzprojekt ausgearbeitet, nach dem ein Reichszoll erhoben werden sollte zur Deckung der Reichsausgaben. Die kaiserliche Regierung hatte jener Idee des Ausfuhrzolles noch den Eingangszoll hinzugefügt – beide dem Ursprung nach also reine Finanzzölle. Doch spielte ein moralisch-wirtschaftliches Moment mit hinein, insofern die notwendigsten Lebensmittel frei sein und in erster Linie der Luxus besteuert werden sollte. Reichszollstätten plante man in Antwerpen, Utrecht, Hamburg, Königsberg für den Norden, in Wien, Trient, Straßburg für den Süden. Welche Verklammerung des Reiches zu einer Wirtschaftseinheit! Mußte der städtische Handel nicht mit beiden Händen zugreifen, selbst wenn er zunächst den Zoll vorzustrecken hatte?

Indessen, neben der großen Idee der Reichsfinanzen und Reichswirtschaft stand die sehr viel beschränktere eines Kampfes gegen das Großkapital überhaupt. Ein zweiter Gesetzentwurf richtete sich nämlich gegen Monopolien und große Handelsgesellschaften.

Die Handelsgesellschaft entsprach entweder dem uns noch heute geläufigen Begriff der offenen Gesellschaft mit beliebig vielen Teilhabern, die alle mit dem ganzen Vermögen hafteten, oder der stillen Gesellschaft mit fremdem Kapital. Eine besondere Eigentümlichkeit der Zeit lag nur darin, daß gerade die größten und leistungsfähigsten Gesellschaften durch die Angehörigen einer einzigen Familie gebildet wurden; diesen Charakter hatte z. B. in seiner Blütezeit das Fuggersche Geschäft, abgesehen von den verschiedenen und eigentümlich organisierten Filialen. Es liegt auf der Hand, welche Geschlossenheit und Kapitalmacht ein solches Geschäft darstellte.

Jetzt leitete Jakob Fugger »der Reiche« Familie und Geschäft. Es war neuerdings gewaltig emporgekommen. Vorher standen die Gossembrots, dann die Höchstetter im Vordergrunde, die einen berühmten Bankerott machten; jetzt die Welser und Fugger. Fragt man nach der Größe der Vermögen, so fällt allerdings eine bedeutende Steigerung gegen das 15. Jahrhundert ins Auge. Nur zum Teil kommt das auf Rechnung der Zunahme des Edelmetalls und des Sinkens seines Kaufwertes. Schätzte man das Vermögen der Medici um die Mitte des 15. Jahrhunderts auf 500000 Gulden, nach vager Umrechnung etwa 30 Millionen Mark unserer Währung, so bezifferte sich der größte Vermögensstand der Fugger hundert Jahre später auf über viereinhalb Millionen Gulden, umgerechnet zu etwa 160 Millionen Mark. Die Höhe erklärt sich aus steigendem Gewinn bei nur teilweise steigendem Risiko. Die Haug, Langnauer & Co. zu Augsburg besaßen 1532 ein Vermögen von 90000 Gulden, das sich in dreißig Jahren verzehnfachte; auf 20 bis 40 Millionen unseres Wertes werden zahlreiche Augsburger und Nürnberger Häuser geschätzt.

Der inneren Struktur nach waren diese Geschäfte sehr verschieden. Man ging auch in Deutschland zunehmend vom Warenhandel zum Geldhandel und reinen Unternehmertum über; der Anteil an den Bergwerken Tirols, Kärntens, Sachsens begünstigte das. Mit dem Geldgeschäft steigerten sich die Gewinne zeitweilig zu enormen Höhen. Die Fugger sollen 1511 bis 1517 einen jährlichen Gewinn von über 54 Prozent, die Haug und Genossen einige Jahre später 47 Prozent gehabt haben. Sie hatten auch vom Warenhandel zeitweise höhere Verzinsung.

Liest man von solchen Gewinnen, so begreift man die durch weitere Übertreibungen und den Mangel an volkswirtschaftlicher Einsicht bedingte Stimmung der öffentlichen Meinung, die natürlich stark von den armen Schreibern, Räten, Literaten und Theologen gespeist wurde und die Fürsten erregte. Sie alle konnten in ihrer Staatsverwaltung längst nicht mehr ohne das flüssige Vermögen der Banken arbeiten, aber sie neideten ihnen nur um so mehr diese Macht und ergingen sich in ganz törichten Gedanken, wie etwa, die großen Vermögen über 50000 Gulden zu verbieten.

Mit diesen Stimmungen mischten sich, anscheinend vielfach in unklarer Weise, die Klagen über die »Monopolien«. Gelegentlich heißt es einfach »Fürkauf und große Gesellschaften, Monopolien genannt«. Dahinter stand die Tatsache, daß es Ansätze zu wahren Monopolen und zu bedenklichen Trustbildungen in der Tat gab. Große Geschäfte beherrschten den Markt in gewissen Artikeln durch massenhaften Aufkauf und willkürliches Preismachen. Wenn freilich in Tirol 1518 geklagt wurde, daß Silber, Kupfer, Eisen, Leinen, Zucker, Spezerei, Getreide, Ochsen, Wein, Schmalz, Leder monopolisiert würden, so kann es sich nur um sehr verschiedene Grade der Gefahr gehandelt haben. Aber es gab wirklich Monopole in ganz reinem Sinne, fast als Weltmarkterscheinungen. So das Pfeffermonopol, das auf dem Regal des Königs von Portugal beruhte; im Norden später das ähnlich bedingte Bernsteinmonopol in Preußen; so auch das zeitweilige Kupfersyndikat der Fugger, Herworth, Gossembrot und Baumgartner von 1498. Die befreundeten Häuser beauftragten die Fugger, zu Venedig auf gemeinsame Kosten eine bestimmte Quantität Kupfer zu verkaufen und während dieser Zeit selbst kein Kupfer auf den Markt zu bringen. Am lehrreichsten ist vielleicht der Versuch eines vollkommenen Quecksilbermonopols durch die Höchstetter. Sie handelten erst mit Wein, Korn, Holz. Dann verfielen sie auf die Idee, einen Artikel beschränkter Produktion ganz in ihre Hand zu bringen. Das Quecksilber kam zumeist aus Idria in Krain. Verfügbare Mengen kauften sie auf und waren damit weit gediehen, als die Entdeckung neuer Gruben in Spanien und Ungarn ihr Fallissement herbeiführte. Die Fälle blieben jedoch vereinzelt. Man sieht aber daraus, daß jene Zeit in der Tat halb an reine Monopole, halb an das Übergewicht des Großkapitals überhaupt dachte, wenn sie über das Aufkaufen und die gefährliche Beherrschung des Marktes klagte. Indessen ist man auf dem Reichstage zu Nürnberg über eine Denkschrift nicht hinausgekommen, so wenig wie man später auf derartige Ideen zurückgegriffen zu haben scheint. Aber der städtische Großhandel spürte die gegen ihn gerichtete Stimmung und verhielt sich darnach.

Als der Reichstagsabschied mit dem großen Reichszoll am 9. Februar 1523 verlesen wurde, weigerten sich die Städte, ihn anzunehmen. Beide Teile botschafteten an den Kaiser. Die Städteboten, die im August zu Valladolid empfangen wurden, hatten nicht wegen Überarbeitung ihrer Instruktion oder besserer Handsalben an die Räte, sondern einfach deshalb einen vollen Erfolg, weil die kaiserliche Regierung die kapitalkräftigen Städte nicht entbehren konnte. Staatsbanken, die auch nur ein Gegengewicht gegen das Privatkapital bedeutet hätten, besaß man nicht.

Die Folgen der gutgemeinten, zum Teil vielleicht großartig gedachten, aber schlecht vorbereiteten Reformvorschläge des Regiments wurden verhängnisvoll genug. Als das Regiment 1524 nochmals auf diese Dinge zurückkam, zuckten die Städteboten die Achseln und meinten, das Regiment sei »beschwerlich«, man solle es »abtun«. So blieben auch die anderen bemerkenswerten Vorschläge zunächst auf dem Papier, wie Reichs-Maß und -Gewicht, peinliche Halsgerichtsordnung und der Plan einer Sammlung aller Reichsgesetze. Das wäre weniger eine antiquarische Leistung als der sinnfällige Ausdruck der Rechts- und Wirtschaftseinheit dieses Reiches in letzter Stunde gewesen.

Mittlerweile wurden die gemeinen Stände durch sehr viel derbere Vorgänge völlig aus ihrer Ruhe gebracht.

Die Fehden, die jahrhundertelang das Land unsicher machten, bedrohten doch immer nur einen beschränkten Kreis und waren an sich isoliert. Was nun heraufzog, war ein allgemeiner Bürgerkrieg oder, weil er mehr auf dem Lande als in den Städten spielte und zumeist seinen Ausgang nahm von bäuerlichen Klagen, ein »Bauernkrieg«, der aber Ritter und Bürger hineinzog und auch die Fürsten bald auf den Plan rief.

Die bäuerlichen Verhältnisse hatten sich in Deutschland keineswegs gleichsinnig als allgemeiner Aufstieg oder Abstieg entwickelt. Wohlstand und Freiheit schwankten und waren landschaftlich sehr verschieden; im ganzen im Kolonisationsgebiet des Ostens damals noch günstiger und erst später drückender; auch in den größeren Territorien meist erträglicher als in den kleinen und kleinsten, wo der Guts- und Gemeindeherr zugleich als Landesherr alle Mittel von Zwing und Bann zu seinem Vorteil spielen lassen konnte und wohl alle alten Nutzungsrechte der Mark, wie Forst, Jagd, Weide und Fischerei, in seine Hand brachte; auch aus Untertanen und Zinsern gern Eigenleute machte. Das römische Recht leistete dabei gewisse Hilfen; aber die in unzähligen grellen Zügen der Quellen sehr peinlich hervortretende Brutalität der Vögte, Amtleute und Herren selbst machte aus den sehr ungleich drückenden Zuständen erst die bitter und lange genug ohnmächtig empfundene Not. Selbst große Bauern wurden durch gehäufte Abgaben bei Todfall und Besitzübergang schwer getroffen und alle, auch die wohlhabendsten, litten wie die Ritter unter der Verschiebung zugunsten der städtischen Geldwirtschaft.

Gab es schon so gut wie nirgends politische Freiheit für die Bauern, außer neuerdings in der Schweiz, so erlitt ihre soziale Lage ähnliche Schwankungen wie die wirtschaftliche. Uralt war die Figur des dummen und komischen Bauern, ebenso wie die des übermütigen, wenn es ihm einmal gut ging. Die gelegentliche Verherrlichung der Landarbeit und der christlichen Armut vermochte an dem allgemeinen Urteil der Gebildeten und der Städter wenig zu ändern; die Kluft der Bildung blieb ungeheuer. Zum Bauern sprachen Blockbücher und Kalender, zumeist in Bildern. Als dann gedruckte Bücher auch Weisungen der Zukunft und Lobpreisungen des frommen Bauersmannes brachten, mochte das nach dem Maß seines Verständnisses sein Selbstgefühl erregen; so gut wie die waldensisch-hussitischen Bewegungen zugunsten der Kleinen und Gerechten. Aber alles dieses stärkte zugleich die Abneigung derjenigen, die Grund hatten, vor dem Nadelöhr zu bangen. Ganz sicher wirkte die radikale Literatur verschärfend auf weite Kreise. Die sogenannte Reformation Kaiser Sigismunds, wirklich bald nach dessen Tode, um 1439, in einer oberdeutschen Reichsstadt entstanden, nahm sich der Kleinen in Stadt und Land besonders an. Seit sie gedruckt vorlag (1476), riß man sich darum; es gab immer neue Auflagen, gerade in den zwanziger Jahren des 16. Jahrhunderts.

Soziale Erregungen hatten sich schon das ganze letzte Jahrhundert hindurch in einzelnen oft recht argen Zusammenrottungen Luft gemacht. Fast immer spielte das Religiöse dabei eine wichtige Rolle. Jener Hans Böheim, der 1476 als Pauker von Niklashausen an der Tauber die Buße predigte und die soziale Befreiung, warb zunächst in ganz altmodischer Art für die Wunderkraft der heiligen Jungfrau in Niklashausen; es strömten die Knechte und die Mägde von fern her zusammen wie nur je zu wundertätigen Bildern. Aber es mag eine eigene Würze gewesen sein, wenn er ihnen auch predigte, daß aller Zins, Pacht, Besthaupt, Bede und Zehnt abgetan und die Wälder, Wässer und Weiden frei sein sollten. Als das Treiben gar zu toll wurde, ließ der Bischof von Würzburg den »heiligen Jüngling« gefangensetzen, weigerte den zu Tausenden nach Würzburg ziehenden Bauern, ihn frei zu geben, und ließ ihn verbrennen, einige Genossen enthaupten.

Die Bewegungen setzten sich in das 16. Jahrhundert hinein fort. Der Abt von Trittenheim († 1516) erzählt selbst sehr anschaulich davon, wie die Bauern sich eine weiß-blaue Fahne gemacht hätten, darauf man das Bild des Gekreuzigten sah und auf einer Seite den Bundschuh, das heißt den Bauernschuh mit langen Riemen zum Festbinden, auf der anderen einen knienden Bauern und darüber den Spruch: »Nichts, denn die Gerechtigkeit Gottes.« Als sie später peinlich verhört wurden, sagten sie aus, daß sie »frei sein wollten, wie die Schweizer«. – »Alle Landesobrigkeit und Herrschaft wollen wir abtun und austilgen. Zuerst wollen wir die Stadt Bruchsal erobern, weil hier schon die Hälfte der Bürger zu unserem Bund geschworen hat – dann ziehen wir gen den Markgrafen von Baden.« – »Wenn wir genug Volks zusammenhaben, dann wollen wir nie länger als 24 Stunden nach dem Kampf auf der Walstatt weilen, sondern weiterziehen, bis alles Land zum Bundschuh geschworen hat« – uralte Propaganda der Tat!

Daß dergleichen Bewegungen vertieft und gestärkt wurden durch die religiöse Publizistik, bedarf kaum der Belege. Wie Eberlin von Günzburg wirkte natürlich auch Luther, wenn man las oder hörte, wie »das größte Unglück deutscher Nation gewißlich der Zinskauf« sei, den »der Teufel erdacht«. Wie auch er den »Fuggern und dergleichen Gesellschaft ein Zaum ins Maul legen möcht und, daß viel göttlicher wäre, Ackerwerk mehren und Kaufmannschaft mindern«, von den geistlichen Häusern gar nicht zu reden.

Endlich trat etwas sehr Wichtiges und ganz Neues hinzu.

Das Mittelalter hatte die Bauern nach und nach entwaffnet. Jetzt war seit kurzem der Knecht als Soldat wieder emporgekommen, hochbegehrt; er trug Spieß und Schwert, und in den letzten Schlachten in Italien, eben noch bei Bicocca (1522), waren die deutschen Landsknechte ihren Meistern, den Schweizern, ebenbürtig, ja überlegen geworden. Kampfgesinnung und Hochgefühl zogen wieder auf die Dörfer, Weiler und Höfe.

Als nun die Welt ohnehin voll war von geistlicher und weltlicher Rechtsunsicherheit, Schwanken und Gärung aller Art, bedurfte es nur geringer Anregung, um auch die bäuerliche und kleinbürgerliche Bevölkerung zu ihren alten Stimmungen und Zusammenrottungen zu bringen.

Mit den Schwärmern in Thüringen ging es an. Thomas Münzer fanatisierte schon 1523 die Bürger von Allstedt; er ließ sich von niemandem etwas sagen, weder von Luther noch von den Mansfelder Grafen oder dem Kurfürsten. Jetzt sammelten sie sich aber nicht mehr um Wallfahrtskirchen, jetzt stürmten und plünderten sie die Heiligtümer. »Geborene Fürsten seien nicht gut«, hieß es dazwischen. Gegen Luther wurde er derb und unflätig.

Von Allstedt begab sich Münzer Sommer 1524 nach Mühlhausen, wo Heinrich Pfeiffer, vordem Zisterzienser in Reiffenstein, seit 1523 vorgearbeitet hatte. Hier ging's gegen alle Sonderrechte der Pfaffen in der Stadt – ein altes bürgerliches Anliegen! Dann bestritt Münzer das Recht der Obrigkeit auf Zinse und Renten – der alte Rat wurde gestürzt, ein kommunistisches Gottesreich aufgerichtet.

Wesentlich, daß es inzwischen auch anderswo, ja bald an allen Ecken und Enden zugleich losging. Einmal entfesselt, tobte alle Unzufriedenheit, aller Neid, Haß und Unverstand sich auf einmal aus. Im Oberland begannen die Bauern in den kleinen Herrschaften, denen es an öffentlicher Ordnung und Gegenwehr am meisten fehlte.

Die Stühlinger Bauern an den südöstlichen Ausläufern des Schwarzwaldes (gegen Schaffhausen hin) erhoben sich gegen ihre Herren, die Grafen von Lupfen, im Winter 1524 wegen ungerechter, mutwilliger kindischer Bedrückungen. Sie rotteten sich zusammen unter schwarz-weiß-roter Fahne, geführt von einem alten Landsknecht, und bemächtigten sich rheinabwärts auch der Stadt Waldshut, wo der Prädikant Balthasar Hubmaier die Gemüter erregt hatte. Die Bauern klagten über Willkür, »Hetzjagden über die Äcker« und Mangel an Recht. »Item wir geben«, so trugen sie vor, »jährlich der Herrschaft Zins, Renten und Pachtgeld, neben allem andern; aber wir wissen von alledem die Herkunft nicht, aus welchen Ursachen solche Abgaben entrichtet und was die Herrschaft uns dagegen zu leisten pflichtig.« – »Item wir müssen den einen Tag Hafer, den anderen Hanf zu Garben binden, Erde aufhäufeln, dann wieder ackern und säen, das Brach- und Ödland mehrfach ackern, das Getreide schneiden, dreschen und ins Schloß fahren; item Wildzäune herstellen, Treiberdienst leisten – zu Zeiten das Wildpret aus dem Schloß gen Thann (im Elsaß), gegen Engen (in Baden) oder nach anderen Orten fahren, wohin es unseren gnädigen Herren gefällt.« – »Wiewohl von rechtswegen ein jeder im Anfang frei geboren ist, wollen unsere Herrschaften uns als Eigenleute halten, sollen alles tun, was sie uns heißen, als wären wir geborene Knechte.« Stellenweise war es offenkundig nichts anderes als das gesamte schwere bäuerliche Dasein, gegen das sie sich sträubten.

Im Januar 1525 standen die Klettgauer auf, forderten, wie ihre Vorgänger im 15. Jahrhundert, »die göttliche Gerechtigkeit«. Auch hier hatte auf der Wanderschaft einmal Thomas Münzer gepredigt. Nun sollten ihre Boten nicht anders als »nach dem Worte Gottes« verhandeln.

Ähnlich wie hier am Schwarzwald, nur großartiger, ging es her im Allgäu. Schon 1524 war Memmingen durch Dr. Schappeler in einen Taumel gebracht, der sich dem Mühlhausener vergleichen läßt. Auf dem Lande standen voran die schon länger schwer bedrückten Bauern der Abtei Kempten. Die Kemptener Gotteshausleute sagten vor Gericht aus, daß »wir an unserer Libertät und Freiheit von dem Herrn von Kempten, an unserer Person und an den Gütern gekränkt, geschwächt und vergewaltigt werden durch Gefangensetzen, Türmen, Blocken, in Ketten schlagen und hohe Geldstrafen, durch Verbot, die Kirchen zu betreten und der heiligen Messe beizuwohnen«. Durch solche Mittel »haben die Prälaten unsere Freiheit mit Gewalt und Zwang genommen und unsere Lage härter und ärger gemacht als die der Knechte und Hunde«. Zu Sonthofen zogen sich am 14. Februar 1525 alle Allgäuer zusammen. Sie wollten keine Herren mehr; ihre Hoffnung ging noch immer auf den Kaiser. Sie wußten nicht, wie es in der Welt aussah.

In den dazwischenliegenden Gebieten, von der oberen Donau bis zum Bodensee, nahm man die Verbindung westlich und östlich auf. Um Biberach die Riedbauern brachten ihren Haufen auf 30000 Mann und baten Ulrich Schmid von Sulmentingen, einen ehrbaren angesehenen Mann, ihr Führer zu sein. Südlich regte sich der Seehaufen mit zahlreichen kleinen Adeligen; einige wollten hier nachholen, was Sickingen am Rhein gegen Fürsten, Herren und Kapitalien geplant hatte. Manche taten nur gezwungen und widerwillig mit, wenige wehrten sich.

Anfang März erfolgte überall die große Sammlung und der Anfang einer Organisation. Bauernführer wie Ulrich Schmid, Geistliche wie Christoph Schappeler und Bürgerliche wie der Kürschner Sebastian Lotzer wirkten zusammen. Zum 6. März wurde ein Bauerntag nach Memmingen angesagt. Drei Haufen ließen sich vertreten, die Seebauern, die Allgäuer und Riedbauern. Einige kamen in erregter Leidenschaft, doch schien die ruhigere Stimmung durchzudringen. Wirklich gedieh man zu überaus bemerkenswerten Gestaltungen.

Am 7. März beschlossen sie eine Bundesordnung, eine »Christliche Vereinigung« nach dem Evangelium. Die Einzelheiten entstammten den alten

Landfriedenssatzungen, die jeder Bürger kannte. Beitritt wurde Pflicht. Da man auf die Herren und Prälaten doch keine Erwartungen setzte, wurden sie als Bedrücker des Volkes vorweg gebannt.

Auch Beiträge wollten sie leisten. Jede Herdstelle soll jährlich zwei Kreuzer zahlen – ein gemeiner Pfennig, ohne Murren beschlossen. Dann ging es an das neue Recht. Vom geistlichen Recht meinten sie, daß es sorgsam erwogen werden müsse, und sie bestimmten dafür sieben Prädikanten und sieben Doktoren, nämlich Luther und Melanchthon, Strauß, Osiander, Billican von Nördlingen, Zell und Zwingli. Das weltliche Recht aber nahmen sie gleich selbst in die Hand. Sie beschlossen »die gründlichen und Hauptartikel aller Bauerschaft und Hintersassen geistlicher und weltlicher Obrigkeit«. Damit tritt das klassische Schriftstück der »Zwölf Artikel« in unsere Geschichte. Wo und von wem sie zuerst aufgesetzt worden sind, steht noch dahin; ihre Einfachheit, Mäßigung und Gottesfurcht erhebt sie hoch über alle anderen Äußerungen der Bewegung.

Die Einleitung begegnet dem Vorwurf, daß die Empörung eine Frucht des neuen Evangeliums sei und daß die Meinung wäre, »niemanden gehorsam sein«; nein, »das Evangelium von Christo ist nichts denn Freude, Geduld und Einigkeit«; aber in der Tat, was sie wollen, ist das Evangelium, ist Gottes Wille. »Wer wird in sein Gericht greifen?«– »Er wird die Seinen erretten und in einer Kürz.«

Folgen die Artikel selbst. »Zum ersten ist unser demütig Bitt und Beger, daß wir nun fürohin Gwalt und Macht wöllen haben, daß ein ganze Gemain soll ein Pfarrer selbs erwölen und kiesen.« – »Zum anderen, nachdem der echte Zehnt auferlegt ist im Alten Testament, wollen wir den rechten Kornzehnt gern geben« – zum Unterhalt der Pfarrer, für Bedürftige und zur Landwehr –, »wenn man von Landes Not wegen zu Felde ziehen müßte«. – »Zum dritten ist der Brauch gewesen, daß man uns für Eigenleute gehalten hat, welches zum Erbarmen ist angesichts dessen, daß uns Christus alle mit seinem kostbaren Blut erlöst hat. Darum ergibt sich aus der Schrift, daß wir frei sein.« – »Nicht, daß wir ganz frei sein und keine Obrigkeit mehr haben wollen, das lehrt uns Gott nicht.« Aber leibfrei wollen sie sein. »Zum vierten ist bisher im Brauch gewesen, daß kein armer Mann Gewalt gehabt hat, das Wildpret, Geflügel oder Fisch in fließendem Wasser zu fahen, welches uns ganz unziemlich und unbrüderlich dunkt, sunder eigennützig und dem Worte Gottes nicht gemäß sein, wann als Gott der Herr den Menschen schuf, hat er ihm Gewalt geben über alle Tiere, über den Vogel im Luft und über den Fisch im Wasser.« Das soll hergestellt werden, zumal sie unbillig leiden unter dem Wildschaden. Zum fünften haben die Herrschaften allein die Hölzer, Bau und Brennholz; das soll der Gemeinde zustehen. »Zum sechsten sind wir hart beschwert der Dienste halben, welche Tag für Tag gemehrt werden«; sie wollen dienen »wie unsere Eltern gedient haben, allein nach dem Inhalt des Wortes Gottes«. Zum siebten, wenn die Herrschaft mehr Dienst braucht als ihr zusteht, so will der Bauer auch willig und gehorsam sein – »doch nur zu Stund und Zeit, das den Bauern nit zum Nachtail dien, und umb einen ziemlichen Pfennig«. Zum achten sollen die Pachtzinse von ehrbaren Leuten in erträglicher Höhe neu geschätzt werden. Zum neunten sollen alle willkürlichen Strafen abgestellt werden. Zum zehnten sollen Gemeindewiesen und -äcker von den Herren zurückgegeben werden. Zum elften »wollen wir den Brauch, genannt der Todfall (das heißt die Abgabe beim Tode des Hofinhabers), ganz abtun und nicht ferner leiden, daß man Witwen und Waisen das Ihre wider Gott und Ehre also schändlich nehme«. – »Zum zwölften ist unser Beschluß und endliche Mainung, wann einer oder mehr Artikel mit dem Wort Gottes für unziemlich angezeigt, wir davon abstehen.« – »Der Fried Christi sei mit uns allen.«

Der erste Erfolg der Artikel war verdientermaßen groß. Sie verbreiteten sich erstaunlich rasch durch das Land und galten bald auch außerhalb ihrer oberschwäbischen Heimat als die eigentlichen Bauernartikel. Was aber erreichte die christliche Vereinigung, die dahinterstand? Die Bauern haben keinen Führer gefunden wie Ziska oder Cromwell; sie haben freilich auch nicht (wie man richtig gesagt hat) die leidenschaftliche Tapferkeit der Taboriten oder der Schweizer bewiesen. Die Quellen lehren die ehrbare Gutmütigkeit der Besten und die übliche Frechheit einzelner Wortführer, die aber keine Führer waren.

Beizeiten hatte auch die im Grunde weit überlegene Gegenseite gerüstet. Schon am 5. Februar 1525 hielt der Schwäbische Bund, noch immer die eigentlich mobile Macht im Lande, eine Tagsatzung. Sie sandte Ulrich Neidhard an die Riedbauern zu Unterhandlungen, und Ulrich Schmid gab am 27. Februar wirklich einen Anstand auf drei Wochen – von den Bauern auf Treu und Glauben angenommen in der Hoffnung, daß man ihre Beschwerden ehrlich prüfe und abstelle. Auf Seite des Bundes nur Zeit zur Rüstung.

Niemand betrieb sie entschlossener und ruhiger als Leonhard von Eck, der bayrische Rat. Er sicherte die Landesgrenze und erregte den alten volkstümlichen Gegensatz seiner »treuen bayrischen Bauern am Peißenberg« gegen die dummen Schwaben. Die Untertanen ließ er durch Anschläge auffordern, daß »Ihr Euer aller Vaterland, Ehre, Güter, Weib und Kind und häusliche Wohnung getreulich wollet helfen zu erhalten, retten und beschirmen«. Das war wohlgetan. Während ringsum in Schwaben, Tirol und Salzburg das Land von Unruh widerhallte, blieb Bayern frei von Not und Krieg.

Dem Rat von Eck schienen eben deshalb die anderen Stände kraftlos. Er wünschte ihnen ein »mannlicher Gemüt«. Schon am 12. Februar schrieb er den Herzögen, die Bauern würden »wegen der großen Kleinmütigkeit ihrer Oberherren wirklich etwas ausrichten«. Er versteht das Verlangen der Kleinen an sich sehr wohl; »ich möcht wohl auch haben, daß der Fugger die brüderliche Liebe mit mir habe und teile«. Im März schrieb er: »Es ist eine große Spaltung in den Städten; die Lutherischen, die arm sind, geben den Bauern recht; die Nicht-Lutherischen und die Lutherischen, die reich sind, geben den Bauern unrecht.« Endlich im April: »Ich habe wahrlich bisher nichts Erschrecklicheres gefunden als diese unerhörte Kleinmütigkeit aller Obrigkeit. Wo man sich nur ein wenig zur Wehr gestellt hat, haben die Bauern nichts erobert.« – »Es muß gestraft und hart gestraft werden.«

Mitten in der Rüstung tauchte eine unerwartete Gefahr auf. Herzog Ulrich kehrte wieder. Aber die Schweizer verließen ihn, und so wagte er's nicht allein.

Anfang April trat das Heer des Schwäbischen Bundes auf den Plan; Ulrich Arzt als Bundesführer, Jörg Truchseß von Waldburg als Feldhauptmann.

Als es nun zu bewaffneten Zusammenstößen kam, vermochte das Bundesheer die ersten Bauernhaufen mühelos zu zersprengen, zuerst bei Leipheim am 4. April, dann bei Wurzach, wo die Allgäuer standen. Von den Gefangenen benahmen sich etliche Pfarrer höchst würdig und fest, die Knechte des Bundes schon ziemlich ungebärdig; die moralische Stärke war sehr ungleich verteilt. Am 15. April traf Jörg Truchseß bei Gaisbeuren auf ein stattliches Aufgebot der Bauern. Diesmal blieb das Feld umstritten. Die Bauern konnten bedeutenden Zuzug von Landsknechten aus Italien erwarten. Eben deshalb ließ sich der kluge Truchseß auf Verhandlungen ein. Am 22. April machten sie zu Ravensburg einen Stillstand des Inhalts, daß die Bauern sich mit dem bloßen Versprechen der Abhilfe begnügten. Ein wenig eingeschüchtert, stolz auf den Schein eines halben Sieges, aber auch froh, so billigen Kaufes davonzukommen, gaben sie die Macht, die sie im Augenblick besaßen, vertrauensselig aus den Händen.

Sie hielten einstweilen Ruhe, um nach Beendigung aller anderen Irrungen im Spätjahr 1525 als die letzten in Deutschland doch noch niedergeschlagen zu werden – ohne Gewinn.

Hier in Oberschwaben war die ganze Bewegung am meisten geschlossen, am reinsten in den Zielen und in den Mitteln. Kleinbäuerliche Interessen und leider auch kleinbäuerliche Führung. Deshalb blieb aber auch die Reaktion in Grenzen.

Ganz anders in Franken. Hier gab es zwar auch Bauernkrieg, aber zugleich kleinbürgerliche Revolution. Im einzelnen war alles wilder, mehr verzettelt und doch wieder zeitweilig bedeutend gesteigert. Zwischen Aufrührern und Unzufriedenen einzelne Köpfe mit hochfliegenden Ideen. Deshalb ungleich mehr Radikalismus, mehr Wut und Zerstörung, aber auch höhere Ziele und vorübergehend stärkere Erfolge.

Von Thüringen bis zur Pfalz und ins Elsaß, von der Grenze Schwabens bis nach Westfalen, wo es nach zehn Jahren noch ein Nachspiel geben sollte, wirbelte es von Ideen und Zusammenrottungen, lokalen und allgemeinen, agrarischen und proletarischen Forderungen der verschiedensten Art. Stel-

lenweise gab es bei der allgemeinen Erhitzung der Gemüter auch ein Auf-
flammen von Leidenschaften und Feindschaften aus irgendeinem vergesse-
nen Winkel – ohne jede allgemeine Tendenz, rein lokal begründet oder nur
in Personen und Parteiungen. Anderswo geht es auf den allgemeinen Umsturz – nur, daß eigentlich überall ein großes, klares, einheitliches Ziel vermißt wird.

Hinwiederum hat die ungeheure Dezentralisation von Macht und Haß
im Deutschen Reich dafür gesorgt, daß auch diese Revolution so geringe
Folgen gehabt hat; es fehlte die Hauptsache, es fehlte die zentrale Regierung, es fehlte der eigentliche Angriffspunkt. Diese furchtbare Entfesselung aller Triebe führte wohl zu empörenden Auftritten in Kirchen, Klöstern und Schlössern; aber alle diese losgebundenen Kräfte haben im Grunde
nicht einmal eine starke Zerstörung hervorgebracht. Es wechselten Gemeinheiten, wie das Spießrutenlaufen des Grafen von Helfenstein und seiner
Knappen in Gegenwart seiner pöbelhaft beschimpften Frau mit unbeschreib-
lichen Zechgelagen, in denen sich der vernachlässigte Stiefsohn der Nation
austobte.

Die fränkischen Bauern hatten die zwölf Artikel übernommen, und es
gelang im ersten Anlauf, zahlreiche Herren, wie die Hohenlohe, Löwen-
stein, Wertheim, Rhineck, sogar Fürsten auf die Artikel zu verpflichten. Sie
hatten auch eine christliche Vereinigung, deren Feldordnung erstlich das
Wort Gottes verkündet wissen, sodann Gotteslästerung, Zutrinken, Spiel
und zuchtlose Frauen gänzlich abtun wollte. Ihr Feldhauptmann sollte Gewalt über alle haben, aber Briefe nicht empfangen oder absenden dürfen
ohne die zugeordneten Hauptelemente und Räte.

Die fränkischen Reichsstädte Heilbronn, Weißenburg am Sand und Rothenburg ob der Tauber sowie die stolzen Bischofsstädte Würzburg und
Bamberg erlebten radikale Regierungen, die sich dann mit den Bauern zu-
sammentaten. Um Würzburg erfolgte eine Art Sammlung. Hier stößt man
auch auf Führer wie Florian Geyer und Götz von Berlichingen, beide ebensosehr aus Neigung wie genötigt bei der Sache; hier trifft man auch die
beiden politischen Reformer größeren Stils, Wendel Hipler, ehemals pfälzischer Sekretär, und Friedrich Weigand, früher in kurmainzischen Diensten;
man darf sie keineswegs als Bildungsproletariat ansprechen. In ihrem Kreise
entstand unmittelbar oder durch Überarbeitung das Gegenstück zur Reformation Kaiser Sigismunds, die angebliche Reformation Kaiser Friedrichs.
Wichtiger noch die Ordnung oder »Reformation«, die Friedrich Weigand
dem Bundeskanzler Hipler übersandte.

Wie die Bauern in Memmingen, strebten auch hier die Führer nach einem
Volksparlament, und etwas Derartiges kam wirklich zustande in Heilbronn
Mitte Mai 1525, als es im Oberlande schon wieder ziemlich ruhig war.

In Weigands Entwurf aber zieht noch einmal, programmatisch gefaßt,
die Summe der Anliegen und Schlagworte dieser Jahre an uns vorüber –

weit hinausreichend über die zwölf Artikel, obschon die Zahl auch hier wiederkehrt.

Zunächst wieder, »daß jede Gemeinde auf gute Hirten halte, die ihre Schäflein allein mit dem Worte Gottes weiden; daß die Gemeinden auch das Recht haben wollen, sie ein- und abzusetzen; dazu freilich, daß alle anderen Kleriker abgeschafft«, voran »die großen Hansen«, die Bischöfe, Pröpste, Dechanten, aber auch alle »Regelspersonen« (Ordensgeistliche). Zum anderen sollen auch alle weltlichen Herren reformiert werden, so daß dem Armen seine christliche Freiheit und sein Recht werde; Fürsten, Grafen, Herren, Ritter und Edle sollen dem Kaiser und dem Reiche dienen und sich christlich, brüderlich und ehrlich halten. Zum dritten sollen alle Städte gemäß christlicher Freiheit reformiert werden, alle Bodenzinse (durch den zwanzigfachen Betrag der Rente) abgelöst, den Kauffahrern Sicherheit, den Märkten Ordnung geboten werden.

Zum vierten sollen die Doktoren in fürstlichen, weltlichen und geistlichen Gerichten und Räten abgetan werden, weil sie nur aus Eigennutz die Prozesse hinziehen; Rechtsgelehrte zu Gutachten mögen an Universitäten oder in Städten und Herrschaften lediglich als Ratgeber behalten werden. Zum fünften soll kein Priester im Reichsrat oder sonst im Rat sitzen. Zum sechsten wäre gut, alles weltliche Recht abzutun und dafür »das göttliche und natürliche Recht« einzusetzen. Das Kammergericht soll besetzt werden mit 16 ehrbaren Männern, die mindestens zehn Jahre Richter waren, je zwei von Fürsten, Grafen, Rittern, drei von Reichsstädten, drei von den Landstädten und vier von den Landgemeinden. Die sollen den Kammerrichter wählen; aus ihnen selbst aber sollen sich Kläger und Beklagte ihre Anwälte erbitten. Nach dem Kammergericht soll es vier Hofgerichte geben, jedes auch mit 16 Beisitzern derselben Zusammensetzung. Unter den Hofgerichten 16 Landgerichte, unter ihnen 64 Freigerichte, von deren Beisitzern je vier vom Adel, den Reichsstädten, den Landstädten und den Landgemeinden zu berufen wären. Von Stadt- und Dorfgerichten soll an diese Freigerichte appelliert werden können und so aufwärts nach dem Wert der Streitsache.

Zum siebten sollen auch Zölle, Geleitsgelder, Steuern und Lasten, soweit sie nicht für Brücken und Wege nötig sind, abgetan werden. Vor allem die Zölle der Herren erschweren den Handel und verteuern die Waren. Zum achten sollen alle Straßen frei sein. Zum neunten soll anstatt aller anderen Steuern nur dem Kaiser nach Matthaei 22, 21 alle zehn Jahr gesteuert werden. Zehntens sollen alle Münzen gleich geprägt werden nach Gehalt und Gewicht, alle Metallförderung durch die Reichskammer verwaltet. Angemaßte Münzrechte sollen kassiert werden; 20 bis 21 Münzen wären genug fürs Reich – nebst weiteren Vorschlägen für Münzfuß und Münznamen. Auf der einen Seite wenigstens sollen alle Münzen den Adler des Reichs tragen. Zum elften sollen im heiligen römischen Reich ein Maß, eine Elle, ein Fuder, ein Gewicht gelten; alle Spezerei nach dem Gewicht verkauft werden, anderes nach seinen Maßen, gestrichen oder gehäuft. Zum zwölften sollen »die Handelsgesellschaften wie die Fugger, Höchstetter, Welser und dergleichen aufgelöst werden, denn sie setzen nach Belieben die Preise«. Keine Gesellschaft soll über 10 000 Gulden Kapital haben. Wer mehr hat, mag anderen vorstrecken oder beim Stadtrat gegen vier vom Hundert hinterlegen; die Ratsherren mögen fünf vom Hundert dafür nehmen. Die Krämer sollen nur eine Ware feilhalten. Alle Bündnisse von Fürsten, Herren und Städten sind aufzulösen, alles soll im kaiserlichen Frieden stehen.

In seinem Begleitschreiben an Wendel Hipler äußerte sich Weigand auch dahin, daß man besonnen vorgehen solle, und wenn das Schloß zu Würzburg, die Marienburg, sich unter leidlichen Bedingungen ergeben wolle, es annehmen, zumal Friedrich der Weise, »ein Vater aller Evangelischen«, soeben gestorben sei (5. Mai 1525).

In der Tat, auf die Marienburg kam es an. Sie wurde so tapfer und entschlossen von den Bischöflichen verteidigt, wie töricht, halsstarrig und ohne alles zugehörige Zeug von den Bauern belagert und gestürmt (15. Mai). An ihren Mauern sollte sich die stärkste Kraft der Bewegung nutzlos verbrauchen. Während gute Köpfe, wie Weigand, sich in vergeblichen Mahnungen und papiernen Reformationen ergingen, sammelten die Fürsten ihre Reisigen und schützten ihre Burgen. Sie hatten nur einen Augenblick gestutzt. Der Bischof von Würzburg war zum Pfälzer geflohen. Aber aus ihren Asylen schürten sie alle die Kraft des Widerstandes.

Das Zusammenhalten von Trier und Pfalz und Hessen hatte sich schon gegen Sickingen bewährt; jetzt erneuerten die Pfälzer ihre Erfolge am Mittelrhein und in Hessen. Am 2. Juni wurden die Odenwälder, am 4. die Rothenburger geschlagen, am 7. Juni mußte sich endlich auch Würzburg ergeben, dessen Burg nie verloren war. Das Heer des Schwäbischen Bundes unter dem Bauernjörg hatte schon im Mai die württembergischen Bauern bei Sindelfingen zu Paaren getrieben; der Herzog von Lothringen die Elsässer Bauern bei Lupstein und um Zabern (Mitte Mai).

Philipp von Hessen hatte sich nach Sachsen begeben, um im Bunde mit Kurfürst Johann, dem Nachfolger Friedrichs des Weisen, und den Herzögen Georg von Sachsen und Heinrich von Wolfenbüttel den Propheten von Mühlhausen zu überwinden. Am 15. Mai 1525 war der Mühlhäuser Haufen bei Frankenhausen am Kyffhäuser vernichtet. Thomas Münzer war tapfer mit ausgezogen, »der Held mit dem Schwerte Gideons«, aber nach der Schlacht holten sie ihn aus einem Verstecke hervor, und wenige Tage darauf wurde er hingerichtet.

So brach im Juni 1525 so gut wie überall nach kurzem Schrecken die ganze lärmende Bewegung zusammen.

Wie die Fürsten und ihre Feldhauptleute, auch die Knechte ihrer Fähnlein gewütet haben, steht auf den schwarzen Blättern unserer Geschichte.

Wenn Markgraf Kasimir von Brandenburg zu Kitzingen 62 Bürgern die Augen ausstechen und sie aus der Stadt jagen ließ ins Elend, so genügt dies eine Beispiel unmenschlicher Grausamkeit, um von weiteren Schilderungen abzusehen. Man brachte so viele Bürger und Bauern um, daß die satten Fürsten schon um ihre Leibesnahrung bangten. Vom Halten der Verträge, auf die man sich im ersten Schrecken eingelassen, war nirgends die Rede!

Für den deutschen Bauernstand hat sich aus seiner einzigen ganz großen Erhebung von 1524/25 keine Besserung, sondern nur eine fast allgemeine Verschlimmerung ergeben; an wenigen Stellen hört man von Erleichterungen, wie in Baden, im Nürnbergischen, in der Oberpfalz, in Tirol. Valerius Anshelm in Bern brauchte das Bild, »sie sind den Karrenstricken entschlüpft, aber dafür mit Ketten vor den Wagen gespannt«. So war auch der politische Gewinn gleich Null. Der gemeine Mann blieb mehr oder minder gedrückt und bis zum 19. Jahrhundert erst recht ausgeschlossen von jedem Anteil am politischen und am Bildungsleben der Nation. Fürsten und Adel, eben noch entzweit, verbanden sich, um die Periode des absoluten Gottesgnadentums über einer rechtlosen, zu Arbeit, zu Steuern und zu Kriegsdiensten verbrauchten Landbevölkerung heraufzuführen, die Zeit der Höfe mit den ritterbürtigen oder geadelten Geheimen Räten und Gerichten.

Tief ist aber auch der Einschnitt dieses furchtbaren Jahres in der Entwicklung der kirchlichen Reformation. Die Aussicht auf eine allgemeine, 1520 vielleicht noch winkende volkstümliche Heilung und Heiligung deutscher Nation ward erst verdüstert, dann für Jahrhunderte geschlossen. Gemeindekirchen mit freier Pfarrerwahl, christliche Verständigung von Stadt und Land, wovon sie in Schwaben und am Ende auch in Franken noch träumten, versanken im Strudel dieser Revolution. Die siegreichen Mächte begannen ihr Schwergewicht auch auf kirchlichem Gebiet immer deutlicher geltend zu machen.

Und Luther?

Man hat es den Führern der deutschen Reformation oft verübelt, daß sie die Sache der Bauern, denen sie vorher so allgemein das Wort geredet, so rasch und hart preisgegeben haben. Allein es ist ganz verfehlt, schon dabei von Fürstenfurcht und Fürstendienst zu sprechen. Wir haben Luther bisher davon bis zum Übermaß frei gefunden. Was ihn erfüllte und in der Tat umstimmte, war Zorn und Scham über die Schwärmerei der Karlstadt und Münzer und Genossen, über diese wilden Stürme in Wittenberg, Zwickau, Orlamünde, Mühlhausen und anderswo. Hatte Luther eben noch der Obrigkeit zornig einen blanken Spiegel vorgehalten – jetzt klammerte auch er sich wie verzweifelt an die einzige Macht, die noch Ordnung, Sitte und damit allein auch das Evangelium zu erhalten imstande war.

Seine Ermahnung zum Frieden auf die zwölf Artikel der Bauernschaft war so milde wie diese Schrift selbst – Ende April. »Ist mein freundlich brüderlich Bitt, liebe Herren und Brüder, sehet ja zu mit Fleiß, was Ihr macht, und glaubt nicht allerlei Geistern und Predigern, nachdem der leidige Satan jetzt viel wilde Rottengeister und Mordgeister unter dem Namen des Evangeliums hat erweckt und damit die Welt erfüllt. Höret doch und laßt Euch sagen, wie Ihr Euch ja vielfältig dazu erbietet. Ich will meine treue Warnung an Euch nicht sparen.«

Aber im Mai, als ganz Franken in Blut und Rauch und unübersehbarer Verwirrung zu ersticken schien, da übermannte ihn dieses tolle Zerrbild der evangelischen Freiheit völlig, und er schrieb, noch vor Mitte Mai, die bitterböse Schrift »Wider die räuberischen und mörderischen Bauern«. Man bemerke, daß die Entscheidung weder in Thüringen noch in Franken gefallen war; man stand mitten im Kampf. Vor allem ging es gegen Thomas Münzer. Luther tobte in verzweifelter Wut, ja er schrie, man solle die Aufrührer, die alles göttliche Gesetz mit Füßen treten, totschlagen wie tolle Hunde; aber es ist wie ein Schrei im Jüngsten Gericht. Wenn jetzt doch auf diese Weise der Jüngste Tag beginnen soll, dann hinein in den Kampf! »Denn Du stirbst in Gehorsam göttlichen Wortes und Befehles« (Römer 13, 5).

Wenn der in tiefster Seele verwundete leidenschaftliche Mann von seiner Art und Sprache auch jetzt nicht lassen konnte – der ruhige Melanchthon urteilte sachlich nicht anders; noch weniger der humane Zwingli.

In den allgemeinen Strudel wurde auch der religiöse Radikalismus hineingezogen. Hatte Luther seit 1522 im Kampf gestanden mit den Schwärmern, waren ihre Prädikanten im Bauernkrieg vielfach mit zugrunde gegangen, so führte man nun auch in den städtischen Gemeinden den Kampf gegen sie entschlossen weiter. Seit 1524 hatte man in Gemeinschaftskreisen Zürichs den Einfluß Münzers erfahren; von Basel waren Karlstadts Schriften gekommen. 1525 bildeten die Täufer, wie man die Radikalen nach dem hervorstechenden Zuge ihres Bekenntnisses immer mehr nannte, in Zürich schon eine rührige Gemeinde. Grebel taufte Blaurock, und Blaurock taufte fünfzehn andere im Januar 1525. Sie fühlten sich deutlich im Gegensatz zu Zwingli. Georg Blaurock schreibt, »wie daß Zwingli der Gschrift Gwalt tüge und die mer fältschi, denn der alt Bapst«. Zwingli gab ihnen heraus; sie seien »ein Sect und nit ein gemeind einer christlichen Kilchen«. Sie begannen nach ihrer Art eine lebhafte Propaganda, auch in St. Gallen, Appenzell, Waldshut, Schaffhausen, Basel. Nach der anderen Seite hin reichten sie sich mit Augsburg die Hand, wo Hans Denck der glühendste und ideenreichste Vertreter der Gemeinden der Heiligen war. Aber gegen sie alle ging man nun vor. Die Handhabe bot ihr Verhältnis zur Obrigkeit. »Sie solle dem irdischen Gwalt nit gehorsam sin, Gott sye ir Oberer und sunst niemand«, gestand eine Täuferin. Auch die Wirtschaftsordnung wollten sie wohl ändern; »wär dozemal ir Meinung, daß alle Ding sölltind gmein sin«. In Zürich begann die schärfere Stellungnahme mit Ausweisung und Gefangensetzung. Im Winter 1526/27, als Grebel schon gestorben war, wurde

Felix Manz ertränkt, Blaurock aus der Stadt gepeitscht – auch hier also ein scharfes obrigkeitliches Einschreiten gegen das, was man als öffentlichen Unfug betrachtete. Die Praxis änderte sich nicht, auch als man die Wiedertäufer mit völlig anderer Begründung nicht wegen Aufruhrs, sondern wegen Ketzerei verfolgte. Das historisch Wichtigste blieb, daß überall die Obrigkeit aus Erfolgen und neuen Aufgaben neue furchtbare Rechte gewann.

Die Anfänge des obrigkeitlichen Kirchenregiments

Die Niederlage der Radikalen mußte überall die alten Mächte stärken, insonderheit das weltliche Fürstentum, das sich als zuverlässigstes Bollwerk erwiesen hatte. Warum nicht auch die alte Kirche?

Es war durch das ganze Mittelalter die empfindlichste Schwäche der Kirche gewesen, daß ihr (aus welchen Gründen immer) mit den Waffen auch die Exekutive fehlte. Sie teilte das mit dem Reich, das im Innern tatsächlich zugunsten der Stände darauf verzichtet hatte.

Da wo die Kirche bisher unangegriffen geblieben war, wie in Bayern und in zahlreichen großen und kleinen geistlichen und weltlichen Herrschaften, verdankte sie das in erster Linie der Haltung der Obrigkeit. Hier wurde also bereits die Obrigkeit in sich und gegenüber der schutzbedürftigen Kirche gestärkt.

Wo aber umgekehrt die städtische oder herrschaftliche Regierung Neuerungen im Kirchenwesen geduldet, der Predigt des Evangeliums ihr Ohr geliehen oder auch nur Gewaltmaßregeln dagegen verschmäht hatte, da erschien die Neubefestigung alter Verhältnisse auch eine Ordnung der kirchlichen zu erfordern, die nun erst recht nicht ohne die Obrigkeit erfolgen konnte. So wurden die ohnehin in den Territorien und freien Städten vorhandenen Ansätze zum obrigkeitlichen Kirchenregiment auf Kosten des Reichs und der alten Kirche zur vollen Entwicklung gebracht. Daß Vorkehrungen gegen den Umsturz ohnehin auf der Schneide zwischen weltlichen und geistlichen Angelegenheiten lagen, erleichterte den Übergang.

Und doch blieb die für die Entwicklung der Dinge entscheidende Führung noch lange bei den reichspolitischen Vorgängen.

Schon auf den letzten Reichstagen hatte es deutliche Gruppenbildungen gegeben. Nun fanden sich diejenigen Stände, die längst die Durchführung des Edikts vertreten hatten, auch außerhalb des Reichstags zusammen. So waren auf Einladung Erzherzog Ferdinands im Juli 1524 zu Regensburg die bayrischen Herzöge und die meisten süddeutschen Bischöfe versammelt, um sich über das weitere Vorgehen in Sachen der Religion zu verständigen. Man erörterte Reformvorschläge, beschloß die Durchführung des Edikts, verbot den Besuch von Wittenberg, verordnete die Zensur der Bücher und die Prüfung der Prediger auf ihre Rechtgläubigkeit. Vor allem wollte man sich gegenseitig Beistand leisten. Kurz vorher, im Mai, hatten die alten Kantone von Schwyz, Uri, Unterwalden mit Luzern und Zug in Beckenried getagt zur Bekämpfung der Neuerungen. Der Bischof von Konstanz bemühte sich, zwischen beiden Gruppen die Fühlung herzustellen.

Im Norden kam es zu ähnlichen Verständigungen nach Niederwerfung der Schwärmer und Bauern. In Dessau vereinigten sich am 19. Juli 1525 Kurfürst Albrecht von Mainz, Erzbischof von Magdeburg, sein Bruder Kurfürst Joachim und die Herzöge Georg von Sachsen, Heinrich von Wolfenbüttel und Erich von Calenberg, um »die verdammte lutherische Sekte als die Wurzel dieses Aufruhrs auszuroden«. Im Winter ordneten einige dieser Fürsten den Herzog Heinrich sogar nach Spanien ab, damit er mit dem Kaiser wegen der Lage im Reiche spreche. Er brachte stattliche Werbungen und Ermutigungen zurück.

Auf der Gegenseite rührten sich diejenigen oberdeutschen Städte, die an eine Durchführung des Edikts nicht dachten. Aber von einem Zusammenschluß der gleichgesinnten Fürsten und Herren war noch nichts zu spüren. Bei ihnen bedurfte es noch des rechten Bewußtwerdens ihrer Lage.

Wir kennen die Zurückhaltung Friedrichs des Weisen. Sein Nachfolger Johann räumte von vornherein seinem Sohne, dem Kurprinzen Johann Friedrich, einen gewissen Einfluß auf die Regierung ein. Beide waren rückhaltloser den Anregungen Luthers gefolgt. Schon am 2. Mai hatte der Pfarrer Nikolaus Hausmann von Zwickau dem damaligen Herzog Johann dringend die Visitation von Kirchen empfohlen, wie sie früher die Bischöfe abgehalten hatten. Im Herbst riet Luther wiederholt im gleichen Sinne. Aber erst im Frühjahr 1526 tat man die ersten Schritte.

Mit größerer eigener Initiative, aber doch auch noch zögernd trat neben Kursachsen der Landgraf Philipp von Hessen. Er war noch sehr jung; 1504 geboren, zählte er zur Zeit der Sickingischen Fehde noch nicht 20 Jahre, im Bauernkrieg hatte er sie eben erreicht. Bis 1518 hatte seine bedeutende Mutter Anna, eine geborene Herzogin von Mecklenburg, selbst lebenslustig und hochfürstlich, erst an der Seite, dann an Stelle ihres elenden und kranken Mannes das Regiment geführt. Inzwischen war der Sohn selbständig gemacht. 1523 hatte er Christine von Sachsen, Tochter Herzog Georgs, zur Frau genommen. Auf dem Wormser Reichstage von 1521 läßt ihn nur die Sage eine Rolle spielen. Der Siebzehnjährige war in Wahrheit völlig zurückgetreten. Immerhin kennzeichnet seinen Eifer und seine Gewissenhaftigkeit ein eigenhändiger Notizzettel über das, was er damals nicht vergessen wollte. Natürlich waren das zuerst die nachbarlichen Irrungen und Späne – auch schon die nassauische Sache, die ihn sein Leben lang begleiten sollte –, aber dazwischen stehen sehr sprechende Zeilen: »Item meine Frawe Mutter. Item zu gedenken, wie ich es mach in meinem Land, daß Fried und Recht gemacht werde; item zu gedenken, daß ich veste Hus mach in meinem Land«, und dann: »Item zu gedenken ein Dangsagung Got.«

Drei Jahre später vollzog der zwanzigjährige Fürst mit aller Zurückhaltung den Anschluß an die Sache des neuen Evangeliums, wie er es verstand. Im Juli 1524, da sich in Süddeutschland die Altkirchlichen zuerst gruppierten, war er mit anderen Freunden in Heidelberg zum Schießen. Man verabredete dort eine bekannte Abmachung gegen das übermäßige Zutrinken und zettelte gegen die Habsburger, zeigte sich aber sonst von sittlichen oder gar religiösen Dingen nicht irgendwie beschwert. Auf der Rückreise muß sich jenes Gespräch mit Melanchthon abgespielt haben, dem dauernde Beziehungen folgten. Der junge Herr mag damals den Grund gelegt haben zu den Überzeugungen, die ihn fortan durchs Leben begleiteten. Was er später an ganz einfachen, fast elementaren Bemerkungen an den Rand des Regensburger Buches schrieb, wurzelt in dem sicheren Boden seiner frischen Jugend: »Wer mir glaubt, hat das ewig Leben, wer nit glaubt, ist gericht – das Mittel weiß ich nit.« Oder zu dem Satz über das heilsame Gebot der österlichen Beichte und Kommunion: »Frei! es wär wol gut alle Wochen – doch nit gedrungen.« Ganz so schrieb er schon im März 1526 an seinen Schwiegervater über das Fasten: »Wan's frei wäre – wan man aber mein Gewissen wolt dringen und verbüt mir bei Sünd, ich solt es nicht essen, so wolt ich es essen und niemand darumb ansehen.«

Philipp von Hessen erscheint auf Bildern dieser Zeit mit edelsteingeschmücktem Federhut, keck und lebensfroh. Das war er auch. Doch lag in seinem Wesen zugleich etwas merkwürdig Überlegsames. So ist es zu verstehen, daß er es war, der als erster auch die politischen Notwendigkeiten erkannte; er zuerst war für ein Zusammengehen mit den Städten. Auf ihn geht auch wohl die Anknüpfung mit Kursachsen zurück, zunächst mit dem Kurprinzen, seinem Altersgenossen. Die beiden jungen Herren trafen sich am 8. November 1525 zu Friedewald östlich Hersfeld und gelobten, in Sachen des Evangeliums wie ein Mann zusammenzustehen, das Wormser Edikt, wenn es not täte, offen abzulehnen und mit den Markgrafen von Brandenburg und Baden sowie den Herzögen von Braunschweig-Lüneburg Fühlung zu suchen.

Ein Vierteljahr später wurde diese Abrede zu einem förmlichen Bündnis gefestigt, das Philipp mit dem Kurfürsten selbst abschloß, am 27. Februar 1526 zu Gotha. Das Dessauer Bündnis und die Reise Heinrichs von Wolfenbüttel an den Kaiserhof mag sie erst recht getrieben haben; vollzogen wurde das Bündnis zu Torgau.

Die Einbeziehung Nürnbergs scheiterte sowohl an dessen Zurückhaltung, wie an der geringen Neigung von Kursachsen. Dafür klopfte Sachsen bei den Verwandten in Celle an, auch in Grubenhagen und in Mecklenburg. Verständnis fand man sogleich bei Anhalt, Mansfeld und in Preußen. Der Hochmeister war Mitglied des Reichsregiments gewesen, aber Planitz hatte an ihm noch keine Stütze gefunden; inzwischen hatte er sich gleichzeitig vom Reiche und von der Kirche getrennt, da er am 10. April 1525 das

Ordensland Preußen vom König Sigismund von Polen als weltliches Fürstentum zu Lehen nahm; für ihn war politische Anlehnung ein Gebot der Umsicht. Er verband sich im Königsberger Vertrag vom 29. September 1526 mit Kursachsen. Seine Vermählung mit einer dänischen Prinzessin war die erste folgenschwere Verbindung mit dem Norden.

Inzwischen hatte der Kaiser zwar die geplante Nationalversammlung verboten, aber einen neuen Reichstag nach Augsburg anberaumt (Dezember 1525), der dann nach Speyer verlegt wurde (Mai 1526) – außerdem Heinrich von Braunschweig und Bischof Wilhelm von Straßburg nebst zwei Grafen zu seinen besonderen Vertrauensleuten in der lutherischen Sache gemacht.

Seine politische Lage hatte sich sehr merkwürdig entwickelt.

Nach Zeiten empfindlicher Rückschläge, die dem Sieg von Bicocca gefolgt waren, nach erneutem Verlust Mailands an Franz I., hatte sich alles wieder zum Guten gewandt durch den ganz überraschenden Sieg von Pavia, den seine Generale Lannoy, Leyva, Frundsberg und Bourbon errungen hatten. Franz I. war von Mailand vor Pavia gerückt. Aber der belagerte Leyva wurde von dem Feldheer entsetzt. Als der französische König seine Belagerungswerke verlassen hatte, um den Kaiserlichen im Park von Mirabello entgegenzuziehen, machte Leyva, gerade zur rechten Zeit, einen gelungenen Ausfall. Die Niederlage der Franzosen wurde vollkommen, ihr König selbst gefangen. Es war der Tag, an dem man des Kaisers Geburtstag feierte, der 24. Februar 1525.

Am 10. März trat der Bote zu Madrid vor den Kaiser, der auf das Schlimmste gefaßt schien. Die Kunde vom Siege und von der Gefangennahme überwältigte ihn völlig. Alsbald freilich wurden die hochfliegendsten Pläne erwogen, Frankreich völlig zu vernichten und mit England zu teilen, oder umgekehrt von England nun ganz frei zu werden und nach dem Wunsch der Cortes die portugiesische Heirat zu wählen. Fast ein Jahr lang erwog und verwarf der Kaiser die überschwenglichsten Ideen und Forderungen, bis er am 13. Januar 1526 endlich unter den für Frankreich drückendsten Bedingungen den Frieden von Madrid abschloß. Genau einen Monat später trafen sich die Monarchen, begaben sich gemeinsam zu Karls Schwester Eleonore, der Witwe König Manuels von Portugal, die zur Besiegelung der neuen Freundschaft nun Königin von Frankreich werden sollte. Karl seinerseits aber rüstete sich zur eigenen Hochzeit mit Isabella von Portugal, die am 10. März im Alcazar von Sevilla unter Orangen und Myrten begangen wurde und für das junge Paar eine Ehe innigsten Einvernehmens begründete. Am 17. März wurde König Franz bei Bidassoa auf freien Fuß gesetzt; bei ihrem letzten Zusammensein erinnerte der Kaiser ihn an seinen Schwur; der König soll beteuert haben, daß er alles erfüllen wolle, nachdem er längst vorher durch eine geheime Reservation seine innere Bindung an den Frieden aufgehoben hatte.

Statt der Gunst des Augenblicks durch rasche und gemäßigte Entschließung den vollen Reingehalt abzugewinnen, hatte Karl seinen Gegner durch die fast einjährige Haft und sehr drückende Bedingungen aufs äußerste gereizt, ohne ihn irgendwie unschädlich zu machen. Zwar blieb das kaiserliche Heer zusammen, aber trotz der beweglichen Warnungen des Pescara ohne greifbare Aufgaben und ohne rechte Pflege. Die italienischen Staaten, denen nachgerade das ungeheure Übergewicht der Spanier unheimlich zum Bewußtsein kam, schlossen sich zusammen mit Frankreich und dem Papst. Schon Ende Mai 1526 stand der eben noch allmächtige Kaiser ziemlich hilflos der drohenden Liga von Cognac gegenüber.

Aus diesen zeitweise märchenhaft günstigen und dann doch wieder sehr üblen Wechselfällen der kaiserlichen Politik erklärt sich ein gut Teil auch der Vorgänge auf und nach dem zu Speyer am 25. Juni eröffneten Reichstag.

Die kaiserliche Proposition verfehlte nicht, auf die Überwindung des Aufruhrs hinzuweisen, und von den Ständen erneut die Durchführung des Edikts zu fordern. Hinter der Proposition stand der Name des Siegers von Pavia, der den König von Frankreich seinen Gefangenen nannte. Auf der anderen Seite war es angesichts des schlechten Besuches des Reichstages besonders eindrucksvoll, daß der junge Landgraf von Hessen mit stattlichem Gefolge erschien, ebenso Kurfürst Johann von Sachsen mit dem Kurprinzen. Das bedeutete auch, daß neben den Gesandten im Kurfürstenrat je ein mächtiger regierender Herr aus der fürstlichen Opposition seinen Platz nahm.

Die Stände hatten auf die kaiserliche Proposition zu antworten. Sie stellten ihrerseits zur Beratung: Vorkehrungen gegen den gemeinen Mann und in der lutherischen Sache, das Verbot von Neuerungen in Glaubenssachen, Erhaltung der alten Zeremonien, Abstellung der Mißbräuche, Durchführung des Edikts. Gegen den letzten Punkt wehrten sich mit Erfolg wieder die Städte. Kurfürsten und Fürsten lenkten ein und wandten sich zunächst den Mißbräuchen zu. Damit beschritt der Reichstag zum ersten Male das materiell kirchliche Gebiet, das ihm mit dem Verbot der Nationalversammlung eben noch verwehrt war; denn die alten Gravamina betrafen doch nur kirchenrechtliche Fragen. Jetzt wurde in Reichstagsverhandlungen über die Sakramente, Taufe und Abendmahl, über deutsche und lateinische Sprache im Gottesdienst, also über dogmatische und liturgische Dinge gesprochen und gestritten. Welcher Wandel auch hier zur Säkularisation!

Es war ein Stück Politik, daß der Landgraf in seiner Herberge unter großem Zulauf durch Adam Kraft predigen ließ und auch der Fasttage nicht achtete; seine Meinung darüber kennen wir schon. Das zuversichtliche Auftreten des jungen Fürsten trug viel dazu bei, der kleinen Minorität Gewicht zu geben. Der große Ausschuß, in dem sechs kurfürstliche, dreizehn fürstliche und zwei städtische Räte saßen, machte Miene, ernstlich in die rein kirchlichen Dinge einzugreifen.

In diesem kritischen Zeitpunkte griff Erzherzog Ferdinand zu dem letzten

Mittel, über das er verfügte. Er legte am 1. August den Kurfürsten, dann den übrigen Ständen eine bis dahin zurückgehaltene geheime kaiserliche Instruktion vom 23. März vor, des Inhalts, daß der Kaiser sich mit dem Papst demnächst über ein Konzil verständigen werde, sich mittlerweile aber jede Neuerung verbitte. Das schien einer Sprengung des Reichstags gleich, denn die Stände bewegten sich offenbar in der Richtung, durch Abstellung von »Mißbräuchen«, das heißt durch Entgegenkommen, die kirchliche Bewegung zum Stehen zu bringen. Da aber Ferdinand dringend der Türkenhilfe bedurfte, bemühte er sich ernstlich, die Stände zusammenzuhalten, und bot die Hand zum Kompromiß. Die kurfürstlichen Räte fanden am 4. August die erwünschte Formel, daß »bis zum angekündigten Konzil ein jeder sich halten solle, wie er das gegen Gott, auch kaiserliche Majestät und das Reich getraute zu verantworten«. Die Städte erhoben noch einmal ihre weitgehenden kirchenpolitischen Forderungen, die auf Unterordnung der Geistlichen unter das weltliche Regiment hinausliefen, und tadelten scharf die kaiserliche Nebeninstruktion. Daß der Kaiser inzwischen unter dem Eindruck der neuen europäischen Lage am 27. Juli in einem von Gattinara entworfenen Briefe an Ferdinand eingelenkt hatte, konnte man nicht mehr rechtzeitig erfahren. Der Reichstagsabschied vom 27. August 1526 setzte sich noch einmal für »ein frei Generalconcilium oder aufs wenigst Nationalversammlung in einem Jahr oder anderthalben aufs längst in teutschen Landen« ein. Dazu aber gaben die Stände die Erklärung ab, es »mittler Zeit des Concilii oder aber Nationalversammlung nichts desto weniger mit unseren Untertanen ein jeglicher in Sachen, so das Edikt belangen mochten, für sich also zu leben, zu regieren und zu halten, wie ein jeder solches gegen Gott und kaiserliche Majestät hoffet und vertrauet zu verantworten«.

Der Sinn dieser vielumstrittenen Formel wird recht deutlich, wenn man erfährt, daß bis zuletzt gekämpft wurde um ihre Änderung in die Worte: »Gegen Gott zuvorab und darnach bei kaiserlicher Majestät hoffet zu verantworten.«

Als die Stände drei Jahre später wieder in Speyer zusammenkamen und auf diesen Abschied zurückblickten, hielt die Reichsregierung es für nötig, ausdrücklich zu sagen, daß er »zu Entschuldigung allerley erschröcklichen neuen Lehren und Sekten seithero ausgelegt hat werden wollen«. Daß sich die Stände 1526 in Speyer die Haltung in Religion und Kirchensachen nicht freigegeben haben, bedarf kaum noch der Erörterung – schon weil es sich ja nur um die Durchführung des Wormser Edikts handelte. Gewiß aber war jene Formulierung der richtige Ausdruck dafür, daß ein Teil der Stände sich in der Tat getraute, nicht nur die Ablehnung des Edikts, sondern auch eigene Anordnungen auf kirchlichem Gebiet vor Gott zu verantworten.

Und so schritten sie, nicht auf Grund dieses Reichstagsabschieds, wohl aber weil die Zeit reif geworden war, planmäßiger als bisher zu jener Abstellung der Mißbräuche, Aufrechterhaltung der Kirchenordnung und Sorge für das reine Wort Gottes, was insgesamt mit dem einen alten Wort der *reformatio ecclesiae*, der Kirchenreformation, bezeichnet und geheiligt wurde.

Die Reformation in den Städten machte fast allgemein die geringeren Schwierigkeiten. Einmal, weil hier die Ansätze zu einem das ganze Gemeinwesen umfassenden Ratsregiment ohnehin stärker waren als in den fürstlichen Herrschaften; zweitens, weil es sich, meist auch in den kirchlichen Anschauungen, um einen einheitlicheren Lebenskreis handelte, und drittens, weil vielfach Stimmungen des politischen Gegensatzes gegen die bischöflichen Stadtherren hineinspielten. Von Straßburg, Basel, Zürich war schon die Rede. Vielgestaltiger und deshalb schwieriger lagen die Dinge in den Ländern.

In der frischen Initiative seiner Jugend schritt unter den Fürsten Philipp von Hessen wieder voran. Der Geist, in dem er vorging, spricht sich klar und deutlich in einem Schreiben aus, das er noch im Herbst 1526 an Stadt und Amt Wetter, nördlich Marburg, ergehen ließ. »Nachdem wir vermirken«, so ließ der Fürst selbst schreiben, »wie in unserm Fürstentumb und Landen mancherlei Weise die Zeremonien in den Pharren verendert, abgetan und gehalten werden, lassen wir uns dasselb, dweil es zum Teil dem Wort Gotts zuwider, auch an christlicher Einigkeit etwas zerstörlich ist, nit also gefallen. Es sein aber auch vil schedlich Misprauch, die zu verbessern. Noch derhalben dunkt uns geschickter sein, daß es damit uff ein Weis und Mas gehalten und nit einem iden nach seinem Haubt zu geperen vergonnet werde.« Im Zweifelsfalle solle man also in Kassel anfragen, »damit es eintrechtiglich gehalten und das alte, so christlich und gut ist, nit verworfen werde«.

Bald darnach, im Oktober 1526, versammelte der Landgraf seine weltlichen und geistlichen Stände zu einer Synode nach Homberg in Niederhessen.

Ihr Verlauf ist überaus denkwürdig. Im Namen des Landgrafen eröffnete der Kanzler Feige den Tag. Er wies hin auf die Pflicht der Obrigkeit nach Brauch der alten Christenheit. Gegen ihn erhob sich der Franziskaner-Guardian von Marburg, Nikolaus Herborn; er redete mutig den Landgrafen selber an und beteuerte, nur Papst und Bischöfe dürften reformieren, nicht weltliche Häupter. Man sieht, nach beiden Seiten, gegen das radikale Laienchristentum wie gegen die alte klerikale Hierarchie, klärte sich die Stellung der theologisch beratenen Obrigkeit. Noch war die Obrigkeit gewillt, nur Hilfen zu geben. Der Kanzler betonte die Pflicht der Obrigkeit gegen Abgötterei und Mißbräuche. Der Guardian beharrte und verließ schließlich Synode und Fürstentum.

Dafür sah man in Homberg einen anderen Franziskaner aus der Fremde, Franziskus Lambert aus Avignon, der frühzeitig Luthers Schriften kennengelernt, dann in Zürich und Wittenberg studiert hatte. Von Wittenberg war

Lambert nach Hessen empfohlen. Jetzt war er maßgebend beteiligt an dem Entwurf einer hessischen Reformation. In diesem bedeutenden Schriftstück herrscht noch durchaus Frühlingsstimmung; gedankenreich, der theologischen Wissenschaft noch nahe, sieht sie auch die Gründung des Landesuniversität schon vor. Das Entscheidende war eine demokratisch presbyteriale Kirchenordnung mit Selbstverwaltung und Kirchenzucht der Gemeinde. Die das Evangelium haben, sollen die Gemeinde bilden, mit Bischöfen und Diakonen.

Nur bei größerer Reife der Gemeinden bestand Aussicht auf Verwirklichung dieses immer wieder ergreifend einfachen und reinen Planes.

Der Landgraf schwankte. Er legte den Entwurf Luther vor. Luther warnte in einem für die damalige Lage wiederum äußerst lehrreichen Brief vom 7. Januar 1527. Man sieht, wie er unter dem Druck der Erfahrungen mit den Schwärmern schon über die Linie der schlichten Gemeindekirche hinausgeraten war und in den Ideen des aufsteigenden landesfürstlichen Kirchenregiments lebte; behutsam solle man vorgehen, aber die Leitung nicht mehr aus den Händen lassen. »Das were meine Meinung, wie Mose mit seinen Gesetzen gethan hat, welche er fast das meren Teil als schon im Brauch ganghaftig unter dem Volk von alters vorkommen hat genommen, aufgeschrieben und geordnet – also auch Euer fürstliche Gnaden zuerst die Pfarhen und Schulen mit guten Personen versorgt und versucht, zuvor mit mundlichem Befelh oder auf Zedel gezeichnet, was sie thun solten.« Später »kund mans in ein klein Buchlin fassen; denn ich wol weis, habs auch wol erfaren, das wenn Gesetze zu frue für dem Brauch und Übung gestellet werden, selten wol geraten; die Leute sind nicht darnach geschickt«. Es ist, als hörte man einen Vertreter der historischen Rechtsschule des 19. Jahrhunderts sprechen.

In der Tat hat Philipp von Hessen den Homberger Entwurf nicht durchgeführt, sich vielmehr im weiteren Verlauf noch mehr den Ordnungen Kursachsens angeschlossen.

Hier hatte Luther schon vor 1526 die »Deutsche Messe und Ordnung des Gottesdienstes zu Wittenberg« ausgearbeitet. Er verfuhr äußerst behutsam, nahm Rücksicht auf liebe Gewohnheiten, fühlte wohl auch, wie sehr das Leben des Kultus irrational und in tieferem Sinne Form ist. Da griff die kurfürstliche Regierung schärfer durch und verfügte bis zum Juni 1526 einheitlich die deutsche Messe.

1527 schritt die Regierung zur ersten umfassenden Visitation nach der »Instruktion und Befelch, dorauf die Visitatores abgefertigt«. Das war zunächst nur eine Sache der Kirchenverwaltung; es sollten Pfarrer, Schulen, Kirchenvermögen und Kirchenzucht geprüft werden. Aber freilich, neben der Predigt des reinen Wortes wurden zugleich die Mißbräuche ins Auge gefaßt, das hieß jetzt schon alle Sakramente und Zeremonien, die man nicht durch das Wort Gottes geschützt wußte. Widerstrebende Pfarrer sollten abgesetzt oder abgefunden, Schwärmer und Täufer des Landes verwiesen werden. Zum Kirchenvermögen rechnete man auch die Klöster, deren Einkünfte zwar alten Insassen das Leben fristen, sonst aber zu den »Ministerien der Kirchen und Schulen« verwandt werden sollten. Bei der Kirchenzucht ließ man die Amtleute mitwirken, neben ihnen einzelne Pfarrer als Superattendentes – ein Ausdruck, der auch schon früher für bischöfliche und andere Beamte vorgekommen war.

Das Ergebnis der ersten großen Visitation, an der sich neben kurfürstlichen Räten auch Melanchthon beteiligte, war zum Teil erschreckend – kein Wunder angesichts der alten Mißstände und der furchtbaren Erschütterungen in den letzten Jahren. Aber auf Grund dieser Erfahrungen entstand vom Herbst 1527 an der neue und zunächst endgültige »Unterricht der Visitatoren an die Pfarrherren im Kurfürstentum Sachsen«, gedruckt zu Wittenberg bei Schirlentz 1528.

Das war nun doch eine innere und äußere Kirchenordnung von ungeheurer Tragweite. Da waren behandelt die Kirchenlehre, die Zehn Gebote, die Sakramente der Taufe, des Leibs und Bluts, der Buße nebst Beichte und Genugtuung; dann erst die menschliche Kirchenordnung mit Ehesachen, christlicher Freiheit, »täglicher Übung in der Kirche«, Psalmen, Gesang, Predigt, vom Bann; endlich die Superattendenten und Schulen, die nach dem Lesen und Schreiben die Grammatik und, auf der oberen Stufe, Musik, Metrik und lateinische Klassiker lehren sollten; »solcher geschickten Leute darf man nicht allein zu der Kirchen, sondern auch zu dem weltlichen Regiment, das Gott auch will haben«.

An dem »Unterricht« war in erster Linie Melanchthon, dann Bugenhagen beteiligt; die Reformatoren übernahmen noch die neue Visitation in den vier Bezirken des Kurfürstentums; selbst einst Kleriker und geweihte Priester der alten Kirche, wurden sie die ersten berufenen Kirchendiener des modernen Staats.

Nun konnte es einen neuen Sinn bekommen, wenn sich diese Kurfürsten und Fürsten »von Gottes Gnaden« nannten, wenn sie ihr geborenes Recht als die Berufung zur höchsten Pflicht der Fürsorge für das leibliche und geistige Wohl ihrer Untertanen betrachteten. Auch Landgraf Philipp hielt an dem einen Gedanken des Homberger Entwurfs fest, daß er seinem Fürstentum eine hohe Schule schenken sollte; noch 1527 rief er sie zu Marburg ins Leben. Ein gut Teil des säkularisierten Kirchenguts bestimmte er für die Universität und das damit verbundene Pädagogium.

In den nächsten Jahren gab es überall neue Ordnungen, zumeist nach Wittenberger Vorbild oder wenigstens im Wittenberger Geist. Bugenhagen, der schon in Wittenberg selbst an diesen Dingen in erster Linie beteiligt war, leistete für die Städte Braunschweig (1528) und Hamburg (1529) diesen Dienst; die Grafen von Mansfeld schlossen sich an Sachsen an. Markgraf Georg von Brandenburg (seit 1527 in Ansbach) verständigte sich mit Nürnberg über eine Visitation; selbst Ostfriesland und die Dithmarschen folgten bald. Durch Holstein kamen neue Ordnungen in mannigfacher Überarbeitung auch nach Dänemark.

Ebenbürtig neben Kursachsen und Hessen stand noch Braunschweig-Lüneburg unter Ernst dem Bekenner. Auch hier wurde 1527 das entscheidende Jahr. Unter dem alten Herzog Heinrich, dem Franzosenfreund, war das Land hoffnungslos verschuldet; schon 1520 und wieder 1522 hatte der geächtete Herzog die Regierung den Söhnen überlassen; von ihnen trat Ernst immer stärker hervor. Als der alte Herzog zurückkehrte, berief Ernst den Landtag zum 18. April 1527 nach Scharnebeck, und dort beschloß man, »daß man dem alten Herrn seinen Mutwillen steuern und wehren wolle«. Der junge Herr lernte noch im selben Jahre bei der Hochzeit seines Vetters Johann Friedrich mit Sibylle von Cleve in Torgau auch Luther kennen. Nicht lange darnach, am 3. Juni, ließ sich der Herzog von seinen Predigern in Celle die 21 Artikel überreichen, darin sich ihre fürstliche Gnaden »ungezweifelt vor Gott schuldig bekennen, in einer löblichen Landsordnung dies vor allen Dingen zu verschaffen, daß Gottes Ehre und rechte billige Ordnung aufgerichtet, Ruhe und Frieden erhalten werde«. Die Entwicklung ging nun rasch. Schon im August schritt man zur Neuordnung auf dem Landtage zu Celle. Noch wurde den Prälaten und Rittern zugestanden, »es mit den Zeremonien zu halten«, wie sie vor Gott verantworten könnten; doch beschlossen alle, im ganzen Fürstentum »Gottes Wort überall rein, klar, ohne menschlichen Zusatz predigen zu lassen«.

Es ist nicht nötig, Beispiele dieser im großen und kleinen unendlich verschiedenen, und doch wieder verwandten Vorgänge zu häufen. Der Zeitpunkt der »Einführung« der Reformation ist selten genau anzugeben; ja, in diesem Begriff liegt eine der vielen Verzeichnungen unserer Periode, zu deren Ruhm ebenso die Zurückhaltung gewissenhafter Freunde des Hergebrachten wie die Kühnheit seiner inneren Überwindung gehört. Nur aus der Vielgestaltigkeit dieser an Persönlichkeiten so reichen Zeit versteht man auch die weiteren Kämpfe, die sich bald innerhalb der Kirche der Reformation ergeben sollten, und die Bedeutung, die der Zusammenhang zwischen der geistigen und der politischen Welt dafür gehabt hat.

Die Tagsatzung der Schweizer Eidgenossenschaft lehnte die Forderung der Waldstätte, Freiburgs und Solothurns, gegen die Neuerungen vorzugehen, ab. Aber man bemühte sich noch um die Aufrechterhaltung der Einheit zunächst auf einer Disputation zu Baden vom 21. Mai bis zum 18. Juni 1526. Eck und Faber sprachen gegen Ökolampad und Haller. Die Folge zeigte sich in einem weiteren Anschluß an Zürich. Aber Zürich stärkte sich nun auch politisch durch ein Burgrecht mit Konstanz (1527) und Bern (1528); ihnen schlossen sich St. Gallen, Basel, Biel, Mühlhausen im Elsaß an. Umgekehrt erweiterten die vier Waldstätte nebst Luzern ihr

Bündnis unter Zutritt von Österreich zur »Christlichen Vereinigung«. Bewußter als im Norden und durch die Gewöhnung an die große Politik in Italien mehr dafür geschult, empfanden die Schweizer die wachsende politische Spannung zwischen den beiden Lagern. Zwingli wollte kühn das Praevenire spielen. »Lasset uns unserem Herrn Christo wieder zu seiner Herrschaft helfen in unserem Land!« Noch fanden sich die Friedliebenden im Kappeler Landfrieden vom 25. Juni 1529 – man erreichte damit für den Augenblick fast schon jene Formel gegenseitiger Befriedung, die das Reich erst 1555 nach unsäglichen Mühen errang. Es lag auch an Zwinglis Persönlichkeit und an der entgegengesetzten Stellungnahme der beiden Parteien zu der alten politischen Hauptfrage der Soldbündnisse, daß sich alles so bald klärte; deshalb wurde aber auch die neue Kirchenverfassung von Anfang an durch entsprechende Maßregeln der Staatsverfassung befestigt und bestimmt. In Zürich bestellte man im Winter 1528/29 einen geheimen Ausschuß des großen Rates für auswärtige Angelegenheiten, und dieser Ausschuß, in den auch Zwingli gewählt wurde, gewann eine Art politischer Führung schlechthin. Wo wäre dergleichen in Deutschland damals möglich gewesen?

Aber mit dieser eigentümlichen Wendung, mit Zwinglis Berufung in die leitende politische Körperschaft, trat die Stadt über die dem städtischen Regiment eingeborene Gemeindepolitik mit Sittenpolizei und Kirchenzucht hinaus in eine Politik der Propaganda, zur Ausbreitung des rechten Glaubens und der rechten Kirche auch über die eigenen Grenzen. Man sieht, wie kompliziert der theokratische Zug hier begründet war.

Die oberdeutschen Städte Straßburg, Konstanz, Ulm, Memmingen, Lindau, Isny, Kempten, Biberach, Eßlingen spürten die Kraft, die von Zürich ausging, wie eine Gravitation – nicht nur kirchlicher Art. Erst an der fränkischen Grenze, da, wo der alemannische Stammeszusammenhang aufhörte, verlor sich auch dieser Einfluß. Nur der vertriebene Herzog Ulrich von Württemberg, der seit 1527 am hessischen Hofe lebte, nahm noch Anteil an dem schwäbischen Zusammenhang; schon durch ihn mochte Philipp von Hessen verständnisvoll gestimmt sein.

Sah man die kirchlichen und kirchenpolitischen Verhältnisse nach ihrer ersten großen Gruppierung an, so hob sich damals deutlich das schwäbisch-schweizerische Gebiet mit ganz vorwiegend städtischer Kultur von dem sehr landesfürstlichen hessisch-sächsisch-lüneburgischen Gebiet im Norden ab. Waren hier neue große landschaftliche und überstaatliche Kirchenbildungen im Werden? Die neue protestantische Welt wie eine Ellipse mit zwei Brennpunkten, Wittenberg und Zürich? Was beide vereinte, war die Bedrohung von seiten der kaiserlichen Regierung, nicht minder die Bedrohung von unten aus den erregten und ungeordneten Tiefen der schwärmerischen und täuferischen Bewegung.

Wie aber, wenn zu den landschaftlichen und politischen Gegensätzen, die zwischen beiden Gruppen bestanden, nun auch noch kirchliche, wohl gar dogmatische Mißverständnisse hinzutraten? Luther und Zwingli waren doch unendlich verschiedene Naturen.

Luther, durch und durch gläubig im vulgären Sinne des Wortes, voll von Hingebung an Gottes Fügung und Gnade, aber auch innerlich gebunden durch den ganzen Zusammenhang einmal aufgenommener oder im Kampf behaupteter Ideen und Formulierungen. So kühn er im ersten Ansturm aus der Sicherheit seines Glaubens das ganze alte Wesen nach seiner Berechtigung gefragt, so überlegen er es verspottet und verhöhnt – in der Ruhe nach dem Sturm fand er seine Seele doch noch durchdrungen von Vorstellungen, denen er selbst die objektiven Voraussetzungen entzogen hatte. Der Kampf gegen die Schwärmerei hat ihn stärker geklammert an den Wortlaut der Schrift, über deren ungleiches Gewicht er sich früher intuitiv so großartig erhoben hatte. Die Stimmung der Schrift »An den christlichen Adel« und der ersten Wartburgzeit ist nicht geblieben.

Wie ganz anders Zwingli, der, obwohl gleichaltrig, damals immer noch im Vorwärtsstürmen begriffen war, dessen Geist und Gedankenkreis sich täglich erweiterte, der willensmäßig das Größte ergriff, was die einzelne Persönlichkeit leisten kann: in sich die Welt bewußt zu sammeln und umzugestalten! Auf Luther drückte schließlich doch das kleine Landesfürstentum; der Weg ins Reich war halb versperrt. Zwingli dagegen, obwohl gebunden durch ein viel kleineres Gemeinwesen, blieb hier für das gesamte öffentliche Leben aus freier Selbstbestimmung führende Kraft und drängte als solche in die Weite.

Sieht man näher zu, so bestanden auch in den wichtigsten dogmatischen Anschauungen starke Differenzen zwischen Luther und Zwingli. Selbst ihre scheinbar gleichgestimmte Abneigung gegen die Täufer hatte doch sehr verschiedene Gründe. Zwingli fürchtete in der Taufe der Erwachsenen doch wieder den Rückfall in das mittelalterlich dingliche Vertrauen auf das äußere Gnadenmittel, während Luther die objektive Heilswirkung schon im Kinde sehen wollte. Zwingli leugnete die Erbsünde als Schuld und drängte den für Luther gar nicht wegzudenkenden Einfluß der Hölle und des Teufels stärker zurück. In den Vorstellungen von der Natur Gottes neigte Zwingli nach der Seite der Unitarier; ihm erschien auch, wie Erasmus, die Transsubstantiation im hochmittelalterlichen Sinne ein Rückfall in den Judaismus; eben in dieser wichtigen Frage sollte es zu den erregtesten und verhängnisvollsten Auseinandersetzungen kommen.

Unzweifelhaft verwarf Luther die vulgär kirchliche Lehre von der Transsubstantiation; er hatte sich schon 1519 dagegen gewandt. Aber als er 1520 zu bestimmter Formulierung kam, hielt er das theologisch Wesentliche doch fest: Wir genießen Fleisch und Blut Christi. So hieß es auch im Unterricht der Visitatoren klar und verbindlich: »Erstlich das sie gleuben, das im Brot der wahrhaftige Leib Christi und im Wein das ware Blut

Christi ist. Denn also lauten die Worte Christi in dem Evangelisten Mattheo, Marco und Luca. So sagt auch Paulus I. Kor. 11. Wo nu solt verstanden werden nicht der ware Leib, sondern das Wort Gottes allein, wie es etliche auslegen, so were es nicht ein Austeilung des Leibes Christi, sondern allein des Worts und Geists.«

Zwingli dagegen, dem durch Erasmus' Auslegungen die symbolische Auffassung von dem Nachtmahl geläufiger war, ließ sich in der dogmatischen Formulierung obendrein bestimmen durch die philologische Begründung des holländischen Humanisten Hoen (1523), das heißt durch die Interpretation des Einsetzungswortes ἐστί als »bedeutet«; das war anders als die Deutung des Utrechter Rode oder des alten Wessel Gansforth, der gelehrt hatte, Leib und Blut würden von den Gläubigen körperlich empfangen, auch außerhalb von Brot und Wein.

Nun wollte es das Unglück, daß Luther in seiner Sakramentslehre erst gegen Karlstadt, dann gegen Hoen und die Böhmen sich immer mehr festgelegt hatte, daß er Karlstadts und anderer Schwärmer Spuren auch in der oberdeutschen Abendmahlslehre zu finden glaubte. Nachdem die beiderseitigen Anhänger sich schon geschieden, griff Luther 1526 und nochmals 1527 bestimmter mit der Schrift ein: »Daß diese Wort ›Das ist mein Leib etc.‹ noch bestehen, wider die Schwarmgeister.« Zwingli antwortete im März mit der »Frundlichen Verglimpfung und Ableinung über die Predigt des trefflichen Martini Lutheri wider die Schwärmer«. Im Sommer wiederholte sich das Duell, und nochmals 1528.

Als sich in den höheren Regionen der geistigen Atmosphäre so drohende Wolken zusammenzogen, hatten sich auf dem Alltagsboden der Tatsachen schon Zusammenstöße ergeben, die etwas Schlimmeres befürchten ließen.

Der Kaiser war mit den Waffen in der Hand Sieger in Italien geblieben, zuletzt sogar gegen den Papst, der sich in völliger Verblendung mit gegen ihn verbündet hatte. Sein Bruder Ferdinand hatte unmittelbar vor den Grenzen seines österreichischen Herzogtums das Königreich Ungarn unter den furchtbaren Einfällen der Türken zusammenbrechen sehen. Sein Schwager Ludwig war bei Mohacz 1526 selbst gefallen; die Kronen Ungarn und Böhmen waren neu zu vergeben. Trotz allerlei Gegenbewegungen, auch von Bayern her, war Ferdinand von beiden Reichen als Nachfolger gewählt worden – zum ersten Male also Herr einer einheitlich österreichisch-ungarischen Monarchie; er war jetzt Erzherzog und doppelt König.

Bald nach seiner Wahl in Böhmen hatte er im Mai 1527 mit den beiden nördlichen Nachbarn, Herzog Georg von Sachsen und Kurfürst Joachim von Brandenburg, eine Besprechung, in der man höchstens nebenbei von den kirchlichen und kirchenpolitischen Verhältnissen im Reich geredet haben wird. Landgraf Philipp aber und Kurfürst Johann von Sachsen fielen auf die plumpe Fälschung des Otto von Pack aus der Kanzlei Georgs herein, als habe es sich bei dieser Besprechung um die Begründung eines gefährlichen altkirchlichen Bundes gehandelt, dem auch Bayern, Mainz, Salzburg beitreten sollten. Landgraf und Kurfürst nahmen die Sache ernst, verbanden sich am 8. März 1528 zu einem Kriegsbündnis, um dem bedrohlichen Anschlag zuvorzukommen; sie wurden bestärkt, als es hieß, über Magdeburg sei die Acht verhängt, Kurfürst Joachim habe die Vollstreckung. So setzte sich der Landgraf in Verbindung mit Frankreich, dem Gegner des Kaisers, und Johann Zapolya, dem Prätendenten von Ungarn und Gegner Ferdinands, brachte 4000 Reiter und 14000 Knechte zusammen und nahm eine feindselige Haltung an gegen die fränkischen Stifte. Wie Sickingen gegen Trier gezogen war, um »dem Evangelium eine Öffnung zu machen«, so wollte man jetzt zum ersten Male im Rahmen europäischer Verbindungen die reichen fränkischen Stifte Würzburg und Bamberg als mächtige Stützen der alten Kirche und ihrer Verteidiger schwächen oder aus der Welt schaffen. Zu ernsten Tätlichkeiten ist es gleichwohl nicht gekommen, weil Kursachsen unter dem Druck seiner gottesfürchtigen Theologen zurückhielt und schließlich nicht mitmachte. Philipp erpreßte von Mainz und Würzburg die Kosten für seine Truppen und von Mainz den Verzicht auf seine bischöfliche Jurisdiktion – immerhin gerade in diesem Ergebnis doch das erste Beispiel einer bewaffneten Reformation, ein gefährlicher Vorgang, wenn einmal die Gegenseite ihr politisches Übergewicht ausnutzte; Ferdinand verspürte dazu nicht übel Lust. So hatten sich die Verhältnisse verschärft, als der zum 21. Februar ausgeschriebene zweite Reichstag zu Speyer am 15. März 1529 eröffnet wurde.

Die Botschaft des Kaisers – in Wahrheit die wegen Verzögerung der ganz anders gestimmten kaiserlichen Instruktion am Hofe Ferdinands entstandene Proposition – forderte unter Ankündigung seines baldigen Erscheinens im Reich gebieterisch die Verwerfung des letzten Reichstagsabschiedes, der zu willkürlichen Änderungen im Kirchenwesen die Hand geboten hatte; er forderte statt dessen Aufrechterhaltung weltlicher und geistlicher Obrigkeiten und Hoheiten. Ein Ausschuß mit offenbar altkirchlicher Majorität, gestärkt durch die zur Schau getragene Entschiedenheit der Reichsregierung, entsprach im wesentlichen, wenn auch nicht in allen Punkten, der vorgeblich kaiserlichen Forderung; er schlug vor: Wo das Wormser Edikt bis dahin durchgeführt, soll es dabei bleiben; die Lehren Zwinglis und der Wiedertäufer sollen überall völlig ausgerottet werden; altkirchliche Religionsübung wird überall unbeschränkt geduldet, und endlich, Neuerungen sollen nur bis zu einem Konzil Bestand haben und nicht ausgebaut werden.

Wieder war es zuerst der Landgraf, der zwar nicht gegen die Proposition, wohl aber gegen den Beschluß des Ausschusses zusammen mit Kursachsen Einspruch erhob; sie fanden sich jetzt auch mit den Städteboten. Aber der

Reichstag kam rasch zum Ziele. Schon am 19. April wurde der Reichstagsabschied verlesen; er schloß sich an den Entwurf des Ausschusses an. Sakramentierer und Wiedertäufer wurden völlig verboten; der Artikel gegen die bisherige Reformation lautete: »Bei den Ständen, bei denen die andere Lehre entstanden und ziemlich ohne merklichen Aufruhr, Beschwerd und Gefahr nicht abgewandt werden möge, soll doch hinfüro alle weitere Neuerung bis zu künftigem Concilio so viel möglich und menschlich verhütet werden.« – »Lehre« sagte man, nicht Lebensordnung oder »Kirche«. Endlich hatten sich die Stände verglichen, »daß keiner von geistlichen oder weltlichen Ständen den anderen des Glaubens halben vergewaltigen, drängen oder überziehen, noch aus seiner Nutz, Zins, Zehenden und Güter entwehren« solle. »Desgleichen keiner des anderen Untertanen und Verwandten des Glaubens halben in sonder Schutz und Schirm wider ihre Oberkeit nemen sollen noch wollen.«

In den letzten Bestimmungen klingen Sätze des späteren Religionsfriedens an; aber es ist deutlich, wie sie hier gemeint sind. Das Vorgehen des Landgrafen ist gebrandmarkt, Wiederholungen sollen unter Reichsacht gestellt werden.

So versteht man nicht nur die Erregung unter den oberdeutschen Städten, deren Glauben und Kirchenwesen völlig verurteilt war, sondern auch die Haltung der norddeutschen Fürsten, die das ganze alte Kirchenwesen, einschließlich also der Jurisdiktion und der privaten Nutzungen dulden sollten und für ihre fortschreitende Reformation anders als 1526 keinerlei Rechtstitel, auch scheinbar nicht, erhielten. Sie gaben sich über Sinn und Tragweite des Abschieds keiner Täuschung hin.

Und so erfolgte denn etwas Außerordentliches.

Unmittelbar nach Verkündigung des Reichstagsabschieds legte eine Gruppe von Ständen durch den kursächsischen Kanzler Brück Protest ein gegen den ganzen Abschied. Es war am 19. April 1529, also genau acht Jahre nach den denkwürdigen Vorgängen in Worms. Die protestierenden Stände glaubten in die Beschlüsse des Reichstages nicht willigen zu dürfen mit der am nächsten Tage abgegebenen welthistorischen Begründung, die der Feder des brandenburgischen Kanzlers Vogler entstammte: »Da in den Sachen Gottes Ehr und unser Seelen Seligkeit belangend ein jeglicher für sich selbst vor Gott stehen und Rechenschaft geben muß, also daß sich des Orts keiner auf anderer, Minderen oder Mehren Machten oder Beschließen entschuldigen kann.« Unterfertigt ist der Protest von Kursachsen, Hessen, Markgraf Georg von Brandenburg, dem Fürsten von Anhalt und der Botschaft der jungen Herzöge von Lüneburg, ferner von den Städteboten von Straßburg, Nürnberg, Ulm (das auch Biberach und Giengen mit vertrat), Konstanz, Lindau, Memmingen, Kempten, Nördlingen, Heilbronn, Reutlingen, Isny, St. Gallen, Weißenburg am Sand und Windsheim. Es war die deutliche Ablehnung auch des demokratischen Prinzips der Majorität in den

Sachen der Religion, für die man früher schon das Prinzip der äußeren Autorität verworfen hatte.

Den tapferen »Protestierenden« war die Tragweite und Gefährlichkeit ihres Auftretens durchaus bewußt. Ein sprechendes Zeugnis dafür liegt in dem Bündnis, das zwei Tage nachher die wichtigsten der Stände, Kursachsen, Hessen, Straßburg, Ulm und Nürnberg, miteinander eingingen; sie wollten zusammenstehen, falls sie wegen des Wortes Gottes angegriffen werden sollten. »Es war eine fröhliche Erhebung«, sagt ein Berichterstatter.

Die Stände haben noch nicht ahnen können, wie schwer der Weg sein würde, den sie damit beschritten. Gleich die nächsten Wochen zeigten ihnen die ersten Nöte im eigenen Lager.

Der junge Landgraf und seine Umgebung sahen ganz deutlich, welcher Riß in ihr politisches Bündnis kommen müßte, wenn die Oberländer von Wittenberg ebenso wie vom Reich als Sakramentierer gänzlich abgelehnt würden. Er bemühte sich also seit 1527, zunächst ohne Erfolg, um irgendeine Verständigung. Vom März 1529 an, offenbar unter dem Eindruck der Reichsverhandlungen, schien man langsam weiterzukommen. Und doch sollte schließlich alles scheitern, weil die Kursachsen und die Franken sich schon vor dem Marburger Gespräch in Schwabach auf 17 wohlüberlegte Artikel festgelegt hatten und nach Marburg gingen, ohne von Zwinglis Erscheinen zu wissen. Sie, vor allem die Nürnberger, hofften, auch Straßburg zu ihren Artikeln hinüberziehen zu können.

Das war nicht die einzige Schwierigkeit. Denn auch von Zürich aus war Zwinglis Erscheinen unsicher. Von den Geheimen des Rats in Zürich fürchtete man ohne weiteres die Ablehnung des Urlaubs nach Marburg. Wirklich waren sie nur zu haben für eine Besprechung in Straßburg. So ist Zwingli schließlich auf eigene Verantwortung und Gefahr in kühnem Ritt quer durchs Reich nach Marburg geeilt, um dort mit den Vornehmsten seiner Schule zusammen seine Sache zu führen. Er kam nicht ohne Hoffnung; ihn stärkten seine klare Einsicht in die Notwendigkeiten, das Vertrauen auf seine sonst immer durchdringende Persönlichkeit, sein Glaube an die große politische Sache.

Gerade entgegengesetzt dachten Luther und Melanchthon, die an eine Verständigung nicht glaubten, die eine unüberwindliche Abneigung von den Sakramentierern trennte, denen die politischen Notwendigkeiten nichts bedeuteten.

Und doch war es ein großer Augenblick, als zu Marburg auf dem Schloß die Führer zum ersten Male zusammenkamen – trotz des Mißtrauens, das sie trennte, doch durch die große gemeinsame Sache zusammengeführt.

Am Tage nach Michaeli, Donnerstag, 30. September 1529, traf man sich im Schloßhof; der Landgraf machte den liebenswürdigsten Wirt. Da erschienen Luther und Melanchthon, Justus Jonas, Cruciger und Myconius, aus Nürnberg Osiander, aus Schwäbisch Hall Brenz, aus Eisenach Justus Menius, aus Augsburg Stephan Agricola; die süddeutschen Reichsstädte lutherischer Richtung zeigten sich besonders interessiert. Von der anderen Seite sah man Zwingli mit zwei Ratsherren aus Basel und Zürich, Ökolampad, Jakob Sturm, Stadtmeister von Straßburg, mit Bucer, Capito, Caspar Hedio.

Am nächsten Tage gab es Vorbesprechungen zwischen Luther und Ökolampad, Zwingli und Melanchthon. Am 2. Oktober traten sich Luther und Zwingli selbst gegenüber. Es war in einem heizbaren Gemach der landgräflichen Wohnung, nicht im Rittersaal. Luther drängte an beiden Tagen auf eine allgemeine Erörterung über das ganze Glaubensbekenntnis, wobei er sich an jenes sächsisch-fränkische Bekenntnis anzulehnen dachte. Nur mit Mühe wurde das Gespräch zeitig auf den Kernpunkt gelenkt – um hier vergeblich zu bleiben.

Drastisch, wie immer, hatte Luther den so oft schon in Wort und Schrift umstrittenen Satz »dies ist mein Leib« mit Kreide auf den Tisch geschrieben; dann die Sammetdecke wieder darüber gelegt. Das Gespräch verlief ruhig. Zwingli verfocht, zumal nach dem Evangelium Johannis, die Auffassung des geistigen Genusses. Luther gab hie und da etwas zu, erklärte aber, an dem klaren Sinn der Einsetzungsworte nicht vorüber zu können, wobei er für sich und die anderen die Decke aufhob. Zwingli bat schließlich mit Tränen in den Augen um brüderliche Gemeinschaft – Luther erklärte steif und unerschütterlich: »Ihr habt einen anderen Geist.«

Nur mit Mühe erreichte es der Landgraf, daß Luther sich am Montag, den 4. Oktober bereitfinden ließ, mitzuwirken bei der Formulierung von 15 Artikeln, in denen man sich einig befunden; ja man schritt zu der gewagten Behauptung, daß man bis auf die Abendmahlslehre einig sei. Noch also war die Union nicht gescheitert.

Dem Landgrafen lag alles daran, nicht nur Nürnberg, sondern auch die Straßburger festzuhalten; ja, womöglich auch die Schweizer einzubeziehen. Zwingli und der Landgraf traten in denkwürdige politische Besprechungen – europäische Politik gegen das Haus Habsburg, Sperrung der Alpen und der Rheinlinie, wozu der Landgraf in seiner Grafschaft Katzenelnbogen die Möglichkeit hatte. Allein, die Wittenberger Gruppe, Sachsen mit Ansbach und Nürnberg, versagte sich jedem Bündnis mit den Oberländern, es sei denn, sie verpflichteten sich auf die von ihnen vorher beschlossenen Artikel. Von den Schweizern war nicht einmal mehr die Rede.

Als die theologischen Besprechungen im Dezember zu Schmalkalden fortgesetzt wurden, haben die Wittenberger, trotz allen Zornes und aller Bitten des Landgrafen und des Straßburger Stadtmeisters Jakob Sturm, ihre dogmatischen Abweichungen in erschreckender Starrheit festgehalten. Dabei waren die Laien noch mehr versteift als die Theologen; vor allem der Kurfürst von Sachsen; aber auch der Ansbacher Vogel. Er erklärte,

»daß wir mit den Mißhelligen in kein Verständnis und gleich so wenig in weiter Schickung zu kaiserlicher Majestät willigen möchten«. Es war ein neuer Unglückstag unserer Geschichte, wie man mit Recht gesagt hat. Denn nun bröckelte von dem sächsisch-fränkischen Verständnis auch Nürnberg wieder ab, das nicht ohne Straßburg sein wollte und sich der Hoffnung hingegeben hatte, jene früheren sächsischen Verhandlungen seien nur die Vorbereitung für eine allgemeine Einigung.

Der Landgraf sah mit den Straßburgern allein die Größe der Gefahr. Er prägte nun sein schönes Wort: Es gebe noch drei Wege, entweder »Christum verleugnen« oder alles dulden, oder – »daß wir uns wehren; auf dem Wege stehet Glück und Hoffnung«.

Und Zwingli stimmte lebhaft ein, wenn er dem Fürsten zurückgab: »Es muß doch einmal eine Einigung werden vom Meer herauf bis an unser Land!« Aber so trübe es für solche Pläne im Reich aussah, zumal in Sachsen, so wenig Aussicht hatte Zwingli im eigenen Lande. Das Bündnis mit den Oberländern und Württemberg scheiterte hier an der Abneigung von Bern. Die Schweizer und die Sachsen gaben sich gegenseitig nichts nach.

Im Winter 1529/30 also, da es am meisten not tat, da man sich auch wirklich am nächsten gekommen, da überall neue Bündnisse im Werke schienen auf Grund von Bekenntnisgemeinschaft oder Bekenntnisverwandtschaft – kam man nicht nur nicht zum Schluß, sondern schien sich in größerem Mißverstand zu trennen. Die Sachsen dachten alles gar zu klug zu machen; Luther selbst wollte von diesen politischen Dingen nichts wissen; Ängstlichkeit, Bedächtigkeit, Mangel an Sinn für die politischen Notwendigkeiten reichten sich die Hand. Und das alles zu dem Zeitpunkte, da der Kaiser, wieder siegreich und mit seinen Gegnern versöhnt, sich Deutschland näherte, um nun endlich seinen Willen durchzusetzen. Der Landgraf sah sehr wohl und faßte es kühn ins Auge, daß es ohne kriegerische Auseinandersetzung nicht abgehen werde. Als die Wittenberger im Kaiser noch die Obrigkeit erblickten, sah er in ihm schon den eigentlichen Feind. Entschlossen schrieb er an Markgraf Georg, ein Fürst sei es den Untertanen und der Zukunft schuldig, auch kaiserlicher Majestät entgegenzutreten. »Ach lieber Gott – wie haben wir doch so ein enges Gewissen, wenn es den Schaden unserer Untertanen angehet und die Wahrheit; wenn's aber unser Gut angeht (so meinte er mit Rücksicht auf Georgs Hilfsgesuch gegen König Ferdinand wegen Jägerndorf), so haben wir's alles Macht; es mocht wohl einer sagen, wie Christus wider etlich hoffärtig Gelehrten: Ihr verschlucket Kamele und seyet Mücken. Lieber Oheim und Bruder, Euer Liebden gehe in Ihr Herz!« Man hörte nicht auf den Landgrafen, der damals noch in ungebrochener Frische gleich großartig war an Einsicht, Mut und Tatkraft. Aber was vermochte er allein? Nun blieb nichts anderes übrig als die Hoffnung zu setzen auf die Fehler der Gegner. Vielleicht erreichten, sie, was die eigene Einsicht nicht zuwege gebracht hatte.

III
Der deutsche Protestantismus und
die europäische Politik

Die einzigartige Größe der Reformationszeit liegt in dem gleichzeitigen Ringen um den religiös sittlichen Gehalt wie um die staatliche Form der Kirche. Beides wirkte wieder auf das Staatswesen selbst zurück und schloß die unvermeidliche Tragik einer Auflösung des deutschen Gesamtstaates in sich. Aber erst aus der eigentümlichen Verkettung des Geistigen mit dem Staatspolitischen konnten sich die kirchlichen Lebensformen für eine neue Welt ergeben. Wer sich eine einheitliche deutsche Reformation um das Jahr 1520 als möglich vorstellt und an diesem Idealbild die ganze weitere Entwicklung mißt, versperrt sich das unbefangene Verständnis und vergißt obendrein, daß alle früheren Kirchenbewegungen, in Byzanz, im römischen Papsttum, im Gallikanismus, immer nur zu schismatischen Gefahren für die Kirche, nie zu Neubildungen geführt hatten, und daß allen späteren germanischen und romanischen Staats- und Gemeindekirchen, einschließlich Genfs, die Schöpfung der kleinen deutschen Landeskirchen vorhergegangen ist. Diese Form einer sichtbaren Kirche mußte welthistorisch erst gefunden und im Kampf behauptet werden. Nur sie verbürgte auch den Geist der Reformation.

Weil die Tatsache der neuen Kirchenbildung sich fast unmerklich vollzog, verdeckt durch die staatliche Oberhoheit des Reichs, und sie überdies weder unter den Begriff des Schismas noch der Ketzerei fiel, ist sie den Zeitgenossen in ihrer entscheidenden Bedeutung zunächst kaum bewußt geworden.

Jede verfrühte gemeindeutsche Lösung hätte notwendig zu Kompromissen, zu Halbheiten und sicher nicht zu den ungeheuren Umgestaltungen der Kulturwelt geführt, die sich aus der deutschen Reformation ergaben. Die Umgestaltungen bedeuteten ebensosehr die Befreiung der staatlichen wie der persönlichen Welt. Sie mußten im tiefsten Grunde des Geschehens neu angesetzt werden. Sie brachten auch mit sich alle diese Fehlversuche, diese Ansätze erst rein persönlicher, dann allgemeiner Art, dieses Sichfinden und wieder Trennen, dieses Hineinspielen wirtschaftlicher, sozialer, innen- und außenpolitischer Vorgänge in die Gestaltung der äußeren Formen für die wiedergefundenen religiösen Erkenntnisse.

Und dieses wunderbare Schauspiel einer schicksalsvollen Entwicklung steigert sich noch in seiner Fülle und Tragik. Als Held überall der Mensch, wie er ist, mit seiner Kühnheit und Schwäche, seinem Vorwärtsdrängen und seiner tiefen inneren Gebundenheit, der Freiheit seiner Ideen und der Bedingtheit aller seiner Bewegungen. Wäre der Deutsche zumeist nicht so hoffnungslos verloren an die Bewunderung des Fremden, er müßte in demütigem Staunen vergehen vor der furchtbaren Tragik seiner eigenen Geschichte.

Gewiß liegt etwas von Jugendstimmung über den Jahren der Frühreformation. Aber man sollte darüber die unlösbaren Spannungen von Idee und Wirklichkeit nicht übersehen. Ja, wenn die große Einheit der Nation möglich gewesen wäre, wenn die Erhebung des Bauernstandes Erfolg hätte haben können, wenn für lebendige Gemeindekirchen die Voraussetzungen nicht weithin gefehlt hätten, wenn Luther und Zwingli sich unbeschadet der inneren Treue ihres Wesens noch hätten finden können, wenn alle diese Fehlschläge nur das elende Versagen eines zu kleinen Geschlechts gewesen wären, dann könnte man von dem Zusammenbrechen aller Hoffnungen reden und die spätere Entwicklung als Ermüdung und Verfall betrachten. Wer aber Menschen und Verhältnisse nimmt, wie sie sind, wer die kühnen Gedanken nicht überschätzt und den Gehalt des Lebens in der Bezwingung von Wirklichkeiten sieht, muß mit wachsendem Anteil verfolgen, wie sich nun weiter alles tatsächlich gestaltet hat. Ihn erwarten Enttäuschungen, aber auch neue Höhepunkte.

Mit der Geburt des Protestantismus am 19. April 1529 im Reichstagsabschied von Speyer ist die deutsche Reformation in ihre rein politische Entwicklung eingetreten. Die Kräfte haben sich geformt und Entscheidungen müssen nun fallen.

Bis dahin hat sich die merkwürdige Machtstellung des Hauses Habsburg nur negativ ausgewirkt. Die europäischen Verhältnisse hatten die habsburgischen Brüder, jedenfalls Karl, fast zehn Jahre lang von Deutschland ferngehalten. Dasselbe galt aber auch vom Papsttum; ganz in den Traditionen italienischer Territorialpolitik befangen, hat sich das mediceische Papsttum Leos X. und Clemens' VII. trotz gelegentlicher Anläufe im wesentlichen um Deutschland nicht gekümmert.

Das wird nun nach und nach anders. Die beiden universalen Mächte kommen, wenn auch nach erneuter jahrelanger Zurückhaltung, schließlich beide auf Deutschland zurück und ziehen damit auch das eben zu verstärkter Landeshoheit gekommene deutsche Fürstentum in die große europäische Politik hinein; eine vollkommene Wechselwirkung, aber doch eben auch nichts Geringeres als die Entwicklung des deutschen Protestantismus zum europäischen! Trotz der ganz anderen Großartigkeit des jüngeren westeuropäischen Protestantismus, trotz der größeren Aktivität von Zürich und Genf wird es doch dabei sein Bewenden behalten, daß dieses beschränkte deutsche Fürstentum die Wiege großer bündnismäßiger Gestaltungen auf konfessioneller Grundlage gewesen ist, wobei wiederum die gewissenhafte Ängstlichkeit der einen genauso eng mit ihren religiösen Grundlagen zusammenhing wie das kühne Tatverlangen der anderen. Philipp von Hessen behält den früh errungenen Ehrenplatz, den nicht einmal seine eigene schwache Menschlichkeit ihm auf die Dauer streitig machen kann. Sein Blut pulsiert weiter in den nächsten Trägern der Idee eines europäischen Protestantismus. Sein Schwiegersohn Moritz von Sachsen hat mit diesem letzten möglichen Mittel auch die letzten entscheidenden Erfolge errungen; dessen einzige Tochter wurde die Gemahlin Wilhelms von Nassau-Oranien, die Mutter des Moritz von Oranien, Statthalters der Niederlande.

Nicht die Irrungen und Wirrungen der Philipp und Moritz, sondern ihre nachhaltigen politischen Leistungen sind das Bleibende und historisch Erhebliche. Freilich blieb bis zuletzt die religiöse Idee wirksam. Nur daß ihre Träger vor der Welt nicht mehr die Theologen und Prediger waren, sondern die Fürsten. Keinem der Reformatoren ist im Wechsel des Schicksals auch nur ein Haar gekrümmt worden. Des Kaisers Gefangene wurden eines Tages die Fürsten, nicht ihre Berater. Neben dem Landgrafen steht der vornehme Dulder Johann Friedrich, dessen Treue selbst durch Todesdrohung und Gefangenschaft nicht zu brechen war, dessen Haltung, zusammen mit derjenigen Magdeburgs, doch der Spätzeit der deutschen Reformation noch einen Schimmer des Heroischen verleiht, in dessen Leuchten auch ihr Gegner Moritz noch trat, da er im Kampf um das unabhängige Fürstentum auf dem Schlachtfeld sein Leben ließ.

Die römische Kirche kräftigte sich; sie war die weitaus größte universale Macht der alten Welt; als ihr Vogt erschien zum letzten Male ein weltbeherrschender Kaiser. Auf dieser Höhe mußten sich die kleinen deutschen Fürsten bewegen, als sie sich anschickten, das Erbe ihrer Reformatoren zu vollstrecken und zu sichern. Es sollte ihnen trotz unsäglicher Mängel und Versager letzten Endes doch gelingen. Die tiefsten Gründe dafür lagen in den Bedingungen und dem Verlauf der europäischen Politik.

Das Haus Habsburg in Spanien, Italien und an der Donau

Die beweglichen Mittel einer Macht bestehen, wie in der Wirtschaft, aus dem politischen Vermögen abzüglich seiner Belastung. Zentrale Lage ist ein Guthaben, das aber durch ungünstige Grenzen und unruhige Nachbarn überlastet sein kann. Waffenfreudigkeit des Adels und Kriegstüchtigkeit der Knechte sind abzuwägen gegen die Gefahr innerer Fehden und Unruhen; umgekehrt wiegen sich reiche Arbeitsbedingungen mit finanziellen Überschüssen der Staatswirtschaft nicht immer auf gegen Mangel an Rekruten; kurzum, auch die politischen Werte sind relativ und bemessen sich nach Angebot und Nachfrage, also nach der allgemeinen Lage.

Frankreich hatte zu allen Zeiten glückliche Verbindungen und Anschluß an zwei Meere im Norden und Süden; dazu nur ein kleines Stück ganz offener Grenze im Nordosten. Seine innere Geschlossenheit war der Idee nach seit Jahrhunderten, aber auch in Wirklichkeit seit einigen Menschenaltern sehr groß. Reichtum und Leistungsfähigkeit des keineswegs übervölkerten Landes waren bedeutend. Der Boden schenkte willig alle Lebensbedürfnisse.

Der König verfügte fast frei über die starke Steuerkraft des Volkes wie über eine Fülle kirchlicher Pfründen. Die Stellung seines Adels wurde in Deutschland gern als »viehische Servitut« bezeichnet – ein derber Ausdruck für die weitgehende Macht der Krone. Hatte Frankreich auch gute Panzerreiter von Adel, so mangelten ihm doch Rekruten für die Infanterie, weil das Land seine Bewohner auskömmlich und gut ernährte und sich keine Knechte zu den Werbeplätzen drängten. Deshalb mußten hier die Schweizer oder die Deutschen aushelfen – ein offenbarer Mangel, aber ein Grund mehr für den Solddienst deutscher Fürstensöhne und damit für eine Rückwirkung auf Deutschland selbst. Es fehlte Frankreich auch an der Marine, und der Wert des Besitzes von Genua oder, später, das unbedenklich gepflegte Bündnis mit den Türken hatten ihren realen Grund darin; nicht minder seine Schwäche am Kanal. Hier also lagen Belastungen; sie lagen auch in dem brennenden Ehrgeiz und der Romantik seiner Könige. Denn auswärtige Kriege waren weder zum Schutz des Handels noch zur Unterbringung von Bevölkerungsüberschüssen geboten. Aber vielleicht aus der Furcht vor der immer mehr drohenden Umfassung Frankreichs durch die habsburgische Macht?

Die habsburgische Macht umklammerte Frankreich allerdings von allen Seiten; bei dem Fehlen einer französischen Kriegsflotte auch über das Mittelmeer und den Kanal. Allein, die einzelnen Teile dieser habsburgischen Macht hatten ein sehr ungleiches Eigengewicht und vielfach entgegengesetzte politische Interessen. Einer der merkwürdigsten Gegensätze lag schon darin, daß der Kaiser als Territorialfürst Gegner aller anderen Territorialfürsten, jedenfalls seiner Nachbarn, war, als Kaiser aber sie alle zu schützen, ja zu fördern hatte. Weiter waren Westdeutschland und die Niederlande, auch Österreich-Ungarn und im Grunde sogar Spanien interessiert am Frieden mit Frankreich und an der Sammlung aller Kräfte gegen die Ungläubigen; der Kaiser aber nach seiner universalen Stellung, zumal in Italien, noch mehr vielleicht der burgundische Edelmann in ihm, glaubte, die »Rivalität« bis zum letzten durchfechten zu müssen. Es ist gut, die realpolitischen Motive überall sorgfältig aufzuspüren, aber man denke nicht, die Geschichte damit zu erschöpfen.

Die spanischen Königreiche waren noch weit entfernt von wirklicher Einheit und befriedigender innerer Ordnung; dem jungen Könige war einmal die Denkschrift eines erfahrenen Richters vorgelegt, wonach die

Rechtsprechung gar sehr im argen lag. Die Unruhen der Comuneros waren auch nicht der Ausdruck inneren Ausgleichs gewesen. Dazu war der Reichtum des Landes bescheiden. Getreide mußte eingeführt werden. Die Bauernsöhne zogen den Kriegsdienst, für den sie von der Natur wohl abgehärtet waren, dem undankbaren Ackerbau vor. Später wanderten sie scharenweise nach Amerika, wo Dienst und Siedlung gleichfalls lohnender und ehrenvoller schienen als etwa in den so lange von Mauren und Juden geübten Gewerben.

Was die neuen Besitzungen jenseits des Meeres der Regierung an Gold und Silber einbrachten, bedeutete erst von der Mitte der vierziger Jahre an wirklich etwas Erhebliches. Bis dahin gab es, trotz der hohen Nutznießung der Landeskirche durch den König, nur zu oft drückende Finanzsorgen. Denn auf dieser spanischen Regierung lasteten nicht nur gelegentliche Grenzkriege in Navarra und Roussillon, sondern vor allem die Ausgaben für die Bekämpfung der in Nordafrika eingenisteten Korsaren, die die wichtige Verbindung mit dem Getreideland Sizilien und die Küsten von drei Königreichen bedrohten. Trotz alledem wuchs das inzwischen völlig befriedete Spanien immer mehr in die erste Stelle unter den Ländern des Kaisers hinein, militärisch und finanziell.

In Italien waren Neapel und Sizilien sicherer Besitz. Der Adel und die Geistlichkeit schienen dem Könige ergeben. Aber um Mailand wurde seit Beginn der Regierung Karls V. gekämpft, und trotz aller Friedensschlüsse verzichtete Franz I. niemals aufrichtig auf das Herzogtum. Mit der stillen Gegnerschaft der übrigen italienischen Staaten mußte der Kaiser zeitlebens rechnen. Nicht minder mit den Ansprüchen des Papstes und seiner begreiflichen Abneigung gegen die Beherrschung der ganzen Halbinsel durch einen König von Neapel.

Die Schweizer Gebiete waren dem Reiche und dem Hause Habsburg seit 1499 entfremdet. Die religiöse Entwicklung und insbesondere die Haltung Zwinglis in Sachen der Soldbündnisse beeinträchtigten aber auch ihr langjähriges Verhältnis zu Frankreich, während die innere Spaltung in der Eidgenossenschaft dem Kaiser Möglichkeiten der Einmischung gab. Das nordwestlich nahe angrenzende Gebiet der Freigrafschaft Burgund, eine scharf nach Frankreich vorspringende Bastion, wurde Karls Nachwuchsgebiet für gebildete und dynastisch eingestellte Staatsmänner, früher Gorrevod und indirekt auch Gattinara, jetzt die beiden Granvelle aus Besançon, Vater und Sohn, nebst ihren Verwandten.

Zwischen der Franche Comté und den habsburgischen Landen im Elsaß lag die württembergische Grafschaft Mömpelgard; aber auch die schwäbischen Lande der Habsburger, wie die sogenannte Markgrafschaft Burgau, und die zum Kaiser gehörigen Reichsstädte mit ihrer vielfach den Schweizern zugeneigten Haltung wurden wieder beherrscht von dem in Sequester genommenen Herzogtum Württemberg; ein wichtiger, aber zugleich prekärer Besitz.

Am Mittelrhein lagen die Kurlande der Pfalz, von Mainz und Trier; östlich die reichen Stifte von Würzburg und Bamberg. Aber zwischen Pfalz und Trier hatte auch der Landgraf von Hessen mit seiner Grafschaft Katzenelnbogen eine Rheinsperre in der Hand. Östlich lehnte er sich über das Stift Hersfeld an Kursachsen an, während nördlich von ihnen die konfessionell inzwischen in wachsender Schärfe zerrissenen Länder der Welfen in Calenberg, Grubenhagen, Lüneburg und Braunschweig-Wolfenbüttel sich schon in der Hildesheimer Stiftsfehde als ein Gebiet der Unruhe und der entgegengesetzten europäischen Anlehnung erwiesen hatten. Westlich von ihnen bis zur Grenze der Niederlande ein großes Gebiet stiftischer Länder, von Paderborn und Minden über Münster und Osnabrück bis Köln, ein Gebiet, in dem die Kirchenfrage für mehr als ein Jahrhundert zugleich das Problem der Säkularisation einschloß. Am Niederrhein als großes Fürstentum nur Jülich-Cleve; von den Niederlanden wesentlich umschlossen die Grafschaft Geldern.

Ein scheinbar einheitliches altkirchliches Gebiet, wie am Niederrhein, auch an der Donau, von Bayern über die Bistümer bis Österreich; von den fränkischen Stiften durch die Oberpfalz, die markgräflichen Gebiete und die mächtige Reichsstadt Nürnberg getrennt. Indessen, die scheinbare Einheit an der Donau war durch den uralten Gegensatz Habsburg-Wittelsbach zunächst mehr ein Herd der Sorge als der Beruhigung. Zwar hatte Herzog Wilhelm Württemberg mit erobert, aber doch eigentlich nicht für die Erzherzöge. So altkirchlich sich Bayern hielt und so viele Möglichkeiten der Anknüpfung darin lagen, noch für viele Jahre fühlte sich Bayern territorial durch die Habsburger von drei Seiten umklammert und deshalb in der Stimmung, reichspolitisch jede Verbindung gegen den Kaiser und den Erzherzog-König mitzumachen; zumal man von diesem eben noch in Böhmen bei der Königswahl eine schmerzlich empfundene Niederlage erlitten hatte.

Und Ferdinand? Seine Loyalität gegen den Bruder ist im Grunde durch alle Jahre von bewundernswerter Reinheit gewesen; aber die eigenen Interessen und diejenigen der ihm überlassenen Länder liefen nur zu oft der kaiserlichen Politik schnurstracks entgegen. An den österreichischen Herzogtümern hing aus der maximilianischen Zeit der Gegensatz gegen Venedig – im Gebiet der Etsch wie an der Adria. Aber andere Sorgen ließen diese Wunden zunächst verharschen. Auch innerpolitische. Die wohlhabenden Gebiete mit ihren Land- und Bodenschätzen trugen einen alten Kolonialadel, der zwar nicht die Ungebärdigkeit des märkischen zeigte, aber dem Hause Österreich noch viel zu schaffen machen sollte. Die nahe Türkengefahr stellte ihn vor brennende Aufgaben, aber die Nachbarschaft der ungarischen Barone war für den Landesherrn kein erwünschtes Vorbild.

Die ungarische Herrlichkeit bedeutete nicht viel, wenn man sie nicht unter dem Gesichtspunkt der werdenden Donaumonarchie betrachtete.

Einstweilen nur Nöte. Ein Grund für die Schwäche des ungarischen Staates lag in dem unaufhörlichen Wechsel der Dynastie seit dem Aussterben der Anjou. Zwar bestand von Kaiser Sigismund her über seine einzige Tochter Elisabeth und seine Enkelin, Elisabeth von Polen, auf deren Enkel, König Ludwig und Erzherzogin Anna noch immer eine lineare weibliche Erbfolge, aber unablässig hatten minderjährige Regierungen gewechselt mit umstrittenen Ansprüchen; das hatte die Magnaten erst recht hochgebracht und die Widerstandskraft des Reiches geschwächt. Die Meinungen der böhmisch-österreichischen Regierung über die Zweckmäßigkeit der Erwerbung von Ungarn waren deshalb sehr geteilt. Der Oberstburggraf von Böhmen schrieb einmal an den Hofkanzler Graf Harrach: »Lieber Herr, Ihr seid noch nit über den Zaun; laßt uns oder unser Nachkomben davon reden, welches besser gewesen wär« – etwa ein anderer, polnischer König; denn (so meint er) »Hungarn wird die andern Land aufzeren, und es ist besser, den Hungarn zu einem Nachparn, er sei wie er sei, als den Türken zu einem Feind zu haben«. Zwar hatte sich Ferdinand dank der Energie seiner Schwester Marie, der Königinwitwe von Ungarn, in einem schmalen Streifen längs der Donau über Preßburg hinaus festgesetzt; er konnte sich auch am 3. November 1527 krönen lassen, aber das Land, das er besaß, war nur gerade genug, den österreichischen Herzogtümern von Steiermark bis nach Niederösterreich als Schutzgürtel zu dienen. Der größte Teil Ungarns wurde von den Türken beherrscht, deren Nachbarschaft selbst in Jahren der Ruhe in der Tat wenig geheuer war. Dazu als Prätendent auf die ungarische Krone unter türkischer Begünstigung noch der Woiwode von Siebenbürgen, Johann Zapolya, seit Oktober 1528 auch mit den Franzosen in Fühlung.

Sicherer und ertragreicher war der Besitz von Böhmen, obwohl sich auch hier die Stände in den langen Jahren der Regentschaft und der wechselnden Regierungen ein hohes Maß von Selbstgefühl und Ansprüchen angewöhnt hatten. Aber gingen die Stände mit dem König einig, so bedeuteten sie für ihn viel, nicht nur finanziell. Die Abhängigkeit Schlesiens und die natürliche Anlehnung des albertinischen Sachsen an die »böhmische Festung« waren Guthaben in der Bilanz König Ferdinands. Von Sachsen aus reichte sein Einfluß, wie unter Karl IV., bis nach Brandenburg. Das übrige Norddeutschland hatte weder für die um Frankreich und Italien kreisende kaiserliche noch für die österreichische Politik eine nennenswerte Bedeutung.

Eine geringe Rolle spielte auch der skandinavische Norden, obwohl von den Niederlanden her zu Dänemark wichtige Beziehungen bestanden und die Verbindung von Karls Schwester Isabella mit König Christian II. (1515) zeitweilig auch die kaiserliche Familienpolitik in die nordischen Verhältnisse hineinzog. Im ganzen aber auch hier keine Reserven, eher eine Belastung der Habsburger.

England konnte einige Jahre hindurch als Glied in der Umklammerung Frankreichs durch den Kaiser betrachtet werden, was von selbst zu den engen Beziehungen zwischen Frankreich und Schottland führte. Jeden Augenblick konnte es sich aber auf seine alte Stellung als ausschlaggebender Neutraler zwischen Frankreich und Burgund besinnen, und in der Tat wurde es, ganz abgesehen von dem jähen Abbruch der englischen Bindung von seiten des Kaisers um der portugiesischen Heirat willen, durch die persönliche und kirchliche Haltung seines Königs bald genug in die schärfste Gegnerschaft gegen den Kaiser gedrängt.

Die Niederlande waren das Stammland auch der kaiserlichen Macht, solange sie ohne wirksame kirchliche Beunruhigung blieben. Obwohl im Grunde friedliebend und nicht in allen Bestandteilen der alten Ländergruppe gleich gefügig, haben die Stände doch trotz häufigen Murrens auch die finanziellen Anforderungen des kriegführenden Kaisers immer wieder befriedigt. Im Gegensatz zu allen bisher besprochenen Gebieten waren hier Industrialisierung und Überbevölkerung bereits weit vorgeschritten und schon aus diesem Grunde die Versorgung des Landes mit Lebensmitteln, vor allem mit Brotfrucht aus Norddeutschland und dem Baltikum, erforderlich. »Im Süden, an den Völkermärkten Brabants und Flanderns, hat der Verkehr der Fremden, im Norden an der Südersee der von Einheimischen betriebene Seehandel seinen Sitz« – was, etwa im Verhältnis zur Hanse, entgegengesetzte Tendenzen in sich schloß. Handelspolitische Erwägungen mußten hier also jederzeit mitschwingen. Die Hanse sollte es bald spüren; ihre alten Stützpunkte Gent und Brügge wurden durch das im Kolonialhandel rasch aufblühende Antwerpen ins Hintertreffen gebracht, während die überlegene Ostschiffahrt der Holländer sich zur ernstlichen Konkurrenz auswuchs. Also auch hier ein schon von den Zeitgenossen empfundener Widerstreit der Aufgaben des Kaisers und des Territorialherrn.

Diese Macht- und Interessenverteilung in Europa ergab die Voraussetzungen für den Gang der großen Politik nach dem Frieden von Madrid.

Und damit zum Kaiser selbst und seinen Absichten! Dem früher gegebenen Bilde sind neue Züge nicht hinzuzufügen. Kein Zweifel, er regierte. Keine andere Leidenschaft lenkte ihn ab. Er war einer der ersten, die, begünstigt durch die Weite ihrer Beziehungen, wenigstens äußerlich alle Figuren des europäischen Schachbretts überblickten und nach ihrer Bedeutung für das eigene Spiel werteten. Nur daß er, gläubig und traditionell, auch die Notwendigkeit dieses Spiels trotz seiner großartigen Unmöglichkeit unbedingt bejahte. Er beschränkte sich nicht auf einen Teil seiner Aufgaben, um diese vollkommen zu lösen, sondern nahm mit einer Mischung von Pflichtgefühl und hochgespannter Herrschbegier alle zugleich in Angriff, nicht ohne wohlüberlegte Reihenfolge seiner Maßnahmen. Sein inneres Verhältnis zur Staatslehre des Machiavelli steht hier nicht zur Erörterung;

aber die rationelle Berechnung und die Unterordnung aller Zwecke unter die Staatsraison stellen ihn an seine Seite.

Der Kaiser hatte das Paradies von Sevilla in Andalusien als Hochzeitsstätte gewählt. Hier vereinigten sich die Reize einer südlichen Landschaft mit romantischen Traditionen der maurischen Zeit und der bunten Pracht moderner überseeischen Geschäftslebens, das den Guadelquivir aufwärts nur an dieser Stelle tiefer ins Binnenland hineinreichte. Zum Sommer hin vertauschte das junge Paar das warme Sevilla mit dem frischeren Granada unter der Sierra Nevada, und mit italienischen Baumeistern begann Karl V. im Bereich der märchenhaften Alhambra einen leider nicht vollendeten Renaissancepalast. Die neue Herrin der Alhambra, diese portugiesische Prinzessin, als Kaiserin gemalt von Tizian, war eine Fürstin ohne politischen Ehrgeiz, aber in ihrer lieblichen Erscheinung und anziehenden hochfürstlichen Persönlichkeit durch ihr ganzes Leben der Gegenstand zärtlicher und ritterlicher Liebe des Kaisers.

Die beiden stammverwandten Reiche erwarteten als Folge der engen Verbindung ihrer Dynastien Frieden und Freundschaft auf der Halbinsel und ein festes Zusammengehen in den großen Verhältnissen der Weltpolitik. Später konnte man mit Erfolg daran denken, durch die portugiesischen Kolonien in Ostindien und Ostarabien auf die Perser einzuwirken, damit diese den für Europa wie für sie selbst immer gefährlichen Osmanen in den Rücken fielen. Eine Zeitlang ist es wirklich dahin gekommen, daß die Schwankungen des persischen Krieges jeweils an dem wechselnden Stand der Türkennot an der Donau abzulesen waren.

Einstweilen freilich war die Schwäche des Abendlandes an der Donau eine so große, daß es nur geringer Anstrengungen der Türken bedurfte, um hier die größten Besorgnisse zu erregen. Kaum hatte sich Ferdinand in Ungarn befestigt, als ein neuer Ansturm der Türken heraufzog. Soliman bewegte sich im Frühjahr 1529 mit bedeutendem Aufgebot donauaufwärts. Johann Zapolya stieß zu ihm. Ofen fiel ihm ohne weiteres in die Hände. Mitte September rückten die türkischen Scharen vorwärts auf Wien. Zum ersten Male wurde ein eigentlich deutsches Gebiet von den Türken überschwemmt, Wien umzingelt. Um so bewunderungswürdiger die Verteidigung der ziemlich altmodischen Befestigungen durch den jungen Pfalzgrafen fen Philipp von Neuburg, Eck von Reischach und Leonhard von Fels. Die Deutschen hatten treffliches Geschütz, ein Erbstück Maximilians. Aber die Türken ersetzten den Mangel an Belagerungsartillerie durch eine unheimlich ausgedehnte und wirksame Minierarbeit. Bald hier, bald dort fiel ein Teil der Stadtmauer über den Sprengminen in sich zusammen, und mit Geheul stürzten sich die türkischen Haufen in die Bresche. Aber die Deutschen jagten sie jedesmal mit blutigen Köpfen wieder hinaus. Da sich die Mißerfolge häuften und der nördliche Winter sich bemerkbar machte, hoben die Türken Mitte Oktober die Belagerung auf. Von den Seinen als

Sieger gefeiert, zog der abgeschlagene Sultan prunkend und verwüstend wieder heim.

Das Reich hatte keinen Anteil an dieser heldenhaften Verteidigung Wiens. Ein Reichsheer unter Pfalzgraf Friedrich wagte nicht, die Türken anzugreifen; es blieb untätig bei Krems stehen; erst bei weiterem Vordringen der Türken hätte es die Zugänge ins Reich sperren können. Immerhin, so nahe war den Deutschen die Türkengefahr noch nicht getreten. Die Rückwirkung blieb nicht aus. Nicht bloß Ferdinand orientierte fortan seine ganze Politik wesentlich nach der türkischen Front, auch im Reich begann man, seine Mahnungen in dieser Sache ernster zu nehmen.

So hat sich König Ferdinands Stellung bei aller Not doch im allgemeinen gewaltig gehoben; er selbst König von Ungarn und Böhmen, seine Hauptstadt ruhmvoll verteidigt, seine Gesamtmacht ein Bollwerk der ganzen Christenheit gegen die Ungläubigen. Daß der junge Herr nachgerade auch im Reich eine andere Stellung begehrte, als immer nur den kaiserlichen Statthalter zu spielen, begreift sich; der Gedanke einer Wahl zum römischen König wurde ernstlich ins Auge gefaßt.

Ähnlich wie Ferdinand war es seinem Bruder Karl in denselben Jahren ergangen; nach großen Erfolgen neue furchtbare Gefahren und doch wieder glänzende Lösungen. Die »heilige Liga« von Cognac (1526) war geschlossen zwischen Frankreich, dem Papst, Mailand, Venedig und Florenz; England war stiller Teilhaber; sie umschloß also alle Mächte, auf die der Kaiser früher so fest glaubte rechnen zu können, seinen mediceischen Papst, seinen königlichen »Bruder« von Frankreich, sein Herzogtum Mailand, seinen englischen Oheim. Das kaiserliche Heer in Italien blieb ohne genügenden Sold. In Spanien feierte man Feste und plante kostbare Bauten; man hatte die Bewilligung der Cortes von Castilien und die portugiesische Mitgift; aber die Soldaten ließ man hungern.

Was hatte nur der mediceische Papst gegen den Kaiser? Zweimal sein Favorit bei der Papstwahl, aufgewachsen im Gegensatz zu Frankreich, gewöhnt an die spanische Stütze für die Herrschaft seiner Familie in Florenz, angewiesen auf die kaiserliche Hilfe in Deutschland, hätte er dem Kaiser blind ergeben sein müssen.

Clemens VII. war unedler Geburt, kein echter Medici und in seiner furchtsamen Haltlosigkeit ganz unfürstlich. Nach seiner Wahl hatte er einmal einen Anlauf genommen, zwischen Frankreich und Spanien neutral zu sein. Da aber die französischen Aussichten sich besserten, da Franz I. Mailand zurückgewann, wiederholte sich das Spiel seines Oheims nach der Schlacht von Marignano. Franz I. versprach am 5. Januar 1525 dem Papste alle nur erwünschten Garantien für den Kirchenstaat; sein Gesandter Graf Carpi und der päpstliche Datar Giovanni Matteo Giberti wirkten so geschickt, daß Clemens VII. sich den Franzosen völlig ergab. Dann war der Sieg der Kaiserlichen gekommen, bei Pavia. Man begreift, daß der Papst auf diese Nachricht hin leichenblaß wurde. Nun war es an den Kaiserlichen gewesen, mit dem Papst ein Bündnis zu schließen. Wirklich tat das der Vizekönig von Neapel, Lannoy, der Sieger von Pavia. Der dritte Gesinnungswechsel des Papstes erfolgte dann freilich, als alle Welt in Italien auf ihn einstürmte und ihm einredete, der Kaiser werde sich mit dem König von Frankreich auf Kosten Italiens verständigen, eine unmittelbar spanische Herrschaft wie in Neapel so auch in Mailand einrichten und die Freiheit aus ganz Italien vertreiben. Es waren die Tage, da der Mailänder Girolamo Morone versuchte, den kaiserlichen General Pescara mit der Aussicht auf eine Königskrone herüberzuziehen. Die antikaiserliche Stimmung an der Kurie, gemischt aus grenzenloser Furcht vor den Spaniern und erhitztem Enthusiasmus der Patrioten, war bald vor aller Augen. Im einzelnen ärgerte sich Clemens VII. darüber, daß der Kaiser den Herzog von Ferrara schützte, der gegen den Kirchenstaat auch Reggio und Rubiera zu seinem Fürstentum rechnete.

Der Kaiser beschwor den Papst durch seinen Botschafter, den Herzog von Sessa, dann durch seinen außerordentlichen Gesandten Moncada, ihm den Frieden zu halten. Der Papst konnte sich nicht entschließen. Da tat der Kaiser etwas, was an längst vergangene Jahrhunderte des Kampfes zwischen Kaisertum und Papsttum erinnerte. Er ließ an den Papst einen offenen Brief schreiben durch Alfonso Valdes, worin alles Unglück und aller Jammer eines neuen Krieges dem Papst auf das Gewissen gebürdet wurde. Der Kaiser ließ alles Material verwerten, das ihm der Marchese Pescara über die Zettelungen der italienischen Staaten hatte zugehen lassen, zählte alle Sünden des Papsttums auf, forderte ein Konzil und schloß mit einer flammenden Anklage gegen diesen Nachfolger Petri. »Sollte man es für möglich halten«, ließ er ausrufen, »daß der Statthalter Christi auf Erden um weltlicher Herrschaft willen auch nur einen Tropfen Blut vergießen möchte?«

Die Frage war von anderer Seite schon heftiger und banger gestellt worden. Aber von diesem Kaiser und aus dem frommen Spanien erschien sie doch überraschend genug. Die Streitschrift war nur die Ankündigung schlimmerer Dinge. Der Kaiser gewann ungeladene Verbündete, die seine Sache gar zu gut vertraten.

In den Lagern kaiserlicher Truppen in Oberitalien steigerte sich die Erbitterung. Daß sie keinen Sold erhielten, daß der Kriegszustand unabsehbar fortging, schrieb man dem Papste zu. Nun brachte noch Georg von Frundsberg, einer der Sieger von Bicocca, 11000 Mann oberdeutscher Knechte nach Italien, und aus ihrem Kreise zog die papstfeindliche Stimmung noch ganz andere Schärfen als aus der Ungeduld des spanisch-neapolitanischen Kriegsvolkes. Das war nicht eigentlich evangelische Gesinnung, wohl aber der nach dem Bauernkrieg erst recht verbreitete Haß gegen die harte und reiche Klerisei. Und so entstand aus den widersprechenden

Zügen von Kaisertreue und bäuerlicher Leidenschaft, von Priesterhaß, Entbehrung, Hunger und Habgier das allgemeine Drängen dieses Heeres gegen das reiche und lasterhafte Rom. Die Knechte drängten ihre Führer vorwärts. Die Führer sträubten sich eine Zeitlang. Eine Zeitlang half auch der Herzog von Ferrara aus mit Geld, aber es reichte nicht lang. Im Februar 1527 kam die erste Meuterei. Frundsberg, der alte Landsknechtsvater, vermochte der Leute nicht mehr Herr zu werden. Vom Schlage getroffen, schleppte er sich todkrank nach Deutschland. Seine Knechte drängten vorwärts auf Rom. Am 15. März wurde durch Lannoy noch ein Waffenstillstand geschlossen, aber diesmal lehnte ihn Bourbon mit seinen Truppen ab. Anfang Mai näherten sich die Heerhaufen wirklich der Ewigen Stadt.

Nun war es an den italienischen Patrioten, die »ererbte Kraft« im Felde zu beweisen. Allein der Feldherr der Liga, ein Herzog von Urbino, erschien wie gelähmt. Die Staaten wünschten alle, nicht zu viel zu wagen; ein unausrottbares und begreifliches Mißtrauen trennte sie voneinander. Am 5. Mai lagen die kaiserlichen Truppen vor Rom, am 6. begann der Sturm. Karl von Bourbon fiel gleich als einer der ersten auf der Sturmleiter, nach Pescaras Tode und Frundsbergs Abzug der letzte der kommandierenden Generale. Nun führten also die Knechte und Schützen sich selbst. Junge Obersten, wie Philibert von Chalon, Herr von Oranien, und der später erst recht berühmt gewordene Schertlin von Burtenbach, vermochten nur dem allgemeinen Drang zu folgen. Man stürmte die alten, schwach verteidigten Mauern, fiel in die Straßen ein, belagerte den zitternden Papst in der Engelsburg, trieb allerlei Schabernack und plünderte unter seinen Augen die Metropole der Christenheit und der Renaissance.

Das war der *Sacco di Roma*, den man das Ende der Renaissance nennt, nicht weil von den sichtbaren Herrlichkeiten dieser Kultur der schönen Form so sehr viel zerstört worden wäre – der Vatikan mit allen seinen Schätzen blieb völlig unversehrt –, sondern weil durch dieses Ereignis in der Tat ein Eindruck erzeugt wurde, der langsam den Geist des Lebens veränderte. Der fromme Humanist Sadoleto schrieb alsbald jene welthistorischen Zeilen an den Papst, die diese furchtbare Heimsuchung als eine Mahnung des Himmels auffaßten. »Wenn diese schrecklichen Strafen uns wieder den Weg öffnen zu besseren Sitten und Gesetzen, dann ist vielleicht unser Unglück doch nicht das größte gewesen.« Man begann zu ahnen, daß es wichtiger sei, in der universalen Kirche nach dem Rechten zu sehen, als um Reggio und Rubiera lebensgefährliche Kriege zu führen.

Ernstlich war doch die Gefahr, die dem Papste von den spanischen und burgundischen Dienern des Kaisers drohte. Bartolomeo Gattinara erbat eilends Instruktion, ob der Apostolische Stuhl bestehen bleiben solle. Sah das aus nach Säkularisation des Kirchenstaates? Wollte auch der Kaiser vorgehen wie Sickingen gegen Trier und Philipp von Hessen gegen die Stifte am Main?

Am 5. Juni 1527 kapitulierte der Papst in der Engelsburg. Einen Augenblick erwartete man die bedeutendsten Entschließungen vom Kaiser. Aber die siegestrunkene Schwerfälligkeit Karls V. wirkte mit ihren skrupelhaften Hemmungen genauso lähmend wie nach Pavia; sie schien den Kaiser wie damals um alle Erfolge unerhörter Glücksfälle bringen zu sollen.

Denn inzwischen waren natürlich, genau wie damals, die anderen Gegner keineswegs untätig geblieben. England, immer weiter vom Kaiser abgerückt, war an der Seite Frankreichs sehr geschäftig. Wolsey brachte persönlich den Verzicht des englischen Königs auf die französische Krone; wieder mehr als eine große Geste; am 18. August 1527 schlossen die Könige den Vertrag von Amiens.

Der französische General Lautrec rückte in Oberitalien ein und erzwang seinen Durchmarsch nach dem Süden; genuesische und französische Schiffe zogen vor Neapel. Das Königreich schien verloren, trotz des Entsatzes durch Philibert von Chalon und den Marchese del Vasto, Pescaras Neffen; der Vizekönig Moncada fiel, der Marchese wurde gefangen. Ferrara und Mantua verließen die Partei des Kaisers.

Aber sein Glück schien nicht erbleichen zu wollen. Unverdient erfolgten neue günstige Wendungen seines Geschicks. Der englische Kaufmann mißbilligte wegen des niederländischen Handels die kaiserfeindliche Politik Wolseys; auch die Annäherung an Frankreich war nicht durchaus populär. Vor allem ging im Juli 1528 der große Genuese Andrea Doria mitsamt seinem Neffen Filippino wieder von Frankreich zum Kaiser hinüber; Neapel war damit gerettet, denn mit dem bald folgenden Tode Lautrecs (16. August) verlor auch die Belagerung von der Landseite ihre Kraft.

Der Papst hielt an dem Präliminarfrieden seiner Kapitulation wenigstens fest, während der Kampf um die Lombardei anhielt; ein Hilfsheer unter Heinrich von Braunschweig löste sich vor der Zeit auf. Neue französische Truppen unter St. Pol rückten ein. Erst als der lombardische Befehlshaber des Kaisers, General Leyva, einen glücklichen Ausfall aus Mailand unternahm und bei Landriano im Juni 1529 das französische Aufgebot vollständig schlug, da waren allerdings die Bedingungen für einen Frieden zugunsten des Kaisers gegeben.

Karl und Franz wünschten nicht unmittelbar zu verhandeln. Sie hatten sich in ritterlichen Formen »gefordert«, und redeten davon, ihre Händel mit dem Degen in der Faust gegeneinander auszutragen, wozu es natürlich niemals kommen konnte. So führten die Friedensverhandlungen des Königs Mutter, Louise von Savoyen, und des Kaisers Tante Margarete, Regentin der Niederlande. Sie schlossen am 5. August 1529 den Damenfrieden von Cambrai; im einzelnen ein diplomatischer Erfolg Margaretens von solchem Gewicht, daß man auch bei späteren Friedensschlüssen, wie 1544 zu Crépy, in der Hauptsache auf diesen Text zurückkam.

Frankreich verzichtete in aller Form auf jede Art von Hoheit über Flandern, Lille, Douai, auf Tournai und das Tournesis, auf Artois samt der Jahresabgabe von 14000 Pfund, der sogenannten *composition d'Artois*, auf Arras, Stadt und Bistum, mit einziger Ausnahme weniger Plätze wie Thérouanne, Ligny, Avesnes. Der Kaiser dagegen verzichtete auf die französische Bourgogne, gewann freie Hand in Italien, ein bedeutendes Lösegeld für die Freigabe der als Geiseln nach dem Madrider Frieden gestellten Prinzen und endlich die Aussicht auf die Verwirklichung der schon vor drei Jahren verabredeten Verehelichung seiner Schwester Eleonore mit König Franz.

Im nächsten Sommer kam es zur Hochzeit. Der Kaiser sollte an seiner Schwester noch durch Jahre eine zuverlässige Vertreterin seiner Interessen am französischen Hofe besitzen.

Für Papst Clemens VII. hatte sich die vorübergehende Allianz mit Frankreich und England noch in einem besonderen Sinne gestraft. Der König von England und der um seine Stellung ängstlich besorgte Kardinal Wolsey nutzten die Lage bis auf das äußerste aus im Sinne einer Sache, die für die nächsten Jahre die innere Politik Englands vollkommen beherrschen sollte.

Heinrich VIII. wünschte von seiner Gemahlin, der Königin Katharina, einer Tochter Ferdinands von Aragon, geschieden zu werden. Von ihren sechs Kindern lebte nur noch eine einzige Tochter, Maria. Aber keineswegs das beherrschende Verlangen nach einem männlichen Erben noch auch die angeblichen Gewissensbisse des Königs wegen seiner kirchenrechtlich verbotenen Ehe (Katharina war zuerst Heinrichs verstorbenem Bruder Arthur angetraut gewesen), sondern ausschließlich die Leidenschaft des Königs für die ihn reizende Hofdame Anne Boleyn war das Motiv. Der leitende Staatsmann, zugleich Kardinal der römischen Kirche, hielt zunächst zurück, sah aber sehr deutlich die Folgen beharrlicher Weigerung angesichts der despotischen und leidenschaftlichen Natur des Königs. Er begann sich zu fügen und damit zu sinken. Mit der Kurie stand man in ununterbrochenem Austausch. An Clemens VII. wurde das verwegene Ansinnen gestellt, den für die Ehe Heinrichs VIII. durch Julius II. erteilten Dispens mit höchst fadenscheiniger Begründung für nichtig zu erklären, wohl gar dem Könige im Notfall eine Doppelehe zu gestatten. Der Papst in seiner schwierigen Lage und persönlichen Schwäche hat sich aufs äußerste gesträubt, aber schließlich seinen Legaten, Wolsey und dem nach England abgeordneten Campeggio, doch sehr fragwürdige Vollmachten erteilt.

So war die Lage, als zwischen Kaiser und Papst der Friedensschluß in Barcelona am 29. Juni 1529 zustande kam. Am 12. August landete Karl in Genua. Zu Bologna traf er sich mit dem Papst, und wochenlang standen die eben noch so hoffnungslos verfeindeten Häupter der Christenheit miteinander in vertrautem Verkehr. Jetzt wurde Italien wirklich spanisch. Zunächst erfüllte der Kaiser den einzigen Wunsch des Papstes, nämlich die Herstellung der Herrschaft seines Hauses in Florenz. Die Stadt hatte sich an der allgemeinen Erhebung der italienischen Staaten beteiligt, das Haus Medici zum zweitenmal vertrieben und die Republik erneuert. Nun zog wieder ein spanisches Heer, wie 1513, vor die Stadt; sie wurde nach ruhmvoller Verteidigung, an deren Vorbereitung sich auch Michelangelo beteiligt hatte, erobert und dem Hause Medici zurückgegeben. Wie ein Bastard des Hauses Medici auf dem Stuhle Petri saß, so wurde ein zweiter, Alessandro Medici, jetzt Herzog von Florenz von des Kaisers Gnaden. Das war das Ergebnis jener patriotischen Erhebung, daß der spanische Kaiser jetzt ganz Italien, bis auf Venedig, durch Vizekönige, Statthalter oder Herzöge beherrschte.

Gestützt auf den Kaiser, fand Clemens VII. jetzt den Mut zu einer festeren Haltung in der englischen Sache. Hatte er bis dahin die Angelegenheit den Legaten überlassen, so zog er sie jetzt unmittelbar an die Kurie; am 5. Januar 1531 verbot er allen Engländern geistlichen oder weltlichen Standes, die Ehe des Königs zu lösen. Wolsey, im Grunde stets Gegner der verbrecherischen Gelüste seines Königs, fand nicht mehr den Anschluß an die Partei der Anne Boleyn, vertreten durch die Herzöge von Norfolk und Suffolk; er wurde gestürzt, im Oktober unter einer vom Zaun gebrochenen kirchenrechtlichen Anklage prozessiert und am 4. November 1530 in Haft genommen. Gleich darnach ist er gestorben. Der König handelte fortan nach seinem Willen.

Kaiser und Papst, in Italien befriedet, über England einig, schritten zur letzten Bekräftigung ihrer neuen Freundschaft mit dem Vollzug der Kaiserkrönung am 30. Geburtstag des Kaisers, am 24. Februar 1530, in der Kathedrale zu Bologna. Es war die letzte deutsche Kaiserkrönung auf italienischem Boden, aber sie schien schon keine Beziehung mehr zu haben zum Deutschen Reich; kein Kurfürst war zugegen; nur der junge Pfalzgraf Philipp von Neuburg trug dem Kaiser den Reichsapfel voran; im übrigen umgaben Generale, italienische Nobili und spanische Granden den gekrönten Kaiser.

Der deutschen Verhältnisse gedachte man nur insofern, als nach einem Gutachten des Kardinals Campeggio nunmehr die Kirchenfrage entweder in Güte oder aber mit Feuer und Schwert gelöst werden sollte.

Organisation und erste Erfolge des deutschen Protestantismus

Zum 21. Februar 1530 war der kaiserliche Reichstag nach Augsburg ausgeschrieben worden, aber erst am 15. Juni hielt der Kaiser seinen Einzug. Noch abends berief er die protestierenden Fürsten zu sich, um ihnen zu befehlen, daß ihre Prädikanten schweigen – am nächsten Tage hoffe er sie bei der Fronleichnamsprozession zu sehen. Die Fürsten gaben ihm fast trotzig Bescheid. Der junge Landgraf und Markgraf Georg von Brandenburg beriefen sich auf Pflicht und Gewissen und entschuldigten sich. Immerhin, am 20. Juni erschienen sie mit im Dom bei dem Hochamt, das als feierliche Eröffnung des Reichstages galt und wobei Kursachsen als Erzmarschall dem Kaiser das Schwert voranzutragen pflegte.

Während der Verhandlungen änderte sich mehrfach die Stimmung des Hofes und des Kaisers. Die Lage war doch anders als 1521 zu Worms, als der Kaiser zum letzten Male unter diesen Ständen weilte. Er stand jetzt nicht einem einzelnen Ketzer gegenüber, sondern den angesehensten Fürsten selbst, mit denen er rechnen mußte und mit denen König Ferdinand seit Jahren um des Friedens und der Türkennot willen schon gerechnet hatte. Ja noch mehr; man fand die altkirchlichen Stände bereits in der Defensive und damit einen Weg beschritten, der nicht mehr so leicht zu verlassen war; denn die Schutzbestimmungen für das alte Kirchenwesen schlossen bereits eine wenn auch noch so widerwillige Anerkennung des Neuen in sich. Dieses Neue aber war auch wieder anders, als der Kaiserhof es sich vorgestellt hatte; da wurden maßvolle Ansprüche erhoben, die sich zum Teile, etwa in der Forderung des Konzils, mit der eben noch vom Kaiser vor der ganzen Welt vertretenen Politik deckten. Weit entfernt von dem ungestümen Radikalismus, den sie selbst bekämpften, vertraten die fürstlichen Stände ein sehr ernsthaftes Kirchenwesen, mit dessen Tatsache man irgendwie zu rechnen begann.

Vor allem Kursachsen suchte mit der kaiserlichen Regierung auf alle Weise auszukommen, zunächst theologisch. Da Luther als Geächteter am Reichstag unmöglich war, erschien Melanchthon als der verantwortliche kursächsische Theologe. Ihm hatte der alte Kurfürst eine Apologie seines Verhaltens aufgetragen. Aus dieser Apologie wurde eine Bekenntnisschrift, einmal, weil man sich seit Schwabach längst in dieser Richtung bewegte, und zum zweiten, weil die Gegner alle Heterodoxen: Lutheraner, Sakramentierer und Täufer, als eine große Einheit hinstellten; dagegen glaubte man sich wehren zu müssen.

Melanchthon gab im Anschluß an die Artikel des letzten Winters eine Zusammenstellung der Unterscheidungslehren in 21 Glaubensartikeln und 7 Artikeln über die Kirchengebräuche. Dr. Gregor Brück schrieb die Einleitung dazu. Da nun am 24. Juni die Protestierenden auch als Gruppe sich bereit erklärt hatten, ihr Bekenntnis vorzulegen, wurden am nächsten Tage in der Wohnung des Kaisers, in der bischöflichen Kapitelstube, die Artikel Melanchthons in deutschem und lateinischem Text überreicht. Der Kanzler Christian Bayer verlas das Aktenstück dieser *Confessio Augustana*, das unterfertigt war von den protestierenden Fürsten sowie von Nürnberg und Reutlingen. Die große Masse der oberländischen Städte schien von dieser durch Kursachsen geleiteten Handlung ausgeschlossen; erst nachträglich haben Kempten, Heilbronn, Weißenburg und Windsheim zugestimmt. Aus den Protestierenden von 1529 sind so die »Augsburgischen Konfessionsverwandten« geworden.

Von den Schweizern sollte auf den Reichstagen längst keine Rede mehr sein; immerhin sandte auch Zwingli am 3. Juli dem Kaiser eine *Ratio fidei*, die aber durch Melanchthon möglichst auffällig abgelehnt wurde; sie blieb unbeachtet. Dagegen gehörte mit zu den offiziell vorgelegten und auch beantworteten Akten das durch Bucer und Capito verfaßte Bekenntnis von Straßburg, Konstanz, Lindau und Memmingen, die nach den vier Städten später *Tetrapolitana* genannte Konfession.

Die *Confessio Augustana* ist der charakteristische Ausdruck Melanchthonschen Geistes – klar und leicht faßlich, für Jahrhunderte grundlegend. Allein, auch seinem Wesen entsprechend weich und ohne Entschiedenheit in wichtigen Kontroverslehren, wie dem Recht des Papsttums, dem Charakter des Priestertums, der Zahl der Sakramente und der Lehre von Abendmahl und Messe. Melanchthon bemühte sich, nach allem was geschehen, mit befremdlichem Eifer, die Gegensätze gering erscheinen zu lassen. Der Abstand dieses theologischen Lehrers von dem Bekenner von Worms ist ungeheuer. Melanchthon dachte wieder an eine Verständigung mit der alten Kirche gleich den Griechen und den Böhmen im 15. Jahrhundert, das heißt, er war im Begriff, die welthistorische Stellung Luthers zu verlassen und auf die Stufe eines Schulstreites zurückzutreten. Er ergriff begierig die Gelegenheit zu Verhandlungen mit dem kaiserlichen Theologen Alfonso Valdes und Karls Beichtvater Juan de Quintana; ja, er ließ durch den Legaten Campeggio am 6. und 7. Juli Vorschläge nach Rom geleiten, wirklich nach Rom, die über den Geist der deutschen Bewegung völlig täuschen mußten. Er appellierte an die Milde und das Verständnis des Apostolischen Stuhles und brachte demselben Papst, den Luther als Blutsäufer und Antichrist gebrandmarkt hatte, die Huldigung entgegen: »Wir verehren die Autorität des Apostolischen Stuhles«.

Melanchthon war drauf und dran, es mit beiden Teilen gründlich zu verderben. Vor allem von der Coburg kamen Briefe, die so noch immer nur einer in Deutschland schreiben konnte – so voll Sorge, Zorn und Zuspruch. »Ich will lieber mit Christus dahinfallen als mit dem Kaiser stehen.« Er ruft dem Freunde zu: »Handle männlich«; und als er vom Fortgang der Verhandlungen hörte, erinnerte er, daß Belial und Christus unvereinbar seien; würden sie genarrt mit dem Konzil, so wollten sie das gleiche tun; wenn es nicht anders sei, so wolle er die Verfolgung preisen um des Evangeliums willen. Er schrieb an Melanchthon, an Spalatin, an Justus Jonas, an Agricola, stellenweise täglich, immer erregter, in Briefen, die halb lateinisch, halb deutsch geschrieben anmuten wie die lebendigste Rede; so am 15. Juli: »Also ich löse Euch im Namen Gottes von diesem Reichstage; immer wieder heim! wieder heim! Wenn der Kaiser ein Edikt erlassen will, mag er's tun. Er hat's auch in Worms getan. Wir werden den Kaiser als Kaiser vernehmen, nicht mehr, nichts weiter! Heim, heim – der Herr behüte Euch!«

Auch Zwingli warnte. Damals war es, daß er dem Landgrafen den berühmten Brief schrieb mit dem Zuruf: »Halt an, frommer Ackersmann, halt an!«

In der Tat, im ganzen benahmen sich die Fürsten besser als die Theologen.

Der Kaiser, der beim Papste gerade jetzt sehr nachdrücklich das Konzil forderte, hatte als Antwort auf die Konfession eine Konfutation abfassen lassen durch Johann Faber, Johann Eck, Cochlaeus und Wimpina; der erste Entwurf vom 12. Juli, vom Kaiser verworfen; der zweite, etwas milder, am 3. August den Ständen vorgelesen, wenn auch noch nicht übergeben. Melanchthon schrieb auf Grund des Gehörten eine neue Apologie, die er erst später in Wittenberg an Hand des Textes vollendete.

Dagegen setzte er aus ökumenischer Gesinnung und angesichts des Entgegenkommens der kaiserlichen Räte, hinter denen in der Ferne noch einmal Erasmus erscheint, eifrig seine Unionsverhandlungen fort. Er machte Vorschläge, die an das spätere Interim erinnern, ja, er gestand die Rückkehr zur bischöflichen Jurisdiktion zu. Am 14. August tagte ein neuer Ausschuß von 14 Fürsten, Juristen und Theologen – man hielt ein Gespräch ab zwischen Melanchthon, Brenz, Schnepf auf der einen, Eck, Wimpina, Cochlaeus auf der anderen Seite –, und dann noch einmal in einem Sechserausschuß.

Schließlich war alles vergeblich. Darüber wurde der Kaiser erst ungeduldig, dann ernstlich ungehalten. Am 8. September beschied er die Stände in einem eigenhändig aufgesetzten Schreiben drohend. Die Altgläubigen fand er kleinmütig.

Ende September drängte man zum Schluß. Am 22. wurde der Entwurf eines Abschieds verlesen, der nun freilich weder vom Wormser Edikt noch eigentlich von Luthers Sache handelte, sondern sogleich Stellung nahm zu den reichsständischen Bekennern. Er gewährte nicht wie sonst Bedenkzeit bis zu einem Konzil, sondern nur bis zum 15. April 1531. Auch bis dahin soll keine Neuerung vorgenommen, vielmehr das ganze alte Kirchenwesen geschützt werden; Wiedertäufer und Sakramentierer blieben verfolgt.

Der Landgraf hatte sich längst nichts Gutes mehr versprochen und war heimgereist. Auch der Kurfürst von Sachsen verließ nun den Reichstag. Die Städteboten standen in großer Sorge und berieten über ihre weitere Verständigung. Den Reichstagsentwurf vom 13. Oktober lehnten sie wieder ab; außer den Unterfertigern der Confessio und der Tetrapolitana waren es noch Ulm, Frankfurt, Hall, Augsburg, Isny, Biberach.

Darüber wurde der Abschied natürlich weiter verschärft. Bei der endgültigen Form vom 19. November wirkten nur noch der Kaiser und altkirchliche Stände mit; diesmal also unter stillschweigendem Protest.

Den Verhandlungen entspricht der stark theologisch-kirchliche Inhalt dieses Abschieds. Er hält den Protestierenden vor, daß die »hiervor verworfene und verdamte Lehre noch mehr um sich gegriffen – viel verführige Irrsal unter gemeinem Volk erwachsen, alle wahrhafte Andacht verloschen, Sitte, Zucht, Gottesfurcht und Nächstenliebe gänzlich in Abfall kommen sein«. Deshalb habe sich kaiserliche Majestät mit den Altgläubigen zur Handhabung der alten Lehre und des alten Gottesdienstes vereinigt, zur Erhaltung der heiligen Messe, Kommunion, Taufe, Feier der Heiligen, zum Glauben an den freien Willen und die guten Werke, zum Festhalten am Mönchtum und Zölibat – alles bei Strafe an Leib und Leben. Schriften, Drucke und Bilder sollen sorgfältig überwacht werden.

Aus dem Abschied von 1529 ist übernommen das Verbot gewaltsamen Vorgehens und eingefügt das Recht des Abzugs der Untertanen, natürlich aus den Gebieten der Protestierenden. Die Restitution weggenommenen Kirchengutes wird bei Acht geboten. An die Kirchen und Klöster sind fortan wieder alle alten Leistungen zu entrichten. Übertretungen sollen durch den kaiserlichen Fiskal beim Reichskammergericht eingeklagt werden – kurzum, das ganze alte Kirchenwesen wurde bei Acht und Pön des Landfriedens geschützt.

Das alles entsprach der europäischen Stellung der Habsburger und der tiefen Willensmeinung dieses kaiserlichen Herrn; aber es bedeutete ebenso die Absicht auf Vernichtung des ganzen Gemeinde- und landeskirchlichen Aufbaus der letzten vier Jahre in Deutschland. Da die Protestierenden – auf dem Druck der Augsburgischen Konfession hießen sie die »Appellierenden« – beharrten, so mußte es zu gewaltsamer Exekution des Abschieds kommen, also zum Kriege.

War das des Kaisers Meinung? Man sollte es glauben. Allein ein kluger Berater des Kaisers, sein früherer Beichtvater Garcia de Loaysa, jetzt Kardinal der römischen Kirche, schrieb ihm eben damals, gewiß müsse er die Ketzer in Deutschland ausrotten, aber die Schwierigkeiten seien unendlich groß; vielleicht wäre das sicherste Mittel ein Konzil, indessen nach seiner Kenntnis »wünschten Papst und Kardinäle es zum Teufel«; die Altgläubigen seien lau und träge; von Frankreich gebe es keine Gewähr des Friedens; England würde mit dem Teufel gegen den Kaiser ziehen; der Türke drohe. Ein anderes Mal schreibt er: »Ich wage es, Eure Majestät zu bitten, dieweil das Gewissen dabei beruhigt bleiben kann, Euch, so gut es geht, mit allen diesen Ketzern abzufinden und sie Eurem Bruder so als Untertanen zu lassen wie es die Böhmen sind.«

In der Tat, vom Kriege mahnte manches ab. Am 30. November 1530 starb Margarete von Österreich; der Kaiser mußte sich in den Niederlanden zeigen. Zudem wünschten die Habsburger nun endlich Ferdinands Wahl zum römischen König; dazu gehörten Frieden und Kurstimmen. Nur mit großer Mühe brachte man es fertig, daß Ferdinand am 5. Januar 1531 zu

Köln von allen Kurfürsten außer Sachsen wirklich gewählt wurde; mit dem Herzogtum Württemberg war er schon zu Augsburg förmlich belehnt. Wie sollte man im übrigen ohne umsichtigste Vorbereitungen zum Kriege greifen?

Merkwürdige Wendung! Während man die innerlich auf den Frieden gestimmte Meinung des Kaisers um so weniger vermutete, je schroffer sein Reichstagsabschied lautete, waren es jetzt die Protestierenden, denen alle ihre Theologenkünste nichts genützt, bei denen sich zur Scham die Furcht gesellte, so daß sie ihrerseits sich auf den Krieg einrichteten.

Selbst in Sachsen erfolgte der Umschwung angesichts der Augsburger Reichstagsverhandlungen, und Luther frohlockte über diese Wendung. Er schrieb an Justus Jonas in einem zunächst lateinischen Briefe: »Ich berste fast vor Zorn und Entrüstung; ich wünsche nur, daß Ihr alles abbrecht und heimkehrt. Sie haben die Konfession, sie haben das Evangelium; wenn sie wollen, sollen sie es zulassen, wenn nicht – (jetzt fällt er plötzlich in die deutsche Sprache) wird ein Krieg draus, so werd er draus, wir haben genug gebetet und getan! *Dominus Jesus reducat vos salvos et fortes!*« – »der Herr gebe Euch Heimkehr und Tapferkeit!« Luther ließ nun auch die Juristen gewähren, die das staatsrechtliche Verhältnis des Kurfürsten zum Reiche neu zu fassen suchten; statt den Kaiser als Obrigkeit schlechthin, die Stände als Untertanen anzusehen, erklärten sie die Stände als Glieder des Bundes mit Selbstbestimmung in so wichtigen Dingen. Luther fügte hinzu: »Ach Herr Gott, ich bin in solchen Weltsachen zu kindisch«; als er aber den Reichstagsabschied gelesen, da erließ er doch eine geharnischte »Warnung an seine lieben Deutschen wider den Augsburger Reichstagsabschied«. – »So laßt frölich hergehen und aufs argist geraten, es sei Krieg oder Aufruhr, wie dasselbe Gottes Zorn verhängen will.« Bucer, der Luther auf der Coburg besucht hatte, erklärte nun dem Landgrafen, man könne recht wohl mit ihm auskommen. So sehr drängte auf dieser Seite alles zur Einigung und Tat.

Nachdem im November 1530 das Burgrecht geschlossen war zwischen Zürich, Basel, Straßburg und Hessen, ließ sich auch Kursachsen auf Bündnisverhandlungen ein, die ein ernsteres Gesicht zeigten als alle früheren Allianzen.

Man traf sich in demselben Schmalkalden, wo im Jahre zuvor die theologische Einigung in Scherben gegangen war. Vom 22. Dezember ab berieten Fürsten und Städte über ein Bündnis nach Art jenes Burgrechts. Man vereinigte sich gegen jeden Angriff wegen des göttlichen Wortes, der evangelischen Lehre und des Glaubens, insbesondere durch Kammergerichtsmandate. Man nahm auch Stellung gegenüber der Wahl Ferdinands zum römischen Könige und sah der Gehorsamsverweigerung beherzt ins Gesicht. Die Frage des Widerstandsrechtes wurde bejaht, wenigstens ein Defensivbündnis beschlossen. Vergeblich waren nur alle Bemühungen um den Anschluß der Schweizer.

Als am 27. Februar 1531 die Bundesurkunde des »Schmalkaldischen Bundes« unterzeichnet wurde, das sogenannte »Verstendtnus«, las man darunter die Namen von sechs Herren und zehn Städten. Es waren Kurfürst Johann von Sachsen, Landgraf Philipp von Hessen, Ernst von Lüneburg, Philipp von Grubenhagen, die Grafen von Mansfeld und Anhalt, ferner die Städte Magdeburg und Bremen, Straßburg, Ulm, Konstanz, Reutlingen, Memmingen, Lindau, Biberach, Isny, also alle »Augsburger Konfessionsverwandten« (außer Kempten) und die Anhänger der Tetrapolitana; aber nicht die Schweizer.

Im März und den ersten Tagen des April 1531 hielten die Verbündeten einen zweiten Tag zu Schmalkalden. Der politische Bund begann die Konfession zu überschatten. Im Juni, auf dem Frankfurter Tag, traten Braunschweig und Göttingen, Einbeck und Goslar bei.

Nun bewährte sich die Rührigkeit des Landgrafen in neuen Kombinationen. Da ihm die Schweizer Sache nicht gelungen, blickte er erst recht ins Weite. Er suchte Anknüpfung mit Frankreich und England; der Venezianer Gritti bot sogar ein Türkenbündnis an gegen die Habsburger. Viel wichtiger wurde aber für den Augenblick die Erweiterung der Fürstenpolitik im Reich.

Schon vor der Wahl Ferdinands zum römischen Könige, schon 1529, erweckte man den Bayern Aussichten darauf und ehrte Leonhard von Eck mit einer namhaften Begrüßung. Nach der Königswahl gingen die Verhandlungen erst recht leicht vonstatten; Schenk von Schweinsberg ging nach Bayern und Weißenfelder von Bayern nach Sachsen; ja, im August 1531 erschien Leonhard von Eck selbst beim Landgrafen in Gießen; seitdem rissen durch fünfzehn Jahre hin diese Verhandlungen nicht mehr ab. Schon im Oktober kam es in Saalfeld zu einer Art Bündnis; von dieser Grundlage aus ging man weiter. Das Verbindende war der Gedanke der »fürstlichen Libertät«, einer Unabhängigkeit der Reichsstände gegenüber dem Kaiser und dem Hause Habsburg. Die Belehnung mit Württemberg hatte den Habsburgern nicht gerade Freunde gemacht; von der Wahl Ferdinands sagte man, sie verstoße gegen die Goldene Bulle; auch Bayern lehnte sie ab.

Im Mai 1532 wurde mit Frankreich nähere Fühlung genommen, ebenso mit Dänemark; der hessische Rat Nikolaus Maier ging nach England, nachdem schon im vorigen Jahre Gesandtschaften Fühlung genommen hatten. War man mit dem katholischen Frankreich und dem katholischen Bayern geradezu verbündet, so konnte es geschehen, daß man im Kampf gegen den Kaiser eines Tages tatsächlich sogar den Papst und den Türken zu Bundesgenossen hatte.

Inzwischen kam es im Schweizer Gebiet zum ersten kriegerischen Zusammenstoß.

Die kirchenpolitischen Machtverhältnisse waren hier sowenig wie im

Reich geklärt. Jener Landfriede von 1529 erwies sich als ebenso undurchführbar wie später der Religionsfriede von 1555, weil die »Freistellung«
immer das gegenseitige Stimmenverhältnis bedrohte. Gegenüber dem katholischen Bund standen Bern und Zürich nicht einheitlich. Beide vertraten je
für sich nicht nur Territorialpolitik, sondern die eigenen konfessionellen
Ansprüche auch in dem gemeinsamen Pfandbesitz. So war die Erhebung
der katholischen fünf Orte zugleich eine politische wie eine kirchliche Reaktion gegen drohende Machtverschiebungen. Die Vorherrschaft Zürichs war
aber keineswegs fest genug, um schon einen Sonderbundskrieg tragen zu
können. Basel löste sich. Bern wollte im Mai 1531 nur in einen Wirtschafts-
krieg willigen, eine Lebensmittelsperre. Aber eben das brachte die fünf Orte
zum Losschlagen.

Zürich hatte es versäumt, mit Ulm und Straßburg sein Bündnis zu erneuern und zu festigen. Im Herbst 1531 stand es allein. Am 11. Oktober
kam es zum Gefecht bei Kappel, das für die Züricher ungünstig verlief;
Zwingli selbst blieb auf der Walstatt. Noch eine Niederlage, und der Frieden vom 20. November fiel durchaus gegen Zürich und seine Ansprüche
aus. Damit war die große Rolle der Züricher Reformation und seiner politischen Führung in der Schweiz einstweilen ausgespielt.

Sehr bedeutend war die Rückwirkung der Niederlage auf die deutschen
Verhältnisse. Denn nun verstärkte sich das Bedürfnis der oberdeutschen
Städte nach Anschluß an die mittel- und norddeutschen Glaubensgenossen.
Da dieser Anschluß sich vollzog an die von den Fürsten geführte Gruppe,
wurde auch Kappel eine Etappe im Aufstieg des absoluten Fürstentums.

Die Macht, die im späten 15. Jahrhundert, ja noch 1519 und im Bauernkrieg in Oberdeutschland alles beherrschte, der Schwäbische Bund, ging
mit Notwendigkeit zurück; nur etwas von seinem Geist und den Formen
seiner Rüstung retteten die Städte in den Schmalkaldischen Bund hinüber.
Die Auflösung rückte Bayern und Österreich wieder weiter auseinander,
unterstützte die konfessionelle Spaltung und erleichterte es, daß die kirchlichen Neuerungen sich auch ritterschaftliche Gebiete eroberten, wie die der
Gemmingen, Rechberg und Späth. Am Mittelrhein, wo der Bund so lange
ausgleichend gewirkt hatte, erneuerten Mainz, Pfalz und Trier im November
1532 wenigstens ihren Landfrieden. Als der Gesamtbund im Dezember und
Januar 1533/34 in Augsburg noch einmal einen Bundestag abhielt, sah man,
wie fremd man sich geworden war. Man erneuerte den Bund nicht mehr. Er
ging zu Ende, nachdem er länger bestanden und machtvoller in die deutsche
Geschichte eingegriffen hatte als irgendein Städte- oder Landfriedensbund
vorher.

Die freigewordenen Kräfte strömten von allen Seiten dem Schmalkaldischen Bunde zu. Es galt nun seine Ausgestaltung. Zur Leitung wäre berufen gewesen der einzige Kurfürst unter den Verbündeten, Johann von
Sachsen, zugleich der Landesfürst Luthers, aber er war keine Persönlich-

keit von Initiative und Weitblick. Die Seele des Bundes dagegen, Philipp von Hessen, war zwar im Gegensatz zu Sachsen, Brandenburg und Braunschweig der Herr eines ungeteilten Fürstentums, aber der Rangordnung nach unter den Fürsten einer der jüngsten, und, was ihn vor allem auszeichnete, seine Rührigkeit, sein hochgespannter Idealismus und sein europäischer Gesichtskreis dienten ihm unter seinen Genossen keineswegs zur Empfehlung. Bei einer Zusammenkunft in Nordhausen suchte Sachsen die hessische Führung zu vermeiden durch Empfehlung Ernsts von Lüneburg oder Philipps von Grubenhagen; dann eines Fürsten von Anhalt. Der Landgraf war mit Recht geärgert über diese durchsichtigen Machenschaften. Schließlich kam man zu einer unglückseligen Künstelei; Kursachsen und Hessen sollten zusammen Bundeshauptleute sein, das heißt geschäftsführende Vorsitzende, dagegen der Landgraf und der Kurprinz Johann Friedrich Feldhauptleute; für den Fall eines großen Krieges sollte einer von ihnen oder aber Ernst von Lüneburg die Führung haben. Man sieht, wie ratlos sie waren.

Kurz nachher, zu Frankfurt, in den Tagen vom 19. bis zum 27. Dezember 1531, schritt man zur endgültigen Redaktion des »Entwurfs zur Gegenwehr«.

Endlich, im Frühjahr 1532, kam man in Schweinfurt zur endgültigen Bundesverfassung. Sie handelte von Hauptmannschaft und Stimmführung, wobei Sachsen und Hessen je zwei, den übrigen Fürsten und Grafen eine Stimme zugebilligt wurde sowie den oberdeutschen und niederdeutschen Städten je zwei, insgesamt also neun Stimmen. Die eilende Hilfe berechnete man auf 2000 Reiter und 10000 Knechte, demgemäß den Sold für zwei Monate auf 140000 Gulden. Die Verteilung der Lasten aber wurde im Gegensatz zu den Stimmen auf Kosten der Städte geregelt. Sehr unsicher ist die Zugehörigkeit einzelner Städte; einige, die ihren Beitritt erklärt hatten, haben anscheinend die Verfassung nie angenommen und auch die Lasten nicht mit getragen. Überhaupt gibt es keine Anhaltspunkte für nennenswerte Zahlungen der Städte vor dem Jahre 1536/37.

Gleichwohl war man des öfteren zusammen, hatte ein Gefühl von Anlehnung und möglicher Stärke und wirkte schon dadurch auf die Gegenseite.

Das sollte sich bald erweisen. Denn in diese allgemeine Lage traf die Nachricht von einem bevorstehenden großen Angriff der Türken an der Donau. Der Kaiser und der König wünschten vor allen Dingen »Türkenhilfe«.

Der nach Speyer ausgeschriebene Reichstag wurde am 17. April 1532 in Regensburg eröffnet. Es ist sehr wesentlich zu sehen, daß man die Verhandlungen mit den Schmalkaldischen vom Reichstage fernzuhalten wünschte. Sie wurden also gesondert erst zu Schweinfurt, dann vom 12. Juni an in Nürnberg gepflogen. Hier stand Forderung gegen Forderung, Religionsfrieden gegen Türkenhilfe. Die Protestierenden wollten Sicherheit gegen die Gefahren und Bedrohungen des letzten Reichstagsabschiedes; sie wollten diese Sicherheit aber auch für die künftigen Konfessionsgenossen; und endlich womöglich Duldung des evangelischen Bekenntnisses auch in altkirchlichen Gebieten. Wie sehr hatte der Bund das Selbstgefühl und die Kühnheit der Schmalkaldischen gestärkt, und wie weit hatte sich die Reichspolitik schon wieder von Augsburg entfernt – vom Wormser Edikt gar nicht zu reden!

Das Ergebnis war unter dem Druck der Altkirchlichen die Ablehnung jeder Veränderung des Reichsrechts im Reichstagsabschied; auf der anderen Seite aber in einer Urkunde und einem Mandat vom 2. und 3. August die Bewilligung des Kaisers für die gegenwärtigen Glieder des Schmalkaldischen Bundes, daß die Prozesse am Kammergericht auf Antrag ruhen sollten und daß bis zu einem Konzil oder, falls dies nicht in Jahresfrist zusammentrete, bis zu einem Reichstage die Stände einander »der Religion und des Glaubens halber nicht bekriegen, berauben, verfolgen, überziehen und belegern sollten«. Bemerkenswert, daß keine ausdrückliche Ausnahme der Sakramentierer erfolgte und daß dieser Nürnberger Religionsfriede nicht für die Konfessionsverwandten, sondern für die Mitglieder des Bundes galt.

Dafür wurde von seiten aller Stände die Türkenhilfe bewilligt und zum ersten Male ein wirklich ansehnliches Reichsheer ins Feld geschickt; zusammen mit kaiserlichen und königlichen Truppen waren 80000 Mann aufgebracht. Das Heer bewegte sich am Wienerwald hin, die eigentlich deutsche Grenze beschützend. Hier war das deutsche Heer, angelehnt an feste Plätze, schon wegen des bedeckten Geländes offenbar im Vorteil. So hatte man denn auch beachtenswerte Erfolge im offenen Kampfe. Vollends in der Verteidigung. Die kleine westungarische Festung Güns, nahe der steirischen Grenze am Wienerwald, hielt vom 7. bis zum 28. August immer neue türkische Stürme aus, wesentlich durch ihr Geschütz. Soliman mußte auch dieses Mal unverrichteter Dinge abziehen. Die Deutschen hatten nicht eigentlich große Taten vollbracht, aber es gab doch ein allgemein empfundenes Hochgefühl, als der Reichsfeldherr Pfalzgraf Friedrich dem Kaiser zu Wien am 24. September 1532 die erbeuteten türkischen Feldzeichen zu Füßen legte. Eine wirksame Verfolgung, tiefer nach Ungarn hinein, wie Ferdinand sie wünschte, wagte man nicht.

Also Friede nach außen und innen. Man hatte dem Kaiser gegeben, was des Kaisers ist. Das war kursächsische Politik, und diese änderte sich nicht, als am 16. August 1532 dem Kurfürst Johann sein Sohn Johann Friedrich gefolgt war.

In ganz anderen Bahnen bewegte sich der Landgraf. Er wollte nicht kleine Geschäfte im Reiche, sondern in kühner Ausnutzung aller Schwächen der Habsburger europäische Politik und damit das, was dieser Periode schließlich doch ihre welthistorische Bedeutung gibt, die Sprengung aller Klammern der überlieferten mittelalterlichen Welt.

Die Schwächen der Habsburger waren ihm nicht verborgen. Sie lagen in den Gesamtverhältnissen der habsburgischen Länder, denen der Kaiser sich alsbald wieder glaubte zuwenden zu müssen. Deutschland hat er aufs neue für acht Jahre verlassen. Von Wien eilte er durch Oberitalien zu einer Zusammenkunft mit Clemens VII. in Bologna, ein neuer Vertrag vom 24. Februar 1533 blieb leider nur ein Höflichkeitsakt; in bezug auf das Konzil war man keinen Schritt weitergekommen.

Clemens VII. zog es vielmehr, wie früher, immer wieder von der kaiserlichen zur französischen Politik hinüber, zumal aus Anlaß der Verbindung seiner Nichte Katherina von Medici mit Heinrich, dem Sohn und späteren Nachfolger Franz' I. Als sei er völlig blind gewesen gegen die deutschen Verhältnisse, begab er sich nach Marseille und trieb mit den Franzosen zusammen antihabsburgische Politik. Es konnte das Gerücht entstehen, Papst und Frankreich hätten sich zur Unterstützung der Protestanten vereinigt. So hoch ging freilich die Kühnheit des Papstes nicht; er blieb befangen in den kleinen Eitelkeiten italienischer Fürstenpolitik. Immerhin, im Winter 1533/34 bestand ein tatsächliches Zusammenwirken zwischen dem Papst, Frankreich, den deutschen Protestanten und den Türken.

Isoliert erschien nach den Vorgängen der letzten Jahre nur England, im Damenfrieden endgültig von Frankreich abgezogen, in unheilbarer Feindschaft mit dem Kaiser wegen des Ehehandels, vom Papste hingehalten, auch von den deutschen Protestanten jetzt offenbar mit Zurückhaltung behandelt.

Merkwürdig! Hatte nicht England in den Tagen Wiclifs, noch vor Hus eine leidenschaftlich antirömische Bewegung erlebt, die sogar innerlich protestantische Züge aufwies? Von starken Wirkungen ist schon im 15. Jahrhundert nichts mehr zu spüren gewesen. Inzwischen hatten die englischen Universitäten und Gelehrten sich dem Geist des Humanismus geöffnet. Erasmus hatte jahrelang in Cambridge gelebt. Ein Schüler des Erasmus, William Tindale, brachte Luthersche Schriften ins Land und druckte zuerst seine Übersetzung des Neuen Testaments. Allein, eine allgemeine Bewegung schloß sich nicht daran; man unterdrückte die Schriften, ließ die Personen unbehelligt. Erst die Ehesache brachte den Konflikt mit der Kirche im Lande und mit Rom. Seit die Legation Campeggio durch Verlegung des Prozesses nach Rom gescheitert war, vollzogen sich die Dinge in England fast mit Naturnotwendigkeit. Wolseys Nachfolger wurde erst der Humanist Thomas Morus, dann Thomas Cromwell, ein Geschäftsmann von vollendeter Skrupellosigkeit. Heinrich VIII. unterwarf sich die Provinzialsynoden durch ähnliche Prozesse wie gegen Wolsey; er erzwang die Anerkennung des Königs als »Haupt und Vogt und einzigem Herrn der Kirche von England«, im Mai 1532 erfolgte die Submission der Synode von Canterbury. Nach der Verbindung mit Anne Boleyn verbot der König Appellationen nach Rom und ließ durch den neuen Erzbischof Cranmer von Canterbury seine erste Ehe annullieren. Es dauerte ein Jahr, bis Clemens VII. die förmliche Antwort gab, am 12. Juli 1533 und erneut am 23. März 1534, mit Androhung kanonischer Strafen. Fast zwei Jahre hat die verstoßene Königin noch gelebt, bis sie am 8. Januar 1536 erlöst wurde.

Der König aber begründete die englische Staatskirche durch das Suprematsgesetz vom 10. November 1534. Die europäische Lage, die Mutlosigkeit Clemens' VII., der Vorsprung und das ganz andere Gewicht der deutschen Bewegung erklären es, daß eine so große Umwälzung sich so leicht vollzog. Denn es handelte sich bei der Beseitigung der päpstlichen Jurisdiktion um dieselbe Sprengung des abendländischen Systems, die eben damals die führenden deutschen Fürsten unternahmen. Der Anlaß war schmachvoll, die Begründung ohne jede Tiefe – so ist die Ehre Englands gegen den gewissenlosen Tyrannen auf seinem Throne gerettet durch die Ehrenmänner, die als Märtyrer ihres Amts und ihrer Sittlichkeit hingerichtet wurden, Bischof Fisher und Thomas Morus, Großsiegelbewahrer des Königreichs.

Der König hat sich erst im Dezember 1535 um ein Bündnis mit den deutschen Protestanten bemüht; bis 1536 konnten sie sich nicht entschließen. Am 19. Mai 1536 fiel Anne Boleyn, die Mutter der Elisabeth. Der König heiratete Jane Seymour.

Während die Protestanten mit dem von Rom getrennten englischen Herrscher noch nicht näher zu tun haben wollten, fanden sie sich rasch mit dem katholischen Könige von Frankreich.

In Frankreich fehlte es, im Gegensatz zu England, keineswegs an tieferen evangelischen Regungen. Insbesondere des Königs an Verstand und Herz reich begabte Schwester Marguerite d'Alençon, seit 1527 Gemahlin des Königs Heinrich von Navarra, hat von Lefèvre, Briçonnet und später von Calvin bedeutende Anregungen empfangen, auch literarisch verarbeitet, aber zum Bruch mit der Kirche ist sie nicht gekommen. Noch 1534 sandte ihr Melanchthon ein überaus entgegenkommendes Bedenken, aber weder sein Kurfürst war mit diesen welschen Praktiken sonderlich einverstanden noch erst recht der französische Hof, dessen Staatsraison am Bestehenden nicht zu rütteln wünschte. Im übrigen war die gebildete Gesellschaft in ganz anderer Weise von den Strömungen der italienischen Renaissance erfaßt als in Deutschland. Seit den italienischen Feldzügen Karls VIII. und Ludwigs XII. ging ein Strom von Künstlern, Gelehrten, Büchern und Bildern nach Frankreich hinüber und erfüllte Städte und Schlösser. Was die Franzosen von den Italienern übernahmen, war weder das eigentlich Italienische noch die philologische Theologie der Deutschen; es war die schöne Lebenskultur, nicht ohne einen Stich in das aufklärerisch Frivole. Die Heimat Rabelais' und der galanten Literatur des Herrn von Brantôme war kein Boden für die Segnungen lutherischer Gewissensnöte. Mehr noch als der König haben der Kanzler Duprat und der Connétable Anne de Montmorency, gestützt auf die Sorbonne und das Parlament von Paris, alle lutherischen Bewegungen unterdrückt.

Aber der leichtblütige König trug nicht das geringste Bedenken, sich gegen das Haus Habsburg wie mit dem Papste so auch mit den deutschen Protestanten zu verbinden. Insofern wurde die Auflösung des alten abendländischen Systems auch von der kirchlichen Indifferenz der Franzosen mit vollendet. Bald nach seiner Zusammenkunft mit dem Papste traf sich Franz I. im Januar 1534 mit dem Landgrafen Philipp zu Bar le Duc.

Schon früher hatte er den Herzog von Württemberg gegen den habsburgischen Schwäbischen Bund unterstützt; jetzt förderte er den vertriebenen Herzog als Schützling des Landgrafen. Unter Verpfändung Mömpelgards, jener kleinen, bei Belfort gelegenen württembergischen Herrschaft, kam ein Vertrag zustande, der auf Zahlung von Subsidien zur Ausrüstung eines Heeres von 20000 Knechten und 4000 Reitern lautete. Es war der erste Fall einer Preisgabe von Reichsgebiet zum Zwecke der Erreichung höherer Ziele. Der Landgraf wollte durch Zurückführung Ulrichs nach Württemberg in ganz anderer Weise als einst Sickingen dem Evangelium eine Öffnung machen und zugleich das Haus Habsburg an seiner empfindlichsten Stelle treffen. Seit dem Unglück Zürichs war ihm dieser Gedanke um so dringender, als nur durch Rückgewinnung des württembergischen Fürstentums den vereinzelten protestantischen Reichsstädten in Schwaben Rückhalt und Verbindung gegeben werden konnte. Die Erbfeindschaft zwischen den Städten und den Württembergern sollte durch das Evangelium geheilt werden.

Aber es hatte der umsichtigsten Vorbereitung und der Überwindung mancher Schwierigkeiten bedurft. Schon am 26. Mai 1532 war eine erste Verständigung zwischen Frankreich, Sachsen, Hessen und Bayern im Kloster Scheyern in Oberbayern (nahe der alten Burg Wittelsbach) erfolgt. Dabei lautete die Parole noch auf Zurückführung des jungen Herzogs Christoph, der 1533 vom Schwäbischen Bunde, unterstützt von den bayrischen Oheimen, sein Erbe forderte. Als nun nach dem Wunsch des Landgrafen statt Christoph sein Vater wieder ins Herzogtum gebracht werden sollte, zog sich Sachsen zurück, weil es die Gewalt ablehnte, Bayern aber, weil es wohl den streng katholisch erzogenen Herzog Christoph, nicht aber den alten Feind zum Nachbarn haben wollte.

So rückten Philipp und Ulrich 1534 mit französischen Subsidien schließlich allein ins Feld. Am 23. April verließen sie Kassel. Der römische König, der sich mit knapper Not in Ungarn hielt, konnte dem Angriff keine ebenbürtige Truppe entgegenstellen. Am 12. Mai stießen die Verbündeten bei Lauffen am Neckar auf die österreichischen Fähnlein, die Pfalzgraf Philipp befehligte. Nach kurzem Treffen räumten die Österreicher das Feld – und das Land. Der Pfalzgraf war leicht verwundet. Ulrich aber trat ohne Schwierigkeiten in den Besitz des Stammlandes, das der fremden Herrschaft längst müde war.

Schon am 29. Juni konnte durch Vermittlung von Kursachsen, Mainz und Herzog Georg zu Kaaden bei Eger in Böhmen der Friede geschlossen werden, der nun außer der württembergischen Sache auch noch andere Streitpunkte zwischen König Ferdinand und den Reichsfürsten aus der Welt schaffte. Die Hauptbestimmungen des Friedens lauteten dahin, daß Herzog Ulrich Württemberg als österreichisches Afterlehen erhielt und den Schutz der alten Religion wenigstens für die nicht zum Herzogtum gehörigen Prälaten, Grafen und Herren der schwäbischen Lande zugestand; daß Herzog Ulrich und Landgraf Philipp den Kaiser und den König wegen ihres Landfriedensbruches um Verzeihung baten; daß Kursachsen und seine Verbündeten Ferdinand als römischen König anerkannten und daß Ferdinand seinerseits sich auf den Nürnberger Religionsfrieden verpflichtete, und zwar in einer Auslegung, die seine Umgehung durch das Reichskammergericht verhindern sollte. Wiedertäufer und Sakramentierer blieben diesmal ausgeschlossen.

König Ferdinand hatte verloren, aber auch gewonnen. Er hatte seine Stellung als römischer König gestärkt und war wegen des erlittenen Überfalls nicht ohne Sympathien geblieben. Als überraschenden Erfolg mochte er es ansehen, daß Landgraf Philipp sich schon im Frühjahr 1535 zusammen mit dem jungen Joachim von Brandenburg in Wien einstellte, um ein Kommando im Türkenkrieg zu übernehmen. Als im November auch der neue Kurfürst Johann Friedrich beim römischen Könige zu Hofe ging, da mochte man auf ein friedliches Auskommen Ferdinands mit den Häuptern des Schmalkaldischen Bundes und auf eine allmähliche Beruhigung des Kirchenstreits in Deutschland hoffen.

Am wenigsten auf ihre Rechnung gekommen waren von den alten Verbündeten die Bayern, die sich nun mit dem verhaßten Schwager als Nachbarn abfinden mußten und mit ihm die Reformation in Württemberg einziehen sahen. Immerhin mochten sie sich freuen, der Umklammerung durch die Habsburger ledig zu sein.

Die Schmalkaldischen, obwohl sie noch kaum in Rüstung standen, nahmen schon eine angesehene Stellung ein; niemand hinderte sie an Ausbau und Ausbreitung ihres Bundes.

Im Dezember 1535 erlebten sie eine französische Werbung durch Guillaume du Bellay und gleichzeitig englische Anknüpfungsversuche. Sie verlängerten ihren Bund auf zehn Jahre und eröffneten allen Anhängern der Augsburgischen Konfession den Beitritt. Die Herzöge von Württemberg und Pommern, die Städte Augsburg, Frankfurt, Hannover und Kempten wurden alsbald Mitglieder. Frankreich gegenüber hielt Johann Friedrich zurück, aber seine Theologen und Räte ergriffen um so lebhafter die von England dargebotene Hand. Im Januar 1536 wurden allen Ernstes auch kirchliche Unionsverhandlungen mit England angebahnt. Die Räte begannennen eine neue Bundesverfassung auszuarbeiten, deren Urkunde bis zum 29. September 1536 fertiggestellt werden konnte.

Die Bundesverfassung wurde im nächsten Jahre durch das »Coburger Kriegsregiment« ergänzt und abgeschlossen, die alte »Verständnus« und die »Verfassung zur Gegenwehr« von 1531 und 1532 erneuert; das eigentliche Bundesleben begann; Oberbefehl und Einteilung, Soldwesen, Artillerie und Munition wurden so weit geordnet, daß man von einer Art Mobilmachungsplan reden darf.

Von den neuen Bundesgliedern hat das größte Interesse natürlich Württemberg und seine Reformation. Herzog Ulrichs Kirchenreformation wird bezeichnet durch den Ausgleich zwischen Zwinglianern und Lutheranern, durch das Zusammenwirken des Zwinglianers Blarer mit Brenz und Schnepf. Seit Jahren stand Herzog Ulrich den Schweizern nahe; in Mömpelgard hatte er freilich auch Luthers Schriften kennengelernt, aber sein persönlicher Verkehr waren Farel, Ökolampad und Zwingli gewesen. Auch die politische Anlehnung hatte er zuerst bei den Schweizern gesucht, und der Aufenthalt bei Philipp von Hessen bedeutete keineswegs eine Abwendung von den Oberländern. Auf der anderen Seite verbot der Frieden von Kaaden ausdrücklich die Sakramentierer, und in den schwäbischen Städten wie in der Ritterschaft war dank der Rührigkeit des Schmalkaldischen Bundes nach der Katastrophe Zwinglis ohnehin das Übergewicht der Wittenberger Richtung unzweifelhaft. So waren die Bedingungen für den Ausgleich gegeben. Zwinglianisch, aber der kursächsischen Auffassung doch auch nicht fremd, war die Betonung einer starken Staatsgewalt, die ohnehin durch die kriegerische Einführung des Herzogs gegeben war. Herzogliche Dekrete, auch in Kirchensachen, mit dauernder obrigkeitlicher Aufsicht – dies Erbe sollte Herzog Christoph später übernehmen. Die Einziehung der Klöster diente, wie in Lüneburg, auch zur Schuldentilgung. Im übrigen wurde die anfangs widerstrebende frühhumanistische Universität Tübingen durch Grynaeus, Melanchthon und Brenz reformiert.

Die Wirkung dieser Württembergischen Reformation blieb nicht aus. Kleine Städte, wie Dinkelsbühl, folgten dem Fürstentum; in den Hohenloheschen Gebieten war wenigstens die Unterdrückung der neuen Lehre nicht mehr möglich; selbst in den habsburgisch gebliebenen Herrschaften Schwabens mußte man sich der Reformation mühsam erwehren.

Nächst Württemberg war das wichtigste neue Bundesglied die Stadt Augsburg. In der Stadt hatte man lange geschwankt, und die politischen Verhältnisse sollten noch mehr als eine Umwälzung nach sich ziehen. Vorerst wurden die Messe und die Bilder in den bischöflichen Kirchen, dann in der ganzen Stadt beseitigt. Der Bischof zog nach Dillingen.

In anderen Städten gab es schon früh wieder Schwankungen, wie in Frankfurt. In Hannover hatten Rat und Bürgerschaft 1530 noch geschworen, »dat se willen bliven in den olden Gesetten der hilgen cristliken Kerken«;

von 1532 an gab es Neuordnungen. Der Eintritt in den Schmalkaldischen Bund bedeutete den äußeren Abschluß; 1536 erhielt die Stadt ihre Kirchenordnung durch Urbanus Rhegius. Im Januar 1536 schloß sich auch das damals außenpolitisch aufsteigende Hamburg dem Bunde an.

In Pommern war bei der Teilung zwischen den jungen Herzögen Philipp und Barnim die Wendung zur Reformation vorbereitet, auf einem Landtage zu Treptow 1534 trotz des Widerspruchs der hohen Geistlichkeit und des Adels die Säkularisation des Klostergutes und des geistlichen Gerichts vollzogen. Bugenhagen übernahm die Visitation und gab dem Herzogtum schon 1535 die »neue Kirchenordnung«; damit war die Mediatisierung des Bistums Cammin zugunsten des Herzogtums von selbst gegeben.

Damals begannen auch die Mecklenburger und zahlreiche kleine Herrschaften Nord- und Mitteldeutschlands Umgestaltungen im Kirchenwesen, ohne daß die Stände sich sogleich an den Schmalkaldischen Bund angeschlossen hätten. Nur darf man nicht übersehen, daß der Bund, der den Nürnberger Religionsfrieden gewonnen und in dessen Schutz die Zurückführung Herzog Ulrichs erfolgt war, auch den Lauen und Ängstlichen Mut und im Notfall Anlehnung gab.

Der politische Zusammenschluß zwischen Nord und Süd wurde noch erleichtert durch den Fortgang theologischer Verhandlungen, insbesondere in der Abendmahlsfrage, zwischen Wittenberg und Straßburg. Mit unablässiger Sorge hatte sich der Landgraf, zumal in seinem sehr ernsthaften Briefwechsel mit Bucer, dieser Sache angenommen. Die Oberdeutschen kamen unter Bucers Führung am 21. Mai 1536 nach Wittenberg und fanden bis zum 25. wirklich die »Wittenberger Konkordie«, wobei ihnen Luther mit wachsendem Zutrauen entgegenkam. Melanchthon, der am Text der Augsburgischen Konfession unablässig feilte, hat sie dann nach der Konkordie zugunsten der oberländischen Auffassung in der Ausgabe von 1540 »variiert« – und auch Luther nahm die Variata ruhig hin.

Kein Zweifel, in Abwesenheit des Kaisers hatte sich alles sehr viel leichter vollzogen. Die katholischen Reichsstände, einschließlich des römischen Königs, beschränkten sich auf Abwehr der Reformation von den Grenzen ihrer Gebiete. Von politischem Zusammenschluß, wie in der Mitte der zwanziger Jahre, war bei ihnen kaum die Rede. Bezeichnend dafür, daß man sich auch kirchenpolitisch wieder auf die alten Erbverbindungen verließ und keinen Anstoß daran nahm, daß darin auch einmal evangelische Stände verblieben oder gar aufgenommen wurden. So ruhte das politische System des Kurfürsten von Brandenburg im Hallischen Bündnis von 1533, geschlossen mit Magdeburg, Georg von Sachsen, Heinrich und Erich von Braunschweig, wozu man im Herbst auch noch Ernst von Lüneburg aufnahm.

Die Mächte, die zur Sammlung und Abwehr im Großen berufen waren, sahen sich durch eigene oder fremde Schuld dazu nicht in der Lage. Während die altkirchlichen Theologen in Deutschland nach dem Konzil riefen, hielt sich die Politik Clemens'VII. in verhülltem Gegensatz zum Kaiser und in offener Abneigung gegen ein Konzil; daß der König von England an ein Konzil appelliert hatte, war erst recht keine Empfehlung. Freilich starb Clemens VII. am 25. September 1534, einige Monate nach dem Frieden von Kaaden. Mit seinem Nachfolger Alessandro Farnese, der sich Paul III. nannte, sollte bald, wenn nicht ein anderer Geist, so doch ein besseres Urteil über die Weltlage und eine größere Entschlußkraft in den Vatikan einziehen; allein, es dauerte noch geraume Zeit, bis dieser Wechsel sich auch in Deutschland auswirkte.

Der Kaiser aber war nach seiner Heimkehr im Jahre 1534 als König von Neapel und Spanien völlig in Anspruch genommen durch den Seekrieg auf dem Mittelmeer, wenn man die unablässige Störung der Seefahrt durch den osmanischen Freibeuter Chaireddin Barbarossa so nennen darf. Im Jahre 1535 rüstete der Kaiser zu einem großen Schlage gegen die Schlupfwinkel und festen Plätze dieses Seeräubers.

Im Juni ging er gleich einem Kreuzfahrer mit 400 Fahrzeugen, von denen einige Andrea Doria zugeführt hatte, in See. Man segelte und ruderte gegen die afrikanische Küste. Am 14. Juli fiel wirklich das Raubnest Goletta, am 20. kam es zu einem siegreichen Seegefecht; dann wurde unter unsäglichen Mühseligkeiten, Hitze, Hunger und Durst Tunis belagert und erobert. Es war der erste große, schwer erkaufte Sieg, an dem der nun 35jährige Kaiser persönlichen Anteil hatte. Zwar ging nicht alles so romantisch, wie es auf den sehr lebendigen gleichzeitigen Kartons im Wiener Hofmuseum geschildert ist; aber gerade weil es sich um ernste und aufregende See- und Kriegserlebnisse handelte, blieben auch die Folgen beim Kaiser nicht aus. Die Unternehmung stärkte sein Selbstgefühl, aber in seiner doch auch geistig zarten Veranlagung löste sie die ersten Zeichen der Schwermut. Nicht nur, daß er, wie vor allen großen Fahrten, sein Testament aufgesetzt hatte; seine persönliche Stimmung wandte sich zur Betrachtung des Todes und der Vergänglichkeit alles Irdischen. Der mächtigste Herrscher auf beiden Halbkugeln schrieb damals den ersten Brief an Franz Borgia über die Absicht, seine Tage dermaleinst in einem Kloster zu beschließen.

Die Wiedertäufer / Fürsten und Städte in Niederdeutschland und im Norden

Bei der ungeheuren Vielgestaltigkeit und individuellen Kraft der deutschen Verhältnisse konnte vorerst nur ein Teil der politischen Mächte in die kirchliche Neuordnung und politische Umgruppierung eingeordnet werden. So blieb auch eine Fülle sozialer Gegensätze unbeglichen und in mehr oder weniger großer Unabhängigkeit von den Kirchenkämpfen lebendig. Mit der sickingischen Fehde hatte nur die rheinische Ritterschaft Luft bekommen und eine Warnung erlebt. Wie der Adel in den bayrischen und österreichischen Herzogtümern erst nach einem Menschenalter seinen ständischen Ehrgeiz in kirchenpolitische Ansprüche umsetzte, wie im albertinischen Sachsen der Adel noch lange eine Sonderstellung einnahm, so behauptete er auch im Norden sein Eigenleben. In den zerteilten welfischen Territorien hatte er ebenso seine Rolle gespielt wie in der großen Hildesheimer Stiftsfehde; so blieben auch weiterhin die »Braunschweigischen Junker« eine unruhige Gesellschaft, die jeder kirchlichen oder politischen Bewegung zur Steigerung oder Ausbreitung verhelfen konnte. Das ganze niedersächsische Gebiet war deshalb sowohl für Knechte wie für Obristen und Feldhauptleute ein dankbares Werbegebiet und im weiteren Verlauf des Jahrhunderts das Land ihrer prächtigen Schloßbauten.

Auch die bäuerlichen und kleinbürgerlichen Verhältnisse, die in Niederdeutschland keine Entspannung gleich dem oberdeutschen Bauernkrieg erlebt hatten, enthielten noch unverbrauchten und ungelösten Zündstoff. Das galt besonders für die Niederlande, wo diese Kraft später im großen Stil der kirchlichen und nationalen Befreiung fruchtbar werden sollte, einstweilen nur wie eine Glut unter starker Decke sich wirkungslos verzehrte.

Die unendlichen Abschattierungen des religiösen Empfindens und Wollens, die in der allgemeinen Gärung erst ihrer selbst bewußt geworden waren, ließen sich noch weniger so bald von den führenden städtischen und landeskirchlichen Ordnungen aufsaugen. Wir haben schon früher versucht, sie historisch zu begreifen, denn wir verstehen es durchaus, daß diesen oft sehr persönlichen und tapferen Erscheinungen bis in die Gegenwart hinein besondere Teilnahme geschenkt wird. Wie viele Ansätze persönlicher Weltanschauung und Bildung sind nicht von den gröberen Verallgemeinerungen der öffentlichen Ordnung beiseite geschoben oder gewaltsam ausgetilgt! Insbesondere die sogenannten Schwärmer, die bei ihrer allem Dinglichen und allem äußeren Kirchenwesen abgeneigten Geistigkeit in der Wiedertaufe ihr Symbol fanden, vielfach aber auch erst in ihrer unverstandenen Innerlichkeit durch die derbe Hand der Amtleute und Richter unter den Begriff der Wiedertäufer zusammengebunden wurden, bildeten noch ein weitverbreitetes, keineswegs verbrauchtes Element in der großen religiösen und kirchlichen Neubildung. Sie gerecht zu beurteilen, ist um so nötiger, als sie nicht nur von den Obrigkeiten, sondern auch von den Quellen ihrer Zeit meist hart und verständnislos behandelt worden sind.

Schon durch die düsteren und zwecklosen Greuel des Bauernkrieges sah man einzelne dieser Schwärmer leuchtend dahinziehen, ihrer selbst ganz gewiß. Aber es lag in ihrem Wesen, daß gerade sie nirgends etwas Dauerndes zu ordnen und zu gestalten vermochten. Da ist der vielleicht in sich selbst unstete, vom Schicksal gejagte gedankenreiche Literat Sebastian Franck, der wirklich so etwas wie eine erste deutsche Geschichte in deutscher Sprache wagte; noch tiefer im Religiösen Hans Denck, agitatorischer Hubmaier in Waldshut und Bünderlin von Linz.

Bei ihnen und ihren Genossen ist zumeist die Berührung mit den Radikalen der ersten zwanziger Jahre, mit der Laienkirchlichkeit, allgemein mit der demokratischen Grundstimmung dieser Zeit festzustellen. Dazu eine Neigung zum Phantastischen, wie denn bei ihnen allen die »Heimliche Offenbarung« besonders beliebt und verbreitet war. Sie warteten der baldigen Wiederkehr des Herrn. »Es ist schon die Axt an den Baum gelegt! O bettent, bettent ane Underlaß mit warhaftigem Herzen«, beschwor Nikolaus Guldi seine Schwestern. Einige liefen ein Stück Wegs mit Karlstadt, auch mit Thomas Münzer, um sich dann irgendwie allein weiterzuhelfen.

Dann setzte die Verfolgung ein; Lutherische und Altkirchliche fanden sich und einigten die Verfolgten grob von außen; aber auch innerlich. Die Verfolgung steigerte die Erregung, aber auch die werbende Kraft.

In der Schweiz gab es erst Geldstrafen, dann Gefängnis, endlich Ertränken. 1527 begann die Heimsuchung fast überall, und der Täufer bemächtigte sich schon vielfach eine wahre Raserei. Die Erleuchteten, die zur Richtstätte geschleppt wurden, redeten beweglich, wie ihnen ja das Wort früh gelöst war. Bald stellten kirchliche und fürstliche Verfolger fest, man müsse den Täufern vor der Hinrichtung die Zunge herausreißen, damit ihre herzbewegenden Wort und Prophezeihungen das Volk nicht verführten. Nach den Reichstagsabschieden von 1529 und 1530 gab es Verfolgungen im ganzen Reich, in Sachsen und Hessen, in Bayern und in Österreich. Die Opfer gingen jetzt schon landschaftlich in viele Hunderte. Sogar die freiesten, Capito und Bucer in Straßburg, erklärten sich für die Notwendigkeit der Unterdrückung.

In Straßburg mochte man Grund haben, denn die Stadt war lange ein Hauptsitz der Schwärmerei. Melchior Hofmann aus Schwäbisch Hall, eine leidenschaftlich tiefe Natur, endete in Straßburg. Er hatte als apokalyptischer Winkelprediger Norddeutschland, Livland, Dänemark und die Niederlande durchzogen, überall aufregend gewirkt, doch war er überall vertrieben, aus Wolmar, Dorpat, Reval, Stockholm und Lübeck. 1529 war er zuerst nach Straßburg gekommen, in Fühlung mit dem dortigen Kreise Schwenckfelds und Sebastian Francks, hatte sich notgedrungen 1530 aufs neue aufgemacht, um sich 1533 doch wieder in Straßburg festzusetzen. Man sperrte ihn ein, und er blieb im Kerker bis 1543, aber seine Predigt hatte die stärksten Wirkungen bereits zurückgelassen.

Apokalyptische Hoffnungen, scharfe Abkehr von den Schlechten und Falschen, das Bewußtsein der eigentlichen Gotteskindschaft in der Verfolgung, das fromme gottselige Leben als Vorbereitung auf Christi Wiederkehr – alle diese frühchristlichen Züge kehrten nun wieder. Es scheint merkwürdig, ist aber doch wohl sehr begreiflich, daß dieses Leben in überschwenglichen Hoffnungen, dieses Sektenwesen der kleinsten Winkel sich vor allem ausbreitete in den habsburgischen Ländern, die jede sichtbare kirchliche Neuerung hintanhielten.

Nach Fortgang des Melchior Hofmann hatte sich die Bewegung in den längst durch starke soziale Spannungen in den Städten tief erregten Niederlanden mächtig ausgebreitet. Die Anhänger hießen hier Melchioriten; sie zogen allerlei alte erasmische und Beghinen-Frömmigkeit an sich. Als ihr Prophet stand 1530 Jan Mathys, ein Bäcker aus Harlem, auf, der im Gegensatz zu Hofmanns duldendem Erwarten die Propaganda der Tat verkündete: Ausbreitung des Reiches Gottes, Vernichtung der Gottlosen, Gottes Gericht durch die Seinen im Stil der Apokalypse.

In derselben Zeit hatten sich auch bei den langsameren Westfalen Erscheinungen gezeigt, ähnlich dem Bauernkrieg in Franken. Radikale Volksbewegungen waren stellenweise durch Mißernten und Teuerung erregt worden. 1529 war es in Minden, Herford, Lippstadt zu Auftritten gekommen – Verlangen nach gewaltloser Reformation und sozialer Revolution. In Lippstadt meinte man, das Gut der Stadt und der Reichen unter die Allgemeinheit verteilen zu sollen. 1531 verjagte die Bürgerschaft von Soest den Rat. In demselben Jahr wiegelte der Prediger Rottmann in Münster die Massen auf. Man verjagte den Bischof, nahm sein Gut und machte nach kurzen Kämpfen 1533 einen Vertrag, nach dem Franz von Waldeck seine Stadt der Reformation in der radikalsten Form überlassen mußte.

Das war sozusagen das Feuerzeichen, das Signal für alle in den clevischen und den habsburgischen Niederlanden verfolgten und aufgeregten Täufer, sich in die Burg Jerusalem, nach Münster, zu flüchten; im Jahre des Zuges der 3000 über die Südersee darf man für Holland schon von elementaren Bewegungen reden. Jan Mathys, der Prophet aus Harlem, und Jan Bokelson aus Leyden übernahmen bald die Führung. Im Februar 1534 gab es in Münster noch Straßenkämpfe zwischen den Parteien. Man kämpfte angeblich um völlige Glaubensfreiheit; aber auch hier gab es im Zeichen der Freiheit bald die ärgste Despotie. Eine Zeitlang hielten sich nebeneinander Altkirchliche, Lutherische und Radikale aller Art, einheimische und fremde; und wie die Fremden immer, ungehemmt durch Erbbesitz und die heilige Tradition einer Heimat, am radikalsten sind, so drangen sie auch hier bald am lautesten durch. Viele verließen die Stadt, dafür kamen ungebetene Gäste nach.

Im Sinne der Täufer war es wirklich wunderbar zugegangen, und für das Verständnis der kommenden Dinge ist es wesentlich, zu begreifen, in welchem Taumel der Erfüllung sich diese Leute bewegten. Die Münsteraner Rottmann, Knibbenbroich und Knipperdolling, die Niederländer Jan Mathys und Jan von Leyden waren die Herren.

Unter Führung dieser Radikalen wurde nun völlig Ernst gemacht mit den Idealen der Erleuchteten, in die sich bald aus der Tiefe ihrer Unkultur die furchtbarsten Züge ungehemmter Natürlichkeit mischten. Man ging an die Abschaffung allen Menschenwerks, auch aller menschlicher Ordnungen, Kirche, Gemeinde, Ehe, Besitz. Unter Brüdern sollte alles gemein sein, alles Geld zu Händen des Rates, wie bei den Hussiten; die mährischen Brüder hatten auch das Sondereigentum für sündhaft erklärt. Aber man ging jetzt noch viel weiter; das ganze Leben sollte brüderlich und gemeinsam sein; Mahlzeiten genoß man zusammen, die Türen der Häuser sollten unverschlossen bleiben, auch die Gemeinschaft der Frauen wurde gefordert; am 23. Juli 1534 erging darüber Verfügung.

Wie die frühe Verfolgung die ganze Richtung so radikal gemacht hatte, so trieb jetzt auch in Münster der Angriff von außen zu den letzten Folgerungen. Da der Bischof von Münster, unterstützt von den benachbarten Fürsten, heranzog, dann die Stadt belagerte, organisierte man drinnen das kommunistische Heer und betrieb energisch die Verteidigung. Die kriegerische Kraft des Fanatismus bewährte sich – wenigstens zunächst. Jan Mathys machte einen kühnen Ausfall und kam dabei um. Jan Bokelson trat an seine Stelle – an Stelle des Propheten der König. Ein Erleuchteter, namens Dusendschur, hatte seine Herrlichkeit visionär vorher verkündet.

Jan Bokelson von Leyden war ein schöner Mensch von einigen zwanzig Jahren, ein geborener Despot von unbegrenzter Begehrlichkeit. Unbekümmert um die Brüderlichkeit, entfaltete er seinen königlichen Prunk mit berittener Leibgarde und absonderlichem Zeremoniell. Von dem Leben der Kleinen und Frommen hatte man sich längst sehr weit entfernt. Jetzt galt es nur noch, die entfesselten, halb kindischen, halb rohen Leidenschaften eines ungebildeten Pöbels zu befriedigen und auszunutzen. Immer neue Schaustellungen – bewundernswert nur die Phantasie des leitenden Komödianten. Mit Posaunen lud man zum Gericht auf dem Berge Zion – das war der Domhof; mit ungeheurer Überhebung sandte der König seine 28 Apostel in die vier Weltgegenden, das Reich Gottes aller Kreatur zu verkünden – das waren die nächsten Dörfer und Städtchen. Der König erschien heute mit Krone, Zepter und Reichsapfel, der ja die Weltkugel bedeutete, und morgen erniedrigte sich seine Majestät und bediente das gemeine Volk beim Abendmahl. Dazwischen predigten Verzückte über die Freuden und die glorreiche Zukunft dieses Gottesreichs auf Erden.

Als die Belagerung enger wurde und drinnen der Freudentaumel allgemach der Not wich, da wußte der Bruderkönig mit Grausamkeit und Schrecken seine sinkende Sache noch eine Zeitlang über Hungersnot und Elend zu halten.

Der Kreistag von Koblenz im Dezember 1534 und der Wormser Reichstag vom April 1535 bewilligten Geldmittel zur Förderung der Belagerung. Die Aushungerung der Stadt war nicht mehr fern – da ersparte Verrat beiden Teilen das Äußerste; in der Nacht vom 24. auf den 25. Juni wurden die Bischöflichen eingelassen.

Natürlich brachten die Bischöflichen trotz der Bemühungen des Landgrafen die schärfste Reaktion. Das ganze alte Kirchenwesen wurde hergestellt. Nach langer Gefangenschaft wurden Jan von Leyden, Knipperdolling und Krechting am 22. Januar 1536 hingerichtet; Jan von Leyden hatte bei der Quälerei mit glühenden Zangen die ganze Kraft seines wilden Willens bewiesen; ihre Leichname wurden zum Verwesen in eisernen Käfigen am Lambertikirchturm zu Münster aufgehängt, mit dem alten Turm lange ein Wahrzeichen der Stadt.

Die nächste Folge dieser kurzen Episode war, daß Münster, Stadt und Land, für das Evangelium in jeder Form verloren blieb. Adel und Volk wußten nach solchen Stürmen die Wiederkehr des bischöflichen Regimentes mit allen seinen Schwächen nicht hoch genug zu schätzen. Es war die erste nachhaltige Restauration des ganzen altkirchlichen Wesens – Vorbereitung und Stütze der späteren Gegenreformation in Westfalen und am Niederrhein in Anlehnung an die spanischen Niederlande. Staatspolitisch auch hier eine neue Stärkung der fürstlichen Gewalt.

Um dieselbe Zeit, da in Münster das täuferische Gottesreich zusammenbrach, erfolgte auch im Norden die Katastrophe einer Demokratie, verbunden mit einer politischen Restauration. Aber während zu Münster in grober Einfachheit die Extreme der kommunistischen Wiedertäufer und eines geistlichen Fürstentums aufeinanderprallten, handelt es sich bei der letzten großen Auseinandersetzung Lübecks mit den nordischen Reichen um fast unentwirrbar verwickelte Vorgänge, deren Ablauf freilich nur um so lehrreicher die unendliche Verbundenheit alles Historischen hervortreten läßt.

In dem lockeren Städtebund der Hanse spielte, wie bei allen Städten, reichspolitisch das Verhältnis zu den Landesherren, außenpolitisch aber das Verhältnis zur Krone Dänemarks die entscheidende Rolle. Und zwar aus doppeltem Grunde; einmal wegen der engen Beziehungen der Könige zu Holstein, dem Mittelland zwischen beiden Meeren und dem für Lübeck wichtigsten Hinterland; zum zweiten, weil Kopenhagen den Schlüssel zum Sund in Händen hielt. Nur wer den Sund beherrschte, konnte die Schiffahrt und den Handel mit dem schwedischen, baltischen, russischen und polnischen Hinterland kontrollieren.

Gegen Dänemark hatte die Hanse 1370 den Frieden von Stralsund erkämpft und damit die entscheidende Mitwirkung bei der Thronfolge. Das bedeutete aber mehr als den Einfluß in Kopenhagen. Denn nach der Kalmarischen Union von 1397 sollten die drei Königreiche des Nordens unter einem Zepter vereint bleiben. Freilich, die Schweden hielten sich bald in faktischer oder ausgesprochener Selbständigkeit, allein die Union bestand noch bis tief ins 16. Jahrhundert. Auch Christian II., der Schwager Karls V., war noch Unionskönig.

Dieser unruhige und unternehmende Herr hatte mit Wittenberger Hilfe auch die Reformation wenigstens angebahnt, aber gegenüber der Hanse einen Zollkrieg begonnen, zwar auch die Niederländer oft genug vor den Kopf gestoßen, aber bei Lübeck doch gerade wegen seiner niederländischen Beziehungen die größte Sorge erregt. Karl V. hatte ihm bei der Belehnung mit Holstein 1521 auch Rechte über Lübeck verschrieben. Indessen, da derselbe König allzu hastig gegen Adel und Klerus ein starkes Volkskönigtum aufzurichten begann, so erhob sich im Lande selbst wachsender Unwille gegen ihn, von Lübeck eifrig geschürt. Sonderbare Verschiebung: Ein Schwager Karls V. mit reformatorischen Neigungen und gegen ihn Adel, Klerus und die Führerin der Hanse, Lübeck.

Die Verhältnisse entwickelten sich weiter. Schweden, längst durch selbständige Reichsverweser regiert, rührte sich zuerst erfolgreich. Der König versuchte die Bewegung gegen die Union im Stockholmer Blutbad von 1520 zu ersticken, nährte aber nur die tödliche Erbitterung des Adels. Sein Führer, Gustav Wasa, 1520 zum Reichsverweser erhoben, wurde 1523 zum Könige ausgerufen. Die Lübecker hatten auch da die Hand im Spiel und ließen sich mit Handelsprivilegien belohnen. Das Königtum des Wasa ergriff im übrigen auch seinerseits alsbald die Sache der Reformation. Lorenz Anderson und Olaf Petersen, der zur Zeit des Ablaßstreites in Wittenberg studierte, hatten die Ideen an den König gebracht. Petersen hat auch sonst in Stockholm, getragen von einer starken und intelligenten, teilweise deutschen Bevölkerung, rasch gewirkt. Schon 1526 konnten Anderson und Petersen ihrem Volk das Neue Testament schenken, zugleich erste Frucht und neuer Antrieb der Bewegung.

Im übrigen nahm dieses Königtum, durch das ganze Mittelalter der Kirche bedürftig, bei seiner Neubegründung doppelt gern die neuen Rechtstitel zur Säkularisation wahr. Eine bäuerliche Reaktion zugunsten der alten Kirchenformen wurde sogleich blutig niedergeschlagen. Der Reichstag von Westerôs trat im Juli 1527 für die Einziehung des Kirchengutes ein, nachdem der Adel sich seinen Anteil am Gewinn gesichert hatte. Die Umgestaltung des äußeren Kirchenwesens folgte langsam der neuen Predigt und Lehre.

In demselben Jahre 1523, da das Königtum Gustav Wasas begründet wurde, schüttelten die Dänen das Königtum Christians II. ab. Der König flüchtete am 14. April 1523 mit seiner Familie aus Kopenhagen in die Niederlande. Daraufhin fürchtete man zunächst eine gewaltsame Restauration durch Karl V. Dann hoffte die Hanse, daß wenigstens ihre Konkurrenten, die Niederländer, sich durch das Bündnis mit Christian II. kompromittieren möchten. Allein die kluge niederländische Regierung hielt weise zurück, und Karl V., dessen verwandtschaftliches Gefühl allerdings gern weite politische Kombinationen auf seinen Schwingen trug, war beinahe seit Jahresfrist in Spanien.

So wurde noch einmal unter Lübecks Mitwirkung ein neuer König erhoben, Christians Oheim Friedrich I., Herzog von Holstein. Er bestätigte die Privilegien und ließ die Reformation im ganzen gewähren, wenn er auch in der Wahlkapitulation dem Klerus das Verbot ketzerischer und lutherischer Predigt zugestanden hatte; er gab sogar dem neuen Herzog von Preußen 1526 eine Tochter zur Ehe. Gegenüber der Hanse schwankte er, obwohl er dem Lübecker Bürgermeister Thomas von Wickede 1524 den Frieden mit Schweden verdankte.

Inzwischen hatte Christian II. bei den Habsburgern erneut sein Glück versucht; er hatte Kirchenbuße getan (1530), ohne davon innerlich berührt zu werden, und pochte auf alte Mitgift-Forderungen. Karl nahm nach dem Tode der Königin (1526), wohl auch angesichts der Zurückhaltung seiner niederländischen Räte, weniger Interesse an seinem Schwager als am Erbrecht der Kinder. Als Christians Rüstungen, die Vergatterung seiner Knechte und die Annahme von Fahrzeugen die Lande um die Südersee schwer beunruhigten, suchte man ihn möglichst glimpflich loszuwerden. Sein Versuch, über Norwegen zurückzukehren, scheiterte; er ging den Gegnern in die Falle, wurde gefangengenommen und noch fast 27 Jahre in Haft gehalten. Friedrich I. aber, der sich bei dieser Gelegenheit aufs neue die Hilfe der Hanse hatte gefallen lassen, befriedigte keineswegs die dafür auf ihn gesetzten Erwartungen.

Zwei neue Reiche also, die sich langsam von der Hanse emanzipierten; dazu der gefährliche Wettbewerb der Holländer, die sich des doppelten Schutzes des Kaisers und einer klugen und vorsichtigen niederländischen Regierung erfreuten. Endlich der Kaiser selbst mit der Idee, weniger dem Schwager als den Kindern das Erbe zu erhalten und damit die habsburgische Macht in den Norden vorzuschieben. Nach dem Tode des jungen, vom Kaiser zärtlich geliebten Johann blieben die Töchter; die jüngere Christine wurde Herzogin von Mailand, später von Lothringen; für die ältere Dorothea dachte man erst an eine Verbindung mit Schottland, dann mit dem Pfalzgrafen Friedrich. Ihn wollte man mit der Aussicht auf die Krone Dänemarks noch enger an das Haus Habsburg ketten. Man dachte an Verhandlungen in Dänemark, kurze Zeit auch an Gewalt. Die Verwirrung in den nordalbingischen Gebieten hätte die Handhabe dazu an sich wohl geboten.

Denn von Lübeck aus wurde jetzt unter kühnen, aber unpolitischen Führern noch einmal der Versuch gemacht, die entschwindende Macht im Norden festzuhalten. Das geschah nicht ohne Zusammenhang mit Vorgängen in der Stadt. Der Rat hatte dem Begehren des gemeinen Volkes nach evangelischer Predigt lange nicht entsprochen. Wie in anderen Hansestädten drängten Zünfte und Prädikanten gegen den Rat an. Erst 1529, als es keine andere Möglichkeit mehr gab, willigte der Rat in die Reformation, die nun bald einen stürmischen Verlauf nahm. Radikale Elemente wurden emporgetragen, auch die Stadtverfassung wurde umgestaltet. Die höchste Gewalt gelangte an einen Ausschuß von 64, später noch viel mehr Mitgliedern. Als

Führer traten in den Vordergrund Jürgen Wullenweber, aus Hamburg eingewandert, Johann Oldendorp, als Staatsrechtslehrer bekannt, und der seeerfahrene Markus Meyer. Unter ihrer Leitung wurde die Stadt ohne die nötige militärische und diplomatische Rüstung in einen doppelten Krieg getrieben.

Nach dem Tode Friedrichs I., am 1. April 1533, vermochten sich nämlich die dänischen Stände nicht sogleich für dessen älteren Sohn Christian zu entscheiden, dachten lange Zeit an den jüngeren Johann und gaben damit sowohl den habsburgischen Nachfolgeplänen Raum wie den Gedanken, den alten Volkskönig Christian zu befreien und wieder einzusetzen. Das neue Lübeck, das aus vielen Gründen mit dem holsteinischen Adel in Händeln lag, bekämpfte auch dessen Neigung zu den Niederländern. Kurz, die lübischen Machthaber faßten den waghalsigen Plan, das gesamte ihnen lebensgefährlich werdende Adelsregiment in den nordischen Reichen wieder zu stürzen und wenn es nicht anders wäre, mit Christian II. die alte Macht und die alte Stellung auch gegenüber den Niederländern zurückzugewinnen. Es bezeichnet im großen gesehen doch gut die Lage, wenn Lübeck allgemein den alten Zustand hergestellt haben wollte, in seinem Stapel, in seinen Rechten auf der Ostsee und in seinem Verhältnis zu Dänemark. Die Niederländer dagegen ließen durch Dr. Mulert die »Freiheit der Meere« fordern; »daß das Meer und alle anderen Gewässer und Flüsse frei sind, auf denen ein jeder verkehren und fahren kann«. Von den Niederlanden, nicht eigentlich vom Kaiser, wurde in der Tat auch in den Kampf eingegriffen, nicht ohne Velleitäten für die Rechte Christians II., aber vorzüglich doch gegen Lübeck, das die Grafen Christoph von Oldenburg und Johann von Hoya gegen Johann von Rantzau und die Holsteiner als Parteigänger gewann.

Eine Zeitlang schien die »Grafenfehde«, die mit tausend Fäden in der nordischen, hanseatischen und habsburgischen Politik hing, noch weitere Kreise zu ziehen, als es Markus Meyer gelang, auch das Interesse Heinrichs VIII. von England zu gewinnen, der ja eben damals überall nach Verbindungen ausschaute. Als es aber im Mai 1534 wirklich zum Schlagen kam, stand Lübeck fast allein. Weder die gemeine Hanse noch der Herzog von Mecklenburg, dem man mit einer Krone gewinkt hatte, noch der Schmalkaldische Bund, der viel eher Beziehungen zu Christian III. pflegte, oder gar England rührten sich; auch das dänische Volk enttäuschte.

Noch einmal bewiesen die Lübecker Bürger ihre alte Tapferkeit. Kopenhagen wurde von ihnen wirklich erobert, Schonen genommen. Aber sonst schlug alles fehl.

Gustav Wasa landete auf Schonen. Johann Rantzau schlug die Lübecker unter Hoya am 11. Juni 1535 am Ochsenberge. Der holsteinische Adel schloß Lübeck ein. Die Mißerfolge wirkten nur zu rasch zurück auf das ebenso leicht verzweifelte wie erregte Volksregiment der Stadt. Im August 1535, als Wullenweber eben auswärts weilte, wurde er gestürzt, der alte

Rat unter Brömse, der gute niederländische Beziehungen hatte, hergestellt, auch das Verhältnis zum Schmalkaldischen Bunde wieder gelöst. Die Hanseaten drängten zum Frieden, der im Februar 1536 in Hamburg geschlossen wurde.

Wullenweber wollte sich eben zu gatternden Knechten in das Land Hadeln begeben, da wurde er unterwegs von Leuten des Erzbischofs von Bremen aufgegriffen und dem Herzog Heinrich von Braunschweig ausgeliefert. Markus Meyer richteten sie 1536, Jürgen Wullenweber das Jahr darauf am 24. September 1537 auf Grund unrechter Anklagen zu Steinbrück mit dem Schwerte; sein Leib wurde geviertelt.

Noch hielt sich Kopenhagen. In den Niederlanden rüstete man mit großen Opfern und schließlich völlig umsonst eine kaiserliche Armada zum Entsatz. Im Sommer 1536 mußte es sich ergeben. Die dänischen Dinge nahmen den damit vorgezeichneten Verlauf. Christian III. behauptete und befestigte sich im Königtum seines Vaters; reformatorisch ging er auf den Wegen seines Vetters Christian II.: 1536 wurden die Bistümer aufgehoben und die Klöster säkularisiert, wie in Schweden. Der König berief Bugenhagen, der in Jahresfrist die Visitation nach sächsischem Vorbild durchführte, nachdem die Grundlegung der Kirche aus schleswigschen und eigenen älteren Elementen erfolgt war.

Siegreich waren überall im Norden Königtum und Adel, wie in Deutschland. Die städtische Macht, die noch einmal historische Ansprüche aufnahm, ohne rechtes Augenmaß für die Wirklichkeit der Dinge, scheiterte völlig sowohl in ihren innerpolitischen wie in den außenpolitischen Ideen. Der Richter über Wullenweber, Heinrich von Braunschweig, war der abgesagte Feind der Städte, der die Reichsstadt Goslar und das eigene Braunschweig zeitlebens bedrängte.

Unterlegen sind aber nicht nur die Städte, sondern mit ihnen das ganze mittelalterliche System des Nordens, die Kalmarische Union so gut wie die mittelalterliche Kirche und das mittelalterlich gebundene Handelssystem der Hanse.

Anfänge einer Erneuerung der römischen Kirche /
Der Kampf um das Konzil

Die überraschende und fast kampflos vollzogene Veränderung der Kirchenhoheit in England und in den skandinavischen Ländern, der bald die innere Umformung des Kirchentums folgte, hat schon oft die Frage nahegelegt nach einer irgendwie prädestinierten Beziehung zwischen dem germanischen Wesen und der Reformation. War es bloß eine allgemeine Abkehr von der romanischen, von der antiken Welt, die nur ausgelöst werden mußte, oder lagen tiefere Notwendigkeiten im Bereich des Religiösen?

Zur Vorsicht mahnen die starke Blutmischung in ganz Mitteleuropa und die Überschneidungen etwa des romanischen Protestantismus Calvins in Genf und des ausgeprägten Katholizismus rein germanischer deutscher Landschaften. Die grobe Vergleichung ist, wie bei allen historischen Erscheinungen, auch dann noch bedenklich, wenn man die Wirkung politischer Begleitumstände in Anrechnung bringt.

Und doch bleibt bestehen, daß es seit dem 16. Jahrhundert ein überwiegend romanisches und ein überwiegend germanisches Christentum gibt. Es bleibt auch Aufgabe der Wissenschaft, die Wurzeln beider großen Erscheinungen aufzudecken. Daß die Scheidung viel weniger durch große dogmatische Gegensätze als vielmehr durch ein in der Tiefe des Menschen ungleich erlebtes Verhältnis zu Welt und sittlicher Verantwortung bestimmt war, wird durch den Bekenntnisstreit der Reformationszeit nicht in Frage gestellt, ja durch den Fortgang unserer Darstellung noch erhärtet. Es zieht die Zeit herauf, wo an Stelle einer einzelnen ketzerischen Erscheinung oder schismatischer Unbotmäßigkeiten gegenüber einer anerkannten Kirche das Ringen zweier ganz verschieden gearteter Mächte miteinander hervortritt, die sich gleichwohl fortan immer wieder aneinander bestimmten und formten.

Die Grundlagen und Voraussetzungen beider Kirchen waren dieselben. Aber indem der Protestantismus die individuelle Heilsgewißheit aus dem Glauben in den Mittelpunkt rückte, wurde nicht nur die objektive äußere Ordnung, sondern auch das vulgär Volkstümliche zerschlagen. Er anerkannte nicht mehr die Verdienste der Heiligen, der Kirche, des Gottesdienstes, der Allgemeinheit, sondern nur noch das Verdienst Christi, die reine Gnade Gottes gegenüber dem einzelnen Christenmenschen. So verfiel alles andere, trotz höchster Werte, der Verachtung, vielfach dem Bildersturm.

Dazu ein Zweites. Gewiß im Sinne des Evangeliums, vielleicht auch ursprünglich deutscher Sinnesart, erschien die neue Frömmigkeit nicht nur individualistisch, innerlich, formlos, sondern im Grunde ungesellig – bei aller Möglichkeit den gereinigten Gemeindegottesdienst zu vertiefen. Das Wertvollere sollte doch im eigenen Herzen liegen, im stillen Kämmerlein vor sich gehen. Das romanische Wesen dagegen in seinen antiken Wurzeln wollte nicht nur Betätigung, Anteil des äußeren Menschen und der Gemeinde, es wollte auch gesehen werden. Eine jahrhundertelange Erziehung zum Leben in der Öffentlichkeit reichte von der Antike bis zur Gegenwart. Man bekämpfte die Gefahr der Eitelkeit, aber nicht ihre allerorten treibende Wurzel. Dieses ganze Wesen ging auf das Korporative, auf das Kommunale; es pflegte alle diejenigen Elemente der religiösen Welt, die darauf Bezug hatten, Ordensleben, Liebe und Werke.

Aus den elementaren Grundkräften des Institutionellen, der Sinnfälligkeit und der Gemeinschaft konnte sich also die römische Kirche in der

Tiefe des romanischen Wesens jederzeit verjüngen. Dazu gaben die letzten Kulturbewegungen des Humanismus und der Renaissance für beide Kirchen neue, wiederum unendlich weit auseinanderführende Antriebe.

Der Humanismus als philologisch literarische Erscheinung ist eindeutig bestimmt. Im Prinzip für beide Kirchen gleich, stieß er doch in der protestantischen Gelehrsamkeit auf dem Wege der Rückkehr zu den Quellen tiefer und in ihrer Kampfstimmung einseitiger vor. Die protestantische Forschung fand in der Heiligen Schrift den letzten und größten Gegenstand ihrer Arbeit und sah in der philologischen Wissenschaft vorzüglich das Mittel der historischen Kritik. Die römische dagegen hielt stärker zurück, gewann aber umgekehrt auf denselben Wegen die Mittel zur Kenntnis und Verklärung ihrer eigenen Vergangenheit.

Ganz anders standen beide zu der wesentlich romanischen Nationalbewegung der sogenannten Renaissance. Diese auf italischem Boden, aus italischen Bedingungen erwachsene Rückkehr zu dem antiken Lebensgefühl und Formenschatz wurde als solche im Norden nur von einem kleinen oberdeutschen Kreise lebendig mitempfunden, dem sie dann freilich letzte höchste Steigerung bedeutete. Sonst aber blieben ihre Einzelformen modisch wie ihr Raumgefühl. Ja, man darf sagen, daß sie von einem gewissen elementaren Nationalempfinden abgelehnt und erst nach Verquickung mit dem gotischen Lebensgefühl in den hochstrebenden Werken des deutschen Barock rein äußerlich übernommen worden sind. Das kirchliche Bildwerk aber hatte ein für allemal seine Heiligkeit und damit seine Seele verloren. Selbst die Darstellung der Persönlichkeit, die durch das Leben des Kultus täglich Anregungen erhalten hatte und in der Hochrenaissance als unentbehrliches Element der Kultur bewußt wurde, verfiel der Verachtung, ohne daß man dafür in absehbarer Zeit schon die anspruchslose Wahrhaftigkeit des inneren Menschen eingetauscht hätte.

Ganz anders im Süden, wo die ursprüngliche Verbindung mit dem Volkstum gleichsinnig auch die Kirche ergriff. Da gewann man die Sinnlichkeit der antiken Welt nicht nur für die bildende Kunst, für großartige Säulenordnungen, majestätische Räume und lebensvolle Plastik zurück, sondern ihre ganze unmittelbare Leibhaftigkeit, auch für das innere Leben. Aufs neue und in letzter Steigerung wurde der menschliche Körper als hinreißend schön und unheimlich zugleich empfunden. Ihn ganz fügsam und jeder höheren Idee innerlich dienstbar zu machen, erschien bald als vornehmes Ziel auch religiöser Zucht. Mit allen Formen der Abtötung und Entsinnlichung konnte auch das geistig-körperliche Erlebnis der Ekstase ebenso vielfach abgestuft wie unerhört gesteigert werden. Ein wesentliches Element der romanischen Heiligen war ja immer ihre intensive Körperlichkeit gewesen; ihre Stigmata, ihre Verzückungen waren sinnfällig gefühlt und gesehen.

Welche Ausdruckskraft erfuhr das alles durch die aufs höchste verfeiner-

ten Mittel der Technik in der bildenden Kunst. Da gab es von Sodoma bis
Bernini Bilder der Ekstase, die in einer bis dahin noch niemals erreichten
Virtuosität der Linien und der Schattengebung das Innerlichste sichtbar zu
machen unternahmen. Daß in der Darstellung des *avenimento* oder des
spanischen *arrebatamiento* Entlehnungen aus der erotischen Gestaltungs-
welt unterliefen, ist viel weniger raffiniert als vielmehr in der eigensten Art
dieser die Antike selbst überbietenden Renaissancekunst begründet, die
gerade in ihren größten Führern immer getragen war von *amore* und *beltà*,
von Liebe und Schönheit, von romantischem Sentiment und antiker Ge-
staltungskraft.

Da noch immer die Bilder Gottes und der Heiligen auf den Altären standen, auf Bildsäulen, an Kreuzwegen und in den Häusern, vermochte die
neue Ausdrucksfähigkeit der Kunst ihre Wirkung fast unbegrenzt zu ver-
vielfältigen. Schon hatte die klassische Kunst unter Führung Michelangelos
den Weg zum größten Stil gefunden. Aus der Entwicklung der Formen
selbst hatte die Kunst, von jeher durchaus im Kirchlichen wurzelnd, für
das Heilige und Göttliche jene bedeutende Form des Übermenschlichen
gewonnen, die man die heroische genannt hat.

Die antike Tradition des sichtbar prachtvollen Kultus vereinte individuelle
und soziale, lebendige und künstlerisch gebundene Form der Darstellung
und machte im Zeitalter der Reife von Baukunst, Plastik, Malerei und
Musik auch das kirchliche Gemeinschaftsleben unter Mitwirkung aller sinnlichen Mittel zum Fest, zur hinreißend schönen Feier.

In derselben Richtung wirkte die literarische Kunst. Das gefühlsmäßig
Sentimentale, das lyrische Element spielte bei allen Dichtern von Dante
über Petrarca bis auf Polizian und die Jüngeren hinab die Hauptrolle. Deshalb hatte sich das, was die Zeit Philosophie nannte, so rasch des Plato und
des Neuplatonismus bemächtigt. Platonische Akademie zu Florenz war
Laienmystik. In diesem Sinne, nicht in augustinischer Härte, verstand man
sogar Paulus. Nichts bezeichnender, als daß in Italien vor allem Luthers
Schrift von der Freiheit eines Christenmenschen geschätzt wurde – unter
dem Namen des Kardinals Fregoso.

Diese Tradition hatte das Religiöse nicht nur dem Lyrischen, sondern allgemein dem Gesellschaftlichen nahegerückt. Ursache und Folge davon der
starke Anteil schöngeistiger Frauen an beiden Bewegungen, der künstlerischen wie der religiösen. So lebten auch die literarischen Formen Platos auf.
Man führte »Gespräche«, wie Marsilio Ficino sie festhielt; Pietro Bembo,
der weltlich Gebildetste aller Kurialen des 16. Jahrhunderts, der 1539 Kardinal wurde, entwickelte in den Asolani, der Gesellschaft der Caterina Cor-
naro im Kastell Asolo, die »Gespräche über die Liebe«, und die Theologie,
die derselbe Bembo als Sprecher im *Cortigiano* des Grafen Baldassare Ca-
stiglione am Hofe zu Urbino vortrug, gipfelte wieder in der göttlichen
Liebe, dem *divino amore*.

So nannte sich denn auch jener erste religiöse Kreis in den Tagen Leos X., von dem deutliche Spuren einer religiösen Erneuerung ausgingen, das »Oratorium der göttlichen Liebe«, *oratorio del divin amore*. Es waren 50 bis 60 Freunde, zu denen Sadoleto, Giberti, Carafa, Gaetano da Thiene und Lippomano gehörten, lauter Namen, die in der reformatorischen Bewegung Italiens klingend werden sollten. Sie verteilten sich bald über die Halbinsel, und in den dreißiger und vierziger Jahren gab es in verschiedenen Städten religiöse Zirkel von überraschend moderner Färbung.

Zu diesen Voraussetzungen kamen Anregungen von auswärts, die teils gleichsinnig wirkten, teils diese neue romanische Religiosität in eine, wenn auch vorübergehende Krisis brachten, deren Überwindung später erst recht im Gegensinne wirken mußte.

Nach Neapel waren Anregungen aus Spanien gekommen. In Spanien war, gefördert durch die vielfältigen Verbindungen mit den Niederlanden, der Einfluß des Erasmus nicht gering gewesen; seine Bücher waren verbreitet, sein »Enchiridion« gab es sogar spanisch. Hohe Prälaten und die Sekretäre um Gattinara hingen an ihm. Alfonso Valdes war schon 1532 zu Wien gestorben, aber sein Bruder Juan Valdes kam 1534 als Sekretär des spanischen Vizekönigs Don Pedro de Toledo nach Neapel. In Neapel gesellte sich zu ihm Bernardino Occhino von Siena, ein Franziskaner und gefeierter Prediger, dann Pietro Carnesecchi, päpstlicher Protonotar; weiter Pietro Martyr Vermigli, eine Zeitlang Augustinerchorherr in der Badia bei Fiesole; endlich der Marchese Carracciolo und die »schönste Frau Italiens«, die Witwe des Vespasiano Colonna, Giulia Gonzaga. Bis auf Occhino waren alle ganz junge Leute, in den zwanziger Jahren ihres Lebens. Aus diesem Neapolitaner Kreis, spanisch und florentinisch beeinflußt, ging hervor das Büchlein von der Wohltat Christi, *Del beneficio della morte di Christo*, 1542 gedruckt. Von diesem Büchlein sagte ein Bericht der Inquisition: »Es handelte in einschmeichelnder Weise von der Rechtfertigung, setzte Werke und Verdienste herab, um alles dem Glauben zuzuschreiben.«

Während für diese Spanier und Neapolitaner nicht immer leicht die Kanäle aufzudecken sind, durch die ihnen die Lutherschen Gedanken zuflossen – für Venedig ist es der lebhafte Verkehr mit Nürnberg, auf dessen Spuren Dürer ging, der auch den Import populärer Literatur trug. Schon in den zwanziger Jahren hielt man hier zwei Minoriten, Girolamo Galateo und Bartolomeo Fonzio, für Ketzer, ohne daß es zu lebhaften Erörterungen gekommen wäre; es handelte sich lange nur um kleine gebildete Kreise. Erst nach Jahren ist aus Graubünden und sonst aus der Schweiz das Täufertum eingedrungen, um zeitweilig im Venezianischen auch in die Breite zu wirken. Vorerst aber waren es nur die geistig empfänglichen Kreise junger Gelehrter, Staatsmänner und Nobili, die neben anderen werbenden Ideen der Zeit auch die deutschen erörterten und verbreiteten. Ihr vorzüglichster Repräsentant: Gasparo Contarini.

Dieser venetianische Nobile, gebildet als Humanist, war früh im Dienste seiner Vaterstadt tätig. 1521 zum ersten Male als Gesandter am Hofe Karls V., nahm er von Worms anscheinend noch keinen Eindruck mit. Mit dem Kaiser zog Contarini über England nach Spanien, dann wieder in seine italienische Heimat. Von 1528 an war er Gesandter Venedigs beim Papst. Zu Contarini und seinen Freunden in Venedig und auf dem Lande bei Padua und bei Treviso fanden sich florentinische Flüchtlinge und andere Heimatlose, wie der Engländer Reginald Pole aus königlichem Geblüt. Man pflegte die Gesellschaft nach Art der Asolani, aber man bevorzugte Gespräche über heilige Dinge. Man tauschte Bücher, Traktate, gefühlvolle Briefe. Marc Antonio Flaminio schrieb einmal an Contarini: »Das Evangelium ist die glückliche Neuigkeit, daß der eingeborene Sohn Gottes Mensch geworden, der Gerechtigkeit des Vaters für uns genug getan hat; wer dies glaubt, geht in das Reich Gottes ein.« Contarinis Rechtfertigungslehre sollte ihm noch Ehre und Ungnade eintragen. Das Buch *Del beneficio della morte di Christo* war auch Contarini, Morone, Pole und Cortese ein geliebter Führer.

Inzwischen fanden sich in Rom ähnliche Verbindungen. Es liegt an der kirchlichen oder politischen Berufstätigkeit dieser Männer, daß sie ihre Kreise vielfach wechselten, sich austauschten und ihre Ideen von selbst ausbreiteten. Eine Anzahl von Neapolitanern treffen wir in Rom wieder, zusammen mit Gliedern aus dem Kreise Contarinis und neuen Gesichtern. Mittelpunkt der Gesellschaft dieser Richtung in Rom war eine vornehme Römerin, Vittoria Colonna, die Witwe des kaiserlichen Generals Pescara. Ihr zur Seite aber erscheint der Heros der italienischen Kunst, der mühsam genug den Weg von *amore* und *beltà* gefunden hatte zum *amore divino*, stets schwer tragend an der Wucht seiner Leidenschaft. Im Jahre 1541 vollendete Michelangelo Buonarotti das künstlerische Bekenntnis der neuen Zeit, das Jüngste Gericht an der Altarwand der Sixtinischen Kapelle. Bald nachher begannen seine ergreifenden Absagen an die alte Kunst des schönen Scheins und das leidenschaftliche Bekenntnis zu der Erlösung durch den Gekreuzigten.

> *L'anima volta a quell' amor divino*
> *ch' aperse a prender noi 'n croce le braccia –*

»Die Seele wendet sich zu jener Liebe Gottes, die für uns streckt am Kreuzesstamm die Arme«; oder

> »Dein Fleisch, Dein Blut, Dein Todesleid, das herbe,
> sie waschen von mir gnädig alle Schande
> der Sünde, mein und meiner Väter Erbe.«

Bekannt ist der Bericht des portugiesischen Malers Francesco da Hollanda, der im Auftrage seines Königs 1538/39 in Rom weilte und sich sehr anschaulich aufzeichnete, wie er den größten Künstler seiner Zeit in Rom kennenlernte. Sein Freund Lattanzio Tolomei hatte ihm zu Haus hinterlassen, daß er in San Silvestro auf dem Monte Cavallo sei, um mit der Frau Marchesa von Pescara einen Vortrag zu hören über die Briefe des Apostels Paulus durch Fra Ambrogio von Siena. Auch Michelangelo kam dorthin und beteiligte sich an den Unterhaltungen, die sich hier an den theologischen Vortrag anschlossen – eine schöngeistige Theologie von zunehmendem Ernst.

Am meisten offene und schließlich gefährliche Beziehung zur französischen und deutschen Theologie hatte man aber in Ferrara, wo die Künste und Wissenschaften seit den Tagen des Herzogs Borso blühten, wenn auch die Glanzzeit des kleinen Musenhofes noch bevorstand. Jetzt herrschte hier Renata, die Tochter Ludwigs XII., Schwägerin Franz' I. von Frankreich. Sie hatte schon in der Heimat Fühlung mit religiösen Persönlichkeiten am Hofe, nicht minder in Italien. Im Jahre 1536 gewährte sie dem 27jährigen Johann Calvin, der eben in Basel seine *Institutio Christianae religionis* vollendet hatte, eine Zuflucht, kurz bevor er in Genf sein welthistorisches Wirken begann. Am Hofe der Herzogin aber wuchs in evangelischen Anschauungen Olympia Morata auf, die später nach merkwürdigen Schicksalen in Heidelberg lebte. Noch in den vierziger Jahren machte die Herzogin aus ihrem Bekenntnis kein Hehl; sie hat dafür Unannehmlichkeiten, ja Gefängnis und Bedrohung ausgehalten.

Denn die Gesamtbewegung nahm auf italienischem Boden bald doch eine überraschende Wendung. Hier war es der Kirche noch immer gelungen, das Neue und Lebendige ihrem Organismus einzuordnen; so war es mit Franz von Assisi gegangen, so mit der ganz anders gearteten Renaissance. Wie das ältere und stärkere Element in der Tiefe dieses Volkes, der mönchische Radikalismus, auch über der laikalen Mystik nicht verstummt war, wie Savonarolas Wirkung trotz seiner politischen Niederlage sogar in den Künstlerkreisen, selbst bei Michelangelo, eine nachhaltige blieb, so setzten sich nachgerade überall die mittelalterlichen Ideen in neuen Formen wieder durch.

Seit den zwanziger Jahren entstand eine Anzahl strenger Orden zum Teil als Abzweigungen oder Erneuerungen älterer Formen; so die Barnabiten oder Paulaner, 1522 die neuen Camaldolenser, 1524 die Theatiner, 1526 die aus dem Franziskanerorden abgespalteten Kapuziner. 1534 aber stiftete ein ehemaliger Offizier des Kaisers, Ignatius von Loyola, zu Paris auf dem Montmartre die Gesellschaft Jesu. Auch die Gesellschaft junger Spanier dachte, außer der Reform im eigenen Lande nach alter Sitte noch der Heidenmission zu dienen; von Bekämpfung des Luthertums oder des Protestantismus war zunächst nicht die Rede. Nachdem der Papst aber im Jahre 1540, nach langer Probezeit, den Orden bestätigt hatte, ging alsbald der

Savoyarde Peter Faber als erster nach Deutschland. Drei Jahre später begab sich Petrus Canisius mit acht Genossen nach Köln, um auch hier die von dem Stifter in unerhörten Selbstüberwindungen errungene Kunst der Menschenbeherrschung durch Einfluß auf Vornehme und Fürsten, Höfe und Schulen, durch planmäßige Erziehung zur Willensführung dem einen Zwecke der Herstellung und Verherrlichung der römischen Kirche dienstbar zu machen.

Um dieselbe Zeit, am 21. Juli 1542, erging die Bulle, die die römische Inquisition nach spanischem Vorbild ins Leben rief. Der Kardinal Carafa, der sich nach der Seite der strengsten Autorität entwickelt hatte, gab dazu den Rat; auch Loyola befürwortete sie. Der Papst ernannte sechs Kardinäle zur Inquisition in Glaubenssachen mit ungewöhnlichen Vollmachten zur Ernennung von Delegierten und zur Vorladung aller Personen jeglichen Standes und Geschlechts vor ihr Gericht.

Carafa ging alsbald ans Werk, und es ist lehrreich, daß gleich das erste bedeutende Opfer der Kanzelredner Bernardino Occhino von Siena war. Als seine Vorladung nach Rom erfolgte, ergriff er ahnungsvoll die Flucht, besuchte noch Contarini zu Bologna kurz vor dessen Tode (1. September 1542) und eilte weiter nach Deutschland. Über Genf, Basel, Augsburg kam er nach England, später zurück aufs Festland, bis er schließlich in Mähren, fast zu Tode gehetzt, 77jährig gestorben ist. Auch Petrus Martyr Vermigli flüchtete in die Schweiz, Carracciolo ging nach Genf, um Gehilfe Calvins zu werden. Renata von Este kehrte zur Sicherheit in ihre französische Heimat zurück. Die in Italien Verbliebenen verfielen der Ungnade, dem Prozeß und der Haft, wie Morone, oder gar der Hinrichtung. Überaus bedeutsam, daß unter diesen Männern so viele waren, die als Legaten und Nuntien oder sonst mit der deutschen Bewegung innerlich zu tun gehabt hatten, wie Pietro Paolo Vergerio und Morone.

Das dritte Hilfsmittel der neuen kirchlichen Rüstung wurde das Bücherverbot, die Zensur und der *Index librorum prohibitorum*. Die Zensur hatte sich aus naheliegenden Gründen mit Erfindung und Ausbreitung der Buchdruckerkunst entwickelt; denn diese Massenherstellung geistiger Nahrungsmittel wurde beizeiten als Gefahr erkannt. In Deutschland hatte schon Berthold von Henneberg 1486 ein Edikt erlassen; die Päpste hatten die Idee aufgenommen, und das Laterankonzil von 1515 wies bereits dem Tridentinum die Wege. Die deutschen Reichstagsabschiede verfügten wie das Wormser Edikt Zensur und Verbrennung anstößiger Schriften. Und wenn auch erst 1549 zu Venedig der erste *Index librorum prohibitorum* erschien, so war doch die Vorbereitung dazu in vollem Gange.

Überall also in den dreißiger Jahren wenigstens die Anfänge dessen, was man Gegenreformation nennt. Die Welt, aus der sie hervorging, war schon da, hatte ihre innere Wandlung schon vollzogen. Auf der einen Seite eine Rückwendung zum Religiösen im Sinne der Renaissance, nicht ohne Antriebe und einzelne Ideen aus der deutschen Reformation; auf der anderen eine Erneuerung des mittelalterlichen Wesens mit Abwehr und verschärfter Disziplin. Der Gegner, der damit dem erstarkten deutschen Protestantismus erwuchs, war gesünder und gefährlicher als die verweltlichte Papstkirche des 15. Jahrhunderts; aber noch niemals ist es für die menschliche Entwicklung ein Unglück gewesen, wenn sich Gegensätze durch innere Erstarkung beider Teile zwar nicht lösen, aber auf eine höhere Stufe heben. Wie die katholische Gegenreformation nicht denkbar ist ohne die lutherische Bewegung in Deutschland, so wirkte sie fortan notwendig ihrerseits wieder auf den Protestantismus zurück. Wir wollen unter diesen Gesichtspunkten den Fortgang der katholischen Reformation betrachten. Es wird sich dabei zeigen, daß einer wirklich fruchtbaren Reform noch immer gerade an der Kurie lange Zeit die ärgerlichsten Hindernisse sachlicher und persönlicher Art im Wege standen.

Am 13. Oktober 1534 war der neue Papst Alexander Farnese erhoben, der sich Paul III. nannte. In ihm verbanden sich Traditionen der alten Zeit, persönliche Neigungen bedenklicher Art und einsichtsvolles Verständnis für die Gebote der Gegenwart zu einem für die Zeitgenossen unberechenbaren, auch für den Historiker nicht leicht zu durchschauenden Wesen. Vielleicht war, wie in seiner Lebensführung als Kardinal, das weltmännisch Fürstliche der Kern, die Einsicht in die kirchliche Lage ein Geschenk des Alters – genug, Paul III. ist der letzte Papst gewesen, der die Sorge für seine Kinder und Enkel als Staats- und Kirchenangelegenheiten betrachtete und behandelte, der letzte, er ihnen ein Fürstentum verschaffte und sich durch diese Sorge maßgebend bestimmen ließ; allein, er war auch der Papst, der die erste große Reformkommission berief, der den Jesuitenorden bestätigte und das Trienter Konzil nach wiederholten Unterbrechungen schließlich wirklich eröffnen ließ.

Seine erste Kardinalspromotion galt, wie üblich, den Nepoten Alexander Farnese und Guido Ascanio Sforza. Bedeutungsvoller waren die weiteren Kreationen. Sie bereicherten das heilige Kollegium um eine Anzahl von Männern, wie sie schon lange den Purpur nicht mehr getragen hatten, Nicolaus von Schomburg, Jean du Bellay, Girolamo Ghinucci, Jacopo Simonetta, John Fisher, Gasparo Contarini. Die entscheidende Kreation aber war doch erst die dritte, vom Jahre 1536. Da wurden ernannt Giovanni Maria del Monte, später erster Präsident des Konzils und Papst Julius III., der Neapolitaner Giovanni Pietro Carafa, später Papst Paul IV., Jacopo Sadoleto und neben Aleander der Engländer Reginald Pole. Alle diese Männer waren von edler Abstammung, von bestem Ruf, als Gelehrte und als Menschen; großenteils gehörten sie außerdem der neuen werbenden Richtung in der Kirche an, vielfach untereinander verbunden, durch die Zeitläufe selbst einsichtig geworden.

Paul III. hatte schon bald nach seiner Erhebung eine Kommission von Kardinälen und Prälaten bestellt, die über eine Reform der römischen Kurie beraten sollte; dazu gehörten Contarini, Carafa, Sadoleto, Pole, Fregoso, Giberti, Cortese und Aleander. Der Ausschuß unterzog sich seiner Aufgabe mit großem Ernst und lieferte einen Ratschlag, der schon 1537 und 1538 in Rom und Köln gedruckt wurde. Die Ausrottung der lutherischen Ketzerei war vom Papst mit angeführt worden, und der Gedanke klingt auch in der Denkschrift wieder an; daß das Dogma im eigentlichen Sinne so wenig angetastet wurde wie der Primat des Papstes, ist begreiflich; allein die ungeheuren Mißbräuche, deren Abstellung doch an Kirchenverfassung und Kultus sehr empfindlich rühren mußte, wurden mit so großer Offenheit gerügt, daß dieses Aktenstück in eine Reihe gehört mit den Gravamina deutscher Nation und dem Schuldbekenntnis in Hadrians Instruktion für den Nuntius Chieregati. Die Steigerung der päpstlichen Gewalt, das Unwesen der römischen Pfründen und Provisionen, die Übelstände in der Jurisdiktion, die Notwendigkeit einer Herstellung der alten bischöflichen Gewalt, das alles wird sehr ernsthaft erörtert und durch die Stellungnahme gegen die heidnische Philosophie und durch die Forderung der Zensur nicht abgeschwächt.

Contarini ging persönlich noch weiter; er unterbreitete dem Papst eine Anzahl sachkundiger Abhandlungen über Einzelheiten der Reform, von denen sich Paul III. wenigstens in Kleinigkeiten weiter bestimmen ließ. Für Deutschland war es schon zu spät; aber man sieht deutlich: Die Kurie, die sich zum Konzil rüstete, war nicht mehr der selbstzufriedene, lachende Hof Leos X.

In der Behandlung der deutschen Angelegenheiten ging es der Kurie wie dem Kaiser. Man begriff, daß mit Acht und Bann nicht auszukommen war. So gewöhnte man sich, die Dinge unter politischen Gesichtspunkten und mit politischen Mitteln zu behandeln. Von den Nuntiaturen des Vergerio und Vorstius an, jedenfalls seit 1535, begann eine neue Taktik.

Man legte vor allem Wert darauf, dem Kaiser und den Protestanten den Vorwand der Konzilsverweigerung zu entziehen. So sehr Paul III. persönlich widerstehen mochte, so geduldig er Störungen von anderer Seite ertrug – das seinem Vorgänger so verhaßte Konzil nahm er wirklich in die Hand.

Natürlich wußte man in Rom sehr gut, daß ein Konzil in diesen Zeiten nicht ein gelehrter und zeremonieller Akt sein würde, wie das Laterankonzil Julius' II. Die Erinnerung an die großen Konzilien des 15. Jahrhunderts, die Anstalten gemacht hatten, ein synodales Kirchenregiment an die Stelle des Papsttums zu setzen, über Päpste selbst zu richten und in der Kirchenverfassung die Bischöfe und Nationen gegen die Kurie zu stärken, mit anderen Worten die lange Entwicklung des päpstlichen Absolutismus rückwärts zu revidieren, war nicht wegzuwischen. Stand das Papsttum der Wiederkehr ähnlicher Bestrebungen jetzt schon besser gerüstet gegenüber?

Daß die Forderung eines Konzils, nach vorübergehender starker Betonung seiner Fehlbarkeit durch Luther, von der deutschen Reformation erhoben wurde, war für die Kurie keine Empfehlung; noch weniger, daß der König von England und im politischen Streit um Italien 1526 auch der Kaiser daran appelliert hatten.

Aber die Forderung wurde geteilt von ganz anderen Stellen. Der Beginn ernstlicher Handlung lag schon im Pontifikat Clemens' VII. Auf die Sendung Cuevas' durch Karl V. an die Kurie war im Konsistorium vom 28. November 1530 der erste Konzilsbeschluß gefaßt worden, aber alle weiteren kaiserlichen Bemühungen und selbst offizielle Gesandtschaften in England und Frankreich waren ergebnislos geblieben. Gleichwohl, die deutsche Theologie und die deutschen Fürsten ließen sich in ihrer Forderung nicht ermüden; auch die Reformer an der Kurie selbst zeigten sich dem Konzilsgedanken geneigt.

So wurde denn noch im ersten Jahre des Pontifikats Pauls III. der päpstliche Nuntius Pietro Paolo Vergerio, Bischof von Capodistria, mit der heiklen Mission betraut, in Deutschland für ein nach Mantua zu berufendes Konzil zu wirken. Er reiste bei den deutschen Fürsten herum und kam im November 1535 wiederum nach Wittenberg. Der Kurfürst weilte gerade in Wien, und der Nuntius konnte sich unabhängig von den Wünschen des Hofes bewegen. Er wohnte im Schloß und lud eines Tages aus eigenem Antrieb Luther und Bugenhagen zu sich zu Tisch. Eine merkwürdige Tafel! Der päpstliche Nuntius und als seine Gäste der geächtete und gebannte Reformator mit seinem Beichtvater. Man sprach über theologische und reformatorische Angelegenheiten – fruchtlos! Der Nuntius erschien den Wittenbergern gar fein und »bös römisch«; die Reformatoren dem Humanisten schwerfällig und wenig zugänglich. Immerhin, Vergerio brachte von den Reformatoren und den namhaftesten Fürsten die Erklärung heim, daß sie ein Konzil unter gewissen Bedingungen beschicken würden. Daß Vergerio später Protestant wurde und in Württemberg endete, gibt zu denken.

Nicht lange darnach spielte sich in Rom ein nicht minder merkwürdiger Vorgang ab. Karl V. hatte sich von Tunis aus über Sizilien nach Rom begeben, um jetzt als Sieger über die Ungläubigen an den afrikanischen Küsten vor den Papst zu treten und Klage zu führen gegen den König von Frankreich, der, trotz aller Verträge von Madrid und von Cambrai, im März 1536 das die Alpenpässe beherrschende Savoyen besetzt hatte und so, gerade nach dem kürzlich erfolgten Tode des jungen Sforza, bedrohlich an der Grenze Mailands stand. Außerdem wollte der Kaiser mit dem Papst über das Konzil verhandeln.

Prunkvoll wurde der Sieger empfangen; das verstand man in dem Rom Michelangelos. Alle Ehrenpforten wiederholten nur die Huldigung der Christenheit gegenüber den Taten des katholischen Kaisers. Aber in Sachen des Streites mit Frankreich verhielt sich der Papst sehr kühl. Er erklärte, neutral bleiben zu wollen.

Da schritt der Kaiser zu einer für ihn höchst bezeichnenden Demonstration. Zum 2. Ostertag, 17. April 1536, lud er sich und die französischen Gesandten zu den Kardinälen in die *Sala dei paramenti*, trat selbst mit großem Gefolge auf, nahm seinen Platz neben dem Papst, wie man es oft auf alten Bildern sah, und hielt der erstaunten Versammlung einen anderthalbstündigen Vortrag über die Treulosigkeit und Feindseligkeit des Königs von Frankreich, der ihn jeweils im entscheidenden Augenblick hindere, seine Waffen gegen die Feinde der Christenheit zu kehren. Er gab, in spanischer Sprache, einen klaren zusammenhängenden Überblick über seine Regierung und über die Grundsätze, die ihn zeitlebens geleitet hätten.

Niemand war auf eine solche Ansprache gefaßt, auch der Papst nicht. Immerhin antwortete Paul III., auch er beklage den Zwiespalt und wünsche den Frieden. Währenddessen blickte der Kaiser auf einen Notizzettel und bemerkte, er habe noch etwas nachzutragen: Der Papst solle die Entscheidung fällen in seinem Streit mit Frankreich; außerdem erbiete er sich, wie früher schon, zum Zweikampf mit seinem Gegner. Beides verwarf der Papst. Er wollte hartnäckig neutral bleiben.

Immerhin, da der Kaiser so oft auf ein Konzil gedrängt hatte, und die deutschen Fürsten nicht minder, so entschloß sich Paul III., unter dem 2. Juni 1536 die Bulle mit der Ansage eines Konzils zum 23. Mai 1537 nach Mantua zu veröffentlichen. Das war freilich noch unverbindlich und doch ein Ereignis. Die Bulle *Ad dominici gregis curam* bezeichnet das Konzil als bestes Heilmittel zur Ausrottung der Heresien, zur Besserung der Sitten, zur Herstellung des Friedens und zur Sammlung der Christen gegen die Ungläubigen. Es war für Protestanten keine Empfehlung, daß die Ausrottung der Ketzerei so unverblümt an die Spitze gestellt war. Ihre ohnehin geringe Neigung für ein vom Papst berufenes Konzil wich bald völliger Ablehnung.

Wenn wir auch heute wissen, daß ein Konzil schon nicht mehr die Einheit des Glaubens und der Kirche herstellen konnte, für die Zeitgenossen war das keineswegs ausgemacht, und für die Erneuerung der römischen Kirche, für Maß und Umfang ihrer Kirchenregierung konnte das Konzil noch immer überaus wichtig werden. Für ein Konzil in diesem Sinne aber lagen die entscheidenden Schwierigkeiten jetzt bei Frankreich und England, nicht so sehr in Deutschland oder bei der Kurie. Paul III. zeigte für Ablehnung oder Bedenken der Franzosen stets ein nachsichtiges Verständnis, nur durfte er in der Tat durch ein Verzichten auf die Mitwirkung von Frankreich und England den ökumenischen Charakter des Konzils nicht gefährden.

Frankreich fürchtete auf einem Universalkonzil, das in erster Linie deutsche Dinge behandeln sollte, ein starkes Übergewicht des Kaisers, was sowohl der Eitelkeit als auch dem politischen System Franz' I. unerträglich schien. Obwohl die französische Regierung der Kurie wie dem Kaiser bei wiederholten Verhandlungen scheinbar entgegenkam, traf sie doch keinerlei Anstalten, das Konzil zu beschicken. Sie verband sich vielmehr mit England gegen den Kaiser und hintertrieb das Konzil zusammen mit Heinrich VIII., der seit der römischen Entscheidung in seiner Ehesache nicht minder heftig gegen das Konzil war, das eine Sammlung gemeiner Christenheit gegen den Ehebrecher und Schismatiker von England werden konnte.

Die allgemeine Stimmung gegen das Konzil wurde durch den Gang der Auseinandersetzung zwischen dem Kaiser und Frankreich nur verstärkt. Karl V. ließ sich bald nach jenem Auftreten in Rom, im September 1536, wegen des französischen Handstreiches auf Savoyen zu einem übereilten Einfall in die Provence verleiten. Das Heer des Kaisers wurde durch Verpflegungsmangel zum Rückzug genötigt, bevor es noch eigentlich zum Kampf gekommen war. Im nächsten Frühjahr (1537) drang Montmorency in die Niederlande vor, und eine türkisch-französische Flotte kämpfte erfolgreich im Mittelmeer gegen Neapel und den Kaiser.

Nur mit Mühe gewann Karl V. eine etwas freundlichere Haltung des Papstes, als er die Witwe des 1537 gestorbenen Herzogs Alessandro Medici, seine natürliche Tochter Margarete, einem Enkel des Papstes, dem jungen Ottavio Farnese, versprach. Der Papst ließ sich herbei, den Frieden mit Frankreich zu vermitteln, um dem Kaiser die Hände frei zu machen für den Türkenkrieg, auf den besonders Venedig drängte. Im Juli 1538 kam der Papst mit den beiden Gegnern in der Gegend von Nizza zusammen.

In Aiguesmortes sahen sich der Kaiser und König Franz auch persönlich, nachdem in Nizza unter dem 18. Juni 1538 ein zehnjähriger Stillstand verabredet war. In diesen Abmachungen eröffneten sich beiden Fürsten Aussichten auf das, was ihnen im Augenblick das Wesentlichste schien; dem Kaiser, zunächst wenigstens Frieden zu haben; dem König von Frankreich sein Ziel, Mailand für seinen Sohn, den Herzog von Orléans, mit der Hand einer habsburgischen Prinzessin auf friedlichem Wege zu gewinnen. Ob das Zugeständnis von seiten des Kaisers ehrlich gemeint war, ist schwer zu entscheiden. Bei der ausgesprochen dynastischen Auffassung des Kaisers ist es nicht undenkbar, und nach fünf Jahren kam er unter günstigeren Verhältnissen darauf zurück. Beide Male hatte die Königin Eleonore die Hand im Spiele, die eben jetzt ihren Bruder zuerst allein besucht hatte. Nur wegen des Konzils erreichte der Kaiser nichts. Dagegen meldeten König Ferdinand dem Kaiser und Morone dem Papst von neuen Ausgleichsversuchen in Deutschland. Mit Rücksicht also auf die vorläufige Besserung seiner Lage wie auf die Verhältnisse in Deutschland und bei den übrigen Mächten ließ das Drängen des Kaisers auf ein Konzil vorerst nach.

War am 20. April 1537 eine erste Prorogation des Konzils bis zum 1. No-

vember verkündet, so erfolgte kurz vor diesem Termin eine zweite zum
1. Mai 1538 nach Vicenza. Schon traf man an Ort und Stelle Vorbereitungen zur Eröffnung. Aber am 25. April wurde die Eröffnung aufgeschoben,
am 28. Juni die dritte Prorogation ausgesprochen und endlich am 21. Mai
1539 das angesagte Konzil auf unbestimmte Zeit suspendiert.

So ist es gekommen, daß bei den Wechselfällen der politischen Lage und
der dadurch bedingten Haltung des Kaisers, bei der geringen Lust der römischen Kurie und der Protestanten, mehr oder minder unverhüllter Abneigung von Frankreich und England, das zum Mai 1537 ausgeschriebene
Konzil erst im Dezember 1545 wirklich eröffnet werden sollte.

Karl V. und die deutschen Protestanten 1539 bis 1548

Vor jenem weiten Hintergrunde der europäischen Politik und der beginnenden römischen Gegenreformation trat der deutsche Protestantismus in
seine entscheidende Periode. Die politische Krisis großen Stils begann mit
den vierziger Jahren. Dabei ist für den Historiker oft schwer zu durch-
schauen, wieweit in der jetzt beiderseits entwickelten, vielfach verhüllten
Taktik die Mittel nur Umwege zu fernen Zielen bedeuteten oder einen unmittelbar gewollten Erfolg anstrebten.

Die Schmalkaldischen hatten nach dem Frieden von Kaaden ihren Bund
auf zehn Jahre verlängert und sich am 29. September 1536 eine neue Bundesurkunde ausgestellt. Im Februar 1537 hatten sie zu Schmalkalden wieder
einmal einen Bundestag, für den der Kurfürst von Sachsen, sowohl angesichts der Konzilsberatungen wie auch als Grundlage für die Einheit des
Bundes, durch Luther eine Zusammenstellung der Hauptlehren hatte aufstellen lassen. Die »Schmalkaldischen Artikel« waren schärfer als die Augsburgische Konfession und wurden wohl deshalb durch Kursachsen schließlich nicht zur Annahme gebracht. Doch blieben sie auch politisch wichtig,
wie sich bald herausstellen sollte. Auf demselben Tage waren der päpstliche
Nuntius Vorstius und der kaiserliche Vizekanzler Mathias Held erschienen,
um nochmals zur Beteiligung am Konzil aufzufordern.

Held, ein schroffer, wohl auch ungeschickter Mann, besaß zwei kaiserliche Instruktionen, aber er ignorierte die mildere und legte alles auf den
Bruch an. Auch die Schmalkaldischen verhielten sich steif und barsch;
schließlich räumten Vorstius und Held unter lautem Protest das Feld.
Held, der im Sinne seiner auch sonst erkennbaren politischen Ansichten
den Bruch und damit die Klärung gesucht zu haben scheint, setzte alles in
Bewegung, um in diesem Sinne ein dem Schmalkaldischen Bunde entge-
gengesetztes katholisches Bündnis zustande zu bringen; gemeint war etwas
völlig anderes als jene defensive Verständigung vom Jahre 1524.

Der Erfolg blieb weit hinter den Erwartungen zurück. Ein Tag zu Speyer im Frühjahr 1538 sah, außer Held, den König Ferdinand und die bedrohten norddeutschen Fürsten Heinz von Wolfenbüttel und Georg von Sachsen. Aber das Ergebnis vom 13. März war nicht der gewünschte Abschluß.

Erst am 10. Juni 1538 konnte zu Nürnberg wirklich das katholische Gegenbündnis geschlossen werden. Jetzt waren die Erzbischöfe von Mainz und Salzburg und die Herzöge Wilhelm und Ludwig von Bayern, auch Erich von Calenberg mit dabei. Dieser Bund war noch ängstlich auf Verteidigung gestellt. Nicht nur die Bischöfe hielten zurück; Erich weigerte sogar die Siegelung. Der Papst, den man zum Mitglied des Bundes wünschte, wollte sich auf den Rat Morones einstweilen nicht binden; ebensowenig der Kaiser.

Indessen, so unkriegerisch und bescheiden dieses Bündnis auch war, seine Wirkung blieb so wenig aus wie einst diejenige der schmalkaldischen Gründung. Die Protestanten fühlten sich von ihren in Wahrheit so ängstlichen deutschen und europäischen Gegnern ernstlich bedroht. Sie überschätzten Ferdinands Vertrag mit Johann Zapolya zu Großwardein vom Februar 1538 und des Kaisers Abmachungen von Nizza und Aiguesmortes. Was ein Konzil unter dem Zeichen eines spanisch-päpstlich-französischen Bundes angesichts der vermuteten Kriegsrüstungen der Altgläubigen bedeutet hätte, das mochte man sich allerdings leicht ausdenken. So gab Kursachsen der Stimmung vollendeter Ratlosigkeit klassischen Ausdruck, wenn es dem Landgrafen am 30. August 1538 zuschrieb, »still zu sitzen und des Backenstreichs oder des Widerteils Vorsprung zu erwarten, will schwer sein, aber demselben zuvorzukommen, will auch nicht geringe Bedenken haben«. Es gab Jahre, da würde es anders zurückgehallt haben aus Hessen. Jetzt aber begann die Zeit, da auch der Landgraf wie gelähmt erschien.

Und doch, im Juni 1538 standen sich zum ersten Male die gerüsteten Bündnisse wie später Union und Liga gegenüber, beide im Grunde noch rein defensiv, aber beide in Sorge vor den vermuteten kriegerischen Absichten des anderen. Noch war der Schmalkaldische Bund der stärkere. Weiterer Anschluß und damit neue Spannungen standen zu erwarten.

Immer ernstlicher tauchte jetzt auch der Norden im Gesichtskreis der deutschen Protestanten auf – Dänemark also, Schweden und England. Mit England verhandelte man 1538 aufs neue, diesmal unter lebhafter Teilnahme von Sachsen – schon wegen der Bedrohung von Cleve, mit dem Sachsen verschwägert war.

Auf dem Bundestage zu Braunschweig im April 1538 wurde unter Mitwirkung französischer und englischer Gesandten das Konzil erneut abgelehnt und der König von Dänemark in den Bund aufgenommen. Ebenso der Markgraf Hans von Brandenburg-Küstrin, der 1537 bei der Erbverbrüderung mit Sachsen und Hessen von Landgraf Philipp und Markgraf Georg starke Eindrücke empfangen hatte, nun die von unten ins Land gedrungenen neuen Anschauungen aufnahm und durch Alber und Althamer auch vom Hof aus reformieren ließ. Seine Mutter, die einst vertriebene alte Kurfürstin, förderte das Werk durch ihre Verbindung mit Luther. Seine Schwester aber, die Gemahlin Erichs I. von Calenberg, deren überragende Persönlichkeit wir erst neuerdings genauer kennen, schloß sich in demselben Jahre ebenfalls aufs engste an Philipp von Hessen an und versprach ihm, auch »ihr« Land »herumzubringen«. »Elisabeth von Münden« hatte die Untreue ihres Gatten klug benutzt, sich selbst ein Teilfürstentum zu schaffen, das sie ausgezeichnet verwaltete. Nun ging sie nach dem Tode ihres Gemahls, im Juli 1540 zu Hagenau, erst stürmisch, dann vorsichtiger daran, im ganzen Fürstentum mit Hilfe des Anton Corvinus die Reformation durchzuführen.

An anderen Stellen eröffneten sich erst recht vielversprechende Aussichten. Der eifrigste Vorkämpfer des Alten, Herzog Georg von Sachsen, starb am 17. April 1539, nachdem ihm zwei Söhne im Tode vorangegangen waren. Er hatte alles daran gesetzt, seinen reformatorisch gesinnten Bruder Heinrich und dessen Söhne Moritz und August von der Nachfolge fernzuhalten, vergebens. Er hatte mit Vererbung an den Kaiser gedroht – allein, nach seinem Tode vollzog sich der Erbgang an den bisher nur mit ein paar Ämtern abgefundenen Bruder ebenso selbstverständlich wie die Entscheidung für die Reformation. Noch im Winter 1539 konnte Luther zu Leipzig predigen. Nur der albertinische Adel und die Räte hielten noch zurück.

Politische und kirchliche Veränderungen zugunsten der Schmalkaldischen kündigten sich auch im Westen an. 1539 folgte auf Johann von Cleve, der durch seine Gemahlin auch Herzog von Jülich und Berg war, der junge Herzog Wilhelm, den schon 1538 nach dem Tode des Herzogs Karl von Geldern die geldrischen Stände, freilich gegen alte Verträge mit Burgund, zum Erben in Geldern und Zütphen berufen hatten. Dieser darüber natürlich in starker Spannung mit den Niederlanden stehende Fürst war ein jüngerer Bruder der Sibylle, Kurfürstin von Sachsen, und der Anna, seit Januar 1540 Königin von England. Mit Kursachsen bestand außerdem eine Erbverbrüderung, die Sachsen unmittelbar an den niederrheinischen Verhältnissen interessierte. Dem jungen Herrn fehlte es auch nicht ganz an reformatorischen Neigungen. Wie immer aber die kirchliche Entwicklung sich gestaltete – politisch ergab sich hier eine mannigfach verstärkte Spannung zu dem kaiserlichen Herrn der Niederlande.

Das war um so wichtiger, als sogar die geistlichen Nachbarn Cleves Neigungen zur Reformation zeigten. Von Franz von Waldeck, Bischof von Minden, Münster und Osnabrück, glaubte man, er könne eines Tages säkularisieren, wenn er auch in seinem Bistum Münster nach 1535 wenig Widerhall zu erwarten hatte. Dagegen zeigte sich Hermann von Wied, seit 1515 Erzbischof von Köln, in steigendem Maße reformfreundlich. Schon 1536 hatte er durch Gropper in ziemlich modernen Formen reformieren lassen. Wohin er steuerte, zeigt, daß er 1542 Bucer in Bonn predigen ließ, dann Pistorius; 1543 wollte er sogar Melanchthon berufen.

Während sich so die Gegensätze zusammenballten, europäische Beziehungen an sich zogen und in Deutschland selbst zur Entladung drängten, war es doppelt wichtig, daß sich mehr als bisher eine dritte Gruppe von Fürsten regte, die auf reichsrechtlichen Ausgleich bedacht war und somit die ohnehin vorhandenen Friedenstendenzen stärkte. Der Erzbischof von Trier wandte sich an Hessen, den alten Bundesgenossen seines Vorgängers gegen Sickingen, mit dem Vorschlag, auch jetzt zusammenzuhalten, »als ob wir einicherlei Glaubens weren«. Dieselbe Politik wurde in der Pfalz durch den in weiten politischen Beziehungen stehenden Erben des Kurfürsten, Pfalzgraf Friedrich, vertreten. Ähnlich hielt sich seit zwei Jahren Kurfürst Joachim II. von Brandenburg, der am 1. November 1539 aus den Händen des Bischofs von Brandenburg, Mathias von Jagow, das Abendmahl unter beiderlei Gestalt nahm, um im nächsten Jahre durch Johann Agricola eine zwar noch immer sehr vorsichtige, aber ausgesprochen landesfürstliche Kirchenordnung zu erlassen. Joachims erste Gemahlin, Magdalene, Tochter Herzog Georgs von Sachsen, war 1534 gestorben; 1535 hatte er Hedwig von Polen, die Schwägerin des Johann Zapolya, geheiratet, der neuerdings von den Türken arg bedrängt wurde.

Eben diese Beziehung und seine eigentümliche kirchliche Stellung legten dem Kurfürsten nahe, 1538 zu Bautzen, wo man über die Lehen in Schlesien und der Lausitz verhandelte, eine Art Eintracht mit König Ferdinand zu suchen. Er stieß beim Könige auf Verständnis für die Meinung, daß ein Konzil doch sobald nicht zustande komme, man also zur Erlangung der Türkenhilfe die Verständigung auf andere Weise anstreben müsse. Ferdinand erwog sogar Zugeständnisse, wie Priesterehe und Laienkelch; ebenso der päpstliche Legat. Aber auch beim Kaiser, der eben von Nizza nach Spanien zurückkehrte, fand Joachim gnädige Aufnahme. Der Kaiser erklärte ihm am 22. November, daß er seine und des Kurfürsten von der Pfalz gute Dienste annehme. Der Kaiser gab seinem neuen Gesandten nach Deutschland, dem einst mit Christian II. verdrängten Erzbischof von Lund, Johann von Weeze, seit 1537 Bischof von Konstanz, am 30. November 1538 sogar eine überaus entgegenkommende Instruktion. Weniger angemessen war Ferdinands Instruktion zu dem in der Tat bald zusammentretenden Tage zu Frankfurt, aber sein praktisches Verhalten zeigte, daß er unter dem Druck der Türkennot noch mehr als der Kaiser die Hand der Vermittler ergreifen wollte.

Die Forderungen der Schmalkaldischen, die lange Vorverhandlungen pflogen, gingen weit; sie wollten einen »beständigen Frieden«, Freistellung der Religion, Besitz der Kirchengüter; sie lehnten es auch ab, mit dem päpstlichen Legaten zu verhandeln. Aber vielleicht kam man nach langem Ringen wirklich zu leidlichen Ergebnissen. Der Frankfurter Anstand vom 19. April 1539 versprach die Türkenhilfe gegen das Zugeständnis, daß die jetzigen Anhänger der Augsburgischen Konfession (also auch die seit dem Nürnberger Frieden beigetretenen) vom 1. Mai an auf fünfzehn Monate Frieden haben und von Mandaten und Kammergerichtsurteilen verschont bleiben sollten. Über die Erweiterung des Nürnberger Friedens und der beiden Bündnisse blieben Meinungsverschiedenheiten. Wie auch immer aber die kaiserliche Resolution darüber ausfalle, einstweilen (so beschloß man) solle der Friedstand auf sechs Monate unbedingt gelten. Endlich wurde zu Frankfurt abgeredet, daß am 1. August Abgeordnete beider Parteien zusammentreten sollten zu dem Versuch, die Irrung in der Religion durch ein »Gespräch« abzustellen.

Die Schmalkaldischen durften in dem mageren Anstand doch einen neuen Erfolg sehen; erst recht, wenn sie die Frist zu nutzen wußten und wenn aus dem Gespräch wirklich eine Art Nationalkonvent wurde, also eine Behandlung des Kirchenstreites ohne Rom. Aber auch der Kaiser glaubte einen wesentlichen Erfolg zu haben; denn ihm lag daran, es zunächst in Verhandlungen, wie mit Frankreich, so mit dem Protestanten zu versuchen; wenn aber schon Krieg nötig sein würde – Zeit zu gewinnen. Umgekehrt war nicht nur der Papst, dem der Nuntius Morone berichtete, sondern auch das altgläubige Fürstentum sehr unzufrieden. Der Papst zögerte nicht, seine Entrüstung durch die Sendung des Kardinals Montepulciano nach Spanien zum Ausdruck zu bringen und Johann von Weeze offen der Bestechung zu beschuldigen. Allein es gelang dem Kaiser, durch Entgegenkommen beim Erwerb von Camerino für das Haus Farnese, auch diesen Sturm zu beschwichtigen und die Kurie sogar für die Idee politischer Religionsgespräche zu gewinnen.

Die Kurie sandte zwar nicht zu dem angesagten Termin nach Nürnberg, wohl aber zu dem in Worms wirklich durchgeführten Gespräch den Nuntius Tommaso Campeggio, einen Bruder des Kardinals, und zu einem zweiten Gespräch, in Gegenwart des Kaisers zu Regensburg, sogar den Kardinal Contarini als Legaten.

Ein verwirrendes Spiel! Die Beteiligten traten offenbar mit sehr verschiedenen Voraussetzungen und Absichten an diese Sache heran. Daß die Gespräche erfolglos waren, weiß jeder; daß sie es sein mußten, darf man behaupten. Allein damit ist die Sache nur oberflächlich betrachtet. Die denkwürdige Klarstellung, daß man zwar kirchenpolitisch unendlich tief geschieden war, dogmatisch aber sich im Kern noch sehr nahe stand, blieb Grund genug für die Tatsache, daß diese Unionsversuche immer wieder auftreten konnten, freilich niemals zum Ziele führten.

Das erste Gespräch war nach Speyer ausgeschrieben, im Juni 1540 zu Hagenau begonnen und im November zu Worms fortgesetzt. Den Vorsitz führte jetzt Nicolas Perrenot, Herr von Granvelle, des Kaisers Staatssekretär; er hatte große Bedenken gegen den Krieg und wollte kein anderes Mittel unversucht lassen. Fürsten beider Bekenntnisse beteiligten sich an der Disputation. Von Theologen disputierte Melanchthon mit Eck, fester und entschiedener als in Augsburg, wohl gestärkt durch den anwesenden Calvin. Wichtiger als das Hauptgespräch wurde das Geheimgespräch, das Granvelle und Landgraf Philipp verabredeten zwischen Bucer und Capito einerseits, Gropper und Veltwyk anderseits. Veltwyk war einer der humanistischen Räte des Kaisers, ein Hebräist, wie Andreas Masius in clevischen, Widmanstadt in österreichischen Diensten, Philologe und Diplomat; Gropper dagegen Theologe, Erasmianer, Verfasser des kölnischen Religionshandbuches von 1538, der wichtigsten vortridentinischen Religionslehre, die später in Rom auf den Index gesetzt worden ist.

Als die Gespräche im nächsten Jahre zu Regensburg wieder aufgenommen wurden, tauchte ein lange Zeit ziemlich geheimnisvoller Schriftsatz auf, von dem wir heute wissen, daß ihm eine überarbeitete Denkschrift Groppers zugrunde lag, das »Regensburger Buch«. Im April 1541 einigte man sich in Regensburg wirklich über vier Artikel, über den Urstand, den freien Willen, die Ursache der Sünde und die Erbsünde; am 2. Mai fand man in Artikel 5 auch eine Formel für die Rechtfertigungslehre. Allein, an den weiteren Artikeln über Sakramente, Priestertum und Kirche ist man gescheitert.

Die Regensburger Verhandlungen sollten im übrigen einen ganz anderen Charakter erhalten durch den persönlichen Anteil des Kaisers.

Karl V. hatte am 1. Mai 1539 seine Gemahlin an den Folgen einer schweren Entbindung verloren; auch das neugeborene Knäblein war alsbald wieder gestorben; von sieben Kindern waren dem Kaiser drei geblieben. So versteht man es, daß er mehr als je geneigt war, die Einladung des eben mit ihm ausgesöhnten Königs von Frankreich zum Besuche seiner Schwester Eleonore anzunehmen, wobei die Franzosen im Sinne von Aiguesmortes an die Vorbereitung einer Familienverbindung dachten, entweder mit dem verwitweten Kaiser oder mit einer habsburgischen Prinzessin. Am 27. November hatte er bei Bayonne die französische Grenze überschritten; Ende Dezember war er über Blois und Orléans nach Fontainebleau gekommen; Anfang Januar weilte er zu Paris im Louvre. Von dort war er über Soissons, St. Quentin, Valenciennes nach Brüssel geeilt. Im Frühjahr hielt er sich mit starken Truppen in Gent auf, das seit mehr als einem Jahre in offener Unbotmäßigkeit verharrte und jetzt eine drastische Buße erlitt. In Gent hielt Karl auch noch den großen Familienrat über den alten Plan, Mailand dem Herzog von Orléans mit einer österreichischen Prinzessin zu Lehen zu geben und die zumindest lähmende französische Feindschaft aus der Welt zu schaffen. Anfang des Jahres 1541 begab er sich über Luxemburg, Metz, Speyer, Heidelberg nach Regensburg zum Reichstag.

Friedlich, wie er durch Frankreich gezogen war, zeigte sich der Kaiser auch in Regensburg, und wohl mehr als bloß ein Zufall hatte es gefügt, daß ihm gerade jetzt das milde Verständnis des Kardinals Contarini zur Seite stand. So atmeten auch die Verhandlungen des Reichstages von seiner Seite eine friedwillige Stimmung. Der Abschied verkündigte, daß »der Nürnbergisch Friedstand bis zu End eines Generalconcilii oder einer Nationalversammlung oder Reichstages in allen Punkten und Artikeln von allen Teilen festiglich und unverbrüchlich gehalten werde«. Die Zusicherung, daß fortan kein Stand den anderen wegen Religions- und Glaubenssachen bekriegen oder schädigen solle, bezieht sich darnach hier zum ersten Male auf beide Parteien; der Grundstein zum Religionsfrieden schien gelegt.

Da die Schmalkaldischen mit dem Reichstagsabschied wegen Aufrechterhaltung des Augsburgischen Abschieds von 1530 im ganzen doch nicht zufrieden waren, so gab der Kaiser ihnen zum Überfluß am 29. Juli 1541 noch eine geheime Deklaration, worin persönlicher Schutz für Prediger und Anhänger der Augsburgischen Konfession in altkirchlichen Gebieten, Verpflichtung des Reichskammergerichts auf diesen Abschied und Bewilligung einer christlichen Reformation von landsässigen Stiften und Klöstern zugestanden wurde. Um auch die Gegenseite zu erfreuen, trat der Kaiser an demselben 29. Juli dem Nürnberger Bunde bei.

Die scheinbar so friedliche Haltung des Kaisers hatte tiefere Gründe. Zu einer ernstlichen Überwindung der französischen Feindschaft durch Preisgabe Mailands konnte er sich nicht entschließen. Infolgedessen mußte die Lösung der geldrischen Frage gegen Cleve, zu der er jetzt die ersten Maßnahmen traf, ihm in Deutschland aber die äußerste Behutsamkeit auferlegen.

Unter diesem Zeichen stand bereits der Abschluß der in den letzten Jahren vorübergehend durchaus im Sinne des friedlichen Ausgleiches mit Philipp von Hessen geführten Verhandlungen. Gerade jetzt, wo der Kaiser Anlaß hatte, die Kriegshilfe der Schmalkaldischen gegen die Türken zu suchen, gegen Cleve zu fürchten, da wurde der Fürst, der vor allem imstande gewesen wäre, die Gunst der Lage auszunutzen, durch die kaiserliche Politik völlig lahmgelegt.

Im Regensburger Vertrag vom 13. Juni 1541 verpflichtete sich der Landgraf nicht bloß zur treuen Anhänglichkeit an den Kaiser, den König und das Haus Habsburg; er versprach auch, kein Bündnis einzugehen mit dem König von Frankreich oder irgendeinem auswärtigen Potentaten; sogar bei jeder Bündniserneuerung den Kaiser auszunehmen; auch nicht zuzulassen, daß der Herzog von Cleve in den Schmalkaldischen Bund aufgenommen werde; »will auch für sich mit gemeltem Herzog von Cleve in kain Bundnus kommen«, vielmehr den Kaiser in seinen Ansprüchen auf Geldern und Zütphen unterstützen, falls das auch andere Reichsstände tun; jedenfalls dem Kaiser im Kriege gegen Frankreich beistehen – er sowohl, wie sein soeben verheirateter Schwiegersohn Herzog Moritz von Sachsen, den der Kaiser dafür in seinem Fürstentum sichern will.

Ein ähnliches Abkommen traf der Kaiser mit Kurbrandenburg, dem seine Kirchenordnung bis zum Konzil zugestanden wurde, wofür es Hilfe zusagte gegen Frankreich und Cleve, sowie sein Fernbleiben vom Schmalkaldischen Bunde. Dieses Abkommen entsprach der bisherigen Haltung des Kurfürsten, war im übrigen der erste Erfolg des Kaisers, die Gruppe der »Vermittler« von ihren Glaubensgenossen abzusprengen und nach Möglichkeit zu sich hinüberzuziehen. Aber wie war es möglich gewesen, den Landgrafen zu derartigen Artikeln zu gewinnen? Wir fanden ihn schon bei den Religionsgesprächen auf einer bedenklichen Bahn.

Die Ursache lag in Philipps höchst ärgerlichem Ehehandel, in dem die tiefe Not der Zeit und der unlösliche Zusammenhang von Sitte, Recht und Form fast erschütternd zum Ausdruck kam.

Die Haltung der deutschen Fürsten wie ihrer ausländischen, weltlichen und geistlichen Standesgenossen war in den Lebensbeziehungen, auf die wir das Wort Sittlichkeit im engeren Sinne anwenden, fast durchweg sehr mangelhaft. Karl V. hatte Jugenderlebnisse, aber während seiner Ehe mit Isabella von Portugal lebte er so untadelhaft wie sein Bruder Ferdinand. Noch als junger Witwer soll sich Karl auf der Reise durch Frankreich ebenso ritterlich wie rein benommen haben. Sehr viel anders die meisten Fürsten. Wie toll hat es nicht Heinrich der Jüngere von Braunschweig-Wolfenbüttel getrieben, der sich ein Fräulein Eva von Trott in Junkerkleidern hielt und der beschimpften Familie die Komödie ihrer Beerdigung und der Seelenmessen für sie in Gandersheim vormachen ließ. Das Leben der Zeit in Städten und an Höfen bedarf in dieser Hinsicht keiner langen Schilderung.

Das Entscheidende liegt darin, daß zum Glück das sittliche und das politische Leben voneinander nie zu trennen sind; und wenn schon der Landgraf nicht zu belasten wäre angesichts der meist viel derberen, in Frankreich viel ungenierteren, im 18. Jahrhundert förmlich organisierten Liebschaften der Fürsten – daß er in so ernsten Zeiten, unter so großen Händeln es nicht über sich gebracht hat, bei anderen grobes Ärgernis zu vermeiden, ist zugleich sein menschlicher und politischer Sündenfall gewesen, dessen Erinnerung um so tiefer schmerzt, je bedeutender sich der lebhaft empfindende und kühne Fürst bisher von seinen Standesgenossen abgehoben hatte.

Wenn an dem traurigen Fall auch die Theologen ihr Teil Schuld mit tragen, so diente es doch nur zu ihrer und des Fürsten Entschuldigung, nicht Rechtfertigung, daß die religiöse Not der Zeit noch nicht überall die festen Formen der sittlichen Ordnung zurückgewonnen hatte, da sie die äußeren Autoritäten zugleich verwarf und suchte. Es ist lehrreich, aber ein geringer Trost, daß über die Sprache des Gewissens bei den Beteiligten Zweifel kaum bestanden.

Der Landgraf Philipp, dessen Vater elend an der Franzosenkrankheit gestorben war, dessen Mutter man Frau Venus nannte, hatte 1523 die siebzehnjährige Christine, Herzog Georgs Tochter, gefreit, die ihm von 1527 bis 1547 nicht weniger als zehn Kinder geschenkt hat. Dem Landgrafen genügte dieses eheliche Leben nicht. Es ist zu hoch gegriffen, wenn man das innere Verhältnis der Eheleute vermißt, und nicht genügend verbürgt, daß sich der Landgraf durch alle diese Jahre wirklich Kummer gemacht hätte wegen seines ungezügelten Wandels. Vielmehr bemerkt man die Gewissensbisse erst, als der Fürst bei Margarete von der Saale, einem Hoffräulein seiner Schwester, der Herzogin von Rochlitz, und vollends bei deren Mutter auf unerwartete Schwierigkeiten stieß.

Im Jahre 1539 taucht mit den Gewissensbissen beim Landgraf das Anlehnungsbedürfnis an seine Theologen auf. Viele versagten sich ihm. Der Landgraf gebärdete sich ungestüm, und Bucer fürchtete sogar für des Landgrafen politische Haltung. So unterstützte er den Wittenberger Ratschlag, unter den so viele Theologen ihren guten Namen setzten. Er ist natürlich nicht in Hessen entstanden, sondern in Wittenberg reiflich und in Sorgen überlegt. Die Theologen meinten, damit einen geheimen Beichtdispens auszusprechen, um im Sinne des landgräflichen Gewissens Schlimmeres zu verhüten. Luther sagte sich dabei, daß die Mehrehe den Christen zwar nicht ausdrücklich gestattet sei, aber, wie das Alte Testament ausweise, auch nicht gegen das »göttliche Gesetz« verstoße.

Daraufhin war am 4. März 1540 zu Rotenburg an der Fulda die zweite Trauung des Landgrafen vorgenommen, eine offenkundige Bigamie. Das von Wittenberg verlangte Geheimnis wurde nicht gewahrt; dazu waren zu viele, von der Familie von der Saale angefangen, am Gegenteil interessiert. Die Erregung war bald eine ungeheure bei Feind und Freund. Hatte der Landgraf früher geäußert, wenn man ihm nicht helfe, werde er sich an den Kaiser hängen, so versagte sich ihm jetzt Kursachsen, falls der Landgraf vom Kaiser wegen Verletzung des Reichsrechts verfolgt werde. Wie sie jetzt alle so tugendsam waren, wo der Landgraf sich in der Rechtsform und in der Einschätzung seiner Haltung durch die Welt so unglücklich vergriffen hatte!

Der kaiserlichen Regierung, die längst darauf aus war, den Landgrafen politisch und militärisch zu gewinnen oder lahmzulegen, blieb der Handel nicht verborgen. Granvelle baute darauf seinen Plan. Er ließ den Landgrafen, der sich ihm seinerseits angeboten hatte, wissen, der Kaiser habe besonderes Gefallen an seiner ritterlichen Person, er werde ihn gern zu einer Feldherrnstellung in seinen großen Kriegen annehmen, in Ungarn oder gegen Frankreich. Gleichzeitig unterließ er es nicht, dem Landgrafen die Sache der Doppelehe als höchst anstößig und straffällig hinzustellen, nur um die kaiserliche Gnade in diesem Punkte um so heller leuchten zu lassen. Welche Aussicht für den Landgrafen! Gerade für ihn, der die Habsburger in Württemberg angegriffen, der stets im Vordergrunde der Schmalkaldischen gestanden, eine so gnädige Gesinnung von seiten des Kaisers, während die eigenen Glaubens- und Bundesgenossen ihn verlästerten und im Stiche ließen!

In Regensburg kamen die sorgsam vorbereiteten Verhandlungen zum Abschluß. Die Haltung des Kaisers im Religionsgespräch und am Reichstag ließ dem Landgrafen gar keine Zweifel aufsteigen an seiner tief friedlichen Gesinnung. So ergab er sich und zog auch Moritz von Sachsen mit auf die schiefe Bahn.

Die Gegenleistung des Kaisers für die sehr weitgehenden Verpflichtungen des Landgrafen bestand im Grunde nur in einer vorsichtigen Sicherstellung wegen des württembergischen Krieges und der Ehesache, doch auch das nicht ohne eine überaus bemerkenswerte Einschränkung. Der Kaiser urkundete: »Haben wir aus sonderer gnedigen Zuneigung sein Lieb in unsere besondere Gnade und Freundschaft genommen und ime alles und jedes, was das sey, so er wider uns, unseren Bruder – oder wider kaiserlich Gesetz und Recht und des Reichs Ordnung bis auf diesen Tag offenlich oder heimlich gehandelt hette oder gehandelt zu haben geachtet wurde, genzlich nachgelassen und verzigen«; damit der Kaiser aber wegen der Religion Freiheit behielt, fügte er jene Klausel an, die selbst dem Verblendetsten die Augen öffnen mußte: » – es were denn, daß von wegen der Religion wider alle Protestantes in gemain Krieg bewegt wurd«.

Die Wirkung des Vertrages zeigte sich auf der Stelle. Der Kaiser rüstete gegen Cleve. Kursachsen war geneigt, einzugreifen; Bucer und Sleidan wirkten in Straßburg für das Zusammengehen mit dem Cleve verbündeten Frankreich. Aber der Landgraf und mit ihm der Bund blieben wie festgebannt.

Nicht genug damit.

Gemäß dem Vertrag von Großwardein hätte Ungarn nach dem Tode des Johann Zapolya (23. Juli 1540) an König Ferdinand fallen müssen. Allein die Pforte, bestimmt durch Frankreich, vertrat die Ansprüche des unmündigen Knaben, den Zapolya hinterlassen hatte und dessen politischer Vertreter der Mönch Georg Martinuzzi war. 1541 fiel Suleiman zum vierten Male in Ungarn ein; im August wurde das deutsche Heer unter Roggendorf geschlagen, Ofen entsetzt, Ungarn türkisch, die Marienkirche zur Moschee gemacht.

Gleichzeitig hatte sich der Kaiser, dem Bündnis mit Venedig und dem Papst gemäß, vom Reichstag durch Italien zur Mittelmeerflotte begeben, um einen zweiten Zug nach Nordafrika zu leiten. Allein, auch ihm war das Glück nicht günstig. Auf der Expedition nach Algier zerschellte der Sturm seine Flotte. Ende November 1541 mußte der Kaiser froh sein, unversehrt Spanien wieder zu erreichen.

Während dieser Niederlagen der Habsburger durch die Türken erhob sich Frankreich an der Seite des Herzogs von Cleve, der Jeanne d'Albret von Navarra zur Braut erhielt. Frankreich schob also gleichzeitig zwei Schanzen gegen den Kaiser vor, an den Pyrenäen und am Niederrhein. 1541 wurde Dänemark, 1542 sogar Schweden in das Bündnis gezogen. Franz I. nahm die Ermordung zweier französischer Boten, des Rincon und des Fregoso, bei Pavia, auf dem Wege zwischen Frankreich und der Pforte, im Juni 1541, zum Vorwand und begann im nächsten Jahre die Feindseligkeiten gegen den Kaiser aufs neue. Der Herzog von Orléans fiel in das Luxemburgische ein, Vendôme in Artois; im Clevischen brachte van Ham dem Herzog von Arschot eine empfindliche Niederlage bei. Darüber zog Suleiman gegen Wien; Chaireddin Barbarossa, durch den verunglückten algerischen Zug erst recht übermütig geworden, nahm das savoyische Nizza.

Während solcher Bedrängnis der Habsburger also schlugen sich die deutschen Fürsten in den elendsten Fehden herum. Im Winter 1541/42 kam es zum Zusammenstoß zwischen beiden Sachsen. Als zu Naumburg Julius Pflug, der Schwager des albertinischen Rates Georg von Carlowitz, zum Bischof gewählt worden war, stieß Johann Friedrich einseitig die Wahl um, bestellte Nikolaus von Amsdorf und ließ reformieren. Bald darnach griff er durch Besetzung des Amtes Wurzen auch in das Stift Meißen ein. Das Stift stand unter dem Schutz der beiden Linien; der Eingriff war also nicht nur eine willkürliche Säkularisation, sondern eine neue Verletzung albertinischer Rechte. Das brachte Herzog Moritz gewaltig auf, und nur mit Mühe gelang es dem Landgrafen, die feindlichen Vettern zu beruhigen.

Aber diese und ähnliche Händel waren harmlos gegen Anlaß und Verlauf der braunschweigischen Fehde. Herzog Heinrich von Wolfenbüttel stand nach Durchführung der Reformation in Lüneburg, Grubenhagen und Calenberg in Norddeutschland fast schon allein. Während er nun genau wie seine protestantischen Standesgenossen Territorialpolitik trieb, verquickte auch er das Kirchenpolitische mit dem Ständischen. Seit den Tagen Heinrichs des Löwen liebäugelten die Welfen mit dem Besitz der Reichsstadt Goslar; Stadt, Silber und Forsten bildeten genug Anlaß zur Begehrlichkeit. Goslar aber und die herzogliche Stadt Braunschweig hatten beizeiten reformiert und entsprechend Anschluß gefunden beim Schmalkaldischen Bund. Der Hader führte eine Zeitlang zu einem papiernen Krieg von den unerfreulichsten Formen. Die Fürsten zeigten sich mit plumpen Grobheiten und Anzüglichkeiten von der widerwärtigsten Seite. Wenn es zwischen Sachsen und Braunschweig bei Bengeln, Buben, Eseln, Erzbuben und Schweinen blieb, so hielten sich Heinz und Lips mit der sachkundigsten Bosheit ihre gar schmutzigen Weiberhändel vor. Bald aber kam es über der unklugen und ungerechtfertigten Bedrängung der Städte zu Tätlichkeiten. Im Juli 1542 fielen Kursachsen und Hessen dem Braunschweiger ins Land, um es zunächst greulich zu verwüsten, es dann in eine keineswegs geordnete Verwaltung zu nehmen. Nur notdürftig konnte Bugenhagen reformieren. Der geschlagene und verlassene Herzog floh nach Bayern und lebte zunächst bei Herzog Ludwig in Landshut.

So trieben es diese Fürsten, denen das Schicksal die größten Dinge auf die Seele gelegt hatte und gerade jetzt Jahr für Jahr die bedeutendsten Möglichkeiten in den Schoß warf. Auch in der Reichspolitik ließen sie es nachgerade ganz an Vorsorge fehlen. 1542 hatten sie in Speyer gegen Zusicherung eines fünfjährigen Friedstandes noch eine Türkenhilfe bewilligt, die dem Kurfürsten von Brandenburg Gelegenheit gab, seinen Mangel an Feldherrntalent in Ungarn zu beweisen. 1543 lehnten sie zu Nürnberg die Türkenhilfe ab, da die Reichsregierung nicht gewillt war, die Regensburger Deklaration in den Abschied aufzunehmen.

Nach zehnjährigem Frieden stand man also wieder in offenem Gegensatz. Die letzten Jahre hatte man nicht ausgenutzt, sondern ein Erkleckliches an Ehre, Zusammenhalt und politischen Möglichkeiten eingebüßt. Man ließ die Gegensätze sich wieder verschärfen, ohne die klare und feste Absicht, auch die Folgen zu tragen.

Dem Kaiser entging das alles keineswegs. Nachdem ihm die Fesselung des Landgrafen so wohl gelungen war, rechnete er weiter auf die Zersplitterung seiner Gegner. Im Februar 1543 warf Granvelle zu Nürnberg, klug berechnet gerade dem jungen Carlowitz, zum ersten Male die Idee hin von einer Übertragung der sächsischen Kur auf die albertinische Linie. Zum Eintritt in den Schmalkaldischen Bund blieben fortan Herzog Moritz und Markgraf Albrecht von Brandenburg nicht zu bewegen, auch nicht seine Nachbarin, die Stadt Nürnberg. Der Herzog von Cleve aber, der bereit war, hatte durch Hessen abgelehnt werden müssen – nach Vertrag.

Inzwischen zog der Kaiser zum vierten Male aus Spanien zu seinem letzten und längsten Aufenthalt nach Deutschland. Bis dahin war er alle zehn Jahre für höchstens neun Monate ins Reich gekommen. Jetzt kam er, um den Rest seiner Regierung, zwölf inhaltsschwere Jahre, in Deutschland zu verbringen. Anfang 1543 weilte er noch in Madrid, im April zu Barcelona; im Mai vollendete er seine großen Testamente für seinen Sohn und Erben Philipp mit den denkwürdigsten Anweisungen für dessen Leben als Ehemann und als Regent unter schonungsloser Charakteristik seiner Minister und überraschender Aufdeckung seiner nächsten Pläne besonders gegen Frankreich. Dann ging er auf See querüber nach Savona und Genua. Im Juni 1543 zog er über Tortona, Pavia, Cremona nach Peschiera am Gardasee, im Juli über Rovereto, Trient, Brixen, Innsbruck nach Kempten, dann über Ulm, Stuttgart, Speyer, Mainz, Coblenz, Bonn rheinabwärts – direkt in den Krieg gegen Cleve. Vor zwei Jahren hatte er seiner Schwester diesen Termin schon bezeichnet. Er rückte vor Düren. Am 22. und 23. August lag er vor der kleinen clevischen Festung und ließ sie dann stürmen. In einem

Feldzuge von zwei Wochen wurde der Herzog von Jülich, Cleve, Berg und Geldern niedergeworfen. Keine Hand in Deutschland rührte sich für ihn!

Der Kaiser glaubte nun, nach seinen eigenen Aufzeichnungen, zu wissen, was er von diesen Fürsten zu halten habe. Am 6. September 1543 mußte Herzog Wilhelm zu Venlo fußfällig um Gnade bitten; sie wurde ihm gewährt gegen Herausgabe von Geldern und Zütphen, gegen Lösung seiner Allianzen mit Frankreich und Dänemark, gegen Verzicht auf die Reformation. Das war nach der Katastrophe von Münster der zweite Akt in der folgenschweren Festlegung der westfälisch-niederrheinischen Lande bei der alten Kirche.

Das Auftreten des Kaisers in Cleve war der Anfang eines ganz neuen, sehr persönlichen Regiments in Deutschland.

Dem entsprach das gesteigerte Interesse an seiner Person. In den nächsten Jahren begann Johannes Sleidan seine »Geschichte des Staats und der Kirche unter Karl V.«. Bucer urteilte eben jetzt über den Kaiser: »Er durchschaut alles und verfolgt mit Nachdruck seine Ziele; lebhaft faßt er alles an, antwortet deutsch, mustert selbst sein Heer und ordnet die Truppen. Kaiserlich die Worte, die Taten, Mienen, Gebärden und Geschenke – alles; was vermöchte dieser Kaiser, wenn er ein deutscher Kaiser sein wollte und Christi Diener!« Ganz gewiß, er stand als Mensch und Politiker hoch über diesen Fürsten und ihren beschränkten Leidenschaften. Er kannte nur die eine Leidenschaft, seine Dynastie und ihre Macht.

Freilich, keine Politik ist in der Lage, ihr Ziel beliebig zu setzen oder zur Erreichung eines gegebenen Zieles die Mittel frei zu wählen; jeder Politiker handelt in einer Welt von zusammengesetzten Kräften, und jede Benutzung dieser Kräfte entbindet neue, oft nicht gewollte Wirkungen; vollends dieser Kaiser mit seinem überaus komplizierten, in sich selbst so wenig gleichartigen Machtsystem. Die Voraussetzungen für die Politik Karls V. waren fast unübersehbar, und es ist heute leicht zu sagen, daß ihre letzten Ziele unerreichbar waren. Er konnte aufhören, Burgund in seinem alten Bestande zu beanspruchen oder im gegenwärtigen Umfange zu besitzen, Italien zu behaupten, sich als Schirmvogt der Kirche zu betrachten, seine Mittelmeerländer gegen die Ungläubigen zu verteidigen, in Spanien und in Deutschland König und Kaiser zu sein – vielleicht hätte die Beschränkung auf einen Teil seiner Aufgaben ihre Lösung gestattet. Allein die Eigenart dieses Monarchen verlangte, alle seine Ansprüche zu behaupten und sich eine lange Regierung hindurch an allen seinen Aufgaben gleichzeitig zu versuchen. Denn es war der tiefste Glaube an die eigene Mission, an sein heiliges Recht, an einen unmittelbaren göttlichen Schutz, was diesen Mann erfüllte; mehr dieser Glaube als machiavellistische Staatskunst hat ihn so rücksichtslos und skrupellos gemacht in der Wahl seiner Mittel. Er hielt seine Zwecke für heilig und damit auch die Mittel.

Seit Jahren war das vornehmste Mittel der kaiserlichen Staatskunst, seine

Gegner zu entzweien, ihre Ententen zu zerreißen. Die Fesselung des Landgrafen war gelungen, die Trennung von Frankreich ebenso, der Erfolg gegen Cleve war dadurch möglich geworden. Nun mußte er versuchen, England und die Deutschen auch gegen Frankreich zu gewinnen, um ihre Trennung beiderseits unheilbar zu machen.

Zum 30. November 1543 war ein Reichstag nach Speyer ausgeschrieben; im Januar 1544 wurde er eröffnet. Französische Gesandte waren durch den Kaiser ferngehalten. Eine Schrift des französischen Königs machte keinen Eindruck, da sich der König wenig glücklich wegen seines Bündnisses mit den Türken verteidigen mußte. Der Kaiser gewann noch mehr, als er nicht nur die Lügen der Franzosen nachweisen ließ, sondern – mit jener Indiskretion, gegen die sich jede Diplomatie vergeblich schützt, die mehr als das unvermeidliche schreibt – noch Briefe vorlegte, in denen sich Frankreich zur Hilfe gegen die Ketzer erbot. So mußten die Protestanten dem Kaiser auch noch dankbar sein!

Daneben spürte man den Schwächen dieser deutschen Herren nach. Johann Friedrich wurde die Aussicht eröffnet auf Vermählung seines Sohnes mit einer Tochter Ferdinands; er sprach jetzt in letzter Form die Anerkennung des Königs aus. Landgraf Philipp sollte ein Kommando in Ungarn haben; Herzog Moritz hatte sich schon 1542 als Reiterführer hervorgetan. Im übrigen gingen die Verhandlungen des Reichstags ihren Gang. Am 10. Juni kam der Reichstagsabschied zustande.

Deutlich ist darin ausgesprochen, daß die Altkirchlichen nicht bereit gewesen waren, so weit zu gehen; daß deshalb »kaiserliche Majestät von Oberkeit wegen und aus unser kaiserlichen Machtvollkommenheit sich entschlossen, setzen und ordnen«, daß alle alten Friedstände in der Formulierung von 1541 anerkannt werden sollten, mit dem höchst bedeutungsvollen, unzweifelhaft unaufrichtigen Zusatz, »daß dieser Zwiespalt der Religion anders nicht, dann durch christliche und freundliche Vergleichung eines gemeinen freien christlichen Conciliums, Nationalversammlung oder Reichstag hingelegt werden soll, darzu wir allen gnädigen und väterlichen Fleiß fürwenden wollen«. Weiter bot der Abschied den Schutz der Untertanen, Verbot fremder Interventionen und die Anerkennung des Besitzstandes nach dem Stande von 1541. Dagegen sollten zwar die reichsunmittelbaren geistlichen Güter unangetastet, von den mittelbaren dagegen »die Ministeria der Kirchen, Pfarren und Schulen bestellt werden, ohngeachtet wes Religion sie seien« – Streitigkeiten darüber durch ein Schiedsgericht ausgetragen werden. Auch die Räte zum Reichskammergericht sollten bestellt werden, »unangesehen welchs Teil Religion die seien«. Endlich hob der Abschied entgegenstehende Reichstagsabschiede wie den augsburgischen auf; nicht minder die Acht gegen Goslar und Minden.

Man hat bemerkt, daß in diesem Abschied der altkirchliche Standpunkt aufgegeben sei; aber man darf nicht übersehen, daß auch hier das Konzil den Termin darstellt, und daß nichts weniger als eine endgültige Ordnung gegeben wurde. Dafür erhielt der Kaiser seinerseits eine Bewilligung von 24000 Knechten und 4000 Reitern auf sechs Monate.

Schon vorher war es ihm, der die Bündnisse nun nahm, wo er sie fand, gelungen, sich mit Christian III. von Dänemark zu verständigen (23. Mai) und auch mit England Fühlung zu nehmen im Sinne eines planvollen strategischen Zusammenwirkens.

Unverzüglich rückte der Kaiser ins Feld; mit Frankreich war ja seit 1542 offener Kriegszustand. Er musterte in Metz das Heer, dessen Zusammensetzung wir genau kennen. Deutsche Fürsten stießen zu ihm, auch Moritz und Markgraf Albrecht Alcibiades. Während England vom Kanal her vorrücken wollte, marschierte er von Lothringen her in Frankreich ein, überschritt die Maas und rückte im Tal der Marne abwärts geradenwegs auf Paris. Nach längerer Belagerung wurde St. Dizier genommen, wobei der Prinz von Oranien fiel, der einzige Sohn Heinrichs von Nassau und Erbe Philiberts von Chalon, dessen Titel nun auf seinen Vetter Wilhelm von Nassau-Dillenburg übergingen, der in der Geschichte als Oranien weiterlebte; andere feste Plätze folgten. Anfangs September gelangte der Kaiser über Châlons und Epernay bis Chateau-Thierry, wobei es nur zu Scharmützeln kam. Dann aber zog der Kaiser nicht geradewegs auf das nicht mehr ferne Paris, sondern überraschenderweise nach Norden ab, da er mit Geld und Lebensmitteln für einen längeren Feldzug nicht genügend gerüstet war. Wichtiger wohl, daß er den Zweck dieses Feldzuges inzwischen vollkommen erreicht hatte.

Die diplomatischen Verhandlungen waren nämlich niemals abgerissen; während kaiserliche und französische Räte sich einander näherten, wurde der junge Granvelle, Bischof von Arras, zu den Engländern geschickt, die noch immer vor Boulogne lagen. Die alten Gegner hatten sich ohnehin nur halb getraut; jeder fürchtete übervorteilt zu werden; auch der König von England hatte bereits Anstalten zum Frieden gemacht, allein der Kaiser gelangte zuerst zum Abschluß. Die Müdigkeit des Königs Franz, Parteiungen am Hofe zwischen dem Dauphin und seinem Bruder, dem Herzog von Orléans, wobei die Königin Eleonore eine gewisse Rolle spielte, erleichterten das Zustandekommen. Während England noch bis zum 6. Juni 1546 im Kriege blieb, schloß Karl V. in einer Abtei bei Soissons mit Frankreich den Frieden, der am 18. September 1544 in dem Dorfe Crépy im Departement Aisne vollzogen wurde.

Der Text des Friedens folgte in weitem Umfange demjenigen von 1529; darüber hinaus wurden alle Eroberungen seit dem Vertrag von Nizza restituiert. Eine neue Heiratsabrede lautete dahin, daß Karls Tochter Marie oder eine Tochter König Ferdinands den Herzog von Orléans heiraten, die erste ihm die Niederlande, die zweite Mailand als Mitgift zubringen sollte, wobei Frankreich im ersten Falle auf Mailand, im zweiten auf die Niederlande verzichten wollte. Dieser ostensible Frieden trat aber an Bedeutung weit zurück hinter dem Geheimvertrag, der lange unbeachtet geblieben ist. Wir erfahren aus einem Brief des Kaisers an die Königin Marie, daß der Herzog von Orléans ihn persönlich überbrachte, und aus einem zweiten Briefe, daß sich darin die beiden Fürsten auf ihr Zusammengehen in bezug auf das Konzil einigten, dessen Beschlüsse sie nötigenfalls mit dem Schwerte durchführen wollten. Der Text des durch König Franz am 19. September zu Meudon unterzeichneten Geheimvertrags faßt die Verpflichtung des Königs zum Protestantenkrieg noch schärfer und in seiner einseitigen Verpflichtung fast demütigend. Der König wird sich auf Verlangen des Kaisers jederzeit und sooft es notwendig ist, mit der für den Türkenkrieg in Aussicht genommenen Hilfe von 600 Reitern und 10000 Knechten bereithalten; ja, keine Politik gegen König Ferdinand in Ungarn treiben, noch weniger mit dem König von England Frieden machen ohne den Kaiser. Das bedeutete unter anderem, daß auch hier unter falschem Schein mit Rüstungen und Sicherheiten gegen Dritte der Protestantenkrieg vorbereitet wurde.

Eben darin lag im Sinne der kaiserlichen Pläne der ungeheure Erfolg dieses kurzen und kühnen Feldzuges.

Der überraschenden neuen Einigkeit entsprach der Papst, bei dem der König von Frankreich nun auch Hilfe gegen England suchte, durch endgültige Berufung des Konzils zum 14. März 1545 nach Trient.

Dagegen hatte der Papst an dem Religionsfrieden von Speyer begreiflicherweise kein Gefallen; er erließ dagegen ein auf den 24. August zurückdatiertes Tadelsbreve. Dem Kaiser konnte für seine deutsche Politik kein besserer Dienst geschehen, da sich alsbald zur Zurückweisung des Breve gleichzeitig Luther und Calvin erhoben. So hatten die protestantischen Fürsten ihre Truppen arglos an der Seite des Kaisers gegen die Franzosen fechten lassen, um ihm die Hände frei zu machen; so verteidigte ihre Publizistik denselben Kaiser, der eben ausholte, sie entscheidend zu treffen. Auch auf dem Reichstag von Worms im Winter 1544/45 ließen sie sich für die Religionsvergleichung auf ein Jahr vertrösten.

Weniger leicht auszugleichen war das weitere Verhalten des Papstes. Zu Worms erschien als Legat sein ältester Enkel, Kardinal Alessandro Farnese. Es mußte natürlich geheim bleiben, daß der Kardinal mit dem Kaiser nicht nur die Anerkennung von Parma und Piacenza für das Haus Farnese, sondern auch noch einen Vertrag verabredete, wonach der Papst für den Protestantenkrieg 200000 Kronen in bar und 500000 aus Einkünften der spanischen Kirche zur Verfügung stellen sollte. An der Kurie war man freudig überrascht, schlug ein und hoffte, daß es noch im Sommer zum Schlagen käme.

Warum kam es nicht dazu?

Der Kaiser wurde nicht fertig. Er wollte gegen die Türken und in Deutschland besser gesichert sein; Frankreich und den Papst hoffte er noch hinhalten zu können. Wirklich beteiligte sich Frankreich an der Herstellung des Friedens von Adrianopel im November 1545. Ein halbes Jahr später, am 19. Juni 1546, wurde auch der Friede bekräftigt zwischen Ferdinand und Suleiman, der sich durch den persischen Krieg gefesselt sah.

Der Papst aber begann mit der vom Kaiser so sehr gefürchteten Lüftung des Geheimnisses. Noch in seinen Memoiren beklagt sich der Kaiser darüber, daß der Papst alsbald »die Trommel rührte«. War es bloß Ungeschick, oder fürchtete der Papst, daß der Kaiser das Geld nehme und den Krieg unterlasse? Jedenfalls war nichts dem Kaiser verdrießlicher, und er wartete nun schon deshalb, damit das allgemeine Mißtrauen sich zunächst wieder lege; denn obwohl er Frankreich und den Papst lediglich für den Religionskrieg gewonnen hatte, wünschte er sein Vorgehen in Deutschland als rein politisch hinzustellen, um die Gegner weiter zu spalten, statt sie unter der Parole des Glaubenskampfes zu sammeln.

Indessen, durch das Zaudern wurde seine Lage bald aus einem ganz anderen Grunde erst recht schwierig. Am 13. Dezember 1545 war das Konzil zu Trient wirklich eröffnet worden. Das Konzil war in einer Weise berufen, die den Besuch der Protestanten ausschloß. Kamen nun dogmatische Beschlüsse in Kontroverslehren zustande, so war auch nur der Schein von Vergleichsverhandlungen in Deutschland nicht mehr zu wahren. Unterwerfung der Protestanten unter ein noch offenes Konzil war aber natürlich leichter, als unter ein solches, das im römischen Sinne das letzte Wort schon gesprochen hatte. So wünschte der Kaiser zum wenigsten, daß statt der Dogmen zuerst die Reformen behandelt würden. Das aber war wieder bei der Haltung Frankreichs und der Kurie schwer zu erreichen. In Deutschland begann man mit den Fingern auf das Konzil zu weisen, das den Kaiser Lügen strafte.

Da kamen dem Kaiser nochmals die deutschen Fürsten zu Hilfe. Herzog Heinrich von Braunschweig machte den Versuch, sein Land zurückzugewinnen. Der Kaiser lehnte es ab, diesen Anlaß zum Protestantenkrieg zu benutzen. So wurde der Braunschweiger aufs neue überwältigt und im Oktober 1545 in hessische Gefangenschaft abgeführt. Auch das ließ der Kaiser einstweilen klüglich geschehen. Der Kaiser ließ auch die Reformation im Merseburgischen unbeachtet und schob die Entscheidung in Köln hinaus, obwohl Kapitel und Universität heftig gegen den Erzbischof warben.

Diese bis zum letzten Augenblicke zur Schau getragene Friedensliebe des Kaisers, für die man aus der braunschweigischen Beute neue Beweise erhielt, tat ihre Wirkung. Der Schmalkaldische Bundestag vom Dezember 1545 bis zum Februar 1546 nahm einen überaus schleppenden Verlauf. Kursachsen glaubte nicht an unmittelbare Gefahr; die Kriegsverfassung wurde nicht gebessert, der Bund nicht gestärkt.

Und doch ist es zu viel gesagt, wenn noch Ranke meinte, die Protestanten seien fast ahnungslos gewesen. Eine große Anzahl von Fürsten, Räten und

Theologen sah die Gefahr immer deutlicher – auch dem Landgrafen gingen schließlich die Augen auf. So brauchte der Kaiser zu guter Letzt derbere und kühnere Mittel der Täuschung.

Im Februar erschien eine kurfürstliche Gesandtschaft am Kaiserhofe wegen Kurköln und wegen der Rüstungen; man hatte auch Kenntnis von einer sehr bestimmten Fühlungnahme bei dem Könige von Polen gegen die Protestanten. Der Kaiser gab den Gesandten am 1. März 1546 zu Maestricht den durch und durch unwahrhaftigen Bescheid, er denke nicht an Krieg; sie sähen ja seine kleine und dürftige Begleitung; so beginne man keinen Krieg. Auch den päpstlichen Nuntien gegenüber hielt er sich jetzt sorgsam zurück; alle verwies er auf den Reichstag in Regensburg.

In der Tat zog der Kaiser mit geringer Bedeckung quer durch feindliche oder unsichere Länder rheinaufwärts nach Regensburg zum Reichstag. Ein kühnes Unterfangen! Aus seinen Memoiren ersieht man, daß er im Sinne der Irreführung die persönliche Gefahr für die geringere hielt. Nach Speyer hatte er sich den Landgrafen bestellt; er versuchte ihn wie andere Fürsten für das Konzil und vor allem für das persönliche Erscheinen in Regensburg zu gewinnen. Plante er einen Handstreich, wie man wohl gemeint hat, oder wollte er ernstlich verhandeln, oder auch damit nur verschleiern?

Zu Regensburg versuchten seine Räte das alte Spiel mit verdeckten Karten. Ein Religionsgespräch zwischen dem Spanier Malvenda und Martin Bucer wurde eine Zeitlang ernsthaft betrieben. Diese Spiegelfechterei nutzte nichts mehr; die kursächsischen Theologen wurden noch vor des Kaisers Ankunft abberufen. Gleichzeitig sah man die Lage grell beleuchtet durch die gräßliche Ermordung des protestantisch gewordenen Juan Diaz zu Neuburg durch seinen im Gefolge des Kaisers befindlichen Bruder Alfonso. Eine förmliche Anfrage der Protestanten zeigte ihre Erregung.

Dem Kaiser mochte es ein wenig unheimlich sein, daß die Fürsten nicht persönlich beim Reichstage erscheinen wollten; standen auch sie schon in Rüstungen? Alles drängte ihn, die letzten entscheidenden Kriegsvorbereitungen zu treffen. Die wichtigste war der am 7. Juni zustande gebrachte Vertrag mit Bayern. Bayern machte damit den Anfang seiner folgenschweren Schwenkung von der katholischen, aber antihabsburgischen Fürstenpolitik zur habsburgischen Reichspolitik der Gegenreformation. Der Sohn Wilhelms IV., sein Erbe Albrecht, sollte nach Verhandlungen, die schon 1541 angesponnen waren, die älteste Tochter König Ferdinands, Anna, zur Gemahlin erhalten, die durch den Tod des Herzogs von Orléans wieder frei geworden war; dazu wurde das mündliche Versprechen der Wittelsbachischen Kur gegeben, falls Kurpfalz sich mit Waffen gegen den Kaiser erheben würde. Die sorgfältige Geheimhaltung des Vertrages blieb für den Kaiser auch hier die Hauptsache. Die Bayern wollten und sollten durchaus neutral scheinen; wenn der Kaiser nach seinen Aufzeichnungen auch eine weitergehende Bindung gewünscht hätte, so kam ihm doch nichts so sehr zustatten wie diese bayrische Neutralität. Denn die Schmalkaldischen hofften auch ihrerseits noch immer auf Bayern und wollten es schonen.

Kaum war der Vertrag mit Bayern vollzogen, so reiste schon – im Morgengrauen des nächsten Tages – der Bischof von Trient, Kardinal Christofero Madruzzo, nach Rom, um endgültig mit dem Papste abzuschließen. Wohl gab es im Konsistorium noch einigen Widerstand von seiten der französischen Kardinäle, aber die Farnese waren entschlossen. Schon tags darauf begann man das päpstliche Hilfsheer zu formieren; am 4. Juli gab Paul III. dem Alessandro Farnese das Legatenkreuz, dem Ottavio die Fahne für den Krieg; am 15. folgte der Ablaß.

Wieder einen Tag nach Abfertigung Madruzzos, am 9. Juni, schrieb der Kaiser einen eingehenden Brief über den Abschluß aller Vorbereitungen und über den wahrscheinlichen Gang des Krieges an seine Schwester, die Regentin der Niederlande. Er schrieb ihr auch von den Hoffnungen auf die jungen protestantischen Fürsten Moritz von Sachsen, Markgraf Hans von Küstrin und Albrecht Alcibiades. In der Tat, die jungen Herren hielten es mit der Macht. Markgraf Hans, gegen den Landgrafen aufs äußerste gereizt wegen der Gefangenhaltung seines Schwiegervaters Heinrich, hatte sich längst dem Kaiser genähert. Am 18. Juni schlossen Albrecht und Erich von Calenberg ihre Dienstverträge mit dem Kaiser. Am nächsten Tage gelang es, auch Moritz den Pakt abzugewinnen, der ihn den Beschlüssen des Konzils unterwarf, ihm dafür ohne weitergehende Sicherungen die Schutzherrschaft über Magdeburg und Halberstadt zugestand. Die jungen Fürsten mochten das protestantische Kirchenwesen nach den Erfahrungen der letzten zehn Jahre genügend gesichert glauben oder sie verschlossen in ihrer landesfürstlichen Begehrlichkeit ihre Augen vor den Gefahren, um sich politisch zu halten. Man hat früher gemeint, daß Herzog Moritz schon diesen Vertrag mit kühler Berechnung gesucht und geschlossen habe. Sein Biograph hat dargetan, daß der junge Herr in großer Verlegenheit war und lange wünschte, neutral zu bleiben, daß er auch nur durch die zu günstig gefärbten Berichte seines Rates Christoph von Carlowitz bestimmt wurde, nach Regensburg zu kommen und nach Abschluß dieses Vertrages zunächst erst recht sorgenvoll in die Heimat geritten ist, um das Weitere abzuwarten.

Nach solchen Abschlüssen hatte man umgekehrt am Hofe des Kaisers die rechte Stimmung zu Hochzeitsfesten. Am 5. Juli 1546 fand die bayrische Hochzeit statt, am 18. die clevische. Denn der Herzog von Cleve, dessen Verlöbnis mit Jeanne d'Albret wieder gelöst war, hatte sich zur Verbindung mit Ferdinands zweiter Tochter bestimmen lassen. Auch diese Hochzeit bedeutete für den Kaiser eine strategische Sicherung der Kriegsvorbereitung. Die königlichen Schwiegersöhne beherrschten nun die kaiserlichen Aufmarschgebiete, Cleve dasjenige vor den Niederlanden, Bayern die Donau.

Es eilte. Denn mittlerweile war es auch im Schmalkaldischen Bunde lebendig geworden. Politisch freilich ist ihnen nichts mehr gelungen. Sie gewannen so wenig Kurpfalz und Kurbrandenburg wie Nürnberg. Aber Württemberg und die schwäbischen Städte ließen sich durch die gleißnerischen Worte des Kaisers nicht mehr betören. Vollends die Bundesobersten traten in Rüstung. Am 16. Juni ließen die Protestanten zu Regensburg an den Kaiser die Frage richten, was er mit seinen Rüstungen bezwecke. Der Kaiser antwortete durch Naves: »Kaiserliche Majestät wolle Einigkeit, Fried und Recht im Reiche herstellen.« Das war die Kriegserklärung.

So übermütig war der Kaiser doch geworden! Denn noch saß er ohne nennenswerten Schutz in Regensburg, und länger als zwei Monate sollte es dauern, bis seine Heere aus Italien, den Niederlanden und den deutschen Werbeplätzen zusammenkamen. Dagegen ordneten Kurfürst und Landgraf schon Anfang Juli in Ichtershausen ihre Mobilmachung; auch die oberdeutschen Städte waren alsbald mit bedeutenden Truppenmassen und Geschütz gefaßt.

Warum kamen sie dem Kaiser nicht zuvor?

Sie taten es, und der Kaiser hat ihnen einen Vorwurf daraus gemacht, daß sie ihrerseits den Krieg begonnen hätten, als Sebastian Schertlin von Burtenbach und Schenkwitz am 10. Juli über Füssen an die Ehrenberger Klause zogen und den Schlüssel Tirols in ihre Hand brachten. Er machte ihnen in seinen Memoiren weiter den Vorwurf, daß sie viel besser auf das wehrlose Regensburg gezogen wären. Nicht nur der Kaiser, sondern auch der italienische Historiker Paolo Giovio rechnete den Schmalkaldischen ihre schweren strategischen Fehler vor. In der Tat, ihre Lage war im ersten Monat geradezu glänzend, und auch weiterhin haben sie den Kaiser, entgegen seinen offensiven Absichten, ein halbes Jahr von ihren Landen fernund an der Donau festgehalten, freilich auch ihrerseits ohne einen weiteren Erfolg im großen. Dabei waren die fatalen Rücksichten auf Bayern, das sie um so weniger verletzen wollten, als Eck noch immer in kluger Fühlung mit Hessen stand, sowie der Mangel an gutem Aufklärungs- und Kundschafterdienst nicht einmal die wichtigsten Gründe für ihre Zurückhaltung. Daß die Kriegsräte zu Ulm die Truppen von der Sperre Tirols zurückriefen, hatte seinen Grund vor allem in der Ängstlichkeit, womit man die eigenen Städte und Lande nicht ungeschützt lassen wollte. So mißlang es ihnen trotz richtiger Erkenntnis völlig, sowohl den italienischen, wie den niederländischen Zuzug des Kaisers getrennt zu überraschen.

Der Kaiser begrüßte seine italienischen Truppen ungestört in Landshut, als die Schmalkaldischen umständlich an der Donau musterten. Dann zogen sich die beiden Heere an der Donau entgegen. Die Schmalkaldischen waren immer noch überlegen. Bei Ingolstadt bezog der Kaiser ein festes Lager, um den Zuzug der niederländischen Verstärkungen unter dem Grafen Büren zu erwarten. Die Schmalkaldischen umlagerten seine Schanzen. Am 31. August machten sie Anstalten zu einer großartigen Beschießung, dann wollten sie stürmen. Allein, die Kanonade von Ingolstadt richtete wenig Schaden an und hatte auch sonst keine Folgen. Nach vier Tagen zogen die Schmalkaldischen ab, der Kaiser folgte ihnen. Der Bund hatte sich bewährt, die Mobilmachung war rasch vonstatten gegangen, aber die oberste Leitung der Schmalkaldischen versagte. Die Reibereien zwischen dem Kurfürsten, dem Landgrafen und den Städten waren nicht geeignet, den Geist frischer Initiative aufkommen zu lassen.

Müde schoben sich nun die Heere donauaufwärts, jede Gelegenheit zum Schlagen beiderseits ängstlich vermeidend. Anfang Oktober hätte der Kaiser bei Nördlingen, Mitte Oktober das Schmalkaldische Heer bei Giengen gute Aussichten gehabt. In einem Briefe an den kaiserlichen General Castaldo hat Giovio zuerst den Kaiser mit dem Römer Fabius Cunctator verglichen, und dieser Vergleich ist schon damals in die verbreitetsten Darstellungen des Krieges übergegangen. Allein, wenn der Kaiser sich in diesem Ebenbild gefiel und etwas wie Ermattungsstrategie getrieben zu haben glaubte, so stand es in Wahrheit mit seiner Kriegsführung wie mit seiner Politik. Er bewies Ausdauer und Fleiß, im Felde auch Mut, aber seine übergroße Vorsicht gefährdete ihm ernstlich den Erfolg. Graf Büren hatte ihm kühn und klug quer durch Feindesland die trefflichsten niederländischen Truppen zugeführt. Mit List hatte Büren den schwierigen Rheinübergang bei Walluff unter Mainzer Beistand bewerkstelligt und sich am 17. September auch an der Donau ungehindert mit dem Kaiser vereinigt.

Aber die Entscheidung des Krieges ist eben trotzdem an der Donau nicht gefallen. Sie fiel in Sachsen; und nur so viel wird man sagen dürfen, daß auf der schmalkaldischen Seite die von allerlei Mißgeschick im einzelnen sowie von den Wirkungen des Herbstes und des Winters gedrückte Stimmung des Donauheeres den Beginn einer gewissen Demoralisierung darstellte. Württemberg und die Städte waren trotz aller Bemühungen des Landgrafen zu größeren Opfern nicht zu bewegen. Weil es hier so stand, deshalb wurde der Verlauf der Dinge in Sachsen entscheidend.

Moritz von Sachsen hatte den Verlauf des Krieges mit ängstlicher Spannung verfolgt, um ähnlich wie Bayern mit möglichst geringen Opfern möglichst viel zu gewinnen. Lange schmeichelte er sich, eines Tages den Vermittler spielen zu können. Da wurde er durch die habsburgische Staatskunst zum zweiten Male aus seiner Stellung herausmanövriert. König Ferdinand stand in Böhmen und unterhandelte mit den böhmischen Ständen über die Besetzung der ungeschützten sächsischen Lehnslande. Er suchte Moritz mit hineinzuziehen, zunächst vergebens. Moritz war ungerüstet, seine Stände abgeneigt. Endlich verfing bei ihm, daß Ferdinand auch die wettinischen Erbkurlande für Böhmen an sich nehmen könnte, wie einst Württemberg. Die Sorge davor bestimmte auch die Stände. Nur wünschte Moritz, der sich noch immer lieber nicht am Kriege beteiligt hätte, sich das Risiko möglichst hoch bezahlen zu lassen; er verlangte also Kur und Kurlande. Nach langem

Zögern gab der durch Ferdinand gedrängte Kaiser nach. Am 27. Oktober erteilte er das Versprechen.

Nun erließ Moritz die übliche Verwahrung gegen seinen Vetter. Angeblich zum Schutze des Hauses Wettin, in Wahrheit gegen Ehre und Glauben, fiel er ihm ins Land. Zunächst ein billiger Sieg. Für Johann Friedrich natürlich das Signal, an der Donau abzubrechen und in die Heimat zu eilen. Am 21. November nahm er den größten Teil des Heeres mit sich nach Sachsen. Jetzt war es an den Kaiserlichen, die Gunst der Lage zu verscherzen; man ließ ihn ungehindert ziehen.

Die sächsische Politik bot noch einmal alles auf – Frankreich, England; allein sie kam nicht zum Ziele. Der König von Frankreich bot Geld gegen städtische Sicherheiten. Sie waren nicht zu haben. So war der Kurfürst in Sachsen auf seine den vereinigten Böhmen und Albertinern nicht gewachsenen Streitkräfte angewiesen. Er saß doch wieder untätig zu Altenburg im Winterlager. Bald drohte auch an der Elbe eine Stimmung zu herrschen wie an der Donau.

Immerhin gelang einmal ein kleiner Erfolg unter Mitwirkung des Kurfürsten selbst. Eine Abteilung, ausgesandt zur Besetzung der böhmischen Pässe gegen Moritz' Genossen Albrecht Alcibiades, machte sogar den Markgrafen selbst zum Gefangenen. Die treue Herzogin von Rochlitz, Philipps Schwester, hatte ihr Schloß und den Paß nicht verteidigen können, aber dem Kurfürsten gute Kundschaft gegeben. Leider hat der Kurfürst den Erfolg von Rochlitz nicht ausgenutzt; er lag nun wieder still.

Inzwischen hatten die Schmalkaldischen dem Kaiser im Oberland einen gar zu leichten Triumph gelassen. Das Heer war in Wahrheit auseinandergelaufen; nach dem Kurfürsten auch die württembergischen und städtischen Aufgebote, der kleine Zuzug der Pfälzer und schließlich auch der Landgraf. Der Kaiser zog als Sieger durch Schwaben. Jetzt, wo es galt, Kriegskontributionen zu zahlen, kamen die Schätze der Städte zum Vorschein, die nicht zu finden waren, als man sie nur zur Sicherheit brauchte. Augsburg mußte 150000, Ulm 100000, Frankfurt 80000, Schwäbisch Hall 60000 Gulden zahlen, Herzog Ulrich sogar 300000 und dazu kniend Abbitte leisten. Da der alte gichtische Herr das Knien verlernt hatte, mußte er auf einem Stuhle dabeisitzen, wie seine knienden Räte die Abbitte verlasen; er bekam das Herzogtum zurück, wie vordem, als habsburgisches Afterlehen.

Auf annehmbare Forderungen fügte sich auch das entlegenere Straßburg in das Unvermeidliche. Kurpfalz, der alte Freund, suchte und fand Gnade. Aber in Köln ließ der Kaiser dem geistlichen Prozeß freien Lauf. Am 16. April waren Bann und Absetzung über den Erzbischof ausgesprochen; sein Nachfolger Adolf von Schaumburg wurde durch kaiserliche Kommissare unterstützt. Der siebzigjährige abgesetzte Erzbischof und Kurfürst zog sich als ein Graf von Wied zurück und starb, wie er gelebt hatte, evangelisch am 15. August 1552.

Während Hessen stille saß, mußte sich der letzte Akt des Krieges ganz in Sachsen abspielen. Hier, wo die Reformation begonnen hatte, kam es auch zum entscheidenden Waffengang. Luther erlebte das nicht mehr. Er war noch eben vor dem Kriege in der Nacht vom 17. auf den 18. Februar 1546 zu Eisleben dreiundsechzigjährig gestorben; müde, sorgenvoll, bis zuletzt männlichen Herzens und noch in Eisleben glücklich über die Versöhnung zwischen seinen alten Herren, den Grafen von Mansfeld. Er war zeitlebens Seelsorger, nicht Politiker gewesen; das Vermächtnis seiner starken Seele war längst in die Hände der kämpfenden Fürsten gelegt.

Die Kursachsen hatten sich stellenweise für ihren Herrn erhoben. Ferdinand und Moritz standen zeitweilig in großer Sorge; sie bemühten sich allen Ernstes, sogar den Landgrafen mit gegen den Ernestiner zu gewinnen. Dazu war nun freilich Philipp denn doch nicht zu bewegen, so gebrochen der ehemals kühne Führer auch erschien. Eine Volkserhebung großen Stils war aber nach 1525 nicht mehr zu erwarten.

Dafür rückte der Kaiser mit seinen fremden Kriegsvölkern heran, um alsbald der Sache des Königs ein unzweifelhaftes Übergewicht zu geben. Der Kurfürst sah sich genötigt, auf die festen Plätze Bedacht zu nehmen. Man riet ihm zu Magdeburg; er dachte wenigstens in seine Residenz Wittenberg zu gelangen, aber schon war ihm das kaiserliche Heer auf den Fersen. Am 12. April 1547 ging der Kurfürst über die Elbe, dann auf Mühlberg noch weit oberhalb Torgau, vollends weit von Wittenberg.

Am Sonntag, dem 24. April, brach der Kaiser um Mitternacht auf bei Nacht und Nebel. Die Truppen waren angestrengt gewesen und er fürchtete schon, infolge eines vor kurzem eingelegten Ruhetages den Gegner nicht mehr zu erreichen. Aber als im Laufe des Vormittags die Luft klar wurde, sah er das feindliche Heer unmittelbar auf der anderen Seite der Elbe. Der Kurfürst hätte das Ufer behaupten können, und der Kaiser vermerkt in seiner rückschauenden Kritik mit Recht auch diesen letzten Fehler. Statt dessen ließ sich das kurfürstliche Heer zunächst überhaupt nicht mehr halten. In fluchtähnlicher Hast trieb es gen Wittenberg. Der Kaiser hatte durch Erkundung von Furten und durch Brückenschlag inzwischen den ungehinderten Übergang vollzogen und eilte den Kurfürstlichen nach. Auf der Lochauer Heide, schon in einiger Entfernung von Mühlberg, kam das Treffen abends doch noch einmal zum Stehen. Kein schwerer Kampf. Der Kurfürst wurde gefangen und dem Kaiser überliefert. Der größte Teil des Heeres ist entflohen.

Spät am Abend brachte man den Kurfürsten vor den Kaiser. Er näherte sich demütig und sprach: »Gnädigster Herr und Kaiser, ich bin Eurer kaiserlichen Majestät, – die wollen mich halten als einen gefangenen Fürsten«. Die Süddeutschen hatten es erlebt, wie dieser siegreiche Kaiser mit gefangenen Fürsten umging. Er antwortete deutsch: »Bin ich nun Euer Kaiser? Ich will Euch halten nach Gelegenheit und Eurem Verdienst. Gehet hinweg.«

Der Tag von Mühlberg war nach des Kaisers eigenem Gefühl der Ehrentag seines Lebens. Er hatte die blanke Rüstung angelegt und ein Streitroß bestiegen. Als Sieger auf der Lochauer Heide hat er sich so für seinen spanischen Hof von Tizian malen lassen. Das Bild hängt noch im Prado.

Jetzt zog er auf Wittenberg. Eine langwierige Belagerung konnte bevorstehen. Aber der Kaiser wußte rascher zum Ziele zu gelangen durch ein geradezu brutales Verfahren. Durch einen Gerichtshof, der allem Reichsrecht hohnsprach, ließ er am 10. Mai 1547 über Johann Friedrich, gewesenen Kurfürsten, das Todesurteil finden. Der Kurfürst hielt sich würdig. Er sah wohl, daß Halsstarrigkeit die Aussichten seiner Söhne nur verschlimmere. So waren der Kurfürst und die Ernestiner in Wittenberg bald zum Vertrag geneigt. Der Kaiser diktierte ihn am 19. Mai in der Wittenberger Kapitulation. Das Todesurteil wurde zu Gefangenschaft gemildert. Die Kurwürde samt den Kurlanden dem Hause genommen; so weit es böhmische Lehen waren, sollten sie König Ferdinand anheimfallen; nur ein beschränktes thüringisches Gebiet von Weimar bis Coburg blieb den Ernestinern mit Titel und Würde von Herzögen zu Sachsen.

Am 4. Juni bezahlte der Kaiser den Albertiner nach der Verabredung. Herzog Moritz erhielt die Kur und die Kurlande.

Damit war der Krieg beendet.

Der Kaiser wollte über Halle nach Süddeutschland zurückkehren. Er mochte annehmen, daß auch im Norden Fürsten und Städte es halten würden wie die Oberdeutschen. Es war nicht ganz so. Aber der Kaiser ließ sich nicht davon anfechten, daß er seinen Kriegsobersten Josse von Cruningen, Statthalter von Seeland, vor Bremen verlor, daß Anfang April dessen Nachfolger, der blutjunge Erich von Calenberg, vor den entschlossenen Bürgern die Belagerung Bremens hatte aufgeben müssen und auf dem Rückzuge am 23. Mai von dem Entsatzheer der Städte unter den Grafen Christoph von Oldenburg und Albrecht von Mansfeld bei Drakenburg an der Weser vernichtend geschlagen wurde. Es ist ihm auch nie bewußt geworden, wie sehr hier und bei der Haltung der anderen unbezwungenen Erzbischofsstadt Norddeutschlands, Magdeburg, das religiöse Moment gegen ihn wirksam war. Bei Drakenburg stürmten die Knechte nach Gebet und Psalmengesang unter Führung ihrer Grafen und Prädikanten gegen Erichs feste Stellung, und in Magdeburg ertönten trutzige Kampflieder. Magdeburg blieb ohne des Kaisers Gnade.

Dagegen bemühte sich darum auch der letzte Fürst. Der Landgraf hatte ein halbes Jahr stille gelegen, unablässig im Austausch mit seinem Eidam Moritz, sonst in trüber Resignation. Seine Truppen waren mit dem Kurfürsten geschlagen. Das Äußerste zu versuchen, besaß er nicht mehr die Spannkraft. Moritz entwarf immer neue Artikel. Einen milden Entwurf wies der Kaiser lächelnd zurück; er verlangte Ergebung auf Gnade und Ungnade. Vergebens kam Philipp einmal zu Moritz nach Leipzig und kehrte wieder heim. Endlich hat er sich doch entschlossen, die Vermittlung der Kurfürsten Moritz und Joachim anzunehmen. Die Bedingungen der kaiserlichen Räte lauteten auf Schleifung der hessischen Festungen bis auf eine und auf Ergebung in des Kaisers Gnade; der Kaiser erklärte dazu, er wolle den Landgrafen nicht am Leben oder mit ewigem Gefängnis strafen.

Die beiden Kurfürsten haben dem Landgrafen daraufhin offenbar Zusicherungen gemacht, die weiter gingen als die kaiserliche Eröffnung; sie vor allem tragen die Schuld an dem, was nun folgte. Der Landgraf kam nach Halle, tat am 19. Juni 1547 einen Fußfall vor dem Kaiser, um Verzeihung zu erlangen. Der Kaiser gab dem Knienden nicht die Hand; er hieß ihn nicht einmal aufstehen. Als der Fürst sich erhoben, lud ihn der kommandierende General des Kaisers, der Herzog von Alba, abends in die Moritzburg, zusammen mit den Kurfürsten von Sachsen und Brandenburg. Nach Aufhebung der Tafel verwehrte man dem Landgrafen den Abzug. Er wurde spanischen Edelleuten als Gefangener übergeben. Kurfürst Moritz hielt erbittert und zornig die Nacht über bei ihm aus, trotz Warnung der kaiserlichen Räte. Dann trösteten sich die beiden Kurfürsten, der Kaiser werde die Gefangenschaft bald lösen. Der Kaiser selbst bemühte sich, in seinen Aufzeichnungen darzulegen, daß er das Recht zur Gefangennahme besessen habe; er sollte auch da den Buchstaben überschätzen.

Mit seinen Trophäen, den gefangenen Häuptern des Schmalkaldischen Bundes, zog der Kaiser im Herbst 1547 zum Reichstag nach Augsburg.

Seine nächsten Ziele hatte er völlig erreicht. Bayern und Cleve hatten in die kaiserliche Politik hineingeheiratet; auch die anderen jungen Herren standen in seinem Dienst, Moritz, Albrecht und Erich; von den älteren natürlich Heinrich von Wolfenbüttel. Ernst der Bekenner war im ersten Kriegsjahr gestorben. Der Rest der größeren weltlichen Fürsten war tief gedemütigt, Sachsen, Hessen, Württemberg, auch Kurpfalz. Daß der Kaiser nach den Erfahrungen dieser Jahre seit 1541 keine allzugroße Achtung haben konnte vor der Klugheit, der Treue und der Tatkraft dieser deutschen Fürsten, ist begreiflich. Aber er geriet nur zu rasch in die Stimmung, die Größe seiner Erfolge erheblich zu überschätzen. Er meinte wohl, nun sei der Rest ein leichtes.

Die europäische Lage mochte ihn darin bestärken. Am 28. Januar 1547 war Heinrich VIII. von England gestorben, am 31. März König Franz von Frankreich. In England folgte eine Regentschaft für den jungen Edward VI., in Frankreich ein junger, an sich nicht tatenscheuer König, Heinrich II., der aber, der alten persönlichen Rivalität seines Vaters ledig, zunächst in Anspruch genommen blieb durch die Politik, die er mit Schottland gegen England führte.

Nur vom Papst hatte der Kaiser, wie einst nach seinem ersten großen Erfolg von 1525, immer neue Schwierigkeiten zu erleben. Von der Haltung des Konzils war schon die Rede. Bei der Eröffnung waren nicht mehr als 34 Prälaten aus der ganzen Christenheit anwesend. Monate nachher hatte sich die Zahl immer noch nicht verdoppelt. In den Kreisen der Konzilsväter fragte man sich wohl, ob eine solche Versammlung ein ökumenisches Konzil sei. Die Leitung des Konzils lag in den Händen von drei bedeutenden Männern, den Kardinälen Monte, Cervino und Pole. Sie hielten das Konzil fest in den von Rom gewiesenen Bahnen. Wie sie die Ausschüsse bildeten, die Tagesordnung vorbereiteten – in allem Wesentlichen blieb das Konzil ein Organ der Kurie. So hatte der Kaiser ganz recht, wenn er annahm, es wäre der Kurie nicht schwergefallen, nötigenfalls auch auf dem Konzil seine politischen Gesichtspunkte zur Geltung zu bringen.

Aber die Kurie verschloß sich diesen Notwendigkeiten. Sie ließ es geschehen, daß trotz der Bitten des Kaisers beizeiten die entscheidenden Dekrete in Glaubenssachen zur Definition gelangten; am 8. April 1546, in der vierten Session, schon das Dekret über Schrift und Tradition. Als gegen die wiederholt vorgebrachten Wünsche des Kaisers in der fünften Session vom 17. Juni das Dogma von der Erbsünde, am 13. Januar 1547 das Dogma von der Rechtfertigung verkündet wurde, zeigte sich der Kaiser über die Maßen aufgebracht. Es kam dazu, daß der Papst Anfang 1547, also noch vor der Entscheidung des Krieges in Sachsen, unter dem Druck Frankreichs ohne weiteres seine Truppen aus Deutschland zurückzog. Endlich verlegte er am 11. März 1547 ganz unnötigerweise das Konzil von Trient nach Bologna, das heißt von deutschem Reichsboden auf päpstlichen. Um Papst und Kaiser heillos zu verfeinden, trat dann noch ein höchst ärgerlicher Zwischenfall ein. Des Papstes Sohn Pier Luigi Farnese, Herzog von Parma und Piacenza, hatte 1546 mit Frankreich und dem Fiesco von Genua gegen die Doria und damit gegen den Kaiser gezettelt. Jetzt wurde der Herzog, nicht ohne Mitschuld des kaiserlichen Statthalters in Mailand, Ferrante Gonzaga, am 10. September 1547 ermordet. Für den päpstlichen Vater ein furchtbarer Schlag.

So erreichte im Winter 1547/48, wo der Kaiser in Deutschland über die Gegner der Kirche triumphierte, die Spannung zwischen Kaiser und Papst ihre Höhe. Der Kaiser, der, wenn er wollte, beispiellos unhöflich sein konnte, ließ die Nuntien und Legaten seinen ganzen Ärger spüren. Mit bitterem Hohn lehnte er das Ansinnen der Kurie ab, nach dem Tode des Königs von England dort mit Frankreich zusammen eine katholische Restauration zu unternehmen. Unbedingt verlangte er die Rückkehr des Konzils nach Trient. Die Kurie sträubte sich hartnäckig. Da schritt der Kaiser zum dritten Male in seinem Leben zu einer großen antipäpstlichen Demonstration. Am 16. Januar 1548 ließ er seinen Gesandten Don Diego de Mendoza einen förmlichen Protest erheben gegen dieses sogenannte Konzil von Bologna. Auch zu Rom an der Kurie ließ er das Schriftstück übergeben. Es sah wirklich nach einem Schisma aus.

Das war der Hintergrund für die kaiserliche Ordnung in der Religion, die nun in Deutschland erging und unter dem Namen »Interim« bekannt ist. Julius Pflug, Bischof von Naumburg, Michael Helding, Weihbischof von Mainz, und der Brandenburger Agricola redigierten die kaiserliche »Erklärung, wie es der Religion halber im heiligen Reich bis zu Austrag des gemeinen Concilii gehalten werden soll«. Diese kaiserliche Zwischenreligion war nur eine leicht retouchierte katholische Glaubenslehre mit wenigen äußeren Zugeständnissen, wie Laienkelch und Priesterehe. Dabei war die Meinung keineswegs ihre Verbindlichkeit für Protestanten und Katholiken; es war keine Konkordienformel, sondern nur eine Brücke zur Zurückführung der Protestanten.

Im Augsburger Reichstagsabschied vom 30. Mai 1548 wurde dieses Interim befohlen als das äußerste Zugeständnis, das der Kaiser noch zu machen geneigt war.

Der Kaiser, der die Deutschen geringschätzte, glaubte an die Brauchbarkeit seiner Formel. War ihm auch zu Ulm 1547 die Begründung eines kaiserlichen Bundes nach Art des Schwäbischen ebensowenig gelungen wie die gleichzeitig geplante kaiserliche Kirchenreformation, so war doch die Stadt Konstanz 1548 trotz Gegenwehr österreichisch gemacht und die Herstellung der sächsischen, brandenburgischen und pommerschen Bistümer ins Auge gefaßt. Ja, der Kaiser hatte das Vertrauen, jetzt auch das Höchste im Sinne seiner Dynastie wagen zu dürfen, die Erblichkeit der deutschen Krone in seinem eigenen Hause, die Kaiserkrone für Don Philipp von Spanien. Er bedurfte dazu der Kurfürsten und seines Bruders Ferdinand. Konnte das dem Sieger von Mühlberg, dem Gesetzgeber des Interims mißlingen?

Karl mochte sich rühmen, gegen ein unerfahrenes und unerzogenes deutsches Fürstentum, gegen die isolierten Städte und ein noch ungefestigtes Kirchentum dem Siege nahe zu sein, da er die Führer des deutschen Fürstentums und die Schutzherren der neuen Kirche gefangen mit sich führte. Allein, die von der Tiefe des Volkes getragenen Überzeugungen setzte er nicht in Rechnung, ebensowenig die tiefwurzelnde Kraft dieses Fürstentums. Am wenigsten bedachte er, daß sein Bruder Ferdinand aus demselben Blut entsprossen war wie er und denselben habsburgisch-dynastischen Ehrgeiz besaß. Er vergaß auch, daß Frankreich den Frieden von Crépy nur widerwillig geschlossen hatte unter Protest des Dauphins, der jetzt als Heinrich II. regierte, der beschränkte, aber um so treuere Erbe der alten Rivalität zwischen Valois und Burgund, Frankreich und Spanien.

Noch sah der Kaiser die Mächte nicht, die ihn bedrohten. Als sie eines Tages überwältigend vor ihm erschienen, sollte er zusammenbrechen.

In dem Kampf der Mächte und dem Lärm der Waffen schienen die religiösen und kirchlichen Nöte wie vergessen. Und doch sollten sie sich noch einmal als bewegende Kräfte aus der Tiefe des Volkes und aus dem Leben der Institutionen, in die sie sich umgesetzt hatten, erheben.

Das Interim hatte im Grunde keinen Erfolg, sosehr sich auch manche Stände wanden, beim Kaiser einen guten Eindruck zu machen. Selbst in Kursachsen regte sich, stellenweise leidenschaftlich, der Widerstand. Zu den Ständen, die sich scheinbar mit dem Interim abfanden, standen in erfreulichem Gegensatz die zahlreichen, die aus dem Wesen ihrer Überzeugung offen ablehnten. Zwar Landgraf Philipp, der den Kaiser nicht begleitete, wie Johann Friedrich, sondern in die Niederlande abgeführt war, und unter vielen Belästigungen mürbe gemacht werden sollte, zeigte Neigung, sich zu unterwerfen; aber daheim in Hessen, am Hofe seines Sohnes Wilhelm, hielt man sich jetzt stark. Der gefangene Ernestiner war überhaupt nicht zu bewegen, ebensowenig der Hof seiner Söhne in Weimar. Auch Mecklenburg, Anhalt lehnten ab. Markgraf Hans von Küstrin, der persönlich am Reichstag war, ließ sich auch durch grobe kaiserliche Einschüchterungsversuche nicht bestimmen; er stand jetzt wie ein Mann. Hamburg, Bremen, Braunschweig blieben fest; vor allem, auch darin, Magdeburg. Pfalzgraf Wolfgang von Zweibrücken berief sich bei seiner Ablehnung ausdrücklich auf die Stimmung im Volke.

Und in der Tat, noch einmal, zum letztenmal bis in das 18. Jahrhundert, hörte man jetzt, wo die Zeit wieder deutlicher ihr religiöses Gesicht zeigte, auch die Stimme des Volkes. Allerorten wurden die Interimspriester abgelehnt und gemieden. Die öffentliche Meinung äußerte sich in einer Flut von Flugschriften und Satiren.

Jetzt ist der Antichrist der Kaiser; seine Spanier sind die wahren Türken. Markgraf Hans ließ in einer eigenhändig überarbeiteten Flugschrift die falschen und die echten Theologen disputieren, schalt und bekannte: »Du zur Schande gemachtes Kind, Papst-Teufel, wollest Du gerne die Nebelkappe wieder überziehen und durch Dein gottloses Interim uns blenden, daß wir Dich – nicht kennen sollten und daneben den rechten Eckstein Christi und sein liebes Wort verleugnen und mit Dir schänden und lästern helfen?« Die Verräter suchte man nicht weit. »Dr. Grickel« (Agricola) und die sächsischen Hoftheologen wurden Zielscheiben des populären Spottes. Dafür gedachte man der Vertriebenen, der Gefangenen und Geflohenen, die standhaft waren – wie Blarer, Alber, Brenz, Bucer, der nach England gegangen war. Man richtete sich auf an Flacius und Nikolaus von Amsdorf, die in Magdeburg »Gottes und Christi Kanzlei« auftaten. Da kämpfte Flacius grimmig gegen das kaiserliche Interim und gegen das fast noch mehr verhaßte Leipziger Interim Melanchthons und die Nachgiebigkeit in den

Adiaphora, das heißt den nicht wesentlichen »Mitteldingen«. In Magdeburg, wo die kritische Arbeit der Centuriatoren begann, der nach Jahrhunderten geordneten ersten wissenschaftlichen Kirchengeschichte, da traf man auch noch einmal, wie in den zwanziger Jahren, den rechten Volkston aus der Stimmung des so unglücklich abgelaufenen Krieges. Hier sang man: »Zu Magdeburg auf der Brucken«:

> Zu Magdeburg in der werden Stat,
> da sind der Büchsen vil;
> sie trauren alle Morgen,
> daß der Kaiser nit kummen will.

Hier irgendwo erklang auch die prachtvolle und wirksame »Klag und Bitt eines sächsischen Mägdeleins«:

> Kein Mann, kein Mann im deutschen Land,
> der uns schützet vor solcher Schand?
> Kein Mann noch Jüngling hie auf Erd,
> dem ich freundlich zusprechen werd;
> kein Schmuck an meinem Leibe sei,
> bis Deutschland werde wieder frei.

Der Kaiser kam nicht; er glaubte, des Krieges nicht mehr zu bedürfen; seiner Staatskunst, der so viel gelungen, mußte auch das Letzte noch glücken.

Noch hatte ja das Konzil nicht endgültig gesprochen. Alle Reichstage hatten darauf verwiesen. Es doch noch zu beschicken, war eine Hauptforderung der kaiserlichen Staatskunst in allen Verträgen mit den Protestierenden gewesen. Viele hatten es versprochen.

Nach Bologna konnten sie natürlich nicht gehen. Allein, noch Paul III. hatte sein Konzil im September 1549 aufgelöst. Es war eine seiner letzten Handlungen. Am 9. November ist er gestorben, zuletzt noch gequält vom Hader seiner Nepoten untereinander.

Im Konklave stritten sich nun die Kaiserlichen und die Franzosen. Diese begünstigten den früheren ersten Präsidenten des Konzils, Giovanni Maria del Monte, der wirklich Papst wurde, aber sich zur allgemeinen Verwunderung bald völlig kaiserlich zeigte. Als Papst Julius III. erneuerte er am 14. November 1550 das Konzil und berief es wieder nach Trient zum 1. Mai 1551. Die in Trient zurückgebliebenen kaiserlichen Bischöfe erlebten einen nicht geringen Triumph, als die Bologneser wieder zu ihnen kamen. Wie aber erst, als nun im Herbst wirklich auch die ersten Deutschen erschienen, die Erzbischöfe von Mainz und Trier, später der neue Herr von

Köln, im Winter sogar einige Prokuratoren protestantischer Fürsten! Es ließen sich durch Theologen und Räte vertreten der Kurfürst von Brandenburg, der es um Magdeburg noch einmal verdienen wollte, Herzog Christoph von Württemberg, der 1550 seinem Vater Ulrich gefolgt war, und Kurfürst Moritz. Aus der Stadt Straßburg erschien der Historiker Johannes Sleidan. Am 24. Januar 1552 ließen sich diese fremden Boten in einer Kongregation zum ersten Male vernehmen; sie protestierten.

Daß unlösbare Schwierigkeiten vorlagen, liegt auf der Hand. Sollten sie alle früheren ohne ihre Mitwirkung gefaßten Beschlüsse anerkennen? Aber lag das nicht andererseits in der Idee des Konzils? Beim Kaiser hatte sich immer mehr der Eindruck verstärkt, daß mit Geduld auch diese Schwierigkeiten sich lösen würden. War nicht das Konzil auch wieder nach Trient zurückgekehrt, wo er es haben wollte? Waren nicht die Protestanten, trotz jahrelangen Sträubens, wirklich erschienen?

Er versprach sich die Vollendung seines Lebenswerkes – wenn nicht in seinen Tagen, so unter seinem Sohne. Nur mußte dieser über dieselben Machtmittel verfügen wie er. Das war die Summe aller Erfahrungen des Kaisers. Es galt also, die früher nur flüchtig hingeworfene »spanische Sukzession« festzulegen. Die Vergleichsformel lautete, daß auf Karl in allen seinen Ländern und Würden Prinz Philipp folgen sollte; Ferdinand, außer in Österreich mit den Nebenländern, nur im Kaisertum. Aber auch dieses sollte nach Ferdinands Tode an Philipp kommen und dann erst an Ferdinands Sohn Maximilian. Das bedeutete bei dem geringen Altersunterschied der Brüder und Vettern immer ein langes Kaisertum in der spanischen, ein kurzes in der österreichischen Linie. Im übrigen war der ganze Plan über die Köpfe der Kurfürsten weg gedacht.

Eine wichtige Rolle in den Gedanken des Kaisers spielten offenbar die Niederlande. Über sie hatte der Kaiser höchst einseitig schon im burgundischen Vertrag vom 26. Juni 1548 Bestimmung getroffen. Sie sollten im Besitz Philipps alle Vorteile ihres Zusammenhanges mit dem Reiche genießen, ohne die Pflichten. Von der Jurisdiktion des Reichskammergerichts und von der Wirkung der Reichstagsabschiede sollten sie ausgenommen sein und in der Matrikel des Reiches nur deshalb stehenbleiben, um dauernd den Schutz des Reiches zu genießen. Mit den so geordneten Niederlanden belehnte der Kaiser am 7. März 1551 seinen Sohn Philipp von Reiches wegen.

Schwieriger war die Sukzession im Kaisertum. Der Kaiser ließ zu seiner Unterstützung die Königin Marie aus den Niederlanden kommen, damit sie auf Ferdinand einwirke. Auch Philipp selbst beschied er her. Ferdinand verlangte, dann müsse auch sein Sohn Maximilian kommen, der als Gemahl von Karls ältester Tochter Maria als Statthalter nach Spanien geschickt war. Es kam zu höchst ärgerlichen Szenen im habsburgischen Familienrat; tagelanges Schmollen zwischen den Geschwistern. Nur mit Aufwendung aller

Mittel gelang es dem Kaiser am 8. März 1551, seinen Bruder zur Unterzeichnung eines Vertrages zu bewegen, der zunächst beiderseits nur Versprechungen enthielt – Ferdinands, daß er Philipps Wahl zum römischen König – Philipps, daß er nach Ferdinands Tode Maximilians Wahl befördern wolle. Ferdinand ist seinem Versprechen formell nachgekommen. Er hat offiziell die Werbung des Kaisers für eine spätere Wahl Philipps unterstützt. Allein, er hat beide Augen geflissentlich dagegen geschlossen, daß Maximilian und erst recht die österreichischen Räte unterderhand unablässig gegen diese kaiserlichen Pläne intrigierten. Daß es in Deutschland einen guten Boden fand, nimmt nicht wunder.

Verbissener Ärger also und passiver Widerstand im eigenen Hause wie im ganzen deutschen Fürstentum waren die Folgen des kaiserlichen Verlangens. Dazu gesellte sich, durch derartige Erörterungen immer wieder entbunden, der allgemeine Ingrimm über die Gefangenhaltung deutscher Fürsten, nicht nur bei den Söhnen der Gefangenen. So zog sich am politischen Himmel bereits ein Gewölk von Haß und Unwillen zusammen, das immer bedrohlicher über den weiteren Wegen des Kaisers lagerte.

An den deutschen Fürstenhöfen sah man in den letzten Jahren fast überall neue Gesichter. Neben dem Kaiser stand nun Prinz Philipp. Im Dienst des Kaisers war die alte Generation der Chièvres und Gattinara längst von der zweiten und dritten Generation ersetzt; denn neben Nicolas Perrenot, Herrn von Granvelle, spielte bereits sein Sohn Antoine, der Bischof von Arras, eine Rolle. Die alten Niederländer Zevenbergen, Heinrich von Nassau und Louis de Praet waren durch Schore, Viglius van Zwichem, Veltwyk und andere ersetzt. In der Reichskanzlei war jetzt Seld als Vizekanzler tätig. Unter den Spaniern ragte an Stelle der alten in Italien verdienten Generale seit ein paar Jahren der Herzog von Alba hervor.

Ähnlich war am Wiener Hofe neben Ferdinand sein Sohn Maximilian hervorgetreten; er lebte mit der Kaisertochter in glücklicher Ehe; sie schenkte ihm nicht weniger als 15 Kinder, darunter die späteren Kaiser Rudolf und Mathias; sonst aber wollte der junge Herr vom Hause Spanien nichts wissen. Sein Verhältnis zu den deutschen Fürsten zeigte zudem bald eine ausgesprochene Vorliebe für die Protestanten, denen er innerlich zuneigte. Die alten Räte Lang und Salamanca waren seit Jahren ersetzt; jetzt dienten dem Könige Dr. Johannes Jonas, Hans Hofmann, Johann Ulrich Zasius, Sohn des Freiburger Humanisten und Rechtsgelehrten, Caspar von Niedbruck, Lazarus von Schwendi. Diese jüngeren Räte sahen natürlich auf die Erben der Kronen und verschärften die Streitigkeiten ihrer Herren.

Im deutschen Fürstentum noch stärkere Veränderungen. Von den Kurfürsten, die Karl V. gewählt hatten, war keiner mehr im Amte. Reichserzkanzler war an Albrechts Stelle Sebastian von Heusenstamm; in Trier regierte Johann V., ein Graf von Isenburg, in Köln Adolf von Schaumburg; in Brandenburg Joachim II. seit 1535, in der Pfalz seit 1544 Friedrich II., in Kursachsen Moritz.

Dasselbe Bild im Fürstenstand; in Weimar und Marburg Vertretung der gefangenen Fürsten durch die jungen Herren. In Württemberg ist Christoph im November, in Bayern Albrecht V. schon im März 1550 gefolgt; der alte Leonhard von Eck war fast gleichzeitig mit seinem Herrn gestorben; statt seiner sah man nun Schwarzenberg, Wiguleus Hundt, später Simon Thaddaeus Eck, den Neffen des Theologen.

Erinnert man sich nochmals an den Thronwechsel in England, Frankreich und in Rom, so findet man die persönlichen Bedingungen der Politik von Grund aus verändert. Der erst fünfzigjährige Kaiser erschien fast schon wie ein Überlebender. Die starken Eindrücke seines unruhigen Lebens hatten ihn früh alt gemacht; das weniger prunkvolle Porträt Tizians von 1548 zu München zeigte ihn im Lehnstuhl sitzend, höchst vornehm, aber müde.

Die alten Verbindungen waren zerschlagen; der Schmalkaldische Bund aufgelöst. Wo lagen jetzt noch die lebendigen politischen Kräfte? Oder wo bildeten sie sich neu? Man hat in der Beurteilung der Vorgänge der nächsten Jahre zeitweilig den Fehler nicht vermieden, Stimmungen und Gegensätze an sich schon als politische Kräfte anzusprechen; nur durch Führung werden sie historisch. Beharrung kann wohl hindern, nicht Neues schaffen.

So findet man denn zwischen einigen aufgeregten Parteigängern, wie Heinz von Wolfenbüttel und Albrecht Alcibiades, nur einen einzigen Fürsten, der noch maßgebend eingriff. Das war der junge Kurfürst Moritz. Er allein trat als gestaltende Kraft in diese Welt von Unklarheit, Bedächtigkeit und Feigheit, um gebundene Kräfte zu entbinden und durch bedeutende Entschlüsse und kühne Handlungen die Richtung der deutschen Geschichte entscheidend zu bestimmen.

Kurfürst Moritz ist freilich jetzt so wenig der heldenmütige Vorkämpfer des Protestantismus schlechthin, wie 1547 der perfide Verräter. Er ist vielmehr – und so pflegen sich die Dinge zu entwickeln – aus immer neuen Verlegenheiten zu immer neuen Lösungen gekommen; bei jedem Schritte aber geleitet durch eine nicht gewöhnliche Einsicht und einen unablässig gespannten Willen. Nicht, weil er ideologisch große Ziele verfolgt hätte, sondern weil die Sache, die er für sich selbst so beharrlich wollte, große historische Bedingungen und Möglichkeiten hatte, konnte er mit seiner Selbstbehauptung zugleich eine welthistorische Mission erfüllen.

Kurfürst Moritz war es bei seinen Erfolgen keineswegs geheuer. Im Lande wurde er begreiflicherweise vielfach verachtet und gehaßt. Seiner politischen Begabung entging nicht, daß seine Position der Verstärkung bedurfte. Kaiser und König schätzten ihn; er selbst aber sah sich gerade durch die Habsburger nur in immer neue Verlegenheiten gebracht. Sie hatten ihn der Neutralität entzogen, ihm die Waffe gegen den Vetter und Glaubensgenossen in die Hand gedrückt, von ihm mit Erfolg die Annahme von Konzil und Interim gefordert; dazu seinen Schwiegervater, den Landgrafen, unter seiner Mitwirkung in Gefangenschaft gebracht. Und welche Sicherheit bot ihm der Kaiser? Er hatte ihn eben noch in der Sache des Landgrafen völlig abfahren lassen.

So hat Moritz, um seine Reputation herzustellen, den Landgrafen zu befreien, im eigenen Lande wieder Achtung und im Reiche Einfluß zu gewinnen, die Führung in der Erhebung der Fürsten in die Hand genommen. Indem er dabei notgedrungen mit diesem Kaiser abrechnete, wurde er zum Vorkämpfer der fürstlichen Libertät; indem er die bestehenden landeskirchlichen Einrichtungen als Teil fürstlicher Interessen vertrat, wurde er zum Vorkämpfer des Protestantismus und, soweit darin fruchtbare Keime einer deutschen Sittlichkeit und Weltanschauung behütet lagen, auch zum Helden deutscher Nation. Alles das wäre aber schwerlich so gewesen ohne eine tiefere bewußte oder unbewußte eigene Richtung. Anders pflegt historisches Heldentum selten begründet zu sein. Ja, der Hergang selbst, mit dem Moritz' neue Geschichte beginnt, hat das Widerspruchsvolle der Anfänge großer historischer Persönlichkeiten überhaupt.

Wie am Beginn der Reformationsgeschichte die Rivalität um das Erzstift Magdeburg zwischen Kursachsen und Kurbrandenburg gestanden hatte, so kehrte dieses Schicksal noch einmal wieder, wo es zu Ende ging. Moritz hatte die Schutzherrschaft, mußte aber doch Joachims zweiten Sohn Friedrich als Erzbischof hinnehmen. Nun wollte er wenigstens nicht auch die Stadt verlieren. Noch immer hielt sie sich gegen den Kaiser, trotzte der Reichsacht. Moritz ließ sich die Vollstreckung übertragen. Die Vorteile lagen auf der Hand. Nur so konnte Moritz dem Reichstage von 1550/51 fernbleiben, nur so ein Heer unterhalten und, wenn es gut ging, selbst Magdeburg erwerben.

Daß durch alles dieses erneutes, berechtigtes Mißtrauen gegen den Kurfürsten aufstieg, ist begreiflich. So erfolgte denn an einer zweiten Stelle eine Sammlung gegen den Kaiser, zunächst unabhängig von Moritz, zeitweilig gegen ihn. Die Seele dieser Bewegung war Markgraf Hans von Brandenburg-Küstrin. Auch ihm wurde, wie Moritz, die Teilnahme am Schmalkaldischen Krieg im Dienste des Kaisers schwer verdacht. Dann aber war das Erlebnis des Interims für ihn ebensosehr eine sittliche wie politische Probe. Er hielt sich auch weiterhin seinem sorgfältig bedächtigen Wesen entsprechend vorsichtig, aber entschieden. Nun stieg ihm der Gedanke eines großen prostestantischen Bundes auf, zunächst unter den norddeutschen Fürsten, unter Zuziehung von Dänemark, womöglich auch von Polen, wo er in dem Starosten von Posen einen auch zu Opfern bereiten Freund besaß. Er entwarf einen Plan und überwand innerlich die Bedenken gegen den bewaffneten Widerstand. An seiner Seite zwei ihrem Wesen nach fast entgegengesetzte Persönlichkeiten, Herzog Albrecht von Preußen, zurückhaltend und ängstlich, und der junge Herzog Johann Albrecht von Mecklenburg, feurig und treibend.

Gelegenheit zur persönlichen Verständigung ergab sich, als am 17. März 1550 Herzog Albrecht von Preußen seine zweite Ehe einging mit Hans' Nichte, Annemarie von Calenberg. Man gab sich die Hand auf gemeinsamen Widerstand gegen jede Bedrückung des Evangeliums und der Fürsten. Dachte man an Zuziehung anderer, so wollte man Moritz jedenfalls fernhalten, und sprach man von den nächsten Notwendigkeiten, so wollte man Magdeburg entsetzen. Aber dieser Entsatz scheiterte. Moritz ritt mit der bei ihm nun immer glänzender hervortretenden Entschlossenheit von Magdeburg weg auf die Musterplätze des entstehenden Fürstenbundes im Stifte Verden, zerstreute die gatternden Knechte und nahm die meisten für sich (Januar 1551).

Eine dritte Keimzelle der Sammlung gegen die Politik des Kaisers lag in den Bemühungen der Höfe von Kassel und Weimar um Befreiung der gefangenen Fürsten; besonders tätig der junge Landgraf Wilhelm von Hessen, dessen Regierung am meisten alte Beziehungen auch zu Frankreich besaß. Endlich gesellte sich bald dieser, bald jener Gruppe hinzu der Markgraf Albrecht Alcibiades, der wohl auch das Evangelium im Munde führte, aber in der Hauptsache nach einträglichem Kriegsdienst ausschaute.

Die für die nächste Zukunft wichtigste Verbindung ergab sich bei einem vortastenden Besuche des Markgrafen Hans bei Kurfürst Moritz im Februar 1551. Von da ab ging die Führung langsam an Moritz über, freilich nicht ohne wiederholte neue Spannungen und Konflikte. Der Biograph des Markgrafen hat sehr fein dargelegt, wie das spätere Gelingen davon abhing, daß Moritz unbeobachtet und unbehindert in die Führung gelangte; darüber mußte die allzu gewissenhafte Persönlichkeit des Markgrafen Hans ausscheiden.

Im Mai 1551 wurde zu Torgau an der Elbe der Fürstenbund geschlossen, Kurfürst Moritz, Markgraf Hans, Herzog Johann Albrecht und Landgraf Wilhelm von Hessen. Die jungen Ernestiner, die sich für den Verlust der Kurlande gern an den fränkischen Bistümern schadlos gehalten hätten, wurden wenigstens aufgefordert; der alte Herr war gegen jede Beteiligung. Moritz erweiterte seine Blicke über Frankreich bis nach Ferrara. Die Technik seines Verhaltens hatte er den kaiserlichen Räten abgelernt; er zeigte sich nur allzu gelehrig.

Nahe der Stelle, die Karls V. größten Triumph gesehen hatte, in der Lochauer Heide, auf einem Jagdschloß des Kurfürsten (jetzt Annaburg bei Torgau), sollte sich auch das politische Bündnis vollenden, das die eben errungene Übermacht des Kaisers wieder stürzte. Als Geschäftsträger des Königs von Frankreich erschien Jean du Fresse, Bischof von Bayonne. Nach schwierigen Verhandlungen wurde in den Tagen vom 3. zum 5. Oktober der Vertrag abgeschlossen. Die deutschen Fürsten erklärten darin, daß »die Gegner – je länger je mehr unsere Religion, die wir vor recht,

wahr und christlich ungezweivelt halten, inzuzeunen und zuletzt gar aus-
zutilgen vermeinen«; daß die kaiserliche Majestät alle Stände und Untertanen des Reichs »zu einer solchen viehischen untreglichen und ewigen
Servitut, wie in Hispania dringen möchten« und insbesondere den Landgrafen Philipp »über aufgerichte Capitulation auch bescheene Zusage mit
unpillicher Gefengnus beschwert und darin bis ins fünfte Jahr uns allen
zu Schimpf und Spott enthalten«. Deshalb haben sie sich mit dem französischen Könige verbunden, um alle Gegner niederzuwerfen; »fürter
wollen wir rucken nach des Kaisers Person«. Moritz allein soll Feldhauptmann der Deutschen sein, Verträge und Frieden aber nur mit allseitiger
Zustimmung eingehen. Von den Söhnen Johann Friedrichs sollen verbindliche Erklärungen und Geiseln verlangt werden. Der französische König
zahlt für das Unternehmen monatlich 70000 Kronen, gleich zu Anfang
aber für 3 Monate sogar 240000 Kronen im voraus. Dafür »wirdet für
guet erachtet, das die königliche Majestät zu Frankreich ufs allerfürder-
lichste die Stett, so zum Reich von alters gehöret und nit teutscher Sprach
sein, als nemlich Cammerich, Toll in Lottringen, Metz, Verdun und was
derselben mehr weren, one Verzug inneme und die als Vicarius des heiligen
Reichs, zu welchem Titel wir seine koenigliche Majestät zukunftig zu be-
fordern geneigt sein, inhabe und behalte, doch fürbehalten dem heiligen
Reich sein Gerechtigkeit, so es auf denselben Stetten hat, damit die also
wider aus des Gegenteils Handen gepracht«. Die Fürsten wollen sich zum
König auch »ewiger Beschützung unserer Land und Leute getrosten« und
bei künftiger Kaiserwahl mit ihm zusammenhalten. Die drei Fürsten hatten
über Cambray, Metz, Toul und Verdun noch weniger zu verfügen wie der
Kaiser über die Niederlande; man sieht im übrigen, wie vorsichtig sie sich
ausdrückten; irgendein Opfer mußten sie natürlich der Lage nach dem
Könige bringen, und sie kamen auf dieses, um den König möglichst nahe
an den Rhein zu ziehen, wo sie zusammen mit ihm dem Kaiser die Rück-
zugs- und Nachschubstraße in die Niederlande sperren wollten. Es besteht
aber kein Zweifel darüber, daß schon die Zeitgenossen den Vertrag als
einen Verrat und eine dringende Gefahr am Reiche betrachteten und daß
von Rechts wegen Fürsten und Städte selbst die Mittel hätten aufbringen
sollen, die ihnen nun der König von Frankreich zahlen mußte. Der Bischof
von Bayonne reiste mit dem Entwurf nach Frankreich.

Kurz darnach, am 9. November, hielt Kurfürst Moritz als Reichsfeldherr
seinen Einzug in Magdeburg. In der öffentlichen Kapitulation nahm er die
Stadt in Pflicht für Kaiser und Reich; in geheimer Abmachung ließ er sich
selbst als Erbherrn annehmen gegen Sicherheiten in der Religion. Sein Heer
hielt Moritz an der Hand. Denn seine Kriegsbereitschaft war und blieb der
feste Punkt in allen diesen politischen Handlungen.

Inzwischen entschied sich auch Frankreich. Am 15. Januar 1552 hat
Heinrich II. auf Schloß Chambord in Gegenwart des Markgrafen Albrecht

den Vertrag mit den deutschen Fürsten ratifiziert und gleich den Fürsten eigenhändig unterzeichnet. Am 14. Februar trafen Moritz und Wilhelm von Hessen mit dem Bischof von Bayonne die letzten Abmachungen zu Friedewalde in Hessen.

Der Kaiser weilte nach Erledigung des Augsburger Reichstags zu Innsbruck in der Nähe des Konzils. Die Rollen schienen gegen die Mitte der vierziger Jahre völlig vertauscht. Jetzt schlug der Kaiser alle Gerüchte von feindlichen Bewegungen gegen sich in den Wind; jetzt war er es, der die rechtzeitige Rüstung versäumte. Mit einer Zuversicht, die sich sonderbar aus Eigensinn und grenzenloser Verachtung der Fürsten zusammensetzte, wies er alle Warnungen seiner aufmerksamen Schwester Marie und seines Bruders lächelnd von sich. Auch eine feierliche Fürbitte der Kurfürsten für den Landgrafen am 17. November lehnte er ab.

Inzwischen fiel wirklich der König von Frankreich mit 35 000 Mann »als Rächer deutscher Freiheit«, wie er sich erdreisten durfte zu sagen, in Lothringen ein; die Truppen des Fürstenbundes standen in Franken. Markgraf Albrecht Alcibiades hatte sich ihnen auf eigene Faust angeschlossen. Erst schimpfte er allgemein auf den Undank vom Hause Habsburg, dann enthüllte er weitergehende Absichten.

Die »Kriegsfürsten« erließen ein Manifest, das ihre Ziele und ihre Rechtfertigung kundgab. Es ist nicht richtig, daß von der Religion darin nicht die Rede wäre; sie steht vielmehr an der Spitze der Erklärung, und es ist durchsichtig, wenn gesagt wird, die Fürsten stellten sie in Gottes gnädige Hand. Sie war noch immer ihrer aller erste Angelegenheit; das Interim hatte ihnen das erst recht wieder zum Bewußtsein gebracht. Dann erhoben sie Klage wegen der Gefangennahme des Landgrafen, dessen Behandlung eine Infamie sei, und beschwerten sich allgemein über die »viehische, erbliche Servitut«, die ihnen der Kaiser bereite.

Markgraf Albrecht erließ ein Sondermanifest, worin ganz unverblümt der Pfaffenkrieg, also die Säkularisation der geistlichen Fürstentümer, proklamiert wurde. Mit der halb kindischen, halb brutalen Zerstörungslust und Habgier eines alten Raubritters zog der Markgraf wie weiland Franz von Sickingen ins Feld. An Kirchen- und Kaufmannsgut, an »Pfaffen und Pfeffersäcken« wollte sich das rückständige fürstliche Junkertum ersättigen. Moritz bediente sich dieser zerstörenden Kraft wohl oder übel zur Verstärkung; er suchte sie in Schranken zu halten und hat sich später bewußt von ihr getrennt, um schließlich im Kampfe gegen sie seinen letzten Waffengang zu tun.

Am 1. April lagen die Verbündeten vor Augsburg, am 4. rückten sie ein. Ulm aber hielt seine Tore verschlossen. Von Fürsten folgte ihnen noch Ottheinrich von Pfalz-Neuburg.

AETHERNA IPSE SVAE MENTIS SIMVLACHRA LVTHERVS
EXPRIMIT·AT VVLTVS CERA LVCAE OCCIDVOS·

·M·D·X·X·

1 Luther, 1520 (Kupferstich von Lucas Cranach).

2 Zwingli, 1531.
4 Melanchthon.

3 Kalvin (Stich).
5 Erasmus, um 1512.

6 Luther neben Lucas Cranach, links der Apostel Johannes (Ausschnitt aus der Weimarer Altartafel). Luthers Hand ruht auf den Worten der Schrift: Das Blut Jesu reinigt uns von allen Sünden.

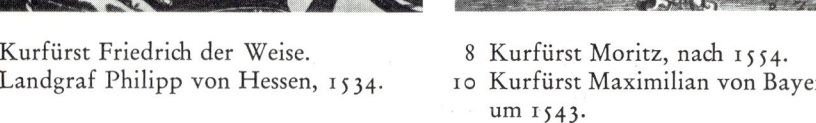

7 Kurfürst Friedrich der Weise.
9 Landgraf Philipp von Hessen, 1534.

8 Kurfürst Moritz, nach 1554.
10 Kurfürst Maximilian von Bayern, um 1543.

11 Kaiser Karl V. (Gemälde von Tizian), 1548.

12 König Gustav II. Adolf.
14 Kaiser Maximilian II., nach 1576.

13 Wallenstein.
15 Kurfürst Friedrich Wilhelm von
Brandenburg.

HÆC ROMANORVM EST FERDNANDI REGIS IMAGO
DA QVISQVIS DEBES HVICQ; DEOQ; SVVM.
M.D. (ISL) LVI

16 König Ferdinand II.

17 Prinz Wilhelm von Oranien, der »Schweiger«.

18 Nicolas Perrenot, Sieur de Granvelle. 1548.

19 Kurfürst Johann Friedrich, nach 1547.

20 Bischof Julius Echter von Mespelbrunn

Erst als die Kriegsfürsten schon tief in Schwaben standen, besann sich der Kaiser auf den Ernst der Lage. Am 6. April wollte er noch über Wildbad in die Niederlande ziehen. In Vorarlberg erfuhr man, daß der Weg über den Bodensee schon gesperrt sei. Wieder saß der Kaiser wie gelähmt in Innsbruck.

Um so eifriger nutzte der Kurfürst seine Zeit. Er wollte sich sichern, da er sowenig wie sein kaiserlicher Meister in der Staatskunst Vertrauen gab und nahm. Man versteht, daß sie alle sich nur zögernd mit ihm einließen. Das Wichtigste war die Aufnahme seiner alten Beziehungen zu König Ferdinand. Der König hatte schon auf die erste Kunde von den Rüstungen den Oberstkanzler der Krone Böhmen, Heinrich Reuß von Plauen, zum Kurfürsten gesandt; am 16. März verhandelte man in Leipzig.

Ferdinands Haltung von diesem Zeitpunkt an ist leider noch nicht ganz durchsichtig. Daß er aus verbissenem Groll über die spanische Sukzession verräterisch an seinem Bruder gehandelt hätte, läßt sich weder beweisen noch wahrscheinlich machen. Er hat an der Tiroler Grenze keinen verzweifelten Widerstand leisten lassen, vielmehr das Land schließlich geöffnet. Ihm fehlten eben die Mittel und das Vertrauen in eine Politik des Kampfes. Dafür hatte er gewarnt; und in der höchsten Not teilte er des Kaisers Flucht. Seine Geneigtheit zur Vermittlung aber und sein Verständnis für die Forderungen der Gegner ist nicht notwendig aufzufassen als Preis für die von Moritz verheißene Türkenhilfe oder gar für Moritz' etwaigen Beistand in der spanischen Sukzession. Ferdinand und seine Räte überschätzten die Macht des Gegners und sahen die Lage des Kaisers, der in der Tat ganz ungerüstet war, im Augenblick als verzweifelt an. Deshalb bot der König die Hand zur Tagung von Linz am 4. April.

Zu Ferdinand gesellte sich mit demselben dringenden Bedürfnis nach Frieden sein Schwiegersohn Albrecht von Bayern. Denn wenn es wirklich zum Kriege kam, mußte ganz gewiß Bayern zum Kriegsschauplatz werden. Der etwas matte junge Herr blieb also in der seit 1546 eingeschlagenen Politik. Daß er sich gleichzeitig, der Macht huldigend, äußerlich an Kurfürst Moritz anschloß, war außerdem ein später Nachklang der alten bayrischen Fürstenpolitik der dreißiger Jahre. Herzog Albrecht traf sich mit Moritz zu Fürstenfeldbruck und beteiligte sich bald darnach auch an den Verhandlungen zu Linz, in denen Ferdinand ein Entgegenkommen des Kaisers wegen des Landgrafen und einen Religionsfrieden bis zum Reichstag in Aussicht stellte. Die Entlassung des Landgrafen sollte geknüpft sein an die vorherige Entlassung der Truppen.

Moritz hat in Linz wohl nur Fühlung nehmen wollen. Beabsichtigte er mehr, so hätte er sein Ziel nicht erreicht. Das Ende war, daß eine größere Fürstenversammlung zum 26. Mai nach Passau verabredet wurde. Dazu sollte Moritz jedenfalls am 11. Mai einen Stillstand geben. Aber erst am 10. meldete er, daß er solches bei seinen Verbündeten, die er geschickt als die Unversöhnlichen vorschob, nicht habe erreichen können. In Wahrheit wünschte er selbst vor Eintritt in die Verhandlungen noch eine stärkere Demonstration, womöglich einen wirklichen Erfolg zu erzielen. Am 18. Mai rückten seine lechaufwärts vordringenden Truppen in Tirol ein. In der Nacht vom 18. auf den 19. Mai fiel die Ehrenberger Klause, der Schlüssel des Landes.

Erst in der nächsten Nacht floh der Kaiser über den Brenner ins Pustertal nach Bruneck. Das Konzil stob auseinander, da der Schutzherr des Konzils in Gefahr stand, gefangen zu werden. Am 23. Mai hielten die Kriegsfürsten ihren Einzug in Innsbruck. Sie hätten den flüchtigen Kaiser leicht verfolgen können. So war es mehr die Zuchtlosigkeit der ins Land gefallenen Truppen als die Umsicht oder gar die Macht, was den Kaiser jetzt noch schützte.

Der Kaiser empfand in diesen Wochen die ganze Schwere der Vereinsamung. Recht eigentlich regte sich niemand für ihn. Auch der Himmel schwieg zu dieser Not seines Werkzeugs. Von fern her mußte sich der Kaiser Hilfe verschreiben, und erst als sie im Anzuge war, zeigte sich, daß die Furcht vor seiner Macht noch nicht ganz erloschen war. Sein bester Schutz war zunächst seine eigene Persönlichkeit. Er war wohl erschreckt, erbost, eine Zeitlang wie gelähmt, aber keineswegs gebrochen. In der Not kam die alte Spannkraft wieder. Er setzte alles in Bewegung. Seine Korrespondenz griff gebieterisch in das weite Reich, nach Italien, Spanien, in die Niederlande.

Auch die Waffen der nächsten Umgebung machte er mobil. In dem gefangenen ehemaligen Kurfürsten Johann Friedrich sah er das geeignetste Werkzeug der Rache. Noch in Innsbruck wurde der Kurfürst freigegeben. Er folgte freiwillig dem Kaiser. Nun trat man mit ihm in wichtige Verhandlungen. Sollte die Kur nochmals an die Ernestiner zurückkehren? Es war verdrießlich, daß Johann Friedrich seinerseits unmögliche Forderungen stellte.

Mittlerweile aber war Moritz in den Schutz der Passauer Versammlung getreten. Man hatte die vornehmsten Reichsfürsten eingeladen. Die Einladung hatte sich gekreuzt mit einem Angebot der rheinischen Kurfürsten und der namhaftesten süd- und westdeutschen Fürsten. Die Bedeutung dieser politisch und moralisch schwachen Gruppe darf man nicht überschätzen. Was sie trieb, war weder Einsicht noch Mut, sondern Mangel an Überzeugung und Tatkraft. Sie hielten es für das billigste, parteilos zu erscheinen, ob sie auch im Herzen noch so sehr Partei waren. Man denke an die streng katholischen Erzbischöfe und Bischöfe und an den ebenso rein protestantischen Herzog Christoph. Aber wiederum handelten sie nicht allein aus einsichtsvoller Furcht, sondern erst unter dem Druck der

Forderungen von beiden Seiten. Der Kaiser sowohl wie die Kurfürsten forderten von ihnen Entscheidung. Sie entzogen sich beiden durch ihren tapferen Zusammenschluß. Als ein Teil von ihnen, die Bischöfe von Würzburg und Bamberg, jetzt und später durch Markgraf Albrecht Alcibiades auf das brutalste bedrängt wurden, rührten die übrigen keinen Finger.

Immerhin, diese politische Gruppe bildete den Chor für die Verhandlungen in Passau. Die Verhandelnden waren Moritz einerseits, Ferdinand und zwei kaiserliche Räte andererseits. Es kennzeichnet den Eindruck, den Moritz' Vorgehen gemacht hatte und den sein persönliches Auftreten verstärkte, daß gerade die altkirchlichen Vermittler ihm in weitestem Umfange beipflichteten.

Von den drei Fragen Religion, Erledigung der Fürsten und Libertät deutscher Nation war die zweite die einfachste. Der Kaiser, von Ferdinand gedrängt, war bereit; nur wünschte er immer neue Sicherheiten. Die Forderungen wegen der Religion und der fürstlichen Beschwerden aber wollte er durchaus nicht mit diesem ungeordneten Fürstenkonvent, sondern nur mit einem Reichstage erledigen. Daß dem Kaiser ein Reichstag günstiger gewesen wäre als diese Versammlung überwiegend katholischer Fürsten, sollte man nicht so sehr betonen, wie, daß er Zeit gewinnen wollte.

Trotz seines Widerspruches aber einigten sich König Ferdinand und die Fürsten wegen des Punktes der Religion nach Moritz' zuerst am 1. Juli gestellter Forderung auf einen Entwurf, den man die Passauer Abrede genannt hat. Er enthielt die Erklärung eines unbedingten Religionsfriedens wie zu Speyer 1544, aber nicht aus kaiserlicher Machtvollkommenheit, sondern von Reichs wegen; außerdem die Freigabe des Landgrafen in bestimmter Frist, Entlassung der Kriegsvölker und Sicherheiten für die Kriegsfürsten als Empörer gegen kaiserliche Majestät.

Der Kaiser lehnte unbedingt ab.

Ferdinand begab sich persönlich zum Kaiser ins Pustertal. Aber auch die Tränen des Bruders vermochten dem Kaiser den unbedingten Religionsfrieden nicht abzugewinnen. Ferdinand mußte es schon als Erfolg betrachten, überhaupt die Annahme eines Vertrages zu erreichen.

Mit diesem Schriftstück eilte Plauen in das Lager der Kriegsfürsten, die sich vom Oberland an den Mittelrhein gezogen hatten. Die Fürsten, auch Moritz, waren entrüstet über den mageren Ertrag. Die andern maßen Moritz die Schuld bei, zumal er sich nach einigem Zögern seinerseits zur Annahme bereit fand, zusammen mit Landgraf Wilhelm, dessen vornehmstes Kriegsziel erreicht war. Moritz sah deutlich in des Kaisers Hartnäckigkeit die noch ungebrochene Macht. Er wußte von des Kaisers Rüstungen und Werbungen, von der Gefahr, die ihm persönlich von dem befreiten alten Kurfürsten von Sachsen drohte. Im Lager seiner Verbündeten sah er Zwiespalt und Mangel an Einsicht. Frankreich hatte er aus Entgegenkommen gegen die Habsburger durch seine Bereitwilligkeit zum Sonderfrieden in Passau schwer verletzt. Auf neue bedeutende Hilfe aus dem Reich war nicht zu rechnen. Andererseits war die Freundschaft seines böhmischen Nachbarn Ferdinand für ihn das wichtigste.

Nach dem somit zustande gekommenen Passauer Vertrag vom 2. August sollte Landgraf Philipp am 11. oder 12. August auf Schloß Rheinfels freigegeben werden; am gleichen Tage das Kriegsvolk der Fürsten entlassen. Wegen der Religion sollte Friede sein bis zu einem binnen eines halben Jahres zu berufenden Reichstag; bis dahin sollten auch die Gravamina der Fürsten zurückgestellt bleiben; wegen des deutschen Hofrats hatte Karl Besserung verheißen. Endlich sollten die Geächteten des vorigen Krieges begnadigt, die Kriegsfürsten wegen dieser Unternehmung sichergestellt sein. Ottheinrich wurde zu Neuburg, Herzog Heinrich in Braunschweig nach Aussöhnung mit Städten und Junkern wieder eingesetzt. Markgraf Albrecht blieb es freigestellt, in diesen Vertrag zu kommen.

Herzog Johann Albrecht nahm nicht an. Markgraf Albrecht protestierte laut. Der Kaiser sträubte sich lange, ratifizierte aber am 15. August zu München, um hernach wenigstens in einem Entwurf auch seinerseits noch zu protestieren.

Es ist eine starke Übertreibung, wenn gesagt worden ist, man habe auf demselben Fleck gestanden wie vor dem Kriege. Denn die gefangenen Fürsten kehrten heim, die Geächteten waren begnadigt, das Interim gefallen, ein Reichstag in Aussicht genommen und der Abschluß eines Religionsfriedens damit wenigstens in greifbare Nähe gerückt.

Für Moritz freilich war nun erst recht die größte Besonnenheit geboten. Der Kaiser hatte ihm nicht nur die entscheidenden Artikel gestrichen, er hatte auch die Ratifikation nur unter Bedingungen gegeben, von denen man wußte, daß sie nie erfüllt würden, wie die Anerkennung des Vertrages durch alle Kriegsfürsten. Man schloß daraus, der Kaiser suche nur nach Gründen, den Vertrag wieder los zu werden.

Der Kaiser begab sich durch Bayern und Württemberg an den Mittelrhein, jetzt überall gnädig, bemüht, die bewährte Stütze habsburgischer Politik, den Schwäbischen Bund, doch noch zu erneuern. Am 27. August wurde der »gewesene Kurfürst« Johann Friedrich mit solcher Gnade entlassen, daß man meinte, das könne nur gegen Moritz gerichtet sein. Wirklich sah man die Ernestiner bald trotzig werden, was zu allerlei neuem Ärger und Verdacht Anlaß gab.

Auch Ferdinand, der sich für den Bruder ja nicht gerade geopfert hatte, sah mit Besorgnis, daß der Kaiser im Herbst 1552 die Bemühungen um die spanische Sukzession erneuerte. Es war im Grunde nicht viel mehr, als daß Markgraf Hans bereit war, die Sache bei seinem Bruder Joachim zu vertreten. Aber in Wien und Dresden war man nun einmal mißtrauisch. Daß der Kaiser damals wirklich auf neuen Krieg und Rache gesonnen hätte, ist sowenig zu beweisen wie die gleichfalls oft behauptete Rüstung des Kurfürsten Moritz zur Fortsetzung des Krieges. Der Kaiser schien vielmehr von Deutschland sich abzuwenden und, mehr um der Niederlande willen, vor allem darauf bedacht, den Fortschritten Frankreichs in Lothringen zu wehren.

Er zog noch im Herbst 1552 vor Metz. Ihm galt weniger die Freiheit der Reichsstadt als die Vertreibung der Franzosen aus der Schlüsselstellung zwischen den Niederlanden einerseits, der Franche Comté und Oberdeutschland anderseits. An eine rasche Wiedereroberung war nicht zu denken. Es gab sogar noch Kämpfe im offenen Felde. Da traf es sich, daß Markgraf Albrecht, der nach seiner Trennung von Moritz schlimmer als je am Main, am Rhein und an der Mosel gewütet hatte, geneigt schien, seine Fähnlein dem Kaiser zuzuführen; freilich um hohen Preis. Der Markgraf forderte die Bestätigung der von Würzburg, Bamberg und Nürnberg erpreßten, vom Kaiser selbst vor kurzem kassierten Verträge. Der Kaiser tat das am 24. Oktober 1552 im Vertrag von Metz. Aber auch diese viel zu teuer bezahlte Hilfe hat dem Kaiser nichts genutzt. Er lag in Sablon, schon westlich der Seille. Das alte Metz auf der erhöhten Landzunge zwischen Seille und Mosel war für jene Zeit eine unvergleichliche Festung. Der Herzog von Guise verteidigte sie gut. Der Kaiser litt Mangel; der Winter dezimierte sein Heer; so mußte er im Januar 1553 die Belagerung seiner verlorenen kaiserlichen Stadt wieder aufheben. Er eilte nun wirklich fast gebrochen in die niederländische Heimat. Seitdem hat sein Fuß deutschen Boden nicht mehr betreten.

Bald nach der Rückkehr in die Niederlande begann der Kaiser seine Lösung von den Geschäften. Er diktierte seinem Vizekanzler Seld ein merkwürdiges Schriftstück in die Feder, die sogenannte Revokation der Verträge von Passau und Metz. Er fühlte das Unrecht, das er durch Bestätigung der markgräflichen Verträge den Bischöfen angetan hatte, aber er bereute auch schon das Minimum der Zugeständnisse in dem verstümmelten Vertrag von Passau. Sollte es ihm nicht gelingen, so ließ er schreiben, das Unrecht gutzumachen, so wollte er wenigstens protestiert haben. In diesem formalistischen Gewissensakt liegt schon etwas von einem Kampf gegen Schatten, die den müde gewordenen Kaiser verfolgten.

Im Reich, wo man seit zehn Jahren mehr und mehr gewohnt war, des Kaisers Vorgehen mit Zittern und Zagen zu begleiten, deutete man sein Verhalten völlig anders. Man dachte, er sinne nur auf neue Schläge. Von dem Dreiundfünfzigjährigen glaubte man nichts anderes erwarten zu dürfen.

Insbesondere König Ferdinand und Kurfürst Moritz, die Kampfgenossen von 1547 und die Vertragsgenossen von Passau, suchten engen Anschluß aneinander. Im Herbst 1552 war Moritz zum zweiten Male mit im Türkenkrieg. Nach Trennung der Fürsten betrieb Plauen die Verhandlungen, die im Frühjahr 1553 auf einen großen ostdeutschen Bund abzielten. Am 6. Mai entwarf man zu Eger eine Ordnung gleich der des alten Schwäbischen Bundes, nur für den Osten des Reiches.

Jene süd- und westdeutschen Fürsten aber, die immer noch gegen beide Teile neutral sein wollten, erst Moritz gefällig, dann beflissen um des Kaisers Gunst, beunruhigten sich gegenseitig durch schreckhafte Gerüchte über Frankreich, den Kaiser und Markgraf Albrecht; auch sie sannen auf Bündnis. Die Kombinationsgabe aller kleinen Politiker erhielt unaufhörlich Nahrung durch den Fortgang des Krieges in Franken. Hier stand getreu seiner alten katholischen Abwehrpolitik als Verbündeter der Bischöfe Herzog Heinrich von Braunschweig im Feld gegen den Markgrafen. Der Markgraf pochte auf die kaiserliche Bestätigung. Herzog Heinrich wurde dafür im eigenen Lande durch Albrechts Parteigänger Graf Volrad von Mansfeld und die braunschweigischen Junker schwer bedrängt.

Vergebens suchte Kurpfalz in Heidelberg und, zusammen mit benachbarten Fürsten, auf weiteren Tagungen zu vermitteln. Da niemand sicher war, nicht eines Tages selbst in die große Fehde gezogen zu werden, unsicher vor allem blieb, wer dahinter stand, so kam es zwischen Pfalz, Mainz, Trier, Bayern, Jülich und Württemberg in der letzten Märzwoche 1553 zum Defensivbund von Heidelberg.

Man war kaum zum Abschluß gekommen, als am 2. April unerwartet Kurfürst Moritz bei den Verbündeten erschien. Er wünschte im Sinne des letzten Fürstenbundes eine größere Vereinigung und aktives Einschreiten, vor allem doch wohl gegen den Markgrafen, in dem auch er ein Organ des Kaisers argwöhnte. Dazu waren die vorsichtigen Herren nicht zu haben. Der Heidelberger Bund, dem im nächsten Winter sogar König Ferdinand beitrat, hat keine praktische Bedeutung gewonnen.

Moritz aber, von Jahr zu Jahr immer weniger gewillt, die Dinge gehenzulassen, schritt nun zum Äußersten aus eigener Kraft. Wir haben Bilder von ihm aus dieser Zeit. Er zählte 32 Jahre, war eine stolze ritterliche Erscheinung geworden mit wohlgebildetem Kopf, kräftigem rötlichem Bart, ein Krieger und ein Fürst. Im Markgrafen mußte er die größte Gefahr für den Frieden erblicken und schon deshalb die größte Gefahr für die Sicherung seiner eigenen Macht. Er suchte die Verbindung mit den Gegnern des Markgrafen, die er in Heidelberg nicht gefunden hatte; so verpflichtete er sich den Herzog Heinrich von Braunschweig durch glückliche Verträge und schloß mit ihm am 9. Mai zu Torgau endgültig ab. Von Markgraf Albrecht ließ er sich durch keine schönen Worte mehr betören, auch durch die Erinnerung an die alte Waffenbrüderschaft nicht. Er zog vielmehr unverweilt in den Krieg gegen den größten und schamlosesten Friedbrecher des Jahrhunderts. Er kämpfte gegen die Möglichkeit einer Erneuerung kaiserlicher Tyrannei, insofern wieder in der allgemeinsten Sache. Die verbreitete Meinung, daß Moritz sich anschickte, »den letzten großen Schlag gegen den Kaiser zu führen«, oder daß er gar an »die Doppel-vernichtung der Habsburger« gedacht hätte, ist durch nichts gestützt.

Am 20. Juli schrieb Moritz seiner Gemahlin Agnes von Hessen, die bange Ahnungen haben mochte: »Markgraf Albrecht gibt mir fil gutter Wort itzund, aber ich gleub ihm nit. Ich will allen menschlichen Fleiß fürwenden, damit ich den Krieg konnt abwenden und meiner Zusag ge-nug tun, damit ich bei Dir blieb. Muß ich aber meiner Verwandten und Untertanen halber etwas tuen, so bin ich des nit zu vordenken. Es ist billich, daß ein jeder Hirt vor seine Scheflein aufsetzt was er hat; das will ich auch tun.«

Der Markgraf hatte den Krieg nach Niedersachsen verlegt, gegen Braun-schweig. Kurfürst Moritz zog ihm nach, dem neuen Freunde zu Hilfe. Die Heere bewegten sich zwischen Einbeck und Hannover einige Tage hin und her, dann kam es ziemlich unerwartet am 9. Juli zur Entscheidungsschlacht bei dem Dorf Sievershausen zwischen Hannover und Braunschweig.

Der Zusammenstoß bei Sievershausen ist die einzige wirklich große blutige Schlacht der Reformationszeit auf deutschem Boden. Zwei Söhne des Herzogs von Braunschweig fielen vor den Augen des Vaters im Reiter-kampf. Der Vater focht nur um so grimmiger. Von Anfang an griff auch Moritz persönlich mit der ihm eigenen temperamentvollen Tapferkeit ein, ohne die Niederlage seiner Vorhut und das Wanken der Hauptmacht auf-halten zu können. Erst seine Nachhut stellte gegen die unvorsichtigen Ver-folger die Lage wieder her, und so wurden die Markgräflichen am späten Nachmittage erst geschlagen und ihrerseits in wilde Flucht gejagt. Aber Moritz erkaufte den Sieg mit dem Tode. Er war schon zu Beginn des Kampfes von einer Kugel getroffen und starb nach schmerzhaftem Wund-fieber am 11. Juli 1553 in einem Zelt auf der Wahlstatt, umgeben von den erbeuteten Feldzeichen. Er machte sein Testament und nahm den Zuspruch des Evangeliums, das er so oft verletzt und schließlich durch seine fürst-lichen Taten allein gerettet hatte.

Die Helden der Geschichte sind selten sogenannte Idealfiguren, und man sollte ihrer Größe die Draperie ersparen. Gewiß haben sie einen sehr ver-schiedenen Stil und ungleiche Tragik. Für Luther lag das Tragische darin, daß er nach der ungeheuren Leistung von 1517 bis 1521, die der Welt neue Bahnen wies, ein Leben zu Ende leben mußte, das sich nicht mehr steigern ließ. Der einst so hochgemute Landgraf von Hessen erlebte Schuld und Sühne, aber sein müder Lebensabend kann ein Interesse nicht mehr fesseln. Dagegen durften Zwingli und Kurfürst Moritz ihr tätiges Leben auf Schlachtfeldern enden, Moritz durchaus als steigendes Gestirn.

Seine letzten Taten sind seine größten gewesen. Die Bedeutung des Tages von Sievershausen ist nicht leicht zu überschätzen. Das zerstörende Ele-ment des Fürstenbundes, Markgraf Albrecht, war geschlagen. Nachdem noch im Herbst die Acht über ihn verhängt worden war, erlitt er immer weitere Einbuße. Der Krieg in Franken endete schließlich mit seiner völligen Verjagung von Land und Leuten. Das genial führende Element des Fürstenbundes aber, Kurfürst Moritz, sühnte durch seinen Tod alle Untreue seiner früheren Jahre und nahm den Haß des Kaisers wie des gewesenen Kurfürsten mit ins Grab. Sein Werk blieb. In Kursachsen folgte ihm ohne Schwierigkeiten sein Bruder August. Er übernahm auch das größte Vermächtnis des Gefallenen, die Forderung des »unbedingten, für und für während Religionsfriedens«.

Mittlerweile war die Aufmerksamkeit des Kaisers von Deutschland vollends abgelenkt durch den Gang der Dinge in England. Nach dem frühen Tode Edwards VI. am 6. Juli 1553 war Karls Base Maria, Heinrichs VIII. älteste Tochter aus seiner legitimen Ehe mit Katharina von Aragon, gefolgt. Sie war ein paar Jahre Karls Braut gewesen. Nun bemühten sich die beiden Habsburger um die Hand der nicht mehr jungen Königin für ihre Söhne, Karl für Philipp, Ferdinand für seinen Sohn Ferdinand.

Ohnehin wurde durch Maria der Anfang einer römisch-katholischen Reaktion gemacht. Für den Kaiser ein berückender Gedanke, dabei mitzuwirken. Er lieh der Königin jede moralische und diplomatische Unterstützung, aber erst eine enge Familienverbindung sicherte in seinen Augen das gottgefällige Werk.

Da beide Habsburger warben, kam es zu neuen Auseinandersetzungen zwischen Brüssel und Wien, die in höflichen Formen den Groll nur verbargen. Philipp von Spanien, seit kurzem junger Witwer, ließ auch durch ein Porträt von Tizian werben; jedenfalls blieb er der Sieger. Im Januar 1554 kam es zum Ehevertrag, im Juli wurde Philipp Gemahl der Königin. Gebar ihm Maria einen Erben, so war derselbe nicht nur legitimer König von England, sondern angesichts des leidenden Zustandes seines Sohnes Don Carlos vermutlich auch noch Erbe aller Kronen Karls V. Der Kaiser versenkte sich in traumhafte Möglichkeiten. Ihn überkam zuguterletzt noch der Geist seiner österreichischen Ahnen. Durch die heraufziehende Macht Philipps wäre Frankreich völlig umklammert und ganz machtlos geworden. Dazu die überseeischen Besitzungen und Möglichkeiten, die sich neuerdings als immer bedeutender erwiesen hatten. War die Verwirklichung eines Weltreiches je näher? Und was bedeutete das für die katholische Kirche! Freilich, in dieser spanisch-burgundischen Weltherrschaft würde der Papst von Rom nur noch ein Bischof des Kaisers gewesen sein, wie es sich einst Reinald von Dassel für Barbarossa dachte.

Aber diese weitausgesponnenen Träume Karls V. schwanden dahin, je gewisser die Überzeugung wurde von der Unfruchtbarkeit der Königin Maria im Laufe des Jahres 1555. Darüber vermochte sich auch Philipp in England nicht zu behaupten. Trotz der pomphaften Restauration vom 30. November 1554 konnte der Kardinal Reginald Pole, selbst königlicher

Prinz und päpstlicher Legat in Frankreich, doch die verlorene Sache nicht mehr retten. 1558 ist Maria gestorben. Ihr folgte ihre Stiefschwester Elisabeth. Auch bei ihr versuchte Philipp sein Glück – allein sie hielt sein Werben hin, bewies sich als echte Tochter Englands und ging auch kirchlich bald völlig in rein protestantische Bahnen, umgeben von der ersten großen geistigen Blüte des modernen England.

So war der Ausgang der englischen Episode im Sinne des Kaisers ein völliger Mißerfolg mit allen Begleiterscheinungen herber Enttäuschung. Unnötig waren die herzlichen Beziehungen zu Ferdinand aufs neue gestört, unnötig aber auch die spanische Sukzession im Reiche zunächst aufgegeben. Um so mehr war jetzt Karl dem Deutschen Reich entfremdet. Nachdem seine Regierung durch den Vizekanzler Seld eine sorgfältige, aktenmäßige Vorbereitung für den Reichstag getroffen, entschloß sich der Kaiser am 10. Juni 1554, auf den Besuch des längst unaufschiebbaren Reichstags zu verzichten und Ferdinand die umfassendsten Vollmachten zu geben zum Handeln und zum Schließen. Er fügte dem inhaltschweren Briefe an den Bruder noch die Worte hinzu: »Und um Euch den Grund offen zu sagen, wie es sich unter Brüdern gehört, und mit der Bitte, nichts anderes dahinter zu suchen: Es ist nur die Sache der Religion, bezüglich deren ich jene unüberwindliche Bedenken habe, die ich Euch im einzelnen mündlich, zuletzt bei unserer Zusammenkunft in Villach, dargelegt habe.«

König Ferdinand wünschte aus denselben Gründen, die den Kaiser hinderten, seinerseits dessen persönliches Erscheinen. Aber der Kaiser war nicht zu bewegen. Er ordnete Kommissare ab, nicht zu seiner Vertretung, sondern nur zur Unterstützung Ferdinands. Ferdinand freilich ging auf des Kaisers subtile Rechtsfiktion nicht ein, konnte es nach dem Reichsrecht wohl auch nicht. Er eröffnete den Reichstag am 5. Februar 1555 im Namen des Kaisers zu Augsburg.

Der persönliche Besuch der Fürsten ließ zu wünschen. Die benachbarten Herzöge von Bayern und Württemberg erschienen zeitweilig, nicht für die Dauer. Nur der römische König hielt aus vom Februar bis zum September. Er hielt ohne Kaiser und Fürsten, aber mit stattlichen Botschaften den nach Worms wichtigsten Reichstag des Jahrhunderts.

Ferdinand stand auf dem Boden des Passauer Vertrags; seine Billigung hatte sogar die Passauer Abrede gefunden mit dem unbedingten Religionsfrieden. Allein, er hatte doch nur widerwillig zugestimmt und kannte den entschiedenen Gegensinn des Kaisers. Auch die römische Kurie war selbstverständlich ganz abgeneigt. Sie ließ sich vertreten durch den sachkundigsten Kurialen, über den sie verfügte, den Kardinal Morone. Aber durch den Tod Papst Julius' III. am 23. März 1555 wurde sowohl dieser Legat wie der entschlossenste unter den deutschen Bischöfen, der Kardinal Otto Truchseß von Augsburg, zum Konklave nach Rom abberufen. Da nun der Erwählte vom 9. April, Marcello Cervini, als Papst Marcellus II., seinem früheren Amtsgenossen als Legat in Trient schon am 1. Mai im Tode folgte, ging der Sommer hin, ohne daß der neue Papst Paul IV. Carafa zu entsprechenden Entschließungen für den Reichstag gekommen wäre.

Ohne Mitwirkung also von Kaiser und Papst wurde das entscheidende Wort im deutschen Reichskirchenrecht gesprochen – der vollkommenste Ausdruck für den Anbruch einer neuen Zeit. Dieses letzte Wort aber war in der Form und in der Sache ein Kompromiß. Es war die unmittelbare Wirkung der Voraussetzungen und Formulierungen von Passau, daß auch der Reichstagsabschied von 1555 einen Friedensschluß, nicht einen Sieg bedeuten sollte.

Die offizielle Beratungsform des Reichstags war noch immer diejenige nach Kurfürstenrat, Fürstenrat und Städten. Aber mit diesen Beratungen kreuzte sich bald eine andere, die aus den konfessionellen Gruppen hervorging. Die Zahl der kirchlich Schwankenden war jetzt, nach 35 Jahren, doch nicht mehr groß. Die Altkirchlichen waren nach der Stimmzahl noch immer die stärksten, die Augsburger Konfessionsverwandten oder Konfessionisten hatten aber zum mindesten einen ebenso großen Teil der Bevölkerung hinter sich.

Auf der Seite der Altkirchlichen standen jetzt außer dem König seine beiden Schwiegersöhne. Bayern und Cleve, Herzog Heinrich von Wolfenbüttel und natürlich alle Bischöfe, soweit sie nicht säkularisiert waren.

Die Anhänger der Augsburgischen Konfession hatten ihrerseits das Übergewicht unter den weltlichen Fürsten. Da waren zunächst alle weltlichen Kurfürsten. Im Fürstenrat die Ernestiner und die Hessen, die jüngeren Linien von Pfalz und Brandenburg, vor allem der sehr tätige Herzog Christoph von Württemberg. Den protestantischen Fürsten schlossen sich fast alle großen und mächtigen Reichsstädte an.

Als Ferdinands Rat, der Vizekanzler Jonas, am 5. Februar die Proposition verlesen hatte, fügte er hinzu, man könne nun entweder die beiden wichtigsten Artikel des Landfriedens und der Religion gleichzeitig beraten oder aber den Landfrieden zuerst und hernach die Religion.

Unter dem Landfrieden verstand man den Ausbau der Reichskriegsverfassung im Sinne einer Bundeshilfe der Kreisstände, nötigenfalls der Kreise untereinander. Es fehlte daran noch sehr. Denn wenn auch auf den ersten Reichstagen von 1521/22 die Kreisverfassung einigermaßen festgelegt war, zu ihrer praktischen Durchführung bedurfte man noch näherer Regelungen auch von Reiches wegen. Die Friedensstörungen der letzten Jahre in Franken, am Rhein und in Lothringen legten die Ordnung dieser Dinge dringend nahe. Man hatte seit undenklichen Zeiten zum ersten Male wieder einen französischen Einfall in das Reichsgebiet erlebt, quer durch das Reichsherzogtum Lothringen. Frankreichs Augen aber richteten sich, wie man damals schon vermutete, begehrlich von Lothringen auf das Elsaß, von Metz nach Straßburg »und an den Rheinstrom«. Auch Trier fürchtete den

Vorstoß, und am Mittelrhein bis in die Pfalz hatte man berechtigte Sorgen. Hier fehlte es noch durchaus an den »armierten Kreisen«.

Auf der anderen Seite hatte der markgräfliche Krieg in Franken auch die benachbarten Kreise in Mitleidenschaft gezogen. Schon deshalb, weil sie durch Kammergerichtsmandate zur Hilfe aufgeboten wurden. Die Hilfe gegen den wilden Markgrafen war aber nicht nur lebensgefährlich, sondern sie wurde auch von seinen protestantischen Standesgenossen, wie Pfalz und Württemberg, nicht gern gesehen; sie hatten keine Neigung, altkirchliche Bischöfe zu unterstützen. So bedurfte es doppelt einer Rechtsordnung von eigenem Gewicht.

Allein, der Versuch des Königs, diese wichtigen und wohl auch spruchreifen Angelegenheiten vorwegzunehmen auf Kosten der kirchlichen Neuordnung, wurde von den Ständen abgelehnt. Kursachsen, das nun doppelt zehrte von der Autorität des führenden protestantischen Kurfürstentums und von den eindrucksvollen Taten des Kurfürsten Moritz, stellte in aller Form die bündige Forderung des »unbedingten, für und für währenden« Religionsfriedens. Die Forderung wurde wirksam unterstützt durch die Botschaft der im März zur Erneuerung ihrer Erbverbrüderung in Naumburg versammelten Häuser von Brandenburg, Sachsen und Hessen.

So trat man denn in die Beratungen ein mit zwei Ausschüssen, die je für sich durch Kurfürstenrat und Fürstenrat gebildet waren. Im Kurfürstenrat kam man bald zur Verständigung; nicht einmal Köln machte allzu viel Schwierigkeiten. Schon am 15. März konnte der Ausschuß dem Plenum des Kurfürstenrates einen Entwurf vorlegen, der sich an die Beschlüsse von Speyer und Passau anlehnte. Nach mannigfachen redaktionellen Änderungen konnte dieser Entwurf gegen einen entsprechenden des Fürstenrates am 24. April ausgetauscht werden. Zu den umstrittenen Sätzen gehörte vor allem auch die Bezeichnung beider Parteien wegen der darin liegenden rechtlichen Ansprüche. Sollte man sich beruhigen bei der Bezeichnung »Anhänger der Augsburgischen Konfession«? Bedeutete das auch alle zukünftigen Anhänger? Und auf welche *Confessio* bezog man sich? Etwa auf die *Variata*? Umgekehrt, sollte man sagen »römische« oder »katholische« oder »römisch-katholische« Religion? Man einigte sich auf »Anhänger der alten Religion«.

Der Entwurf des Fürstenrates war ähnlich entstanden und aufgebaut. Nur hatte der Fürstenrat das Unglück, sich alsbald in zwei Lager zu spalten, so daß einige Artikel ausdrücklich als »unverglichen« bezeichnet werden mußten. Da sich nun die Konfessionisten im Fürstenrat besser mit dem kurfürstlichen Entwurf abfanden als mit dem eigenen, so schlossen sich die weiteren Beratungen ganz an den Entwurf der Kurfürsten an. Nur in den katholischen Gegenforderungen lebten Teile des alten fürstlichen Entwurfes weiter, an dem ja auch Österreich beteiligt gewesen war.

Am 21. Juni konnten Kurfürsten und Fürsten mit den sich anschließenden Städteboten dem römischen Könige das Ergebnis ihrer mehr als viermonatigen Beratungen als Entwurf des Reichsrats vorlegen. Dieser Entwurf enthielt bereits alle wichtigen allgemeinen Artikel, nämlich den Frieden zwischen den Ständen der Augsburgischen Konfession und denen der alten Kirche, weiter den Ausschluß aller Andersgläubigen, also auch der später sogenannten Reformierten, die Aufhebung der bischöflichen Jurisdiktion, die Regelung der Kirchengüter mit der Fürsorge für die Ministerien der Kirchen und Schulen sowie die allgemeinen Bestimmungen über das Abzugsrecht andersgläubiger Untertanen und das Verbot der Annahme von Untertanen anderer Stände als »Schutzverwandte«. Er schloß auch bereits wie in Passau mit den Worten: Wo eine »Vergleichung durch die Wege des Generalkonziliums, Nationalversammlung, Kolloquien oder Reichshandlungen nit erfolgen würde, soll alsdann nicht desto weniger dieser Friedstand in allen oberzählten Punkten bei Kräften bleiben«.

Ferdinand war im Prinzip abgeneigt, die Verantwortung zu übernehmen. Durch die Tätigkeit seiner Räte im Fürstenrat hatte er alle Einzelheiten verfolgt; auch da hatte er manches auszusetzen. Er hoffte noch immer auf eine Sinnesänderung des Kaisers. Er dachte auch wieder an eine Religionsvergleichung und wollte den Reichstag einstweilen auflösen, um ihn erst am 1. März 1556 wieder zusammentreten zu lassen. Ende Juli sandte Ferdinand Gesandte an die Reichsfürsten, die solche Vorschläge machen sollten.

Sie fanden fast nirgends Anklang. Nur einige katholische Fürsten billigten aus Rücksicht auf den König eine Vertagung. Da benahm der Kaiser seinerseits dem Bruder nochmals jede Aussicht auf sein persönliches Erscheinen. Daraufhin und unter dem Eindruck der sehr entschiedenen Ablehnung Kursachsens fügte sich der König. Die kursächsischen Gesandten berichteten nach Hause, als sie dem Könige des Kurfürsten Antwort mitgeteilt hätten, daß ohne den Religionsfrieden weder von Türkenhilfe noch vom Landfrieden die Rede sein könne, da habe er sich »etwas am Kopfe gekrauet«, doch aufmerksam zugehört und eine gnädige Antwort gegeben.

Aber daran hielt nun doch der König fest, daß die Stände erst den Landfrieden und die damit zusammenhängende Kammergerichtsordnung erledigen sollten, bevor er mit ihnen in eine Weiterberatung des Religionsfriedens eintreten könne. Erst als das wirklich geschehen, übergab er, nach mehr als zwei Monaten, am 30. August seine Resolution zum Religionsfrieden. Sie befand sich zum allgemeinen Entsetzen auf der ganzen Linie im Widerspruch zu den Artikeln des vorliegenden Entwurfs. Von neuem begannen im September erregte Verhandlungen gleich denen des März und des April; nach Überwindung der Österreicher im Fürstenrat mußte nun sozusagen ihre zweite, königliche Position gestürmt werden. Nach und nach wurden die meisten Forderungen kompensiert. Aber die wichtigste Frage blieb schließlich ungelöst – eine Frage, die so bestimmt erst hier in Augsburg ins Auge gefaßt wurde, deren Lösung bisher in der Reformationszeit überhaupt noch nicht in Angriff genommen war. Das war die Freistellung des Übertritts.

Bisher hatte es sich meist darum gehandelt, entweder die Anhänger der Augsburgischen Konfession oder die Glieder des Schmalkaldischen Bundes, oder umgekehrt »die Anhänger der alten Kirche« von Reiches wegen oder gegeneinander sicherzustellen. Jetzt trat das Problem in den Vordergrund, wie es gehalten werden sollte mit der Sicherung der Übertretenden. Zuerst war in einem Antrag der Konfessionisten des Fürstenrates die Forderung aufgestellt: »Es soll auch einem jeden, geistlichs oder weltlichs Standes, Kurfürsten, Fürsten und Stenden bis auf christliche und fridliche Vergleichung der Religion freisteen, sich sambt seinen Undertanen in die alte Religion oder Augsburgische Konfession zukünftiger Zeit zu begeben und auch mit denselbigen in allem, wie ob erzelt, nachvolgend gehalten werden.« Es lag auf der Hand, daß damit für die Reformation und Säkularisation der geistlichen Fürstentümer, wie sie bisher nur in Preußen durchgeführt und in Köln geplant war, unbeschränkte Freiheit gegeben worden wäre. Das hätte menschlichem Ermessen nach binnen kurzem die Beseitigung des geistlichen Fürstentums bedeutet – so vermutete man, gerade auch auf altkirchlicher Seite; der österreichische Rat Dr. Johann Ulrich Zasius bekämpfte diesen Artikel im Fürstenrat geradezu leidenschaftlich.

So glaubte denn auch Ferdinand weder einen Artikel ausdrücklicher Freistellung noch eine allgemeine Fassung des Friedensartikels ohne eine sehr bestimmte Einschränkung in dieser Richtung zugestehen zu dürfen, wenn er nicht das alte Reich in seinem Bestande, das Kurkolleg in seinem Stimmenverhältnis und damit die Herrschaft des katholischen Hauses Österreich im Reiche an der Wurzel gefährden wollte. In der Tat spitzte sich die ganze Frage der Freistellung sehr bald zu auf die reichsrechtliche Behandlung eines Übertritts geistlicher Fürsten. So hatten die Österreicher schon im Fürstenrat gegen die Forderung der Freistellung die Gegenforderung des »Vorbehalts der Geistlichen« gestellt; dieser Artikel war am 21. Juni mit übergeben worden. Der Artikel, von Österreich entworfen, kam also nochmals an Österreich als König zurück. An dem Artikel drohte der ganze Religionsfrieden zu scheitern.

Da fand sich, daß der König als Landesherr der nichtfürstlichen oder im Fürstenrat nicht vertretenen Reichsstände, also der freien und Reichsstädte und der Reichsritterschaft, noch in der Lage war, seinerseits eine Konzession von Bedeutung an die Konfessionisten zu machen. Die Gefahr, daß der König den Reichsstädten und Rittern etwa allgemein die Herstellung der alten Kirche gebieten wolle und damit durchdringe, war gering; eine Konzession in Bezug auf diese Stände konnte also kein voller Gegenwert für die

Bewilligung des Vorbehalts der Geistlichen sein, aber es war doch wenigstens eine Gegenforderung.

Mit Hilfe dieser Gegenforderung gelang es nach weiteren erregten Verhandlungen und eiligen Korrespondenzen, mit den heimischen Regierungen endlich zu einem Abschluß zu kommen. Die Lösung, auf die man sich einigte, war diese: Der römische König setzt den Artikel des Vorbehalts der Geistlichen »in Kraft hochgedachter römisch kaiserlicher Majestät uns gegebenen Vollmacht und Heimstellung« in das sonst als Reichstagsabschied, fast wie ein Vertrag geformte Gefüge des Religionsfriedens ein: »Wo ein Erzbischof, Bischof, Prelat oder ein anderer geistlichs Stands von unser alten Religion abtreten wurdt, daß derselbig sein Erzbistum, Bistum, Prelatur und andere Beneficia, auch damit alle Frucht und Einkommen, so er davon gehabt, alsbald on einiche Verwiderung und Verzug, jedoch seinen Ehren onnachteilig, verlassen, auch den Capiteln und denen es von gemeinen Rechten oder der Kirchen und Stift Gewohnheiten zugehört, ein Person der alten Religion verwandt zu wölen und zu ordnen zugelassen sein.«

Für diese in den Religionsfrieden eingesetzte, nicht von den Ständen beschlossene Einschränkung der Freistellung gestattete der römische König die Aufnahme der Artikel über die Reichsritter und Reichsstädte in den Frieden. Die Angehörigen der freien Reichsritterschaft sollten danach wegen der Religion von niemandem bedrängt werden dürfen; in den Städten aber, in denen längst beide Konfessionen nebeneinander in Gebrauch seien, sollten beide auch fortan friedlich und ruhig nebeneinander bestehen bleiben, so daß die Bürger »jeder Teil den anderen bei seiner Religion, Glauben, Kirchengebräuchen, Ordnungen und Ceremonien, auch seinen Hab und Gütern ruiglich und friedlich bleiben lassen«.

Hier also, aber nur hier, ist wirklich von Toleranz zu reden; sonst bestand für jeden einzelnen Reichsstand die uneingeschränkte Konfessionshoheit, nur leicht gemildert durch das Abzugsrecht der Untertanen. Den Frei- und Reichsstädten aber wurde allerdings damit ein bis dahin im ganzen Abendlande unerhörtes hohes Gut geschenkt; es mochte sich hier zuerst das vollziehen, was in den Stürmen der Reformationszeit unmöglich hatte zur Entwicklung kommen können, ein gedeihlicher Wettbewerb der Konfessionen, der Austausch einer doppelten, für die Zukunft fruchtbaren geistigen Kultur.

Über diesen königlichen Zugeständnissen und der Zumutung an die Konfessionisten, die Einfügung des Vorbehalts der Geistlichen zu dulden, ergab sich nun aber eine letzte Schwierigkeit. Denn gerade durch die beiden neuen Artikel, den Vorbehalt und die Sicherung der Reichsritter und -Städte, waren die landständischen Ritterschaften und Städte der geistlichen Fürstentümer erst recht preisgegeben. Man empfand das besonders, weil eben in diesen Fürstentümern sich vielfach Ritterschaft und Städte längst der Reformation angeschlossen hatten. Für sie also forderten die Konfessionisten auch eine Ausnahme. Die Altkirchlichen sträubten sich aufs äußerste, aber die Forderung war in letzter Stunde der Preis für das Gelingen des Ganzen.

So hat denn die Staatskunst ein neues Mittel erdacht, das beide Teile nicht befriedigte, von beiden aber als annehmbarer Ausgleich hingenommen wurde. Der König gab am 24. September in einer besonderen Urkunde eine geheime Deklaration des Inhalts, daß »der Geistlichen aigen Ritterschaft, Stet und Comunen, welche lange Zeit der Augspurgischen Confession Religion anhengig gewesen und derselbigen Ordnungen offenlich gehalten, von irer Religion Glauben Kirchengebreuchen und Zeremonien hinfüro durch jemand nit gedrungen werden sollen«.

Die Deklaration wurde freilich durch das Verbot jeglicher »Deklaration« im Frieden selbst wieder entwertet, aber man hatte es beiderseits so gewollt. Die beiden Exemplare wurden der Mainzer Kanzlei und dem Kurfürsten von Sachsen zugestellt. Alles das geschah so geheim, daß man zwanzig Jahre später die damals ans Licht gezogene Deklaration als Fälschung verdächtigen konnte. Die in Wien und Dresden erhaltenen Originale zerstreuen alle Zweifel.

Nachdem also auch diese Deklaration erledigt war, unterfertigte König Ferdinand am 25. September 1555 kraft kaiserlicher Vollmacht den Reichstagsabschied mit der Exekutionsordnung und dem Religionsfrieden darin. Ihm schlossen sich die Botschaften der Kurfürsten, Fürsten und Städte des heiligen Reiches an. Das Gesetz trat sofort in Kraft, nicht erst, wie einmal deduziert worden ist, mit Ferdinands Regierungsantritt.

Einzelne Widersprüche und Unklarheiten im Wortlaut des Friedens sind Narben oder Wunden aus den Wortgefechten der Verhandlungen. Sie treten zurück hinter dem unverkennbaren Willen der Beteiligten, fortan miteinander in Frieden zu leben. Aber freilich, dieser Wille war ein erzwungener, zustande gekommen durch beiderseitige Ermüdung. Der Entscheidungskampf wurde nur um ein halbes Jahrhundert hinausgeschoben. Und was sich schon bei den Verhandlungen in Augsburg ahnen ließ, die geistlichen Fürstentümer blieben die Herde unaufhörlicher Streitigkeiten. Als diese sich zur Unerträglichkeit gesteigert und die europäischen Gegensätze sich nach dem Eintritt des aktiven Calvinismus in die Politik auch ihrerseits verschärft hatten, zog der große Krieg herauf. Das 17. Jahrhundert sollte den deutschen Ständen die unbeglichene Rechnung des Jahres 1555 präsentieren.

Zunächst aber hatte man Frieden und wurde darin auch nicht irre durch den Protest der römischen Kurie, der nach einigem Zögern dem Augsburger Religionsfrieden folgte.

Des Kaisers letzte Politik war völlig gescheitert, in Deutschland wie in England. Er legte nun alle seine Kronen nieder, überließ das Reich dem Bruder; Neapel, Mailand, die Niederlande und Spanien in einer Reihe feierlicher Abdikationen seinem Sohne Philipp. Auch dabei kündigte sich die neue Zeit symbolisch an. Als der Kaiser am 25. Oktober 1555 seine Abdankung begann, in einer Feierlichkeit, die halb spanisch, halb burgundisch anmutete, da stützte er sich auf den Arm des Prinzen von Oranien; er sprach, wie er es oft getan, mit einem Zettelchen in der Hand über sein Leben und über seine Politik. Ein halbes Jahr darauf, im März 1556, sah er bei sich als Gesandten des Königs von Frankreich den Admiral Gaspard de Coligny; er unterhielt sich mit ihm über die Kriegskunst und meinte, neben ihm und Alba dürfe man auch Colignys Oheim Montmorency noch in Wahrheit einen Feldherrn nennen.

Der siebenundfünfzigjährige Kaiser zog sich, schwermütig wie seine Mutter, zurück in eine Villa bei dem Kloster Yuste in Estremadura, um den Rest seiner Tage in Frieden zu verbringen. Ab und zu drangen noch Laute zu ihm aus der großen Welt; ganz selten hat ihn eine Nachricht noch wie früher stark erregt; immer ruhiger geworden, beschloß er sein großes, aber verfehltes Leben am 21. September 1558.

Nicht nur ein einzelnes Leben war damit abgerissen – für die deutsche Geschichte endete jetzt wirklich das universale Mittelalter. Es entzieht sich dem Auge des Historikers eine Einzelerscheinung und ein ganzer Zeitabschnitt, doch der große Strom der Ideen, der menschlichen Gedanken und Willensrichtungen rauscht unablässig dahin. Man glaubt am Ende zu stehen, aber das, was sich darstellt wie ein Abschluß, ist in Wahrheit nur eine Erscheinung mitten im Fluß der Bewegung, Ende und Anfang zugleich, wie alle Geschichte.

IV
Katholizismus und Protestantismus

Von der Reformation als Entstehungsgeschichte des Protestantismus wenden wir uns zur Gegenreformation als Werdezeit des neuen Katholizismus. Soviel Annäherungen aneinander und Entfernungen voneinander seitdem auch beide Bekenntnisse oder Weltanschauungen in ihrer praktischen Auswirkung erlebt haben, ihr eigentliches Wesen ist in den Kämpfen ihrer Werdezeiten gefestigt und geprägt. Es liegt im Grunde nicht in den Bekenntnissen, sondern in viel allgemeineren Gegensätzlichkeiten.

In dem Augenblicke, da Luther, zunächst aus tiefster eigener Erfahrung, dann in Auseinandersetzung mit der kirchlichen Praxis seiner Zeit das Wesen des Christentums in der unmittelbaren Rechtfertigung durch die Gnade erkannte, verlor für ihn das ganze klerikale Gebäude seinen Wert. Die unsichtbare Kirche, also etwas rein Geistiges, trat an die Stelle einer ebenso greifbaren wie bedrängenden Materialisierung des Höchsten. Als dann die deutschen Stände ihrerseits in Auseinandersetzung mit dem Wormser Edikt (zuerst im Winter 1522/23) eine ihrer politischen Freiheit entsprechende Autonomie in kirchlichen Dingen beanspruchten, da wurde auch in der Reichsordnung eigentlich schon das Rechtsprinzip der mittelalterlichen Kirche, ihre Katholizität, aufgegeben. Vollends die Tat von Speyer bedeutete den Durchbruch des Protestantismus als politisches Prinzip. Die welthistorische Erklärung vom 19./20. April 1529, daß »in den Sachen Gottes Ehr und unser Seelen Seligkeit belangend ein jeglicher für sich selbst vor Gott stehen und Rechenschaft geben muß«, zerschlug endgültig den Grundgedanken des in der Kirche weiterlebenden alten römischen Reiches als einer unverbrüchlichen, durch Macht regulierten Staats- und Ideengemeinschaft.

Höchste Spannung der Freiheit! Und doch unterlag sie den stärksten Bindungen, zunächst innerlich.

Gegen die altkirchliche Lehre vom freien Willen als Voraussetzung aller Werke und Verdienste festigte sich das demütige Bekenntnis von der Unfreiheit des Menschen bis in die furchtbarsten Folgerungen der Praedestination; so fest blickte die protestantische Gnadenlehre auf die unerschütterliche Majestät des gewaltigen Gottes und so gläubig auf das einzige wahrhaft freie Werk der Geschichte, den Kreuzestod Christi als Quelle aller Gnaden. Diese große, alles beherrschende Anschauung bestimmte auch die Möglichkeiten des sittlichen Lebens. Alle Kasuistik der Einzelhandlungen unter obrigkeitlicher Verantwortung versank vor der einfachen Forderung eines in der Wurzel gottesfürchtigen Lebens. Die harte Heiligkeit des eigenen Gewissens ertrug keine fremde Hilfe und keine nachträgliche Korrektur. Sie vermochte dafür die lebendig handelnde Persönlichkeit in der Tiefe zur geschlossenen Einheit zu formen. Dies unschätzbare Gut vererbte die Reformation der deutschen Kultur. An ihm hing auch die Innerlichkeit ihrer Musik und die wurzelechte Kraft männlichen Denkens.

Gerade umgekehrt wirkten die äußeren Ordnungen, die nicht minder banden. Die alte Kirche war zerschlagen, aber man glaubte, ohne Kirche nicht leben zu können. Wie einst die altchristliche Kirche gegen heterodoxe Meinungen ihres Dogmas bewußt geworden war, so mußte jetzt die neue Freiheit des Glaubens ihre rechtliche Daseinsform in förmlichen Bekenntnissen suchen. Eben das führte zu neuen Trennungen. Wenn sich 1530 eine größere Gruppe von Ständen noch auf die Confessio Augustana geeinigt hatte, so gab es daneben doch auch schon die Tetrapolitana und die Zwingliana, später die variierte Augustana. Welche Gewähr hatte man gegen weitere Spaltung? Der Religionsfriede galt zwar nur »der Augsburgischen Konfession«. Aber so eindeutig war doch das Recht der Konfessionswahl in die Hände der Stände, also der Obrigkeiten, gelegt, daß nur ihnen in Zweifelsfällen auch die Entscheidung über Auslegung oder Erweiterung der Bekenntnisse zustehen konnte. Es gab über ihnen keine höhere Stelle. Das so oft geforderte Konzil wurde in Wahrheit keine Einrichtung des zum Durchbruch gekommenen Protestantismus. Wie sollten auch die Bekenner von Speyer sich jemals wieder »des Orts auf anderer, minderen oder mehren Machen und Beschließen entschuldigen«? So geriet nach dem Gang der Geschichte, nicht aus innerem Zwang, alle Kirchenbildung und alle dogmatische Entscheidung auch auf die Dauer ausschließlich an die einzig anerkannten Autoritäten, die zahlreichen landesfürstlichen Obrigkeiten und ihre durchaus menschlichen Berater. Eine Fülle von Lehrstreitigkeiten und behördlichen Verordnungen und damit eine Minderung der inneren Kraft des Protestantismus war die notwendige Folge.

Der großartigen Geschlossenheit von Glaube und Sittlichkeit des einzelnen stand für die Gesamtheit die drohende Auflösung in Schulen, Gemeinden und obrigkeitliche Landeskirchen gegenüber, vollends, als sich zu den landesfürstlichen Kirchen des Luthertums die ganz abweichende Gemeindekirche des Calvinismus gesellte, Bekenntniskämpfe sich zu Verfassungskämpfen vergröberten und auch die individuelle Sittlichkeit sich wieder nach kirchlichen oder politischen Zwecken regulierte.

Der Katholizismus dagegen, zunächst mehr als ein Menschenalter hindurch in der Verteidigung, lernte aus der Gegensätzlichkeit erst recht sein eigenes Wesen verstehen und bewußt entfalten. Das allgemeine Interesse stellte die religiösen Persönlichkeiten wieder in den Vordergrund; neben ihnen zunehmend die kirchenpolitischen Talente als Träger der Zusammenfassung und der Macht. Die so bereicherte Hierarchie betonte gegenüber der protestantischen Freiheit und individuellen Verantwortung die große katholische Einheit und die Forderung des Gehorsams, die den Einzelnen entlastet. Gegenüber der einsamen Zuversicht des Gläubigen entfaltete sie den ganzen Zauber der Gemeinschaft der Heiligen und bot dem Anlehnungsbedürftigen die tägliche Führung durch Beichtväter und kirchliches Leben. Gegenüber der Unfreiheit des Willens betonte sie nach wie vor die Verdienstlichkeit der Werke und entband damit immer aufs neue die freudige Mitwirkung des Volkes, die soziale Liebestätigkeit und die kirchliche Kunst.

Wenn die Stände der Augsburgischen Konfession zu Trägern der kirchlichen Verwaltung wie der Bekenntnisse geworden waren, so blieb den altkirchlichen Ständen zwar die Mitwirkung am Bekenntnis entzogen, nicht aber ein entsprechender Anteil an der Verwaltung und Nutznießung des Kirchenvermögens. Und ganz neu wurde in ihre Hände gelegt die Verteidigung des Glaubens, die in die Linie der guten Werke einrückte. Aus der Verteidigung konnte man eines Tages um so leichter zum tätlichen Angriff übergehen, als das kirchenpolitische Handeln von jeher mit dem Schimmer der Gottgefälligkeit umkleidet war und der Streiter Christi die höchste Ehre genoß. Um dieses Zweckes willen wandelten sich eines Tages die Furchtbarkeit des Krieges und die Unsittlichkeit des Mordes in erwünschte und gefeierte Mittel. Die unbedingte Betonung der Einheit aber, der Katholizität, gab größeren Gruppen ihren Zusammenschluß und mit der Einheit der Ziele auch die Einheit des Handelns. Das alles bedeutete gegenüber dem politisch nur selten noch kühn vorbrechenden, immer wieder ängstlich sich besinnenden, vielfach zerspaltenen deutschen Protestantismus eine gewaltige Gegenmacht.

Wenn wir unter solchen Gesichtspunkten an die deutsche Geschichte im Zeitalter des letzten Austrags der konfessionellen Kämpfe herantreten, so ist in bezug auf die handelnden Personen noch einer sehr merkwürdigen Folge der bisherigen politischen und sozialen Entwicklung zu gedenken.

Träger der religiösen Erregungen der frühen zwanziger Jahre war unzweifelhaft das ganze deutsche Volk gewesen, in allen seinen Schichten, von den Fürstenhöfen über die Ritterschaft, das Bürgertum und die Humanisten bis zu den Landpfaffen und Bauern. Wir haben die Zeugnisse aus allen Landesteilen, von arm und reich, Mann und Weib, Gelehrten und Ungelehrten, daß sie alle nach dem Maße ihres Auffassungsvermögens und Temperaments erfüllt waren von den großen religiösen Fragen. Die einen mehr vom Streit um kirchliche Bräuche oder Mißbräuche, die anderen, leidenschaftlich und fromm, von der Angst um Gnade und Erlösung nach dem wahren Wort; wieder andere kühl und kritisch auf der Suche nach dem rechten »Begriff« des Glaubens. Wo die Kämpfe der Reformation verspätet ausgekämpft werden mußten, wie in den habsburgischen Erblanden, in Österreich und in den Niederlanden, bleibt diese Spannung noch über die Jahrhundertwende. Im übrigen Reich aber war es anders geworden. Die schweren sozialen Kämpfe, die man als Bauernkrieg zusammenfaßt, die Verfolgung der sogenannten Wiedertäufer, aber auch der Gang der Verhandlungen an den Reichstagen, der Bekennermut der Fürsten und Stadthäupter hatte daran gründlich geändert. Der Bauer ist so gut wie ganz ausgeschieden. Die Untertanen durften »abziehen«; sonst mußten sie sich fügen – ein Zwang, wohl geeignet, wenige ganz Starke auszusondern, im übrigen aber das lebendige religiöse Interesse in der Wurzel zu vernichten.

Was alle Abschiede und Anstände erwarten ließen, das hatte der Religionsfriede von 1555 vollendet. Für die Reichsstädte war eine Art von Toleranz vorgesehen. Für die Länder nicht. Hier lag die praktische Handhabung der Religionshoheit allein bei den Fürsten, ihren Räten und Theologen. So gehen wir in eine Periode deutscher Geschichte hinein, in der auf dem sichtbaren Vordergrunde der Bühne nur noch eine geringe Anzahl von Personen in Handlung tritt: Fürstliche Herren, die nicht mehr verwegen um Herzogtümer und Marken kämpfen, sondern in sicherer Legitimität und meist ohne zulängliche Begabung für die Größe ihrer Aufgaben in die Geschicke eingreifen; geheime Räte, die gleich den streitbaren Theologen auf den neuen, bald enger werdenden Landesuniversitäten gebildet, zwischen Tradition, eigenem Erlebnis und fürstlicher Willkür hin und her gedrängt werden, aber den Territorialstaat wenigstens am Leben halten; endlich Kriegshauptleute und Generale, am wenigsten gebunden, dafür in den freiesten und größten Verhältnissen zum Handeln berufen, so daß gerade sie trotz ihres ephemeren und unfruchtbaren Wirkens die Aufmerksamkeit des Betrachters zeitweilig am meisten fesseln. Unter ihnen Spanier und Italiener in den gemessenen Formen des Jahrhunderts, gleich den neuen Orden im Dienste der Kurie, aus dem Geist der Hochrenaissance auf Vereinigung äußerer Vornehmheit mit nüchterner Staatskunst erzogen.

Noch stehen wir am Anfang der Ausbildung dieser neuen Mächte. Zunächst bedürfen wir eines Rückblicks auf die Anfänge der Erneuerung der katholischen Kirche, die uns früher nach ihren ideellen Zügen schon beschäftigt hat, jetzt aber nach den darin schlummernden und bald zu voller Tätigkeit entbundenen politischen Kräften zu verstehen sein wird.

Die Erneuerung der katholischen Kirche
und das Konzil von Trient

Die Erneuerung der katholischen Kirche um die Mitte des 16. Jahrhunderts ist einer der größten, noch nicht zureichend dargestellten welthistorischen Vorgänge. Aufgabe des Historikers bleibt es, den Leser dorthin zu führen, wo er die beste Einsicht in den Gang der Dinge gewinnt.

Maurenbrecher wollte einst die Geschichte der katholischen Reformation wesentlich auf Spanien gründen. Kein Zweifel, daß man hier seit Jahrhunderten im Kampfe gegen die Ungläubigen, zuletzt besonders heftig gegen die Rückfälligen tätig war; daß man über der Reinheit des Glaubens wachte wie über der Reinheit des Blutes; daß humanistische Studien im Sinne ernster Theologie, von den Niederlanden her genährt, insonderheit durch die Bemühungen des Kardinals Ximenez eine gewisse Höhe gewannen. Religiöser Ernst und hingebende Frömmigkeit waren in Spanien noch Lebenswerte der Zeit.

Dazu kam die trotz aller Geldnöte und Schwierigkeiten ununterbrochene Aktivität der spanischen Regierung. Man hatte die Herrschaft über die Halbinsel, bis auf Portugal, über Neapel und über Sizilien; man beherrschte ganz offenbar Italien; man hatte Frankreich den Vorsprung abgewonnen, die Niederlande und die Kaiserkrone erworben. Über die See ging es zu märchenhaften Ländern, Reichtümern und Abenteuern. Kein Wunder, daß sich des ganzen Volkes ein unendliches Hochgefühl bemächtigte; daß die Bewohner des dürftigen Bodens am liebsten durch die Welt zogen in Waffen.

Das Jahrhundert seit der Vertreibung der letzten Mauren aus Spanien und den ersten kühnen Entdeckerfahrten über Meer, also von 1480 bis 1580, ist das größte, das Spanien erlebt hat. Man täuscht sich angesichts des vergeblichen Ringens Karls V. und Philipps II. um Deutschland und die Niederlande leicht über die tiefe, schwungvolle Originalität dieser Kultur, aus der die spanische Hochblüte des 17. Jahrhunderts mit ihren Cervantes, Valesquez und Murillo hervorgehen sollte.

Es war freilich nicht nur die ererbte Kraft der Nation, die sich darin auswirkte, sondern in zunehmendem Maße auch die Anregung fremder Kulturen. Gebildete Italiener, wie Petrus Martyr de Angleria, waren schon unter den Catolicos nach Spanien gekommen. Bald sammelte man auch in Spanien lateinische und griechische Handschriften, zog sogar das Hebräische und Arabische in den Kreis der Studien und ließ sich beizeiten von der Kenntnis der Autoren zu eigenen philosophischen, staatswissenschaftlichen und historischen Versuchen führen. Der Philosoph und Historiker Sepulveda, der Publizist Francisco Vitoria wirkten tiefer auf die Nachwelt. Eine spanische Erneuerung der scholastischen Philosophie sollte selbst protestantische Hochschulen erobern. Die humanistischen Studien so gut wie der eigene Stolz erzeugten jene Stimmung der Kritik auch gegen die römische Kurie, die uns schon in der Umgebung Karls V. begegnet ist. Unter den

Trägern dieser geistigen Erneuerung waren Persönlichkeiten des hohen Adels und Staatsmänner im aktiven Dienst; neben dem Hebräisten Juan Vergara der Kardinal von Burgos, Francisco Mendoza, dessen griechische Handschriften der Escorial bewahrt, Arias Montanus, der gelehrte Herausgeber der *Biblia regia*, und Don Diego Hurtado de Mendoza, Gesandter Karls V. am Trienter Konzil.

Ich verweile bei Don Diego. Eine seiner Schwestern war die Gemahlin des Comuneros-Führers Padilla, nach seiner Hinrichtung die kühne Verteidigerin von Toledo. Seine Brüder waren Don Luis, Vizekönig von Navarra und Präsident des königlichen Indienrats; Don Antonio, Vizekönig von Mexiko; Don Bernardino, Vizekönig von Neapel, Gouverneur von Goletta, gefallen vor St. Quentin; Don Francisco, Statthalter in Flandern und Bischof von Jaen. Ihr Vater Don Jñigo Lopez war der Führer in den letzten Kriegen gegen die Mauren gewesen und hatte auf der Alhambra residiert. Don Diego war Schüler des Petrus Martyr und schrieb nach weitverbreiteter Annahme schon als Student in Salamanca den »Lazarillo de Tormes«, den ersten Schelmenroman, die tollen und lustigen Streiche eines Burschen seiner Landschaft mit drastischen Karikaturen typischer Vertreter der Geistlichkeit, des kleinen Adels und des Volkes der Straße.

Später nahm Don Diego Mendoza Kriegsdienste, beteiligte sich an den Schlachten in Italien, versäumte aber darüber nicht, zwischendurch die geistigen Möglichkeiten der Universitäten Padua, Rom und Bologna auszunutzen. Bald zog ihn Karl V. in seinen Dienst und übertrug ihm die wichtige Gesandtschaft in Venedig. Glänzende Gelegenheit zur Ausbildung aller diplomatischen Fähigkeiten, aber auch zum Verkehr mit Gelehrten und Sammlern aller Art! Hier entstand der Dialog zwischen Charon und Pier Luigi Farnese. Hier wohl auch jener freimütige und stolze Brief an Karl V. gegen die Abtretung von Mailand: »Julius Cäsar pflegte zu sagen, Sulla habe die Diktatur niedergelegt, weil er die Geschichte nicht kannte. Welches Recht hatten die Römer auf Weltherrschaft? Die Goten auf Spanien, die Franken auf Gallien, die Angeln auf England? Seitdem die Welt steht, gibt es kein Recht auf Herrschaft als die Macht; *jus est in armis*.« Die Bibliothek des Mendoza und die Kenntnisse ihres Herrn wurden von einheimischen und fremden Gelehrten gerühmt. Unter den griechischen Handschriften befand sich eine wertvolle Schenkung des Sultans Soliman; andere ließ Mendoza im Orient kaufen oder in Florenz kopieren; auch sie bilden heute eine Zierde des Escorial. So gehörte Don Diego zu denen, die mit dem spanischen Namen gleichzeitig den Klang der Waffen und den Zauber der Bildung verbanden. Von den Geschäften zurückgezogen, schrieb er später noch Paraphrasen des Aristoteles, die Eroberung von Tunis und den »Krieg von Granada«, den man das erste moderne Geschichtswerk Spaniens nennt.

In dem Lande gelehrt-theologischer Bildung und ausgeprägter Königsmacht, nicht zum wenigsten gegenüber der Kirche, erwuchs auch jenes

Institut der fürstlichen Beichtväter als politischer Berater, zuerst bei Karl V., dann bei Philipp II. Sie gaben dem fürstlichen Amt eine neue Tiefe, aber auch eine neue Furchtbarkeit. Sie liefen Gefahr, aus der Berührung mit der Politik die absolute Sittlichkeit durch Gewöhnung an die Welt der Zwecke und der Möglichkeiten auszuhöhlen.

Noch hatte das religiöse Spanien tiefe und reinere Werte. Weit hinaus, bis in die spätere deutsche und französische Frömmigkeit, reichten die Wirkungen der heiligen Theresia, der Erneuerin des strengen Carmeliterordens (geb. 1515). Trotz häuslicher Hemmungen, vorübergehender Ausdeutungen ihrer Visionen als diabolisch (noch 1556), auch späterer kirchlicher Widerstände, die sie selbst in Berührung mit der Inquisition und ihre Jünger in die Kerker brachten, setzte sich die glühende religiöse Leidenschaft dieser zarten Frau schließlich vollkommen durch, und schon 40 Jahre nach ihrem Tode wurde sie heiliggesprochen, später zur Patronin von Spanien erhoben. Man kennt die mit klassischer Vollendung von Bernini gestaltete Seraphvision, die hinreißendste Darstellung ihrer Verzückung. Sie schrieb in heißer Sprache sowohl ihr Leben, wie den »Weg zur Vollkommenheit«. Darin systematisierte sie die Stufen des Erlebnisses der inneren Erhebung vom Herzensgebet über das Gebet der Ruhe, das Gebet der Vereinigung zum Gebet der Verzückung (*oracion de arrebatamiento*) – Worte, hinter denen man sich die ganze Glut der vollkommensten Hingebung denken muß.

Aus dieser Stimmung mystisch-heroischer Frömmigkeit stammt auch der wirksamste Spanier des Jahrhunderts, Ignatius von Loyola (geb. 1491) – nur daß in ihm die innere Leidenschaft in noch großartigerer Weise von der äußeren Disziplin gezügelt wurde. Er hat im Jahre 1534 im Ausland, zu Paris auf dem Montmartre, zusammen mit den Spaniern Franz Xavier, Alfonso Salmeron, Jacob Lainez, Nicolaus Bobadilla, dem Savoyarden Peter Faber und anderen seine *Compañia de Gesú* gestiftet, das Fähnlein Jesu. 1540, nach langer Probezeit, wurde die junge Gesellschaft von Paul III. bestätigt. Ihre Absicht ging auf Reform von Frömmigkeit und Kirche in der romanischen Welt, dann auf Mission unter den Heiden; ein großer universaler Zug tritt ganz früh hervor.

Lebenserfahrung und Lauf der Dinge haben Ignatius zu neuen wichtigen Wendungen geführt, zunächst zur Einflußnahme auf die Vornehmen, die Beichtväter der Könige und Fürsten, die Erziehungsschulen für die gute Gesellschaft – schon früh auch zur Wirksamkeit in Deutschland.

Die Grundzüge seines Wesens und seiner geistigen Mittel sind spanisch, in der exerziermäßigen Beherrschung des Tiefsten und Innersten neu und ehrlich erkämpft. Die zwanzig schweren Lehr- und Wanderjahre des ehemaligen kleinen Ritters, von seiner Verwundung in Pamplona bis zur Anerkennung seiner noch bescheidenen Ordensgesellschaft, zeugen in jeder Stunde von einer geradezu gewaltigen Energie des Willens. Verwundet, auf dem Krankenlager noch von brennendem Ehrgeiz geschüttelt, den er nach und nach in seiner Art zum Letzten und Höchsten veredelte, dann als Dreißiger noch kämpfend mit den Elementen der Bildung, lernend, bettelnd, büßend, und doch auch schon lehrend und Menschen fesselnd, erwarb er sich das philosophische und theologische Rüstzeug, Freunde, Jünger, Helfer, Gönner – in einer immer mehr virtuos entwickelten Kunst der Menschenführung. Nicht zu vergleichen mit der demütigen Inbrunst des heiligen Franziskus oder mit Luthers männlichem Ringen um die Gewißheit des sittlichen Lebens, ist dieser geniale Offizier doch beiden weit überlegen in der alles, auch sich selbst vergessenden Kraft der Menschenbeherrschung.

Seine großen Leistungen sind zunächst die zur religiösen Zucht und inneren Beherrschung des einzelnen erdachten *Exercitia spiritualia*. Das in gewissem Sinne Neue an diesen nach Wochen geordneten geistigen Übungen ist die umfassende, eben fast exerziermäßige Heranziehung auch äußerer Mittel wie der Abschließung, der Dunkelheit und bestimmter körperlicher Leistungen zur Unterstützung einer ebenso planvoll durchdachten inneren religiösen Sammlung und einer Willensrichtung auf die heilsamen, von den Oberen oder Seelsorgern gegebenen Weisungen. In wunderbar schlichter Methode öffnete Ignatius die Augen der Seele für die verborgenen Geheimnisse der göttlichen Liebe, entzündete die Glut der Hingebung, um darin allen Eigenwillen zu zerschmelzen.

Das zweite Werk ist die zur Beherrschung ganzer Gesellschaftskreise, Höfe und Staaten geschaffene Ordensverfassung. Im großen Zusammenhange der Kirchengeschichte ist von dieser Verfassung zu sagen, daß Ignatius in einer erstaunlichen, ihm eigenen Einfühlung die letzte Form fand, in der das Mönchs- und Klosterwesen der abendländischen Kirche sich selbst vollendete und überwand. Einstmals waren aus den weltflüchtigen Eremiten die der Kultur dienenden Benediktiner geworden, aus den Klosterverbänden der Kluniazenser die organisierten Orden der Zisterzienser und Prämonstratenser mit Generalkapiteln und einheitlicher Leitung; bei den Kluniazensern war auch zuerst jene eigentümliche Selbstdarstellung des äußeren Menschen gefunden worden, die nicht nur die Idealform des Klerikers, sondern des Christen überhaupt sein sollte. Diesen immer noch grundherrlichen, aber schon weltbeherrschenden Orden des hohen Mittelalters waren die beweglicheren, grundsätzlich besitzlosen Bettelorden der Franziskaner und Dominikaner gefolgt, losgelöst von Boden und Heimat, als erste, nach den Ritterorden, dem römischen Stuhle völlig ergeben, durch Ordensgenerale einheitlich geleitet. Sie alle übertraf die Gesellschaft Jesu, die den Besitz weder suchte noch verschmähte – bei der vielmehr das Moment der stets mobilen, fast monarchischen Organisation, des Gehorsams und der Disziplin alles, die übrigen Dinge nebensächlich, ja die Armut und die ungezügelte Askese als zum Wirken in der Welt unzweckmäßig wieder überwunden wurden; der Gehorsam gegenüber den Oberen und dem Papste bis zur Ertötung nicht nur des eigenen Willens, sondern auch des Denkens. In der äußeren Darstellung der stets ihrer selbst bewußten Persönlichkeit prägte der Orden wirksamer als seine kluniazensischen Vorgänger ein neues klerikales und allgemein vorbildliches Ideal; in merkwürdiger Vollendung des Geistes der Renaissance machte er auch die Beherrschung der körperlichen Erscheinung zu einem Mittel seelischen Einflusses.

Schon 1540 weilte der Jesuit Peter Faber als erster seines Ordens in Deutschland. Er war zur Zeit des Religionsgespräches in Worms als Seelsorger tätig – gleichzeitig mit Calvin, der noch den Eindruck von einem vollkommenen Siege des Evangeliums in Deutschland hatte und das in dem einzigen Gedicht seines Lebens, dem Siegesgesang, dem Epinikion auf Christus, zum Ausdruck brachte. Dem Peter Faber folgten Claudius Jajus, hauptsächlich in Regensburg und Ingolstadt, und Nicolaus Bobadilla in Wien. 1543 machte der Niederländer Peter Hondt, latinisiert Canisius, bei Faber in Mainz die Exerzitien mit; einige Jahre darauf trat er in die Gesellschaft Jesu ein.

Um die doch bald spürbaren Wirkungen dieser Ordensleute gerade auf deutschem Boden recht zu verstehen, müssen wir uns daran erinnern, daß ihre Kunst der Menschenführung im Grunde nirgends so glückliche Voraussetzungen fand wie in Deutschland; nicht nur das Kampffeld und die im Süden und Westen noch ungeschmälerten geistlichen Fürstentümer, sondern auch die wachsende Bedeutung der Fürstenhöfe und hohen Schulen. Vielleicht noch wichtiger die von uns oft betonte Tatsache, daß die Heimat der Reformation nun einmal als ein ganz überwiegend religiöser Boden anzusprechen war. Woher sonst das leidenschaftliche Interesse an den neuen Fragestellungen, das inbrünstige Ergreifen der neuen Wahrheit? Die massenhaften Klagen über den Verfall der Kirche und die Nichtsnutzigkeit der Prälaten dürfen nicht täuschen über das unvergängliche religiöse Bedürfnis, das wir früher in seiner intimen Wirklichkeit zu erfassen versucht haben. Das, wogegen Luther sich gewandt hatte, war die Gefährdung des Wesentlichen, das Spiel mit dem Schimmer des Heiligen statt der Sammlung aller Gedanken auf das Heilige selbst. Vielleicht hatte das religiöse Volksleben dieser prismatischen Brechung des reinen Lichtes in die bunten Herrlichkeiten seines Kultus bedurft; das religiöse Bedürfnis lebte auch darin, und wo es wirklich im Schwinden war, hatten die Kämpfe der Reformation es seiner selbst wieder bewußt gemacht. Nicht umsonst erschienen noch immer die Angst und die Not um das Seelenheil als die stärksten bewegenden Kräfte der Zeit.

Das Neue war trotz der Rückschläge in den vierziger Jahren noch überall im Aufsteigen. Da lebten Ideen, religiöse und territorialstaatliche; dahin strömten die Kräfte. Selbst die Anhänger des Alten konnten sich der werbenden Kraft der reinen Rechtfertigungslehre so wenig entziehen wie der Einsicht in die Mißstände, die im Kirchenregiment und in der kirchlichen Praxis geherrscht hatten. Da nun die römische Kurie Clemens' VII. das von den besonnensten Anhängern der alten Kirche so oft geforderte Konzil mehr oder minder offen abgelehnt, da Paul III. es zwar angekündigt, aber immer wieder aufgeschoben und schließlich verlegt hatte, so bemächtigte sich der letzten Männer der alten Kirche in Deutschland eine Mutlosigkeit, die geradezu ergreifend wirkt.

Da war der Augustinerprovinzial Johannes Hofmeister, der den eigenen Orden ringsum zusammenbrechen sah; die Häuser verlassen, kein Nachwuchs, keine Disziplin; seine eigene Wahl, so mußte er dem Ordensgeneral Seripando gestehen, war nur von einem kleinen Häuflein vollzogen. Nach dem Reichstagsabschied von Speyer 1544 klagte er: »Christus hat sein Angesicht von uns abgewandt. Die Gegner der Kirche triumphieren; die, welche uns noch angehören, lassen den Mut sinken, da die Hoffnung auf das Konzil nicht erfüllt wird.« Das Jahr darauf predigte er in Worms in Gegenwart König Ferdinands, der seine Predigten eifrig besuchte. »Man tut viel Unrecht bei uns, das wir nicht loben, sondern fast schelten und darwider predigen, auf daß es gebessert werde. Die Mißbräuche, die wahrlich mögen Mißbräuche genannt werden, begehren wir nit zu verantworten. Daß wir Geistliche ungeschickt und ungelehrt unsere eigene Wort, Singen und Lesen nicht verstehen, gefällt mir so wenig, daß ich auch mit meinem kleinen Verstand Übel für gut nehme. Doch mag dieser unser Unverstand wohl uns Geistlichen, aber nicht der Kirche Gottes, deren Diener wir sind, schaden.«

Die rührende Aufrichtigkeit solcher Worte schloß doch wohl nicht die Kraft in sich, einer mächtigen Bewegung Widerstand zu leisten. Die alte Generation war abgekämpft, und wie immer auch die jungen Kräfte waren, die von außen nach Deutschland zogen, sie kamen wie von siegreichen Fronten.

Brachten sie auch einen neuen Geist? Sie können in diesem deutschen Volke nur den alten Geist entbunden haben. Und doch bleibt es für die ganze Zukunft wichtig, daß sie mit ihrem leuchtenden Rüstzeug im Kampfe kamen und daß sie von außen kamen – mit neuen Idealen, auch der Vornehmheit. Der Vornehmheit – insofern sie sich dem höfischen Zuge der Zeit als ein mittragendes Element einfügten. Im Kampfe – insofern sie der *sola fides* eine neue, innerlichere Werkgerechtigkeit entgegensetzten und gegen die Abtrennung von der Kirche die Unterwerfung unter die Disziplin über alles betonen. Von außen – insofern die einmal vollzogene Spaltung der Nation und die politische Hinneigung beider Parteien zu ihren ausländischen Konfessionsgenossen eine neue Stärkung auf der altkirchlichen Seite empfing, und gerade in Deutschland das überall sonst so mächtige Band zwischen dem Kirchlichen und dem Nationalen weiter gelockert wurde. Da man überdies den ersten, für die alte Kirche siegreichen Religionskrieg 1546/47 in Deutschland erlebte, verband sich mit solchen Stimmungen zeitig auch die verhängnisvolle Schätzung internationaler Waffen für den Austrag religiöser und kirchlicher Gegensätze.

»Weil die Lutheraner«, schrieb Faber an Lainez, »unter verschiedenen anderen Irrtümern in dem Hauptirrtum übereinstimmen, daß sie allen menschlichen Handlungen das Verdienst absprechen und mit Verachtung der guten Werke ihre Hoffnung allein auf den Glauben setzen, müssen wir in unseren Unterweisungen den umgekehrten Weg gehen von den Werken zum Glauben und zuerst stets das betonen, was zur Liebe und zum Eifer für gute Handlungen treibt.« Schon 1541 zog er gegenüber den Studierenden seines Ordens in Paris die Summe: »Wissenschaft allein vermag gegenwärtig wenig gegen die Irrlehrer. Jetzt helfen keine anderen Beweise als gute Werke und Selbstaufopferung bis zum Verluste des Lebens«. In dem Augenblicke, da man in Worms und Regensburg noch theologische Kolloquia abhielt, verlegten diese Männer den Kampf auf eine andere Ebene: Aus der Tiefe der Problematik in die Ebene der sicheren Wahrheit; aus der Welt der Ideen in die Welt des Handelns; aus der Welt der Bürger und Bauern in die Welt der Höfe, der Fürsten, der hohen Politik, schließlich ohne Scheu auch vor den letzten Folgerungen. Als 1546 Kaiser und Papst sich endlich zum Protestantenkrieg gefunden hatten und das kaiserliche Heer dem schmalkaldischen überlegen nachrückte, triumphierte Bobadilla: »Seit Jahren war meine Seele nicht so fröhlich wie jetzt, wo ich sehe, daß unsere italienischen und spanischen Soldaten die wahren Doktoren sind für den Frieden und die Ruhe Deutschlands, für die Vertreibung der Türken und die Reform der ganzen Kirche.« Achtzig Jahre später sollte ein italienischer Pater ähnlich jubilieren.

Während der Anteil der Spanier an der Gegenreformation dem der Deutschen zunächst gewiß überlegen war, wird er gegenüber demjenigen der Italiener, richtiger der römischen Kurie bisher überschätzt. Hier lag in letzter Linie die Entscheidung, nicht nur für das kirchenpolitische Wollen, sondern auch für die innere Richtung des römischen Katholizismus.

Nun haben zwar die Päpste Clemens VII. und Paul III. durch ihre langen Pontifikate, von vorübergehenden Episoden abgesehen, fast durchweg der altkirchlichen Politik Karls V. mehr Schwierigkeiten als Förderung gebracht. Auch im Schmalkaldischen Krieg sind die päpstlichen Truppen im entscheidenden Augenblick abgerufen worden. Von der Verlegung des Konzils wird noch die Rede sein. Indessen, sowenig die Kurie gleich im Anfang die Bedeutung der lutherischen Sache verkannte, sosehr gab es auch weiterhin an der Kurie Theologen und Staatsmänner, die mit Entschiedenheit eine andere Richtung vertraten als die regierenden Päpste und die trotz aller Widerstände planvoll und nachdrücklich in erster Linie die Herstellung eines straffen Kirchenregiments, daneben aber doch auch die innere Erneuerung der Sitten und der Lehre betrieben.

Die Bedingungen für eine Erneuerung in jedem Sinne waren im Lande der Renaissance trotz oder vielleicht gerade wegen der vielfach ungehemmten

Weltlichkeit und philosophischen Skepsis weithin günstig. Eine überlegene Bildung, die vollkommenste Beherrschung von Wort und Schrift; eine raffiniert entwickelte Staatskunst, die mit kühlster Berechnung Menschen und Dinge wertete, wie sie waren, und dabei über alle Mittel diplomatischer Technik verfügte bis zur Selbstdarstellung und schönen Form.

Auch in Italien ein offenkundiges Erstarken des religiösen Interesses nach Zeiten vorwiegender Weltlichkeit. Welche fruchtbaren Keime in der Gesellschaft der Renaissance und besonders in ihrer bildenden Kunst lagen, haben wir schon in der Darstellung der Reformationszeit aufzuweisen gesucht. Die einst wesentlich als Denkmal persönlichen Ruhms begonnene Peterskirche wölbte sich seit 1547 unter Leitung Michelangelos zur Kuppel; und wenn die Kunstgeschichte es beklagt, daß der ideale Plan des Zentralbaues im weiteren Verlaufe aufgegeben wurde, so muß die Kirchengeschichte buchen, daß dabei doch wieder Gründe der Tradition maßgebend waren und daß kirchliche Ideen den Sieg gewannen über weltliche. Auf die innere Entwicklung Michelangelos als Maler und Plastiker, auf die Fülle seiner durchaus altkirchlichen religiösen Dichtungen darf noch einmal hingewiesen werden. Es wäre hinzuzufügen, daß bald auch die Musik mit den vielstimmigen Kompositionen des Giovanni Pierluigi Sante aus Palestrina (geb. 1514) ihre gerade für den kirchlichen Gottesdienst überaus wirksamen Schöpfungen beisteuerte, ungezählte Motetten, Hymnen und Meßgesänge bis zur einzigen *Missa papae Marcelli*. Kam eines Tages die Stunde, wo der neue Katholizismus Triumphe feierte, so lag das Prachtgewand für jede Form der Siegesfeier bereit.

Der Weg dahin war noch weit und von Anfang an mühsam. Man hat es lange bezweifelt, obwohl es zeitig nachgewiesen worden ist, daß rein wissenschaftlich Luther auch in Rom von den Tagen seines Prozesses an ebenbürtige Gegner hatte. Persönlichkeiten wie die Kardinäle Cajetan, Chieregati und Aleander waren mit allem Ernst bei ihrer Sache und man darf nicht übersehen, daß Hadrian VI. im Jahre 1522 seinem Legaten nicht so sehr sein eigenes oder ein spanisches Bekenntnis zur Richtschnur gab als vielmehr die Ideen eines Römers, des Augustinergenerals Egidio da Viterbo.

Noch hatten diese Kreise Mühe, sich durchzusetzen, zumal in den schlimmen Zeiten, die auf Hadrian VI. folgten. Die Theatiner bildeten nur eine kleine, wenn auch auserlesene Schar; man denke sich: Ein Bischof und ein Erzbischof, die sich als gewöhnliche Priester der Seelsorge widmeten! Neue Orden gesellten sich zu ihnen, noch vor den Jesuiten. Unter den Kardinälen Pauls III. waren schon die Führer der entschiedeneren Richtung. Auch Contarini gehörte dazu, der früh verstorbene; dann Jacopo Sadoleto, Pietro Carafa und Aleander. Zusammen mit einigen Prälaten bildeten diese Männer auf Berufung Pauls III. die Reformkommission, deren Vorschläge bereits 1537 und 1538 gedruckt wurden. Sie enthielten eine deutliche Kritik des Systems. Ein paar Jahre darauf wurde die römische Inquisition eingerichtet, die in ihrem Übereifer bald einige der Edelsten antastete, wie den inzwischen zum Kardinal erhobenen langjährigen Nuntius in Deutschland, Giovanni Morone. Und doch war der streitbare Geist des Kardinals Carafa berufen, zunächst die eigenen Reihen zu ordnen. Er besorgte das rücksichtslos und ohne Ansehen der Person. Auch die Aufsicht über die gedruckten Bücher, die Zensur, wurde geschaffen und begann zu arbeiten. Erst als private Arbeit, später offiziell, erschien ein Index der verbotenen Bücher.

Von allen Männern besaß kaum einer eine solche Vertrautheit mit den deutschen Verhältnissen wie der eben genannte Morone. Er war der Inquisition bald wieder entzogen und beizeiten Kandidat für die Leitung des Konzils, das schließlich unter seinem Präsidium wirklich beendet werden sollte. Schon jetzt aber ging von ihm die erste planmäßige Förderung der Jesuiten in Deutschland aus. »Auf die Prälaten ist keine Hoffnung«, schrieb Morone 1542 an den Kardinal Contarini, dagegen habe er Peter Faber mit entsprechenden Weisungen nach Speyer und Mainz gesandt, gewiß seiner Wirkung durch Wort und Tat, den Claude Jay nach Bayern, Bobadilla nach Ungarn. Nicht lange nachher war es wiederum Morone, der die überaus bedeutsame Anregung gab zur Gründung einer Pflanzschule für deutsche Kleriker in Rom. Ignatius von Loyola griff den Gedanken verständnisvoll auf. So erfolgte die Stiftung des *Collegium Germanicum* durch die Bulle vom 31. August 1552. Loyola wünschte sich junge Leute von 16 bis 21 Jahren, wohlgebildet, von guten Manieren und möglichst von adeliger Geburt. Sie sollten in Rom frei studieren und mit der besten Ausbildung nach Deutschland zurückgesandt werden. Empfindliche Rückschläge blieben nicht aus, aber schon in den ersten Jahren kam man auf 60 Zöglinge. Hier wirkten spanischer und römischer Geist selbständig und zugleich einträchtig miteinander.

Schließlich kam alles an auf die Art, wie man sich mit der großen Hauptforderung der Zeit, dem Konzil, auseinandersetzte. Hier mußte die letzte Entscheidung über Wesen und Form der römischen Kirche auch für Deutschland fallen.

Die Forderung des Konzils war ein Erbe des 15. Jahrhunderts und bedeutete in diesem Sinne zunächst eine Entbindung des kirchlichen Parlamentarismus, was von selbst zu Verfassungs- und Machtstreitigkeiten führen mußte. Sie bedeutete ebenso herkömmlich die Heimstellung aller sonstigen politischen Nöte, wie Türkengefahr und Unfrieden innerhalb der Christenheit, an die kirchliche Versammlung. Sie bedeutete endlich, im Sinne sowohl der Kurie wie des Kaisers und der Stände, das Verlangen nach Überwindung der neuen theologisch kirchlichen Bewegung in Deutschland. Damit meinten die einen ihre Vernichtung durch den unangreifbaren Wahrspruch der allgemeinen Kirche; die anderen dachten unbestimmt an eine aus diesem Anlaß durchgeführte innere und äußere Kirchenreform unbekannten Ausmaßes; sehr wenige werden sich der Täuschung hingegeben haben, daß etwa die evangelische Ansicht auf einem Konzil triumphieren könnte.

Immerhin, mit Erwägung aller dieser Möglichkeiten traten die verantwortlichen Stellen doch an das Konzil heran, und es ist überaus lehrreich, welche Richtung sich schließlich aus der Idee dieser Kirche im Verlauf persönlicher und sachlicher Kämpfe herausbildete. Vorschläge kamen von Deutschland und erst recht aus dem Schoße der römischen Kurie. Der Bischof von Wien, Johann Faber, wünschte 1536 eingehendere Berücksichtigung aller Schriften der deutschen Protestanten; er erhielt eine freundliche Antwort. Die Kurie selbst ließ 1542 erneut Entwürfe fertigen zur Instruktion für die Legaten am Konzil. Darin muß auch für uns die Summe der damaligen Meinungen ihrer Theologen und Kanonisten enthalten sein.

In schwierigen Lagen geschieht gewiß zu allen Zeiten das Wirksamste und Beste ohne formulierte Anweisungen einfach aus dem Vertrauen auf die innerlich gleiche Grundeinstellung der Ausführenden und der Leitenden. Dabei mag wohl gar der Beauftragte den gemeinsamen Standpunkt intelligenter und stärker vertreten, als es sein Herr vermocht hätte. An diese Grundeinstellung der Menschen reicht unser Quellenmaterial selten heran; sie ist sich vielfach ihrer selbst gar nicht rational bewußt, so zielsicher sie sich auch auswirkt. In unserem Fall liegen die Dinge insofern günstig, als die drei uns überlieferten Entwürfe auf einen sehr verschiedenen Standpunkt schließen lassen. Der Verfasser des einen sollte überdies selbst während der ersten Konzilsperiode leitender Legat, während der zweiten Konzilsperiode regierender Papst sein – Giovanni Maria del Monte, als Papst Julius III.

Seinen Entwurf begleitete der Kardinal mit einem Billett an den Kardinal-Nepoten Alessandro Farnese, worin er unter Hinweis auf die Vorteile der Lage Trients für die Deutschen dringend riet, der Papst möge, um sich spätere Schwierigkeiten vom Hals zu schaffen, beizeiten durch eine Kommission insgeheim eine stattliche Zahl kurialer und italienischer Prälaten bereithalten, damit es nicht gehe wie in Basel, wo das Konzil ohne Papst tat, was es wollte, und sich erlaubte, nach Gefallen mit Eugen IV. zu spielen. Man sieht, der Kardinal urteilte aus historischer Bildung und klarer Einsicht völlig politisch. Er mochte glauben, daß der Beistand des Heiligen Geistes vor allem dem klugen und entschlossenen Handeln gewiß sei.

Der eigentliche Instruktionsentwurf beginnt mit der Empfehlung, die Legaten gleich und würdig auszustatten, da »auch das Äußerliche dazu hilft, uns die Herzen der Menschen zu gewinnen«. Er riet weiter, die Stadt in vier Quartiere zu teilen für Italiener, Deutsche, Franzosen und Spanier; sodann einen feierlichen Einzug und die Bekanntmachung, daß die Legaten das Präsidium übernommen hätten im Auftrage des Papstes, des Statthalters Christi auf Erden. Zur Sache widerriet er jegliche Vorverhandlung mit den Ketzern und Schismatikern. Im Gegensatz zu Basel sei auch alsbald eine genaue Begrenzung der Stimmberechtigten vorzunehmen. Im übrigen sollten aus den vier Nationen gleichmäßig zusammengesetzte Kommissionen die Vorbereitung der wichtigsten Aufgaben unter sich verteilen, der Dogmen, der Einheit der Kirche, der Reformation und der anderen Dinge. Vor allen Verhandlungen mit Häretikern müßten diese zur Anerkennung der gleichen Grundvoraussetzungen bestimmt werden, also der Einheit der Kirche und ihres Hauptes, des Stellvertreters Christi auf Erden, sowie der Rechtmäßigkeit dieses Konzils, das die universale Kirche repräsentiere. Lehnten sie das ab, so erklärten sie sich selbst für Häretiker und Schismatiker. Dann aber könne das Konzil verfahren nach Psalm 25, 4: »Ich hasse die Versammlung der Boshaften und sitze nicht bei den Gottlosen.« Nähmen sie aber an, so möge man in Milde mit ihnen disputieren und die Ergebnisse mit Zustimmung des Konzils dem Papste vorlegen. Vor Eröffnung der Verhandlungen sollen die Protestanten weder durch Überheblichkeit abgeschreckt noch durch unnötiges Entgegenkommen kühn gemacht werden.

Gegenüber dieser politisch klugen Auffassung bedeuten die beiden anderen Entwürfe zwei in höchst lehrreicher Weise stark abweichende Meinungen. Da ist zunächst derjenige des Kardinals Guidiccione, der von offenbarer Abneigung gegen das Konzil und radikaler Verfechtung der Autorität diktiert ist. Das Konzil soll sich auf die nächsten Aufgaben beschränken, damit die Prälaten bald wieder in ihre Diözesen kommen. Der ganze kirchliche Kultus darf sowenig in Frage gezogen werden wie die Beschlüsse früherer Konzilien. Die Irrtümer Luthers, so oft verurteilt, sind erneut zu verdammen, seine Schriften zu verbrennen. Was die menschlichen Satzungen betrifft, so sind sie allerdings zu zahlreich, als daß ihre Verletzung als Todsünde und ihre Übertretung als Anlaß zur Exkommunikation angesehen werden dürfte. Aber an den Fasten soll nichts geändert werden; die Annaten nicht beschnitten. An aller Jurisdiktion müsse man festhalten. Wegen der römischen Behörden möge es sein Bewenden haben mit der schon vorbereiteten päpstlichen Reformbulle. Die jüngeren Dekretalen nach den Clementinen wären zu sammeln und herauszugeben.

Wieder anders urteilte Tommaso Campeggio, der Bruder des Kardinals, der sein Gutachten gruppierte nach den sehr bezeichnenden beiden Möglichkeiten, daß es entweder dem Papste mit dem Konzil wirklich Ernst sei, oder daß er es eigentlich doch nicht wolle. In dem ersteren Fall sollen die Legaten die Meinungen der Protestanten und die Wünsche der Katholiken in Erfahrung bringen und feststellen, welche Hoffnung auf Wiedergewinnung bestehe. Darüber hätten sie mit einer Charakteristik der jeweils eintreffenden Prälaten dem Papste zu berichten. Für Bereitstellung freien Geleites sollen sie sorgen, damit nicht etwa unter Berufung auf Konstanz gegen das Konzil gewirkt werde. Auch die Böhmen sollen geladen werden;

ebenso die Engländer, Dänen und Schweden, sowie die abgefallenen Schweizer Kantone. Freilich dürfe den Protestanten nicht, wie so oft auf den Reichstagen, zugestanden werden, in eigenen Kirchen Gottesdienst zu halten und predigen zu lassen; sie dürfen auch nicht in Waffen kommen, und ihre Zahl ist zu begrenzen. Aber das gilt auch für die Begleiter aller anderen wegen der Enge des Tales von Trient und der möglichen Knappheit an Lebensmitteln, deren Verkauf ohnehin zu überwachen wäre. Weitere Weisungen an die Legaten seien unnötig, da ja Morone (damals noch als Legat in Aussicht genommen) so lange unter den Deutschen gewirkt habe. Natürlich dürften keine Versprechungen gegeben werden, jedenfalls nur unter Vorbehalt des Papstes. Wenn aber der Papst das Konzil nicht wolle – wie ja die Gefahren des Konzils bekannt sind –, dann sollen die Legaten die Dinge mit guten Worten hinhalten, dafür sorgen, daß keine Kongregationen ohne die Legaten gehalten werden, selbst aber zu keiner feierlichen Handlung schreiten ohne entsprechende Frequenz.

In so weit auseinandergehenden Gedanken bewegten sich noch die Berater der Kurie. Sie lassen gleichwohl kaum erkennen, daß es außer der deutschen Not noch zahlreiche andere theologische und Verfassungsfragen gab, die bei der Möglichkeit von Gruppenbildungen auf einem Konzil außerhalb Roms zu den peinlichsten Auseinandersetzungen treiben konnten.

Als es am 13. Dezember 1545 endlich zur Eröffnung des Konzils kam, lag zwar die Berufungsbulle Pauls III. vor, worin die Aufgaben des Konzils in ähnlicher Weise umrissen waren wie in dem Entwurf Kardinals del Monte. Eine eingehendere Instruktion jedoch fehlte. An der Kurie wollte man offenbar die Freiheit der täglichen Entschließung nicht aus der Hand geben.

Nun aber waren die politischen Verhältnisse eben damals recht schwierige geworden. Karl V. schickte sich an, allen guten Worten zum Trotz, die Protestanten mit Waffengewalt niederzuwerfen und dann zur Anerkennung des von ihnen so oft begehrten Konzils zu zwingen. Daraus folgte, daß das Konzil, dessen Reihen sich auch nur erschreckend langsam füllten, nach Meinung des Kaisers auf keine Weise jetzt schon seine letzten Entscheidungen fällen durfte. Denn wieviel leichter mußte es nicht sein, die Protestanten ganz allgemein zur Unterwerfung unter das Konzil zu gewinnen als unter bestimmte, ihnen längst unannehmbare Formulierungen. Auf der anderen Seite legte die römische Kurie ihrerseits begreiflicherweise den größten Wert auf die Definition gerade der umstrittenen Dogmen. Sie fürchtete nichts mehr als eine breite Erörterung der sogenannten Reformen, das heißt der Verfassungs- und Finanzfragen.

In solcher Lage hätte man sich, wie zu Beginn des Konstanzer Konzils, gewiß gern auf eine dritte, mehr neutrale Aufgabe des Konzils geeinigt.

Indessen, der Friede zwischen den christlichen Potentaten war vor Jahresfrist durch den Vertrag zwischen Karl V. und Franz I. zu Crépy einstweilen äußerlich hergestellt; Frankreich machte dem Konzil keine sichtbaren Schwierigkeiten; auch dem Kaiser nicht in dem deutschen Kriege. Die Türkengefahr aber, die 1542 noch sehr bedrohlich schien, war inzwischen ebenfalls einigermaßen zurückgetreten.

So befanden sich die drei Legaten am Konzil, die Kardinäle del Monte, Cervini und Pole, in nicht geringer Verlegenheit. Allerdings wahrten sie von vornherein der Kurie nicht nur den Vorsitz und die äußere Leitung, sondern auch das Propositionsrecht; sie richteten in aller Form am 15. Januar 1546 die Frage an das Konzil, ob mit den Dogmen oder mit der Reform zu beginnen sei. Sie wollten damit offenbar der klaren Entscheidung für das eine oder für das andere ausweichen. Außerdem verstanden sie ihrerseits unter »Reform« die Beseitigung von Mißbräuchen in der kirchlichen Praxis oder gar nur Ausführungsbestimmungen zu dogmatischen Entscheidungen, hielten aber wohlweislich das klingende Wort der Reform auch dafür fest. Sie betonten gegenüber dem Kardinal Farnese, der die Geschäfte in Rom führte, daß die Majorität der Konzilsväter durchaus verlange, mit den Reformen zu beginnen, da die Häresien vornehmlich durch die »Mißbräuche« hervorgerufen seien. Gegenüber der entgegengesetzten Meinung des Papstes schrieben sie, daß es schon ein Erfolg sei, die allgemeine Reform, besonders der römischen Kurie, hintangehalten zu haben, bis der Papst sie selbst in die Hand nähme. Sie fügten hinzu, ohne Zweifel komme man in der Welt weiter mit »Ja« im Munde als mit offenem »Nein«. So beantragten sie, die gleichzeitige Beratung von Dogmen und Reform durch das Konzil beschließen zu lassen.

Die Haltung der Legaten war ebenso fest wie glücklich. Sie wehrten mit dem äußeren Bekenntnis zur Reform alle gefährlicheren Reformbewegungen ab. Die Kurie freilich durchkreuzte ihr kluges Vorgehen durch das Verbot jener Verbindung von Dogmen und Reform. Der Konzilbeschluß mußte unter dem Kopfschütteln der Prälaten, denen der Zusammenhang nicht verborgen geblieben war, aufgehoben werden. Um die bereits angesetzte feierliche Session zu füllen, wurde am 4. Februar das Nicäanische Glaubensbekenntnis neuerdings verkündet und am 18. April, ebenso zur Ausfüllung der Zeit, der Kanon der heiligen Schriften angenommen.

Das waren zunächst Akte der Verlegenheit gewesen. Und doch waren damit zugleich dogmatische Entscheidungen von größter Tragweite getroffen, wenn man bedenkt, wie stark Luther zwischen den Büchern der Heiligen Schrift abgestuft hatte und daß auch sonst Unterschiede über Wesen und Wert der heiligen Schriften dieser philologisch erwachten Zeit sehr geläufig waren. Noch in der Kongregation vom 11. Februar warfen der Dominikaner Bertano, Bischof von Fano, und der Augustinergeneral Seripando die Frage auf, ob man die heiligen Schriften nicht in dogmatische und Erbauungsbücher einteilen, also doch erhebliche Unterschiede zwischen ihnen machen solle. Aber sie drangen nicht durch.

Ähnlich ging es mit zwei wichtigen Nebenfragen. Den geschulten Humanisten unter den Vätern war es natürlich höchst anstößig, daß der lateinische Text der Vulgata schlechthin für authentisch erklärt wurde, wenn auch durch die gleichzeitige Forderung einer neuen tadellosen Ausgabe die Möglichkeit späterer Korrektur offenblieb. Man studierte längst die hebräischen und griechischen Urtexte oder Erstübersetzungen und war in solchen Fragen wieder empfindlich. Diesmal erfuhren die Legaten sogar von Rom aus Vorwürfe. Allein, das Prinzip der Tradition und der bestehenden Autorität siegte über alle Bedenken der Gelehrten. »Wie konnten wir«, so fragte der kluge Cervini den päpstlichen Sekretär Maffeo, »die Vulgata als fehlerhaft bezeichnen, da sie doch der Text der römischen Kirche und von dieser an die anderen abendländischen Kirchen überliefert ist? Wie konnten wir das in dieser Zeit der Angriffe gerade gegen die römische Kirche? War es nicht sicherer, die Verbesserung unterderhand vorzunehmen und damit die römische Bibel vor der Welt zu retten!« Die lateinische Kirche stärkte sich nach Wesen und Form.

Freilich blieb die Kernfrage, ob der Schrift und der Tradition gleicher Wert beizumessen sei, lange umstritten. Eine starke Minorität wollte der Heiligen Schrift doch die höhere Bedeutung zusprechen. Als jedoch einer ihrer Sprecher, der Bischof von Chioggia, die gleiche Ehrerbietung gegenüber Schrift und Tradition für »gottlos« erklärte, mußte er der Entrüstung des ganzen Konzils weichen und einen förmlichen Rückzug antreten. Konnte man sich wohl weiter von dem Geiste der Reformation entfernen, als durch die Anerkennung einer Tradition, die schließlich auch die Entscheidung über Umfang und Auslegung der heiligen Schriften mit umfaßte und deren unverbrüchliche Wahrheit von den Legaten nicht zuletzt in den Dekreten der Konzilien gesucht wurde? »Auch ein Konzil könne irren«, hatte einst Luther in Leipzig ausgerufen. Und weit rückwärts bei den »Alten« ruhe die Wahrheit, nicht in der jüngeren Überlieferung, meinten die Humanisten.

Was wollten gegenüber diesen Hauptfragen die Debatten über den Gebrauch der Heiligen Schrift in der Landessprache bedeuten? Der Kardinalbischof Christofero Madruzzo von Trient setzte sich stark und bewegt dafür ein. Der spanische Kardinal Pacheco widersprach ihm. Madruzzo rief aus: »Was würden unsere Gegner sagen, wenn wir dem Volke die Heilige Schrift entziehen wollten, von der St. Paulus wiederholt erklärte, man solle sie unablässig im Munde führen. Ich weiß, daß uns von der Mutter in ihrer Sprache das Vaterunser und das Glaubensbekenntnis und noch manches andere gelehrt worden ist, was deutsche Eltern ihren Kindern beizubringen pflegen.« Der spanische Kardinal berief sich auf ein Verbot des Papstes Paul II. Madruzzo erwiderte: »Jener Papst Paul und alle anderen Päpste konnten irren, wenn ich auch nicht behaupten will, daß sie es getan haben, aber der Apostel Paulus konnte nicht irren.« Das war kühn, aber nicht nach dem Sinne der Majorität. Es blieb bei der Ablehnung. Die Kirche blieb lateinisch.

Mit dem Dekret vom 18. April über Schrift und Tradition und mit dem Bekenntnis zu diesem päpstlich geleiteten Konzil war gegenüber der deutschen Reformation unzweifelhaft die Entscheidung schon gefallen. Immerhin konnten die eigentlich dogmatischen Verhandlungen noch Überraschungen bringen. Bis zum 17. Juni hatte man das Dekret von der Erbsünde fertiggestellt. In der nächsten Session, erst am 13. Januar 1547, folgte das Dekret von der Rechtfertigung, worin man die Verurteilung des »Glaubens« allein« lesen konnte und der »Glauben ohne Werke für tot und nichtig« erklärt wurde. Am 3. März wurde die Lehre von den Grunddogmen abgeschlossen durch das Dekret über die sieben Sakramente.

Eben damals stand Karl V. in seinem Kampf mit den deutschen Protestanten. Als er kurz vor dem Kriege mit dem Landgrafen in Speyer zusammentraf, hatte der Landgraf sich über das Konzil beklagt, »sollt ein sollich parteiisch Concilium vom Papst fürgenommen sein, eilends zu schließen und *brachium seculare* anzurufen und mit der Exekution fortzufahren«. Der Kaiser hatte erwidert, das Konzil entspreche nur dem oft geäußerten Verlangen der Stände, die Meinung sei, »daß sie sich dort selbst sollten reformieren und nicht, daß etwas übereilt werde«. Das war nun doch eingetreten. Man wies in Deutschland mit dem Finger auf das Konzil, das ohne Mitwirkung der Protestanten und ihrer Theologen einseitig die folgenschwersten Entscheidungen fälle und damit jede spätere Verständigung ausschließe.

Dem kaiserlichen Hofe war das überaus peinlich. Als Vertreter hatte der Kaiser seinen Gesandten in Venedig, Don Diego Mendoza, bestellt, der auch wirklich seinen feierlichen Einzug hielt, aber krankheitshalber Trient zunächst wieder verlassen mußte. So nahm Franz von Toledo seine Geschäfte wahr. Schon am 2. und 3. Mai 1546 machte er den Legaten feierliche Besuche, um die Forderung des Kaisers auf Hintanstellung dogmatischer Beschlüsse vorzutragen. Die Legaten berichteten nach Rom; die Kurie bestärkte sie in ihrem Vorgehen. Cervini konnte sich nicht versagen, in Rom zu betonen, wie vorsorglich sich jetzt ihre Taktik gleichzeitiger Beratung von Dogmen und Reformen erweise, da sie gegen den doppelten Ansturm der Prälaten und des Kaisers schwerlich die Beratung der Dogmen allein hätten halten können.

Aber Kurie und Legaten trugen sich doch angesichts der wachsenden Schwierigkeiten wieder ernstlich mit dem Gedanken an eine vorzeitige Suspension oder Verlegung des Konzils. Denn sehr angesehene Prälaten (nicht nur aus den Reichen des Kaisers) machten sich offen oder tatsächlich den kaiserlichen Standpunkt zu eigen. Mendoza, der zurückgekehrt, und

Toledo, der in Trient geblieben war, verschmähten den Besuch der Kongregation vom 28. Mai. Mendoza schrieb an Granvelle, daß von diesem päpstlichen Konzil mehr Unheil zu befürchten sei als einst von Luther. Der Krieg erschwerte bald die äußeren Lebensverhältnisse in Trient. Cervini riet erneut zur Verlegung nach Bologna.

Während des Schmalkaldischen Krieges entzweiten sich Papst und Kaiser immer weiter. Der Papst rief mitten im Winter, Januar 1547, seine Truppen aus Deutschland zurück. Die Nuntien am Kaiserhofe erlebten gereizte Auseinandersetzungen mit dem Kaiser und seinen Räten.

Die Schwierigkeiten auf dem Konzil kamen jedoch nicht nur von der kaiserlichen Politik. Sie entstammten auch den kirchenpolitischen Tendenzen der Bischöfe. Denn diese verstanden unter Reformation im Gegensatz zu den Legaten großenteils die Wahrung der bischöflichen Rechte gegenüber der Kurie. Im 11. und 12. Jahrhundert hatten sie darum gekämpft an der Seite der Kaiser. Im 13. Jahrhundert waren sie erlegen, nachdem sie selbst das Kaisertum mit zu Fall gebracht hatten. Dann war die römische Kurie ihrerseits tief gesunken. Im Zeitalter des großen Schismas und der Reformkonzilien waren Kardinäle und Bischöfe neu zum Bewußtsein ihrer Macht gelangt. Auf den Konzilien, wo sich die sonst isolierten Bischöfe gegenseitig stärkten, lebten die episkopalen Stimmungen mit Naturnotwendigkeit wieder auf; wie in Konstanz und Basel, so in Trient.

Die Reformkommission zu dem Kapitel Schrift und Tradition bestand aus französischen, spanischen und italienischen Bischöfen. Ihre Aufgabe sollte sein, für Lesungen und Predigt aus der Heiligen Schrift Sorge zu tragen. Man konnte es dabei nicht vermeiden, von administrativen Dingen zu reden, von Errichtung neuer Stellen, von der Aufsicht über die Prediger, von der Wirksamkeit der Orden in der Seelsorge. Allein, die Väter schienen bald nur noch diese Dinge im Auge zu haben – Umfang und Sicherung der bischöflichen Gewalt.

Dabei trat eines Tages auch die grundsätzliche Frage nach dem alleinigen Propositionsrecht der Legaten wieder hervor. Die Kardinäle Pacheco und Madruzzo wurden wiederholt unbequem. Monte mußte sich auf das Recht der Konsuln im Senat und auf die tribunizische Gewalt vor dem Volke berufen. In einer anderen Frage, der Exemtion der Observanten des Franziskanerordens von der Inquisition, trat Pacheco mit Leidenschaft für das Herkommen der spanischen Kirche und das Recht der Bischöfe ein. Die Opposition wäre wohl noch stärker geworden, wenn ihr nicht der Bischof Martelli von Fiesole durch sein unüberlegtes Auftreten eine empfindliche Niederlage zugezogen hätte. In dem Kampfe gegen die Seelsorge der Orden nahm er für die Bischöfe die umfassendsten Rechte in Anspruch. Sie alle seien Statthalter Christi auf Erden. Tage der Aufregung folgten, bis der Kardinal Monte sich ein Herz faßte und auch diesen hitzigen Bischof zur Unterwerfung zwang.

Gewichtiger war das eindrucksvolle Auftreten des Bischofs Vigerio von Sinigaglia, der in bewegten Worten die Residenz der Bischöfe forderte. Dem Antragsteller war es sichtlich tiefer Ernst mit seiner Forderung. Aber längst verband sich damit in den Vorstellungen der Väter die Kritik an der römischen Kurie, die ja seit Jahrhunderten mit ihren Kurienbischöfen und mit der Häufung mehrerer Bistümer in einer Hand als das eigentliche Hindernis der Residenz erschien. Die genaue Durchführung eines solchen Dekrets hätte jeder Diözese ihren eigenen, an der Kathedrale selbst residierenden und in der Seelsorge tätigen Bischof zurückgegeben. Nicht genug damit. Hinter der Forderung der Residenz der Bischöfe schlummerten wieder alle Ideen vom *jus divinum* der Bischöfe, von dem Eigenrecht der Bischöfe, statt ihrer Beauftragung durch den Papst. Die Tradition der Apostel in den Bischöfen stand gegen die Tradition des heiligen Petrus in dem römischen Papst. Die ungestümen Forderungen der Bischöfe sollten sich noch durch die beiden folgenden Perioden des Konzils hinziehen.

Alle diese im Grunde genommen geringen Schwierigkeiten, wozu noch die Furcht vor einer Einmischung des Konzils in eine etwa bevorstehende Papstwahl trat, mochten das Unbehagen der Legaten und der Kurie an dem Verlauf des Konzils erklären. Aber sie rechtfertigten keineswegs den Wunsch nach Suspension oder Verlegung des Konzils. Und doch sollte es nur zu bald dazu kommen. Am 17. Februar 1547 ermächtigte der Papst die Legaten zur Verlegung des Konzils nach Bologna. Am 11. März beschloß die Majorität ihre Übersiedlung. Ein Rumpfkonzil kaiserlicher Bischöfe blieb in Trient. Das Schisma drohte.

Der Papst stellte sich unbeteiligt an diesen Vorgängen, förderte aber die Bologneser Versammlung auf alle Weise. Bald sandte er 25 Kurienbischöfe nach Bologna. Karl dagegen wies seinen jetzt in Rom akkreditierten Gesandten Don Diego an, gegebenenfalls gegen die Vornahme konziliarer Akte in Bologna förmlich zu protestieren. Er bediente sich in seinen Briefen an Mendoza der drohendsten Sprache. Neben dem Protest werde er alles aufbieten, ein neues Konzil zu berufen, das alle bisherigen Beschlüsse kassieren, alle Schuld dem Papste beimessen und dann die nötige Reform durchführen werde. In der Tat versprach er auch den Ständen in Augsburg die »Kontinuierung des Konzils« in Trient. Die deutschen Fürsten erklärten ihm, wenigstens teilweise, ihre Unterwerfung unter ein weiterhin zu haltendes Konzil, was er durch den ihm ergebenen Kardinal Madruzzo bei den Verhandlungen mit der Kurie mehr als erlaubt benutzte. Aber auch die Kurie machte ihre Bedingungen: Rückkehr der Trienter Prälaten nach Bologna, Anerkennung der bisherigen Dekrete und Sicherung der Väter des Konzils. Karl lehnte ab.

Nun erfolgte das Außerordentliche.

Am 16. Januar 1548 erschienen die kaiserlichen Gesandten Francisco Vargas und Dr. Velasco vor den versammelten Vätern in Bologna, um in aller Form gegen dieses sogenannte Konzil Verwahrung einzulegen. »Wir verkünden laut, daß unser Kaiser den Stürmen trotzen wird, die durch Eure und des Papstes Schuld drohen; daß er die Kirche in seinen Schutz nehmen und alles tun wird, was ihm Recht und Pflicht auferlegen.« Der Kardinal Monte antwortete gefaßt und stolz, die Väter aber blieben bestürzt. Noch im Januar erklärten sich auch die Kardinäle in Bologna für eine Suspension des Konzils.

Mittlerweile hatte Mendoza selbst in Rom die kaiserliche Protestation im Konsistorium wiederholt. Er bediente sich auch dem Papste gegenüber sehr scharfer Worte. Nun lenkte der Papst ein. Da er politisch ohne sichere Anlehnung war, verfügte er wirklich die Suspension des Konzils. Auf erneute Anweisung entließ Monte am 17. September 1548 die Bischöfe aus Bologna. Des ungeliebten Konzils war man einstweilen ledig.

Jahre sind vergangen. Papst Paul III. ist gestorben, und erst sein Nachfolger Julius III. erneuerte das Konzil in Trient. Wie sollte der Kardinal del Monte, bei dem Drängen des Kaisers, als Papst nicht noch einmal den Versuch machen, das eigene Werk zu vollenden? Wieviel nachdrücklicher konnte dann die noch immer für möglich gehaltene Unterwerfung der im Felde besiegten Protestanten unter ein geschlossenes, formuliertes theologisches System erfolgen! Noch einmal also das alte Spiel, auch gegenüber den Deutschen.

Am 1. Mai 1551 hielt man wieder eine feierliche Session in Trient. Zwar fehlten die Franzosen, und die Deutschen kamen erst nach und nach recht spärlich. Aber man ging doch alsbald auf die strittigsten Fragen. Im September beschäftigte sich eine Kommission, worin auch die vom Papst gesandten Jesuiten Lainez und Salmeron als Theologen saßen, mit den aus Luthers und der Schweizer Schriften gezogenen Sätzen von der Eucharistie; Laienkelch und Kinderkommunion kamen zur Sprache. Schon am 11. Oktober wurden die Sätze von der Transsubstantiation verkündet. Brandenburgische Gesandte wohnten der Sitzung bei und überreichten ein Schreiben voll Ergebenheit gegen den Heiligen Vater als Herrn des Konzils.

Am 25. November, in der 14. Sitzung des Gesamtkonzils, verkündeten die Väter die Lehren von dem Sakrament der Buße und der letzten Ölung. Für die Beichtpraxis blieben sogar die päpstlichen Reservatfälle gewahrt. Erinnert man sich an die grundlegenden Dekrete der ersten Periode des Konzils, und nimmt man diese Entscheidungen über die im Vordergrunde stehenden Kontroverslehren hinzu, so begreift man, daß die weiterhin eingetroffenen Vertreter protestantischer Stände, die Württemberger und Sleidan als Gesandter Straßburgs und einiger schwäbischer Städte, sich gegenüber den päpstlichen Legaten ablehnend verhielten. Als am 9. Januar 1552 die Oratoren des Kurfürsten Moritz erschienen waren, verhandelten auch diese nur mit dem kaiserlichen Gesandten. Sie forderten die Basler Form des Geleites, die Anerkennung der Basler Dekrete über die Superiorität des Konzils über den Papst und eine erneute Beratung der schon definierten Dogmen. Die Forderungen waren unerfüllbar. So gestalteten sich denn auch die Verhandlungen mit den im März eingetroffenen württembergischen Theologen völlig unfruchtbar. Selbst der Kaiser sah die Aussichtslosigkeit dieser Verhandlungen ein und willigte in eine Suspension. Während Melanchthon eben zum Konzil unterwegs war, verscheuchten die Kriegsläufe der Fürstenerhebung von 1552 den Rest der Väter aus Trient.

Nun dauerte es fast ein Dezennium, bis sich die Kurie entschloß, die zum zweiten Male mitten im Zusammenhang abgebrochenen Verhandlungen des Konzils endlich doch noch zu einem Abschluß zu bringen. Auf Julius III. war für wenige Monate sein Genosse als Legat in Trient, Marcello Cervini, als Papst Marcellus II. gefolgt; dann Paul IV. Allein, der Pontifikat des Pietro Carafa und sein offener Kampf mit dem Hause Habsburg verhinderten jede Verständigung der Mächte. Erst nach seinem Tode, am 8. August 1559, verlangte die Mehrzahl der Kardinäle sowohl die Aussöhnung mit Kaiser Ferdinand wie die Erneuerung des Konzils. Sie wählten auf dieses Programm den Kardinal Medici, der sich Pius IV. nannte.

Die Aussöhnung vollzog sich nach der Obödienzleistung Ferdinands durch den Grafen Arco am 17. Februar 1560 in Rom. Ein halbes Jahr später erfolgte die Berufung des Konzils zum 6. April 1561, wiederum nach Trient. Aber es dauerte auch diesmal fast ein Jahr, bis man das Konzil wirklich wieder eröffnen konnte, am 18. Januar 1562. Zugegen waren 5 Kardinäle und etwa 115 stimmberechtigte Mitglieder, das heißt Bischöfe und Ordensgenerale. Neben ihnen waren auch jetzt Theologen in großer Zahl tätig. Die Vertretung der Nationen ließ sehr zu wünschen; bis zum November waren nur fünf französische Bischöfe und kein deutscher anwesend. Es bleibt ewig denkwürdig für den Geist der deutschen Kirche, daß kein Bischof es wagte, aber auch keiner von innerem Drang getrieben wurde, an dieser weltgeschichtlichen Versammlung teilzunehmen. Der Kaiser war durch die Bischöfe von Prag und Fünfkirchen vertreten. Die Protestanten konnten zu der Kirchenversammlung, die sich deutlich als Fortsetzung des bisherigen, gegen sie gerichteten Konzils erklärte, unmöglich erscheinen. Als päpstliche Nuntien bei den protestantischen Fürsten Februar 1561 in Naumburg angeklopft hatten, war ihnen bedeutet, daß man die päpstliche Einberufung des Konzils für eine Anmaßung halte.

Fehlten also die deutschen und nordischen Bischöfe und vollends die Protestanten, so schien sich Ferdinand selbst einen Augenblick zum Wortführer der Opposition zu machen. Zwar die Kräfte in seiner Umgebung hoben sich bis zu einem gewissen Grade auf. Der Reichsvizekanzler Seld war bei aller gelehrten kirchenpolitischen Bildung vorsichtig und zurückhaltend; energischer der Rat Dr. Gienger und der Beichtvater der Königin

Marie, der spanische Barfüßer Franz von Cordova. Andererseits vertraten der Beichtvater des Kaisers, der Dominikaner Zithard aus Aachen, und der Konvertit Staphylus aus Osnabrück den ausgesprochen kirchlichen Standpunkt, dem doch auch der Kaiser zuneigte. Als in der Zeit der Vorbereitung zum Konzil eine Denkschrift der kaiserlichen Regierung abgefaßt wurde, fand der päpstliche Nuntius einige Stellen darin nicht genügend ehrerbietig gegen den Papst, begab sich direkt zum Kaiser, der sich beeilte, zu danken und die beanstandeten Stellen zu streichen. Die Kurie nahm daraus den Anlaß, auch später in kritischen Fällen unmittelbar mit dem Kaiser zu verhandeln.

Gleichwohl hat der Wiener Hof in seiner Instruktion vom 1. Januar 1562 und in dem dazugehörigen Reformlibell vom Mai in sehr bemerkenswerter Weise Stellung genommen. Die »äußerst gehässige Frage« nach dem Verhältnis von Papst und Konzil wollte Ferdinand nicht berühren. Auch das alle Kirchengesetze durchlöchernde Dispensrecht des Papstes wurde schließlich nur sehr zaghaft angegriffen. Getroster forderte die Denkschrift bessere Seelsorge, Residenzpflicht der Bischöfe, sorgfältige Auswahl und Erziehung der Priester, Vermeidung von Eingriffen in die pfarramtlichen Rechte durch Aufhebung der Ordensprivilegien – also in weitem Umfange das Programm der bischöflichen Opposition auf dem Konzil. Kühner noch war der (schon von Guidiccione gewagte) Angriff auf die im Gewissen verpflichtenden Kirchengebote, das Begehren nach Milderung der Fasten, nach Priesterehe und Laienkelch; hier berührte man unmittelbar sehr volkstümliche Ideen der Reformation. Für den Augenblick am meisten einschneidend aber war der Vorstoß des Kaisers gegen die päpstliche Leitung des Konzils, die Klagen über die fortgesetzten Rückfragen der Legaten in Rom. Der kaiserliche Hof nahm auch für sich das Propositionsrecht in Anspruch.

Zaghaft, nicht mit großer Geste vor dem Konzil, wie es vielleicht dem Stile Karls V. entsprochen hätte, überreichten die kaiserlichen Gesandten ihr Reformlibell den Legaten und überließen ihnen auch die weitere geschäftliche Behandlung. Die Legaten erhielten damit die Freiheit des Handelns und nutzten dabei nur zu sehr die Stimmung der weit überwiegenden Mehrheit des Konzils, die für die deutschen Forderungen gar kein Verständnis besaß. So wurde die Behandlung der Reformvorschläge des Kaisers mehr und mehr verletzend.

Die Folge war überraschend. Der kaiserliche Hof entschloß sich zu einem entschiedeneren Auftreten. Das aber war gerade zu der Zeit, wo die spanischen Prälaten zwar nicht die Superiorität des Konzils über den Papst, wohl aber, wie in den früheren Perioden des Konzils, das »göttliche Recht« der Bischöfe aufs neue verfochten. Das Eintreffen der Franzosen unter Führung des Kardinals von Lothringen verschärfte die Lage noch erheblich. Es wurde stürmisch auf dem Konzil, und die Meinungsverschiedenheiten treten selbst in den zurückhaltend trockenen Protokollen grell zutage. Die Geheimberichte der Legaten lassen erst recht ihre wachsende Sorge erkennen. Simonetta klagte, daß Franzosen und Spanier nun wirklich zu der gefährlichen Frage nach dem Verhältnis von Papst und Konzil hindrängten. Ferdinand, der eine Zeitlang wegen der Wahl Maximilians zum römischen Könige Zurückhaltung geübt hatte, widmete sich jetzt wieder eifrig den Konzilsfragen. Auch er forderte unbedingt die Residenz der Bischöfe, das Propositionsrecht und die Abstimmung nach Nationen.

Zum Überfluß erschien noch ein französisches Reformlibell; man hörte, daß der spanische Gesandte Graf Luna mit Frankreich und dem Kaiser zusammenwirken wolle zur Reform der Kirche an Haupt und Gliedern.

Die Legaten gerieten in immer größere Bedrängnis, und auch die Kurie gab sich keinen Täuschungen mehr hin über den Ernst der Lage. Da aber bewährte sich die alte diplomatische Kunst ihrer Politik. In der höchsten Not ergriff sie zwei wirksame Maßregeln. Einmal willigte sie nun wirklich in Verhandlungen über die Reform, warf aber dabei die Zwietracht zwischen Fürsten und Bischöfe durch ihre Forderung, mit der Reform der Kurie müsse die Reform der Regierungen Hand in Hand gehen; denn auch die Staaten, sagte sie, griffen in die geistlichen Rechte, insbesondere der Bischöfe, ein. Der neue erste Legat des Konzils, der erfahrene Kardinal Morone, schon vor zwanzig Jahren einmal für diese Stellung in Aussicht genommen, erklärte, die Rücksicht auf die Fürsten müsse nun endlich aufhören. Zum zweiten suchte die Kurie das Einvernehmen zwischen dem Kaiser, Frankreich und Spanien zu sprengen. Sie tat etwas durchaus Ungewöhnliches, als sie im März 1563 den Kardinal Morone in Person zum Kaiser nach Innsbruck sandte. Die Meinung war, den Kaiser durch die Vornehmheit des Unterhändlers sowohl von seinen Verbündeten wie von seinen Räten zu trennen.

Ferdinand war, man weiß nicht, ob so klug oder so ängstlich, alle Gespräche mit dem Legaten seinen Räten und Theologen mitzuteilen und sich zum Bescheid an den Kardinal schriftliche Antworten aufsetzen zu lassen. Freilich war auch der Kardinal weltklug genug, die Räte und Beichtväter in der Umgebung des Kaisers durch Geschenke, Auszeichnungen, Förderung ihrer Verwandten, und was dergleichen unsterbliche Mittel mehr sind, zu interessieren und zu binden. Gleichwohl erreichte die Kurie bei Ferdinand ihre Absicht nicht. Der Kaiser wurde nur fester, seitdem er sich umworben sah.

Aber die Kurie erreichte ihr Ziel um so besser bei den Bischöfen des Konzils, wo sie die Aufmerksamkeit durch den Hinweis auf die Reform der Staatsgewalt von der Kurie ablenkte. Darüber erlahmte das Interesse der Staaten am Konzil, wie dasjenige der Kurie längst erlahmt war. Zum Überfluß wünschte Ferdinand vom Papste die Anerkennung seines Sohnes, und die Kurie ihrerseits begnügte sich dabei mit den gewundenen und nicht sehr überzeugenden Erklärungen Maximilians. Auch die Königin-Regentin von Frankreich hatte an dem Konzil angesichts der Unruhen im eigenen Lande bald nicht mehr das alte Interesse. Man neigte allerseits dazu, nach und nach das Ende des Konzils mit Gelassenheit hinzunehmen.

Das Konzil hatte seinerseits inzwischen fruchtbare Arbeit geleistet. Es war doch mehr als eine große Schaustellung und eine Gelegenheit zur Betätigung der Künste europäischer Politik. Wenn man die zwei dicken Quartbände mit den Akten dieser Jahre durcharbeitet, so sieht man, daß die Väter um vieles fleißiger gewesen sind als während der ersten Tagung. Neben zahllosen Empfängen und Zeremonien hat man in den neun Sessionen, vom 18. Januar 1562 bis zur letzten, am 4. Dezember 1563, den ganzen Rest der umstrittenen Dogmen und eine große Zahl einzelner Reformfragen eingehend behandelt. An der Spitze der Reformdebatten immer wieder die Residenz der Bischöfe mit der verfänglichen Frage, ob nicht wenigstens sie eine Forderung »göttlichen Rechtes sei«. Daneben die lange Folge der dogmatischen Artikel, die man 1552 abgebrochen hatte, insbesondere die Frage des Laienkelches, nachdem Herzog Albrecht von Bayern ein dahingehendes Ansuchen gestellt hatte; dann des heiligen Meßopfers und der zahlreichen Mißbräuche beim Zelebrieren und Anhören der Messe. Seit dem September 1562 behandelte man daneben das Sakrament der Priesterweihe, was der Natur der Sache nach aufs neue an den Kern des kirchlichen Organismus und des Gegensatzes gegen die Reformation heranführte.

Als die lange hinausgeschobene 23. Session am 15. Juli endlich gefeiert wurde, begann man das Dekret über das Priestertum mit den gewichtigen Worten: »Das heilige Opfer und das Priestertum sind durch göttliche Ordnung unlöslich verbunden. Den Aposteln und ihren Nachfolgern im Priestertum hat unser Herr und Heiland die Gewalt des Konsekrierens und des Austeilens seines Leibes und Blutes hinterlassen, nicht minder die Vollmacht, Sünden zu vergeben oder nicht zu vergeben« – womit noch einmal die entscheidende dogmatische Abweichung vom allgemeinen Priestertum und vom Abendmahlsbegriff der Reformation unzweideutig zum Ausdruck kam. So lassen denn auch die angeschlossenen Kanones keinen Zweifel über den wesenhaften Abstand der gesamten Hierarchie vom Volke. Der Priester hat den *character indelebilis;* er kann nie wieder ins Volk der Laien zurücksinken. Die Hierarchie ist »wie ein organisiertes Heer«, und das Anathem gilt allen Anhängern eines allgemeinen Priestertums. Das bischöfliche Amt erhielt seine nähere Bestimmung für das Regiment der Kirche, die Erteilung der Firmung und die Priesterweihe. Nur vom Papst und den Kardinälen ist nicht besonders die Rede; in einem Nebensatz heißt es wohl, daß die Bischöfe kraft der Autorität des römischen Papstes bestellt werden; sonst umging man die heiklen Fragen von Konstanz und Basel.

In den Reformdekreten derselben Session wurde die Residenzpflicht aller Seelsorger eingeschärft und manche Bestimmung getroffen, die tiefeingerissenen Mißbräuchen entgegenwirken sollte. Über allen Kapiteln dieses Dekrets aber erhebt sich in seiner Bedeutung das achtzehnte, das über die Priesterseminare handelt. Es ist zwar öfters und eindringlich dargelegt worden, daß damit der theologischen Vorbildung auf den Universitäten nicht widersprochen ist, sie vielmehr an anderen Stellen in ihrer hohen Bedeutung hervortritt; aber das zunächst bildliche Wort des Seminars als Pflanzschule gewann doch in der ausgeprägten Form der modernen bischöflichen Priesterseminare von nun an einen neuen Klang.

Vom Februar 1563 an folgten sich die Beratungen und Formulierungen über das Sakrament der Ehe; die Auseinandersetzungen auch im einzelnen nicht selten polemisch gegen Luther und Calvin. Im übrigen zog sich die Aufarbeitung der insgesamt 35 Reformartikel durch alle diese Monate hin bis zur Schlußsession vom 3. und 4. Dezember 1563. Die Argumentationen blieben fast durchweg in der scholastischen Methode; man bewies mit wörtlichen Zitaten aus Schrift und Vätern, auch aus pseudoisidorischen Dekretalen. Indessen, wenn die katholische Kirche ihre Ehre darin setzt und es auch dogmatisch als selbstverständlich betrachten muß, daß auf diesem Konzil nichts Neues gelehrt und die Kirchenlehre höchstens klarer auf die Zeitverhältnisse abgestimmt worden ist, so kennt doch alle Weltgeschichte den leuchtenden Glanz der geschliffenen Form und der eindrucksvollen Fassung. Die hatte man, wenn auch nicht überall, gefunden.

In der Schlußsitzung wurden noch Dekrete über das Fegefeuer, über Bilderverehrung, Mönche, Nonnen, Fasten und Feste, vor allem über den Ablaß angenommen. Wie das Konzil im Jahre 1546 mit den Quellen des Glaubens und dem Wesen der Rechtfertigung begonnen hatte, so sollte das Ende der Kampfperiode sich noch einmal symbolisch mit den Anfängen der Reformation berühren. »Da die Gewalt, Ablässe zu verleihen, von Christus seiner Kirche verliehen ist, und diese davon schon in den ältesten Zeiten Gebrauch gemacht hat, erklärt die hochheilige Synode den Gebrauch der Ablässe für das christliche Volk als heilsam«; nur Mißbräuche sollen aufhören. Index, Katechismus, Brevier und Missale wurden dem Papste anheimgestellt; die *professio fidei Tridentinae* trägt erst das Datum des 3. November 1564, Katechismus und Brevier erscheinen je zwei Jahre später, das Missale erst 1570.

An der Schlußfeier des Konzils am 4. Dezember 1563 nahmen 6 Kardinäle, 3 Patriarchen, 25 Erzbischöfe, 169 Bischöfe, 7 Äbte und 7 Ordensgenerale teil, als jüngster derjenige der Jesuiten. Gegenüber den ersten Sitzungen des Konzils war das eine verhältnismäßig stattliche Beteiligung; nur Deutschland fehlte fast ganz. Wie die Sitzungen des altrömischen Senats und der alten Konzilien schloß auch diese Synode mit feierlichen Akklamationen. Man wünschte dem regierenden Papste »langes Leben und ewiges Andenken«, den Päpsten Paul III. und Julius III. ein »gesegnetes Andenken«, ebenso Karl V. und den anderen christlichen Königen, die das

Konzil von Anfang an gefördert hatten. Sodann dem regierenden Kaiser Ferdinand »viele Jahre und göttlichen Segen«, den Legaten »großen Dank und Gottes Lohn«. Dann begrüßte man die Kardinäle und die Gesandten und wünschte den Bischöfen »glückliche Heimkehr zu ihren Kirchen«. Endlich sammelte man sich noch einmal auf das allgemeine Bekenntnis zu der heiligen ökumenischen Synode. Die Kardinäle riefen: »Das ist der Glaube des heiligen Petrus und der Apostel, das ist der Glaube der Väter und aller Rechtgläubigen.« Ein doppeltes Fiat, ein doppeltes Amen schallte zurück. Und doch war das letzte Wort des Konzils nicht Segen, sondern Fluch: »Anathema allen Häretikern!« Ein doppeltes Anathema die Antwort der Väter.

Ein oberflächlicher Rückblick auf die Geschichte des Konzils könnte die bekannten scharfen Worte des venetianischen Servitenmönches Paolo Sarpi rechtfertigen, der in seiner 50 Jahre später geschriebenen Geschichte des Konzils urteilte: »Dies Konzil, von den Frommen ersehnt zur Heilung der klaffenden Wunden in der Christenheit, hat sie endgültig unheilbar gemacht; von den Fürsten gewünscht zur Reform des Klerus, hat in Wahrheit den Zustand der Kirche mehr verschlimmert als seit Beginn des Christentums; von den Bischöfen erhofft zur Wiedergewinnung ihrer an die Kurie fast verlorenen Rechte, hat diese vollends beseitigt; – von der römischen Kurie dagegen als einziges Mittel zur Mäßigung ihrer Macht aufs äußerste gefürchtet und gehaßt, hat diese tiefer gegründet als je.«

Gewiß ist, daß das Konzil die Spaltung in der Kirche, richtiger die Lösung der protestantischen Welt aus ihrem Gefüge nicht gehindert und nicht geheilt hat; daß sie das oft umkämpfte hierarchische Gefüge der Kirche nicht geändert, insbesondere die Erwartungen der Bischöfe nicht befriedigt hat. Die Zeitgenossen mochten sich der Hoffnung hingeben, daß es bei einigem Entgegenkommen möglich wäre, die deutschnordische Bewegung zum Stehen zu bringen und damit vielleicht auch die englische, die bis dahin ja nur eine schismatische war, aufzuhalten. Nach Luthers Tode lagen auf deutscher Seite weitgehende Kompromisse vielleicht im Bereich des Möglichen; das Leipziger Interim ist dafür lehrreich, und eine gesamtkirchliche Formulierung hatte ein anderes Gewicht, als die umstrittene kaiserliche Ordnung. Allein, die Kircheneinheit wäre, wenn überhaupt, ganz gewiß nur auf Kosten der Idee des Protestantismus zu erhalten gewesen. Große bischöfliche Landeskirchen, wie sie den Vätern der Opposition in Trient vorschweben mochten, hätten weder in wahrem Sinne katholisch noch protestantisch sein können.

Was aber Macht und Stellung des römischen Papstes und das Wesen der Hierarchie betrifft, so liegt die Bedeutung des Konzils gerade darin, daß die verantwortlichen Stellen der Kirche, trotz des oft noch wirren Durcheinanderflutens der Meinungen und Tendenzen, mit sicherer Einfühlung in das politische Kräftespiel der Mächte innerhalb und außerhalb des Konzils ihre Sachen führten. Oder war es nicht, historisch gesprochen, das Entscheidende, daß die Kirche sich in dem Kampf mit dem siegreich vordringenden Protestantismus wie mit den konsolidierten Landeskirchen unter allen Umständen in ihrer monarchischen Geschlossenheit behauptete, um schließlich aus dieser Feuerprobe gereinigt und gehärtet hervorzugehen? Für sie war das Konzil nur tragbar, wenn es in fester römischer Leitung blieb; dann aber zugleich ein großer Gewinn. Die Legaten wollten es lieber verlegen oder abbrechen, als daß sie sich die Führung ernstlich gefährden ließen.

Rechtfertigt sich also die Leitung des Konzils schon im Zusammenhang seiner nächsten Aufgaben, so erscheint sie erst recht bedeutend im Hinblick auf die weitere Entfaltung des Katholizismus. Der Katholizismus als Idee eines einheitlichen sichtbaren Gottesreiches auf Erden, bei allem Gehalt an Heiligkeit und ewiger Bestimmung in den Formen menschlicher Herrschaft und weltlicher Macht, doch mit dem Anspruch absoluter Autorität auf jeder Stufe seiner Entwicklung, erlebte in der Periode der ersten Nationalstaaten, der Renaissance und der Reformation seine schwerste Krisis. Die Erneuerung und Erstarkung der römischen Kirche als Darstellung dieser Idee hing deshalb nicht nur an ihrer inneren Kräftigung aus den unversieglichen Quellen des Christentums und der immer schärferen Erfassung des ganzen Menschen in der Seelsorge mit allen Mitteln höchstdisziplinierter Orden und sorgfältig erzogener Priester, sondern nicht zum wenigsten an der Unangreifbarkeit ihrer Verfassung.

Sie durfte keine ihrer Positionen ausdrücklich aufgeben, ja auch nur ernstlich in Frage stellen lassen. Sie mußte die gesamte Überlieferung von Verfassung, Kultus, Sakramenten und dogmatischen Formulierungen festhalten in der Hoffnung, offenkundige Schäden aus der Kraft ihrer uralten Geschlossenheit von selbst zu heilen. Sie durfte auch an der lateinischen Sprache als Ausdruck ihrer universalen Einheit nicht rütteln lassen.

Das Gefühl für das immanente Wesen der Kirche strömte bei ihren führenden Persönlichkeiten immer klarer in das Denken und Handeln ein. Hier ist die Stelle, wo neben den inneren Kräften der spanischen Frömmigkeit und Disziplin als absoluter Unterordnung die ererbte Weisheit der römischen Kurie wirksam geworden ist. Wir haben gesehen, wie sie sich langsam, aber beharrlich gegen gefährliche Anwandlungen italienischer Fürstenpolitik so gut wie gegen wohlmeinende Bescheidenheit und übereifrige Reformlust durchsetzte. Am Ende des Trienter Konzils war die Kirche nicht nur neu gerüstet durch eine umfassende Neuformulierung ihrer gesamten Dogmatik, sondern auch bereits wieder durchglüht von einem kampferprobten Willen zur Macht.

Neben den jugendlichen Protestantismus, der aus der Heilsgewißheit des einzelnen Christenmenschen Persönlichkeiten und Gemeinden von innerster Geschlossenheit aufzubauen vermochte, trat das von Grund aus einheitliche Gefüge der großen katholischen Erziehungs- und Zuchtschule, die zwar zur Gemeinschaft zwang, aber alle Kräfte der Gemeinschaft wieder in den Dienst des einzelnen stellte, Gewöhnung vor die Tugend, Pflicht vor die Einsicht setzte.

Versucht man den Anteil der Nationen, insonderheit des deutschen Volkes an dieser Erneuerung der katholischen Kirche abzuschätzen, so sind gewiß die Züge des kampfesfrohen, soldatischen und doch auch wieder religiös erregten Spaniertums so wenig zu verkennen, wie die sonnenklare Weltklugheit der Italiener aus dem Zeitalter der Renaissance; denn der Schlüssel zum Verständnis der römischen Kirche liegt in der Einsicht, daß sie zu allen Zeiten ebensosehr eine politische wie eine religiöse Erscheinung sein mußte.

Und doch bleibt die Bedeutung der deutschen Bewegung eine ungeheuer große. Von ihr gingen die letzten entscheidenden Antriebe aus, nicht nur für den gesamten Protestantismus, sondern eben deshalb auch für die neue Kräfteentfaltung der katholischen Kirche. Nur weil der Angriff von dem Kernproblem des religiösen Lebens aus erfolgt war, konnte die Gegenbewegung, die sich darauf einstellen mußte, so tiefe Heilwirkungen auslösen. Aber freilich, aus demselben Grunde behielt es auch sein Bewenden bei der Trennung, die unendlich viel mehr war als eine solche der Konfessionen. Jener selbstverständliche Universalismus einer Einheit von Kultur und Kirche, der das Mittelalter beherrschte, blieb zerschlagen.

Allein – so unvergleichbar Protestantismus und Katholizismus ihrem Wesen nach sind, so viel bedeuteten sie doch fortan füreinander in Nachahmung und in Gegensätzlichkeit. Auch diese Spannung sollte das Heimatland der Reformation noch durch Jahrhunderte in sich zum Austrag bringen.

Die Habsburger und das Reich, Fürstentum und Kirche in Bayern

Eine feste Verfassung des alten deutschen Reiches gibt es nur in unseren ordnenden Vorstellungen. Während seines fast tausendjährigen Bestehens hat man allerdings die Könige formell immer gewählt. Aber nur in Zeiten höchster politischer Erregung oder beim Aussterben der Dynastien wählte man wirklich im Sinne einer Entscheidung zwischen zweien oder mehreren. Sonst war die Wahl nichts als die Form der Anerkennung einer dynastisch gegebenen Thronfolge. Als Karl V. seinen Bruder Ferdinand zum Herrn der österreichischen Länder bestellte, halb als Statthalter, halb zu eigenem Recht, mochte man an eine der hausrechtlichen Erbteilungen denken; als er ihn aber durch die Kurfürsten 1531 zum römischen Könige wählen ließ, war das die Anbahnung eines im Reich bisher nicht üblichen Erbganges auf den Bruder. Karl V. in seiner autokratischen Art dachte, dem Bruder mit dem

Königtum auch das Kaisertum ohne weiteres zu überlassen. So übertrug Karl V. kurz vor seiner Abreise nach Spanien, am 7. September 1556, seine Vertretung im Reich an Ferdinand; allein, erst der Beschluß der Kurfürsten vom Februar 1558 bedeutete die staatsrechtliche Entscheidung über die Nachfolge. Am 15. März wurde Ferdinand im Bartholomäusdom zu Frankfurt als »erwählter römischer Kaiser« inthronisiert.

Zwar hat Paul IV. aus dem Hause Carafa unter Hinweis auf die Beteiligung protestantischer Fürsten protestiert; allein dieser Protest hat den Lauf der Dinge nicht aufgehalten. Wir haben schon gehört, daß auch das Kardinalkollegium die heftige und unglückliche Politik dieses neapolitanischen Papstes gegen das Haus Habsburg überwiegend mißbilligte und daß sein Nachfolger Pius IV. seinen Pontifikat mit der Anerkennung Ferdinands als Kaiser begann.

Ferdinand hatte eben das 55. Lebensjahr vollendet. Er war in Spanien erzogen und damals der Lieblingsenkel seines gleichnamigen Großvaters, des Königs von Aragon. Auch später noch blieb er unter dem Einfluß seines spanischen Rates Salamanca. Aber wie er nach und nach aus einem Spanier zum Deutschen geworden ist, so ging er zeitig ganz in seiner neuen Aufgabe, der Regierung der österreichischen Erblande, auf. In Reichssachen hat er sich dem stärkeren Willen seines älteren Bruders bis zur äußersten Selbstbescheidung gefügt. Wären sein Sohn Maximilian und die deutschen Fürsten und Räte nicht gewesen, so hätte Ferdinand wohl auch in der spanischen Sukzession noch mehr zugestanden, als er ohnehin schon tat. Weich und, im Gegensatz zu Karl, mehr und mehr von deutschen Räten umgeben, Schwiegervater der Herzöge von Cleve und Bayern, wiederholt in Waffenbrüderschaft mit Moritz von Sachsen, der geduldige Vermittler von Linz und Passau – war Ferdinand mit den deutschen Fürsten in ganz anderer Weise innerlich verbunden als Karl V.

Er stand freilich auch sonst anders zum Reich als sein Bruder. Für ihn als deutschen König bedeutete es eine empfindliche Einbuße an Macht, daß er nicht mehr die Niederlande und, trotz lebhafter Wünsche, erst recht nicht mehr Mailand besaß. Beide Gebiete hatte Karl V. gegen das Reichsrecht durch Übergabe an Philipp mit Spanien vereinigt. Dafür war Ferdinand zu eigenem Recht, nicht aus der Entschließung Karls, König von Böhmen und Ungarn. Und wenn Ungarn auch ein höchst prekärer Besitz blieb, und die deutsche Herrschaft sich nur über einen schmalen Grenzstreifen erstreckte, so war Ferdinand doch der erste Herrscher einer Donaumonarchie, der eigentliche Gründer des neuen habsburgischen Gesamtstaates im Osten. Darin lag in gewissem Sinne eine weitere Entfremdung vom Reich und doch zugleich wegen der Türkennöte in Ungarn eine neue Abhängigkeit von der Reichshilfe. Ferdinand war sein ganzes Leben lang so sehr an diese Hilfsbedürftigkeit gewöhnt, daß er trotz seiner ausgesprochenen Kirchlichkeit – man darf für diese Zeit schon sagen, trotz seines ausgeprägten Katholizismus – stets geneigt war zum Entgegenkommen gegen das mächtige protestantische Fürstentum, das ihm Württemberg wieder genommen und zuletzt in der Person des Kurfürsten Moritz noch einmal so überlegen begegnet war. Von ihm und dem Friedenswillen der Neutralen hatte er sich auch den unbedingten Religionsfrieden abringen lassen. Freilich nicht um billigen Preis. Seine zähe Ausdauer hat der alten Kirche und der alten Reichsordnung im »Vorbehalt der Geistlichen« eine sehr nachhaltige Befestigung gegeben.

Lag beizeiten der wesentliche Grund für Ferdinands entgegenkommende Politik gegenüber den deutschen Fürsten in den Schwierigkeiten seiner eigenen Erblande, in der Eigenwilligkeit des böhmischen Adels, bald auch des österreichischen, vor allem in dem Kampf um Ungarn, so blieb ihm auch während seiner Kaiserzeit die Bewegungsfreiheit noch auf das empfindlichste gelähmt. Der Fortgang der Türkenkriege glich einer Folge peinlicher Entsagungen. 1556 war der Pascha von Ofen gegen die westlich Fünfkirchen gelegene ungarische Burg Szigeth vorgegangen, die noch zehn Jahre später von Zrinyi so heldenmütig verteidigt werden sollte. Nur mühsam erwehrte man sich überall an den Grenzen. Hilfe war um so weniger zu erreichen, als gleichzeitig König Heinrich II. von Frankreich seinen Krieg gegen die Niederlande erneuerte und Papst Paul IV. diesem Kampf gegen das Haus Habsburg eine besondere Schärfe gab. Der Papst dachte schon daran, das Königreich Neapel einem französischen Prinzen zu geben.

Den Plänen der hohen Verbündeten blühte keinerlei Erfolg. Philipp II. behauptete sich überall. Aber es war doch so, daß wieder einmal Papst, Frankreich, Türken und Protestanten in tatsächlichem Bunde miteinander standen. Von klaren konfessionellen Gruppierungen schien man in der europäischen Politik noch weit entfernt. Freilich lag gerade in jenen widersprechenden Kombinationen für das Deutsche Reich der größte Nachteil, für den Protestantismus dagegen oft genug die Gunst der Stunde. Seine unruhigen Elemente standen in engster Beziehung zur französischen Krone, die doch im eigenen Lande die Neuerungen bekämpfte. Eben deshalb und wegen der notgedrungenen Zurückhaltung des Kaisers selbst vermochten auch die Siege Philipps II. und der für Frankreich ungünstige Friede von Cateau Cambrésis (3. April 1559) dem Reiche keinen Nutzen zu bringen; am wenigsten ihm die verlorenen lothringischen Bischofsstädte Metz, Toul und Verdun wiederzugewinnen. Noch nach Jahren (1563) hat sich Ferdinand vergebens darum bemüht.

In diesen Zeiten aber, wo man die deutschen Streitkräfte in Ungarn so bitter nötig gehabt hätte und gegen Frankreich im Bunde mit Spanien unter handgreiflicher Aussicht auf Erfolg hätte verwenden können, trieben im deutschen Reiche fürstliche und ritterliche Abenteurer unter dem Scheine kirchlicher oder legitimistischer Ideen ihr zerstörendes Unwesen.

Der alte Mordbrenner Albrecht Alcibiades von Brandenburg-Kulmbach, gegen den Moritz (1553) bei Sievershausen siegreich gefallen war, gewann auch in Franken nicht mehr Boden. Er ging zu den Franzosen und dachte von dort aus ins Reich zurückzubrechen. Ein Glück, daß er vorher (8. Januar 1557) sein übermütiges Lumpenleben beschloß. Sein Erbe, inzwischen sequestriert, wurde vom Kaiser an seinen Vetter Markgraf Georg Friedrich übergeben, der endgültig Frieden machte, auch mit Bamberg und Würzburg.

Aber einer von Albrechts Leuten, der Ritter Wilhelm von Grumbach, hatte ihm die Methode der großen Worte, der staatspolitischen Geste und der raschen Annahme von Hauptleuten und Knechten abgesehen. Schon 1557 im Mai gewann er Dienste bei Johann Friedrich dem Mittleren, dem Haupte der Ernestiner in Weimar und Gotha. Hier träumte man noch immer von einem Gegenschlag gegen Moritz' Erben und von einer Rückgewinnung der Kurwürde. Während Philipp II. drei Fürsten des Hauses Braunschweig und zwei Grafen von Schwarzburg und Schaumburg als Kriegsobristen gewann, schlugen sich Johann Friedrich und Grumbach auf die französische Seite. Mit französischem Geld konnten sie nach Herzenslust im Reiche werben, obwohl dieses von demselben Frankreich in Lothringen und durch die ihm verbündeten Türken in Österreich bekriegt wurde.

Darüber ist mit Vorwissen Grumbachs am 15. April 1558 der Bischof Melchior Zobel von Würzburg, der alte Gegner Markgraf Albrechts, mitten im Frieden an der Mainbrücke seiner Residenzstadt ermordet worden. Kaum daß man sich entsetzte. Der Ritter blieb ungefährdet, führte seine Knechte ruhig weiter nach Frankreich, gestützt auf Sachsen-Weimar, mit dem er wilde Pläne erwog über Umgestaltungen in Franken und in Thüringen. Fürsten gaben sich dazu her, zwischen dem als Genossen des Markgrafen Albrecht längst der Acht verfallenen Friedbrecher und dem Stifte Würzburg zu vermitteln.

Noch acht Jahre zogen sich diese Händel hin. Wilhelm von Grumbach blieb im Dienste und Schutz Johann Friedrichs und auf Wartegeld von Frankreich. Niemand wagte, gegen den Friedbrecher vorzugehen. Sein Auftreten wurde sogar unter Mitwirkung eines grotesken Aberglaubens nur immer toller. Ein Schreiber Grumbachs fand einen Bauernburschen, Hans Tausendschön, zu dem die Engel sprachen. Der sagte aus, der Kaiser müsse sterben, der neue Bischof von Würzburg werde es nicht lange treiben, dem Herzog von Weimar stünden große Dinge bevor und dergleichen vage Sachen mehr. Die Ernestiner glaubten mit. Nun begannen die alten Brandschatzungen mit den ursprünglich für Frankreich ausgehobenen Truppen in Verbindung mit Ernst von Mandelsloh und Wilhelm von Stein. Auch der neue Bischof von Würzburg wurde überrumpelt, Kreis- und Bundeshilfen versagten völlig. Grumbach erpreßte nach Plünderung von Teilen der Stadt, wie einst sein Meister Albrecht Alcibiades, weitgehende Verträge. Nicht einmal die neue ausdrückliche kaiserliche Achtserklärung wirkte. Auch Kammergerichtsmandate an Johann Friedrich schreckten den Fürsten nicht;

die Engel Tausendschöns weissagten ihm die herrlichste Zukunft schon in wenig Jahren.

Das alte und einzige Rezept deutscher Staatskunst gegen solche Landfriedensbrecher war das Bündniswesen. So waren ja die bündischen Landfrieden vom 13. Jahrhundert an entstanden; so auch der große Schwäbische Bund; so noch vor kurzem der Egerische und der Heidelberger Bund – eine Tröstung der Neutralen, keine aktive Kraft, weder des Bösen noch des Guten. Jetzt war es der Landsberger Bund (gegründet am 2. Juni 1556), von dem man sich Hilfe oder Rückhalt versprach. Ferdinand war für seine vorderösterreichischen Länder, Tirol also, in Schwaben und am Rhein beigetreten; Salzburg und die paritätische Stadt Augsburg rundeten das Friedensgebiet des Bundes rings um Bayern ab. Herzog Albrecht war Hauptmann des Bundes, den er selbst etwas prahlerisch »den Friedhässigen einen Spieß, den Einungsverwandten aber sehr fürständig« nannte. Als neue Mitglieder traten Würzburg und Bamberg sowie das rein protestantische Nürnberg bei, offenbar unter dem Eindruck der fränkischen Wirren. Ihnen folgten 1558 die kleinen fränkischen Reichsstädte.

Für die große Reichspolitik bedeutete der Landsberger Bund einen weiteren Schritt in der Überwindung des habsburgisch-wittelsbachischen Gegensatzes und in der Hinwendung zu einer einstweilen noch vorsichtigen katholischen Aktionspolitik. Man befand sich in jeder Hinsicht im Übergang. Hatte sich der Landsberger Bund nach Idee und Verfassung an den Heidelberger Bund von 1553 angeschlossen, so gelang es doch nicht mehr, die rheinischen Kurfürsten, vor allem nicht die protestantischen Mächte Pfalz und Württemberg zu gewinnen. Daß man aber nach außen einstweilen noch nichts weniger sein wollte als ein katholischer Kampfbund, zeigt die Fernhaltung des streitbaren Kardinalbischofs Otto Truchseß von Augsburg.

Grumbach gegenüber hat der Bund wohl gerüstet, aber er kam zu spät, duldete das »glimpfliche« Abkommen des Würzburger Domkapitels mit dem Friedbrecher und weigerte die Vollstreckung der Acht als ihm nicht gebührend. Erst nach vielen Jahren hat Kurfürst August von Sachsen als der nächstgefährdete Fürst die Exekution wirklich in die Hand genommen. Er ließ Gotha einschließen mit eigenen Truppen und Geschütz. Johann Friedrich und Grumbach ergingen sich noch immer in zuversichtlichen Phantasien. Aber am 13. April 1567 lieferten Stadt und Besatzung den Herzog, Grumbach und die anderen Mitglieder des Komplotts aus. Grumbach und einige seiner Leute, darunter natürlich der Engelseher, wurden zum Tode verurteilt, grausam und drastisch exekutiert. Johann Friedrich ging, schuldvoller als einst sein Vater, in kaiserliches lebenslängliches Gefängnis, worin er erst 1595 gestorben ist. Sein Land wurde zwischen seinem jüngeren Bruder Johann Wilhelm und seinen Söhnen Johann Casimir und Johann Ernst geteilt. Die nächste Generation sah die Ernestiner bereits in Weimar, Altenburg, Coburg und Eisenach zersplittert.

War es nicht das Schicksal dieses Reiches überhaupt, sich in inneren Fehden langsam aufzulösen? Und mußte der konfessionelle Zwiespalt diesen Prozeß nicht beschleunigen? Zunächst hatte er ihn nicht nur nicht beschleunigt, sondern äußerlich wenigstens wirksam aufgehalten. Seit Jahrhunderten waren die Reichstage nicht so bedeutend wie in der Reformationszeit. So konnten auch andere Reichsinstitutionen an Gewicht gewinnen, sogar Polizei und Wirtschaft von Reiches wegen behandelt werden. Allein der Schein trog. In Wahrheit suchten nur beide Teile die Autorität für sich.

Unsere Darstellung muß sich mit Rücksicht auf die kommenden Dinge etwas näher mit dem Kräfteverhältnis der Konfessionen zueinander beschäftigen. Wie stand es zu Beginn der Regierung Ferdinands um den Protestantismus im Reich? Sieht man auf den nur einige dreißig Jahre zurückliegenden Beginn der lutherischen Bewegung, so war der Erfolg ein ungeheurer. Damals Ketzergericht, römischer Prozeß, Kirchenbann und Reichsacht, Befehl zur Verfolgung aller Anhänger und Schriften. Und jetzt in der Augsburger Konfession ein reichsrechtlich anerkanntes Bekenntnis der christlichen Kirche, gegen das niemals wieder im einzelnen oder im großen mit Krieg oder Gewalt vorgegangen werden sollte. Die äußere Form der neuen Bekenntnisgemeinschaften allerdings Landeskirchen, wie sie einem längst in der Entwicklung befindlichen Zuge deutscher Verfassungsentwicklung entsprachen; aber eben deshalb doch auch der alten Reichseinheit in hohem Maße abträglich. Wohin steuerte die Entwicklung? Sollte die Atomisierung der Verwaltung und des Gerichts auch das geistige Leben der Nation ergreifen? In kleinen und kleinsten Kreisen ein immer mehr verengtes Sonderdasein?

Es blieben doch zwei Hoffnungen. Einmal, die Gemeinschaft von Geist und Wort konnte wenigstens für die Konfessionisten zu einer politischen Vereinigung führen, wie man sie früher im Schmalkaldischen Bunde gehabt hatte. Oder aber die Augsburgische Konfession eroberte sich in absehbarer Zeit überhaupt das ganze Reich und wurde dann umgekehrt ein gemeindeutsches Element der Einheit.

In der Tat war die Entwicklung Norddeutschlands um 1556 in dieser Richtung sehr weit gediehen. Katholische Reste, Braunschweig-Wolfenbüttel und Calenberg, mußten nach dem Tode der jetzigen Herzöge Heinrich und Erich ebenfalls protestantisch werden; die Lande selbst waren es weithin, wie die Erben. Von Preußen also über Pommern, Mecklenburg, Holstein, die Hansestädte, Niedersachsen nach Ostfriesland, und südwärts über Kurbrandenburg, Kursachsen, Thüringen, Hessen, Brandenburg-Ansbach und Bayreuth nebst den fränkischen und schwäbischen Städten, den Gebieten vieler Grafen und Reichsritter alles protestantisch! Von den eingeschlossenen Bistümern wird noch zu reden sein; auch sie meist der alten Kirche verloren. Südlich des Mains traten außer Württemberg und den brandenburgischen Fürstentümern in Franken nach und nach die Rheinpfalz, Baden und die Länder der pfälzischen Nebenlinien von Simmern, Zweibrücken und Neuburg aus der bisherigen Zurückhaltung heraus. Sieht man von den geistlichen Fürstentümern und von kleinen Splittern ab, so waren im ganzen Reich von mächtigeren Städten Aachen und Köln, von weltlichen Fürstentümern außer Jülich-Cleve, in dem es aber längst gärte, nur noch Bayern und der Bereich der österreichischen Erblande äußerlich katholisch. Denn selbst in diesen weiten Gebieten von der oberen Donau bis tief ins Alpenland und von hier bis nach Böhmen und Mähren gab es eine nicht einheitlich faßbare, aber an unzähligen Orten beobachtete protestantische Bewegung. Eine Zeitlang kam es hier sogar zu wirklichen, stellenweise schweren Kämpfen.

An Bayern brach sich zuerst die wachsende Flut. So rückt denn seit Jahrhunderten zum ersten Male wieder dies alte Herzogtum in den Vordergrund unserer Geschichte. Die Historische Kommission bei der Münchener Akademie handelte ganz richtig, wenn sie seit den sechziger Jahren des vorigen Jahrhunderts Briefe und Akten zur Geschichte des späteren 16. und des früheren 17. Jahrhunderts herausgab als »zur Zeit des vorwaltenden Einflusses des Hauses Wittelsbach im Reich«.

In Bayern regierte seit 1550 Herzog Albrecht V., den man den Hochgemuten nannte. Er war 1546 Schwiegersohn Ferdinands geworden. Die Haltung seines Vaters zu Beginn des Schmalkaldischen Krieges war für Karl V. von unberechenbarem Wert gewesen. Der Anschluß an das Haus Habsburg, früher ängstlich gemieden, war damals vollzogen. Alle lutherischen Bewegungen hatte die bayrische Regierung von Anfang an planmäßig ferngehalten. Herzog Wilhelms Testament verpflichtete den Nachfolger, »den christlichen Glauben gleich ihm zu handhaben und von der katholischen Kirche nicht abzuweichen noch solches in seinem Fürstentum zu gestatten«.

Der junge Fürst war ein Freund der schönen Künste. Man feiert ihn als den Begründer der Wittelsbachischen Sammlungen und als den ersten Förderer höfischer Musik. Orlando di Lasso, ein weitgereister und hervorragender Musiker, wußte den »ungestümen Eifer« seines Herrn für Chor und Kapelle zu rühmen. Neben Possen trieb man doch sehr ernsthafte und wertvolle Musik. So fanden sich auch in der Kunstkammer neben abgeschmackten Kuriositäten bedeutende Bildwerke, Gemälde, Handzeichnungen und Kupferstiche, über deren Erwerb man mit Sachverständigen in aller Herren Ländern korrespondierte. Johann Jacob Fugger, der Kupferstecher Hugo Goltzius, der Numismatiker Adolf Otto standen mit dem Hof in lebhaftestem Austausch. Von Gelehrten wurden kostbare Handschriften und ganze Nachlässe erworben, die noch immer hohe Werte der Münchener Staatsbibliothek ausmachen. Vollends, wer heute die bayrische Schatzkammer oder die Antikensammlung studiert, stößt immer wieder auf Stücke aus dem Besitz Albrechts V. Auch der einzige reizvolle Profanbau des alten

München, »der schöne Hof« mit seinen drei Stockwerken von Bogengängen übereinander, ist ein Werk Albrechts V. Aber diese noblen Passionen des Herzogs waren kostspielig. So wurde ein Grundzug seiner Regierung die Geldverlegenheit. Wie früher mußten die Landtage helfen, fürstliche Schulden zu decken.

Ein zweiter nicht minder typischer Zug dieser Regierung, auch ein Erbe von Jahrhunderten, war das Streben des Landesherrn nach Abrundung des Fürstentums durch Aufsaugung aller kleinen Herrschaften, die sich bis dahin reichsfrei gehalten hatten, wie Haag, Waldeck, Hohenschwangau und Ortenburg. Die Inhaber dieser Herrschaften waren meist zugleich bayrische Landsassen, da sie neben den Reichslehen auch bayrische Lehen besaßen. Insofern waren sie dem Herzog pflichtig und von ihm auch in bezug auf die Konfession ihrer Gebiete abhängig. Nur in den Reichslehen verfügten sie frei. Es versteht sich nun, daß man in Bayern, dessen kirchliche Geschlossenheit natürlich auch durch die bischöflichen Lande nicht unterbrochen wurde, mit um so größerer Sorge kleinere protestantische Enklaven entstehen sah, als sie wieder Herde lutherischer Neigungen für eine weitere Umgegend werden konnten.

Vor diesem doppelten Hintergrunde der Schuldenwirtschaft und der Gebietsabrundung entwickelte sich die folgenschwere Kirchenpolitik Herzog Albrechts. Auf der Mühldorfer Synode von 1553 wurden die Zustände im Lande, vornehmlich im Salzburgischen, folgendermaßen geschildert: Die Untertanen begehren das Abendmahl unter beiden Gestalten, sie verachten die Messe, fordern die Priesterehe, verwerfen die Ohrenbeichte, die Letzte Ölung und die Genugtuung für begangene Sünden; ebenso die Anrufung der Heiligen, die Fürbitte für die Verstorbenen, die Fasten, Wallfahrten und Zeremonien; nicht nur der Heiligen, sondern auch Christi Bilder verunehren sie. Vom Adel heißt es allgemein, daß die Stimmung des Volkes auch die seinige sei. Viele aber – 40 bis 50 Adelsfamilien – gingen darüber hinaus zu positiv lutherischen Forderungen. Schon 1553 auf dem Landshuter Landtag wurden Klagen und Bitten laut.

Unter dem Protest der Prälaten erklärten die Stände zu den kirchlichen Verhältnissen, die einzig wahre Hilfe liege in besseren Hirten. Dem Herzoge trugen sie vor, »ihr herzliches Flehen sei, seine fürstlichen Gnaden möchten erwirken, daß das Evangelium und die Sündenvergebung aus Christi Verdienst, die Nächstenliebe und die Fruchtbarkeit der guten Werke gepredigt, das Sakrament des Altars wie von alters her gereicht, Mißbräuche abgestellt und von der Einführung der Inquisition abgesehen werde«. Der Herzog äußerte sein Befremden, dergleichen Dinge hören zu müssen. Die Regierung suchte von den Sachen der Religion überhaupt abzulenken. Jedoch die Stände wurden nur nachdrücklicher.

Die Schulden des Herzogs boten ihnen eine wirksame Handhabe. 1553 sollten 200000 Gulden, 1556 nochmals dieselbe Summe aufgebracht werden. Der Herzog wand sich lange in seiner Abneigung gegen kirchliche Zugeständnisse, bewilligte aber auf das starke Drängen der Stände die Deklaration vom 31. März 1556, wonach von seiten der Regierung über diejenigen, die aus Gewissensnot den Kelch nähmen oder in Fastenzeiten Fleisch äßen, keine Strafe oder Ungnade verhängt werden sollte. Am Hofe selbst freilich wollte man dergleichen nicht dulden; der Hofmarschall Pankraz von Freiberg, Achaz von Laiming, Hieronymus von Seiboldsdorf und eine Gräfin Hardeck schieden vom Hoflager.

Der Herzog versuchte seiner wirtschaftlichen Lage auf andere Weise beizukommen. Er forderte von seinen alten Räten ein eingehendes Gutachten. Die tapferen, an den neuen Stil der Höfe noch nicht gewöhnten Herren taten ihr Bestes; Wiguleus Hundt scheint das Gutachten entworfen zu haben – ein denkwürdiges Zeugnis der Gewissenhaftigkeit und des Freimuts. Die Räte schütteten darin ihren Groll aus über die »hergelaufenen Musiker« und über die Sammelwut des Herzogs. »Was man Kostbares, Fremdes, Seltsames sieht, das muß man haben. Die Maler und Kontrafetter kommen fast das ganze Jahr nicht aus der neuen Veste.« Dazu die Bildschnitzer, Dreher, Steinmetzen, der Aufwand für Kleidung, Tapeterie, Mummerei, das schädliche Übermaß im Essen und Trinken, an Banketten und Ladschaften! Als Heilmittel wird dem Fürsten außer Gottesfurcht und Religion, die man offenbar bei ihm noch nicht zum höchsten einschätzte, nichts eindringlicher gepredigt, als sich dem Müßiggang zu entreißen, jeden Morgen oder an bestimmten Tagen den Sitzungen der Räte beizuwohnen, gute Bücher über deutsche und bayrische Geschichte zu lesen, dagegen Weidwerk, Fischerei und Musik nicht eben täglich und stündlich zu genießen. Die ewige Ruhe und Kurzweil werde auch seiner fürstlichen Gnaden Beleibtheit noch steigern, wie denn eines Tages auch der Kardinal von Augsburg den Herzog ermahnte, sich im Genuß des Einbecker Biers zu mäßigen.

Die Vorstellungen haben wenig genützt. Die Schuldenlast bezifferte sich 1557 schon wieder auf 812000 Gulden. Die Stände übernahmen sie, aber nur gegen merkliche Zugeständnisse. Einmal ließ sich die Ritterschaft die niedere Gerichtsbarkeit ausliefern, was, wie im ganzen Reich, einer weiteren Plackerei des kleinen Volkes gleichkam. Zum zweiten kündigte der Herzog Verhandlungen mit den Bischöfen an wegen Durchführung der Deklaration. Er konnte sich nicht versagen, hinzuzufügen, »Stände möchten sich erinnern, in wieviel Sekten sich das neue, berühmt lautere Wort von seinem Anfang bis jetzt geteilt habe; daß auch unter denen, so sich der Augsburgischen Konfession berühmen, mehr als zehnerlei unterschiedlicher widerwärtiger Meinungen in etlichen Hauptartikeln derselben Konfession entstanden, darob sie einander öffentlich im Druck für Ketzer ausschreien und schelten«.

Unter solchen Umständen wirkte sich die Auseinandersetzung des Herzogs mit den reichsfreien Gebieten begreiflicherweise in verstärktem Maße aus. Sonderbare und lehrreiche Vorgänge!

Der erste Fall betraf die Grafschaft Haag, ein Gebiet von etwa 300 Quadratkilometern Umfang nördlich Wasserburg am Inn. Graf Ladislaus oder Lasla aus der Familie Fraunberg war zeitlebens ein unruhiger Geist. In brüderlichen Zwistigkeiten, Kriegsdiensten und Abenteuern verlief ihm das Leben. Vorübergehend stand er im Solde des Königs von Frankreich. Der Kaiser ächtete ihn. Bayern besetzte sein Erbteil mit den Schlössern Haag und Taufkirchen. Eilends kehrte der Graf heim, gewann Verzeihung und kaufte die beschlagnahmten Besitzungen zurück. Dann stürzte er sich wieder in die kaiserlichen Kriege. Erst seit 1538 blieb er im Lande, heiratete die Markgräfin Marie Salome von Baden und verpflichtete sich dabei, die Gemahlin, die »in der reinen Lehre des heiligen Evangelium erzogen sei«, bei ihrem Glauben zu lassen. Der nicht mehr ganz junge Graf geriet seinerseits unter den Einfluß der fürstlichen Gemahlin; Prediger kamen in die Grafschaft, und 1551 zog der Graf im Sinne der neuen Lehre die Güter des Klosters Ramsau ein. Damit begann die Spannung zu dem Münchener Hof.

Mittlerweile hatte Lasla seine Gemahlin Marie Salome verloren; ihre Kinder waren alle früh gestorben. Dem Herzog von Bayern winkte die Möglichkeit eines Erwerbs der Grafschaft auf natürlichem Wege. Zur größeren Sicherheit ließ er sich vom Kaiser 1555 für die treuen Dienste seines Hauses in aller Form die Anwartschaft auf die etwa unbeerbte Reichsgrafschaft erteilen. Um dieselbe Zeit aber trug sich Graf Lasla mit dem Plan einer zweiten Heirat, die zu den abenteuerlichsten Erlebnissen führte. Der Herzog von Ferrara bot dem Grafen eine Tochter seines Bruders, des Kardinals von Este, an, was der deutsche Unterhändler als »Schande« zurückwies; dann eine seiner Nichten, die Gräfin Emilia Roverella von Carpi. Der Graf willigte ein und erschien auf Wunsch seiner demnächstigen Schwiegermutter, Frau Lucrezia, mit großem Aufwand von Pferden, Geld und Silbergeschirr in Ferrara, erlebte hier aber, vielleicht gerade wegen seiner Schätze, die ärgerlichsten Verhandlungen über Mitgift und Morgengabe. Gegen allzu unverschämte Forderungen sträubte er sich wohl einmal, ging aber schließlich den schlauen Welschen völlig ins Garn. Erregte Wechselreden, nach Meinung des Grafen auch ein Vergiftungsversuch und schließlich die von der Familie in Szene gesetzte Flucht der jungen Frau ins Kloster verleideten dem Grafen das Abenteuer gründlich. Er floh nach Deutschland und setzte alles in Bewegung, seine übereilte Ehe wieder zu scheiden. Allein wie die katholische Kirche, so versagten sich ihm auch die Wittenberger.

Die Prädikanten blieben in der Grafschaft, und zu den Predigten des Veit Gilger zogen sich Tausende von Hörern aus der Nachbarschaft. Eben damals befand sich der Herzog von Bayern wieder einmal in großer Geldverlegenheit. So nahm er allerlei alten Haß und neuen Ärger zum Anlaß, um den Grafen Lasla in Oetting, auf herzoglichem Boden, gefangennehmen und nach München abführen zu lassen. Hier entspann sich ein unwürdiges Feilschen um das Lösegeld. Schließlich bequemte sich der Graf zur Zahlung von 25 000 Gulden. Seitdem lebten Bayern und Haag in leidlichem Frieden; der Graf erhielt in seinem Ländchen die Augsburgische Konfession. Aber nach seinem Tode 1566 trat Bayern sofort in den Besitz und stellte natürlich die alte Kirche wieder her.

Die Verwandtschaft mit dem kaiserlichen Hause trug den Wittelsbachern noch weitere Anwartschaften ein, so auf Degenberg, Wolfstein, Sulzbürg und Ortenburg, die freilich meist erst viel später, bei Ortenburg niemals fällig werden sollten. Gleichwohl kämpfte Herzog Albrecht gerade um Ortenburg noch leidenschaftlicher als um Haag. Denn Ortenburg war in noch höherem Grade ein Herd des Augsburgischen Bekenntnisses geworden.

Wiederum bildete ein Landtag, derjenige vom März 1563, den Auftakt. Unbezahlte alte Schulden in der Höhe von 300000 Gulden und 500000 Gulden neue Schulden sollten von den Ständen übernommen werden. Die Erregung war größer als je. Rückhaltslos bekannten sich jetzt 43 Landsassen zur Augsburgischen Konfession, während die Mehrheit mit nicht geringer Schärfe zum mindesten die Durchführung der herzoglichen Deklaration, Laienkelch, Priesterehe, deutsche Sprache bei Taufe und Eheschließungen sowie Aufhebung der Fasten verlangte. »So viele liefen aus Hunger nach dem göttlichen Wort in andere Herrschaften«, Bürger würden wegen der Augsburgischen Konfession des Landes verwiesen, so klagten sie.

Führer der Konfessionisten waren Graf Joachim von Ortenburg, Wolf Dietrich von Maxlrain, Herr von Hohenwaldeck, Degenhard und Hans von Stauf. Zu ihnen gesellten sich die früher schon genannten Pankraz von Freiberg auf Hohenaschau, Laiming, Seiboldsdorf und andere; auch Oswald von Eck war darunter, der Sohn des früheren Kanzlers und Zögling des Humanisten Aventin. Ein geheimer Bericht an den Herzog über wirkliche oder angebliche Aussprüche dieser Herren tat das Seine, ihn noch weiter zu reizen. Was in Frankreich gehe (gemeint war die Erhebung des Adels gegen den König), müsse auch anderswo gehen – so sollten sie gesagt haben.

Der Herzog zögerte nicht länger, einzuschreiten. Am 2. November lud er den Grafen Joachim von Ortenburg zur Verantwortung an sein Hoflager nach München. Wir sehen in das, was nun folgte, ganz besonders tief hinein; unter den vielen wertvollen Veröffentlichungen, durch die Walter Goetz die Geschichte dieser Zeiten aufgehellt hat, ist auch ein Band mit Korrespondenzen, in dem sich der ganze Kreis um Joachim von Ortenburg aufs denkwürdigste spiegelt. Vor allem Frau Ursula, des Grafen Gemahlin. Sie riet ihrem Manne, nicht gleich zu folgen, da es ihm gehen könne wie einst Graf Lasla. Im übrigen sprach sie ihm in eindringlichen Worten Mut zu. Der Herzog weiß, so schrieb sie in diesen Novembertagen, »daß Ihr vil

Fürsten und Grafen an Euch habt, die Euch lieb haben von des Wort Gotts willen. Darum, mein Herr, so seid nit so kleinmütig; es wird, so Gott will, noch bas hinausgehen, als Ihr vermaint. So wißt Ihr auch bas als ich, daß Gottes Wort bekennt will sein und daß man Gott mehr fürchten soll als den Menschen«, und (am Schluß des innigen und stolzen Briefes) »es werden die armen Leit so traulich für Euch betten, die Sie die Zeit bekehrt han, daß Ihr Glück wert haben, und dagegen werden sie den anderen Teil fluchen, daß sie kein Glück werden haben; dann das gemain Gebet und der gemain Fluch geht weit, wanns von Herzen geht. Darum wollen wir auch Gott von Herzen bitten, daß er in uns sein Wort erhält und uns davon nicht abfallen noch schrecken laß.«

Rührend die emsigen Vorbereitungen, die sie trifft in zahlreichen Zettelchen an Wirtschafterin und Diener wegen Geld und Kleidung und Sicherung des Silbergeschirrs. Umsichtige Tatkraft und fröhliches Gottvertrauen zeigen die hohen menschlichen und religiösen Werte dieses Glaubens in der Diaspora. Der Herzog aber machte wirklich Ernst. Er ließ mit bewaffneter Macht die Grafschaft besetzen, auch um den protestantischen Kirchendienst zu verhindern. Gepanzert und mit geladener Büchse bestieg in diesen Tagen ein Prediger die Kanzel. Beim Kaiser hatte der Herzog geklagt, daß der Ortenburger die herzoglichen Nachbarn durch Traktätlein aufwiegele, so daß sie »wie Unsinnige und Bezauberte« zu Tausenden den lutherischen Prädikanten zuliefen. Seinerseits klagte der Graf nicht minder wegen der Verletzung seines reichsunmittelbaren Gebietes beim Kaiser und bei seinen Freunden. Der Herzog ließ sich nicht irremachen, nahm die gräflichen Schlösser Neudeck und Mattighofen und erbeutete hier die ganze Korrespondenz Ortenburgs mit dem lutherisch gesinnten bayrischen Adel.

Nun entlud sich das Unwetter über dem armen Landadel. Damals und bis zum heutigen Tage ist von einer durch den Herzog aufgedeckten Adelsverschwörung die Rede gewesen. Aber die massenhaft vorliegenden Zeugnisse beweisen leider das Gegenteil. Der ganze Kreis, der sich an Ortenburg anlehnte, war, als es darauf ankam, schließlich doch zu kleinmütig, um Hilfe zu bieten, sich und die Genossen zu verteidigen. Sie hatten es sehr ernst gemeint und sprachen darüber in bewegten Worten, aber am Ende fügte sich einer nach dem anderen. Ohne allzu große Mühe gelang es dem Herzog, sich den landsässigen Adel wieder völlig zu unterwerfen. Eine sechswöchige Haft im Falkenturm hatte die angeschuldigten Herren mürbe gemacht. Der Herzog ließ die Anklage auf Hochverrat fallen, die Adeligen leisteten kniend Abbitte und verpflichteten sich schriftlich auf Treue und Beibehaltung der alten Ordnungen, wofür der Herzog sie »ihres Gewissens halber unbeschwert lassen wollte«. Das war wohlangebrachte Milde. Ernstliche protestantische Neigungen sind nicht wieder aufgetaucht. Wolf Dietrich von Maxlrain wehrte sich mannhaft und behielt einstweilen seine Prädikanten, aber unter Albrechts Nachfolger Wilhelm V. wurden die

Reste der Reformation auch in der Herrschaft Waldeck ausgerottet. Nur Ortenburg blieb bis zur Gegenwart protestantisch, und wer heute die wundervolle Schloßkapelle im alten Schloß besucht, den überkommt etwas von der tiefen Liebe, mit der hier die einmal schwer Bedrängten dem Worte Gottes dienten.

Ist es verwunderlich, daß die herzogliche Regierung selbst sich seit Jahren an der Kurie und am Konzil wenigstens um Laienkelch und Priesterehe bemühte? Der Kelch war mehr als ein Symbol. Wie durch die ganze Reformation eine soziale Unterströmung geht, eine Auflehnung gegen unbegreifliche Standesvorrechte, so drängte sich in der Forderung nach dem Kelch vieles von dem zusammen, was die Laienschaft den Priestern mißgönnte. Doch verband sich damit die Sorge um Größeres. Sah man nicht täglich Brot und Kelch bei der Wandlung erhoben; genoß nicht täglich der Priester, der es doch wissen mußte, Brot und Wein? War es nicht Gefährdung des Seelenheils, trotz der Einsetzungsworte, das Abendmahl nur unter einer Gestalt zu empfangen? Man hörte, daß die weltklugen Jesuiten bei Austeilung des Abendmahles dem bayrischen Volke Hostien reichten, die sie vorher in Wein getaucht hatten.

Die Priesterehe dagegen war eine Forderung der Reinlichkeit. Dieses derbe und sinnliche Zeitalter verheimlichte gar nicht erst die Konkubinate der Pfarrer und ihre Folgen. Es glaubte auch nicht an die Möglichkeit des zölibatären Lebens. Im Kloster vielleicht; bei einem einsamen Landpfarrer gewiß nicht. Man gab das katholische Ideal des priesterlichen Lebens nicht auf, aber man nahm Ärgernis an dem, was man täglich sah.

Schon in jener Denkschrift der Räte von 1557 war die kirchliche Visitation des Landes angeraten worden. 1558 wirkten Herzog und Bischöfe darin zusammen. Das Ergebnis war niederschmetternd. »Das Volk haßt unseren Klerus.« Der Klerus erwies sich als völlig ungebildet, kannte die Grundlehren nicht, lebte in offenem Konkubinat oder in förmlicher Ehe. Die meisten, so heißt es, sind Säufer und Spieler. Was für den Jugendunterricht blieb, ist leicht zu ermessen. Und doch wieder, welches Zeugnis für den religiösen Durst des Volkes, daß man »überall lutherische und ketzerische Bücher« fand!

So sandte denn Herzog Albrecht 1562 den Dr. Augustin Paumgartner mit entsprechenden Anweisungen zum Trienter Konzil; am 27. Juni sprach der Orator in öffentlicher Sitzung. Er gab ein erschütterndes Bild von den Zuständen in der bayrischen Kirche und forderte vor allen Dingen den Kelch und die Reform des Klerus. Das Konzil gab die Kelchfrage an den Papst ab. Darauf wandte sich der Herzog an die Kurie. Im Januar 1563 überreichten seine Gesandten eine Denkschrift im Sinne der Deklaration von 1556. Allein die Kurie wollte in Erinnerung an die hussitische Bewegung von Zugeständnissen in der Kelchfrage ganz und gar nichts wissen. Der Papst bat, ihn nicht zu drängen, und verwies die Gesandten doch wieder ans Konzil. Das Konzil lehnte ab. Aber gerade die Jesuiten rieten zum Entgegenkommen. Da auch der Kaiser die Kurie bestürmte, so ergingen endlich am 16. August 1564 Breven an die deutschen Erzbischöfe, die den Kelch unter gewissen Voraussetzungen bewilligten.

Um dieselbe Zeit hatte man merkwürdigerweise auch in Bayern eingelenkt – aber in umgekehrtem Sinne. Genauere Erhebungen gaben die Zahl der Kelchfreunde geringer an als bisher. Außerdem neigte man nach und nach doch auch der römischen Ansicht zu, daß die Bewilligung des Kelches nur der Anfang weiterer Zugeständnisse sein würde. Noch im Januar 1565 schrieb der Kardinal von Augsburg an den Herzog: »Euer Liebden denk an mich, die *concessio calicis* wird kain Ainigkeit oder Gehorsame machen«; in den Untertanen stecke die *totalis confessio*.

Beide Teile, Kurie und Herzog, waren sich entgegengekommen, und schließlich blieb auf diesem Gebiete alles beim alten.

Dafür gab es in Bayern noch tiefere Gründe. Die Erlebnisse von 1563/64, die angebliche Adelsverschwörung und der Kampf um den Kelch haben den, wie wir wissen, nicht sehr kirchlichen oder gar religiösen Herzog doch nachhaltig beeinflußt. War schon 1557 der streitbare Dr. Simon Thaddaeus Eck, ein jüngerer Stiefbruder und Schüler des Ingolstädter Theologen, an die Stelle des weniger geschmeidigen Rates Wiguleus Hundt getreten, so lenkte der Herzog jetzt endgültig in die Bahnen positiv-katholischer, aber zugleich dynastischer Politik hinüber. Im Juni 1565 sandte er Eck nach Salzburg, um für seinen elfjährigen Sohn Ernst ein Kanonikat zu erwirken; im Herbst war der Knabe Domherr von Salzburg. Das gab dem Hof Mut zu größeren Ansprüchen. Noch in demselben Herbst stellte man an den Bischof von Freising das Ansinnen, zugunsten des herzoglichen Knaben abzudanken. Auch das Freisinger Domkapitel fügte sich, und selbst Papst Pius V. entsprach seufzend dem unsittlichen Begehren des Hofes. Wie sollte die Kurie nicht willfahren, wo sie in Norddeutschland aus langmütiger, aber sehr viel geringerer Hoffnung auf gute Wirkungen bei den fürstlichen Häusern etwa in Lübeck und anderswo durch die Finger sah. Das Haus Wittelsbach aber begann mit Herzog Ernst eine Politik, die sich durch alle folgenden Jahrhunderte bis zum Ende des alten Reiches hin fortsetzte und bei der spärlichen Zahl fürstlicher Mitbewerber einen erheblichen Teil der großen Stifte des Reiches in seine Hand spielte.

Verbindungen mit der römischen Kurie vermittelte frühzeitig der Kardinal von Augsburg. Schon im Dezember 1561 schrieb er dem Herzog, der Papst wisse wohl, daß der Herzog von Bayern der Schutz und Schirm aller Katholiken sei. »Es sei nichts, darin ihr Heiligkeit Euer Liebden nicht gern wollte willfahren, deshalb möcht Euer Liebden sich bedenken«, ob sie nicht einmal auf Erlangung eines Kirchenzehnten oder »anders dergleichen« antragen möchten. Die Anregung fiel, wie wir gesehen haben, auf guten Boden.

Neben Otto Truchseß waren es die Jesuiten, die das Lob des Herzogs in Rom sangen. Wir haben ihre Tätigkeit in Deutschland bisher nur in den Anfängen erzählt. Jener Petrus Canisius, der erste deutsche Priester der Gesellschaft Jesu, wurde alsbald die Seele aller Arbeit im Bereich der deutschen Kirche. In dem zunehmend wichtiger werdenden Köln schuf er die ersten Voraussetzungen für ein Jesuitenkolleg. In Ingolstadt, wo es eine Zeitlang Schwierigkeiten gegeben hatte, auch das Wirken der Ausländer als solches peinlich empfunden war, kam man doch bald wieder auf ein Kolleg zurück; 1556 zogen sechs Väter der Gesellschaft und zwölf Scholastiker von Rom ein, darunter auch etliche Ober- und Niederdeutsche. Canisius, der von Ingolstadt aus eine Niederlassung in Prag begründet hatte, fand in Wien zeitweilig eine zweite Heimat. 1554–1558 nahm er den Bischofssitz ein. Die von ihm gegründeten, zum Teil seiner Obhut anvertrauten Kollegien wurden zur ersten deutschen Provinz des Ordens zusammengefaßt.

Neben die organisatorische Arbeit trat die literarische – seit 1554 der große Katechismus des Canisius, von dem schon 1556 in Dillingen ein deutscher Auszug erschien. Angesichts der auch von den Jesuiten betonten Tatsache, daß alle Herbergen voll lutherischer Schriften seien, war die Verbreitung religiöser Volks- und Schulbücher geradezu eine Lebensfrage. Die neue Bewegung ergriff nun weitere Kreise. War 1576 das Münchener Jesuitenkolleg gestiftet, so entstand schon 1578 daneben die erste nichtfürstliche Gründung durch den Grafen Schweikhard von Helfenstein, Pfleger zu Landsberg. Geht das höhere deutsche Schulwesen in erster Linie auf die protestantischen Gymnasien in Nürnberg, Straßburg, Bremen und andern großen Städten zurück, so folgten ihnen bald und noch einheitlicher in der Richtung auf die humanistischen Studien die Kollegien der Jesuiten.

Das alles war Zurüstung: der kirchliche und politische Wille des Herzogs, der Eifer seiner Räte, die langsame Festsetzung der Jesuiten im Lande, die Erziehung eines einheimischen Nachwuchses, die Begründung einer neuen kirchlichen Literatur.

Aber vergessen wir nicht, daß man sich noch immer im Kampfe befand. Ohne Härten und Einbußen sollte es nicht abgehen. Auf Bayerns Rat griff der Erzbischof von Salzburg fester zu; 1565 bemächtigte er sich der Führer kirchlicher Bewegungen und ließ sogar den Wilhelm Egger als Rädelsführer durchs Schwert hinrichten. In Bayern kam es zu umfassenden Ausweisungen. In Straubing war schon 1561 die Hälfte der Ratsherrn lieber ausgeschieden, als daß sie den Religionseid geleistet hätten. Seitdem mehrten sich die Fälle, und bald sah man Züge von Vertriebenen das Land verlassen – die traurigen Vorläufer der berühmter gewordenen Salzburger und Zillertaler. Schon begannen die Landtage zu klagen und zu warnen, daß viele »heucheln, was sie nicht im Herzen tragen«, daß Tüchtigkeit, Gewerbefleiß und Wohlstand aus dem Lande gejagt würden. Allein die Glaubenseinheit schien den Landesfürsten wichtiger als alle anderen menschlichen oder wirtschaftlichen Rücksichten. Die herzoglichen Maßnahmen gipfelten in dem Religionsmandat vom 12. Juli 1569 an die Beamten, Städte, Märkte und Prälaten. Nach lebhaften Verwarnungen vor dem »süßen Geschwätz und Betrug« wurde eine neue Visitation angekündigt, eine Schulordnung und ein Zensurmandat erlassen. Die Visitation gestaltete sich diesmal fast zur Inquisition. Wie in Spanien nahm der Staat die Rolle der Erziehung zur Rechtgläubigkeit an sich. Der »Religionsrat« von 1557 wurde 1570 durch das »geistliche Ratskollegium« ersetzt, das nach dem Gutachten des Canisius aus Klerikern und Laien gemischt war. Dem ausdrücklichen Kelchverbot von 1571 folgte auch in diesem Punkte überall rücksichtslose Vollstreckung. In München und in Traunstein gab es schmerzliche Szenen. Noch weiter in die Zukunft suchte man mit der Zensur zu wirken; der erste päpstliche Index verbotener Bücher von 1564 erschien 1569 mit einem angehängten Verzeichnis »erlesener Autoren, aus denen eine gut katholische Bibliothek richtig bestehen könne«.

Denn über allen diesen Einzelmaßregeln dürfen wir das für unseren Zusammenhang Wesentlichste nicht aus dem Auge verlieren. Die kirchlichen, religiösen und sittlichen Zustände wurden nun doch merklich gebessert, seitdem man mit solchem Ernst ans Werk ging und vor allem für einen ganz anderen geistlichen Nachwuchs Sorge trug. Es stand nämlich anfangs ganz schlecht im Lande. Die Schulmeister mußten der Regierung alle guten Köpfe anzeigen, damit man sie zu Geistlichen ausbilden lasse. Die Sorge für Priesterseminare im Sinne des Trienter Konzils wurde in Bayern in ihrer ganzen Tragweite begriffen. Die neuen päpstlichen Nuntien Graf Portia und der Dominikaner Ninguarda fanden hier das vornehmste Feld ihrer Tätigkeit.

Die Rückwirkung erstreckte sich auch auf den Hof. Die Musik wandte sich geistlichen Gesängen zu. Die Idee, daß der Herzog und der Hof, Beamte und Geistliche überall mit gutem Beispiel vorangehen müßten, ergriff die Herzen, und wenn immer das sichtbare Beispiel sich zunächst auf äußere Dinge erstreckte, Fasten, Kirchengehen und Fronleichnamsprozession, so waren es doch wieder Begriffe von Pflicht und Ordnung, die Volk und Regierung verbanden.

Während das Haus Wittelsbach sich so zum Hort der katholischen Kirche in Deutschland entwickelte, waren die Verhältnisse im benachbarten Österreich noch lange seltsam verworren. 1556 verlangten Adel und Städte von Österreich, Steiermark, Kärnten und Krain die Freiheit der reinen Lehre und natürlich auch Kelch und Priesterehe. Die Verachtung der alten Kirche war erschrecklich eingerissen. Da die Leute nur verborgen zu den oft abenteuerlichen und halbgebildeten Prädikanten gehen konnten, gerieten die kirchlichen Zustände immer ärger. Man klagte über Irrlehren und sittliche Verwilderung. Die Klöster lagen voll von Weibern und Kindern; die Bischöfe ließen die Dinge notgedrungen gehen.

Dazu in der Dynastie selbst die immer peinlicher hervortretende Meinungsverschiedenheit zwischen dem regierenden Herrn und dem Thronfolger Maximilian. Schon 1555 berichtete der kursächsische Edelmann Damian von Sibottendorf an Kurfürst August über seinen Besuch bei Maximilian: »Sobald ich der Pfaffen gedacht, fingen ihre königliche Würde an zu seufzen und sagten, ihre königliche Würde hätten eine Kette am Halse; ihre Gesundheit sei seit der Heimkehr von Spanien zerrüttet; sie wisse wohl woher; der Kaiser sei ihr spinnefeind, und ihr Vater möge dem Kaiser nichts abschlagen; eine französische Botschaft zu empfangen, habe der Vater verwehrt. Wegen seines Prädikanten habe der König viel auszustehen; Hans Hofmann (Ferdinands Rat) nenne ihn einen lutherischen Buben, worauf er ihm geantwortet habe, so wäre er ein alter Papist!«

Maximilian war am 31. Juli 1527 geboren, blond, wohl von seiner böhmischen Mutter, gebildet und leutselig. Als junger Herzog hatte er wiederholt seine eigene Meinung vertreten und Anstoß nicht gescheut. Beim Ausgang des Schmalkaldischen Krieges war er mehrfach als Fürsprecher protestantischer Fürsten und Fürstinnen aufgetreten, so daß damals schon Graf Wolrad von Waldeck sich notierte: »Gegen den wahren Glauben und gegen Deutschland soll er nicht schlecht gesinnt sein. Aber wehe, er tritt eine gefährliche Reise an. Der Herr bewahre ihn vor dem Trug und Unglauben der Iberer.«

In der Tat, Maximilian war in Spanien gewesen und hatte sich dort mit Karls V. Tochter Maria vermählt. Es wurde eine glückliche und ungewöhnlich kinderreiche Ehe. Nur mit der spanischen Umgebung seiner Gemahlin war Maximilian nicht selten so unzufrieden wie diese mit seinem Prädikanten, dem Steiermärker Pfauser. Auch König Ferdinand beargwöhnte den unerschrockenen Prediger, ließ sich mehrfach auf Disputationen mit ihm ein, wurde dadurch aber in seinen Sorgen nur bestärkt. Eindringlich brachte er sie in seinem Testament zum Ausdruck. »Gott weiß, daß mir auf Erden kein größeres Leid geschehen könnte, als daß Ihr, Maximilian, mein ältester Sohn, der am meisten zu regieren haben wird, von unserer Religion abfielet.«

Auf der anderen Seite spielte die »offenkundige Ketzerei« des Sohnes eine große Rolle bei den Schwierigkeiten, welche die Kurie dem Kaisertum Ferdinands in den Weg legte. Maximilian frohlockte über die schlechte Behandlung des kaiserlichen Gesandten in Rom. »Ist Ihr Majestät recht geschehen. Gott woll', daß es etwas wirke«, schrieb Maximilian an den Herzog von Württemberg. Ja, noch angesichts der Naumburger Fürstentage, im Winter 1560/61, von dem man sich eine Einigung in der Konfession versprach, äußerte er sich gegenüber demselben Herzog Christoph, es »würde dadurch unsern Widersachern nicht ein kleiner Abbruch beschehen, wie Euer Lieb leichtlich abzunehmen hat. Denn ihr meistes Triumphieren ist allein in dem, daß sie sagen, daß wir zwischen einander in Religion und sonst nicht einig seien, welches durch das Mittel verhütet würde, welches der liebe Gott gnädiglich verleihen wolle«. Die Freundschaft Maximilians auch mit anderen Fürsten der Augsburgischen Konfession erweckte die zuversichtlichsten Hoffnungen. Freilich, der im August 1560 zu den drei protestantischen Kurfürsten, zu Hans von Küstrin, Philipp von Hessen und Christoph von Württemberg, entsandte Vertraute Nikolaus von Warnsdorf brachte auf die Anfrage, wessen er sich bei ihnen zu getrösten habe, falls sein Bekenntnis zur Augsburgischen Konfession und die Sorge um seinen Hofprediger ihn in wahre Not brächten, nur inhaltlose Antworten zurück. Höchstens Pfalz gab Hoffnung; aber gerade hier scheute sich wieder Maximilian vor dem eindringenden Calvinismus und der drohenden weiteren Zersplitterung der protestantischen Bekenntnisse.

Während also die protestantischen Mächte die unerhörte Gunst des Schicksals kaum begriffen, setzte die Gegenseite alles in Bewegung. Da waren der Vater, der Hof, der Schwager Herzog Albrecht von Bayern, insbesondere die Gemahlin und ihr Bruder Philipp II. von Spanien. Sie alle bestürmten ihn mit Bitten, Vorwürfen, guten Ratschlägen und sonstigen Einwirkungen. Eigentlich umsonst. Die Spannung zwischen Vater und Sohn war im Grunde unausgeglichen, als Ferdinand am 25. Juli 1564 zweiundsechzigjährig starb.

Der Kaiser hatte seine Länder nach altem Brauch wieder geteilt. Österreich, Böhmen und Ungarn hatte er Maximilian gegeben, Tirol und Vorderösterreich an Ferdinand, Innerösterreich (so nannte man jetzt Steiermark, Kärnten, Krain und Görz) an Karl. Die Teilung bedeutete Schwächung, vor allem für Maximilian. Ferdinand von Tirol hatte die Philippine Welser geheiratet und lebte mit ihr auf Schloß Amras; ihre Nachkommenschaft war nicht ebenbürtig. Karl von Steiermark aber, der Schwiegersohn Albrechts V. von Bayern, sollte der Stammvater einer ausgesprochen katholischen Linie werden.

Maximilian war schon 1562 zum römischen Könige gewählt; nun war er Kaiser. Er hatte das Kaisertum schließlich nur durch die vor den Erzherzögen und dem Staatsrat abgegebene feierliche Erklärung vom Februar 1562 über den Schutz der katholischen Religion gewonnen. So sollte der innere Zwiespalt ihn nie mehr verlassen. Denn daß er selbst protestantisch, ja ausgesprochen lutherisch empfand, kann wohl nicht mehr bezweifelt werden. Wieweit er einen inneren Kampf kämpfte, erkennt man nicht; nur gelegentlich überschatteten Gewissenssorgen sein liebenswürdig verbindliches Wesen. Als in Magdeburg und Halberstadt protestantische Administratoren gewählt waren und die fürstlichen Häuser Lehnsindulte begehrten, sträubte sich Maximilian: »Es hindert mich das Gewissen, so eine schlimme Bestie ist, die Reputation und beschworene Eide.« Jedenfalls gehört es zu den ergreifendsten Schauspielen, wie von außen her um die Seele Maximilians sein ganzes Leben lang gerungen wurde und Maximilian selbst vergebens nach festen Stützen suchte. Seine Umgebung begriff das nur zu wohl. So sicherte sie sich wenigstens die weitere Zukunft. Vermochte man schon das Herz des Fürsten selbst nicht mehr umzubilden, so sollten wenigstens die Söhne oder Neffen beim alten, guten katholischen Glauben festgehalten werden.

Es war noch zu Lebzeiten Ferdinands, daß es Philipp gelang, Maximilians Söhne Rudolf und Ernst nach Spanien zu ziehen und sie dort in seinem Sinne aufwachsen zu lassen. Am 8. November 1563 traten die beiden Erzherzöge unter Begleitung des trefflichen Adam von Dietrichstein von Wiener Neustadt aus ihre Reise nach Spanien an. Auf Maximilian scheint neben den Bitten seiner Frau zeitig die Aussicht auf die Nachfolge in Spanien gewirkt zu haben. Wenn die Unfähigkeit des Don Carlos zur Regierung damals auch noch nicht feststand, so war doch öfter davon die Rede, und in die Zeit des spanischen Aufenthaltes der Erzherzöge fielen wirklich die Katastrophe und der Tod des überaus erregbaren Prinzen. Als auch die Königin Elisabeth am 3. Oktober 1568 gestorben war, stand Philipp II. wieder ganz allein. Maximilian beeilte sich, dem Vetter seine älteste Tochter Anna anzutragen. Die Erzherzogin kam im Jahre 1570 wirklich nach Spanien, begleitet von ihren jüngeren Brüdern Albrecht und Wenzel.

Damals waren also außer ihrer königlichen Schwester vier Söhne Maximilians in Spanien. Sie wurden hier sorgfältig und streng kirchlich erzogen. Maximilian hielt zwar lange zurück in bezug auf die erste Kommunion seiner Söhne, aber wie schon in Wien, mußten sie auch in Spanien fleißig zur Beichte gehen, alle kirchlichen Pflichten gewissenhaft erfüllen und neben ihren humanistischen Studien und ihrem höfischen Sport auch der kirchlichen Etikette dienen. Als Rudolf 15 Jahre und Ernst 14 Jahre alt waren, konnte der Vater es nicht mehr hindern, daß sie zum Tisch des Herrn gingen. Alles in allem wuchsen sie in reiner und gesunder Luft auf; ihre Hofmeister und Lehrer waren Deutsche, aber als sie 1571 als erwachsene junge Männer nach Österreich zurückkehrten, lag die innere Richtung ihres Wesens im Sinne Philipps II. fest.

Als Maximilian seinen Bruder Karl in jenen Familiensachen nach Spanien sandte, wohl auch, um etwas Bestimmtes in Erfahrung zu bringen über die wirklichen Thronfolgeaussichten seiner Söhne bei einem erbelosen Tode Philipps II., hatte er in seinen Erblanden gerade in dem entgegengesetzten Sinne tätig sein müssen. Hier gestattete er den niederösterreichischen, bald auch oberösterreichischen Herren und Rittern die freie Religionsübung. Der auf den ersten Blick rätselhafte Ausgleich in der Seele Maximilians mag verständlicher werden, wenn man sieht, wie sich immer wieder Schwergewichte an beide Schalen der Waage hingen.

Diese Labilität persönlichen Wesens und Schicksals bestimmte auch die Reichspolitik Maximilians. Am 23. März 1566 eröffnete er persönlich den

Augsburger Reichstag. Als päpstlicher Legat war der Kardinal Commendone erschienen; er sollte von den Ständen ein Bekenntnis zum Trienter Konzil verlangen. Maximilian war nicht durchsichtiger als sonst. Der Herzog von Bayern schrieb ihm einmal während des Reichstags: »Ich bitte Euer Majestät bei Gott – denn höher kann ich nicht bitten –, Sie wolle doch einmal die Augen Ihres Gemüts auftun und sich gegen uns Katholischen also erklären, daß wir nach langem herzlichen Begehren einmal mit gutem Grund wissen mögen, was wir doch an Euer Majestät in *causa religionis* haben.« Maximilian dachte beiderseits die Extreme vermeiden zu können. Er hatte vor dem Reichstage an die Kurfürsten gebotschaftet, um ihre Meinung einzuholen über den kurpfälzischen Calvinismus. Aber sie enttäuschten ihn alle. Handeln wollte keiner, am wenigsten das geistliche Kurfürstentum am Rhein. Mißtrauten auch sie der sicheren Führung Maximilians, wenn es zur Entscheidung kam?

Auf dem Reichstage dachte es der Kaiser wieder mit einer Religionsvergleichung zu versuchen, die ja der Augsburger Religionsfriede ausdrücklich vorsah. Aber die nachtridentinische Kurie verwarf dergleichen grundsätzlich. Im Gegensatz zum Reichstagsausschreiben sprach die kaiserliche Proposition nur noch von Abstellung der nicht zugelassenen »abscheulichen Sekten«. Das war ein Erfolg des Legaten Commendone, der für den Türkenkrieg 50000 Dukaten gewähren oder verweigern konnte.

Mißlang dem Kaiser also erneut sein Anschlag gegen den Calvinismus, wovon bald des näheren zu berichten ist, so hatte umgekehrt der päpstliche Legat mit seinem Verlangen nach Unterwerfung der deutschen Stände unter das Trienter Konzil insofern Erfolg, als in einer Versammlung der katholischen Stände von dem Erzbischof von Mainz die Erklärung abgegeben wurde, man unterwerfe sich den Dekreten über Glauben und Gottesdienst; von den Disziplinargesetzen bitte man einige vorerst auszusetzen. Manche griffen allerdings gar zu sehr in die alte und schon wieder neue Praxis der Pfründenversorgung jüngerer Prinzen ein.

Klarer und insofern glücklicher waren die politischen Ergebnisse des Reichstags. Die Stände bewilligten dem Kaiser, mit dem alle gut Freund waren und von dem alle noch mehr hofften, 48 Römermonate für den Türkenkrieg. Der Krieg stand unmittelbar bevor. Aber so schreckhaft er sich anließ, so unbedeutend sollte er ausgehen. Der 75jährige, immer noch kriegerische Sultan Soliman starb drei Tage vor dem leider erfolgreichen Sturm auf die Festung Szigeth. Einen vollen Monat hatte Zrinyi sie verteidigt, vom 7. August bis zum 8. September 1566. Der friedliebende Sultan Selim II. ließ das Heer zurückführen und Verhandlungen einleiten. Es blieb so ziemlich alles beim alten; kleine Verluste und ein Jahrestribut von 30000 Dukaten erkauften den Frieden. Das große Feldheer unter Erzherzog Ferdinand und dem Grafen von Schwarzburg hatte nichts Ernstliches geleistet. Maximilian, der selbst gern große Worte gebrauchte, hatte sich den organisatorischen Aufgaben sowenig gewachsen gezeigt wie den eigentlich militärischen.

Im übrigen blieb auch in der Außenpolitik wie in den Erblanden und im Reich das Streben Maximilians auf Abmilderung der Gegensätze und möglichste Versöhnlichkeit gerichtet. Er legte bei seinem Vetter und Schwiegersohn Philipp manch gutes Wort ein für die Niederlande, näherte sich vorübergehend dem französischen Hofe, ging überall ernsteren Verwicklungen aus dem Wege. Im Reiche fand er nach wie vor die Unterstützung des Kurfürsten August von Sachsen. So gelang ihm schließlich nicht ganz ohne Schwierigkeiten auch das Letzte, die Nachfolge seines Sohnes im Reich.

War das Haus Habsburg bei drei protestantischen Kurfürsten des Reiches so sicher? Oder mußte die Königswahl nicht wenigstens mit großen konfessionellen Zugeständnissen erkauft werden? Das war in der Tat die Meinung des Kurfürsten von der Pfalz; er dachte an einen neuen Vorstoß zugunsten der Freistellung und der Anerkennung des Calvinismus.

Vor der römischen Königswahl mußte Maximilian die böhmische sichern. In Böhmen aber lagen die konfessionellen Verhältnisse ganz besonders schwierig. Da gab es neben den Altkirchlichen noch Utraquisten nach den Baseler Kompaktaten von 1433 und, als Reste von Waldensern und Taboriten, die böhmischen Brüder; dazu war neuerdings die Augsburgische Konfession unter dem Adel und in den Städten weit verbreitet. Nicht ohne Mühe zogen die Konfessionisten die böhmischen Brüder zu sich bei Überreichung einer böhmischen Konfession am 18. Mai 1575. Maximilian lehnte zwar ihre Anträge ab, aber er versicherte Adel und Städten mündlich »bei seiner Treu und kaiserlichem Wort«, daß weder er noch seine Nachfolger sie hindern oder bedrücken würden. Darauf erhoben sie Rudolf zum böhmischen Könige, und Rudolf bestätigte die Zusagen seines Vaters. Aber Vater und Sohn versäumten es, die älteren, schnurstracks zuwiderlaufenden Gesetze und Landesordnungen aufzuheben. Das übersahen auch die Protestanten im Reich; ihnen war Maximilian immer wieder der freundlich entgegenkommende, friedliebende Herr. Die lutherischen Kurfürsten von Brandenburg und Sachsen kamen persönlich zum Wahltage nach Regensburg; der calvinistische Pfälzer sandte seinen lutherischen Sohn Ludwig, der hinter dem Rücken des Vaters mit Sachsen und Brandenburg ging. Ohne nennenswerte Schwierigkeiten wählten die Kurfürsten am 27. Oktober 1575 einhellig den Erzherzog Rudolf zum römischen Könige; am 1. November wurde er gekrönt.

Im nächsten Sommer kam es in Regensburg wieder zum Reichstage, auf dem auch allerlei osteuropäische Angelegenheiten erledigt wurden, die uns später beschäftigen werden. In Religionssachen sah man Kursachsen wie immer an der Seite des Kaisers. Es wollte die Sprengung oder Ergebnislosigkeit des Reichstages unbedingt vermeiden, stellte also den Frieden im Reich über die protestantischen Interessen. Von Freistellung wollte Kurfürst August schon nichts wissen, die Ferdinandeische Deklaration von 1555 nur verlangen, wenn sie gutwillig erneuert würde. Das alles sagte er ganz offen und unvorsichtig dem Herzog von Bayern, der ihn besuchte. Allein, die anderen Protestanten gingen diesmal mit Kurpfalz. Sie wollten nicht verhandeln vor Klärung der Deklaration und forderten, wenn nicht Freistellung für die geistlichen Fürsten selbst, so wenigstens für die Kapitel.

Bei dem Zurücktreten des Kaisers war es nun sehr bemerkenswert, daß zum ersten Male auf diesem Reichstag auch eine starke katholische Partei auftrat, geführt von den geistlichen Kurfürsten und dem Herzog von Bayern unter Mitwirkung des päpstlichen Legaten, des alten Kardinals Morone. Diese Gruppe lehnte alle Forderungen der Protestanten rundweg ab. Da Sachsen mit dem Könige ging, hatte das ablehnende Votum der Protestanten im Kurfürstenrate kein Gewicht, denn auch Brandenburg schloß sich Sachsen an. Das Ergebnis war, daß die Türkenhilfe noch einmal für 60 Monate bewilligt wurde, mit Zahlterminen bis 1582. Der Türkenfrieden wurde dadurch erleichtert, über 1584 hinaus.

Das war Maximilians letzter Erfolg. Ende August war er erkrankt; am 12. Oktober 1576, als im Reichstage gerade der Abschied verlesen wurde, verschied er, kaum fünfzigjährig, in seinem Quartier.

Er hat vom Beginn seiner Regierung an die Protestanten im Reich und in den Erblanden hingehalten und sie auf die Dauer politisch schwer enttäuscht. Aber persönlich bewies er in seiner letzten Stunde mehr Charakter, als man erwarten konnte. Wie oft hatte er die Augsburgische Konfession gerühmt und die eigentlich katholischen Zeremonien abgewehrt. Nun kam die Probe. Ihn umdrängten – ein seitdem in Deutschland noch unzählige Male ähnlich wiederholtes Bild – die Gattin und der päpstliche Legat, der spanische Gesandte und der Herzog von Bayern, um ihn zur Beichte und katholischen Kommunion zu bestimmen – vergebens. Er starb als Protestant in der Hoffnung auf Gottes gnädige Vergebung der Sünden und ein ewiges Leben.

»Der Unglückliche ist gestorben, wie er gelebt hat«, berichtete der spanische Gesandte nach Haus, ohne zu ahnen, ein wie hohes Lob er damit doch der inneren Einheit dieses Lebens zollte.

Deutscher und europäischer Protestantismus

Unsere bisherige Darstellung hat den deutschen Protestantismus fast überall im Vordringen gezeigt. Wichtiger als die zunehmende räumliche Ausdehnung wäre freilich sein Geist gewesen. Wurde er beflügelt von dieser unaufhaltsamen Ausbreitung? Warum sollte er die Frische jener ersten großen Dezennien eingebüßt haben? Zog er seine Nahrung nicht aus unerschöpften

Kräften, und winkten ihm nicht ungeheure Aufgaben in Staat und Gemeinde, Schule und Wissenschaft?

Ganz gewiß. Aber das Erbe des letzten Menschenalters wurde schon verhängnisvoll; der Geist der Staatsmänner und der theologischen Schulen war äußerlich auf die rechtliche Anerkennung im Reich und innerlich auf das Dogma gerichtet gewesen. Beides hing unlöslich miteinander zusammen. Nur Konfessionen waren anerkannt. Die Religionsgespräche der vierziger Jahre hatten erst recht in die theologische Dialektik verstrickt. Wir wissen wohl, was der frühe Luther »glauben« nannte. Allein, alles drängte schon ihn selbst dahin, darunter bald die formulierte Lehre zu verstehen. Man hätte sich nicht jahrzehntelang in einem Kampf auf Leben und Tod für den reinen Glauben gegen »Schwärmer, Täufer und Papisten« befunden haben müssen.

Schon zu Luthers Lebzeiten hatte es scharfe theologische Lehrstreitigkeiten gegeben, nicht nur mit Zwingli. Jetzt war es vor allem Flacius Illyricus, das hochverdiente Haupt der Magdeburger Centuriatoren, der Begründer philologisch-kritischer Kirchengeschichte, dem sich begreiflicherweise Geschichtsforschung und Theologie noch in einem Kampf gegen die Verfälschung, in dem Streiten für das buchstäblich Reine erschöpfte. Lag etwas Starres in Persönlichkeit oder Volkstum dieses Illyriers aus Istrien? Genug, er fühlte sich als der eigentliche Wächter der Tradition Luthers und bald in schärfstem Gegensatz zu seinem urbanen, auf Vermittlung gestimmten Lehrer Melanchthon, der, stark am Leipziger Interim beteiligt, auch in der Abendmahlslehre von dem streng lutherischen Standpunkt abzuweichen schien. Da Flacius 1557 an die ernestinische Universität Jena berufen wurde, mag der traurige politische Gegensatz zwischen den sächsischen Linien mitgewirkt haben, das Verhältnis zu vergiften.

Auch sonst strömte das theologische Interesse der noch jungen Landeskirchen in die literarische Polemik, was dann freilich bei der bescheidenen Geistigkeit dieser landesfürstlichen Herren und Räte nur zu leicht zu dem aus Streit- und Staatsschriften der Reformationszeit sattsam bekannten groben Ton der Schmähungen und Verunglimpfungen führte.

Natürlich mit Unterschieden. Kurfürst August ging politisch und kirchlich gleich maßvoll seinen Weg in streng melanchthonscher Richtung. Die Augsburgische Konfession und Apologie in den Fassungen von 1542, Melanchthons *Loci theologici* und andere Texte erschienen im Druck als landeskirchliche Ordnungen schon wie Stücke fester Tradition. Dieses kursächsische Wesen beruhte in sich, vermied jede Werbung wie jeden Anstoß.

Anders Herzog Christoph von Württemberg. Ihm waren die lebendigen theologischen Auseinandersetzungen noch persönlich wichtig; selbst beim Waidwerk erholte er sich in theologischen Gesprächen. Um so mehr schmerzten ihn die offenen Streitigkeiten unter den Protestierenden. »Ist wol erbärmlich und ja erschrecklich zu hören«, schrieb er an Herzog Johann Wilhelm von Sachsen, »daß etliche fürneme Theologen, der Augsburgischen Konfession verwandt, in vilen zum Teil namhaftigen Punkten also stracks und neidig einander zuwider seien und je einer gelerter, eigenwitziger und frommer angesehen sein will als der andere, und also, wie zu besorgen, etliche hierin mer ihr aigen eitel Ehr, Haß und anderen Privataffekt, wann die Glorie und Ehr des Herrn, auch seines Sons, unseres ainigen Hailands, Erlösers und Mittlers Christi, suchen.« Herzog Christoph dachte an Fürstenbesprechungen und Konvente. Er überzeugte sich bald, daß abgesehen von rechtlichen Schwierigkeiten dies Mittel nur geeignet war, das Übel zu verschlimmern, das es heilen sollte. So sann er wenigstens auf politisches Verständnis zwischen den Glaubensgenossen, wie einst der Landgraf. Waren schon die Bundesbestrebungen der Reformationszeit wiederholt ausgelöst durch Gerüchte oder Vermutungen über das, was die Gegner angeblich planten, so lag jetzt die Frage nahe, was eigentlich von dem in München geleiteten Landsberger Bund zu erwarten sei. Herzog Albrecht mußte den Vetter in seinem Schreiben vom 3. Mai 1557 eingehend beruhigen.

Indessen, auf die Länge war doch gerade Württemberg nicht in der Lage, eine Führung in der protestantischen Welt zu übernehmen. Der alt gewordene Landgraf von Hessen hat sie ernstlich überhaupt nicht mehr angestrebt. Die meisten anderen dachten nicht weit über ihre Grenzen. Der junge Landgraf Wilhelm und sein »ökonomischer« Staat zeigte mehr die alte gutsherrlich landesübliche Verwaltungskunst als theologische oder gar propagandistische Neigungen.

Der eigentliche Vorkämpfer des Protestantismus seit den Tagen Friedrichs des Weisen, über Johann Friedrich den Großmütigen und Kurfürst Moritz hinab, war Kursachsen gewesen. Die Regierung des Kurfürsten August hatte auch in erster Linie den Religionsfrieden mit zustande gebracht. In der Vergangenheit der Albertiner lagen freilich beide Linien, die von Wittenberg und die von Meißen. Wittenberg bedeutete Führung des Protestantismus möglichst in Frieden mit dem Reich; Meißen Anlehnung an Böhmen, an das Haus Habsburg. Im Anschluß an Kaiser Ferdinand liefen die beiden Linien der kursächsischen Politik also doch wieder zusammen. War Kursachsen stets auf friedliche Verständigung bedacht gewesen und die Albertiner auf Anschluß an die böhmisch-österreichische Politik, so steigerte sich jetzt ganz von selbst der konservative, kaisertreue Grundzug der Politik des Dresdner Hofes. Aktives protestantisches Vorgehen lag Kursachsen dauernd fern.

Diese Rolle übernahm vielmehr Kurpfalz. Eben jetzt, nach dem Regierungsantritt des prachtliebenden, entschieden protestantischen Kurfürsten Ottheinrich (1556) kam in die pfälzische Politik zum ersten Male das, was Kursachsen vermissen ließ, ein Zug von politischem Protestantismus – Kampf gegen das katholische Haus Habsburg, Sammlung der Kräfte, aktive Vertretung politischer Forderungen. Der Pfälzer war nicht nur der vornehmste unter den Kurfürsten, sondern auch territorial-politisch in Reibung mit den Habsburgern, da ihn das Haus Österreich wieder aus dem Pfandbesitz der Hagenauer Landvogtei und damit aus dem Elsaß hinauszudrängen suchte. Von der Rivalität der katholischen Vettern in Bayern um die Kur hatte man überdies alles zu befürchten. Die Nachbarschaft mit den Niederlanden, Frankreich und der Schweiz brachte außerdem eine stärkere moderne Geistigkeit nach Heidelberg.

Und wirklich, auf den Reichstagen unter König Ferdinand, zuerst in Regensburg 1556 und dann in den nächsten Jahren nahm nicht mehr Kursachsen, sondern Pfalz die Sache des politischen Protestantismus wahr. Pfalz forderte nicht nur Zusammenschluß, sondern über den Augsburger Religionsfrieden hinaus Freistellung für Geistliche und Laien, Untertanen und Obrigkeiten. Württemberg wollte sich auf Bekämpfung des geistlichen Vorbehalts beschränken, und wenn sich auch Sachsen neuen pfälzischen Vorschlägen fügte, so blieb es zunächst bei den ohnehin schon starken Forderungen Württembergs. Natürlich lehnte Ferdinand auch diese rundweg ab. Aber das geschlossene Auftreten der Protestanten machte um so mehr Eindruck, als die katholischen Stände damals noch unter sich uneins und verworren waren. Das war der Eindruck, der sich 1556 den Venetianern Tiepolo und Badoero aufdrängte. »Hätte ich ein Urteil zu fällen«, schrieb Tiepolo, »so würde ich glauben, daß dies Land der römischen Kirche in kurzem völlig entfremdet ist.«

In Sachen der Religion blieb der Reichstag bei dem bescheidenen und von vornherein aussichtslosen Verlangen nach einem neuen Religionsgespräch. Am 24. August 1557 sollte es in Worms eröffnet werden. Hier aber ergab sich die Kehrseite. Zwar der Besuch war stattlich. Präsident war der Bischof Julius Pflug von Naumburg. Von protestantischer Seite erschien der alte Melanchthon selbst als würdigster Vertreter. Aber die Flacianer schonten ihn auch hier, vor den gemeinsamen Gegnern, nicht. Sie stellten eine Reihe ketzerischer Artikel auf, darunter die Lehre von der Notwendigkeit guter Werke und die Meinung von der Nebensächlichkeit äußerer Formen, was man Adiaphora nannte. Melanchthon fühlte und sprach es auch aus, daß es auf ihn gehe. Als dann im Gespräch die Katholiken selbst auf die Meinungsverschiedenheiten unter ihren Gegnern hinwiesen, zögerten die Weimarer nicht und übergaben ihre Protestation in aller Form. Damit war das Gespräch gesprengt. Johann Brenz schrieb an Christoph von Württemberg, daß »der Unseren Spaltung große Ärgerniß und den Papisten freudig Jubilieren bringe; jedoch ist es nichts Neues, soll auch dem Evangelio ohnnachteilig sein. Der Herr Christus kennet die Seinen und wird ihm seine Schäflein niemand aus der Hand reißen«. So war man: voll frommer Zuversicht, aber ohne einen Funken politischer Klugheit.

Die strittigen Punkte bewegten weiter die Gemüter. Im Frühjahr 1558 vereinigten sich die drei weltlichen Kurfürsten mit Württemberg, Zweibrücken und Baden in Frankfurt zu einer Glaubensdefinition über Rechtfertigung, gute Werke, Abendmahl und Adiaphora. Kaum hatte man sich geeinigt, als schon wieder der lebhafteste Einspruch der Herzöge von Sachsen laut wurde. Im Januar 1559 erschien deren Konfutationsbuch.

Trotz solcher Streitereien blieb die protestantische Gruppe auf den Reichstagen und, 1561 zu Naumburg, gegenüber dem Trienter Konzil einstweilen ziemlich geschlossen. Man mochte hoffen, daß sich alte und neue Gegensätze ausgleichen würden. Da ergoß sich von Süden her eine ganz neue geistige und politische Welle auch in den deutschen Protestantismus. Gerade am Pfälzer Hofe und sonst in Westdeutschland spürte man täglich stärker die Wirkungen, die von dem Werke Calvins in Genf ausgingen.

Am 10. Juli 1509 war Johann Calvin zu Noyon im Herzen von Frankreich geboren. Aber Genf war ihm eine zweite Heimat geworden. Mit bekenntnistreuen Flüchtlingen, vor allem aus Frankreich, hatte er durch die Macht seines Wesens die bis dahin bescheidene Stadt am See zu einem »großen Missionshaus« für ganz Westeuropa gemacht. Das Calvindenkmal in Genf, das machtvollste aller historischen Monumente der Welt, verkündet laut, aber eindringlich den Siegeszug seiner Ideen.

Calvins Wendung zum Protestantismus liegt im Dunkel. Die deutsche Bewegung Luthers war gewiß auch für ihn das Entscheidende, aber den Weg zu einem eigenen religiösen Standpunkt suchte sich der Humanist Calvin auf seine Weise. 1532 war er mit einem Kommentar zu Senecas Buch *De clementia* zuerst hervorgetreten. Schon das nächste Jahr zeigt den jungen Gelehrten an der Lebenswende; 1534 ist der fünfundzwanzigjährige Jurist mit den Grundlagen seiner bisherigen Existenz zerfallen, mit Heimat, Beruf und Kirche. Wir finden ihn in Straßburg und in Basel, wo er im Herbst 1535 die *Institutio christianae religionis* vollendete. Das Wesentliche seiner bisherigen Entwicklung war offenbar nicht das verzweifelte Ringen um einzelne religiöse Probleme, sondern die souveräne Erfassung eines klaren, in sich geschlossenen Bekenntnisses als Grundlage für ein neues Leben, eine neue Sittlichkeit, neue Zucht, neue Gemeinden. Ein kurzer Aufenthalt in Italien, bei der Herzogin Renata in Ferrara; dann hielt den Durchreisenden, aber schon Berühmten, der Prediger Farel in Genf fest.

Es gehört der Schweizer Reformationsgeschichte an, wie die Befreiung der uralten Bischofsstadt von den Ansprüchen Savoyens, nicht ohne Hilfe von Bern und Freiburg, bald zur Anlehnung an das deutsche Bern und doch auch wieder zur Lösung von Bern führte; wie die in diesen Kämpfen entstehenden Parteien der Artichauds und Guillermins in die Genfer Reformation hineinwirkten. Sie war eine vollendete Tatsache, aber nach innen und außen noch ungefestigt, als Calvin eintrat. Mit seiner Hilfe setzte Farel neue Grundzüge strenger Kirchenzucht durch. Die folgenden Jahre waren nicht ohne scharfe Kämpfe. 1538 mußten die beiden Reformatoren, ihres Amtes entsetzt, aus Genf weichen; doch nur, um 1541, gerufen, zurückzukehren.

In der Zwischenzeit trat Calvin in noch nähere Beziehungen zu den Straßburgern und zu den deutschen Reformatoren. Er fand sie auf der Höhe der Erfolge, noch im Kampfe, frohgemut, im Schmalkaldischen Bunde eindrucksvoll organisiert. Und er fand in Straßburg die Seele des politischen Protestantismus der älteren Zeit, Martin Bucer, als verehrten Meister; neben ihm Jakob Sturm, den Stadtmeister, und unter ihrer Führung eine wohlgeordnete, in sich geschlossene Gemeinde; dazu die tiefdurchdachte humanistische Erziehungsschule Johann Sturms. Das Straßburger Erlebnis war anwendbar auf die Stadt am See. Nach Calvins Rückkehr wurde der Einfluß Berns in den Kämpfen bis zur ewigen Allianz vom 9. Januar 1558 völlig überwunden.

Calvin wurde der große Zuchtmeister eines nunmehr ganz aus seinem Willen aufgebauten halb geistlichen Stadtstaates. Der November 1541 brachte Calvins *Ordonnances ecclésiastiques* über Predigtamt, Schulamt, Kirchenzucht und Gemeindepflege durch Pastoren, Doktoren, Älteste und Diakone. Das Streben des leidenschaftlichen Mannes ging auf Unabhängigkeit dieser Organe von der bürgerlichen Verfassung. Wie das Organisatorische als das Maßgebende alsbald in den Vordergrund trat, so ergab sich hier, in Genf, von den beiden Lösungen des Problems Staat und Kirche gerade die der deutschen Reformation entgegengesetzte. Nicht fürstliche Landeskirchen; überhaupt keine Unterordnung der Kirche unter den Staat. Vielmehr sollte die weltliche Gewalt ihrerseits nach Weisung der geistlichen das Schwert führen und die Strafen vollstrecken – also auf Grund des Spruches von Ältesten und Pastoren; er konnte auf Ermahnung, Rüge, Bann (Ausschluß vom Abendmahl), Gefängnis, Verbannung oder Hinrichtung lauten. Ein wunderbarer, aber dornenvoller Weg für die Gemeinde, sich als sittliche Gesamtpersönlichkeit fühlen zu lernen.

Ihr Führer ging seinen Weg, entschlossen und rücksichtslos. Die politische Opposition wurde als Auflehnung gegen die wahre Zucht niedergehalten. Das ging nicht ab ohne kühnes, oft gefährliches Durchgreifen, auch gegen die angesehensten Altgenfer Familien. Eine Zeitlang erinnert das Grollen der Betroffenen und das Parteigewoge in der Stadt an die Tage Savonarolas in Florenz. Aber Calvin beherrschte im Gegensatz zu dem Frate das Gericht und das Schwert; seine feurige Entschlossenheit blieb innerlich getragen durch das Bewußtsein, des großen Gottes gerechte Sache zu führen. Als er gegen Ami Perrin, den Generalkapitän, vorging, der ihn 1541 zurückberufen hatte, stieg die Opposition wieder gefährlich. Auch als seiner schroffen Ausprägung der Prädestinationslehre in dem Carmeliter Hieronymus Bolsec ein gelehrter Gegner entstand, gelang ihm, wenn auch nur mit Mühe, dessen Verbannung.

Seine Leidenschaft schrak selbst vor dem Äußersten nicht zurück, gewann vielmehr daraus neue Macht, wie jede unbeirrbare Führung. Ein Spanier, Michael Servet, Humanist, Theologe und Mediziner, der sich unter dem Namen Villeneuve als Arzt zu Vienne niedergelassen, aber nicht aufgehört hatte, humanistische und theologische Werke zu schreiben, geriet zeitig mit Calvin in Fehde. 1553 erschien seine »Erneuerung des Christentums«. Alsbald denunzierten ihn die Genfer unter Mißbrauch von Briefen Servets an Calvin der katholischen Öffentlichkeit als Ketzer in Fragen der Trinität, Rechtfertigung und Kindertaufe. Servet floh, von der Inquisition verfolgt, aus Vienne, wurde aber auf der Durchreise zu seinem Unglück gerade in Genf erkannt und festgenommen. Nun konnte der katholische Ketzerprozeß von Calvin instruiert und zu Ende geführt werden. Nach mühseligen Verhandlungen, Auslieferungsanträgen von Vienne, hartnäckigem Ringen Calvins mit dem Rat wurde Servet endlich verurteilt und am 27. Oktober 1553 lebendig verbrannt. Wer sich seiner gegen Calvin angenommen, unterlag mit ihm; Geistliches und Weltliches gingen völlig in eins.

Die Reste der Opposition schlug Calvin 1555 nieder. Auch Perrin entging jetzt nur durch die Flucht der Hinrichtung. Es ist wichtig, daß Calvin, dem das sittliche Leben nach der Zucht als das höchste Ziel irdischen Kirchenregiments vorschwebte, sich gegen seine Feinde zu jedem Mittel, auch der Verdächtigung und Fälschung, befugt glaubte. Denn das tugendhafte Leben war ja das Zeichen der »Erwählung«, die sichtbare Scheidung von den Verdammten. So wurde die Zucht gegen alles leichtfertige und luxuriöse Wesen immer härter und zelotischer, der theokratische Charakter seines Regiments immer ausgeprägter.

Indessen, aus dieser fest geschlossenen, rücksichtslosen und harten Religiosität erwuchsen Kräfte, die um so wirksamer wurden, je mehr sie dem gleichzeitigen quietistisch-neutestamentlichen Luthertum abgingen. Wie Savonarola verkündete Calvin nach den Propheten des Alten Testamentes vor allem den Zorn und das Gericht Gottes, nicht die liebende Gnade des Erlösers. Aber dieser Glaube gab ihm und den Seinen die Leidenschaft von Streitern Gottes im Sinne des alten Bundes. Seine Kirchenorganisation aus Ältesten und Geistlichen machte ihn, wiederum im Gegensatz zum deutschen Luthertum, unabhängig von den Launen, der Unkultur und der Energielosigkeit der Fürsten; dafür gewann er die demokratische Kraft der Gemeinde. Denn die Gemeinde war es ja, die in jedem einzelnen verantwortlich gemacht wurde für den Sieg der Sache Gottes. Ein Strom von Wollen, Gestalten, Organisieren, von Energie und Schaffenslust auch auf wirtschaftlichem Gebiet – freilich auch von sittlicher Selbstzufriedenheit, wie sie zur Eigenschaft ganzer Völker werden sollte – ergoß sich über die Welt aus dem strömenden Brunnquell von Genf. Man hat auch die zutreffende Bemerkung gemacht, daß im Wesen des modernen kapitalistischen

Geistes deutliche Spuren der Ideen des Calvinismus aufgezeigt werden können. Das erfolgreiche Wirken in der Welt als Zeichen der Erwählung, damit verbunden die Ablehnung von Genuß und Luxus, infolgedessen also notgedrungene Aufspeicherung von Gütern und Überschüssen, die man nicht verzehrt – etwas Richtiges bleibt durchaus an dieser geistreichen Kombination von Max Weber und Ernst Troeltsch. Protestantismus, nicht als fromme beglückende Heilsgewißheit des Christenmenschen, losgelöst von aller Welt, sondern umgekehrt, als aktive lebensmächtige politische Kraft, das war das Neue.

Die Folgen sollte man bald in allen Ländern von Nordwesteuropa verspüren. Wie Genf das große Asyl von Flüchtlingen wurde, so strahlte die hier wirkende Willenskraft wieder in die weite Welt zurück; nicht ohne die Rührigkeit Calvins in Rede und Schrift, seine ausgedehnte, mit allen Mitteln arbeitende Korrespondenz bis hinüber nach England und Schottland! Noch vor Bucer hatte sich Calvin nach dem Tode Heinrichs VIII. an die Regierung des unmündigen Eduard VI. gewandt – politisch geschmeidig genug, von der Staatskirche von England keine Gemeindeverfassung nach dem Muster Genfs zu verlangen. Und als der frühe Tod des Königs die blutige Restauration der Maria heraufführte (1553–1558), da begriff er sofort die natürliche Gegensätzlichkeit der schottischen Politik, die nun gegen den Protestantismus nachgiebig sein mußte. Die Tätigkeit des energischen John Knox und der »Covenant« der schottischen Edelleute (1557) schufen die niemals wieder ganz verlorene Grundlegung eines auch hier welthistorisch werdenden Calvinismus.

Vor allem war es die französische Heimat, der sich Calvins ganze Hoffnung zuwandte. Nach seiner Flucht hatte es Ketzerverfolgungen in stärkerem Ausmaße gegeben; aber die Verfolgung war doch nicht so intensiv und umfassend, daß sich nicht in der Stille eine Menge calvinistischer Gemeinden hätten bilden können.

Schon Heinrich II. stand unter dem Einfluß Franz von Guises und des jungen Kardinals von Lothringen, den wir auf dem Trienter Konzil gefunden haben. Gegen die ebenso berechtigten Ansprüche Antons von Navarra und seines Bruders Louis Condé behauptete die Familie Guise vollends das Feld nach dem frühen Tode des Königs (1559), also während der Minderjährigkeit Franz' II., des Gemahls ihrer Verwandten, der Maria Stuart von Schottland. Die Regentschaft übte die Königin-Mutter Katharina von Medici. Sie blieb auch Regentin für den schon nach Jahresfrist folgenden Karl IX. († 1574).

Wie später in den Niederlanden die ständisch nationale Opposition gegen die spanische Regierung weithin protestantische Züge annahm, so geschah es aus dem Geist des Zeitalters auch in Frankreich gegen die Ansprüche des Hauses Guise. Es handelte sich weder eigentlich um eine einheitliche ständische Bewegung gegen die Krone noch um eine protestantische gegen die alte Kirche, wohl aber um Bekämpfung des gegenwärtigen Regiments in allen seinen Äußerungen, auch den kirchlichen. Immer aktiver hatte Calvin die Hand im Spiele. Theodor von Beza wurde sein Vertreter bei Navarra; selbst deutsche Höfe und Städte erhielten politische Winke. Die Schlägerei von Vassy (1562) trieb die Dinge rasch weiter – Leute des Herzogs von Guise und gerüstete Calvinisten bei einer Predigt. Es folgte das Edikt von Amboise, der Friede von 1563. So unbefriedigend er war, so wenig verzweifelte Calvin. Jetzt förderte er wieder das alte Reislaufen in der Schweiz, jetzt mahnt er, sammelt er, befehligt er. »Christus will nicht, daß wir wähnen, er sei gekommen, Frieden zu senden auf Erden, sondern das Schwert. Wer aber keinen Beutel hat, verkaufe sein Kleid und kaufe ein Schwert! Es lebe Frankreich! Christus ist Sieger, Christus ist König, Christus ist Herrscher!«

Vor Calvins scharfen Augen ordneten sich die europäischen Heerlager der Altkirchlichen in Rom und Spanien und Schottland, der Protestanten in dem England der Elisabeth und in den Kreisen der Bekenner in Frankreich, in den Niederlanden, vielleicht auch in Deutschland. Als Calvin am 27. Mai 1564 sein Tagewerk beschloß, war nicht ohne seinen starken Anteil die abendländische Welt, der Luther vor kaum 50 Jahren nur den rechten Weg des Seelenheils weisen wollte, zu einem furchtbaren Kampfplatz geworden. Die Anliegen des inneren Menschen schienen vergessen über dem Geräusch der Zurüstungen zu den blutigen Kämpfen, in denen auf beiden Seiten die Ehre Gottes verteidigt und ausgebreitet werden sollte.

In Deutschland drang zunächst die kirchliche und politische Wirkung des Calvinismus nur langsam vor. Genfer Prediger und Lehrer zogen durchs Land in den freien Formen, wie der Humanismus sie entwickelt hatte. Die Bildung und Energie solcher Calvinisten stärkte vom Oberrhein bis in die Niederlande die vielfach noch lebendigen Reste von Zwinglianern und Sakramentierern. Und wenn auch die Calvinisten ihre eigenen dogmatischen Formeln mitbrachten, so waren diese doch sichtlich eben nicht lutherisch.

Von deutschen Territorien, richtiger von Höfen – denn das war nun das Entscheidende –, öffnete sich calvinistischen Einflüssen zunächst das pfälzische Heidelberg. Hier folgte 1559 auf den tätigen, aber verschwenderischen Ottheinrich der gute Haushalter Friedrich III., den man bald den Frommen nannte. Er war zunächst keineswegs Calvinist, aber sein ganzes, mit sich selbst zufriedenes Wesen machte ihn für die Genfer Anschauungen empfänglich. Er lebte schließlich der tröstlichen Gewißheit, der er auch in seinem Testamente Ausdruck gab, daß er ein »lebendiges Glied der auserwählten Gemeinden zum ewigen Leben« sei. Er gefiel sich in Bibelsprüchen und in der häufigen Bekräftigung seiner Worte mit einem emphatischen »Amen«. Er war von kräftiger Intoleranz gegen alles altkirchliche Wesen, wie er auch die Juden als »Wucherer und Gotteslästerer« nicht im Lande duldete. Dem

Klosterwesen hat er ohngeachtet alles Bittens und Sträubens altgläubiger und strenger Klosterfrauen so ziemlich ein Ende gemacht; von den 55 in der Pfalz eingezogenen Klöstern hat er allein 40 beseitigt. Dafür sorgte er dann freilich aus demselben Geiste auch für eine gute »christliche Polizeiordnung«. Wie in Kursachsen und Württemberg wurde über Kirchenbesuch, Kinderhaltung, Fluchen, Zechen und Müßiggang durch geistliche und weltliche Obrigkeit gewacht.

Dieser Kurfürst übernahm nicht nur das Erbe der protestantischen Führung, obwohl er nicht das Zeug hatte zu einer Politik großen Stils, sondern leider auch das Erbe der dogmatischen Auseinandersetzungen, die den deutschen Protestantismus seit Jahren entzweiten. Melanchthon war am 19. April 1560 aus diesem Leben, das ihm schon oft zu schwer geworden war, hinweggenommen, und Flacius hatte die Gunst seines ernestinischen Herzogs verloren – aber anstelle des so lange von ihm getragenen Streites über freien Willen und Adiaphora trat mit verstärkter Kraft derjenige über das Abendmahl.

Nun lehrte Calvin eine wahrhafte Gemeinschaft des Gläubigen mit der Person des Erlösers im Abendmahl, aber wenn seine Formel mit derjenigen Melanchthons und der Variata von 1540 vereinbar schien, so glaubte man doch einen unerträglichen Unterschied gegenüber der Konfession von 1530 zu erkennen; ganz zu schweigen von den Nebenfragen, die sich ergaben nach der begrifflichen Fassung des Vorgangs der Sichtbarkeit von Fleisch und Blut und der ebenso heiklen Frage, wie die Göttlichkeit Christi seiner menschlichen Natur in Fleisch und Blut die »Ubiquität«, das heißt die wahre Allgegenwart, mitteile. Man stritt zunächst über den Text der Konfessionen.

Kurfürst Friedrich, der seiner theologischen Erleuchtung alles zutraute, entschied sich in seinem Befehl vom September 1559 ausdrücklich für die Konfession von 1540. Im übrigen teilte er, wenn auch aus entgegengesetzten Gründen, die Meinung seines Schwiegersohns, des Herzogs Johann Friedrich von Weimar, daß man sich ja nicht zu sehr an die Frankfurter Einigung vom März 1558 klammern sollte. Die Erörterung darüber führte zum Naumburger Fürstentage vom Januar 1561, der uns vorher in seiner Wirkung auf Maximilian II. beschäftigt hat. Wenn man schon kein politisches Bündnis abschließen wollte, so konnte man sich doch wenigstens um eine einheitliche Konfession scharen. Friedrich der Fromme und Herzog Christoph von Württemberg hielten im Gegensatz zu ihren Standesgenossen getreulich aus, auch wenn vom Morgen bis zum Abend Texte verglichen wurden.

Kurfürst August wollte auch die Variata von 1540. Die anderen aber hüteten sich, den Schein zu erwecken, daß sie vom echten Luthertum abwichen. So einigte man sich, im schroffsten Gegensatz zu der Erkenntnis, die man soeben textmäßig gewonnen hatte, auf Unterzeichnung der Konfession von 1530, mit einer Vorrede, in der die Texte von 1540 und 1542 als sachlich damit übereinstimmend befunden wurden. Eine Anzahl von Fürsten, wie Mecklenburg, Grubenhagen und die Gesandten von Holstein und Lauenburg, versagten sich dem Kompromiß. Nicht genug damit. Wie auf jene Frankfurter Einigung die Weimarsche Konfutation gefolgt war, so versammelten sich im August 1561 die niedersächsischen Stände in Lüneburg und verwarfen ausdrücklich die in Naumburg mit vieler Mühe durchgebrachte Vorrede.

Kurfürst Friedrich von der Pfalz aber ließ nun durch seine calvinistischen Theologen Olevian und Ursin den Heidelberger Katechismus ausarbeiten, der zwar nicht die Prädestinationslehre, sonst aber in weitem Umfange rein calvinistische Formulierungen enthielt. Daß sein Sohn und Erbe, Ludwig, jetzt Statthalter in der fränkischen Oberpfalz, ebenso bestimmt den lutherischen Standpunkt vertrat, suchte der Kurfürst vergebens zu hindern. Selbst im pfälzischen Hause also ging man verschiedene Wege.

An der römischen Kurie bemerkte man sofort die Wendung der Pfälzer zum Calvinismus und machte schon im April 1563, zwei Monate nach Erscheinen des Katechismus, dem Kaiser Vorhaltungen. In der Tat sicherte der Religionsfriede von 1555 nur den Anhängern der Augsburgischen Konfession Glauben und Religionsübung zu, während »alle anderen, so obgemelten beden Religionen nit anhängig, in diesem Frieden nit gemeint, sondern gänzlich ausgeschlossen sein sollten«.

Mit andern Worten, in denselben Jahren, in denen sich die neue Rüstung des Katholizismus erprobte und in Bayern bereits Erfolge zu verzeichnen hatte, erstarkte auch ein neuer Zweig des Protestantismus; allein, in Deutschland äußerte sich seine Wirkung nicht, wie in Westeuropa, im Sinne einer neuen Lebenstüchtigkeit und politischen Aktivität, sondern zunächst nur in der Vertiefung der ohnehin vorhandenen ärgerlichen Spaltungen und in einer bedrohlichen Gefährdung des Friedens. Wir haben schon gehört, wie Maximilian, dem beides gleich fatal sein mußte, sich bei den katholischen Ständen vergebens gegen Pfalz bemühte.

Auch innerhalb des Protestantismus erregten die calvinistischen Neigungen von Kurpfalz tiefe Verstimmung. Auf dem Reichstag entzogen sich die Gesandten dem Vorsitz der Pfälzer und tagten wieder unter kursächsischer Führung. Wenn auch das persönliche Erscheinen des Pfalzgrafen einiges besserte, so blieben doch Wolfgang von Zweibrücken und Christoph von Württemberg gegen ihn am Werk. Und sie beharrten bei ihrer Haltung zusammen mit Kurbrandenburg, erst recht, als die kaiserliche Regierung sich anschickte, gegen den Calvinismus vorzugehen. Der Kurfürst fühlte sich bereits isoliert. Seine Prediger sprachen seit Verlesung des gegen ihn geplanten Edikts zwei Stunden lang über den Text: »Was toben die Heiden und sinnen die Völker auf Eitles«, und der Kurfürst selbst machte sich die Klage Hiobs zu eigen, »meine Verwandten haben mich verlassen«.

Nur die geschickte Vermittlung der kursächsischen Gesandten – August selbst war ängstlich ausgewichen – bewahrte Kurpfalz zunächst vor ernstlichen Schwierigkeiten.

Um dieselbe Zeit hatten sich im Nordwesten des alten Reichsgebiets aus den bescheidensten Anfängen von Gemeinden der Verfolgten politische Bewegungen ergeben, die den deutschen und europäischen Protestantismus vor sehr viel größere Proben stellen sollten. Die allem Reichs- und Landesrecht widersprechende Verbindung der deutschen, im burgundischen Staate allerdings sehr selbständig gewordenen Niederlande mit Spanien bildete den tieferen Grund für Auseinandersetzungen, die sich ebensosehr als politische wie als religiöse darstellten und schließlich zu dem großartigsten und erfolgreichsten nationalen Befreiungskampfe führten, den die europäische Geschichte kennt.

Handelnde Personen sind Philipp II., König von Spanien, seine Statthalter und Räte im Lande, das niederländische Volk und ein Adel von heroischem Stil.

Philipp II. war durch seinen Vater Karl V. politisch aufs sorgfältigste erzogen, von seinem zwölften Lebensjahre an immer wieder zum Regenten bestellt und mit politischen Instruktionen und Testamenten versehen worden. Aber es ist für die Grenzen der Möglichkeit, politische Eigenschaften zu übertragen, sehr lehrreich, wie Philipp II. sich aus den von politischer Weisheit erfüllten Testamenten seines Vaters nur die starre Formel zu eigen machte, daran auf das hartnäckigste festhielt, aber in seinen Entschließungen vor lauter Gewissenhaftigkeit unablässig zögerte und schwankte. Gewissenhaft und fleißig regierte er in allen Dingen selbst. Bis 1559 hatte er in den Niederlanden verweilt, dann begab er sich nach Spanien, um es nie wieder zu verlassen. Das einsame Leben im Escorial, wo er von seinem Schlafzimmer aus durch ein Fenster nur noch den Tabernakel des Sanktissimum im Hochaltar der Kirche zu sehen begehrte, ist ewig denkwürdig für seine Frömmigkeit wie für die unbewegliche Starrheit seines Wesens und die selbstverschuldete Erfolglosigkeit seiner Regierung.

Karl V. hatte auch die für die Niederlande heraufziehenden Gefahren beizeiten erkannt, die Neigung zur Sektenbildung, auch zur staatlichen Auflösung unter den Schlagworten einer neuen Freiheit. Ihm schien es deshalb wichtig, für Statthalterschaften nur Mitglieder der eigenen Familie zu wählen und auch diese am Zügel zu halten. Philipp hatte dem entsprochen und beim Abschiede seine in den Niederlanden geborene natürliche Schwester Margarete, Herzogin von Parma, als Regentin zurückgelassen. Sie war vielleicht eine kluge und verständige Frau, aber unter sehr viel schwierigeren Verhältnissen zu derselben Rolle verurteilt wie vor ihr Karls Tante Margarete von Österreich und seine Schwester Marie von Ungarn – Verantwortungen zu tragen ohne das Recht der letzten Entscheidung. Ihr zur Seite stand, wie früher, ein Staatsrat von vornehmen Niederländern, einheimischen und fremden Räten, darunter als eigentlicher Vertrauensmann der Krone Antoine Perrenot, Herr von Granvelle, bald Erzbischof und Kardinal.

In den Niederlanden hatte von vornherein die Abwehr ketzerischer Lehren und verbotener Gemeinschaften gewaltsame Formen angenommen. Hier galten immer das Wormser Edikt und das mittelalterliche Ketzerrecht in aller Schärfe. Hartnäckige Ketzer wurden hingerichtet; Männer mit dem Schwerte, Frauen durch Begraben. Todesstrafe stand auch auf jeder Mithilfe, Hausung oder Atzung. Dazu hatte Karl V. nach spanischem Muster die Ketzerverfolgung in die Hände eines besonderen Inquisitionsgerichtes gelegt, das, wie der Name besagt, die Verbrecher von sich aus aufzuspüren und zu überführen hatte. Soviel man sieht, handelte es sich zunächst um kleine Leute.

Die Verfassung der Niederlande war im übrigen im Laufe der Jahrhunderte so wenig durchgreifend geändert wie die Wirtschaft. Die Lande waren reich durch uralte Industrie, einen stellenweise ergiebigen Boden und einen überaus entwickelten Handel, entsprechend der günstigen Lage zwischen Ost- und Westeuropa, zwischen England und dem Festlande. Neben Sizilien wurden auch die Ostseeländer Kornkammern für Spanien durch Amsterdamer Schiffe. Deshalb dominierten die Städte, die Geld und Verkehr beherrschten. Doch war die Struktur des Landes eine sehr ungleichartige. Wallonen und Niederdeutsche, vorwiegend agrarische oder industrielle, Seefahrts- und Binnenlands-Interessen, Patrizier und Zünfte standen sich in allen möglichen Kombinationen gegenüber. Auch sollte sich zeigen, daß der ziemlich zahlreiche Landadel seine Bedeutung keineswegs verloren hatte.

Prälaten, Städte und Adel bildeten die Landstände. Traten sie aus allen Landschaften zusammen, so hießen sie Generalstände oder Generalstaaten. Als Vertreter der vornehmen Herren des Landes, die einst gegen oder mit Maximilian, dann während der Jugend Karls V. das Land regiert hatten, gab es auch jetzt noch drei Mitglieder des Staatsrats von überragendem Ansehen. Da war zunächst Wilhelm von Oranien, Sohn des protestantischen Grafen Wilhelm von Nassau-Dillenburg, Erbe von Orange durch Vermächtnis seines vor St. Dizier gefallenen Vetters René de Chalon, Schwiegersohn Max von Bürens, Statthalter von Holland, Seeland und Utrecht; er war 1533 geboren, also 1559 erst 26 Jahre alt. Neben ihm der ältere Graf Lamoral von Egmont, nicht von fürstlicher Abkunft wie Nassau, aber durch Reichtum und Ansehen im Lande ausgezeichnet, Statthalter in Flandern und Artois; er gehörte als Reitergeneral zu den Siegern von St. Quentin. Der dritte war Graf Philipp von Hoorn. Diesen Herren lagen die Rechte der Länder ebenso am Herzen, wie ihnen die spanisch-burgundische Regierung des Kardinals von Granvelle widerwärtig war. Von religiösen Momenten war der landschaftliche und hochadelige Stolz dieser Männer noch unberührt. Sie spielten auch sonst zunächst keine große Rolle außerhalb ihrer Statthalterschaften.

Bei der rücksichtslosen Verfolgung aller Ketzerei hielten sich im Lande lange Zeit nur verborgene Zirkel von Täufern und neuerdings einige entschlossene Calvinisten. Aber der ausgebreitete Verkehr der Niederländer brachte weite Kreise in unausgesetzte Berührung mit fremden Gedankenwelten; die Beweglichkeit dieses Lebens bedurfte nur bestimmter Führung. Einige Brabanter Edelleute, Guy de Brès, Johann und Philipp Marnix, gingen durch die Genfer Schule. Niederländische Emigranten fanden Schutz und Aufnahme bei Friedrich dem Frommen in Heidelberg. Nicht minder wirkte das erstarkende französische Hugenottentum über die Grenze. In Tournai, Lille, Valenciennes soll es schon 1561 geheime Gemeinden gegeben haben. Die örtlichen Obrigkeiten griffen nicht durch, die Geistlichkeit alten Stils erst recht nicht. Natürlich gab es die Inquisition, und auch jetzt schon verging kein Jahr, daß nicht »einige Dutzend Täufer und Calvinisten enthauptet, verbrannt oder ertränkt wurden«. Die Märtyrer schufen, wie in Frankreich, neue Bekenner, und die Kirche der Verfolgung wuchs an innerer und äußerer Kraft. Die calvinistische Mitgift der Gemeindebildung gab ihnen Form und Halt.

Aber alle Bewegung des kleinen Volkes und einzelner Gebildeter blieb zunächst politisch unwirksam. Dagegen war es eine rein kirchenrechtliche Frage, die bald lebhaften Streit erregte. Im Jahre 1559 war eine völlige Neuordnung oder Zirkumskription der niederländischen Bistümer erfolgt unter Auslösung von Teilbezirken aus der deutschen und französischen Kirche von Köln und Reims. Die alten Bistümer Cambrai und Utrecht wurden zu Erzbistümern erhoben und neben ihnen ein drittes Erzbistum, Mecheln, neu errichtet. Ihnen wurden nicht weniger als 15 neue Bistümer untergeordnet – außer den französischen Bistümern in der Auvergne die einzige wirklich große Vermehrung der abendländischen Bistümer seit der karolingischen Zeit; dem Sinne nach eine Abkehr von den übergroßen deutschen Sprengeln, eine Hinwendung zu den kleineren Diözesen der romanischen Welt mit intensiverem Anteil des Bischofs an der Seelsorge. Nun sollten die neuen Bischöfe mit Klostergut ausgestattet und als Herren der Klostergüter in die Stände aufgenommen werden, was von diesen bestritten wurde.

Die Edelleute erschienen als Führer. Sie zeigten in religiösen Dingen eine wachsende Toleranz. Vor allem wieder Oranien als Herr von Breda und Johann von Glymes als Markgraf von Bergen-op-Zoom, zu dessen Bezirk Valenciennes gehörte. Hier gab es 1562 sonderbar vermummte geistliche Zusammenrottungen, Demonstrationen und dann Hinrichtungen; der Statthalter selbst hielt sich zurück. Gegen die Maßregeln der spanischen Regierung bemerkte er 1565, »er befrage seit vier Jahren die Theologen, wo es in der Heiligen Schrift stehe, daß man jemanden seines Glaubens wegen töten dürfe«.

Hinter der ständischen und popularen Erregung aus Einzelanlässen zeichnete sich bald immer deutlicher die große verbindende Linie der Abneigung gegen die Fremdherrschaft ab. Es kam dazu die Sorge vor einer Einmischung in die religiösen Kämpfe Frankreichs. Als Philipp 1562 im Sinne seiner altkirchlichen Politik damit Ernst machen wollte, fand der Plan eine so energische Ablehnung schon im Staatsrat, daß die Regentin zurückhielt. Oranien und Egmont betonten geradezu, die Lage der Niederlande erfordere ein freundliches Verhältnis ebenso zu den benachbarten protestantischen wie zu den katholischen Fürsten. Oranien selbst trat den deutschen Fürsten näher durch seine Verbindung mit der einzigen Tochter Moritz' von Sachsen, die den Namen ihrer Urgroßmutter, der starkmütigen Mutter Philipps von Hessen, Anna, trug. Ihr Sohn hieß wieder Moritz. Mit Hessen und Sachsen pflegte dementsprechend Oranien enge Verbindung. Gegenüber der katholischen Politik Philipps von Spanien wünschte er Zusammenschluß und Stärkung der protestantischen Mächte. Das war schon sehr weit gegangen für einen Staatsrat und Statthalter Philipps II., der äußerlich noch der katholischen Kirche angehörte.

Nicht genug damit. Nachdem die französischen Hugenotten 1563 den Frieden von Amboise erkämpft hatten und ihr Haupt, Prinz Louis von Condé, Gouverneur der benachbarten Picardie geworden war, empfing Oranien einen Sekretär Condés im Schlosse zu Breda. Wenn nun Granvelle als verantwortliches Organ der spanischen Regierung geheime Sonderberichte an den König gab, so mußte die Gegnerschaft zwischen ihm und Oranien bald unerträgliche Formen annehmen. Die Edelleute kamen immer wieder auf ihre Forderung von Generalstaaten zurück. Granvelle verabscheute nichts mehr als deren gesammelte Macht. Im März 1563 forderten Oranien, Egmont und Hoorn zum ersten Male die Entfernung Granvelles. Im Juli 1563 verbanden sie damit auch die erneute Forderung von Generalstaaten. Dann blieben sie auch dem Staatsrat fern.

Nun endlich berief Philipp den Kardinal ab. Im März 1564 ging Granvelle in die Franche Comté, später nach Rom. Kurze Zeit regierten die Niederländer den Staatsrat. Ihr Sieg wirkte auch auf die religiösen Dinge zurück. Das Spanische verlor überall an Autorität. Valenciennes, Tournai, Cassel, Antwerpen erlebten ein immer stärkeres Hervortreten protestantischer Gemeinden. Sie wagten sogar Synoden. Gelegentlich griff die spanische Regierung bei auffallenden Vorgängen blutig ein, aber die Gegenbewegung stieg nur um so gewaltiger empor. 1564 soll es in Antwerpen bereits Calvinisten und Lutheraner, Einheimische und Franzosen in mehreren organisierten Gemeinden gegeben haben. In Flandern griff die Erregung gegen den Inquisitor Titelmann erschreckend um sich.

Die Statthalterin, selbst aus dem kleinen Volke dieses Landes hervorgegangen, vom Könige ohne wirksame Hilfe, oft auch ohne zeitigen Bescheid gelassen, zeigte immer mehr Neigung zum Entgegenkommen. Das Volk aller Schichten und Landschaften, so konnte man 1565 sagen, forderte Generalstaaten, Beseitigung der Inquisition, Milderung der Religionsedikte.

Graf Egmont ging im Januar 1565 im Auftrage der Herzogin selbst zum Könige nach Spanien. Aber der König hörte auch andere, wie den spanischen Augustiner Lorenz von Villavincencio, der ohne Zucken davon sprach, daß man 50000 Hinrichtungen nicht scheuen dürfe, aber wohl mit 2000 zum Ziele komme. Auch der Herzog von Alba meinte jetzt, Oranien, Egmont und Hoorn verdienten den Tod. In der Zusammenkunft Albas und der Königin von Spanien mit der Regentin von Frankreich zu Bayonne (1565) sah man allgemein das Signal zu einer neuen Politik. In Wahrheit hatte die verschlagene Regentin von Frankreich, die im eigenen Lande beide Parteien gegeneinander ausspielte, sich in der europäischen Politik gleichzeitig an den entgegengesetzten Polen versichert, bei Elisabeth von England so gut wie bei Philipp von Spanien.

Für die Niederlande lautete der Bescheid Philipps vom 5. November 1566 wirklich, die Organe der Inquisition seien aufzumuntern, die Religionsedikte in voller Kraft zu belassen, die Trienter Beschlüsse durchzuführen und die Generalstaaten nicht zu berufen, solange sich die Religion in Gefahr befinde.

Seit diesem Zeitpunkt traten auch auf der Gegenseite die entschlossenen Vorkämpfer stärker und aktiver hervor, Philipp Marnix von St. Aldegonde, der Holländer Heinrich von Brederode und Graf Ludwig von Nassau, jüngerer Bruder Wilhelms von Oranien. Statt der staatsmännischen Zurückhaltung des »Schweigers« zeigte Graf Ludwig von vornherein das freudigste Zugreifen und ein rückhaltloses Einsetzen aller Kraft. Seine Beziehungen reichten vom Landgrafen von Hessen bis zum Prinzen Condé. Im Winter 1565 sammelte er seine Freunde vom Adel in Spa zu einer förmlichen ritterlichen Vereinigung. Die protestantischen Gemeinden aber suchte er mit den Führern des deutschen Protestantismus in Schutzverbindung zu bringen. Auch an Wilhelm von Oranien selbst trugen die Ungestümsten jetzt das Verlangen nach den Waffen heran. Er äußerte, seine Stunde sei noch nicht gekommen.

Die Jungen vom Adel gingen mit einer Massenpetition auf Zusammentritt der Generalstaaten und auf Religionsfreiheit vor. Am 5. April 1566 zogen sie vor der Statthalterin auf, fast 600 Edelleute; da fiel zuerst der Ausdruck »Gueux«, Bettler. Margarete gab eine vorsichtig entgegenkommende Antwort. Gleichwohl bedeutete das Jahr 1566 in den Niederlanden die erste Krise. Seit dem Mai tagten in Flandern und Brabant große Feldgottesdienste, in denen nun offen Calvinisten, wie Philipp Marnix, predigten. Später gab es ähnliches in Holland, Seeland, Overyssel und Geldern. Die Herzogin schien äußerlich zu kleinen Zugeständnissen bereit, doch nur, um ihren Instruktionen gemäß in der Hauptsache um so energischer vorzusorgen. Man rüstete.

Inzwischen ergriff die religiöse Bewegung auch die vornehme Kaufmannschaft. Heimgekehrte Emigranten gaben ihr neuen Schwung und freilich auch gefährlichen Radikalismus. Das Übergewicht der Calvinisten wurde immer deutlicher. Es wandte sich ebenso gegen den »papistischen Götzendienst« wie gegen die »lutherische Ketzerei«. Der Adel vermochte die Gegensätze nicht mehr in sich auszugleichen; nur ein Teil des Bundes hielt zusammen, Noch immer stieg die protestantische Bewegung und mit ihr der Anspruch. Man wollte Truppen annehmen in Deutschland, die Regentin sollte die Geschäfte an Oranien, Egmont und Hoorn übergeben. In der Tat trat Oranien mehr und mehr in den Vordergrund, aber es wurde auch mitgeteilt, er habe die alte Religion verlassen und neige zum Luthertum seiner Familie. Noch wollte er das Regiment des Königs erhalten. Umgekehrt zeigte der katholische Egmont sich der Religionsfreiheit geneigt.

Da trieb der Radikalismus der Gemeinden, die nicht gleich dem Adel warten und rüsten wollten, die Dinge in ein anderes Fahrwasser. In Westflandern kam es im August 1566 zu Zusammenrottungen und zu greulichen Ausschreitungen. Kirchen wurden geplündert, Bilder zerschlagen, geweihte Hostien ausgeschüttet, kostbares Gerät gestohlen. Selbst eine Stadt wie Mecheln in Brabant ließ einen Haufen von Strolchen starr gewähren; so sehr hatte die öffentliche Autorität gelitten. Das war den einen ein hoffnungsvolles, vielen ein warnendes Zeichen. In Wahrheit befand man sich mitten in der Revolution. Die Herzogin, von aufregenden Ereignissen und widerstreitenden Ratschlägen umstürmt, neigte wieder zum Entgegenkommen. So riet auch Egmont. Der König gab gewisse Erleichterungen. Aber die Gemeinden hatten mehr begehrt. Unter Mitwirkung des Adelsbundes, der sich selbst darüber freilich auflösen mußte, kam es am 25. August 1566 zu förmlichen Verbriefungen. Die Inquisition wurde aufgehoben und in vorsichtiger Formulierung sogar evangelische Predigt gestattet. Das war der höchste Erfolg einer im ganzen noch unblutigen Bewegung.

Es war für lange Zeit der letzte.

Wie der hohe Adel und der niedere, so waren auch die Städte und Provinzen offenkundig gespalten. Es gab solche mit anscheinend protestantischem Übergewicht, aber es waren nicht die meisten. Dabei standen überall Altkirchliche, Lutheraner und Calvinisten gegeneinander. Nun kamen noch große Mittel aus Spanien. Truppen wurden aufgebracht. Schon in der Handhabung der Zugeständnisse vom 25. August bemerkte man das erstarkende Selbstgefühl der Regierung. Hatte Philipp seine Zugeständnisse schon mit einem geheimen Revers begleitet, so war auch die Regentin jetzt geradezu für Aufhebung.

Oranien entging die Wendung nicht. Mit den deutschen Fürsten war er nicht viel weiter gekommen. Auch die Hugenotten erkannten wohl die Gemeinschaft der Interessen, aber sowenig wie die deutschen Fürsten die knappe Gunst der Stunde. Und Egmont? Er war so königstreu, daß er alle Gewaltsamkeit gegen die Regentin weit von sich wies.

Inzwischen rückten die Calvinisten, schon gereizt durch die engste Aus-

legung der Freiheiten, am 1. Dezember in Antwerpen zusammen. Man wollte
Ernst machen mit der Organisation, zahlen, Truppen und Führer aufstellen.
Oranien weigerte sich. Obwohl er sich schon sehr weit vorgewagt, hielt er
doch auf dem Wege noch einmal inne. Dafür verband sich Brederode mit
Resten des Adels und Vertretern der Kirche im Februar 1567. Aber Valenciennes und Brederode erlagen je für sich in kurzer Frist. Das stärkte die
Regierung. Es gab wieder Urteile und Exekutionen. Die Regentin verlangte
einen neuen Ergebenheitseid, auch von Oranien. Da bat er um seine Entlassung. Am 22. April 1567 ging er nach Deutschland.

Für ihn trat in demselben Augenblicke ein anderer Vollstrecker des königlichen Willens auf den Plan – der Herzog von Alba. Noch im April verabschiedete er sich vom Könige; über Mailand zog er mit Truppen durch
die Schweiz in die Niederlande. Die tiefverletzte Regentin, kaum im Besitz
seiner Instruktionen, räumte vor ihm das Feld. Am 30. Dezember verließ sie
die Niederlande, um nach Italien, in ihre zweite Heimat, zurückzuziehen.
Jetzt galt es, die oft erteilten Ratschläge zu vollstrecken, die königliche
Gewalt und die Religion mit Blut und Feuer zu erhalten. Der Herzog von
Alba, ein erprobter Feldherr von besonnener Initiative, erschien mit einem
Heere von rund 10000 Mann, kalt, starr, nichts als das glänzende Werkzeug
königlichen Willens. Je mehr der König in der verborgenen Stille seiner
Schlösser blieb, unberührt von Geschehnissen und Menschenschicksalen,
um so unerbittlicher wurden seine unmenschlichen Befehle vollzogen.

Was nun furchtbarer auf dem Lande lastete, die hochmütig rohe Soldateska der Spanier oder die wachsende Angst vor dem »Rat der Unruhen«
oder die grausigen Exekutionen selbst, ist schwer zu sagen. Dem Lebensgefühl des vlämischen Volkes und seiner Literatur haben sich die Spuren
davon bis heute auf das tiefste eingeprägt. Man begann mit den Kleinen.
Aber in jener heimtückischen Art, die man von seiten Albas auch in Deutschland schon einmal kennengelernt hatte, bemächtigte man sich beizeiten auch
der Großen. Am 9. September 1567 wurden Egmont und Hoorn verhaftet.

Nachdem der Herzog ein halbes Jahr lang die nötigen Vorbereitungen
getroffen hatte, erfolgten die blutigen Vollstreckungen vom Februar 1568
an. Alle Glieder des Adelsbundes und die Führer der Gemeinen wurden
verfolgt; von Freiheiten war nicht mehr die Rede. Am 5. Juni bestieg auch
Egmont das Blutgerüst – der Sieger von St. Quentin, derselbe Mann, der in
entscheidender Stunde dem König die Treue gehalten hatte und das angesichts des Todes noch einmal bekräftigte. Lähmendes Entsetzen bemächtigte
sich Brüssels. Hinrichtungen und Ausweisungen gingen nun in die Tausende.
Aber sie bildeten nur eine neue Aussaat.

Emigranten in Deutschland und unter den Hugenotten rührten sich jetzt
leidenschaftlicher. In Wesel gab es eine große Synode der Vertriebenen. Der
nassauische Hof in Dillenburg wurde Hauptquartier. Man sammelte Geld
und Truppen, einstweilen freilich noch ganz unzulänglich. Die ersten klei-

nen Expeditionen des Grafen von Hoogstraeten und Ludwigs von Nassau blieben Versager. Die eine wurde an der Grenze von Jülich, diejenige Nassaus bei Jemgum in Ostfriesland am 21. Juli aufgerieben. Wie im Lande die »Buschgeusen«, so trieben es an der See die »Meergeusen« gegen spanische Schiffe – nicht ganz unwirksam. Immerhin, Alba hielt die staatlichen Machtmittel noch fest in der Hand.

Erst im September hatte Oranien selbst ein marschbereites Heer, das er im Amte Montabaur musterte, 15 000 bis 18 000 Knechte und 7 000 Reiter. Im klarsten Bewußtsein von dem guten alten Recht des Landes und erfüllt von der Überzeugung, den Widerstand der Untertanen nicht gegen die angestammte Herrschaft, sondern gegen den Mißbrauch der Gewalt zu führen, begann es seinen sechzehnjährigen Kampf um die Freiheit.

Wir müssen innehalten und unsere Blicke für einen Augenblick wieder ins Reich zurücklenken. Die besten deutschen Fürsten jener Tage, Kurfürst August, Herzog Christoph, auch der junge Landgraf Wilhelm von Hessen, waren bedächtige, fleißige, aber im Grunde ganz unkriegerische Naturen. Über die Stufe des Fehdewesens hatten sie sich, erst recht gehoben durch die Reformation, zu landesväterlicher Staatsanschauung emporgearbeitet, aber wiederum noch nicht das Wesen des Staates als Macht zu begreifen gelernt. Auch Kurfürst Friedrich von der Pfalz war eigentlich nicht anders. Was die kargen Einkünfte dieser Herren verfügbar machten, ging nur zu rasch auf die im Stil der Zeit gepflegten Jagden, Bauten und Kunstkammern. Immerhin war der Pfälzer der erste, der dem Oranier die namhafte Summe von 100 000 Talern und weiteren 10 000 Gulden vorstreckte.

Das merkwürdigste war, daß viel weniger die Häupter des Protestantismus als die katholischen Stände und der Kaiser voll Sorgen nach den Niederlanden blickten. Was stand Deutschland bevor, wenn die Kirchenfrage so völlig im Gegensatz zu der mühsam errungenen Lösung von 1555 wieder mit Feuer und Schwert angegriffen wurde? Würde sich das Ungewitter aus den Niederlanden nicht nach Deutschland hinüberziehen?

Wir kennen Maximilian; auch er war ein rechter Vertreter dieser ermüdeten Generation und, ganz abgesehen von seiner persönlichen Einstellung, durchaus auf den Frieden bedacht. Er meinte den protestantisch gesinnten Herren seiner Erblande eine Augsburgische Konfession zuzugestehen, die sich sehr katholisch interpretieren ließ; die Jurisdiktion der Bischöfe wünschte er schon um des Friedens willen anerkannt. Von der Auffassung Philipps II. von Spanien trennte ihn eine Welt. Sich und seine bescheidenen Mittel für die katholische Sache einzusetzen, war er weit entfernt. Er sagte dem päpstlichen Legaten, er verfüge nicht über die Mittel Spaniens, er müsse mit seinen vielen Kindern von seinen armen Ländern und mit ihnen in Frieden leben. So hätte er gewünscht, daß auch die Niederlande eine mäßige Freiheit erhielten.

Wie sehr verkannte er die Tiefe der Gegensätze und die Leidenschaften der Zeit! Er dachte wohl einmal an Rückerwerb der Niederlande – ein Gedanke, der in der Wiener Politik später viel lebendiger aufgenommen werden sollte. Im Augenblick suchte er auf Philipp einzuwirken, auch durch die schon erzählte Sendung seines Bruders Karl vom Oktober 1568. Er konnte sich zum Überfluß auf Bitten und Mahnungen der Reichsfürsten berufen. Als ob das dem Könige von Spanien irgendeinen Eindruck hätte machen können! König Philipp kehrte vielmehr den Spieß um. Er machte dem Vetter Vorstellungen wegen seiner Haltung in Österreich; er begehrte Reichshilfe gegen die Rebellen in den Niederlanden. Natürlich ebenso vergebens.

Für die deutschen Fürsten, insbesondere die protestantischen Fürsten, gab es nicht nur die niederländische Frage, sondern fast noch dringender die französische. Im Frühjahr 1567, noch vor dem Erscheinen Albas in den Niederlanden, hatte Frankreich Fühlung genommen mit Württemberg, Kurpfalz und Hessen über ein engeres Bündnis gegen die Spanier. Frankreich war die katholische Macht geblieben, aber wie in den Tagen Karls V. kämpfte es gegen Spanien auch an der Seite der Protestanten.

Die deutschen Fürsten hatten zu Heidelberg im Mai 1567 getagt. Indessen, noch im Sommer und vollends im Herbst war ja die ganze Lage verändert durch das Erscheinen Albas und durch den erneuten Ausbruch der Hugenottenkämpfe in Frankreich. Sollten die Fürsten vor der drohenden spanischen Gefahr die Augen verschließen? Aber wie konnten sie andererseits die Krone Frankreichs unterstützen, die ihre eigenen Glaubensgenossen blutig niederkämpfte? Sollte es nicht umgekehrt an der Zeit sein, den Hugenotten Zuzug zu leisten? Man sieht, wie sonderbar sich die Lage nach beiden Seiten verschob.

Von allen deutschen Fürsten war es wiederum nur Kurpfalz, das in Frankreich einzugreifen geneigt war. Zwar, der Kurfürst wollte nicht selber ziehen, aber er ließ seinen jüngeren, unbändigen, jetzt fünfundzwanzigjährigen Sohn Johann Casimir gern gewähren. Im Dezember 1567 brach der junge Herr mit 8000 Reitern und einem Regiment von Knechten auf, um sich mit Condé bei Pont-à-Mousson zu vereinigen. Der Kurfürst verleugnete den Zug. Aber wir wissen zu seiner Ehre, daß er ihm viel Geld kostete. Der erste Erfolg von Longjumeau (März 1568) mochte das verschmerzen lassen.

Nun verquickten sich die französischen und niederländischen Kämpfe. Wilhelm von Oranien hatte sich trotz seiner großen Zurüstungen zunächst in Brabant nicht halten können; die Strategie Albas, der ihm die Schlacht versagte, manövrierte ihn wieder aus dem Lande. So versuchte auch er es mit einer Unterstützung der Hugenotten. Alba stützte sofort die königliche Regierung; der Kardinal von Lothringen quittierte diese Hilfe durch den großartigen Plan, Philipp selbst nach dem kinderlosen Tode der Söhne Heinrichs II. zum König von Frankreich zu erheben. Das alles war eine Klärung der Lage.

Von Deutschland aus folgte der lutherische Wolfgang von Pfalz-Zwei-brücken, der vor kurzem noch im Dienste Philipps II. gestanden hatte, den Spuren seines Vetters. Im Oktober 1568 rückte er zu Condé. Mit seinen 20000 Mann wollte er den ersten Monat umsonst dienen; er hatte namhafte Teile seiner Besitzungen für die Zurüstungen verpfändet. In Frankreich sollte ihm dafür gehören, was er gewinne; anscheinend dachte er an Metz. So rechtfertigte er sich vor dem Kaiser; wies auch alle schönen Worte des Königs und des Herzogs von Aumale ab. Er drängte den Herzog aus dem Elsaß bis tief nach Frankreich hinein. Dann kam auch seine Unterneh-mung zum Stehen. Der Pfalzgraf ist am 11. Juni 1569 zu Nesson in den Armen Ludwigs von Nassau gestorben; am nächsten Tage kamen Gaspard von Coligny, Admiral von Frankreich, und seine Freunde, um den zu früh Vollendeten zu ehren.

Inzwischen hatte sich an einer dritten Stelle in Deutschland Verständnis für die Lage gezeigt, in Hessen. Hier erweiterte man im Sinne der Ideen Philipps des Großmütigen die politischen Verbindungen wieder bis nach England. Und auch Elisabeth, in deren Gewahrsam soeben (1568) ihre Nebenbuhlerin Maria Stuart geraten war, beteiligte sich an der ausgespro-chen protestantischen Politik. Englische Schiffe trieben wie die Meergeusen erfolgreichen Seeraub gegen die Geldsendungen aus Spanien. Ja, der eng-lische Kaufmann war sehr mit dabei, in Verbindung mit den Protestanten in Skandinavien die niederländischen Untertanen des Königs von Spanien aus den Häfen der Ostsee zu verdrängen; die *merchant adventurers* verlegten 1569 ihren Stapel von Antwerpen nach Hamburg. Im April 1569 kam ein Eng-länder Henry Killigrew nach Heidelberg und entwickelte vor den empfäng-lichen Ohren des kurpfälzischen Hofes die Ideen von einer Verbindung der protestantischen Mächte. Die Stimmungen in Heidelberg gingen wieder sehr hoch. Jetzt war es Johann Casimir, der Metz, Toul, Verdun zurück-gewinnen wollte.

Auf dem Erfurter Tag der protestantischen Fürsten, am 8. September 1569, berichtete Kurpfalz. Aber als er geendet, wandten sich die erlauchten und tapferen Herren alle von so weitgehenden Kombinationen ab. Zunächst Kurbrandenburg, dessen Gesandter zu sagen wagte, sein Herr könne nur den Augsburgischen Konfessionsverwandten Hilfe gewähren, nicht den Calvinisten. Auch Kursachsen wollte nicht mittun. Am Ende war keiner bereit.

Es gibt natürlich eine durchschlagende Erklärung für dieses Verhalten. Sie liegt in den genau entsprechenden Verhältnissen der Gegenseite. Von den katholischen Ständen war vielleicht schon jetzt in allem das Gegenteil zu erwarten. Als Oranien 1569 ins Elsaß und nach Lothringen abgedrängt wurde und Pfalzgraf Wolfgang im Felde stand, gab es viel besorgte Mienen unter den katholischen Ständen. Man erwog Rüstungen des Landsberger Bundes. Sein Haupt, Herzog Albrecht, bat um Hilfe bei Alba. Er dachte

allen Ernstes daran, den General des Königs von Spanien in den Bund zu
ziehen. Dann wäre der große deutsche Krieg vielleicht 50 Jahre früher eingetreten und auf französisch-niederländischem Boden ausgefochten worden
Aber nach allem, was wir schon wissen, konnte die bayrische Idee für Kaiser
Maximilian nicht in Frage kommen. Er hielt ängstlich zurück, ja er verabscheute den Plan des Schwagers, obwohl er sich bei Philipp des Gegenteils rühmte. Immer das alte Bild: Die Freunde von 1547 und 1552, Kursachsen und Österreich verhinderten jede einseitig politisch-konfessionelle
Entscheidung, sosehr die Zeit danach rief.

Auch die Grenz- und Gebietsverletzungen, die empfindliche Störung von
Handel und Verkehr im Rheingebiet durch die unausgesetzten Kriegszüge
und Zurüstungen trieben die Reichsstände nicht zum Handeln. Wohl gerieten die Grenzkreise in eine gewisse Bewegung, und auf dem Reichstage
zu Speyer 1570 wurde viel von Reichskriegsverfassung, Werbungen und
Werbeverboten geredet. Die Religionssache stellte man beiseite; aber wie
man Durchzügen wehren, Kriegsrüstungen und Kriegsbeschwerden von
seinen Grenzen fernhalten könne, das beschäftigte die Stände. Deutschland
sollte wenigstens seine Neutralität schützen können. Ein bescheidenes Ziel
für das große Reich mit seinen ergiebigen Werbeplätzen und unnötig vielen
Fürsten.

Die französischen Hugenotten erlebten Niederlagen und Erfolge. Ihre
Festung La Rochelle wurde vom Meer her gestärkt, und wenn auch Oranien
infolge seines Mangels an Mitteln aus Frankreich wieder hatte weichen
müssen, so bequemte sich die Königin-Regentin am 8. April 1570 doch zu
dem Frieden von St. Germain. Nun gab es in Frankreich fürs erste Ruhe
und deshalb wieder den alten vorwiegenden Gedanken des gemeinsamen
Kampfes gegen Spanien. Am Hofe der Regentin und des Königs sah man
wieder den Admiral von Frankreich und den tapferen Ludwig von Nassau
als Berater; er war im Heere Colignys und hatte sich zuletzt bei der Verteidigung von La Rochelle ausgezeichnet. Wenn man am Hofe jetzt, zur Ab-
wechslung im Einvernehmen mit England, gemeinsame Pläne schmiedete
gegen Spanien, konnte man nicht umhin, auch an das Schicksal der Niederlande zu denken; man erwog, sie zu teilen oder gar für Frankreich zu erwerben. Lockende Gedanken, die über die napoleonische Zeit hinaus in Frankreich lebendig bleiben sollten.

Was bedeutete das alles für die Niederlande in diesem Jahre 1571, wo
Ludwig von Nassau in Frankreich, sein älterer Bruder in Deutschland warb
und ihre Schiffe die Anlehnung an England besaßen? Wilhelm von der
Mark schwur, seinen Vetter Egmont zu rächen, nahm den Hafen Briel an
der Mündung der Maas und festigte in Holland und Seeland den Widerstand gegen die Spanier von der See aus. Während Ludwig von Nassau
Valenciennes und Mons gewann, ließ Marnix von St. Aldegonde im Juli

1572 zu Delft den abwesenden Wilhelm von Oranien jetzt durch die Stände als königlichen Statthalter von Holland und Seeland, Friesland und Utrecht annehmen. Ein widerspruchsvoller und revolutionärer Vorgang, aber doch der Anfang des neuen niederländischen Staates! Schon zog Oranien selbst mit 16000 bis 17000 Mann heran, um mit dem Bruder zusammenzuwirken. Er nahm nun seinen Sitz in Delft. Die Lage schrie geradezu nach raschen und bedeutenden Entschließungen Frankreichs und der deutschen Fürsten, wenn es ihnen je ernst war mit ihrer Sache. In England tauchte bereits die Befürchtung auf vor der Festsetzung der Franzosen an der flandrischen Küste. Für den Augenblick wurde weiteres verhindert durch den Sieg von Albas Sohn über ein Hilfskorps für Ludwig von Nassau bei St. Ghislain.

Da geschah etwas völlig Überraschendes und Grausiges, das die innere und äußere Lage Europas wie ein riesenhafter nächtlicher Brand auf das unheimlichste beleuchtete und klarlegte. Katharina von Medici verheiratete im August 1572 ihre Tochter Margarete mit dem König Heinrich von Navarra. Der ganze hugenottische Adel mußte nach Paris zusammenkommen. Die Königin selbst ist verantwortlich für den entsetzlichen Plan, für den man auch den König gewann, den fanatischen Pariser Pöbel loszulassen auf die vornehmen Ketzer. In der Bartholomäusnacht vom 23. zum 24. August erfolgte jener Überfall auf die fürstlichen und edlen Gäste, der mit einem beispiellosen Blutbad endete. Coligny und mehrere tausend Hugenotten fielen durch Mörderhand. Der Geschichtsschreiber der Gegenreformation, Moriz Ritter, bemerkt ganz richtig, die furchtbare Tat bedeutete nicht nur schwersten Friedensbruch und völligen Rückfall in die einseitig katholische Politik, sondern für ganz Westeuropa eine unerhörte Verschärfung der Gegensätze. Die großen politischen Pläne der französischen Hugenotten erhielten den Todesstoß.

Das Vorgehen der französischen Regierung tritt erst in das rechte Licht, wenn man liest, wie der Papst, wie Spanien und weite katholische Kreise die Königin offen beglückwünschten und wie aus der politischen Tat das politische System erwuchs. Jetzt lieh die Phantasie dem Zusammenhang der Ereignisse eine weite Folgerichtigkeit, jetzt sollte schon vor sechs Jahren bei der Zusammenkunft von Bayonne der schreckliche Plan entstanden sein. Die Publizistik aber bemächtigte sich des fürstlichen Vorbildes, um in kühner Umkehrung aufs neue die Lehre vom Tyrannenmord zu entwickeln, womit alsbald weitergehende Ideen von der Volkssouveränität entbunden wurden.

Ein Aufschrei ging durch die hugenottische Welt, und es versteht sich, daß der Eindruck auch in Deutschland und in den Niederlanden mächtig war. Aber es ist eine schwere Enttäuschung, zu sehen, wie wenig im Augenblick geschah. Die Regierung der Königin beeilte sich zu erklären, daß sie die Gegner der Krone, keineswegs die Gewissensfreiheit bekämpfte; ja, sie befliß sich, Ludwig von Nassau weiter Hilfe zu gewähren gegen Spanien. Vor der Welt spielte man die spanisch-katholische Rolle, unterderhand kämpfte man dagegen. So wagte es Frankreich, ohne schroffe Zurückweisung zu erfahren, weiter bei den deutschen Fürsten zu werben. Und doch erfolgte gleichzeitig die wieder im Zeichen der Gegenreformation stehende erste flüchtige Verbindung Frankreichs mit Polen. Nach dem Tode Sigismund Augusts wurde wirklich am 9. Mai 1573 der Herzog Heinrich von Anjou, Bruder des Königs von Frankreich, zum Könige von Polen gewählt. Freilich, dieser Heinrich folgte schon im nächsten Jahre seinem Bruder Karl IX. auf den Thron von Frankreich. Er ließ den Osten im Stich und eilte zurück.

In den Niederlanden waren inzwischen bedeutende Veränderungen eingetreten. Der Herzog von Alba hatte begonnen mit blutigen Exekutionen; dann war er zu eingreifenden Maßregeln in der Verwaltung und in den Finanzen geschritten; letztes Ziel immer die Durchführung der Gegenreformation. Die Religionsedikte sollten in alter Schärfe gelten, die Inquisition ungestört arbeiten, die neue Bistumsverfassung durchgeführt werden. Die Union reicher Abteien mit den Bistümern wurde verwirklicht. Am meisten lag dem Herzog im Sinne seines königlichen Herrn an einer Steuerpolitik, die nicht nur die Zwangsmaßregeln zur Bändigung des Landes finanzierte, sondern womöglich noch Überschüsse lieferte. Im März 1569 hatte Alba jene Steuergesetze den Generalstaaten vorgelegt, die auch noch in der späteren Milderung als ein ungeheurer Druck empfunden wurden, nämlich eine einmalige Vermögenssteuer von 1 Prozent, eine regelmäßige Umsatzsteuer von 5 Prozent bei Immobilien und von 10 Prozent bei Mobilien. Unter dem Druck spanischer Truppen wurden diese Steuern erpreßt und dann in eine Abfindungssumme für zwei Jahre umgewandelt. Aber nach zwei Jahren (1571) war man auf die alte Umsatzsteuer zurückgekommen. Ermäßigungen behielt der Herzog sich vor, doch war der Druck in jedem Falle furchtbar. Es litten ganz besonders auch die ärmeren Klassen, was die Erregung immer tiefer ins Volk brachte.

Dazu wirkte noch immer der Rat der Unruhen, dessen gespenstige Willkür alles, auch die wirtschaftlichen Lasten, erschwerte. Denn abgesehen von dem durch ihn verbreiteten Schrecken, folgten auf seine Hinrichtungen immer auch die entsprechenden Vermögenskonfiskationen, ohne daß man sich um die Schulden dieser Vermögensmassen viel gekümmert hätte, so daß unzählige Unbeteiligte mit geschädigt wurden.

Endlich wurde die Armee noch verstärkt und ihr Unterhalt immer schamloser aus dem Lande gepreßt. Geregelter und freier Raub gingen Hand in Hand. Bald gab es kaum noch Landschaften, in denen es nicht allerorts gärte. Seit Frühjahr 1572 flammten und züngelten die Unruhen und Aufstände an allen Ecken und Enden empor.

Auf die Berichte von diesen Zuständen nahm Philipp II. im Dezember 1573 die Entlassung Albas an, um ihn, seinen blindergebenen, rastlosen

Diener ungnädig zu empfangen. Zu seinem Nachfolger bestimmte der König den Don Luis Zuñiga y Requesens, der das System nicht wesentlich ändern konnte und dazu geringere Erfolge hatte als der energische Alba.

Während dieser Zeit hatten Frankreich und der Kurfürst von der Pfalz an Oranien 100000 Kronen und 50000 Gulden für seine Rüstungen gezahlt. Zuversichtlich zogen die Nassauer ins Feld und mit ihnen diesmal des Kurfürsten Friedrich jüngster Sohn, der Pfalzgraf Christoph. Am 14. April 1574 kam es zu einem Zusammenstoß mit den Spaniern unter Sancho d'Avila auf der Mooker Heide westlich Cleve, der mit einer Niederlage der Oranier endete. Graf Ludwig von Nassau, sein Bruder Heinrich und der junge Pfalzgraf blieben auf dem Schlachtfelde. Doch war es für die Spanier nur ein Teilerfolg. Das belagerte Leiden wurde zu Wasser entsetzt.

In Frankreich führten Johann Casimir und der jüngere Condé mit englischen Subsidien den Hugenottenkrieg fort, der Pfalzgraf mit den alten Nebengedanken auf glückliche Eroberungen. Ohne große militärische Leistungen, am wenigsten des Pfalzgrafen, erreichten die Hugenotten 1576 ihren ersten Religionsfrieden, die Paix de Monsieur. Aber dieser Erfolg des jüngsten der königlichen Brüder, des Herzogs von Alençon, der Hugenotten und der Deutschen war keine Frucht der Waffen und deshalb von geringer Wirkung. Johann Casimir gelang es nicht, Metz, Toul und Verdun zurückzugewinnen. Dagegen versammelten sich am 6. Dezember 1576 die französischen Stände zu Blois um ihren König mit der echt französischen Forderung, der König möge nur *eine* Religion in Frankreich dulden.

Im deutschen Reich gab es höchst sonderbare Hemmungen. Kurfürst August von Sachsen hatte trotz seiner Abneigung gegen den Calvinismus den Pfälzern immer wieder goldene Brücken gebaut und so dafür gesorgt, daß die Aktionsfreiheit der Pfälzer nicht von rückwärts gelähmt oder bedroht wurde. Jetzt rückte Sachsen von der Pfalz so gut wie von den Hugenotten und Niederländern offensichtlich ab. Das hatte zum Teil ganz persönliche Gründe. Unter anderem war es für den Kurfürsten ein von ihm unverantwortlich tragisch genommenes Erlebnis gewesen, als er eines Tages 1574 die, wie er meinte, gegen ihn gerichtete Zettelung Wittenberger Theologen entdeckte, an der Personen seiner nächsten Umgebung beteiligt gewesen sein sollten. Es hätte sich darum gehandelt, einen gemäßigten Calvinismus über den Kopf des Kurfürsten weg wirklich nach Sachsen zu tragen. Die Melanchthonsche Tradition wäre dem entgegengekommen; ebenso der kirchliche und politische Gegensatz gegen das Hochluthertum der Ernestiner in Weimar und Jena.

Anderseits glaubte August, wie wir oft bemerkt haben, selbst streng lutherisch zu sein, und der Kaiser hatte bei jeder Gelegenheit seine Abneigung gegen den unruhigen Calvinismus gestärkt. Als nun jene Pläne, an denen der Geheime Rat Cracau, der Leibarzt Dr. Peucer und der Hofprediger Schütz beteiligt waren, durch einen fehlgeleiteten Brief herauskamen,

war der Kurfürst außer sich. Die ganze Empfindlichkeit seines hochfürstlichen Selbstbewußtseins erregte sich innerlich und äußerlich gegen diese
Treulosigkeit und den gelegentlich respektlosen Ton jener Korrespondenzen. Er wütete gegen die milden Urteile des Hofrats, ließ den langjährigen
Freund Cracau unbarmherzig foltern, und, als nichts herauskam, im Kerker
elend zugrunde gehen. Den übrigen Genossen wurde ähnlich mitgespielt;
zahlreiche Wittenberger wurden des Landes verwiesen, darunter auch
Christoph Pezel, der nach wenigen Jahren durch Johann von Nassau nach
Dillenburg berufen, reiner Calvinist wurde und auch die Nassauer mit sich
zog. Der Kurfürst aber suchte kirchenpolitisch nun bewußter als je den
Anschluß an die strengeren norddeutschen Lutheraner.

Dazu kam ein Zweites. Oranien hatte Augusts Nichte Anna, Moritz'
Tochter, zur Gemahlin. Die Ehe war unglücklich durch ihre Schuld; Kon-
fessionelles und Persönliches spielten durcheinander; ein Verhältnis zu
ihrem Berater, Rubens Vater, gab das Ende. Oranien betrachtete die Ehe
als geschieden und heiratete am 12. Juli 1575 Charlotte von Bourbon, die
am kurpfälzischen Hofe eine Zuflucht gefunden hatte. August sah nur den
seiner Familie zugefügten Schimpf und blieb davon überzeugt, daß natürlich die bösen Pfälzer Calvinisten die Hand im Spiel gehabt hätten. Auch
die Ehe von Augusts Tochter Elisabeth mit Johann Casimir von der Pfalz
war unglücklich, was den Riß zwischen Sachsen und Pfalz weiter vertiefte.

Dafür sollten sich nun allerdings auf der altlutherischen Seite Zusammenfassungen ergeben, die einen Augenblick vielversprechend aussahen.
Kurfürst August war durch die Erlebnisse mit den Kryptocalvinisten einer
Revision des lutherischen Glaubens zugänglich geworden, und da die von
ihm herangezogenen Theologen, insbesondere der Tübinger Kanzler Jacob
Andreae, aber auch die ihm zugeordneten Martin Chemnitz aus Braunschweig und David Chytraeus aus Rostock leidlich einig und zugleich entschiedene und tatkräftige Männer waren, so ergab sich bald aus den kursächsischen Bestrebungen ein Werk von allgemeinster Bedeutung. Seit dem
28. Mai 1576 arbeiteten die Gelehrten an dem Torgauer Buch oder, wie
man bald sagte, der »Concordienformel«. Anfang 1577 noch einmal über-
arbeitet, konnte das Werk schon am 28. Mai, also nach Jahresfrist, abgeschlossen werden. Da las man eine ausgesprochen lutherische Abendmahlslehre; nicht minder die aus den flacianischen Streitigkeiten geläufigen Probleme des freien Willens und der guten Werke in streng lutherischen Lösungen; ebenso die von Württemberg gern betonte Lehre von der Ubiquität
der menschlichen Natur Jesu Christi. Der reine Luther, sein Katechismus,
die Schmalkaldischen Artikel und die Invariata lagen überall zugrunde.

Daß eine so weitgehende Abkehr von der tiefeingebürgerten Melanchthonschen Schule schon in Kursachsen nicht ohne Gewissensnöte und
äußere Konflikte einzuführen war, versteht sich von selbst. Zumal die Wittenberger Theologen widerstrebten; einige blieben absolut standhaft. Aber

es gelang der weltlichen Autorität im ganzen doch die Durchführung nicht nur in Kursachsen, sondern in dem weitaus größten Teil von Deutschland. Die altlutherischen Gebiete mochten frohlocken. Wie man schon während der Vorverhandlungen (1577) calvinistische Gegenbewegungen und Warnungen der Königin von England abgewehrt hatte, so schloß sich jetzt sogar Kurpfalz an, da ja der neue Kurfürst Ludwig von jeher den calvinistischen Neigungen seines Vaters widerstrebte. Seine Frau, Elisabeth von Hessen, bestärkte ihn darin. Mit den Calvinisten räumte er auf, erst in der Oberpfalz, seinem früheren Fürstentum, dann in Heidelberg und bald in der ganzen Rheinpfalz. Das Volk fügte sich, aber an die 500 Geistliche und Räte verließen ihre Ämter – eine furchtbare Erschütterung, nur wenig gemildert dadurch, daß des Kurfürsten jüngerer Bruder, Johann Casimir, in seinem kleinen Teilfürstentum von Neustadt und Kaiserslautern einen Teil der Vertriebenen aufnahm.

So konnte der Druck der Concordienformel vom 25. Juni 1580 als Unterzeichner nennen die drei protestantischen Kurfürsten, zwanzig Fürsten, darunter die Herzöge von Braunschweig-Lüneburg, Mecklenburg und Sachsen, die Markgrafen von Brandenburg-Ansbach und Baden, den Herzog von Württemberg, den Pfalzgrafen von Neuburg und die Fürstbischöfe von Magdeburg, Lübeck und Meißen, dazu achtunddreißig Reichsstädte und an die dreißig Grafen und Herren. Wichtiger noch, daß gegen achttausend Prediger und Lehrer das Bekenntnis unterschrieben.

Eine stattliche Heerschau! Der Calvinismus schien in Deutschland erlegen. An einer vollkommenen Einigkeit fehlte gleichwohl noch viel. Grollte es überall bei den Unterlegenen, prägte der Volkswitz das Sprüchlein der besorgten Pfarrersfrau an ihren zögernden Eheherrn

Schreibet, lieber Herre, schreibt,
daß Ihr bei der Pfarre bleibt,

so hielten sich Pommern und Holstein mit Dänemark, Hessen, Anhalt und Pfalz-Zweibrücken überhaupt fern; von Städten die wichtigsten wie Frankfurt, Danzig, Bremen, Nürnberg, Straßburg und Magdeburg. Daß gerade diejenigen Fürsten fehlten, die sich allein um die großen Bewegungen des europäischen Protestantismus in Frankreich und in den Niederlanden gekümmert hatten, minderte die politische Bedeutung sehr erheblich.

So war also das, was aussah wie eine große Sammlung und Stärkung des Protestantismus in Deutschland, in mehrfacher Hinsicht ein trügerischer Schein. Die innere Überzeugung zahlreicher selbständiger Naturen ging nicht mit, von den grundsätzlich abweichenden Kirchen zu schweigen. Vor allem bedeutete die neue Sammlung auf ein konservatives Luthertum eine allgemeine Rückkehr zur strengsten kursächsischen Reichspolitik, einen Verzicht auf alle jene jugendlich-stürmischen Tendenzen eines streitbaren Calvinismus, die so oft von Heidelberg aus fordernd und mahnend in das politische Leben eingegriffen hatten. Und das gar sehr zur unrechten Stunde.

Der deutsche Protestantismus war im Grunde weniger geschlossen denn je, als ihm wirklich große europäische Aufgaben vor Augen lagen.

Während der Statthalterschaft des Requesens hatten sich Holland und Seeland völlig frei gemacht und kirchlich organisiert. Die Synode von Dordrecht 1574 war der denkwürdige Anfang. Bald waren die meisten Reste des katholischen Kirchentums verschwunden, da niemand sie schützte. Aber grundsätzlich blieb das entstehende niederländische Staatswesen tolerant. Oranien hieß immer noch königlicher Statthalter, übte die Gewalt aber im Namen der Stände und suchte internationalen Schutz bei England oder Frankreich, den Gegnern Spaniens.

Das Geistige führte weiter. In Fühlung mit der calvinistischen und hugenottischen Publizistik entwickelte sich ein bewußtes System des Staatsrechts, in dem so gut das Widerstandsrecht der Untertanen wie die Frage der Souveränität ihren Platz fanden, eine wichtige Vorstufe für die bedeutende englisch-niederländische Publizistik des kommenden Menschenalters. Im Sinne Oraniens schrieb Johannes Junius seine Theorie der Stände, das heißt der Staaten, und aus der theoretischen Beschäftigung mit diesen Fragen strömten die Überzeugungen in das praktische Staatsleben zurück, das sie zuerst angeregt hatte. Von der spanisch-katholischen Monarchie war man ideenmäßig schon durch die tiefste Kluft getrennt; noch aber schreckte man vor dem Letzten zurück.

Auch in den gehorsamen Provinzen nahmen die Unbotmäßigkeiten und Plünderungen der Truppen solchen Umfang an, daß Städte und Staaten zum Selbstschutz durch eigene Truppen und Milizen übergehen mußten. Merkwürdiger Zustand! Das war die Folge dieses Schreckensregiments von vielen Jahren, daß in einer allgemeinen Auflösung das Übel, das bekämpft werden sollte, sich nur täglich vergrößerte. Staatliches und kirchliches Sonderleben, bewaffnete Stände und Körperschaften gegeneinander, und die königlichen Truppen nur eine Größe unter den anderen. Darüber ist der königliche Statthalter Requesens am 5. März 1576 gestorben.

Den Spaniern wurde die Unsicherheit ihrer Lage wohl bewußt. Der Staatsrat und der Kern der Truppen warfen sich in die Zitadelle von Antwerpen. Andererseits begannen Verhandlungen zwischen Holland, Seeland und den übrigen Staaten, bei denen die eigentliche Regierung bereits übergangen wurde. Oranien, seit 1573 ausgesprochener Calvinist, versprach dabei, daß er weder an Beseitigung der königlichen Regierung noch der katholischen Religion denke, obwohl beides in Holland und Seeland tatsächlich längst nicht mehr existierte. Die Brüsseler wagten es, verhaßte Mitglieder des Staatsrats gefangenzusetzen.

Da trat auch ein wirtschaftlich tief und weit wirkendes Ereignis ein, das Wut und Haß aufs neue verschärfte. Zusammenstöße zwischen Bürgerschaft und Garnison von Antwerpen trieben am 4. November 1576 zu einer Abrechnung, bei der die Spanier die reiche Stadt in der entsetzlichsten Weise ausplünderten, Tausende von Menschen umbrachten und die bis dahin so stolze Handelsstadt in ihrer Blüte knickten. Antwerpen hat sich von der »Spanischen Furia« nie wieder ganz erholt; ihre Erbinnen wurden Rotterdam und Amsterdam.

Die nun von Brabant wirklich zusammenberufenen Generalstaaten vereinigten sich mit Holland-Seeland zur »Genter Pazifikation« vom 8. November 1576, einer Bundesakte zwischen den beiden Gruppen der Nordstaaten und der Generalstaaten gegen Spanien. Mit eigenen Truppen unter dem Herzog von Arschot waren die Stände wohlgerüstet. Es sah aus, als wollte man in den Niederlanden über dem gemeinsamen Gegensatz gegen Spanien die konfessionelle Scheidung überwinden.

Der Schein trog.

Philipp II. hatte als neuen Statthalter den Don Juan d'Austria bestellt, den natürlichen Sohn Karls V. von der Barbara Blomberg, den Sieger von Lepanto. Er galt als königlicher Prinz und kam nun, jung und lorbeergekrönt. Er begann entgegenkommend, behandelte die neuen nichtspanischen Staatsräte als legal und traf Anstalten, sich mit den Staaten zu vertragen. Bei Don Juan hatte diese Politik noch eine weitere Perspektive. Er dachte von vornherein an Entwicklung der Seemacht und an Landung in England zugunsten der Maria Stuart; an Marias Seite erhoffte er sich sogar den Thron von England.

Würde die Genter Pazifikation vom 8. November die Versuchungen, die von Don Juan drohten, überstehen? Oranien hatte sich mit dem jüngsten Sohn Heinrichs II., dem Herzog von Alençon, der gegen seinen Bruder Heinrich III. den Hugenotten nähergetreten war, verbunden. Seit 1576 führte dieser den Titel des Herzogs von Anjou. Zum Protektorat war er geneigt. Aber Oranien vermochte es noch nicht, die große Menge der Staaten mitzureißen; zumal Hennegau widerstrebte stark. Ja, die Generalstaaten bequemten sich, mit Don Juan zu verhandeln, ohne daß dadurch das neue spanische Regiment auf die Länge Vertrauen gewonnen hätte. Man sprach jetzt offen davon, daß ein österreichischer Habsburger geeigneter wäre; man verlangte einen »ehelich geborenen« Prinzen; es fiel der Name von Maximilians drittem Sohne Matthias.

In der Tat, König Philipp, dessen niederländische Politik sehr gegen seinen Willen schon so viele Wendungen erlebt hatte, mußte mit dieser letzten Hilfe rechnen. 1568 hatte er die deutschen Fürbitten für die Niederlande noch in fast verletzender Form zurückgewiesen. Seitdem hatte er deutsche Klagen öfter anhören müssen. Nun schien er selbst Vergleichsverhandlungen dulden zu wollen. Auf dem Reichstage zu Regensburg im Oktober 1576 erschien ein Gesandter der Generalstaaten. Das Haus Habsburg lief doch dringend Gefahr, die Niederlande ganz zu verlieren; erst recht das Reich, mit dem sie auch nach dem burgundischen Vertrage von 1548 noch immer locker zusammenhingen. Oranien hatte sich bislang wohl um Anlehnung an Frankreich oder England, aber noch nicht ans Reich bemüht. So entsprach es ebensosehr einer in Wien und Madrid aus gemeinsamer Gefahr öfter erörterten Möglichkeit, wie bisher ungenutzten staatsrechtlichen Zusammenhängen, wenn ein Kammerherr des eben zwanzigjährigen Mathias dem niederländischen Gesandten die Bereitwilligkeit seines Herrn zur Übernahme der Statthalterschaft eröffnete.

Indessen, ein solches Schattengouvernement paßte schlecht zu den Erfordernissen der Lage, noch weniger zu den weitausschauenden Ideen des tapferen Don Juan. Er billigte im »ewigen Edikt« vom 12. Februar 1577 sogar die Genter Pazifikation, allerdings nur unter Aufrechterhaltung der katholischen Religion »in allem und überall«. Er entließ auch die spanischen Truppen, die sich wirklich auf dem Landwege nach Italien in Bewegung setzten. Allein, Holland und Seeland, denen sich andere Nordprovinzen anschlossen, dachten nicht an Unterwerfung. So forderte Don Juan von Philipp erneut Erlaubnis und Mittel zu einer »energischen und furchtbaren« Kriegführung. Der König schwieg. Der Prinz aber bemächtigte sich des bis dahin von den Generalstaaten besetzten Namur. Sofort wurde Oranien durch die Staaten nach Brüssel berufen. Alle siebzehn, jetzt wieder vereinigten Generalstaaten lehnten Don Juan ab. Aber sie beriefen nicht, wie Oranien wollte, den Herzog von Anjou, sondern entsprechend ihrer letzten Anknüpfung den Erzherzog Mathias. Der Erzherzog kam in abenteuerlicher Entschließung; die katholischen Staaten stellten mit seiner Berufung alle anderen Mächte, Kaiser, Spanien und Oranien vor vollendete Tatsachen.

Immerhin setzte Oranien seine Bestellung zum Generalleutnant des Erzherzogs Mathias durch. Nun siegte zwar am 31. Januar 1578 Don Juan über das Heer der Generalstaaten bei Gembloux. Aber die Rückkehr der spanischen Truppen war nur das Signal für stürmische Volkserhebungen. In den Städten Flanderns und Brabants regierten bald die heimgekehrten Prädikanten. Es kam zu neuen Kirchenstürmen in Gent, Sommer 1578. Von achtundzwanzig flandrischen Städten waren im August vierundzwanzig calvinistisch. Man entfernte sich von Oranien, der immer wieder an Toleranz dachte und dafür als »Atheist« beschimpft wurde. Auch die katholischen Provinzen widerstrebten ihm, teils aus konfessionellen Gründen, teils aus Furcht vor dem soeben wieder entbundenen Radikalismus.

So stand alles erneut auf der auswärtigen Hilfe. Für Johann Casimir wollte Elisabeth Subsidien leisten. Er kam auch, leistete aber nichts – weder gegen die Truppen Don Juans noch etwa in Gent, so daß man ihn eigentlich ohne Ehre wieder abschob. Das war im Januar 1579. Einige Monate vorher war Don Juan erst einunddreißigjährig den Anstrengungen und Enttäuschungen seines Lebens erlegen.

Zwischendurch trat noch einmal Anjou auf den Plan, von den Generalstaaten am 13. August 1578 wirklich zum »Verteidiger der Freiheit« angenommen. Doch zog er sich schon im Januar 1579 wieder zurück.

Als letztes blieb die geplante Friedenshandlung Kaiser Rudolfs. Anders konnte Erzherzog Mathias kaum wieder aus der Sache herauskommen. Wirklich gab Philipp II. dem Neffen die Vermittlung in die Hand. Auch die Staaten waren geneigt. Sie forderten, ganz im Sinne Oraniens, die Begrenzung der Statthalterrechte, so etwa, wie Mathias sie angenommen hatte. Das bedeutete praktisch die Souveränität der Generalstaaten. Weiter forderten sie die Anerkennung der lutherischen und calvinistischen Einrichtungen, wo sie bestanden; das wäre über den Augsburger Religionsfrieden hinausgegangen. Natürlich lehnte es Philipp ab, kirchlich, außer in Holland und Seeland, irgend etwas zu bewilligen oder sich verfassungsgemäß ausschalten zu lassen. Seine Instruktion für Mendoza enthielt die Bereitschaft, lieber das schöne Land in eine menschenleere Wüste zu verwandeln als nachzugeben.

Während man noch den allgemeinen Pazifikationstag vorbereitete, der im Mai 1579 in Köln stattfand, hatte Philipp schon den jungen Herzog Alessandro Farnese, den Sohn der Margarete, zum Statthalter bestellt. Der neue Herr trieb besonnene und kluge Politik, einsichtiger als seine Mutter, viel tatkräftiger und von einem resigniert gewordenen König weniger gehemmt; dafür von dem Friedensbedürfnis und der katholischen Gesinnung wichtiger Provinzen getragen. Mit drei wallonischen Provinzen gedieh er so weit, daß in Köln nur noch zwölf Staaten vertreten waren. Andere »Malcontenten« gewann er nach und nach, Widerstrebenden hoffte er nötigenfalls militärisch beizukommen. In seinem Sinne schlossen Artois, Hennegau und Lille-Douay-Orchies am 6. Januar 1579 einen katholischen Sonderbund, die »Union von Arras«. Im Mai machten sie auf der Grundlage der Genter Pazifikation und ihrer alten Privilegien Frieden mit Spanien; flandrische und brabantische Städte schlossen sich an.

Demgegenüber brachte Johann von Nassau am 23. Januar 1579 zu Utrecht den Sonderbund wenigstens der fünf nördlichen Provinzen Holland, Seeland, Utrecht, Geldern und Groninger Land zustande, dem bald Overyssel und Friesland beitraten. Auch die Katholiken dieser Gebiete taten mit. Die Parole lautete nur: gegen Spanien. Für den Protestantismus wurde die Freiheit ausgemacht, die niederdeutsche Sprache gegen das Französische betont. Sie schufen sich auch eigene Organe und Truppen, ohne, im Gegensatz zur Union von Arras, aus den Generalstaaten auszuscheiden. Indessen liegt zutage, daß sich in diesen Monaten zum ersten Male so deutlich das wallonische Belgien von den holländischen Niederlanden sonderte. Die Geschichte des »Abfalls der Niederlande« hat noch viele Wandlungen und Nöte durchgemacht; der Grund zur Neugestaltung ist im Januar 1579 gelegt worden.

Der König von Spanien ächtete seinen bedeutendsten Gegner und schrieb auf seinen Kopf eine Belohnung aus. Oranien antwortete mit Gegenanklagen und einer Proklamation der Volkssouveränität. Die »Apologie« Oraniens verstärkte nur die Überzeugung, die man längst aus den Schriften der französischen Monarchomachen über das Widerstandsrecht des Volkes, die Verantwortung der Staatshäupter und den berechtigten Kampf »gegen die Tyrannen« entnommen hatte. Calvinistisches Gemeindebewußtsein, französische Staatstheorie und das eigene Erlebnis der nun schon ein Menschenalter hindurch geführten Befreiungskämpfe schufen die geistigen Grundlagen dieses neuen Staatswesens. Dementsprechend erwogen die Generalstaaten die alte Idee, sich der Herrschaft Philipps zu »entziehen« und nochmals in dem Herzog von Anjou einen Protektor zu wählen. Das Staatsrecht war vorbereitet.

Der Herzog von Anjou verhandelte lange. Am 19. September 1580 kam ein Vertrag zustande, wonach er, auf Grund der Gehorsamsentziehung der Generalstaaten vom 26. Juli 1581, wirklich sein Protektorat antrat. In ihrer Proklamation verkündeten die Staaten die Absage an Herrn Philipp, König von Spanien, auf Grund der Lehre, daß eine Verletzung der durch Recht und Vernunft gesetzten Normen die Untertanen frei mache und daß die Stände das Volk verträten.

Der Herzog-Protektor erhielt einen »Landesrat« zur Seite statt des alten Staatsrats, verpflichtete sich auf die Freiheiten der einzelnen Provinzen, so daß die Generalstaaten wirklich als souverän erschienen. Sie wurden es innerlich um so mehr, je weniger gewissenhaft Anjou seine Rolle spielte. Er blieb mit Spanien in Fühlung und hütete sich wohl, in den Niederlanden den Kampf mit Alessandro Farnese ernstlich aufzunehmen. Bald tauchte er als Abenteurer in England auf, einer von den vielen, die sich Hoffnung machten auf die Hand der jungfräulichen Königin – der einzige, der es wenigstens bis zu einem Verlöbnis brachte. Für Elisabeth spielte die Sorge vor der katholischen Reaktion und vor den Stuarts in Schottland das Hauptmotiv ihres Verhaltens. Als der enttäuschte Liebhaber in die Niederlande zurückkehrte, fand er die spanische Macht weiter ausgebreitet und befestigt. Groningen war übergegangen, Tournai erobert worden. Und da Anjou jetzt so wenig wie früher wirksame Hilfe in Frankreich fand, sann er erneut auf Anknüpfung mit Philipp II.

Der junge Farnese häufte Erfolg auf Erfolg. Flandern ging den Generalstaaten schließlich ganz verloren. Der Versuch, dagegen Hilfe von der französischen Krone zu erhalten, führte zu der Abrede, bei dem kinderlosen Tode Anjous, seinen Bruder König Heinrich III. als Herrn anzunehmen. Als aber Anjou am 10. Juni 1584 gestorben war, dachten wenigstens Holland und Seeland schon an Oranien als ihren Erbherrn. Da fiel auch Oranien als Opfer eines gedungenen Meuchelmörders am 10. Juli 1584. Erst zögernd, dann mit verhaltener Kraft, schließlich mit zäher Energie hatte er sich, gestützt von der heroischen Treue seiner Brüder, für die Sache der Freiheit eingesetzt und sie im wesentlichen gerettet, immer einer der Vornehmsten unter den Begründern eines neuen Staatswesens.

Es folgte doch fast überraschend eine entschiedene Wendung der Königin von England zu den Niederlanden, die Entsendung Leicesters, die lange vorbereitete Hochspannung zwischen England und Spanien, das großartige, aber völlig verunglückte Unternehmen der spanischen Armada gegen England, was alles die deutsche Geschichte nicht unmittelbar mehr berührt. Nach Leicesters Mißerfolgen in den Niederlanden machte sich der Norden endgültig frei, um unter Johann von Oldenbarnevelt und Wilhelms Sohn Moritz von Oranien seiner größten und glänzendsten Zeit entgegenzugehen.

Die sieben Provinzen haben seit 1588 ihre eigenen Generalstände im Haag. Die Idee der fremden Statthalter verschwindet; das Haus Oranien befestigt sich. Gekämpft wurde unablässig, und selbst im Innern gab es noch Wirren und tragische Erlebnisse. Aber man hatte in der holländischen Wasserfestung die Basis eines neuen Staates gewonnen und bewegte sich wieder in den Bahnen der Freiheit. Es folgt die Generation, die in den Häusern und Schlössern von Holland und in den Galerien von Deutschland aus den Blicken ebenso lebenskräftiger wie vornehmer Männer und Frauen zu uns spricht; deren Gedanken von Staat und Staatsdingen, deren Philologie und Kritik als echtes Erbe der letzten Blüte des italienischen Humanismus im Norden leuchtet. Ihre Schiffe rüsteten zu Indienfahrten.

In der sehr wichtigen Zwischenzeit aber hatte der Herzog Alessandro Farnese freie Hand, sich um die deutschen Nachbargebiete zu kümmern, in denen Dinge auf dem Spiele standen, die das Haus Habsburg und die katholische Sache auf das allernächste angingen.

Der erste große Kampf um die geistlichen Fürstentümer

Das merkwürdigste und schicksalsvollste Element des alten deutschen Reiches war das geistliche Fürstentum. Uralt in seiner Entstehung, hat es alle Wechselfälle unserer Geschichte bis zum 19. Jahrhundert überdauert, oft genug der Angelpunkt verhängnisvoller Machtkämpfe. Die karolingischen und sächsischen Könige übereigneten den Bischöfen der im deutschen Gebiet überaus weiten Sprengel und den Äbten ihrer alten Haus- oder Schutzklöster Liegenschaften und hörige Leute, in wachsendem Maß auch öffentliche Rechte über Freie. Sie stellten sie dadurch auf die gleiche Stufe mit dem weltlichen Adel, der aus Erbe, Grafen- oder Herzogsrechten zum

Teil noch rascher zu überragender Macht gelangte, weil er in der Lage war, seine Stellung mit dem Schwerte zu erweitern. Aber wenn die Bischöfe und Reichsäbte auch an Eroberung und Erbgang keinen Teil hatten, so wurden ihre Gebiete dafür umgekehrt vor Erbteilungen und politischen Konfiskationen bewahrt. Man darf sagen, daß von der sächsischen Zeit an die etwa 45 geistlichen Fürstentümer das festeste Gefüge des Reiches darstellten – einst die Grundlage königlicher Macht, später wenigstens sich gleichbleibende Größen.

Solange das Königtum das ausschließliche oder entscheidende Recht auf die Besetzung übte, waren die Inhaber der geistlichen Fürstentümer das getreue Spiegelbild von Größe und Gesinnung des jeweiligen Hofes. Seitdem die Kirche in der unausrottbaren Neigung der Menschen, den Mißbrauch der Macht durch einen aus Nachahmung und Unerfahrenheit gesteigerten Mißbrauch zu ersetzen, die königlichen Rechte mehr oder weniger beseitigt hatte, sanken die Bistümer und Abteien nach dem Werte ihrer Inhaber. Sie verloren mit dem Anschluß an das Reich die große Linie und verfielen den partikularen Interessen der Kapitels- und Stiftsfamilien – wo große Fürstentümer die Stifte umschlossen oder begrenzten, sogar sehr weitgehender Abhängigkeit. So sind die Bistümer des gesamten Nordostens von Deutschland noch während der Reformationszeit ohne nennenswerte Kämpfe in die Hände der benachbarten Dynastien gelangt.

Brandenburg, Havelberg und Lebus haben als katholische Bistümer mit dem Tode Joachims von Münsterberg (1560), Bussos von Alvensleben (1548) und Georgs von Blumenthal (1550) aufgehört. In Magdeburg und Halberstadt folgten auf den Kardinal Albrecht von Brandenburg († 1543) die fürstlichen Administratoren Johann Albrecht (bis 1550), Friedrich (bis 1552) und Sigismund von Brandenburg (bis 1566). In Kursachsen wurden die alten Bischofssitze von Merseburg (bis 1561) noch durch Michael Helding, von Naumburg (bis 1564) durch Julius Pflug, von Meißen (sogar bis 1581) durch Johann von Haugwitz eingenommen. Im Bereich der welfischen Lande war der letzte, angeblich katholische Bischof von Minden (bis 1554) Herzog Julius von Braunschweig, in Verden (noch bis 1566) Herzog Georg von Braunschweig; dann folgten überall protestantische Administratoren. Das bescheidene Bistum Lübeck wurde die natürliche Beute des Hauses Oldenburg; in Ratzeburg residierte Christoph von der Schulenburg als letzter Bischof. In Schwerin erfolgte der Übergang an das weltliche Fürstentum doppelt leicht nach dem Tode des letzten katholischen Bischofs, Herzog Magnus von Mecklenburg, im Jahre 1550.

Auch Hildesheim gehörte im 15. und 16. Jahrhundert fast ausschließlich den Häusern Schaumburg, Sachsen-Lauenburg, Braunschweig-Lüneburg und Holstein.

Im Bereich der westfälischen und rheinischen, schwäbischen und fränkischen Bistümer fehlten weltliche Fürsten von überragender Macht, viel-

mehr beanspruchte der kleine und mittlere Adel Kapitels- und Bischofssitze im Wechsel für sich und konservierte sich dadurch. Nach Westfalen
hinein wirkten die Fürsten. Münster und Osnabrück, nach der schwankenden Regierung des Bischofs Franz von Waldeck nochmals vereinigt,
wurden von Graf Johann von Hoya behauptet (bis 1574); dann kam Münster an Herzog Johann Wilhelm von Cleve (bis 1585), während Osnabrück
administriert wurde, und zwar von 1577 bis 1585, gleich Bremen und
Paderborn, durch Herzog Heinrich von Sachsen-Lauenburg.

Köln wird uns sogleich näher beschäftigen. Trier und Mainz, Würzburg
und Bamberg, Eichstätt und Augsburg lagen fest in den Händen des heimischen Stiftsadels, ebenso Worms und Speyer. In den bayrischen Bistümern begegnen Wittelsbacher und Vertreter des Landadels durcheinander;
die Gründe kennen wir schon.

Insbesondere den mitteldeutschen Stiften drohte während der Reformation zwischendurch mehrfach die Gefahr gewaltsamer Säkularisation. Das
entsprach an sich nicht der Meinung der Reformatoren. Luther eiferte
zwar schon 1522 »wider den falsch genannten geistlichen Stand des Papstes
und der Bischöfe; wir reden nicht wie man Fürst, sondern wie man Bischof
und selig sein soll«. Er wendet freilich spöttisch ein, »wie wollten aber die
Fürsten und Adel ihre Kinder und Freunde versorgen, wenn die Bistümer
und Stifte nicht wären?« Allein, er verurteilt all dies ständische Wesen und
verlangt, die Bischöfe entweder rein zu weltlichen Herren zu machen, was
sie in Wahrheit längst waren, oder ihre Güter für den »gemeinen Kasten«
aufzuteilen. Dem entsprach sein Rat an den Hochmeister von Preußen 1523
und an Albrecht von Mainz 1525. Auch die Augsburgische Konfession
unterschied im 28. Artikel »von der Bischöfe Gewalt« reinlich zwischen
weltlicher und geistlicher Hoheit. Bucer verlangte in seinem berühmten
Gutachten von 1538 zunächst nur Befreiung der Bischöfe von weltlichen
Geschäften und Befriedigung des Adels durch Übertragung des Regiments an die weltlich gemachten Kapitel. Ähnlich urteilten Carlowitz in
Sachsen und Calvin, der ja mit Bucer gerade damals in lebhaftem Austausch
stand; ein Oberer des Grafenkollegiums soll das Stift verwalten, da man es
doch nicht ohne weiteres beseitigen könne. Diese Gedanken sollten im
rheinischen Adel noch lange weiterleben.

Von den Fürsten rechtfertigte sich Philipp von Hessen 1539 gegenüber
dem bayrischen Kanzler Leonhard von Eck, als »stände seine Sache auf
dem Nehmen der Pfaffengüter«; er teilte die Auffassung Bucers. Von seiten
des Landgrafen und Bucers wurde auch, zuerst 1540 dem Bischof von Lund
gegenüber, die allgemeine Idee einer friedlichen Säkularisation von Bistümern in den Händen ihrer gegenwärtigen Inhaber geäußert. Die Wittenberger meinten sogar, die Bischöfe sollten die geistlichen Befugnisse behalten, »wenn sie die rechte Lehre annehmen wollten«. Man sieht darnach,
wie sehr sich Hermann von Wied in Köln auf die Reformatoren berufen

durfte, als er, äußerlich auf Grund des Regensburger Abschieds von 1541, das Stift Köln zu christlicher Reformation anhalten wollte; aber auch, welchen Mißbrauch Sickingen trieb und wie wenig Albrecht Alcibiades im Rechte war, als er sich mit brutaler Gewalt gegen die fränkischen Stifte wandte (1552 bis 1557).

Das Erlebnis in den fränkischen Stiften und die oben geschilderten allgemeinen Verhältnisse bilden die Voraussetzungen für den am meisten umstrittenen Artikel des Augsburgischen Religionsfriedens, den sogenannten Vorbehalt der Geistlichen, das heißt die Bestimmung, daß ein geistlicher Fürst, der »von unser alten Religion abtreten würde«, sein Bistum oder Benefizium samt Einkünften verlieren würde, den Kapiteln aber zugelassen sein sollte, eine Person der alten Religion an seiner Stelle neu zu wählen. Das Sträuben der Konfessionisten hatte freilich dazu geführt, daß der König diese Bestimmung nicht anders als aus eigener Machtvollkommenheit in den Religionsfrieden setzen durfte und daß er außerdem den Ständen der Augsburgischen Konfession am 24. September 1555 die oft besprochene Ferdinandeische Deklaration geben mußte, wonach »der Geistlichen eigen Ritterschaft, Städt und Kommunen, welche lange Zeit und Jahr her der Augsburgischen Konfessions Religion anhängig gewesen und öffentlich gehalten, von derselbigen durch jemand nicht gedrungen werden sollten«. Diese Deklaration war schon nicht mehr in den Religionsfrieden selbst aufgenommen, sondern nur für sich und insgeheim erteilt worden.

Trotz dieser ungleichen und ungenügenden Rechtsformen lag das Ergebnis dessen, worauf man sich 1555 schließlich geeinigt hatte, klar vor Augen. Gleichwohl war es begreiflicherweise sehr schwer, diesen Bestimmungen gegen die allerorts widerstrebenden und jeweils sehr verschieden starken Mächte entsprechend durchzuführen. Die ganz naiven Verletzungen des geistlichen Vorbehalts im Norden haben wir kennengelernt. Nun mehrten sich auch die Verletzungen der Deklaration, ohne daß, wie wir gesehen haben, die Protestanten ernstlich Anstalten gemacht hätten, sich auch nur die formelle Fortdauer der Deklaration zu sichern.

Einer der ersten drastischen Fälle spielte sich ab im Stifte Fulda. Als im Januar 1570 der noch nicht dreißigjährige Abt Balthasar von Dernbach erhoben wurde, fand er das Kloster ohne Regularität; in seiner Stadt Fulda wurde aus Luthers Katechismus gelehrt. Der junge Abt begehrte Klarheit zu schaffen, und nachdem er schon 1571 fünf Jesuiten zur Errichtung einer Schule erhalten hatte, begann er einen völligen Wandel. 1572 wurden die Grundlagen für ein Jesuitenkolleg gelegt, der Abt selbst nahm einen Jesuiten zum Beichtvater.

Aber seine Maßnahmen in Fulda begegneten Widerstand. Kapitel und Ritterschaft nahmen sich der Stadt an, vollends die benachbarten protestantischen Fürsten von Hessen, Sachsen und Brandenburg-Ansbach; sie forderten Entlassung der Jesuiten. Aber auch der Abt hatte Freunde, den Bischof von Würzburg, den Deutschmeister, den Herzog von Bayern. Der Kaiser erließ 1574 Schutzmandate. Der Abt begegnete der Berufung auf die Deklaration mit dem Hinweis, daß die Augsburgische Konfession im Stifte vielleicht geduldet, aber niemals anerkannt worden sei; er verbot den Kelch in Fulda und in den Gebieten seiner Ritterschaft, ging rücksichtslos gegen die Sittenlosigkeit des Konvents vor, drohte den Untertanen mit Ausweisung und ließ sich auf keine Weise schrecken.

Nun ereignete sich etwas höchst Überraschendes. Der neue Bischof von Würzburg, Herr Julius Echter von Mespelbrunn, ein Altersgenosse des Abtes und von ähnlicher Energie, bot dem Abt eine Art Erbverbrüderung an zur späteren Vereinigung von Bistum und Abtei. Der Abt wies das zurück. Darauf verband sich der verärgerte Bischof mit den Gegnern des Abtes im Stifte Fulda. Die Verbündeten erpreßten am 20. Juni 1576 in Hammelburg von dem Abt die angeblich freiwillige Resignation zugunsten Würzburgs. Der Bischof behauptete, nur seine Administration könne die Reichsabtei vor der Protestantisierung schützen. Doch sprachen die vom Abte gegebenen Aufklärungen sehr bald gegen ihn. Es sollten gleichwohl noch 25 Jahre vergehen, bis der Abt wieder voll zu seinem Rechte kam.

Der Bischof von Würzburg aber, Angehöriger der gleichen eifriger gewordenen Generation, stand seinerseits im Grunde auf demselben kirchlichen Standpunkt wie der Abt von Fulda, nur daß er zunächst mehr Rücksicht auf seinen protestantischen Adel nahm und erst später, gereizt durch die Schwierigkeiten, die ihm Kaiser und Kurie in der Fuldaer Sache bereiteten, besonders beflissen war, seine Gesinnungstüchtigkeit zu beweisen. Er entstammte einer streng altkirchlich gebliebenen, im Dienste von Mainz stehenden Familie des Spessart, erhielt frühzeitig Pfründen und konnte davon fast neun Jahre lang in Mainz und Löwen, Douai, Paris, Angers, Pavia und Rom studieren. Als Licentiat der Rechte wurde er in Würzburg sogleich ins Domkapitel aufgenommen, alsbald Domscholaster, noch in demselben Jahre Domdechant und bereits 1573, mit 28 Jahren, Bischof. Er war noch nicht einmal Priester, aber er ergab sich alsbald den von seinem Vorgänger 1559 nach Würzburg gezogenen Jesuiten und bereitete sich 1575 durch ihre Exerzitien auf Priesterweihe und Bischofskonsekration vor. Schon vorher reformierte er die Abtei Banz. Dann folgten die ärgerlichen Fuldaer Händel, bei denen sein jugendlicher Machthunger sich stärker erwies als seine kirchliche Disziplin. Wir werden seinen weiteren Taten bald wieder begegnen.

Gleichzeitig mit der Gegenreformation in Fulda unternahm der Erzbischof Daniel Brendel von Homburg, Kurfürst von Mainz, etwas Ähnliches für das zu einem Stift gehörige, ebenfalls von protestantischen Territorien ganz umgebene Eichsfeld. Aus Duderstadt wurde der Prediger der Augsburgischen Konfession verjagt. Auch aus Heiligenstadt mußten die

Prädikanten weichen, obwohl es sich doch um zwei durch Deklaration geschützte Kommunen handelte. In Heiligenstadt kehrten Jesuiten ein, die alsbald ein blühendes Gymnasium gründeten. Auch die Güter des Adels wurden nicht geschont – wiederum gegen die Deklaration.

Träger der nun sehr nachhaltig einsetzenden Gegenreformation war – wie sich immer deutlicher herausstellte – in erster Linie der Jesuitenorden und sein Mittelpunkt in Deutschland von Anfang an, trotz großer Schwierigkeiten, der Kölner Konvent. Während die Jesuiten, wie wir gesehen haben, vielfach von den Bischöfen, in Bayern auch von den Landesfürsten erbeten und gefördert wurden, hatten sie gerade in Köln bei dem Erzbischof, bei der Universität und beim Rat lange Zeit eine wenig freundliche Aufnahme gefunden. Sie mußten um ihr Haus wie um die Lehrstühle, um die Seelsorge, um Texte und Drucke kämpfen. Aber im Kampf erstarkten sie. War ihr Hauptaugenmerk auf Heranbildung eines geistlichen Nachwuchses gerichtet, so machten sie das bescheidene Haus in Köln auch für den Orden selbst zu einer Pflanzschule für Deutschland. Von 1560 bis 1582 waren die Kölner an der Gründung der Kollegien von Trier und Mainz, Verdun, Speyer, Würzburg, Fulda, Koblenz und Paderborn beteiligt. Aus den Mitgliedern der marianischen Sodalitäten nahm der Orden seine eigenen Novizen.

Es verlohnt sich wohl, hier, wo wir zuerst auf die unter den jungen deutschen Katholiken durch den Jesuitenorden verbreiteten Lebensformen stoßen, einen Augenblick zu verweilen. Im April 1578 berichteten zehn Genossen der Kölner Sodalität an ihren Stifter, den Provinzial Franz Coster, was sie in seiner Abwesenheit getrieben hätten an fast ausschweifenden Übungen der Frömmigkeit vor den Augen der Menschen, Rosenkränze in den Händen, bereit, allen Spott über sich ergehen zu lassen, bestrebt, sich zu demütigen und zu bessern; sie spielten Bettler an den Pforten der Reichen, nur um ihren Stolz zu brechen; um die Herrschaft über den Körper zu gewinnen, kasteiten sie sich mit vielerlei Mitteln der Züchtigung; sie fasteten, schwiegen, schliefen auf Steinen; sie wetteiferten in den Werken der Nächstenliebe, gaben gutes Vorbild, ermahnten, mischten sich unter das ärgste Gesindel am Rhein und scheuten sich nicht, auch da zur Buße zu ermahnen, die Abgefallenen mit überzeugenden Gründen der Heiligen Schrift zu bekämpfen, die Pfarrer der Umgegend aufzusuchen und mit ihnen über Lehre, Lebenswandel und Erfüllung geistlicher Pflichten zu sprechen; dazu verteilten sie Almosen, trösteten die Armen, besuchten die Gefangenen, hielten fromme Übungen ab für die Seelen im Fegefeuer, für die gefährdeten Niederlande, für die Stadt Köln, für die Gesellschaft Jesu und ihren Meister.

Man könnte in den Äußerungen dieser Zöglinge des Ordens Züge der Selbstgefälligkeit und religiösen Eitelkeit finden; allein, für unseren Zusammenhang ist es wichtiger, darin den aktiven Enthusiasmus, die Energie der Selbstüberwindung, das leuchtende Ziel geistiger Menschenbeherrschung zu erkennen. Der jugendliche, fast prahlerische Überschwang ist doch ein deutliches Zeichen dafür, mit welcher Inbrunst neue Ideale ergriffen und in welchem Umfange neue Kräfte entbunden waren.

Aus dem nächsten Jahre liegt ein ausführlicher Bericht des Kölner Kollegiums selbst vor, der weniger überschwenglich, aber noch umfassender die Tätigkeit des Ordens spiegelt und seine neue Gerechtigkeit in bewußten und eindrucksvollen Gegensatz stellt zu der gerade unter den Geistlichen, noch immer tief eingefressenen Sittenverderbnis.

Sie haben nur 970 Schüler, schreibt der Rektor, und 40 Theologen, die an der Universität hören. Die Haltung der Schüler ist ausgezeichnet; fast alle, die Adligen sowohl wie die Bürgerlichen und Ärmeren, sind Mitglieder der marianischen Kongregation; sie kommunizieren fast alle acht Tage, besonders die Adligen. In diesem Jahr haben 43 den Baccalaureat gemacht, 19 sind – bei einigen nicht ohne Widerstände der Eltern – zu Novizen angenommen; zwei, denen der Böse dieser Welt seine Schlingen gelegt, zogen sich wieder zurück; der eine ist bald gestorben, der andere sogar unter furchtbaren Qualen; seine letzten Worte waren: »Umglückselige Mutter, warum hast du mir den Eintritt in die Gesellschaft Jesu verwehrt.« Viele der frommen Zöglinge des Konvikts geißeln sich mit geknoteten Stricken; Übungen der Frömmigkeit treiben sie alle. Das Kollegium hat mit den Schülern vor Rat und Bürgerschaft unter großem Beifall das Magdalenenspiel aufgeführt, wozu der Nuntius, der Erzbischof und andere vornehme Herren erschienen waren; der Bürgermeister versicherte ihnen, so etwas habe man dort in hundert Jahren nicht gesehen. Im Herbst haben sie im Hause selbst die Daniel-Geschichte gegeben; neben anderen Ehrengästen war auch Bischof Julius von Würzburg unter den Zuschauern.

Die Seelsorge ist rührig und erfolgreich. Man durfte sich mehrerer Bekehrungen rühmen. Ansteckende Bücher wurden verbrannt; eine Ehefrau nahm ihrem Gatten heimlich die häretischen Schriften weg, um sie den Jesuiten zu bringen. Unsittliche Bürger, Geistliche, Nonnen und Dirnen haben sie auf den rechten Weg gebracht; furchtbare Inzeste, etwa eines Geistlichen mit seinen Schwestern, sind gebeichtet und gesühnt. Eine Frau hat einen Geistlichen, der sich abends bei ihr eingeschlichen, nur mit List aus dem Hause gejagt; eine Nonne, die mit ihrem Beichtiger in Unzucht lebt, hat sich einem der Väter eröffnet und gebessert – von anderen Zeugnissen grober Unsittlichkeit zu schweigen. Den geistlichen Exerzitien haben sich unter anderem ein Edelmann, ein Doktor der Theologie und ein Licentiat der Rechte unterzogen; der letztere ist Novize geworden. Gegen die in Köln noch zahlreichen Verbreiter verderblicher Lehren wird vorgegangen. Der Andrang zur Beichte ist ungeheuer; monatlich gibt es in ihrer Kapelle 2000 bis 3200 Kommunikanten. Entsprechend der Ausbreitung ihrer Seelsorge kommen von allen Seiten, auch von auswärts, Bitten um Hilfe; so von Aachen und Wesel, dem Asyl aller Sekten. Dem entspricht, so heißt es am Schluß, das Wohlwollen, das den Jesuiten die geistlichen und weltlichen Fürsten entgegenbringen.

Diese Berichte gingen nach Rom, wo die neue seelsorgerische Arbeit nicht nur von dem Ordensgeneral, sondern allgemein von der römischen Kurie immer zielbewußter miterlebt und geleitet wurde. Insbesondere seit dem Pontifikat Gregors XIII. steigerte sich der Eifer gerade gegenüber Deutschland. Neu war auch die großartige Entfaltung des Dienstes der ständigen Nuntiaturen, nicht nur am Kaiserhofe, sondern in den verschiedenen deutschen Landschaften, und weniger zur Aufrechterhaltung höfischer Beziehungen als im Sinne mittelalterlicher Legaten mit aktiven Eingriffen in das kirchliche Leben durch Visitationen, Teilnahme an Bischofswahlen, Ermunterungen und Drohungen. Was einst Morone geleistet hatte, war vorübergehend gewesen und nicht gepflegt worden. Nun erschien Ninguarda unermüdlich in den Gebieten der Habsburger, hauptsächlich in bezug auf Reform der Bettelorden. 1580 trat der Markgraf Malaspina neben ihn mit dem Sitz in Graz. Schon vorher war Graf Bartholomäus Portia, der uns schon in Bayern begegnet ist, gleichzeitig an den Höfen von Innsbruck, Graz und Salzburg beglaubigt und vielfach erfolgreich.

Vor allem war es der Kurie gelungen, in Caspar Gropper einen gebildeten und der deutschen Verhältnisse durchaus kundigen Nuntius für seine rheinische Heimat zu gewinnen. Caspar war der jüngere Bruder des einst an der Seite Hermanns von Wied für die christliche Reformation im Erzstift Köln tätigen Johann Gropper, der eine Zeitlang in naher Beziehung zu Bucer stand und in seinem *Enchiridion* die wichtigste vortridentinische Dogmatik geboten hatte. Er war Anfeindungen nicht entgangen und bei seinem Aufenthalt in Rom von der Inquisition verklagt, aber vom Papste selbst gerechtfertigt worden. Caspar Gropper hatte das alles miterlebt und war wohl vorbereitet auf seine Mission, die schließlich alle Diözesen von Rheinland und Westfalen, die Gebiete von Jülich-Cleve und sogar Bamberg und Würzburg mitumfaßte. Gropper hielt sich auch in engster Fühlung mit den Jesuiten.

Als Zentralstelle für alle deutschen Angelegenheiten rief Gregor XIII. 1573 die *Congregatio Germanica* ins Leben – im Grunde erst die rechte Fruchtbarmachung der Beschlüsse des Trienter Konzils, die es nun galt, auf Einzelfälle anzuwenden und wirklich in das Bewußtsein von Klerus und Volk einzuführen. Die deutschen Prälaten gewannen in zunehmendem Maße einen geschulten jesuitischen Nachwuchs für Deutschland aus dem *Collegium Germanicum*, dem sie ihrerseits vornehme und tüchtige Gymnasiasten zur Verfügung stellten. Die Heimgekehrten brachten die humanistischen Einrichtungen des jesuitischen Schulwesens mit ihren Klassikern und geistlichen Spielen, die Organisation der marianischen Kongregationen, wie wir sie in Köln getroffen haben, und den Geist der Zucht und des Wetteifers überall nach Deutschland.

Seit 1576 lehrte am römischen Kollegium der Jesuit Bellarmin, dessen aus dem Unterricht erwachsenen *Disputationes de controversiis fidei*, seit 1586 in Ingolstadt gedruckt, das führende Werk der katholischen Gegenreformation wurden. Mit diesem Buche zog in Deutschland auch der durch fast zwei Menschenalter von den Erfolgen des Protestantismus und dem verhältnismäßig friedlichen Einvernehmen der Fürsten so lange überschattete Ketzerbegriff in seiner ganzen hoffnungslosen Unheimlichkeit wieder ein. »Wenn ein Katholik Diebstahl, Ehebruch oder Mord begeht, so stehen ihm, da noch Glaube in ihm ist, alle geistigen Heilmittel offen. Aber der Ketzer, in dessen Geist das Licht des Glaubens erloschen ist – je weiter der vorschreitet, um so weiter entfernt er sich vom Weg des Lebens, bis er von der inneren Finsternis zu jener äußeren gelangt, die in der Hölle herrscht.« Daß diesen Anschauungen die Forderung auf Ausrottung der Ketzerei mit allen Mitteln entsprach, braucht kaum betont zu werden. Der ausführliche Beweis Bellarmins gipfelt in den Sätzen: »Also ist das einzig wirksame Mittel gegen die Häretiker, sie beizeiten an den ihnen bestimmten Ort zu schaffen«, und »man tut ihnen damit nur eine Wohltat an, da sie bei längerem Leben nur noch mehr Ketzereien erdenken, noch mehr andere verführen und somit ihre eigene Verdammnis verschärfen würden.« Diese Saat sollte bald furchtbar genug aufgehen.

Die Auseinandersetzungen in Deutschland selbst blieben noch geraume Zeit in den Sphären des formalen Reichsverfassungsrechts. Die Katholiken folgerten aus dem geistlichen Vorbehalt die Stiftsunfähigkeit der Protestanten, und wo sie damit auf Schwierigkeiten stießen, suchten sie sich mit Verschärfung der Kapitelstatuten im Sinne des Trienter Konzils zu schützen. Das führte wieder zu lebhaften Gegenbewegungen der protestantischen Stiftsfamilien. Aber alle Bemühungen des Wetterauer Grafenverbandes um die grundsätzliche Entscheidung, zuerst am Reichstage von 1576, schlugen fehl.

Dafür gab es noch immer zahlreiche Bischöfe, die in der Meinung, nach wie vor zur alten Kirche zu gehören, in Wahrheit lebten wie weltliche Herren – unberührt von der neuen Zeit. Da war Herr Salentin von Isenburg, seit 1576 Erzbischof und Kurfürst von Köln, aber zugleich Erbe der väterlichen Grafschaft, fünfunddreißigjährig, hochgemut und kriegerisch, mit Papst und Kapiteln in Händeln, ohne Priesterweihe, als »erwählter« Erzbischof sich behauptend. Er trug kein Bedenken, die Trienter Beschlüsse anzunehmen, aber er lebte auf seine Manier.

Die Wetterauer Grafen und mit ihnen das in den benachbarten Niederlanden so tätige Haus Nassau planten gerade hier, am Niederrhein, wo schon zweimal Erzbischöfe mit dem Gedanken der Säkularisation und Reformation des Erzstifts umgegangen waren, noch ganz andere Dinge. Wenn die Fürsten von Bayern oder Österreich großen Wert darauf legten, das Erzstift in die Hand zu bekommen, um von hier aus dem Herzog von Alba oder dem Erzherzog Mathias in den Niederlanden Beistand zu geben, so dachten die Grafen Johann und Ludwig von Nassau umgekehrt an eine Säkularisation des Erzstifts durch Verheiratung des Erzbischofs und seine Verbindung mit den Niederländern und Franzosen. Auf diese Weise glaubten die Grafen auch die volle Stiftsfreiheit wiederzuerlangen.

Man sieht, wie sich die Dinge schon jetzt in Köln zuspitzten. Die persönlichen Neigungen, die kleinen Interessen der Stiftsfamilien, verbreitete protestantische Bewegungen, aber bereits nicht minder starke Ansätze zur Gegenreformation, getragen durch das eifrige Kölner Jesuitenkolleg, erhielten einen weiten reichspolitischen und europäischen Hintergrund durch den noch immer schwebenden Kampf um die Niederlande. Das Wesentliche war, daß dadurch die Augen der Spanier dauernd auch auf den Niederrhein gerichtet blieben.

Dabei bestanden am Niederrhein zu den Niederlanden von jeher auch noch die unmittelbarsten Beziehungen wirtschaftlicher und persönlicher Art. Schon dadurch also würden die niederländischen Vorgänge für die deutsche Geschichte wichtig sein, weil sie auch das Schicksal der niederrheinischen und westfälischen Lande tiefgreifend mitbestimmten. Insbesondere lebhaft war der Austausch der Ideen. So befanden sich auch die konfessionellen Verhältnisse am Niederrhein in einem ähnlich labilen Zustande wie immer noch in den Niederlanden selbst.

In das Herzogtum Jülich-Cleve-Mark war zu altprotestantischen Ansätzen seit langem durch Vertriebene aus den Niederlanden auch der Calvinismus gekommen. Wesel wurde besonders wichtig, was den Kölner Jesuiten ja nicht entgangen ist. Der Herzog von Jülich-Cleve, ein kranker Herr ohne durchgreifende Energie, hatte in konfessioneller Hinsicht bereits ein schicksalsreiches Leben hinter sich. In seiner Jugend durch Frankreich mit Jeanne d'Albret, der Erbin von Navarra, verlobt, wieder getrennt, Kursachsen verwandt und doch vom Schmalkaldischen Bund im Stich gelassen, von Karl V. unterworfen und endlich Schwiegersohn Ferdinands, hatte er seine protestantischen Neigungen im wesentlichen überwinden müssen. Immerhin reichte man am Hofe noch immer den Kelch, und wenn auch des Herzogs Söhne, der zwanzigjährige, in Rom verstorbene Karl Friedrich und der Administrator des Bistums Münster, Johann Wilhelm, zum Ausweis ihrer gut katholischen Gesinnung seit 1575 wieder die Kommunion nur unter einer Gestalt nahmen, so waren doch drei Töchter des Herzogs an protestantische Fürsten verheiratet. Der Herzog wollte katholisch sein, aber viel Nachdruck gab er unter solchen Umständen seiner Regierung natürlich nicht.

Auch Köln hatte deutsche und französische Calvinisten, die nach kurzer

Bedrängnis seit 1573 schon mit Rücksicht auf die Handelsbeziehungen zu Holland und Seeland wieder viel Bewegungsfreiheit genossen. Später erst ging es hier schärfer her, und die protestantischen Fürsten, insonderheit Johann Casimir, bemühten sich wiederholt um Entgegenkommen des Rates, der aber auf der »alleinseligmachenden« Religion beharren wollte und etwa 1590 in langen Worten ablehnte. Zum eigentlichen Kampfplatz sollte Aachen werden, wo nach zeitweiliger Zurückdrängung der Protestanten schon 1574 ausdrücklich Bekenner der Augsburgischen Konfession wieder als ratsfähig bezeichnet wurden. Ja, im Jahre 1580 wagte man geradezu den Antrag an den Rat, Lutheranern und Calvinisten öffentliche Religionsübungen zu gestatten. Ähnlich wie in den Niederlanden stieg hier unter Fortbildung des Augsburgischen Religionsfriedens der Gedanke einer Toleranz gleichzeitig für beide protestantischen Bekenntnisse herauf.

Dem Niederrhein reichte von Ostfriesland her Emden die Hand. Es wurde in Kriegszeiten Erbe eines Teiles des niederländischen Handels und erlebte eine Blüte, von der die Erbauung seines herrlichen Rathauses zeugt (1574); aber auch Erbe des Geistes. Schon 1571 fand hier eine deutsche Synode statt, grundlegend für Organisation und Geist auch der Propaganda; die Gegenbewegung war zunächst nur schwach. Immer neuer Zuzug von Familien französischer und niederländischer Zunge stärkte Unternehmungsgeist und Hochgefühl. Die nächste Generation konnte in Erinnerung an diese bewegte Zeit über das Portal der großen Kirche die dankbar stolzen Worte setzen:

> Godts Kerk vervolgt, verdreven,
> Heft Godt hyr Trost gegeven.

Die deutschen Gemeinden der Diaspora vertieften in sich das religiöse Leben. Da waren viele, die, aus der Welt des Kampfes geflohen, nun um so mehr den inneren Frieden suchten, andere, die nur auf die Stunde warteten. Weiter rückwärts bemerkenswerte Beziehungen des Dillenburger Hofes zu Bremen. Noch 1580 war Christoph Pezel nach Bremen gerufen, um unter dem Bürgermeister Daniel von Büren den Calvinismus gegen das Altluthertum des Glanaeus zum Siege zu bringen.

Das waren die Voraussetzungen für die höchst merkwürdigen weiteren Vorgänge in Köln. Erzbischof Salentin von Isenburg vertrat sowohl gegenüber Alba wie auf dem Reichstage eine ausgesprochen katholische Politik. Aber er resignierte, um zu heiraten und seine Grafschaft zu regieren (1577). Die Frage der Neubesetzung des Erzstuhls entfesselte bereits die Gegensätze und gruppierte die Parteien. Bayern ließ durch Papst und Kaiser den dreiundzwanzigjährigen Herzog Ernst, bereits Bischof von Freising und Hildesheim, empfehlen, der sich daraufhin sogar zum Priester weihen ließ.

Aber eine schwache Majorität des Kapitels wählte den ebenfalls gut katholischen und nicht minder lebenslustigen Grafen Gebhard Truchseß von Waldburg, Neffen des Kardinals Otto von Augsburg. Von ihm glaubten die protestantischen Grafengeschlechter und natürlich auch die Domherren selbst weniger befürchten zu müssen als von dem mächtigen Hause Bayern.

Gebhard Truchseß ließ sich auch zunächst nichts zuschulden kommen, nahm die Priesterweihe und die Trienter Beschlüsse an, ohne freilich viel Eifer zu zeigen. Seine Stände hatten seit 1463 mit dem Domkapitel eine Erblandesvereinigung, die vom Erzbischof gleich einer Wahlkapitulation zu beschwören war. In diese Vereinigung war 1550 ausdrücklich auch der Schutz der katholischen Kirche aufgenommen, bezeichnend für die defensive Stimmung jener Jahre. Dem entsprach es, daß hier wie überall der Adel durchsetzt war von Neigungen zum Protestantismus; einige scheuten selbst die offene protestantische Religionsausübung nicht.

Nun wurde die Lage im Stift neuerdings kritisch, als der Erzbischof selbst 1580 ziemlich unvermittelt zunächst einem engeren Kreise seine Neigung zum Übertritt bezeigte. Der Erzbischof war nichts weniger als ein katholischer Priester, wie er sein sollte; und so lag der äußere Anlaß seiner Neigung überhaupt nicht im Gebiet des Religiösen, sondern in dem seit einigen Monaten bestehenden Verhältnis zu dem Stiftsfräulein Gräfin Agnes von Mansfeld im Kloster Gerresheim. Gebhard dachte, wie eben noch Salentin von Isenburg, einfach zu resignieren. Indessen, Graf Johannes von Nassau und andere seiner Genossen, auch im Kapitel, redeten ihm das aus; sie dachten an Säkularisation, wie einst Hermann von Wied.

Damit stand auf dem Spiel nicht bloß das äußere Leben eines Bischofs und Grafen, sondern das Schicksal des reichsten Erzstiftes mit den wirtschaftlichen Kräften des Niederrheins, der Kurstimme und ihrer Bedeutung für das Haus Habsburg im Reich; vor allem auch das Schicksal der benachbarten Niederlande. Als sollten die Parteien sogleich in Stellung gehen, wurde eben damals, am 30. Januar 1581, Gebhards Gegenkandidat, Ernst von Bayern, zum Bischof von Lüttich gewählt. Bis an die Maas, in die unmittelbare Nachbarschaft der spanischen Niederlande, hatte sich damit das Haus Bayern vorgeschoben. Noch wußten nur ganz wenige von dem Vorhaben des Kurfürsten. Erst im August 1582 setzte er sich mit dem Administrator von Bremen, Herzog Heinrich von Sachsen-Lauenburg, in Verbindung, um gegebenenfalls die Hilfe protestantischer Fürsten zu gewinnen. Was konnte daraus werden, wenn die beiden nordwestdeutschen Bischöfe entschlossen handelten und zum Ziele kamen! Sie hätten auch die dazwischenliegenden kölnischen Suffraganbistümer in Westfalen mitgerissen.

Es sollte sich noch einmal zeigen, wenn auch in ganz anderem Sinne als bei Maximilian II., was in diesem aufgelösten Deutschen Reiche doch die Persönlichkeit des Kaisers noch bedeutete. Er war nicht nur als König von

Böhmen und Erzherzog von Österreich Herr sehr großer Fürstentümer und als Glied des Hauses Habsburg noch immer an Spanien und den Niederlanden interessiert, sondern auch die entscheidende Stelle für alle das alte Reichsgut betreffenden Fragen, für die Reichsstädte sowohl wie für die geistlichen Fürstentümer. Man braucht sich nur an das Zustandekommen des geistlichen Vorbehalts zu erinnern und an den Streit um die Ferdinandeische Deklaration, um sich von der über den Parteien wieder überraschend gewachsenen Macht des Königtums eine Vorstellung zu verschaffen.

Kaiser Rudolf II. war im Gegensatz zu Maximilians zwiespältigem Wesen kirchlich durchaus einheitlich; die spanische Saat war in ihm aufgegangen. Am Hofe war gründlich aufgeräumt, Reichsvizekanzler Weber durch Dr. Viehäuser ersetzt, Adam von Dietrichstein Obersthofmeister, Paul Sixt von Trautson Obersthofmarschall und bald Präsident des Reichshofrats geworden; protestantische Pagen waren entfernt. Allerdings war Rudolf ein leidender, unschlüssiger, körperlich behinderter Herr; oft war er wochenlang unpäßlich, dann stockte alles. In seiner matten, kleinen Art ergab sich der Fürst, gleich so vielen seiner fürstlichen Zeitgenossen, zeitweilig ganz seinen Kuriositäten und Raritäten, seinen Bildersammlungen und jenen spielerischen Anfängen naturwissenschaftlicher Forschung, in denen mystisches Begehren nach dem Unerschlossenen mit ein bißchen Hoffnung auf Goldmacherei zusammenging; die großen Namen der Astronomen Tycho Brahe und Johannes Kepler hängen an seinem Prager Hof, doch hatte der Kaiser nur einen bescheidenen Zugang zu ihrer Welt – für ihn bedeuteten alle diese Liebhabereien nur gerade genug, ihn von den Wirklichkeiten des Lebens abzuziehen.

Er fand alle Probleme aus der Zeit seines Vaters ungelöst. Auch das letzte, die Niederlande. Er spielte damit wie sein Vater ohne Nachdruck, in dem zaghaften Wunsche, die Lande dem Reiche und dem Hause Habsburg zu erhalten, wenn sie schon Spanien verlorengehen sollten. Nur wußte er nicht recht, sollte er die protestantischen Provinzen gegen Spanien schützen, oder die Spanier gegen die Aufständischen oder immer aufs neue vermitteln. Zu Spanien kam der Kaiser auch insofern nicht in ein rechtes Verhältnis, als er immer plante, Philipps älteste Tochter Isabella zu heiraten und mit ihr die Niederlande zu erwerben; aber die Verhandlungen zogen sich zwanzig Jahre hin, und Rudolf kam es anscheinend nicht zum Bewußtsein, daß in zwanzig Jahren auch ein junges Mädchen altert. Schließlich blieb er unvermählt, in sechsunddreißigjähriger Regierung.

Dieser müde Herr hielt nun im Jahre 1582 zu Augsburg seinen ersten Reichstag. Das Bild des Fürstentums hatte sich fast überall verändert. Zwar, Kurfürst August war noch immer auf dem Platze. Aber in Bayern war 1579 an die Stelle Albrechts V. der sehr kirchliche und wahrhaft fromme Herzog Wilhelm V. getreten, der erste eigentliche Jesuitenzögling auf einem deutschen Fürstensitz, vermählt mit Renate von Lothringen. In Kurpfalz regierte der Lutheraner Ludwig III., in Brandenburg Johann Georg, durchaus unbedeutend; in Braunschweig-Wolfenbüttel sein Schwager Julius, der Gründer der Universität Helmstedt (1574). Auch die drei geistlichen Kurfürstentümer am Rhein waren neu besetzt.

Unter den Schwierigkeiten am Reichstage stand an erster Stelle der Streit in Aachen. Durch niederländische Emigranten hatte sich hier die protestantische Partei sehr verstärkt; 1580 besaß sie die Majorität des Rates mit 80 gegen 48 Stimmen. Die Gegenbewegung war nicht ausgeblieben; sie rechnete auf fürstlichen Beistand. Die erste kaiserliche Kommission hatte keinen Erfolg. Die zweite von 1581 sollte das Ratsstatut von 1560 mit dem Ausschluß der Nichtkatholiken durchführen. Philipp von Nassau aus der Weilburger Linie trat als Führer so schroff auf, daß er eine Volksbewegung entfesselte, unter deren Nachwirkung sich die Konfessionen selbst einigten. Aber die kaiserlichen Kommissare und viele ihrer Anhänger wichen aus der Stadt. Scharfe kaiserliche Mandate folgten, aber auch Gegenklage der protestantischen Stände. So stand die Sache bei dem Reichstag.

Die Protestanten verlangten nach dem Augsburger Religionsfrieden die Freiheit der Religionsübung. Indessen verordnete der Augsburger Religionsfrieden nur: »Nachdem in vielen Frei- und Reichsstädten die beiden Religionen eine Zeit her im Gang und Gebrauch gewesen, so sollen dieselbigen hinfür auch also bleiben.« Wie wenig man 1555 gesonnen war, die Entscheidung für die Zukunft jeweils frei in die Hände des Rats zu legen, zeigt Ferdinands ausdrückliche Ablehnung mit der lehrreichen Begründung, »weil doch gleich über seinesgleichen keinen Gewalt hat«.

Nun nahmen sich auf dem Reichstage die Städte allgemein ihrer Aachener Schwesterstadt an und gaben ihrem Einspruch Nachdruck durch Zurückhaltung der Türkenhilfe und Ablehnung des Satzes, den man schon in den zwanziger Jahren umstritten hatte, daß die Städte den Beschlüssen der Kurfürsten und Fürsten nur zuzustimmen hätten. Natürlich erhielten sie von den Kurfürsten keine Unterstützung; wohl aber von den Konfessionisten des Fürstenrates, wo Johann Casimirs Gesandter Dr. Ehem sein kleines calvinistisches Fürstentum mit mehr Energie vertrat, als seiner Macht zukam. Sie betonten, jeder Stand sei nur an das gebunden, was er selbst bewillige; also die Städte auch nur an die von ihnen bewilligte Türkenhilfe; Aachen habe die Freiheit beider Konfessionen so gut wie alle anderen Reichsstädte; in dem schwebenden Handel solle man vermitteln.

Der Einspruch drang durch, insofern die Sache nochmals auf eine kaiserliche Kommission geschoben wurde und der Kaiser die Antwort auf die Berichte der Kommissare wieder jahrelang hinauszog. So konnte im nächsten Jahre, unter dem 9. Januar 1583, der Aachener Rat die Religionsausübung für die Konfessionisten einstweilen freigeben. Das war gewiß kein Erfolg des Kaisers.

Dagegen erzwangen in einer grundsätzlich viel wichtigeren Sache die katholischen Stände ihren Willen. Der durch das protestantisch gesinnte Kapitel 1566 gewählte Administrator von Magdeburg, Joachim Friedrich von Brandenburg, hatte bisher vergebens, sowohl bei Rudolf wie bei Maximilian, um Belehnung oder Lehnsindult nachgesucht. Nun wünschten die Brandenburger die Reichsstandschaft des Administrators auf anderem Wege zur Geltung zu bringen. Er erschien am Reichstage. Seine Gesandten wollten auf der geistlichen Bank des Fürstenrates Sitz und Stimme nehmen; dann er selbst. Allein, die katholischen Fürsten waren auf ihrer Hut und setzten dem Verlangen so schroffen Widerstand entgegen – sie alle würden sofort den Reichstag verlassen –, daß der Administrator auch bei seinen protestantischen Glaubensgenossen keine rechte Hilfe fand und unverrichteter Dinge wieder vom Reichstage schied.

Ähnlich ging es der Gesandtschaft des braunschweigischen Administrators von Halberstadt, Heinrich Julius, der sein Lehnsindult erneuert haben wollte und dazu ein zweites für Minden begehrte. Auch dieses Ansinnen wurde abgewiesen.

Während der erste Reichstag Kaiser Rudolfs am 20. September 1582 mit einer ziemlichen Türkenhilfe, aber erheblichem Mißvergnügen auf allen Seiten abschloß, war der größere Kölner Handel nun wirklich ernst geworden. Gebhard Truchseß hielt zwar seine letzten Absichten noch immer geheim, bemühte sich aber unter der Hand um Hilfe für alle Fälle. Die Gegner wurden beizeiten argwöhnisch und bereiteten ihrerseits Rüstungen vor. Der Kurfürst erreichte nur wenig Greifbares; Johann von Nassau vertrat die Verbindung mit den Niederlanden; unter den Wetterauer Grafen regte es sich, aber sie bedeuteten in dem beginnenden Mächtespiel keine ins Gewicht fallenden Größen.

Der Kurfürst hatte in den Landen am Rhein im ganzen wenig zu erwarten. Um so mehr rechnete er auf das zu seinem Stift gehörige Herzogtum Westfalen, also auf die Lande um Arnsberg, Werl und Brilon. Hier waren Adel und Teile der Bürgerschaften ihm mehr geneigt; die Nähe von Hessen und Nassau-Dillenburg gab Anlehnungen. Immerhin schritt der Kurfürst doch mit sehr geringen Zurüstungen und Sicherheiten zu den letzten Entscheidungen. Anfang November 1582 ließ er durch einen Haufen Söldner die Stadt Bonn besetzen; gegen Weihnachten erklärte er vor aller Welt seinen Übertritt zum Protestantismus, gab auch für das Erzstift die protestantische Religionsübung frei. Aber weder die Stände des Erzstifts noch die protestantischen Fürsten standen hinter ihm. Im Gegenteil, das Domkapitel, das in der 1550 erneuerten Erblandesvereinigung die Handhabe dazu besaß, nahm um so energischer die Gegenbewegung in die Hand, als seine katholische Majorität in dem Chorbischof Herzog Friedrich von Lauenburg ein kriegerisches Mitglied besaß, das nicht abgeneigt war, selbst Erzbischof zu werden, wie sein Bruder Heinrich, Administrator von Bremen.

Zum 27. Januar 1583 beschrieb das Kapitel einen Landtag nach Köln, der alsbald unter dem Eindruck der von allen Seiten einstürmenden Mahnungen und Warnungen stand. Die westfälischen Stände fehlten; eine protestantische Gesandtschaft der Pfalzgrafen, Hessens, Württembergs und einiger Grafen und Städte machte einen gewissen Eindruck. Indessen wurde dieser Eindruck im voraus aufgewogen durch Truppenbewegungen des Herzogs Alessandro Farnese in der Gegend von Aachen; und wenn von ihm auch keine besondere Werbung an den Landtag vorlag, so horchte man doch andächtig auf die Worte, die ein Kölner Landstand, der Graf Karl von Aremberg, sprach, der im Heere des Herzogs diente. Weiter erschien der kaiserliche Reichshofrat Jacob Kurz von Senftenau, um die Rechtsauffassung seines kaiserlichen Herrn im Sinne des geistlichen Vorbehalts zu vertreten. Ihm pflichtete bei der Gesandte des Herzogs von Jülich mit dem bemerkenswerten Angebot nachbarlicher Hilfe. Und schließlich spielte das alles sich ab in der doch ganz überwiegend altkirchlichen, weithin schon von einem neuen Geist erfüllten Stadt Köln. So kam es trotz der protestantischen Gesandtschaften zu einer deutlichen Stellungnahme der Stände gegen ihren Kurfürsten.

Freilich, Nachdruck gaben auch sie ihrer Meinung nicht. Die eigentliche Entscheidung lag bei den Waffen. Es ist kein erhebender Anblick, den das damit beginnende Kölner Kriegstheater bietet. Von tatkräftiger, vorausschauender, mutiger Kriegführung war keine Rede. Der Grund lag gewiß zuerst in dem verzweifelten militärischen System des Jahrhunderts. Dem hergelaufenen Söldner fehlte das eigene Interesse, Tradition und Ehre. Diese Obristen, Hauptleute, Schützen und Knechte kämpften alle nur um Geld. Sie kamen und gingen, wie seit der Renaissance, allerorten. Ein Feldherr von eigener Zucht und Genialität, der als geborener Führer durch Vorbild, Siege und Eroberungen Ruhm und Ehre an seine Fahnen gefesselt hätte, fehlte beiden Seiten. Auch die Person des Kurfürsten war nicht von der Art, Stände und Volk oder auch nur die Soldaten zu packen und hinzureißen. Gerade der Soldat will zu allen Zeiten bewundern, um lieben zu können und treu zu sein.

Am wenigsten glücklich war der Erzbischof in der Wahl des Oberbefehlshabers, der ihm als einziger mit stattlicher Truppenmacht zur Verfügung stand, Pfalzgraf Johann Casimir. Dieser stets bereite, gewinnlustige und doch untüchtige Kriegsunternehmer, dessen vage Kombinationen Frankreich und Köln zugleich umfaßten, hatte wiederholt Proben seiner Begehrlichkeit und seines trotzigen Calvinismus gegeben, sich bisher aber in allen Verhandlungen und Operationen nur als ein Mann von sehr mäßiger Begabung gezeigt. Im April gewann ihn der Kurfürst.

Etwas eindrucksvoller waren die Rüstungen des Kapitels. Am Niederrhein befehligte der Chorbischof und Amtmann von Zons, Herzog Friedrich von Lauenburg, und oberhalb Kölns der frühere Erzbischof und Kurfürst Salentin von Isenburg. Ein wunderbares Bild, wie sich die neue Zeit hier durchsetzen sollte in dem bewaffneten Kampf dreier Bischöfe, wobei der Erwählte der Kurie und des Kaisers, Herzog Ernst von Bayern, Bischof von Freising, Hildesheim und Lüttich, sich wegen einer Liebschaft nur schwer von seiner bayerischen Heimat trennte. Als er im März 1583 endlich, beschützt und getrieben von seinem herzoglichen Bruder, von päpstlichen Legaten und Nuntien, Kardinälen und Prälaten, in Köln erschien, lag auch in seiner Person nichts weniger als ein mitreißendes Führertum. Der neue Herr und das alte Kapitel waren einander wert; der Nuntius Malaspina äußerte: »Nie habe ich käuflichere Leute gefunden als in diesem Kölner Kapitel.«

So war der Kurfürst Gebhard Truchseß einstweilen noch wohlgemut, selbst, als ihm die protestantischen Freunde statt Truppen und Geld billige Ratschläge, der Pfalzgraf sogar einen Hofprediger zur Prüfung seines Bekenntnisses sandte. Er wand sich zwischen ihnen mit einer gewissen guten Weltläufigkeit durch, im übrigen zunächst auf seine Hochzeit bedacht, die mit einer zum Ernste der Lage gar nicht passenden geräuschvollen Festlichkeit begangen wurde. Der Superintendent Pantaleon Candidus aus Zweibrücken traute den Erzbischof und das Fräulein. Dann übergab der Erzbischof Bonn seinem Bruder Karl Truchseß, den Niederrhein dem Grafen Johann von Nassau, um selbst in Westfalen einen Landtag zu halten und das neue Fürstentum aufzubauen. Das geschah anfangs unter Duldung gegenüber beiden Konfessionen, nach und nach aber fast ausschließlich im Sinne der Protestanten. In der Tat ging es wohl nicht an, in Kriegszeiten, im Kampf um die Existenz von Fürstentum und Konfession ruhig zuzusehen, wenn in Werl in derselben Kirche erst der katholische Pfarrer die Kanzel bestieg, gegen Ketzer und Tyrannen wetterte und Gott bat, sie zu bestrafen wie weiland Nabuchodonosor, und ihm dann nach kurzer Frist der Prädikant auf der Kanzel folgte, vor dem sein Vorredner bereits in schmeichelhaften Vergleichen gewarnt hatte, um seinerseits des anderen Bilder, Heilige und Gelübde zu verunglimpfen. Wenn nur der Kurfürst wenigstens in diesem kleinen Gebiete ein von eigenem Geist und fürstlichem Willen getragenes Regiment aufgerichtet hätte! Aber es fehlte nur zu viel daran.

Überhaupt bemerkt man in diesem Kölner Krieg, wie bei dem allgemeinen Gleichgewicht im Reich und in Westeuropa mit ein bißchen Geist, Mut und Führertum die Entscheidung zu haben gewesen wäre. Da es auf beiden Seiten daran mangelte, zog sich zum Schaden des Landes der unrühmliche Streit mit großem Aufwand jahrelang schleichend dahin.

Kurfürst August spielte in seiner unerschütterlichen Friedensliebe den zweideutigen Vermittler. Der Administrator von Bremen, dessen Hilfe Gebhard zuerst angerufen hatte und der bei entschlossenem Zugreifen sich selbst auch der westfälischen Stifte hätte bemächtigen können, zog sich von der ungewissen und schlecht geleiteten Sache zurück. Etwas mehr wagte wohl Kurpfalz, doch nie genug. Als die von ihm angeregte Protestantentagung zu Erfurt wirklich zustande kam, aber Sachsen so gut wie Brandenburg zurückhielten, sank auch dem Pfälzer der Mut. Er zahlte bescheidene Subsidien, und damit behielt es sein Bewenden. Aber was wollten im europäischen Kräftespiel, das jetzt entfesselt war, ein paar tausend Gulden bedeuten? Zum Unglück war auch noch derjenige, der mit dem wenigen haushalten sollte, Johann Casimir, der stets das Gegenteil tat.

Am 23. Mai 1583 fand die Neuwahl statt, die trotz aller Bedenken, aber mit politischer Notwendigkeit auf Herzog Ernst von Bayern fiel. Die römische Kurie bestätigte ihn in allen seinen Pfründen und stellte ihm mit wohlbegründeter Langmut immer neue Geldmittel zur Verfügung. Im übrigen trugen Bayern und Spanien in weitem Umfange mit an den Lasten.

Im Herbst begann der eigentliche, verwüstende, wenn auch lange Zeit fast unblutige Krieg. Es ist immer dasselbe: Blut spart Leben. Eine kühne Entscheidung, und man hätte den Spruch der Geschichte vernommen und schließlich Tausende geschont. Aber man ging ihr aus dem Wege. Von August und September an zogen die beiden Heere von je 8000–10000 Mann an den Ufern des Rheins talauf, talab in sogenannter Ermüdungsstrategie – in Wahrheit aus Mangel an Entschlußkraft und Vorsorge. Denn auch ein Abrücken Johann Casimirs an den unteren Niederrhein zur Eroberung von Kaiserswerth und zur Verbindung mit den Niederlanden scheiterte am Fehlen der Bespannung für das Geschütz.

Die Bevölkerung litt namenlos, und das Übel steigerte sich, als schon vom zweiten Monat ab Johann Casimir den Monatssold nicht mehr aufbringen konnte. Man klopfte an vielen Türen an, aber kaum eine tat sich auf. Die Niederlande wollten wohl zahlen, aber sie konnten es nicht. Die deutschen protestantischen Fürsten konnten es wohl, aber sie taten es nicht. Kurfürst August meinte in einer an die schlimmsten Zeiten der Vergangenheit erinnernden Scheinheiligkeit, man »müsse es Gott dem Allmächtigen heimstellen, wie er sein heilsames Wort gegen das Wüten des Papstes und des Teufels erhalten wolle«. Als nun der Kaiser an die Truppen Gebhards und Johann Casimirs scharfe Mandate richtete bei Strafe der Reichsacht, begannen sie sich aufzulösen, da sie Geld doch nicht mehr erwarteten.

Der Kurfürst behauptete noch immer in seiner Person das Herzogtum Westfalen und durch den Grafen von Neuenahr in Rheinberg das Niederstift Köln; im Oberstift hatte er nur noch Bonn. Nun sprengte das gegnerische Heer am 7. Dezember 1583 die Burg Godesberg, brachte den Rest der Besatzung brutal ums Leben und belagerte die von 700 Mann unter Karl Truchseß verteidigte Stadt mit einem Heere von 10000. Viele Wochen hielt die Besatzung aus; die Belagerer hatten ihre liebe Not mit Geldmangel und Unbotmäßigkeiten der Soldaten. Neben den päpstlichen Geldern mußte man immer neue Mittel von Bayern erbitten. Als aber ein dürftiger

Versuch, Bonn zu entsetzen, kläglich gescheitert war und die Zustände in der Stadt unbehaglich wurden, meuterte die Besatzung, setzte die Offiziere gefangen und verkaufte am 28. Januar 1584 die Stadt für 4000 Kronen. Das war der erste Sieg der verbündeten Mächte Spanien, Bayern und Österreich. Herzog Ferdinand von Bayern, der die Ehre eines so erfolgreichen Feldherrn mit Anstand trug, wandte sich nun in das Niederstift, und seinen Truppen gelang es hier wirklich, den Kurfürsten-Erzbischof in die Niederlande abzudrängen. Seitdem ging die niederrheinisch-kölnische Sache Kurfürst Gebhards mit der niederländischen zusammen, ohne große Aussicht, daß sich das Blatt doch einmal wende; ein Hinsiechen und gelegentlich fiebriges Aufflackern des Krieges, was an der Gesundheit der Länder schwerer zehrte als eine lebensgefährliche Krise.

Das Erzstift Köln, auch das von Truppen entblößte und in Wahrheit nirgends angelehnte Herzogtum Westfalen fielen von selbst dem Herzog Ernst anheim. Von Duldung protestantischer Religionsübung war natürlich nirgends mehr die Rede.

Kurze Zeit blieb es fraglich, ob nicht wenigstens die protestantischen Kurfürsten an Gebhard dauernd festhalten, also etwa den Herzog Ernst aus Kurfürstenrat und Kurkollegium ausschließen würden. Allein, auch das geschah nicht. Nach verhältnismäßig einfachen Verhandlungen stellten Sachsen und Brandenburg am 6. Februar 1585 ihre Verbriefungen aus zugunsten des neuen Kurfürsten Ernst von Bayern.

Was wollte es da sagen, wenn der tapfere Graf Adolf von Neuenahr, bald auch Statthalter der Generalstaaten in Geldern, von Rheinberg aus im Mai 1585 noch Neuß nahm; wenn im Dienste Gebhards Martin Schenk von Blyenbeck tolle Handstreiche wagte? Die Sache war reichsrechtlich entschieden und begann bereits auf die Nachbargebiete zurückzuwirken. Wie nun erst, als Farnese, durch Kurfürst Ernst angerufen, nach Überwindung von Flandern und Brabant die Maaslinie genommen, also die Verbindung zwischen Groningen und seinen Südprovinzen hergestellt hatte und zur weiteren Befestigung seiner Position in den Niederlanden auch an den Rhein griff und Ende Juli 1586 nach zweitägiger Beschießung Neuß zurückeroberte. Da die übermütigen Calvinisten die Reliquien des heiligen Quirin verbrannt hatten, wüteten militärische Rache und konfessionelle Leidenschaft in der grauenvollsten Weise gegen Besatzung und Bürger. An die 1500 Personen sollen umgebracht sein, 300 seiner Diözesanen vor den Augen des Erzbischofs Ernst. Über den rauchenden Trümmern der in Brand geratenen Stadt schmückte sich der spanisch-italienische Neffe Philipps II. mit dem geweihten Hut und Degen des Papstes.

Dasselbe Schicksal drohte Rheinberg. Da zogen niederländische Nöte den Herzog wieder ab. Umgekehrt nahm Schenk von Blyenbeck durch einen Handstreich Bonn, aber Karl von Croy befreite es wieder durch eine sechsmonatige Belagerung, von März bis September 1588. Nach dem Tode

Schenks (1589) fiel bald auch Rheinberg. Bonn, Neuß und Rheinberg hatten nun spanische Besatzungen. Und die spanische Zeit brachte über den Niederrhein noch viel mehr Elend als der frühere Kölner Krieg der Erzbischöfe. Die Entvölkerung des Gebietes nahm einen ungeheuren Umfang an. Plündern, Morden und Notzucht verwüsteten Land und Volk. Die Leiden des Dreißigjährigen Krieges begannen hier im Lande schon dreißig Jahre vorher. Der äußere Ausdruck der wirtschaftlichen Lage war das Sinken der Steuern auf die Hälfte, das Anwachsen der Zölle auf das Zwölffache.

Das also war der Ertrag des Kampfes um ein geistliches Fürstentum und der nachträgliche Preis für den Scheinfrieden von 1555. Immerhin, der Erfolg von Köln, der seit 1584 nun doch feststand, wirkte, wenn auch verschieden stark, zurück auf den ganzen Bereich der benachbarten Bistümer, die zwischen der alten Kirche und den Protestanten damals noch umstritten wurden und nach der bisherigen Erfahrung dem Katholizismus langsam verlorengehen mußten.

Zunächst die westfälischen Bistümer Paderborn und Münster, Minden und Osnabrück, weiterhin Bremen und Verden. Münster wurde bis 1586 administriert durch Johann Wilhelm von Jülich-Cleve; er mußte dereinst seinem Vater im Herzogtum folgen, da sein älterer Bruder frühzeitig gestorben war. So suchte ihm Bayern, als Vormund der Kinder Markgraf Philiberts von Baden, in der Markgräfin Jacobea eine gut katholische Gemahlin aus. Münster aber galt es neu zu besetzen. Papst und Kaiser traten zusammen mit Jülich für Ernst von Bayern ein, der auch durch Freising, Hildesheim, Lüttich und Köln noch nicht ersättigt war. Gegen die ausdrücklichen Gebote des Konzils von Trient wurde aus rein politischen Gründen Herzog Ernst gewählt und bestätigt.

Er begehrte mehr. Am 2. Mai 1585 starb der Administrator von Bremen, Osnabrück und Paderborn, Herzog Heinrich von Lauenburg. Drei Bistümer waren auf einmal erledigt. Auf Bremen machte man sich schon keine Hoffnung mehr; wirklich wurde hier alsbald der zehnjährige Herzog Johann Adolf von Holstein-Gottorp postuliert. Aber Paderborn, das an das Herzogtum Westfalen angrenzte und deshalb im Augenblick besondere Bedeutung hatte, reizte die Begehrlichkeit des neuen Kurfürsten von Köln. Zwar war auch hier im Lande manches verloren oder unsicher geworden; Städte petitionierten um Freigabe des Protestantismus. Dafür hatte das Kapitel der Indifferenz seiner Bischöfe entgegengewirkt und Jesuiten aus Heiligenstadt kommen lassen, um in Schule und Seelsorge nachzuhelfen. Eben dieses längst tatkräftige Kapitel erwählte nun nicht den Herzog Ernst, sondern den Dompropst Theodor von Fürstenberg (5. Juni 1585), der seinerseits später das Jesuitenkollegium zur bischöflichen Hochschule ausbaute (1610).

Auch Osnabrück entging dem Wittelsbacher, da das Domkapitel sich auf den Domherrn von Köln und Straßburg, Bernhard von Waldeck, einigte, der früher protestantisch gewesen war, sich aber jetzt zum Katholizismus bekannte und den Eid auf das Trienter Konzil leistete; man sieht: ein Herr der alten Schule, Großneffe jenes Franz von Waldeck, der in der Reformationszeit Münster, Minden und Osnabrück besessen hatte und Anstalten machte, sie zu säkularisieren.

Nicht besser ging es in Minden. Hier war Herzog Heinrich Julius von Braunschweig Administrator gewesen, aber nach seiner Abdankung 1582 hatte gewählt werden müssen. Das Kapitel versagte. Da griff der neue Nuntius Bonomi von Köln aus ein; das Wahlrecht sei heimgefallen an den Erzbischof als Metropoliten, und dieser berief den katholischen Grafen Anton von Schaumburg, der freilich auch nur Administrator blieb.

In allen diesen Stiften also deutlich Übergangszeiten und Übergangsmenschen. Wohl hielt man die Stifte mehr oder weniger bei der alten Kirche fest, doch fehlten noch die rechten Persönlichkeiten für die Bischofssitze wie allgemein für die Seelsorge. Die wenigen Priester der Gesellschaft Jesu vermochten wohl das Schulwesen umzugestalten, einen guten Nachwuchs heranzuziehen, aber für die innere Erneuerung der Diözesen mußte man erst die Früchte ihrer Arbeit abwarten.

So bedeutete es doch in jeder Hinsicht etwas Außerordentliches, daß in dem größten und mächtigsten Stift von Mitteldeutschland seit Jahren schon ein völlig anderer Geist herrschte als in allen bisher besprochenen Stiften. In Würzburg stellte Bischof Julius Echter von Mespelbrunn in seiner vierundvierzigjährigen Regierung (1573–1617) immer eindrucksvoller die neue Art eines Bischofs der Gegenreformation dar, gemischt aus fürstlichem Sinn und ernster Devotion. Anfangs sahen wir ihn, den gut katholisch erzogenen Herrn, noch auf dem Wege, durch Zugeständnisse an die Ritterschaften unter Mediatisierung der alten Reichsabtei Fulda ein größeres Fürstentum zu schaffen. Rücksichten auf den Adel hielten ihn auch im Würzburgischen noch lange zurück. Der Bischof überschätzte den Widerstand der Ritterschaft im Kapitel und im Beamtentum und meinte, ihn nur durch päpstliche Breven überwinden zu können, die er sich selbst bei dem Nuntius bestellte. Wenn er zögerte, in den Pfarrämtern durchzugreifen, so bestimmte ihn außer der Rücksicht auf den Landadel auch der einstweilen noch erschreckliche Mangel an geistlichem Nachwuchs.

Dann aber hatte er sich selbst die nötigen Kräfte herangezogen und unter wachsender Einsicht in die geringe Widerstandskraft sowohl des Adels wie der benachbarten protestantischen Stände aus der Unerschütterlichkeit seines Willens die erste wirklich großartige innere Umgestaltung eines Bistums durchgeführt. Um die Bedeutung seines Wirkens recht zu verstehen, muß man sich vergegenwärtigen, daß in dem bis dahin einzigen altkirchlichen Herzogtum Bayern nicht nur die Anlehnung an die kaiserlichen Lande, sondern von Anfang an auch die Einheitlichkeit und Folgerichtigkeit der

Regierung bestanden hatte. In Würzburg dagegen war unter schwachen Regierungen und in bewegten Zeiten der Protestantismus in die Ritterschaft und nicht minder stark in die Städte eingedrungen. Die Stadt Würzburg selbst galt für halb protestantisch. Stadt und Landschaft hatten von den Tagen des Bauernkriegs an schwer gelitten, und die Bischöfe, von denen einer, wie wir uns erinnern, sogar den Grumbachschen Gesellen persönlich zum Opfer gefallen war, hatten andere Sorgen als die rein kirchlichen. In diesem Lande hat nun Bischof Julius nicht nur alle protestantischen Neigungen ausgetilgt, Zweifelnde und Abgefallene zurückgeführt, sondern als Landesfürst und Bischof in einer Person das ganze Stift in die neuen Formen des organisierten Katholizismus mit geordnetem Pfarrersatz, Visitationen und Kirchenzucht, Kirchenbau und Bildstöcken zurückgeführt.

Der Bischof überwand beides, Volksstimmungen und ritterschaftliche Opposition. Die Ritterschaft klagte über Verletzung des Religionsfriedens, verlangte Abschaffung der Jesuiten und die Priesterehe. Bischof Julius lehnte alles rundweg ab. Das Kapitel setzte der Reform der Geistlichen von Anfang ausgesprochenen Widerstand entgegen; es meinte, das werde die Geistlichen nur dem Protestantismus in die Arme treiben. Aber der Bischof ließ sich nicht mehr hineinreden.

Vor allem wurde aus dem bescheidenen Kollegium der Priester der Gesellschaft Jesu die erste große neue katholische Universität. Der Papst verlangte freilich zuvor den Ausbau des Jesuitenkollegs und des Priesterseminars. Der Bischof kam den Wünschen der Kurie nach, schritt dann aber auch unverweilt zur Gründung der Universität, die am 2. Januar 1582 mit einer theologischen und einer philosophischen Fakultät eröffnet werden konnte. Im zugehörigen Seminar schuf er erst 40, dann 100 Plätze für angehende Priester. Und mit diesem Priesterseminar gutgebildeter und gesinnungstüchtiger Seelsorger hat der Bischof den Kampf um die Seelen seiner Landeskinder und Diözesanen bis zum letzten durchgeführt. Im Jahre 1584 erteilte er seinen Landdechanten die Anweisung, wieder regelmäßige Landkapitel und Visitationen zu halten, und wenn dabei auch zunächst nicht viel Gutes zum Vorschein kam, so besserten sich doch die Verhältnisse zusehends. Es gab anfangs noch zahlreiche Geistliche, die sich unter dem Beifall ihrer Gemeinden zum Luthertum bekannten; sie wurden rücksichtslos entfernt. In zwei Jahren verließen 120 Prädikanten das Land – wenn man mit Ritter 263 würzburgische Pfarreien rechnet, so wäre fast die Hälfte beteiligt gewesen. Durch Zuspruch, gutes Beispiel, durch Zwang oder wenigstens durch Einquartierung nötigte er die Gemeinden. Stellenweise ging es schwer, wie in dem lutherischen Vasbühl, wo erst auf persönlichen Zuspruch des Bischofs schließlich doch alle zur katholischen Kirche zurückkehrten, außer dem Schultheiß.

Wo andere Mittel nicht halfen, nötigte der Bischof die Leute zum Verkauf von Hab und Gut und zur Auswanderung. Es gab auch Rückschläge. Als die Bischöflichen dem Kunz von Grumbach seinen Prädikanten genommen hatten, zog der Ritter mit Bewaffneten nach Würzburg und holte ihn sich wieder. Dem Adel insgesamt aber bestritt der Bischof seine Religionshoheit in allen würzburgischen Lehns- und Filialkirchen.

Der Fürstbischof griff nicht nur überall, wo es nottat, kräftig durch, sondern er befriedigte auch das religiöse Bedürfnis wie die Schaulust und die korporativen Neigungen des Volkes. Er kam wohl selbst in wiedergewonnene Gemeinden, reichte aus seinen fürstlichen Händen den Konvertiten selbst die Kommunion und gab das Vorbild tiefer und sichtbarer Frömmigkeit bei den heiligen Messen und Prozessionen. Mit Hilfe seiner Jesuiten wurde das äußerlich überall wieder aufgerichtete Gebäude katholischen Kirchentums auch innerlich mit einem neuen Geist erfüllt. Marianische Kongregationen organisierter Gymnasiasten und Studenten, jesuitische Exerzitien erhielten und vertieften die neue Frömmigkeit.

Bald fehlte auch des Glaubens liebstes Kind nicht mehr. Ein Jesuitenpater vollbrachte wunderbare Heilungen und Teufelsaustreibungen. Ja, als er eines Tages in tiefster Ergriffenheit zum Altar schritt, sollte sich der heilige Georg auf dem Altar selbst vor ihm verneigt haben. Das sahen die Leute nun wieder mit ihren eigenen Augen. Es war vielfach so, als sei man aus einem hundertjährigen Schlaf erwacht.

Dabei war Bischof Julius ein ausgezeichneter Verwalter seines Landes. Der wirtschaftlich zerrüttete Zustand, in dem er das Bistum übernommen hatte, ist in einer Zeit langen Friedens durch sein Geschick beseitigt worden; die Verwaltung wurde geordnet, die Schuldenlast gemindert, verpfändetes Gut eingelöst, die Rechtspflege verbessert. Auch das Unterrichtswesen wurde durch Volksschulen auf das Land hinausgetragen. »Gott gebe uns Franken wieder einen solchen Vater und Haushalter«, schrieb ein schlichter Würzburger Bürger beim Tode des Bischofs (13. September 1617) in seinen Hauskalender.

Dem Beispiel Würzburgs folgte das benachbarte Bamberg nur zaghaft. Erst Bischof Neidhard von Thüngen (1591–1598) wagte mehr, wenn auch die Größe und Pracht des würzburgischen Kirchentums nirgends so leicht erreicht wurde.

In Salzburg war der Erzbischof Wolfdietrich von Raittenau zwar nichts weniger als einwandfrei in seiner Lebensführung und Politik, aber gestützt auf die glücklicheren Vorbilder trieb auch er Protestantenverfolgung und bescheidene Gegenreformation. Rings um das Fürstentum Bayern also kamen die geistlichen Herrschaften langsam wieder in die alte Ordnung. Mit Augsburg hatte es begonnen, mit Würzburg hatte man bereits die Höhe der Entwicklung erreicht.

Als sich das 16. Jahrhundert seinem Ende zuneigte, waren seine schöpferischen religiösen Kräfte versiegt. Es gab wohl noch gleichsinnige Fortentwicklungen, örtliche und persönliche Erneuerungen, auch neue Konflikte und moralische Prüfungen für den einzelnen, aber es gab nicht wesentlich neue Ideen mehr. So ist es an der Zeit, zurückzublicken und die Summe zu ziehen.

Aus Martin Luthers ganz unpolitischer, menschlich und religiös aufs tiefste ringender Persönlichkeit blieben vorerst die kleinen Hemmungen wirksamer als die lebenspendenden Kräfte. Was er an unerschrockener Aufrichtigkeit, echter Hingebung und männlichem Gottvertrauen gelehrt und gelebt hatte, blieb als großartiges Vermächtnis geistiger Sammlung der Nachwelt unverloren – nicht nur in der Frömmigkeit der Stillen im Lande, in geistlichen Liedern und Kantaten. In ihm war das eigentlich Religiöse und tief Persönliche durch Zurückdrängung alles Äußeren, selbst der Gemeinschaft, am reinsten ausgeprägt. Indem er den Schwerpunkt in dem Verhältnis des Menschen zu Gott – die Rechtfertigung – aus dem periodischen Sakramentsempfang in jeden Augenblick des gegenwärtigen Lebens des einzelnen zurückverlangte, schuf er unendliche Möglichkeiten der Heiligung des Daseins aus der Tiefe der Persönlichkeit. Indessen, da sichtbare Werke und politisches Handeln nie im Mittelpunkt lutherischen Wesens standen, entgingen seine fürstlichen und bürgerlichen Anhänger zwar der sittlichen Überheblichkeit, wurden aber friedlich bis zur Gedankenlosigkeit. Wenn sie damit die Gefahren des tätigen Lebens vermieden, so verfielen sie umgekehrt um so rettungsloser der Überschätzung ihrer Bekenntnisse, zumal diese als landesherrliche Ordnungen Bestandteile eines angesichts der bescheidenen Maße dieser fürstlichen Herrlichkeiten kümmerlichen, rein höfischen Staatsgedankens wurden. Für alles dieses wurde Kursachsen das verhängnisvolle Muster.

Der Calvinismus übertraf das Luthertum an protestantischer Gesinnung. Der Bekennermut und das tätige Leben, entschiedenes Handeln und Verfechtung der Gottessache in festen Gemeinden und Staaten erhielten ihm die Ehre der Waffen. Dafür litt die seelische Seite des religiösen Lebens; die Kirche lief Gefahr, Stätte und Abbild kalter Gerechtigkeit zu werden und dem Gerechten selbst eine Stimmung stolzer Selbstgefälligkeit mitzuteilen, ja, selbst Züge harter Intoleranz anzunehmen, bis zu brutalen Gewalttätigkeiten gegen Bilder und Menschen. Das Kultische verkümmerte völlig, und die Kunst löste ihre jahrtausendealte Verbindung mit dem Religiösen. Dafür wurden neue politische Kräfte entbunden. Insbesondere blieb gegenüber dem landesfürstlich gewordenen Luthertum die Idee der Gemeindekirche, der demokratischen Ordnungen mit allen Folgerungen für Verantwortlichkeiten in Familie, Staat und Gesellschaft überaus fruchtbar. Am meisten in den Niederlanden, weniger in Kurpfalz.

Der erneuerte Katholizismus endlich übertraf, einstweilen wenigstens, den historisch doch an bestimmte Ursprungszellen gebundenen Protestantismus an weltumfassender Universalität. Seine Organisationskraft nährte sich aus der Verdienstlichkeit der individuellen Werke und des gesamten äußeren Kirchenwesens, einschließlich aller Leistungen des Welt- und Ordensklerus. In seinem äußeren Wesen zu Beginn des Jahrhunderts besonders leidenschaftlich angegriffen, brachte er eben dieses in einer Zeit, da die Kunst überall zum höchsten befähigt war, nur um so prächtiger zur Erscheinung. Die Strenge der Dogmatik, durch die konfessionellen Gegensätze entwickelt und verschärft, in jedem Einzelfall unangreifbar hart, wurde in der Praxis des Lebens durch die Überbetonung des Kirchenbegriffs gemildert. Das Wesen der Ketzerei, von Haus aus eine geistige Haltung, wurde deshalb immer bestimmter auf das Verhältnis zur äußeren Kirche, auf die Stellung zu den kirchlichen Ordnungen und Geboten bezogen. War das erste Problem der Reformation die Bindung des individuellen Seelenheils an die kirchlichen Einrichtungen gewesen, so wurde die Kernfrage des neuen Katholizismus das Bekenntnis zu diesen Einrichtungen im Gegensatz zu anderen Mächten und damit recht eigentlich etwas Politisches. Was zu den Zeiten der Alleinherrschaft der römischen Kirche formende Kraft der klerikalen Freiheit gegenüber den Mächten dieser Welt gewesen war, wurde im neuen Streit der Konfessionen schärfste Rüstung zur Verteidigung und zum Angriff in breiter Front; das Problem Klerus und Laien blieb neutralisiert durch den gemeinsamen Gegner. Die zu Anfang des Jahrhunderts gerade in Deutschland national so stark als fremd empfundene römische Art in Sprache, Form und Kirchenregiment schien umgekehrt schon wieder den Zauber des Fremden und Besonderen auszuüben.

Indessen, bei aller Eignung der erstaunlich rasch erneuten katholischen Kirche für den politischen Kampf stellte sich doch in der geistigen Welt das Verhältnis der Konfessionen, wie hier bemerkt werden muß, etwas anders dar. Schon daß der wiedergeborenen römischen Kirche die gesamte Welt des Protestantismus trotz aller eigenen Aufspaltungen gegenüberstand, gab diesem ein ungewolltes geistiges Übergewicht aus seiner gärenden Beweglichkeit, das an den ruhigen Stätten der Bildung, an den blühenden protestantischen Gymnasien und den ebenso noch von den gelehrt humanistischen Traditionen Melanchthons zehrenden Universitäten wirksam blieb. Gerade die Verknöcherung der dogmatischen Streitigkeiten trieb die beweglichen Geister den doch nicht verschwundenen Kulturbewegungen der Renaissance, diesem Drängen zu dem Menschen und zu den Dingen, der humanistischen Philologie und Staatslehre, den wieder aufsteigenden mathematischen und Natur-Wissenschaften in die Arme. Aus denselben Gründen flüchteten die eigentlich religiösen Elemente in kleinste Kreise oder befriedigten sich in der bald mächtig aufrauschenden Musik der Choräle und Kantaten. Im Katholizismus fehlte freilich auch das Entsprechende, die Missa solemnis, nicht, ja, die erneute Werkheiligkeit mit dem hochfürstlichen Kirchen- und Klosterbau erzeugte eine eindrucksvolle individuelle und öffentliche Kirchlichkeit. Allein, mit der wachsenden obrigkeitlichen Bevormundung und Abschließung von den Andersgläubigen ergab sich, wie wir gleich sehen werden, doch eine geistige und auch sittliche Verengung, die erst späteren Geschlechtern in ihrer ganzen Auswirkung erschreckend zum Bewußtsein kommen sollte.

Das alles wollen wir im Auge behalten, wenn wir uns zunächst wieder dem machtpolitischen Verhältnis der Bekenntnisse zuwenden.

Das Luthertum beherrschte außer Nord- und Mitteldeutschland die skandinavische Welt und bewirkte hier eine Erleichterung alter Kulturgemeinschaft und politischen Austausches. Der Calvinismus umgekehrt ergriff von Genf und von Frankreich aus Westdeutschland und die Niederlande nebst Teilen von England und Schottland; auch hier in alten Umrissen neue Kulturprovinzen. Die katholische Kirche behauptete ganz überwiegend die romanische Welt, aber auch weite Striche von Süd- und Westdeutschland, von Ungarn, Böhmen und Polen.

Ebensowenig wie die nationalen Gebiete deckten sich mit den konfessionellen Bezirken die staatlichen. Fast überall rangen die Konfessionen innerhalb derselben Staaten miteinander, entweder um Vorrang oder um Toleranz. In Spanien und Portugal, wo der alte Kampf gegen die Ungläubigen, Juden und Rückfälligen fast als vornehmstes Staatsinteresse galt, wurde man des Protestantismus zeitig Herr. Nicht minder in Italien. Philipp II. dachte es sich ebenso in den Niederlanden; aber die Verquickung des Religiösen mit ständischen und nationalen Empfindlichkeiten führte nach langen Kämpfen zum endgültigen Verlust der sieben nördlichen Provinzen für Staat und Kirche.

Am meisten zwiespältig blieben noch geraume Zeit Frankreich und Deutschland.

Die Lösung drängte in verschiedene Richtungen. In Deutschland hatten die Auseinandersetzungen der Reformationszeit zu einer im ganzen paritätischen Reichsverfassung geführt, wenn auch der Augsburger Religionsfriede die geistlichen Fürstentümer einseitig konservierte. Während aber die großen weltlichen Territorien sich kraft der Religionshoheit konfessionell immer strenger vereinheitlichten, sollte nach der Deklaration in den geistlichen Fürstentümern eine gewisse Toleranz für die Landstände gelten. Diese Toleranz erwies sich als undurchführbar. Sie gefährdete so allgemein den Besitz dieser Territorien für die katholische Kirche, daß sich der Kampf der Gegenreformation staatspolitisch vorzüglich eben gegen die Freiheiten der Deklaration wandte. Toleranz war 1555 auch ausgemacht für die Reichsstädte und Reichsritter. Welche Schwierigkeiten das in sich schloß, lehrte zuletzt der Kampf um Aachen, später der Streit um Donauwörth. Soweit aber wirklich in einzelnen Reichsstädten an der Toleranz festgehalten wurde, bedeutete sie natürlich nur eine Duldung des katholischen oder des lutherischen Kirchendienstes. Von einer allgemeinen Toleranz war nirgends die Rede.

Im ganzen also war Deutschland ebenso wie das übrige Abendland in seinen staatlichen Einheiten trotz der Reichsverfassung zunehmend konfessionell. Praktisch galt das auch von den Niederlanden.

Ganz anders verlief die Entwicklung in Frankreich, und es ist schon um des Gegensatzes willen nötig, einen Augenblick dabei zu verweilen; um wie viel mehr, da wir an der Schwelle des Jahrhunderts stehen, in dem die politische und gesellschaftliche Führung in Europa an eben dieses Frankreich übergehen sollte.

Das letzte Menschenalter ließ diese Entwicklung keineswegs voraussehen. Die lange Regierung der Katharina von Medici und ihrer körperlich wie moralisch früh verkommenen drei Söhne hielt sich zwar äußerlich katholisch, allein ihr Bündnissystem nach außen und innen bewahrte eine fast zynische Freiheit. Man kämpfte mit oder gegen Spanien, an der Seite Englands oder Schottlands, für die protestierenden Niederländer oder mit Spanien gegen sie; man sah in der nächsten Nähe der Krone meist die Häupter der Familie Guise, zwischendurch aber auch Coligny, Condé und deutsche protestantische Fürsten. Gerade die letzten Zeiten Heinrichs III. brachten noch einmal einen doppelten Umschwung. Er war kinderlos wie alle seine Brüder. Sein legitimer Erbe war das Haupt des nächstverwandten Hauses Bourbon, Führer der Hugenotten. Heinrich Bourbon aber war durch Papst Sixtus V. samt seinen Vettern, den Prinzen Condé, gebannt und der Krone Frankreichs für verlustig erklärt. Heinrich III. kapitulierte vor der katholischen Liga. Indessen, Heinrich von Navarra siegte bei Coutras im Oktober 1587 über die Königlichen. Und wenn auch noch im selben Jahre der Herzog von Guise die Hugenotten und ihre deutschen Verbündeten vernichtend schlug, so wurde das zeitweilige Übergewicht der katholischen Mächte Spanien und Frankreich schon im nächsten Jahre mit der Zertrümmerung der spanischen Armada durch England wettgemacht. Gleichzeitig aber zerfiel Heinrich III. wieder mit der Familie Guise und ihrem Anhang. Der König entledigte sich des übermächtig gewordenen Heinrich Guise durch den Mord von Blois und prozessierte auch den Kardinal. Bei der folgenden allgemeinen Empörung warf sich der König in erneutem Parteiwechsel den Hugenotten in die Arme, fiel aber alsbald durch den Dolch des Dominikaners Jaques Clément (2. August 1589); der Jesuit Mariana pries die Tat in seinem Fürstenspiegel als rühmlich. Auf den mit Ketzern verbündeten König folgte nun der ketzerische König selbst, Heinrich IV., zugleich Erbe von Navarra.

Die in der Haltung der früheren Regierung liegenden Ansätze zur Toleranz waren, ganz anders als in Deutschland, von offenbarer Indifferenz der Regierenden getragen; nicht von einer Einsicht in die Gottgefälligkeit von Frieden und Verständigung.

Durch Heinrich IV. sollte diese Haltung der französischen Krone zum System erhoben werden. Er blieb seinen hugenottischen Freunden verbunden, entschloß sich aber – und das wurde nun das Entscheidende – um der nationalen Einheit willen, sein kirchliches Gewand nochmals zu wechseln. Dabei stützte sich der König auf eine starke Partei in der führenden Gesellschaft Frankreichs, Edelleute, Beamte und Gelehrte, die als Gruppe der »Politiker« schon längst im Sinne reiner Staatspolitik tätig gewesen waren und in bezug auf den Streit der Konfessionen das Erbe der Rabelais und Montaigne vollstreckten – eine über dem Streit des Tages, über den Gegensätzen der Konfessionen, ja über den Wechselfällen des menschlichen Lebens selbst erhabene Philosophie des Daseins und des Staates. Man entfernte sich nicht von den kirchlichen Sitten, die man sowenig bekämpfte wie die Überzeugung der Hugenotten; aber man baute sich innerhalb dieses Rahmens eine eigene Gedankenwelt auf, die mit dem Begriff der Skepsis sehr unvollkommen bezeichnet wird. Von dieser halb stoisch, halb rein national bestimmten Einstellung aus war es möglich, um des Staates willen sowohl den Konfessionswechsel Heinrichs IV. (1593) zu verstehen wie umgekehrt das Edikt von Nantes zuwege zu bringen (1598), das dem Lande Frankreich nach einem dreißigjährigen Religionskrieg den Frieden zurückgab. Den Hugenotten wurden feste Plätze überantwortet und ihre Religionsübung in gewissen Grenzen, wenn auch nicht gerade in der Stadt Paris, gewährleistet. Man empfand noch in den späteren Jahrhunderten das kluge und friedliche Regiment Heinrichs IV. als die eigentliche Grundlage des Glücks von Frankreich. Nachdem die hugenottische Bewegung innerlich wie äußerlich zum Stehen gebracht war, mochte auch in Frankreich die katholische Gegenreformation aus eigenen und fremden Kräften das Zeitalter erneuerter Orden, emsiger Gelehrsamkeit, leitender Kardinäle und einer prunkvollen nationalen Regierung heraufführen.

Wie völlig sticht von diesem Bild des neuen Frankreichs um dieselbe Zeit die staatliche und konfessionelle Zerrissenheit des Deutschen Reiches ab! Wie ihm der führende oder umstrittene Mittelpunkt fehlte, so erschöpften sich auch seine Nöte in den einzelnen Landschaften.

Wir wollen den landesfürstlichen Staat des 16. Jahrhunderts nicht unterschätzen; er war auf seine Art ein kleines Kunstwerk. Nach den Zeiten des bewußt aufgebauten Machtstaates in dem Italien der Renaissance hat der deutsche Territorialstaat gerade durch die Reformation, zuerst in Europa, das Wesen eines wirklichen Kulturstaates, wenn auch kleinsten Formates, dargestellt. Nicht ohne Kampf und Mühe. Er hatte sich weithin freigekämpft vom Reich; er hatte im 14. und 15. Jahrhundert stellenweise scharfe

Zusammenstöße mit den Städten siegreich durchfochten; er hatte die fast unlösbare Aufgabe der räumlichen Abrundung vielfach überraschend gut gelöst; auch die zu verschiedenen Zeiten, gelegentlich noch in den Kämpfen um die Reformation höchst unbequemen Ansprüche der Landstände im wesentlichen überwunden; eine schon jetzt fast absolutistische Zentralregierung und eine meist brauchbare Lokalverwaltung geschaffen oder ausgebaut. Bald schickte er sich an, in besoldeten Knechten wenigstens eine Polizeitruppe, vielleicht gar eine kleine Armee an der Hand zu haben. Die Finanzen wurden ebenso zentralisiert wie die Verwaltung und das Gericht mit seinen Appellationen. Dazu hatte die Reformation die Religionshoheit gefügt; der Sorge um Kirchen und Schulen entsprach eine stellenweise gewaltige Vermehrung des Staatsvermögens; vor allem regierte der Fürst nun bis in die Seelen der Untertanen hinein. Polizeiliche und kirchliche Fürsorge erstreckten sich bis in die engsten Familienangelegenheiten.

Was hier entstand, stellte die höchste Form des geschlossenen Territorialstaats dar; seine merkantilistische Abschließung im 17. und 18. Jahrhundert war nur die Konsequenz seiner bisherigen staatlichen und wirtschaftlichen Entwicklung. Der Fürst hielt Hof, baute Schlösser und Gärten, sammelte Bilder und Preziosen, förderte Musik, Dichtung und Gelehrsamkeit – kurz, er stellte im Kleinen einen repräsentativen Mittelpunkt der Landeskultur dar. Die Residenzen München, Heidelberg, Wolfenbüttel wurden die Vorbilder für Stuttgart, Dresden und Düsseldorf des folgenden Jahrhunderts. Die friedlichen Zeiten gestatteten selbst dem kleinen Schaumburger in Bückeburg und Stadthagen ein gewisses Mäzenatentum. Was einst Klöster und Bischofssitze gewesen waren, wurden jetzt landesfürstliche Schlösser und Höfe. Sie hatten ihre Höflinge und Beamten, Künstler und Literaten, Musiker und Theologen, wie wir das bei Albrecht V. in München gefunden haben. Der Deutsche mußte wohl oder übel durch diese rein höfische Staatsform erstmals zum Staat überhaupt erzogen werden, da jetzt weniger als je daran zu denken war, den einheitlichen nationalen Staat aufzubauen. Freilich lag darin eine konfessionell wie staatspolitisch bis heute nachwirkende Verengung.

In jeder Beziehung. Wie dem Deutschen Reich zu Anfang des 16. Jahrhunderts die nationale Einigung mißglückt war, so verpaßte der enge deutsche Protestantismus in der zweiten Hälfte des Jahrhunderts seine europäischen Möglichkeiten. Aber auch das katholische Fürstentum der Habsburger und Wittelsbacher gewann trotz aller Ansätze für das Deutsche Reich keine dauernd segensreiche Machtstellung. Österreich wurde in saurer Arbeit langehin kaum seiner eigenen Gebiete wieder vollkommen Herr.

Am meisten politischen Sinn hatte durch zwei Menschenalter der Pfälzer Hof der Wittelsbacher gezeigt. Aber ihm fehlte das Glück der wirklichen Talente und der längeren Regierungen. Am 22. Oktober 1583 war, vierundvierzigjährig, der Kurfürst Ludwig III. gestorben unter Hinterlassung seines noch unmündigen Sohnes Friedrich. Der lutherische Kurfürst hatte gegen die gesetzliche Vormundschaft seines calvinistischen Bruders Johann Casimir nicht vorzugehen gewagt. Nur zur Sicherung seiner kirchlichen Ordnungen hatte er eine Mitregentschaft von Württemberg, Hessen und Ansbach vorgesehen; allein, Johann Casimir unterschlug das Testament und griff alsbald ein, um die Tage seines Vaters wiederkehren zu lassen. Insbesondere sein uns schon bekannter Kanzler Christoph Ehem »sah die Tage der Vergeltung nahen«. Der neue Kurfürst-Vormund verlangte zunächst nur ein Zusammenwirken von Lutheranern und Calvinisten; indessen, beide Teile betrachteten die Nebeneinanderordnung nur als Aufforderung zu den heftigsten Kontroverspredigten. Der Pfalzgraf beschied die Prediger vor sich und verbot die bisher übliche Beziehung auf die Concordienformel. Als er in Heidelberg einen gemischten Kirchenrat anordnete, verweigerten die »Ältesten« das Zusammensitzen. Calvinistische Prediger tadelten wieder diese Unfriedlichkeit von der Kanzel. Die Heidelberger Stadtpfarrer und die Universität erfüllten sich mit grimmigem Haß gegen den Pfalzgrafen. Da ließ Johann Casimir nicht lange mehr auf sich warten. Nach einer Disputation unter Beteiligung des Calvinisten Grynaeus aus Basel wurde das Luthertum weithin verdrängt, aus der Stadtpfarrkirche so gut wie aus der Fakultät (Juli 1584). Die an diese Art landesfürstlicher Fürsorger nachgerade gewohnten Gemeinden ließen sich die Eingriffe stumm gefallen. Die Geistlichen bewiesen Mut und Duldung, als nun die Kirchenordnung von 1585 im wesentlichen diejenige Friedrichs III. erneuerte. Dem jungen Kurfürsten wurden in Lingelsheim und Grünrad zuverlässige calvinistische Führer bestellt. Dagegen wurde die Pfalzgräfin Elisabeth, die Tochter des Kurfürsten August, als die Seele des Widerstandes gegen ihren Gemahl mit brutalen Maßregeln gequält, ihr Briefwechsel mit der sächsischen Heimat abgeschnitten, 1587 ihr sogar der lutherische Geistliche genommen.

Wir sind bei allem äußeren Glanz doch in einer Zeit des Tiefstandes innerer Kultur der deutschen Fürsten. Sie waren für die Fülle der Gewalt, die ihnen der Lauf der Dinge in die Hand gegeben, nicht entfernt gereift. Wenn man im Banne des romantischen Zaubers der Heidelberger Schloßruine vergessen kann, welche Schuldenlasten das Gegenkonto bildeten für die herrlichen Bauten Ottheinrichs und des Kurfürsten Friedrich, so bleibt es für den Wissenden sehr viel schwerer, die Trinkpoesie der Keller und Fässer zu ertragen, die an demselben Schlosse hängt. Denn es ist damit nicht nur unsägliche Roheit, sondern auch die gemeinste Unsittlichkeit tief verbunden gewesen. Johann Casimirs derbe Lebensfreude tobte sich aus beim Saufen und Tanzen an eigenen und fremden Fürstenhöfen, und es bekümmerte ihn wenig, als seine lutherische Gemahlin, von ihrer Heimat abgeschnitten, durch die Anklage auf Ehebruch seelisch völlig zerbrochen, im Gefängnis zu Heidelberg am 12. April 1590 von ihrem Martyrium erlöst wurde. Friedrich von Bezold hat ihr unter Benutzung der Eintragungen in ihr Gebetbuch Nachruf und Rechtfertigung gewidmet.

Der jüngeren Generation der Pfälzer gaben die Kursachsen wenig nach. Kurfürst August verlor am 1. Oktober 1585 seine Gemahlin, die Kurfürstin Anna, die ihm 15 Kinder geschenkt hatte. Am 16. Januar 1586 schon vollzog der ungeduldige alte Herr seine Wiederverheiratung mit einer dreizehnjährigen Prinzessin von Anhalt, doch ereilte ihn am 21. Februar der Tod infolge eines Schlaganfalles.

Ihm folgte Kurfürst Christian, der nun, wie das üblich zu werden schien, auch seinerseits mit mehr oder weniger durchgreifenden kirchlichen Neuerungen sein Regiment begann. Unter Einfluß seines früheren Zivilgouverneurs, des Professorensohnes und Hofrates Dr. Nikolaus Krell, lenkte er in die alten Wittenberger Tendenzen Melanchthons zurück und zeigte sich bald sogar der Concordienformel abgeneigt. Der im In- und Ausland gebildete, in Genf sogar Beza nähergetretene Dr. Krell bekämpfte auch liturgische Bräuche, die nun einmal volkstümlich geworden waren, wie den Exorzismus bei der Taufe. Die Erregung darüber war fast größer als über tiefere dogmatische Meinungsverschiedenheiten. Ein Metzger erzwang mit dem Beil in der Hand die Beibehaltung des Exorzismus bei der Taufe seines Kindes. Die Folgen waren die üblichen Kontroversreden. Da erließ der Kurfürst am 7. September 1586 eine Verfügung »gegen das unzeitige und unnötige, auch ärgerliche Gebeiß, Gezänk und Verdammnis« der Theologen. Es erfolgten auch Ausweisungen. »Auf diese Weise stellen wir Schritt für Schritt die Zustände her, die der rasende Andreae mit einem Schlage umgestürzt hat«, schrieb Krells Genosse, der Geheimrat Paull. Die Gegnerschaft am Hofe verkörperte der streng lutherische Kanzler Pfeifer. Doch gelang es Krell, ihn zu beseitigen und an seine Stelle zu treten.

Der inneren entsprach die äußere Politik. Entgegen der traditionellen Zurückhaltung des Kurfürsten August entschloß man sich, zumal nach Heinrichs IV. Thronbesteigung, zu aktiver Politik in Frankreich – das bedeutete zum Anschluß an den Schwager Johann Casimir. Am 1. und 2. März 1590 trafen sich die beiden Fürsten in Plauen; Kursachsen wurde völlig für die pfälzische Politik gewonnen, auch im Reich. Man beschloß, an den Kaiser Forderungen zu richten, die von dem Pfälzer Dr. Culmann formuliert wurden. Man nahm Bezug auf die schwebenden Streitigkeiten, ging aber weiter zu verfassungsmäßigen Forderungen, die darin gipfelten, daß die Jurisdiktion des Kammergerichtes diejenige des kaiserlichen Reichshofrates ausschließen sollte und daß alle nach dem Religionsfrieden strittigen Sachen vor die Stände gehörten. In solchem Geist unternahmen es die führenden Räte von Pfalz und Sachsen, die protestantischen Stände innen- und außenpolitisch zusammenzuschließen. Es waren politisch richtige, wenn auch für das unheilbar kranke deutsche Reich lebensgefährliche Gedanken – wären sie nur von Männern mit mehr Verstand, Sittlichkeit und Geschmack vertreten worden.

Am Kaiserhof war nicht minder die kirchenpolitisch schärfere Richtung durchgedrungen. Hatte der Reichshofrat Georg Eder, ein geborener Bayer, schon 1579 »das goldene Fließ christlicher Gemain und Gesellschaft« als Fortsetzung seiner noch von Maximilian II. unterdrückten »evangelischen Inquisition wider die falsche Religion« veröffentlicht, so folgte 1586 der Reichshofratssekretär Andreas Erstenberger, ein Konvertit, mit seiner »Autonomia«, worin zwar der Augsburger Religionsfriede notgedrungen anerkannt, der innere Friede zwischen den Bekenntnissen aber als unmöglich und die Freistellung für gottlos und teuflisch erklärt wurde. So fanden natürlich am Kaiserhofe die Darlegungen der beiden Kurfürsten in Culmanns Denkschrift schroffste Ablehnung.

Die Protestanten wurden dadurch in ihrer Richtung und Selbsthilfe nur bestärkt. Etwas Neues trat dazu. Auf Drängen der geschädigten Reichskreise des Westens hatte Mainz zum September 1590 einen Deputationstag nach Frankfurt ausgeschrieben, auf dem von allen Seiten insbesondere über die Drangsalierung durch die spanische Soldateska beweglich geklagt wurde. Eben deshalb sah man die protestantischen Stände eifrig beteiligt, den Unwillen zu schüren. Aber genau aus denselben Gründen zeigten sich der Kaiser und die Katholiken von einer rührenden Friedensliebe und Vertrauensseligkeit. Da diese stark im Übergewicht waren, verließen die protestantisch kurfürstlichen Gesandten den Tag, der damit gesprengt war.

Es begreift sich danach, mit welchen Stimmungen die Protestanten nunmehr am 2. Februar 1591 zu ihrer Zusammenkunft in Torgau erschienen – Vertreter der Häuser von Sachsen und Brandenburg, Pfalz, Braunschweig, Hessen und Anhalt. Über die Unterstützung Heinrichs IV. gegen den katholischen Adel und Spanien war man sehr bald einig. Heinrich IV. verhandelte durch Turenne; seine Gegenleistung war die Bereitwilligkeit, den Protestanten im Notfall mit 8000 Mann, die er drei Monate auf eigene Kosten besolden wollte, zu Hilfe zu kommen. Der junge Fürst Christian von Anhalt wurde zum Heerführer bestellt, eine bessere Wahl als die des derben Johann Casimir. Die meisten bewilligten auch namhafte Summen, und die Armee wurde in der Tat eine wirksame Hilfe zumal gegen den Herzog Alessandro Farnese, der bis zu seinem Tode (2. Dezember 1592) als der gefährlichste Gegner erschien.

Schwieriger als dieser Anteil am französischen Religionskriege war die Verwirklichung eines Protestantenbundes im Reiche selbst. Er scheiterte bisher immer an den konfessionellen Gegensätzen. Wenn jetzt in Kurpfalz der Calvinismus hergestellt, in Sachsen wenigstens das entgegengesetzte Extrem bekämpft wurde, wenn auch Anhalt den Exorzismus bei der Taufe abschaffte und Zweibrücken entschieden calvinistisch wurde, so stärkte das alles die aktivistische Gruppe, machte aber freilich die Gegenpartei entsprechend stutzig; die Gesandten des alten Herzogs Ulrich von Mecklenburg erklärten, ihr Herr könne nur mit wahren Glaubensverwandten ein Bündnis schließen.

386

Da änderte sich das Bild von Grund aus, als bald nacheinander alle führenden Fürsten, am 25. September 1591 der noch junge Kurfürst Christian von Sachsen, am 16. Januar 1592 der neunundvierzigjährige Johann Casimir und am 4. September Landgraf Wilhelm von Hessen, das Zeitliche segneten. Vor allem in Kursachsen gab es nun die vierte Reaktion und damit neue Spannungen zu Kurpfalz.

Der neue Kurfürst von Sachsen, Christian II., zählte erst acht Jahre. Vormünder waren sein Großvater, der Kurfürst von Brandenburg, und der nächste Agnat, der Herzog von Weimar – Bedingungen genug für eine Reaktion, die sich nun bald grausam und rachedurstig in erster Linie gegen den Kanzler Dr. Krell richtete. Die Ritterschaft war von den überstürzten Maßnahmen des Emporkömmlings vielfach ebenso verletzt wie die Kurfürstin-Witwe. Noch am Tage vor der Beisetzung des Kurfürsten verhaftete man den Kanzler und brachte ihn auf den Königstein. Es dauerte aber vier Jahre, bis man auch nur eine leidliche Anklageschrift gegen den früher allmächtigen Kanzler fertigstellte. Dabei ergab sich, daß man mit einem geordneten Prozeß nicht zum Ziele kam. Krells Gemahlin erwirkte Monitorien des Reichskammergerichtes. Die neue sächsische Regierung wußte sich schließlich nicht anders zu helfen als durch Einsendung der Untersuchungsakten an die böhmische Appellationskammer nach Prag. Die alte Kurfürstin bat den Kaiser ausdrücklich um ein strenges Urteil, und als das Gericht im September 1601 wirklich auf Hinrichtung erkannte, schaute sie bei der Exekution zu (am 9. Oktober 1601 auf dem neuen Markt zu Dresden). Das Ganze war ein Akt politischer Rache und insofern ein grober Justizmord, der zweite in einem Menschenalter auf diesem Boden.

Pfeifer wurde wieder Kanzler, Aegid Hunnius aus Württemberg stellte die Kirche her wie ehedem Andreae. 1602 wurde die eidliche Verpflichtung auf die Condordienformel erneut von allen Staats- und Kirchendienern verlangt.

Von so harten und blutigen Folgen war der Regentschaftswechsel in der Pfalz nicht. Nur wenige Wochen nach dem Tode Johann Casimirs konnte Friedrich IV., ein weicher Jüngling, die Regierung übernehmen. Er heiratete im nächsten Jahre die Tochter Oraniens, Luise Juliane. Allein, in einer Zeit, wo man alle Mittel für die Staatspolitik hätte zusammenhalten sollen, ergab sich der junge Herr wieder dem Erbübel seiner Vorfahren, der Verschwendung; Feste, Jagden, Reisen und infolgedessen eine furchtbare Schuldenwirtschaft. Kirchlich war die Pfalz noch immer gemischt; trotz gelegentlicher Härten gab es nicht nur in der Oberpfalz noch geschlossene lutherische Gemeinden; stellenweise sogar Reste des Katholizismus.

Fassen wir zusammen, so folgte an den entscheidenden Stellen auf den vorübergehenden Aktivismus von 1590/91 überall wieder Reaktion und Erlahmung der protestantischen Macht im Reich. Auch Fürst Christian von

Anhalt verlor zunächst den Rückhalt und konnte nur eine Zeitlang in Straßburg eine Art von Gegengewicht gegen Karl von Lothringen bilden.

Inzwischen hatte in Bayern, der immer noch neben Spanien einzigen aktiv katholischen Macht, die Sammlung der Kräfte angehalten. Herzog Wilhelm der Fromme, an der Universität Ingolstadt unter Leitung des Konvertiten Dr. Staphylus im Geiste des Jesuitenordens erzogen, setzte zwar die Pflege der Künste nach Art seines Vaters fort und legte schon dadurch den Grund zu einer neuen Verschuldung. Mehr und mehr aber ergab er sich persönlich einer ängstlich tätigen Frömmigkeit und politisch der planmäßigen Gegenreformation, insbesondere durch die Festsetzung seines Bruders Ernst in den großen Reichsstiften.

Schon in der Frühzeit seiner Regierung verbrachte der Herzog täglich mindestens vier Stunden auf den Knien im Gebet, eine Stunde in geistlicher Betrachtung; täglich hörte er mehrere Messen, erforschte mittags und abends sein Gewissen, beichtete und kommunizierte mindestens jede Woche. Zunehmend betrieb er auch Bußübungen durch Geißelung und härene Unterkleider. Trotz der Einwendung seiner Stände baute er unter wachsender Schuldenlast 14 Jahre an der großen Michaelshofkirche und dem zugehörigen Kloster für die Jesuiten. Im Reiche suchte er die Abneigung des Kurfürsten August gegen die Calvinisten zu ihrer gemeinsamen Unterdrückung auszunutzen. Vor allem wünschte er aus den protestantischen Gebieten recht viele Reliquien an sich zu ziehen; der Kurfürst von Brandenburg schickte ihm gegen gute Münchner Gewehre und englische Hunde »einen ganzen Hut voll«; der Pommernherzog dagegen trug zunächst Bedenken, die Reliquien »zur Bestärkung der Abgötterei« herauszugeben.

Auch die Pfründenpolitik seines Vaters setzte Wilhelm fort, und sein jesuitischer Biograph durfte von ihm rühmen, daß es ihm allein unter den bayerischen Fürsten geglückt sei, drei Söhne, einen als Kardinal und zwei als Kurfürsten, im Purpur zu sehen. Von den protestantischen Fürsten rückte man immer bewußter ab. Wie ein bitterer Nachgeschmack früherer Zeiten wirkt das Mitleid, das Wilhelms Söhne Philipp und Ferdinand noch mit dem eben verstorbenen Herzog von Württemberg hatten; sie schrieben ihrer Mutter 1593: »Ist zum Erbarmen, daß sein Seel in Ewigkeit der höllischen Pein wird unterworfen sein.« Selbst in Österreich bemühte sich der Herzog um die Stärkung des Katholizismus. Er erreichte von dem Erzherzog Karl in Graz wenigstens die für alle Zukunft folgenschwere Erziehung seines Sohnes Ferdinand, des späteren Kaisers, unter der Obhut der Jesuiten in Ingolstadt. Nicht ganz so glücklich, und doch vorübergehend sehr erfolgreich, war der Herzog in Baden, wo ein Teil der Markgrafen zum Katholizismus zurückkehrte.

Schließlich wirkten sein persönliches religiöses Bedürfnis und die finanzielle Mißwirtschaft zu dem Entschluß zusammen, seinen ältesten Sohn

Maximilian seit 1591 an den Geschäften teilnehmen zu lassen, ihn 1594 zum Mitregenten anzunehmen und endlich ihm 1597 die Regierung vollkommen zu überlassen. Das Erbe, das Maximilian damit nach und nach übernahm, war ein streng katholisches Fürstentum und eine Schuldenlast von etwa drei Millionen Gulden. Seit 1563 hatten die Stände an Schulden und Zinsen nicht weniger als zehn Millionen Gulden aufgebracht.

Maximilian hat in einer (bis 1651) tatsächlich fast sechzigjährigen Regierung sein bayerisches Fürstentum zur höchsten Höhe der Macht geführt und in Vollstreckung des Erbes seiner Vorfahren zur eigentlichen Hochburg des religiösen und des politischen Katholizismus in Deutschland erhoben. Wir werden seiner klugen und gesammelten Persönlichkeit bald auf der größeren Bühne wieder begegnen. Hier muß nur schon dargestellt werden, was er aus dem Geist des späteren 16. Jahrhunderts in seinem engeren Fürstentum übernahm und fortbildete.

Felix Stieve hat von dem kirchlichen Polizeiregiment in Bayern unter seiner Regierung gesprochen, und in der Tat, kaum irgendwo und irgendwann ist das kirchliche Leben in diesem Maße von Staats wegen überwacht worden. Maximilian strebte nichts Geringeres an, als den Protestantismus von seinen Untertanen in jeder Hinsicht fernzuhalten, auch protestantische Besitzer von seinen Landen auszuschließen und selbst den gefährlichen Verkehr der katholischen Bayern mit den ketzerischen Nachbarn auf alle Weise zu unterbinden. Ein achtzigjähriger protestantischer Herr von Häckleder fand weder zum Verkaufe seiner Güter noch zur Neusiedlung Gelegenheit, weshalb ihm noch einmal Aufschub gewährt wurde; nach seinem Tode aber brachte man die Töchter in adlige Dienste bei katholischen Familien. Als der Herzog 1608 in den Besitz zweier protestantischer Dörfer gelangte, wurden die Prediger sogleich fortgejagt und den Untertanen eine Frist zur Bekehrung oder Auswanderung gegeben. Ganz besonders scharf überwachte man die Auswanderung protestantischer Bauern zu den Wiedertäufern in Mähren. Aber schon im Lande wurden einmal Untertanen, die ihre Kinder nicht zu weit in eine katholische Schule gehen lassen wollten und sie deshalb nach Ortenburg geschickt hatten, ins Gefängnis gelegt. Selbstverständlich führte man die Verfolgung ketzerischer Bücher mit der größten Sorgfalt durch; ja, um Mißbrauch der gefährlichen Werke zu verhüten, stellte man sie auch in der Bibliothek des Herzogs nur in verschlossenen Schränken auf, deren Schlüssel man in versiegelten Gewahrsam nahm.

Noch viel tiefer griffen in die Freiheit der Untertanen die Verbote der Verheiratung an auswärtige Protestanten ein, überhaupt die sehr erhebliche Erschwerung der Freizügigkeit von Töchtern und Söhnen, die auswärts Sprachen, Künste oder Handel lernen wollten. Durch ein höchst drückendes System von Ausweisen wurde der Verkehr aufs äußerste gehemmt. Weiter war schon 1591 der Befehl ergangen, daß alle Beamten und Bediensteten, natürlich auch alle Lehrer, den Eid auf das Trienter Konzil zu leisten hätten. Alle Kinder mußten an der sonntäglichen Kinderlehre teilnehmen; die übrige Gemeinde sollte dabei sein.

Hart und kleinlich in ihren Formen war die Sorge des Herzogs für das sittliche Leben der Geistlichen und der Untertanen; die Konkubinen wurden vertrieben und nach der Verfügung von 1608 zu schimpflicher Bußübung an die Kirchentüren gestellt. Auf das Gesinde sollten die Hausväter insbesondere des Nachts fleißig Obacht haben, nötigenfalls den Gerichtsamtmann zuziehen. Der Herzog ging in bezug auf das sittliche Verhalten noch weiter, wenn er nicht nur das gemeinsame Baden, sondern auch die kurzen Weiberröcke verbot und den Schulmeistern untersagte, mit Knaben und Mädchen »in die Grün« zu gehen; die Bauernjungen sollten die kurzen Kniehosen abschaffen und beim Tanzen grobes Festhalten und Herumschwingen unterlassen. Für Hochzeiten, Kindtaufen, Leichenfeiern, Einladungen und Primizen wurde die Zahl der Gäste und das Maß des Aufwandes in Essen, Trinken, Kleidung und Geschenken vorgeschrieben – kurzum, der Herzog tat es den alten Geselligkeits- und Kleiderordnungen des kleinbürgerlichen Stadtregiments durchaus gleich.

Die äußere Religionsübung wurde zum Staatsdienst. Alle Minister, Räte, Beamte, Edelleute und Diener des Hofes sollten täglich der heiligen Messe beiwohnen, an Sonn- und Feiertagen dem Hochamt, der Predigt und gegebenenfalls auch den Prozessionen. Beim Türkengebet und dem abendlichen Ave-Maria-Läuten mußte jedermann bei Geld- oder Gefängnisstrafe niederknien, ob er zu Haus oder auf der Gasse war; Reiter sollten von den Pferden, Fahrende von den Wagen steigen. Ja noch mehr. Daß jeder in der Osterzeit den »schuldigen Gehorsam« leiste, wurde von Staats wegen kontrolliert; vom Adel und den höchsten Beamten bis zum Tagelöhner und Dienstboten mußten alle Bayern ihre Beichtzettel an die Pfarrer abliefern. Diese Beichtzettel sowie die Verzeichnisse derjenigen, die nicht zu den Sakramenten gegangen waren, wurden bei Hofe nachgeprüft. Das Schlimmste aber war doch die Organisation geheimer Spione, welche wieder die Beamten, Landsassen und Untertanen in bezug auf die Ausführung der herzoglichen Mandate zu überwachen hatten. Als der Rentmeister zu Burghausen, Hans Preu, sich nicht eifrig genug zeigte, drohte ihm der Herzog mit Absetzung. Daß durch dieses System auch die freiwillige Angeberei aufblühte, nimmt nicht wunder. Von den Schrecken der spanischen oder niederländischen Inquisition war man gewiß weit entfernt, aber die Vermengung des Kirchlichen und Politischen, unter Anwendung aller Mittel geistlicher und weltlicher Macht, erreichte doch auch hier schon einen hohen Grad.

Von diesem in katholischem Sinne vorbildlichen Herzogtum Bayern stachen die habsburgischen Erblande in Österreich, Steiermark und Böhmen noch immer sehr erheblich ab. Zwar war das alte Kirchenwesen im großen und ganzen herrschend geblieben und durch die Landesregierung gestützt, allein die Stände, das heißt die Landherren, die Ritter und Städte zeigten fast überall protestantische Neigungen. An vielen Orten sogar überwiegend.

In Kämpfen stand man noch überall. In Böhmen suchte die Regierung stärker zurückzuhalten, versagte aber, sobald sie auf Widerstand stieß. Immerhin genügte ihre Haltung, um einen gesunden kirchlichen Zusammenschluß der Protestanten zu verhindern. Die alte katholische Geistlichkeit bedeutete wenig, so daß die Prager Jesuiten und der Nuntius nur sehr langsam vorwärts kamen.

Noch weniger günstig als in Böhmen stand es in Ober- und Niederösterreich. Hier hatte der Adel nicht nur auf seinen unmittelbaren Gütern, sondern auch auf Vogtei- und Pfandgütern lutherische Geistliche bestellt – die Zugeständnisse Maximilians II. von 1568 und 1571 also auf das äußerste ausgenützt. Unzweifelhaft ging es aber darüber hinaus, wenn der Adel in der Stadt Wien in seinem »Landhaus« Schule und Kirche halten ließ und damit der protestantischen Bewegung auch in der Wiener Bürgerschaft Vorschub leistete. Ähnlich hielten es die Oberösterreicher in Linz. Nur daß hier auch, wie in Böhmen, der Mangel eines geordneten Kirchenregiments doch sehr fühlbar blieb. Die Prädikanten auf den einzelnen Gütern waren zum Teil minderwertig und zersplitterten sich überdies in Substantialisten und Akzidenzer nach der Unterscheidung des Flacius, ob die Erbsünde zur Substanz oder zu den Akzidenzen des Menschen gehöre. Zwischen ihnen war der Ton scharf, im Stil der Zeit voll Schmähungen, was den Anfängen katholischer Restauration zugute kommen mochte. Wie sehr die Kelchbewegung überall, auch in Tirol, eingedrungen war, lehren die Fresken im bischöflichen Landhaus Velturns bei Brixen, wo noch um 1580 in der Reihe der sieben Sakramente die Spendung des Abendmahls an Edelleute unter beiderlei Gestalt erscheint.

Kaiser Rudolf residierte zumeist in Prag und überließ die österreichischen Länder nebst dem ungarischen Gebiet seinem Bruder Ernst als Statthalter; nach dessen Tode (1595) trat Mathias für ihn ein. Diese Söhne Maximilians und der spanischen Maria, mütterlicherseits also über die zarte Großmutter Isabella zur Urgroßmutter Juana spanischen Blutes und erblich belastet, waren durchweg müde und energielose Menschen. Das scheinbar so blühende Haus Maximilians starb mit ihnen aus, da sie alle keine Kinder besaßen; auch der Jüngste, Albrecht, nicht, der schließlich durch Philipp II. noch 1598 unter allerlei Vorbehalten zum Erbherrn in den Niederlanden gemacht wurde.

Immerhin setzte in Österreich schon unter Erzherzog Ernst eine ausgesprochen katholische Politik ein. Man ging vor gegen die »landhäusische Predigt«; man verjagte die Prediger von einem Tage auf den anderen aus Wien, dann aus dem Lande. In Linz gab es wohl Widerstand, doch wurde es nicht ernst. Nun zogen zwar die Wiener Bürger hinaus auf die adligen Güter vor den Toren, nach Inzersdorf und Hernals, wo die Herren von Geyer saßen, nach Bösendorf und Hetzendorf zu den Herren von Hofkirchen und der Frau von Teufel. Aber der Hof versuchte, auch hier den Prädikanten beizukommen, und legte ihnen einen Revers vor, daß sie nur für den adligen Haushalt predigen würden. Man erhoffte dabei, daß die Prediger den Revers entweder verweigerten oder übertraten – auf jeden Fall straffällig würden.

Der das meinte, war ein Wiener Bürgersohn, Melchior Klesl, ein Konvertit des Jesuiten Scherer, derb, heftig, aber von unerschütterlichem Eifer für die Sache und von tadellosem Leben. Er wurde Dompropst, Kanzler der Universität und bischöflich passauischer Offizial in Wien, später Bischof und Kardinal. Er beschränkte sich nicht auf die Bekämpfung der Prädikanten, sondern drängte auf das Wesentlichste, auf neue Anstalten für den Nachwuchs an Priestern. Der Erzherzog berief ihn nebst wenigen anderen Räten in eine Kommission zur Herstellung der kirchlichen Ordnungen.

Und nun ging man vor, verjagte die Prädikanten wirklich aus den Wiener Vorstädten, entschied in summarischem Verfahren bei Streitigkeiten über Kirchen- und Klostergüter und hielt die halbverlorenen kleinen Städte energisch zum alten Kirchentum an. In Tuln etwa versammelte man Stadtrichter, Rat und 141 Bürger, die notgedrungen das katholische Bekenntnis ablegten, Andersgläubige fernzuhalten versprachen und zur Bekräftigung Beichte und Kommunion nahmen. Schon Ende 1588 waren auf diese Weise 13 Städte »reformiert«.

Als aber ein ähnliches Verfahren durch Landesherrn und Prälaten auch in Oberösterreich versucht wurde, ergaben sich bei der kraftvollen und selbstbewußten bäuerlichen Bevölkerung doch noch die größten Widerstände. Zusammen mit wirtschaftlichen Belastungen durch die Türkenkriege erregte der Verdruß über die kirchlichen Eingriffe hier wirklich etwas wie einen verspäteten Bauernkrieg. Die Aufgebote für den Türkenkrieg und Truppenbewegungen aus Anlaß der Türkenabwehr wirkten ähnlich wie in den zwanziger Jahren das Landsknechtswesen in der schwäbischen Nachbarschaft der Schweiz.

Unter solchen Umständen kam es am 2. Juli 1595 im Markte Rohrbach zu Zusammenrottungen gegen den Pfarrer des Prämonstratenserklosters Schlägl. Einige Tage darauf fand in Rohrbach eine große Bauernversammlung statt. Mitte August taten sich im Mühlviertel 15 Gemeinden zusammen gegen die Erhaltung oder Herstellung der katholischen Pfarrer. Dann ergriff die Bewegung das Hausruckviertel. Endlich ließen die Stände einschreiten. Ihr Aufgebot kam mit Mühe zustande, aber am 13. November riß es vor den starrsinnigen Bauern einfach aus. Nun wurden die Bauern übermütiger, obwohl der Sinn für Ordnung und Recht im ganzen bei ihnen durchaus die Oberhand behielt; sie reichten beim Landeshauptmann eine Bittschrift ein und stellten ihre Klagen zum Entscheid des Kaisers. Noch im Dezember traten Abgeordnete des Traun- und Hausruckviertels in Wels zusammen, um die bäuerlichen und kirchlichen Beschwerden aufzunehmen.

Das Verhalten der kaiserlichen Statthalter und Räte blieb nicht über jeden Zweifel erhaben. Die kaiserliche Entscheidung vom 6. Mai 1597 schuf nur neue Erregungen und Zusammenrottungen. Indessen, die stärkeren Aufgebote, die im Sommer in das Mühlviertel einrückten, fanden schon keinen ernstlichen Widerstand mehr. Der Kaiser erläuterte die mündlichen Zusagen Maximilians wegen der Religionsfreiheit dahin, daß sie Städten und Märkten durchaus versagt sei, dem Adel nur für sich und seine eigenen Häuser zustehe. Danach wurde nun weiter verfahren.

Das Ergebnis war überall dasselbe. In Steiermark wurden die Prädikanten seit der selbständigen Regierung des jungen Ferdinand (von 1598 an) großenteils verjagt, der Bevölkerung das Gebot zu Beichte, Kommunion und Einhaltung der Fasten bei landesherrlicher Strafe auferlegt. Man war kirchlich noch lange nicht so weit wie in Bayern und Würzburg; aber man sah doch auch hier überall genauso wie in den protestantischen Territorien das Erstarken des fürstlichen Absolutismus, der beanspruchte – bei oft mißbrauchter eigener Freiheit in der Konfession und im Konfessionswechsel –, die Untertanen unter ungeheuerlichem Gewissenszwang zu einem vielfach schon fremden und oft genug durchaus ungeliebten Kirchentum anzuhalten. Diese Erben des Mittelalters waren durchweg schlimmer als das Mittelalter selbst.

Überblickt man den Gesamtzustand des Reiches, so sind im Osten und Südosten die Territorien wesentlich mit sich selbst beschäftigt. Das eigentlich kritische Gebiet ist einstweilen noch immer das Rheinland vom Elsaß bis zu den Niederlanden. Hier befanden sich Kirche, Staat und Reichsgesinnung in starker, ungeklärter Gärung. Gewisse Beruhigungen sind eingetreten durch die Konsolidierung der Monarchie in Frankreich unter Heinrich IV. und durch die Befestigung der Nordstaaten in den Niederlanden seit dem Nachlassen der spanischen Kraft. Die letzte Phase aus der Zeit Philipps II., die Überlassung der treugebliebenen Südprovinzen an Erzherzog Albrecht und die Infantin Isabella, hätte ohne die Kinderlosigkeit des Erzherzogs schon damals den Verlust für Spanien und ihre Rückkehr an das Haus Österreich bedeutet.

Die einst aussichtsreiche Verbindung deutscher Protestanten, insbesondere der Pfälzer, mit der hugenottischen Opposition in Frankreich hörte auf; statt eines Übergreifens deutscher Fürsten nach Frankreich die drohende Gefahr der entgegengesetzten Eingriffe. Statt der Aussicht auf Wiedergewinnung von Metz, Toul und Verdun, sei es im Bunde mit

Philipp II. oder als Kampfpreis für deutsche Waffenhilfe in den Hugenottenkämpfen, zog die Periode gewaltsamer französischer Ausdehnungspolitik in Lothringen und im Elsaß herauf.

Das Bistum Metz hatte im 15. Jahrhundert noch Herren von Boppard und Baden zu Bischöfen; aber schon seit 1484 saßen nacheinander fünf Herzöge von Lothringen auf dem Bischofsstuhl; jetzt (bis 1607) war es der Kardinal Karl von Lothringen. Ähnliches gilt von Verdun und Toul. Die Städte hatten Besatzungen der Krone Frankreich. Das Herzogtum Lothringen war von jeher doppelt lehnspflichtig, wegen Lothringen dem Deutschen Reiche, wegen Bar der Krone Frankreich. Der Herzog hatte sich 1588 für die Liga, also gegen Heinrich III. entschieden, pflegte aber ebenso Beziehungen zu Deutschland, wie ja Renate von Lothringen Gemahlin des Herzogs Wilhelm von Bayern war. Immerhin neigte Lothringen mit den Bistümern längst stärker zur französischen Seite als das Elsaß.

Hier sollte als verkümmerter Ableger des Kölner Krieges der Straßburger Kapitelstreit entstehen, insofern die gebannten Kölner Domherren Adolf von Solms, Johann von Winnenberg und Georg von Sayn in ihren Kapitelssitzen in Straßburg durch den Bischof und die Mehrzahl der Domherren gefährdet waren. Dafür hatten sie natürlich die Stadt auf ihrer Seite. Um ihre Stellung im Bistum zu wahren, nahmen sie am 28. April 1584 kurzerhand den Wirtschaftshof des Kapitels, den sogenannten Brüderhof, mit bewaffneter Hand in Besitz. Kaiserliche Mandate fruchteten nicht. Aber die katholische Majorität des Kapitels machte eine Gegenbewegung durch die zwar kirchlich sinnlose aber politisch bedeutende Wahl des Kardinals von Lothringen, Bischofs von Metz, Toul und Verdun zum Mitglied des Straßburger Kapitels. Die protestantischen Glieder des Kapitels beantworteten diese rein politische Demonstration ihrerseits durch die Wahl der Söhne des Administrators von Magdeburg, der Brandenburger August und Johann Georg.

Nun starb am 2. Mai 1592 Bischof Johann von Manderscheid. Die protestantischen Kapitulare wählten unverweilt (am 30. Mai) den fünfzehnjährigen Johann Georg von Brandenburg. Die katholischen Kapitelherren in Zabern zögerten, bis der bischöfliche Herzog von Lothringen mit bewaffneter Macht in Zabern einrückte und sich wählen ließ. Zwei Prätendenten also in Waffen. Auf der einen Seite die Stadt Straßburg und das Haus Brandenburg, auf der anderen Seite das französische Haus Lothringen mit dem Anspruch auf ein bischöfliches Großfürstentum von Straßburg bis Toul und Verdun, ähnlich dem niederrheinisch-westfälischen Großbistum Ernsts von Bayern.

Am Niederrhein machte sich das Übergewicht der bayrisch-spanischen Waffen auch in der Stadt Aachen sehr bald fühlbar. Allein, ein neues großes Problem von weit mehr als landschaftlicher Bedeutung erhob sich inmitten der geistlichen Fürstentümer des Kurfürsten Ernst durch die unheilbare

Krankheit des Erbprinzen Johann Wilhelm von Jülich und Cleve, mit dem sein Geschlecht zugleich in männlicher Linie aussterben mußte. Sein Vater, der alte Herzog Wilhelm, hatte ihn das Bistum Münster resignieren und zur Mitwirkung an der eigenen Regierung berufen lassen. Seit dem Sommer 1589 war jedoch kein Zweifel mehr, daß der siebenundzwanzigjährige, mit Jacobaea von Baden vermählte Prinz unheilbar gemütskrank war. Bei dem Alter des jungen Fürsten war mit einer längeren Regentschaft zu rechnen. Eine solche pflegte auch sonst zwischen den Räten und den Agnaten oder den Fürstinnen umstritten zu werden. In Jülich-Cleve traten aber beizeiten die verschiedensten Erbansprüche und mit ihnen der Wunsch auf Mitwirkung der Erben an der Regentschaft hinzu. Da war zunächst die alte Erbverbrüderung zwischen dem Gesamthause Sachsen und Jülich-Berg; dieser gegenüber war es bereits eine Rechtsverletzung gewesen, wenn Kaiser Maximilian I. einst der Erbin von Jülich-Berg aus Anlaß ihrer Verheiratung mit Herzog Johann von Cleve-Mark ihr Erbrecht bestätigt und damit das Haus Sachsen ausgeschaltet hatte. Wieder war es eine Verletzung des alten Rechtes, wenn sich 1544 bei der Ehe Johann Friedrichs von Sachsen mit Sibylle von Cleve das ernestinische Haus einseitig seine doch wieder erneuerten Erbansprüche auf Jülich-Berg noch um diejenigen auf Cleve-Mark durch Karl V. erweitern ließ. Und wieder im Gegensatz dazu hat derselbe Karl V. dem Herzog Wilhelm von Cleve, dem Schwiegersohn seines Bruders, das Erbrecht für alle seine Töchter erteilt, ähnlich also wie einst Maximilian ohne Rücksicht auf die Erbverbrüderungen. Diese Erbtöchter waren die Schwestern des kranken Johann Wilhelm, von denen Marie Eleonore Gemahlin des Herzogs Albrecht Friedrich von Preußen war, Anna die Gemahlin des Pfalzgrafen Philipp Ludwig von Neuburg und Magdalene Gemahlin des Pfalzgrafen Johann von Zweibrücken. Die vierte, Sibylle, war einmal verlobt mit einem Markgrafen von Baden, heiratete aber später Erzherzog Karl von Österreich. Nun gab Herzog Wilhelm von Cleve seiner Erbordnung die besondere Form, daß zunächst Marie Eleonore erben sollte – also eine Art weiblicher Primogenitur. Indessen, Marie Eleonore hatte ihrerseits wieder nur Töchter, während die Frau Pfalzgräfin von Neuburg Söhne hatte. Marie Eleonore fand allerdings Hilfe bei dem Administrator von Preußen, dem Markgrafen Georg Friedrich von Ansbach, der für ihren Gemahl, seinen seit 1573 geisteskranken Vetter, die Geschäfte des alten Ordensstaates führte. Ihm trat der Kurfürst von Brandenburg zur Seite, der für den Kurprinzen Johann Sigismund um die älteste Tochter des kranken Herzogs von Preußen, Anna, warb.

Immerhin, die drei Prinzessinnen von Jülich-Cleve vereinigten sich zu einem gemeinsamen Schreiben an den Kaiser mit dem Verlangen, selbst oder durch ihre Vertreter Anteil zu haben an der Regentschaft. Für die alten Räte ein widerwärtiger Gedanke. Da erhielten sie unerwartet Verstärkung von seiten Spaniens. Denn der Herzog Alessandro Farnese machte König Philipp darauf aufmerksam, daß die Erbanwärter zum Teil Ketzer seien. Auch der Kaiser sah darin eine Gefahr, was man verstehen kann, wenn man bedenkt, wie labil sich im Kölnischen Krieg und in den Kämpfen der Generalstaaten am Niederrhein noch das konfessionelle Gleichgewicht gezeigt hatte.

Anteil an der Regentschaft beanspruchten nach gutem altem Recht nun auch noch die Stände; und mit ihnen hielt es die Herzogin Jacobaea, obwohl sie zunächst zur Stärkung der katholischen Sache durch das Haus Bayern ins Land gebracht war. Die Gruppierung der Kräfte in Jülich-Cleve war bald die folgende. Auf der einen Seite die überwiegend katholischen Räte und die ebenso überwiegend katholischen Stände von Jülich, zu denen natürlich die Spanier und die kaiserlichen Gesandten hielten. Auf der anderen Seite nur wenige Räte mit den übrigen Ständen, der Herzogin und den Erbinnen von Preußen und Pfalz. Am Ende wurde die Unterschrift des kranken Herzogs zu einer Ordnung gewonnen, wonach die katholische Gruppe den Vorsprung erlangte. Es wurde eine Regentschaft bestellt unter Mitwirkung des Kaisers; die Verwaltungstrennung der noch vor kurzem selbständigen Fürstentümer Jülich-Berg und Cleve-Mark wurde beibehalten. Die Herzogin Jacobaea erhielt durch den Kaiser einen Anteil an der Regentschaft, aber ihr leichtfertiges Leben erregte großen Unwillen; die Anklage ihrer bösen Schwägerin Sibylle auf Ehebruch kam dazu, um sie unter Mitwirkung des Kaisers wieder auszuschließen. Am Morgen des 3. September 1597 fand man die unglückliche Fürstin gewaltsam getötet.

Ein Bild der schwankenden Machtverhältnisse im Reich gegen Ende des Jahrhunderts bieten, wie früher, die Reichstage. Als am 2. Juni 1594 zu Regensburg die kaiserliche Proposition wegen der Türkenhilfe verlesen war, schienen die beiden Nachbarn Österreichs, Kursachsen und Bayern, als Nächstgefährdete zur Bewilligung geneigt. Aber die Stimmung des Reichstags blieb gleichwohl verworren, die Protestanten nichts weniger als geeint, dazu die offenen Wunden am Niederrhein und der noch keineswegs zum letzten Austrage gebrachte Kampf um die geistlichen Fürstentümer. Was Magdeburg durch ein Jahrhundert als Streitobjekt zwischen Brandenburg und Sachsen gewesen war, das schien in Süddeutschland Straßburg werden zu sollen. Zu den beiden uns bekannten Prätendenten von Lothringen und Brandenburg trat noch Herzog Friedrich von Württemberg, der die Wahl seines Sohnes Ludwig zum Domherrn erreichte und größere Pläne zu haben schien. Freilich wirkte sich in Straßburg schon 1595 die zunehmende Beruhigung in Frankreich aus; die Stellung des Kardinals von Lothringen befestigte sich zusehends. Aber die Möglichkeit protestantischer Administration von Straßburg bestand weiter.

Auf dem Reichstage forderten nun die Administratoren von Magdeburg, Bremen, Lübeck, Halberstadt, Verden, Ratzeburg und Osnabrück wiederholt die Session für ihre Gesandten – trotz scharfer Zusammenstöße auch jetzt vergebens. Die sonstigen protestantischen Beschwerden sammelte Kurpfalz. Da waren die Klagen über die bestrittene Kapitelsfähigkeit, über Unfreiheit der Reichsstädte aus Anlaß von Aachen und die Ablehnung der Deklaration. Bezeichnenderweise hielt sich diesen Beratungen der Regent von Kursachsen, Herzog Friedrich Wilhelm von Sachsen-Weimar, der seinerseits die Linie Altenburg begründete, fern. Auch anderen protestantischen Fürsten waren die calvinistischen Pfälzer ein Greuel. So kam es nicht nur zur Bewilligung einer ansehnlichen Türkenhilfe, sondern fast in allen Punkten zu einer Niederlage der Protestanten.

Die Erfolge im Türkenkrieg waren bescheiden. Dem Gewinn der Bischofsstadt Gran (1595) standen die Verluste von Raab und Erlau (1596) gegenüber.

Die Türkensorgen machten schon nach drei Jahren einen neuen Reichstag nötig, der am 20. Dezember 1597, wieder in Regensburg, eröffnet wurde. Die von Pfalz geführte Minderheit, die sogenannten »korrespondierenden Stände«, protestierten gegen die starke Türkenhilfe von 60 Monaten; sie wollten nur bis zu 40 Monaten gehen. Die Verbündeten waren, außer Kurpfalz und Zweibrücken, der gelehrte, auch literarisch tätige Herzog Heinrich Julius von Braunschweig-Wolfenbüttel, der Markgraf Ernst Friedrich von Baden-Durlach, der nach dem Tode seines Bruders Jakob auch dessen Land wieder protestantisch machte, der Landgraf Moritz von Hessen, Poet und Musiker, der Markgraf von Brandenburg-Ansbach, der Fürst von Anhalt und die Wetterauer Grafen. Ihnen schloß sich im Januar 1598 der neue Kurfürst von Brandenburg an. Aber auch diese politisch nicht gerade sehr rührige Gruppe erreichte wenig.

Das Ergebnis war noch einmal ein Reichstagsabschied, noch einmal eine Art von Verständigung, so tief die Meinungen auch schon auseinandergingen. Bezeichnend, daß schon bald nach dem Reichstagsabschied vom 6. April neue Klagen gegen die Protestanten beim Reichskammergericht erfolgten.

Inzwischen stand der Westen des Reiches unter einer Plage, die fast empfindlicher wurde als die Türkennot im Osten. Das war die freche Unterbringung der spanischen Truppen unter Mendoza in Winterquartieren auf deutschem Boden. Wenn der Niederrhein schon durch die bisherigen Kriege und Zwistigkeiten schwer gelitten hatte, so machte diese Besatzung das Maß voll. Graf Wierich von Daun, der einer unverschämten Rotte einmal entgegengetreten war, wurde in seinem Hause eingeschlossen und trotz der Abrede auf freien Abzug umgebracht. Wesel, so lange ein wichtiger Stützpunkt der Calvinisten, wurde gezwungen zu katholischer Restauration; der Nuntius und die Jesuiten erschienen, um die Umweihung des Ortes vorzunehmen.

Zwar verhandelte man in Koblenz bis zum April 1599 über Gegenmaßregeln gegen die Spanier, nahm auch nicht unbedeutende Truppen an die Hand; aber darüber waren die Spanier in der Hauptsache schon wieder abgezogen, während ihre Wirkungen blieben. Sachsen und Brandenburg hatten sich auch hier grundsätzlich zurückgehalten, und die Uneinigkeit klaffte erst recht auf in der Wahl eines Oberbefehlshabers. Die Stände dachten an den kurpfälzischen Statthalter in der Oberpfalz, den Fürsten Christian von Anhalt. Aber seine großzügigen Forderungen – festere Vereinigung der Protestanten, Kriegsbündnis mit den Niederlanden und die Bereitschaft, nötigenfalls gegen den Kaiser zu kämpfen – erregten Angst und Kopfschütteln. Für die zweite Wahl ergab sich eine Rivalität zwischen dem Landgrafen Moritz und Herzog Heinrich Julius. Schließlich einigte man sich auf den Grafen Simon zur Lippe, der sich vor Rees von den Resten der Spanier eine erbärmliche Niederlage holte.

Blickt man an der Jahrhundertwende auf die Gesamtlage im Reich zurück, so hatte sich das Gewicht der spanischen Macht in Europa gemindert, ohne, wie wir eben gesehen haben, schon bald wieder auszuscheiden. Weder gegen England noch gegen das jetzt tolerant gewordene Frankreich hatte Philipp II. irgend etwas erreicht. Als er starb (13. September 1598), konnte man die nördlichen Niederlande als verloren betrachten, die südlichen höchstens als habsburgische Sekundogenitur. Unter Albrecht und Isabella gingen diese glücklicheren Friedenszeiten mit einer rasch gesteigerten Eigenkultur entgegen, über der das Gestirn des Peter Paul Rubens glänzte.

Aber auch das Gewicht des deutschen Protestantismus hatte abgenommen. Bei den letzten Kämpfen gab es durchwegs Verluste. Köln war verlorengegangen, in Straßburg wurde Karl von Lothringen 1598 Lehnsindult, 1599 die kaiserliche Belehnung gewährt, nachdem das katholische Kapitel nach bayrischem Vorbild den elfjährigen Erzherzog Leopold zum Koadjutor bestellt hatte. Was das katholische Kapitel nicht schon besaß, wurde erobert. Herzog Friedrich von Württemberg ließ sich seine Vermittlung durch den Pfandbrief eines straßburgischen Amtes bezahlen. Dem Brandenburger wurde durch seinen kurfürstlichen Vater das Herzogtum Jägerndorf verliehen. In Aachen war auf Grund der Reichsacht vom 30. Juni 1598 gegen die »eigenmächtig regierenden Bürgermeister und Räte« vorgegangen. Unter dem Druck eines spanisch-clevischen Heerhaufens wagten die Aachener keinen Widerstand; die alte Forderung der katholischen Konfession für den Rat wurde erneuert. Daß auch in Jülich-Cleve selbst das katholische Regiment einstweilen behauptet wurde, haben wir erfahren.

Im ganzen ein Zustand äußeren Gleichgewichts. Nur dem Tieferblickenden hätte sich schon damals enthüllt, daß der Katholizismus im Reiche selbst langsam an Gewicht gewann. Man durfte gespannt sein, wie er sich verhalten würde, sobald ihm bewußt wurde, daß das Gleichgewicht sich wirklich zu seinen Gunsten verschoben hatte.

V
Auflösung und Verfremdung des Reiches
Der große Krieg

Eine Geistes- und Bildungsgeschichte des deutschen Volkes müßte für das Jahrhundert, das wir behandeln, den wachsenden Einfluß des Auslandes auf allen Lebensgebieten, nicht nur in der Mode, darstellen und erklären. Da würde neben der zunehmenden Lust der deutschen Fürsten und Herren am Reisen in das Ausland und an der Beherrschung fremder Sprachen umgekehrt das Eindringen von Ausländern in führende Stellen der deutschen Kirche und des deutschen Staates hervorzuheben sein. Wenn man bedenkt, in wie lebhaftem Austausch die calvinistischen Gemeinden mit Genf und den Niederlanden, die katholischen Gebiete mit Spanien und Italien standen, wie die Kämpfe in Frankreich und vor allem in den Niederlanden jahrzehntelang die hohe Schule der Kriegerschaft darstellten, wie deutsche Fürsten und Edelleute im Ausland, Ausländer in Deutschland dienten, so versteht man den zunehmend internationalen Charakter der oberen Gesellschaftsschicht. Mitten darin das halb österreichische, halb spanisch-burgundische Haus Habsburg, tief beeinflußt von seinen romanischen Beichtvätern, päpstlichen Nuntien und fremden Gesandten. Man lese nur die Briefe der Fürsten, Generale und Staatsmänner dieser Zeit, um sich des Abstands vom früheren 16. Jahrhundert bewußt zu werden und zu beobachten, wie sich die deutsche Sprache bis zu unentrinnbaren Vermengungen verwelschte.

Von dem eigentlich religiösen Gebiet gilt dasselbe. Gegenüber den zeitlosen Wesenszügen des römisch-katholischen Christentums zeichneten sich schon die besonderen Eigentümlichkeiten, die man sich später gewöhnte, ultramontan zu nennen, deutlich ab. Spanische Heilige, wie Ignatius von Loyola und die heilige Theresia, schwärmerische oder müde Lebensideale, wie die des 1621 selig gesprochenen Aloysius von Gonzaga, drangen mit einer dem deutschen Wesen von Haus aus fremden, sichtbarlichen und pathetischen Devotion auch in die deutschen Gemüter ein. Gegen den politischen Protestantismus rüstete sich unter Verwendung uralter Arsenale ein viel wirksamerer politischer Katholizismus. Die eigentümlich romanische Mischung rationaler Zweckmäßigkeit, die vornehmlich der italienischen Weltkultur entstammte, mit dem religiösen Enthusiasmus des Jahrhunderts kreuzte sich in geistlichen Diplomaten zu den sonderbarsten Erscheinungen eines kalten Fanatismus.

Dabei fehlte innerhalb der deutschen Kultur jedes Gegengewicht. Man empfand über all den Trennungen nicht mehr den einheitlichen Staat und die Einheitlichkeit der Kultur. Es gab keinen Mittelpunkt, wie ihn vor hundert Jahren noch Kaiser Maximilian dargestellt hatte. Die einzelnen deutschen Höfe hatten ihre wechselnden, spanischen, französischen und englischen Beziehungen. Es schien so, als wollte die deutsche Seele, die zu Anfang des Jahrhunderts vom Oberrhein nach Wittenberg gewandert war, sich bei der Verwelschung fast des gesamten Südens und Westens noch weiter in den Norden verziehen.

Das alles war nun freilich wieder eine Folge der politischen Entwicklung. Sie steht fortan für mehr als ein Jahrhundert völlig unter den europäischen Bedingungen.

Das Unglück unserer Geschichte hat es gewollt, daß wir im Zeitalter des mächtig aufsteigenden, auch das Kirchliche umschließenden Nationalitätsgedankens die modernen Ideen von Staat und Kirche, von Macht und Kultur, nicht im Reich, sondern in seinen Teilen, nicht durch das Königtum, sondern durch ungezählte kleine Fürsten und Stände ergriffen. Als ringsum, im Osten, Norden und Westen kraftvolle Nationalstaaten entstanden, mußte dem Deutschen Reiche sein universales Wesen um so mehr zum Fluche gereichen, je selbständiger seine Glieder von innen heraus diesen Prozeß der Umformung des alten Europa mitmachten. Freilich ist gerade dadurch die deutsche Geschichte auch in dieser Periode vielseitiger, problematischer und reicher geworden als irgendeine unserer Nachbarn. Es fehlt ihr die einfache Linie und die stilvolle Prägung der englischen, französischen, russischen Geschichte. Aber für den nachdenklichen Betrachter menschlicher Dinge bietet sie die unendlich viel größere Fülle der Szenen und der Perspektiven.

Die Weite und Unbegrenztheit des Raumes, auf dem sich unsere Volksgeschichte abspielt, war für sie von jeher die erste und wichtigste Bedingung. Die Deutschen oder ihre im frühen Mittelalter zum Reich zusammengefaßten Stämme leben bis heute ohne natürliche Grenzen in unübersehbar mannigfaltigen Beziehungen des inneren und äußeren Daseins nach allen Richtungen. Eben deshalb und weil Deutschland auch geographisch ein Durchgangsland ist für ungezählte Nachbarn, war die Gefahr einer Einmischung Fremder in unsere Geschicke immer größer als diejenige unserer Verwicklung in fremde Geschicke.

Die Kaiserpolitik unserer Könige, die Heiratspolitik unserer vielen Dynastien, besonders der Habsburger, die Handelsbeziehungen nach allen Seiten, und gerade nach allen Seiten, haben uns wohl irgendwie in die Nöte aller unserer Nachbarn mitverstrickt, aber zumeist ohne daß wir in ihren

Händeln mehr hätten sein können als Mitwirkende oder nur Mitleidende. Die natürlichen Grenzen unserer Nachbarländer beschränkten stets die Einflußnahme Fremder. Wie einfach waren bei allen Schrecknissen im Grunde genommen doch die Religionskriege in Frankreich und selbst die Befreiung der Niederlande oder die Revolutionen und Reformationen in England, verglichen mit der hundertfachen Erschütterung des deutschen Wesens. Die Verquickung der kirchlichen Neubildung mit der ständischen Erhebung des Adels erlebte in Deutschland jedes Territorium für sich, Braunschweig, Sachsen, Österreich, Bayern; das Ringen der Gegenreformation um die geistlichen Stifte mit dem Anteil der kapitelfähigen Familien daran war auch nur eine Spielart davon. Wie oft hatten die Städte in ihren Mauern soziale Umwälzungen erlebt, und wo haben sie wohl groteskere Formen angenommen als unter den Wiedertäufern in Münster? Die zuletzt noch im frühen 17. Jahrhundert in Österreich aufflackernden Bauernkämpfe haben auch die ländliche Bevölkerung allerorten tief genug erschüttert. Nur daß alle diese Kämpfe sich verzettelten und der großen heroisch wirkenden Zusammenfassung entbehrten.

Allein, in allen Verwicklungen, in der Vielfältigkeit der Bekenntnisse und der Dynastien, ihrem Hinübergreifen in nahe und fernere Gebiete der Nachbarn lagen ebenso viele verhängnisvolle Verknotungen verwirrender Zusammenhänge des In- und Auslandes. Wie nun gar, wenn auch die oberste Leitung des Reiches in den Händen einer Dynastie lag, die oft genug in sich selber uneins, doch stets ihre universale europäische Einheit im Auge behielt.

Kam es also in Deutschland zu einer bewaffneten Lösung der ins Kirchliche umgesetzten religiösen und der vielfältigen politischen Spannungen, so mußten die Folgen schlechthin erschütternde sein. Wie viel mehr, wenn die Nachbarn nicht bloß von Fall zu Fall in die deutschen Händel eingriffen, sondern ihrerseits wieder von dem Geist der Machterweiterung erfüllt waren, wenn sie lebendige politische Systeme mit eigenen Kraftentfaltungen bildeten.

Ein Letztes aber bleibt doch das Entscheidende. Im tiefsten Grunde auch noch aller Kämpfe des neuen Jahrhunderts schlummerte die religiöse Idee. Mochte sie erstarrt sein zur Eingeschworenheit auf die Formeln eines Bekenntnisses oder das eigene nur noch empfinden in der tödlichen Feindseligkeit gegen das andere, immer strömten aus dem unbewußten Urgrunde des Handelns Stimmungen gesteigerten Glaubens an die Heiligkeit der eigenen Sache und die Nichtswürdigkeit der des Gegners. Zu allen Zeiten schwinden die Begriffe des ehrlichen Krieges, des ritterlichen Austrages dahin mit der Vorstellung von der moralischen Minderwertigkeit der Feinde, vollends ihrer Gottesfeindschaft, ihrer ewigen Verworfenheit. Der Ketzerbegriff des Mittelalters, im Grunde eine Kategorie des Individuellen und Geistigen, wirkte in der Verbindung mit nationalen und politischen Gegensätzen zu einer furchtbaren Vergiftung alles Menschlichen, zu einer Entfesselung schrankenlosester Roheit.

Mit der erschütternden Einsicht in die Unmenschlichkeit dieser Verflechtung berühren wir noch einmal ein unmittelbares deutsches Anliegen.

Der Osten und Norden Europas

Deutschlands Nachbarländer im Osten und Norden hatten seit Jahrhunderten großenteils unter Mitwirkung deutscher Mission das Christentum angenommen und christliche Kirchen entwickelt. Die Kulturbeziehungen hatten seitdem nie aufgehört. So war es nur natürlich, daß sie von den kirchlichen Neugestaltungen in Mitteleuropa in der Tiefe mitberührt wurden. Dazu erlitten alle diese Länder gerade im 16. Jahrhundert die bedeutendsten Veränderungen auch in politischer Hinsicht. Bis dahin isoliert oder doch nur in zufälligen dynastischen Beziehungen zu ihren Nachbarn, traten sie jetzt alle, eins nach dem anderen, in ein großes politisches System ein, dessen Verbundenheiten und Gegensätzlichkeiten noch die nächsten beiden Jahrhunderte hindurch andauern sollten.

Im Südosten Ungarn. Nach dem Aussterben der Arpaden hatte hier das Haus Anjou, von Neapel aus, Fuß gefaßt und über seine eigene Lebensdauer hinaus lebhafte Beziehungen zwischen Ungarn und Italien begründet. Die humanistischen und künstlerischen Erscheinungen des deutschen Südostens sind zum Teil nur auf dem Umwege über Ungarn zu erklären. Des Königs Mathias Corvinus Handschriftensammlung wurde weit berühmt, und die geistigen Interessen seiner Zeit machen auch die Aufnahme der deutschen religiösen Publizistik in Ungarn verständlich. Man kämpfte bereits um ihre Auswirkungen, als die Niederlage von Mohacz 1526 das alte Königreich in Stücke brechen ließ. Dabei hatte schon das letzte Jahrhundert namhafte Teile vom Reiche der Arpaden abgebröckelt. An die Venetianer war 1420 Dalmatien verlorengegangen; an Polen ein Teil der Zips; an die Türkei der ganze Bereich der Vasallenstaaten von Serbien (1439), Bosnien und der Herzegowina (1483), wo nun unruhige Statthalter saßen. An der unteren Donau, in der Moldau und Walachei, trat vorübergehend Polen die Vorherrschaft an, bis auch hier die Türken die Oberhand gewannen. Von dem alten Ungarn selbst behaupteten die Habsburger nach 1526 außer dem Königstitel mit wechselndem Unglück immer nur den Nordwestrand mit Teilen von Slavonien und Kroatien, während der Osten unter türkischer Oberhoheit als ein neues siebenbürgisches Fürstentum dem Ungarn Johann Zapolya botmäßig blieb; er dehnte seine Grenzen dauernd an der oberen Theiß, zeitweilig bis über die Donau aus. Nun setzte zwar Johann Zapolya im Vertrage von Großwardein 1538 König Ferdinand zu seinem Nachfolger ein; als er aber unter Hinterlassung eines unmündigen

Erben 1540 gestorben war, nahm seine polnische Gemahlin Isabella unter dem Schutz des abenteuerlichen Mönches Georg Martinuzzi für den jungen Johann Sigismund doch wieder die Herrschaft in Anspruch. Auf Johann Sigismund folgten seit 1571 Fürsten aus anderen Häusern, zunächst die Bathory, aber bis gegen das Ende des 17. Jahrhunderts blieb die Aufteilung Ungarns im wesentlichen die gleiche.

Um die Bindung der Habsburger im Südosten zu verstehen, muß man also stets im Auge behalten, daß sie es zugleich mit der von Zeit zu Zeit akut auftretenden Türkengefahr in der Donauebene wie mit der dauernden ungarisch-siebenbürgischen Gegenmacht in den Karpaten zu tun hatten.

So spielten sich im alten Gesamtgebiet von Ungarn auch die religiösen und kirchlichen Kämpfe unter verschiedenen und zum Teil unsicheren Oberhoheiten ab. Der erste unter den ungarischen Reformatoren, Mathias Devay, hatte wie andere Landsleute den Weg über Krakau nach Wittenberg gefunden und dann in seiner Heimat den lutherischen Glauben verbreitet. In den habsburgischen Gebietsteilen verfolgt, hatte er sich nach seiner Entlassung aus der Haft unter die Herrschaft Zapolyas begeben; war mit ihm auch vorübergehend nach Ofen gekommen. Bei einem neuen Aufenthalt in Deutschland (1537) druckte Devay seine Streitschriften gegen den ungarischen Franziskaner Szegedy. In der Heimat aber stellte er selbst die ersten Werke in ungarischer Sprache her, auch sein Handbuch der Religion. Wieder vertrieben, trat Devay den Schweizern näher, um sich in den vierziger Jahren von Luther nach und nach ganz zu trennen. Dieselbe Schweizer Richtung wurde in Debreczin durch Peter Melius so eingebürgert, daß das Luthertum bei den Magyaren fast verschwand. Man schwankte nur noch zwischen Beza und Bullinger, um schließlich, bis zur Gegenwart, des letzteren Helvetische Konfession festzuhalten.

Im Gegensatz dazu behauptete sich unter den Deutschen im eigentlichen Siebenbürgen bis heute das Luthertum. Hermannstädter Kaufleute hatten 1519 zuerst lutherische Schriften mitgebracht; 1522 studierten Siebenbürger in Wittenberg. Johannes Honter von Kronstadt wurde der eigentliche Reformator des Landes; dabei war auch hier von vornherein die Reformation von einer neuen starken Kulturwelle getragen. Honterus war Humanist, widmete seinen treuen Siebenbürgern 1530 eine Weltbeschreibung und 1532 von Basel aus dem Rat von Hermannstadt eine Karte von Siebenbürgen; 1534 brachte er sogar die Buchdruckerkunst mit heim in sein Land. Nun erschien 1539 unter anderem ein Auszug aus den Pandekten, die er dem Johann Zapolya widmete; 1542 und 1543 folgten die Reformationsbüchlein. »Alles was Du mich fragst«, schrieb Luther an den Stadtpfarrer von Hermannstadt, »findest Du in dem Büchlein besser, als ich es schreiben kann.« Schon im nächsten Jahre wurde Honterus selbst Stadtpfarrer, 1547 erschien die überarbeitete Reformation als »Kirchenordnung aller Deutschen in Siebenbürgen«.

Es gehört zu den immer wieder denkwürdigen Zügen deutscher Geistesgeschichte, wie auch in Siebenbürgen selbst der Calvinismus wohl die Magyaren und Szekler ergriff, wie unter ihnen selbst der antitrinitarische Sozinianismus Boden gewann, die »sächsische Nation« aber das Luthertum, das sie einmal empfangen hatte, unverbrüchlich bewahrte. Als Stephan Bathory in der Auseinandersetzung mit dem Sozinianismus von den Sachsen ihr Bekenntnis forderte, beschworen alle Geistlichen am 3. Mai 1572 ausdrücklich die Augsburgische Konfession. Der Kirche folgte alsbald die Schule, Gymnasien und Dorfschulen ehrwürdiger Tradition. »Gleichwie man in Gärten junge Bäume pflanzet«, schrieb Honterus in der Kirchenordnung, »auf daß man, wo die alten abgehen, andere an ihrer Stelle habe, das haben auch unsere Großväter erstlich von Nöten geschätzt, daß die Jugend zu gemeinem Nutz erzogen und der Gottesdienst und christliche Ordnungen dadurch erhalten mögen werden.« Die Gesamtheit des siebenbürgischen Volkes aber in seiner gefährdeten Lage gab gleichzeitig ein erstes großartiges Beispiel der Toleranz. Schon 1554 hatten die Stände in Mediasch erklärt, daß der Christenglaube gleich sei und nur die Bräuche verschieden. Seit 1572 genossen das evangelische und das reformierte, das unitarische und das katholische Bekenntnis volle Gleichberechtigung; die griechischorientalische Kirche wurde wenigstens geduldet.

Und doch gab es auch hier Versuche einer Gegenreformation. 1561 hatte der Erzbischof von Gran Jesuiten nach Ungarn gebracht. Die jüngeren Bathory verschafften ihnen Eintritt in Siebenbürgen. Sie kamen aus Polen und gewannen rasch Boden. Aber schon 1588 klagten die Stände und verlangten ihre Vertreibung als Friedensstörer. Sigismund Bathory verhieß den Ständen, ihrem Begehren zu entsprechen, und die Jesuiten verließen wirklich das Land. Aber der Fürst erbat vom Papste alsbald die Entbindung von seiner Verpflichtung. So kamen schon 1590 einige zurück; bald war das ganze Land wieder von ihnen überzogen. Die Stände nahmen ihre Beschlüsse von 1588 ausdrücklich zurück. 1597 wurde sogar das Bistum Weißenburg hergestellt. Das alles geschah in zunehmend engem Anschluß an Österreich und zugleich unter der Parole der Bekämpfung der Türken. 1595 heiratete Sigismund Bathory die Schwester Ferdinands von Steiermark, Marie Christine, die Base Kaiser Rudolfs. Schließlich trat er das Land gegen die Abfindung mit den schlesischen Herzogtümern Oppeln und Ratibor in aller Form an den Kaiser ab, nachdem ihm die Herrschaft verleidet und auch der Kardinal Andreas Bathory ermordet war. Der kaiserliche General Basta rückte mit wallonischem Kriegsvolk ins Land, schlug sich mit den Woiwoden der Walachei und mit den Türken herum, gab sich aber zugleich als bewaffneter Vorkämpfer der Gegenreformation. Es wäre das Beste, riet er 1602, in den sächsischen Städten sofort den Katholizismus einzuführen, in alle Ämter nur Katholiken zu bringen, die Versehung von Kirchen und Schulen sich vorzubehalten, überall katholische Seminarien zu errichten.

So rangen die Ungarn und Sachsen in Siebenbürgen zugleich um ihren Glauben und um ihre Selbstbestimmung. Sie erhoben 1605 den Stephan Bocskai, der erfolgreich kämpfte und im Wiener Frieden von 1606 als Fürst von Siebenbürgen bis zur Theiß anerkannt wurde und die Religionsfreiheit im Lande verbürgte; auch die Pforte erkannte ihn an. Auf Bocskai und den letzten Bathory folgten Gabriel Bethlen Gabor und die beiden Rakoczy bis 1657. Siebenbürgen blieb trotz der türkischen Oberhoheit und oft schwerer innerer Wirren, auch nach seiner konfessionellen Zusammensetzung eine, wenn auch bescheidene, europäische Macht.

Mit Ungarn und Siebenbürgen berührte sich unmittelbar das Königreich Polen. Schon die Familienverbindungen wiesen mannigfach hinüber. Nicht minder die gleiche Kampfstellung gegenüber den Türken im Flußsystem der unteren Donau. Denn Polen reichte südlich bis zum Dnjestr und in den Zeiten der Abhängigkeit des Moldaufürstentums darüber hinaus. Die östliche Erstreckung von Polen aber ging seit der Vereinigung mit Litauen, die 1569 in der Lubliner Union wirklich vollzogen wurde, weit über den mittleren und oberen Dnjepr hinaus, umfaßte also die Ukraine mit Kiew, Kleinrußland, Weißrußland und Smolensk am oberen Dnjepr; Polen stand unter dem letzten Jagellonen Sigismund August auf der Höhe seiner Macht. Es war auch dem Reiche von Moskau, das sich von den Tatarenstürmen immer noch nicht erholt hatte, weit überlegen; ganz zu schweigen von seiner abendländischen Kultur und seinem Zusammenhang mit der lateinischen Kirche. Nach dem Zusammenbruch des alten Ordensstaates hatte Polen sich das pomerellische und kaschubische Westpreußen einverleibt; schon vor der Lubliner Union auch die Selbständigkeit westpreußischer Städte beschnitten, die preußischen Landstände durch den polnischen Reichstag aufgesogen. Ostpreußen ging seit 1525 als weltliches Herzogtum von Polen zu Lehn. Die weiter nördlich gelegenen Gebiete des Ordens waren schwer zu halten. In breiter Front berührte Polen unmittelbar oder mittelbar die Ostsee.

Aber auch Polen erlebte starke und für seine innere Geschlossenheit gefährliche kirchliche Bewegungen, vielgestaltiger und wirrer noch als Ungarn und Siebenbürgen. Die alten Beziehungen zu Westeuropa wirkten sich darin widerspruchsvoll genug aus. Träger der Landeskultur wie der Politik war mehr als die in der oberen Schicht nur zu sehr verweltlichte Kirche in zunehmendem Maße der Adel. Der Hof, unsicher und wechselnd in seiner Richtung, hielt im ganzen zurück. Die jungen Edelleute dagegen, auf ihren Gütern selbstbewußt und eigenwillig aufgewachsen, zogen in die Welt, studierten in Wittenberg, Bologna, Orléans, Genf und brachten entsprechend die mannigfachsten Anregungen nach Haus. Krakau war zeitig bevorzugter Sitz des Humanismus. Man trat in persönlichen Verkehr oder in Briefwechsel mit Erasmus, mit italienischen Humanisten, mit Calvin. Während in Großpolen, dem Norden des Landes, zeitig lutherische Ideen verbreitet wurden, geriet das südliche Kleinpolen bald mehr unter Einfluß von Genf. Die Städte hatten im ganzen geringere Bedeutung; nur die alten preußischen Städte Danzig und Elbing zeigten früh reformatorische Prediger; außerdem Krakau, teils von dem ursprünglich deutschen Bürgertum, teils von dem höfischen Adel beherrscht; hier war der Kreis um Trzecieski in den vierziger Jahren bedeutend und rege. Noch allgemeiner ergab sich der polnisch-litauische Landadel den neuen Ideen; der Fürst Radziwil in Litauen rief mit eigenen Mitteln Kirchen, Schulen und Gemeinden ins Leben. Ganz besonders breiteten sich um dieselbe Zeit, stärker seit den fünfziger Jahren die mährischen Brüdergemeinden über ganz Polen aus – vielfach ähnlich aufgenommen und gesiedelt wie später die Refugiés in Preußen; sie waren einheitlich organisiert, Zellen eines lebendigen kirchlichen Körpers, so daß man schon befürchtete, Polen möchte kirchlich zu einer Provinz der Brüderunität werden.

Zu diesem dreifachen nachbarlichen Einfluß kam ein vierter aus Italien. Die Gemahlin des Königs Sigismund, die Mutter Sigismund Augusts, war die Mailänderin Bona Sforza, ihr Beichtvater der Italiener Lismanin, selbst von schwankenden Anschauungen; ihr Leibarzt der auch theologisch bekanntgewordene Arzt Blandrata; eben dieser bekämpfte schon in seiner Heimat, dann in Genf die hergebrachte Lehre von der Dreieinigkeit, entwich auf rechtzeitige Warnungen, wurde aber durch Calvin auch in Polen noch verfolgt und endete in Siebenbürgen. Er berührte sich in seinen Lehren nahe mit dem Sienesen Fausto Sozzini, dessen Oheim schon antitrinitarische Ideen ausgebreitet hatte. Der junge Sozzini, vorübergehend in Zürich, Basel und wiederum in Florenz, streifte Siebenbürgen, ließ sich aber schließlich bis zu seinem Tode (1604) ganz in Polen nieder. Viel angefeindet und gelegentlich mißhandelt, hat er doch den unitarischen »Sozinianismus« im Osten als ein zeitweise anerkanntes Bekenntnis befestigt.

Seine heftigsten Bekämpfer waren zwei Persönlichkeiten, die selbst wieder genau entgegengesetzte Richtungen verfolgten, beide aber für die polnische Kirchengeschichte gleich große Bedeutung haben, der Calvinist Johann a Lasco (Jan Laski) und der eigentliche Begründer der Gegenreformation in Polen, Stanislaus Hosius (geb. 1504). Sie standen dem Kritiker der Lehre von der Dreifaltigkeit Gottes ähnlich gegenüber wie einst Calvin und die bischöfliche Inquisition dem Michael Servet.

Laski repräsentiert den Typus des angeregten und vornehmen Polen, der in üblicher Weise früh Pfründen gewann und davon auswärts studierte; er lernte Basel, Paris, Rom kennen, wurde aber bald von den Schriften und dem Kirchenbegriff Calvins immer tiefer bestimmt, verließ seine Heimat und wirkte im Elend. Eine bleibende Stätte fand er zuerst bei der ostfriesischen Gräfin Anna in Emden, die ihn zum Organisator der Kirche bestellte. Später faßte er in England unter Billigung Edwards VI. alle protestantischen Fremden zu einer Gemeinde zusammen. Nach der katholischen Reaktion unter Philipp und Maria fand er dann doch wieder (1556) den Weg in die polnische Heimat zurück. Hier hat er noch vier Jahre seinen Kampf gegen die Unitarier und für die Befestigung der reformierten Gemeinden geführt. Schon fand er den größten Teil des Adels der neuen Bewegung in irgendeiner Form erschlossen. Auf dem Reichstag von Warschau 1556 war die Religionsfreiheit für den Adel verkündet, der Gottesdienst in der Volkssprache und das Abendmahl unter beiderlei Gestalt gefordert, Geldzahlung nach Rom abgelehnt. Darüber hinaus brachte die Synode von Sendomir 1570 den Consensus der drei Kirchen der Dissidenten (wie fortan in Polen die Nichtkatholiken hießen) gegen die römische, den später auch die deutschen Universitäten von Wittenberg, Leipzig und Heidelberg guthießen. 1573, wieder in Warschau, schloß der Adel eine Konföderation unter Anerkennung der Gleichberechtigung aller Bekenntnisse; der Fürst Radziwil, der Krongroßmarschall Firley und andere hohe Adelige waren die Führer und wachten über die Durchführung.

Das alles hatte der Hof nicht ändern können, auch wenn er es gewünscht hätte. So war denn die Tätigkeit des Vorkämpfers der katholischen Kirche, des Krakauers Stanislaus Hosius, anfangs schwer gehemmt. Hosius ging nicht wie Laski den Weg des heimatlosen Religiosen, sondern die sichere Stufenleiter der kirchlichen Hierarchie über das Lob des fleißigen Schülers und Studenten, die Erfolge des jungen Bistumssekretärs und Hofbeamten zum Priestertum (1542) und Bistum (1549). Als Bischof von Ermland im Herzogtum Preußen begann er den Kampf gegen die Dissidenten. In Schrift und Rede setzte er sich sowohl mit den Vorkämpfern des Luthertums, Vergerio und Brenz, wie mit Johann a Lasco auseinander. Dann zog ihn freilich Paul IV. nach Rom, machte ihn zum Nuntius in Wien und vertraute ihm – vergebens – die Rückführung Maximilians II. an. Der nächste Papst verlieh ihm sogar den Kardinalspurpur und die Würde eines Legaten am Trienter Konzil neben Morone. So mußte er wohl nach Abschluß des Konzils auch seinerseits der Residenzpflicht genügen und in seine Diözese zurückkehren. Hier wirkte er nun mit der Autorität des anerkannten Kirchenfürsten. Im Winter 1564/65 ließ er die ersten Jesuiten kommen und in Braunsberg eine neue Schule für den Adel gründen, die Wurzel des bald blühenden Priesterseminars. Schon wenige Jahre nachher konnte er von vornehmen Konvertiten melden und Glückwünsche zu seinen Erfolgen entgegennehmen; da waren Christoph Radziwil, der Sohn des Calvinisten, der junge Firley, der Sohn des Marschalls, Albert Laski, der Neffe des Reformators, und Andreas Gorka von der Brüdergemeinde. Man sieht, wie die junge Generation einlenkte. Was sie bestimmte, ist psychologisch gewiß im einzelnen überaus verschieden; im großen gesehen wird es dasselbe gewesen sein wie überall: die äußerlich vorbildliche Lebenshaltung und der große Zusammenhang der alten Kirche und ihres prachtvollen Kultus; dazu der Abscheu vor den Lehrstreitigkeiten und Zersplitterungen im protestantischen Lager. Wie die Gewalt der Zeitströmung in der ersten Hälfte des Jahrhunderts der Reformation eine Fülle unselbständiger Naturen zugetrieben hatte, so kam sie jetzt der Gegenreformation zugute.

Während Hosius die letzten Jahre seines Lebens (bis 1579) doch wieder in Rom verbrachte, zog sich politisch das Verhängnis über Polen zusammen. Im Jahre 1572 starb der letzte Jagellone, wenige Jahre nach der Lubliner Union. Es begannen die konfessionell und außenpolitisch bedingten Königswahlen und die Alleinherrschaft des Adels. Zu der konfessionellen Aufspaltung des polnischen Adels trat der politische Eigenwille in seiner bizarrsten Form.

Von der ersten welthistorischen polnischen Königswahl ist schon bei Erzählung der westeuropäischen Händel die Rede gewesen. Da eine Einigung auf einen Polen schon nicht mehr möglich schien, kamen drei Kandidaten in Betracht: Iwan von Rußland, der sich nicht ernstlich bemühte, Maximilian von Österreich, von dem man in den Türkenkrieg hineingezogen zu werden fürchtete, und Heinrich von Anjou, der Bruder des Königs von Frankreich, von dem man umgekehrt angesichts der guten französischen Beziehungen zur Pforte Vorteile erwartete. Die Bartholomäusnacht war freilich noch in frischer Erinnerung; während der Kardinal Hosius sie von Rom aus noch aufs höchste pries, war man in Polen doch bedenklich. Indessen wirkte der französische Gesandte Monluc so geschickt, daß alle Bedenken dahinschwanden und Frankreich zum ersten Male seine eigene Umklammerung von seiten des Hauses Habsburg durch die östliche Gegenklammer eines französischen Königtums in Polen entlastete.

Die Herrlichkeit war von kurzer Dauer.

König Heinrich kam zwar im Frühjahr 1574 wirklich nach Polen, verließ es aber auf die Nachricht von dem Tode seines Bruders, der ihm selbst die französische Krone brachte, noch im Sommer desselben Jahres fast fluchtartig.

Nun folgte die zweite aufregende Wahl von 1575. Frankreich hatte keinen Prinzen mehr zu vergeben. Österreich präsentierte den Erzherzog Ernst. Maximilian selbst hatte noch bessere Aussichten, aber er begab sich aller Möglichkeiten durch sein Zögern, nachdem er die Unlust der deutschen Reichsstände verspürte, der vermutlich die eigene Stimmung im Grunde seines Herzens entsprach. Iwan von Rußland scheute man. So wurde Stephan Bathory von Siebenbürgen gewählt. Für ihn trat auch die Pforte ein, die in der Wahl eines Österreichers oder Russen eine Unfreundlichkeit erblicken wollte. Man sieht, wie sich jetzt im Osten und Südosten Europas allmählich ein neues System fester Gegensätze und Zusammenhänge herausbildete. Im übrigen galt Stephan Bathory noch als Protestantenfreund. Er hielt sich in der Tat an die bisherigen Beschlüsse der Schlachta über die Religionsfreiheit des Adels und die Gleichberechtigung der Bekenntnisse. Auch den preußischen Städten, die lange widerstrebten, bestätigte er nach ihrer Unterwerfung Privilegien und Religion. Da Stephan Bathory seine Sache auch an den Grenzen glücklich führte, taten sich einen Augenblick gewaltige Möglichkeiten vor ihm auf. Nach dem Tode Iwans IV. war sogar seine Aussicht auf das Großfürstentum von Moskau nicht gering; Kiew und Moskau wären unter dem Siebenbürger schon jetzt wieder vereint worden und von der Wolga bis zur Theiß und Weichsel hätte ein einziger Großherr regiert. Da riß ihn der Tod hinweg, am 12. Dezember 1586.

So kam es zu der dritten großen Wahl von 1587. Die Litauer dachten wieder an die umgekehrte Kombination – nämlich doch den russischen Zaren zum Herrn über Polen zu machen. Die Habsburger, wie gewöhnlich, jetzt mit vier Kandidaten, sträflich uneins. So gewann ein dritter das Feld, Sigismund von Schweden. König Johann III. von Schweden hatte eine Schwester Sigismund Augusts zur Gemahlin; ihr Sohn Sigismund, der Erbe von Schweden, konnte also auch als der nächste Anwärter auf Polen erscheinen. Der Plan seiner Nachfolge aber bedeutete gegenüber der bisherigen Orientierung Polens nach Süden und Osten die im letzten Menschenalter wieder zurückgetretene Wendung nach dem Norden, zum Baltikum, nach Schweden. Die Periode, die dereinst mit dem Untergang Karls XII. enden sollte, beginnt jetzt. Freilich erst nach einer für Deutschland höchst ärgerlichen Verwicklung. Von den Habsburgern hatte Erzherzog Maximilian einen namhaften Teil der Stimmen auf sich vereinigt. Der Erzherzog schickte sich auch wirklich an, mit Heeresmacht die Gegenseite zu überwinden. Aber der Großkanzler Zamojski entsetzte das von ihm belagerte Krakau, verfolgte ihn bis über die Grenze, schlug sein Heer bei Pitschen im Januar 1588 und nahm den Erzherzog selbst gefangen. Nur durch die demütigende Verpflichtung der Österreicher, jeder Verbindung mit dem Zaren zu entsagen, erhielt der unglückliche Prätendent die Freiheit wieder.

Mit Sigismund von Schweden begann in Polen fast überraschend die eigentliche Gegenreformation, die der Kardinal Hosius vorbereitet hatte, aber nicht mehr erlebte. Sigismund III. war, wie seine Mutter, katholisch und Zögling der Jesuiten – gleich den bayrischen Herzögen und Ferdinand von Steiermark. Er versuchte viel entschiedener als seine Vorgänger, mit allen Mitteln die katholische Kirche herzustellen und ihr sogar die griechisch-ruthenische zu unieren. Allein, er erreichte sein Ziel nicht, vermehrte nur die Verwirrung im Lande und verwickelte sich in aufreibende Kämpfe mit dem Adel, die sich zu grundsätzlichen Auseinandersetzungen zwischen der Krone und der Schlachta ausweiteten und der königlichen Autorität empfindlich schadeten. Vollends von einer Verbindung mit Schweden konnte unter solchen Umständen keine Rede sein. Der vorübergehende Abdankungsplan Sigismunds mit dem Nebengedanken, das Werk der Gegenreformation Polens in die Hände der Habsburger zu legen, scheiterte an der groben Intrige des Erzherzogs Maximilian, der den Plan enthüllte, und erregte den lebhaften Protest der Polen. So war das Regiment Sigismunds III.

409

(bis 1632) eine Kette von Mißhelligkeiten, über denen ihm auch sein väterliches Erbe, Schweden, endgültig verlorengehen sollte.

Während die polnische Macht sichtlich hinabsank, erhob sich, freilich auch nicht ohne furchtbare Rückschläge, in ihrem Rücken die russische.

Wir müssen uns auch um dieses neue Mitglied der europäischen Völkerfamilie kümmern. Denn in unserer Periode trat Rußland endgültig in das europäische System ein. Zwar, der Fortgang der Tatarenkämpfe wies ihm den Weg an das Kaspische und an das Schwarze Meer, zunächst die Wolga abwärts nach Astrachan; der Zerfall der Ordensmacht in Livland aber den Weg an das baltische. Iwan IV., der Grausame – in der Tat der Bändiger, in weitem Umfange der Vernichter des hohen Adels der Bojaren –, wurde Träger einer Politik rücksichtslosen Vordringens auf Kosten schwächerer Nachbarn.

Schon 1558 rückte er in das baltische Ordensgebiet ein, das damals noch, außer Livland mit Riga, das nördlich angrenzende Estland mit Reval und, außer den Inseln Ösel und Dagö, westlich der Düna Kurland mit Mitau umfaßte. Politisch war dies Ordensland der alten Schwertritter vielleicht noch mehr zerrissen als der Ordensstaat Preußen, insofern auch hier der Orden, die Städte, die Bischöfe und der Landadel miteinander im Streite lagen und die eindringende Reformation vollends alte Bindungen löste. Was der zunehmende Unfrieden in den östlichen Randgebieten des Baltikums wirtschaftlich bedeutete, wird offenbar, wenn man sich erinnert, daß der älteste Handel der Hanse gerade in diesen Gebieten wurzelte. Nun gab es wohl einträglichen Waffenhandel, aber nicht die dem Kaufmann schließlich doch immer am meisten erwünschte stetige Sicherheit des Verkehrs.

Vor den Kämpfern Iwans fiel im Mai 1558 Narwa, im Juli Dorpat. Die flehenden Hilfegesuche der Deutschen an Kaiser Ferdinand und den Reichstag fanden kaum Widerhall. Der Kaiser meinte, das Reich sei zu entlegen, und gab die Hilfegesuche an Spanien und England weiter. So begaben sich der Erzbischof von Riga und der Ordensmeister Gotthard von Ketteler für Kurland 1559 notgedrungen in polnischen Schutz. Es entsprach der damals in Polen selbst geübten Toleranz, daß der König den Deutschen ihre Sprache und die Augsburgische Konfession zusicherte. Die Russen aber drangen weiter vor: das baltische Marienburg und die Ordensveste Fellin wurden genommen; 1563 auch das litauische Polozk, an der Düna. Bei der allgemeinen Auflösung im Baltikum wollte auch Dänemark nicht zurückbleiben, kaufte für den Prinzen Magnus die Stifte Ösel und Reval, worauf sich wieder Schweden in Estland mit Erfolg bemühte. So unglücklich die Rivalität von Dänemark, Schweden und Polen angesichts der russischen Gefahr auch war, ihr Eingreifen bedeutete einstweilen doch eine Art Uferbefestigung an der Ostsee, von der Rußland um so mehr ferngehalten wurde, als Stephan Bathory Polen und Litauen im Osten wirksam schützte.

Unter Iwans Sohn, dem schwachen Feodor, regierte tatsächlich sein Schwager Boris Godunow, dessen größter Erfolg (1590) die Errichtung eines eigenen Moskauer Patriarchats unter Zustimmung der alten Patriarchen des Orients, von Jerusalem, Antiochien, Alexandrien und Konstantinopel, gewesen ist. Der erste Patriarch Hiob hatte bald seines Amtes zu walten, als der Zar Feodor kinderlos starb. Sein Halbbruder Dimitri war ihm im Tod vorausgegangen – aus nicht geklärten Gründen jung ums Leben gebracht. Der Patriarch trat für die Wahl von Godunow ein; dessen Herrschergaben und die Dankbarkeit mochten den Patriarchen bestimmen. Boris fügte sich der Wahl nach einigem Sträuben und begann seine segensreiche, auch der westlichen Kultur aufgeschlossene Regierung. Man dachte an Schulen und an eine Familienverbindung mit Skandinavien.

Da tauchte im Südwesten plötzlich ein angeblicher Dimitri auf, der den Thron seines Vaters Iwan begehrte. Er wurde dem Könige Sigismund von Polen vorgestellt, gab sich katholisch und rückte mit Heeresmacht gegen Moskau. Zwar wurde er geschlagen, allein, kurz danach starb der Zar Boris, und sein Söhnchen Feodor war der Lage um so weniger gewachsen, als die vornehmen Bojaren seine Familie haßten. Sie fingierten, an den falschen Dimitri zu glauben, und ließen ihn 1605 in Moskau einziehen. Der falsche Zar ergab sich nun zwar der griechischen Kirche, behielt aber die Jesuiten bei sich und vermählte sich unter gewaltigem Zuzug vornehmer Polen mit der Polin Marina Mniszek. Diese Gelegenheit benutzten die alten Familien, ihn und seine durchweg in Privathäusern untergebrachten polnischen Gäste alle auf einmal umzubringen – eine zweite Bluthochzeit nach Verlauf eines Menschenalters. »Gegen die Ketzer, die Rußland dem Papste ausliefern wollten«, lautete die Parole; hier also stehen wir am äußersten östlichen Ausläufer dessen, was man als Gegenreformation erlebte oder fürchtete. Unter derselben Parole regierte auch der neue Zar Wassili Schuisky. Ein neuer falscher Dimitri trat auf, Wirren ergriffen das ganze Reich; Verbindung des Zaren mit Schweden; eine schwedische Hilfstruppe unter Delagardie; dann aber Einfall eines polnischen Heeres gegen die Verbündeten, Sturz des Zaren und Wahl von Sigismunds Sohn Wladislaw von Polen. Der erfolgreiche polnische Feldherr Sholkiewski schloß den Vertrag und nahm die Bedingungen der Russen an.

Es war das zweitemal, und jetzt in sehr viel anderem Sinne, daß die Polen als Herren in Moskau erschienen. Allein, nun begehrte König Sigismund von Polen selbst, natürlich ohne alle Bedingungen in der Religion, die Herrschaft in Moskau für sich. Das aber löste eine elementare Volks- und Adelsbewegung aus, geschürt von der Geistlichkeit. Im Osten, vor allem in Nischni-Nowgorod, sammelten sich die ersten Heerhaufen, bis unter Führung des alten Adels ein russisches Volksheer gegen Moskau ins Feld zog. Die polnische Garnison wurde im Kreml belagert, fast ausgehungert und schließlich zur Ergebung gezwungen. Nun wählten die Russen den

Sohn des Metropoliten Filaret, den jungen Michael Feodorowitsch, den ersten Romanow, der im März 1613 nach langem Bedenken die Wahl zum Zaren annahm und eine neue Periode der russischen Geschichte heraufführte. Polen erneuerte freilich seine Versuche, mit dem Großfürstentum Moskau die Herrschaft über die ganze slavische Welt davonzutragen. Der polnische Thronfolger Wladislaw, der sich noch immer Zar nannte, rückte 1618 noch einmal vor die Hauptstadt, erreichte aber nichts mehr.

Schon bei diesen Thronwirren in der Zeit des Übergangs von der Dynastie der Rurik zu derjenigen der Romanow war Schweden, weit zurückliegenden Traditionen entsprechend, mehrfach beteiligt gewesen. Auf der anderen Seite wissen wir, daß ein schwedischer Prinz auf dem polnischen Throne saß. Schweden, dessen Schicksal sich in den letzten Jahrhunderten wesentlich im Rahmen der Skandinavischen Union und der angrenzenden deutschen Ostseegebiete abgespielt hatte, darin auch weiter verstrickt blieb, erhielt nun seine zweite, östliche Front und schon damit erhöhte europäische Bedeutung. Es trat in seine große Zeit ein, da Polen offenbar im Sinken, Rußland aber noch nicht endgültig konsolidiert war. Die Russen und Polen waren gerade weit genug in das Baltikum vorgedrungen, um die Schweden wachsam zu halten, aber noch nicht weit genug, um Schweden ernstlich zu bedrohen.

Schweden hatte sich nach dem Stockholmer Blutbad aus dem Unionskönigtum Christians II. durch Gustav Wasa gelöst. Das erfolgreiche Regiment des ersten Wasa endete 1560, als gerade die Schwierigkeiten in Livland eingesetzt hatten. Leider trug sein Haus auch in sich selbst Keime der Zersetzung. Zunächst folgte Erich XIV. Die Krone Dänemark beharrte in ihrer alten Gegnerschaft und hielt es zuerst gegen Schweden und Polen mit den Russen, während Erichs Bruder Johann, Herzog von Finnland, den Polen zuneigte und, wie wir uns erinnern, die Schwester des Polenkönigs ehelichte. Als er sich auch noch livländische Schlösser von Polen in Pfandbesitz geben ließ, erboste sich sein königlicher Bruder über diese Eigenmächtigkeit so sehr, daß er ihn prozessieren, bekriegen und in Abo gefangennehmen ließ. Johann wanderte, wie man glauben mochte, in lebenslänglichen Gewahrsam.

Gegen Erich fanden sich nun aber Polen, Dänemark und Lübeck. Seit 1563 wütete der siebenjährige nordische Krieg um Schweden, der niemandem Gewinn und allen nur Schaden brachte. Er neigte sich schon dem Ende zu, als König Erichs wahnsinnige Regierungshandlungen seine Brüder und den Adel gegen ihn sammelten. Man erhob den befreiten Johann auf den Thron (1568) und schickte an seiner Stelle den König Erich in den Kerker, wo er eines Tages vergiftet wurde. Natürlich festigte sich sofort die polnisch-schwedische Verbindung gegen Rußland und Dänemark. Herzog Magnus von Dänemark, der ja die Bistümer Ösel und Reval gekauft hatte, wurde vom Zaren zum Könige von Livland gemacht. Indessen, seine Gegner behielten die Oberhand. Nach langen Verhandlungen, in die auch der Kaiser hineingezogen wurde, anerkannten sowohl Dänemark wie Schweden auf dem Kongreß zu Stettin die Lehnshoheit des Deutschen Reiches über Livland, die für die Reichsstände eine Mahnung enthielt, aber freilich weder jetzt noch später praktische Bedeutung gewinnen sollte. Schweden entschädigte Dänemark und Lübeck nach den Bestimmungen des Friedens; Herzog Magnus wurde wieder auf Ösel beschränkt, Schweden behauptete Reval, Polen das eigentliche Livland.

Kirchlich hatte Schweden in den Tagen Gustav Wasas eine im wesentlichen an Wittenberg angeschlossene Reformation erlebt. Dann hatte die junge lutherische Kirche von Schweden die erste Gelegenheit erhalten, sich zu erproben. An die Seite des ersten Reformators Olaf Petersen war mit wachsender Bedeutung sein Bruder Lorenz getreten, seit 1531 Erzbischof und Vorkämpfer des Luthertums. Er war es, der sich auch gegen den nach Schweden vordringenden Calvinismus bewährte. Die erste Kirchenordnung von 1571 gab den lutherischen Ordnungen ein festes Gefüge. In guter Rüstung durfte man die zweite Probe erwarten.

Wie so oft in der Kirchengeschichte, zog eine neue Königin auch ihr Kirchentum nach sich. Mit der polnischen Königstochter kamen Jesuiten nach Schweden, und von Polen aus wurden sie bedient mit Eifer und nicht immer einwandfreien Ratschlägen. Es war doch recht bedenklich, daß der Kardinal Hosius an den Hofprediger der Königin schrieb, in der öffentlichen Predigt solle man alles meiden, was dortzulande anstößig wirke, also »den Glauben ruhig in den Himmel heben« und die Werke ohne Glauben geringschätzen, Christum als den einzigen Mittler hinstellen und betonen, daß man nie anders unter dem Papsttum gelehrt habe. Sehr viel bedenklicher freilich war das Verhalten des Jesuiten Lorenz Nielßen, der aus Oslo stammte, in Löwen studiert hatte, dort Jesuit geworden war und sich nun mit seinem Schüler Florenz Feyt nach Schweden begab, um sich zunächst als Lutheraner auszugeben. Er paßte auch äußerlich Tracht und Haltung den schwedischen Prädikanten an. In diesem betrügerischen Kostüm richtete er eine blühende Theologenschule ein, und Feyt triumphierte darüber, wie sie ihm arglos »ins Garn gingen«. Auch als ihm dann doch der ahnungsvolle Rektor das unsaubere Handwerk legte, führte er noch viele »heimlich zum Glauben zurück«. Im Schatten einer archaisierenden Richtung evangelischen Kirchentums suchte auch der König die Kirche langsam von dem eigentlich lutherischen Geist wegzuführen. Die neue Liturgie seines »Roten Buches« war nur eines der Mittel dazu. Politische Anknüpfungen mit Spanien zur Bekämpfung der Niederlande stärkten wieder die kirchlichen Tendenzen. Durch den spanischen Gesandten verhandelte der König ernstlich mit der Kurie über seinen Übertritt. Das überzeugungstreue Luthertum wurde vom Könige verfolgt, aber es hielt sich in der geistigen Verbindung mit der Universität Rostock und kräftigte sich über diesen Kämpfen innerlich. Gegen den Kryptopapimus so gut wie gegen den Calvinismus erhob sich mit großem Nachdruck die grundlegende rein kirchliche Synode von Upsala 1593.

Man bedurfte durchaus der Sammlung. Denn mit dem Tode des Königs Johann wurde die Lage noch kritischer. Der neue König Sigismund, der Sohn der Polin und selbst längst König von Polen, drohte auch seinem väterlichen Reich, genauso wie Polen, mit einer entschlossenen Gegenreformation. Freilich wissen wir schon, welchen Schwierigkeiten er in Polen begegnete. In Schweden war man auf der Hut. Sein Oheim Karl, Herzog von Södermanland, der jüngere Sohn des Gustav Wasa, wurde die Seele des Widerstandes; bald auch Erbe der Krone. Die Rechtsgrundlage für sein Verhalten gegenüber dem Könige besaß man in den kalmarischen Statuten vom 7. September 1587, die aus Anlaß von Sigismunds Wahl zum Könige von Polen die Selbständigkeit des Landes und der Kirche festgelegt hatten. Damals war auch das Bündnis mit Polen gegen Rußland geschlossen, das jedoch durch die beiderseitigen Ansprüche auf Livland und Estland immer wieder Einbuße erlitt.

1593 kam Sigismund selbst in seine schwedische Heimat. Hier mußte er die Beschlüsse von Upsala anerkennen, um zur Krönung zu gelangen. Doch legte er auf den Rat des Nuntius Malaspina sogleich einen geheimen Protest ein gegen den angeblich erzwungenen Eid und begann demgemäß ohne Scheu, katholische Einrichtungen wiederherzustellen. Das falsche Spiel setzte also aufs neue ein. Da griff der Herzog Karl endlich energischer durch. Er berief 1595 einen außerordentlichen Landtag nach Söderköping, ließ sich allein als verantwortlichen Reichsverweser anerkennen, Appellationen an den Hof nach Polen verbieten und das katholische Kirchentum wieder beseitigen. Des Königs Gegenmaßregeln und schließlich gar ein Kriegszug in das eigene Land, anfangs glücklich, fruchteten am Ende nichts. Der Reichstag von 1599 stellte dem König ein Ultimatum. Herzog Karl blieb Erbfürst und wurde 1604, ohne Rücksicht auf Sigismund, anerkannter König von Schweden. Mit allem Ernst ging er an den Neubau des Staats, wobei mannigfache Widerstände vorerst nur unvollkommen überwunden wurden. Adel und Bauern waren vielfach noch in grober Unkultur befangen, doch gelang seit dem Reichstag von Linköping (1600) die Gestellung fester Kontingente aus allen Landschaften, verheißungsvolle Anfänge einer allgemeinen Wehrpflicht.

Über den inneren Wirren und Kämpfen erlahmte freilich die Kraft der Abwehr gegen die Russen in Estland, und wenn König Karl IX. auch gegen Polen durch Besetzung des polnischen Livland vorübergehend Erfolg hatte, so mußte er 1605 doch wieder weichen. Auch seine Bemühungen um Bündnisse mit den Westmächten gegen das Haus Habsburg oder zum Schutz des Protestantismus gegen katholische Mächte – für ihn Polen – hatten nicht ganz den gewünschten Erfolg. Nur der Hanse näherte er sich. Im eigenen Lande aber befestigte sicht endgültig das nationale Königtum der Wasa und, trotz der immer wieder auftretenden Wahlverwandtschaft Karls IX. zum Calvinismus, schließlich auch das Luthertum. Sigismund von Polen verzichtete natürlich nicht auf seine schwedischen Ansprüche, aber Karl IX. hatte dafür gesorgt, daß neben ihm von vornherein sein Sohn Gustav Adolf als Erbe anerkannt wurde.

Man begreift nach dieser Vorgeschichte schon einiges von den Wesenszügen des Mannes, der, kaum siebzehnjährig, im Jahre 1611 in Schweden zur Regierung kam. Ihn erwarteten nicht nur die alten Schwierigkeiten von seiten Polens und Rußlands, sondern nicht minder die noch ältere Feindseligkeit der Dänen. Wir müssen daran erinnern, daß Dänemark außer Jütland und den Inseln noch die ganze West- und Südküste Schwedens besaß; Schweden berührte das Kattegat nur mit Elfsborg, und Dänemark hatte schon die Verstärkung dieser Position durch die Gründung von Göteborg als Unfreundlichkeit und Gefährdung seiner im übrigen unbestrittenen Herrschaft über den Sund betrachtet. So hatte auch der unruhige König Christian IV. noch zu Lebzeiten Karls IX. alten Hader besonders wegen der weiten Gebiete in Lappland zum Anlaß genommen, um Schweden den Krieg ins Land zu tragen. Nachdem er schon 1611 das befestigte Kalmar an der Ostküste nebst der vorgelagerten Insel Öland genommen, bemächtigte er sich 1612 Elfsborgs. Der junge Gustav Adolf, der noch zu Lebzeiten seines Vaters Öland zurückgewann, war als König doch zum Vergleich bereit, wenn er auch den Dänen Elfsborg als Pfandbesitz lassen mußte. In besonnener Klugheit schätzte er das Maß seiner Mittel richtig ein.

Wie Schweden waren auch die Hansestädte und die Niederlande gegen Dänemark und seine Sundzollpolitik erbittert. Im April 1613 schloß Lübeck mit den Niederlanden einen Vertrag zum Schutz von Handel und Schiffahrt; 1609 war des Hugo Grotius Buch vom Freien Meere erschienen, wirksam gerade auch in Skandinavien. Im Jahre 1614 kam zwischen Schweden und den Niederlanden ein Bündnis zustande. Dies alles waren einstweilen schwedische Guthaben gegen Dänemark, das seinerseits vorübergehend in befremdliche Annäherung zu Spanien geriet. Greifbare Erfolge hatte der junge König jedoch bei der Grenzabsetzung gegen die Russen. Schweden saß seit einiger Zeit in Nowgorod am Ilmensee und in der Landschaft am Peipussee. Nun einigte sich Schweden mit den Russen, gegen Herausgabe von Nowgorod, auf die Anerkennung seines ungestörten Besitzes von Karelien, Ingermanland und Kexholm am Ladogasee; an die Stelle des Krieges trat das Bündnis mit den Russen gegen Polen.

Oft zitiert ist die stolze Ansprache des jungen Königs an den Reichstag von 1617: »Rußland ist von der Ostsee ausgeschlossen, und ich hoffe bei Gott, daß es den Russen in Zukunft schwerfallen wird, über den Bach zu springen.« Der so früh zur Regierung berufene Fürst hatte die erste Probe auf sein Können glänzend bestanden. Bald konnte er, wenn auch mit großen Opfern aus dem Silberschatz des Hofes, Elfsborg aus der Pfandschaft lösen. Im übrigen behielt er das Ziel der schwedischen Ostsee fest im Auge. Die inneren Verhältnisse seines Reiches ordnete er überlegsam und tatkräftig, sein Bauernheer bildete er sich selbst zur trefflichsten Truppe, die Mittel seines Staates wußte er durch gute Wirtschaftspolitik glücklich zu steigern. Unter dem Zeichen des dauernden Kriegs mit dem katholischen Vetter in Polen wurde die kirchliche Gesetzgebung verschärft. Katholische Religionsübung wurde mit dem Tode bestraft, und wir hören, daß man in einzelnen Fällen danach handelte.

Durchaus in Beziehung zur polnischen Frage stand auch des Königs Verbindung mit Marie Eleonore von Brandenburg, wie denn schon seine Mutter aus dem Hause Holstein-Gottorp stammte, eine Enkelin Philipps von Hessen. Lange hatte die Kurfürstin-Mutter widerstrebt, und dem ängstlichen kurfürstlichen Schwager war die Verlobung bald nach der Erledigung Preußens, das ja polnisches Lehen war, so fatal, daß er die peinlichsten Erklärungen abgab. Der König, jetzt von der alten Kurfürstin unterstützt, wagte die fast romantische Entführung. Als aber im Dezember 1620 die Hochzeit in Stockholm gefeiert wurde, hatten sich im Deutschen Reiche und in Böhmen soeben die tiefsten Umgestaltungen vollzogen.

Damit mündet unsere Darstellung wieder in die allgemeine Geschichte des Jahrhunderts ein.

Sprengung des Reiches / Böhmische Revolution / Aufstieg Bayerns und Österreichs

Während sich Frankreich, England, Schweden und selbst Rußland nach Zeiten schwerer Wirren konsolidierten, gab es im Deutschen Reiche unter dem trügerischen Schein des Religionsfriedens unausgesetzt neue, sich gegenseitig steigernde, schließlich nicht mehr lösbare Spannungen.

Aus untergeordneten Anlässen war in den letzten Jahren die Frage immer drängender geworden, ob protestantische Landesherren berechtigt seien, auch über den Besitzstand von 1552 oder 1555 hinaus katholische Kirchengüter einzuziehen. Der Augsburger Religionsfrieden sagte ganz eindeutig: »Dieweil aber etliche Stände etliche Kloster- und geistliche Güter eingezogen, so sollen solche eingezogene Güter, dero Possession die Geistlichen zu Zeit des Passauischen Vertrages oder seithero nit gehabt, in diesem Friedstand mitbegriffen und dieselbigen Stände derenhalb weder in noch außerhalb Rechtens nit besprochen noch angefochten werden.« Allein, die Meinung der Stände neigte, entsprechend der inneren Entwicklung des Territorialstaates, zu einer Ausdeutung, die mit dem Recht der Konfessionsbestimmung auch die Verfügung über den Kirchenbesitz verquickte. So hatte etwa der Graf von Oettingen sich schon 1557 das Kloster Christgarten angeeignet, der Markgraf von Baden über Kloster Frauenalb, die Stadt Straßburg über Margarethen- und Nikolaikloster verfügt, ein Reichsritter von Hirschhorn am Neckar östlich Heidelberg über das Karmeliterkloster im Bereich seiner Hoheit. Es waren also alle Arten von Ständen beteiligt und an der Lösung interessiert.

Die grundsätzliche Frage war eigentlich keine andere, als sie schon auf dem Augsburger Reichstage 1559 von beiden Parteien in ihren ersten großen gegeneinander gerichteten Beschwerdeschriften über das Reichskammergericht gestellt war. Das höchste Gericht seinerseits entschied einheitlich im Sinne des Religionsfriedens; auch protestantische Räte wirkten dabei mit. Als nun der speyerische Deputationstag, ein Ausschuß aus den Reichsständen, im Jahre 1600 die Revisionskammer bildete, durfte man auch von ihr nur Bestätigungen erwarten.

Es stand also mit dieser später so viel erörterten »Vierklostersache« nicht so, daß beide Parteien die Streitfälle vom Zaun gebrochen hätten, sondern umgekehrt so, daß beiden Parteien erst über den Einzelfällen deren Tragweite recht klar zum Bewußtsein gekommen ist. Sollte die Abrundung der Territorien und Hoheitsbezirke ihren Fortgang nehmen oder nicht? Das war die offenbar ebensosehr staats- wie kirchenrechtlich erhebliche Frage. Hier wünschten die Führer der Protestanten Freiheit für die Zukunft. Als sie auf einer neuen Tagung 1601 sahen, daß ihre Anschauungen nicht durchdrangen, verließen Kurpfalz, Brandenburg und Braunschweig-Wolfenbüttel den Tag. Beanstandeten die Stände aber die Urteile des Reichskammergerichts sowohl wie diejenigen des Reichshofrats, so bedeutete das nichts Geringeres als die Lahmlegung der ordentlichen Gerichtsbarkeit und den Rückfall bestenfalls in ein willkürliches Schiedsverfahren.

Zunächst sollte der Regensburger Reichstag von 1603 die Sache austragen. Die Protestanten hätten das Mittel der Türkenhilfe gehabt, ihren Forderungen Nachdruck zu verleihen; allein sie ließen sich trotz der Erneuerung ihrer Proteste in der Klostersache durch den Erzherzog Mathias als den Vertreter des Kaisers begütigen und zur Bewilligung bestimmen.

Wenige Jahre darnach (1608) schien die Lage weiter verschärft. Kaiser Rudolf wünschte ohne Rücksicht auf den Wiener Vertrag mit Stephan Bocskai, den wir kennen, die Ungarnkämpfe fortzuführen. Am Reichstage ließ er sich jetzt durch Erzherzog Ferdinand von Steiermark vertreten, den sein schroffes Vorgehen gegen die Protestanten im eigenen Lande als Vermittler nicht eben empfahl.

Die Stimmung war auch sonst gesunken. In aller Munde waren neuerdings die Vorgänge von Donauwörth und die Sorgen, die sich daran knüpften. Da, wo heute die Bahn nach Augsburg die Donau schneidet, gleich oberhalb der Lechmündung, liegt die Reichsstadt, von bayerischer Seite gesehen wie ein fester Brückenkopf jenseits des Flusses. Hier war durch die

Jesuiten von dem benachbarten Dillingen aus die kleine katholische Gemeinde gestärkt worden. Sie wollte furchtlos bekennen – das war jetzt die Stimmung. 1603 ließ sie eine Prozession mit fliegenden Fahnen halten, was der Rat beanstandete; sie hätten höchstens eingerollt sein dürfen. Der Reichshofrat schlug alsbald einen heftigen Ton an gegen die Bürgerschaft, und der Kaiser legte den Schutz der Katholiken in die Hände des Herzogs von Bayern. Gleichwohl hinderte noch 1607 der von der erregten öffentlichen Meinung getriebene Stadtrat die feierliche Prozession. Der Kaiser ächtete die Stadt, und der Herzog vollstreckte die Acht. Die protestantische Pfarrkirche wurde den Jesuiten eingeräumt. Später ließ sich der Herzog die Stadt als Ersatz für seine Kosten auch noch verpfänden. Man empfand weithin den Vorstoß.

Am Reichstage aber spitzten sich die Meinungsverschiedenheiten schließlich zu auf den Streit um die Erneuerung des Religionsfriedens, genauer um den Zusatz, mit dem allein die Katholiken ihn erneuern wollten, daß nämlich alles gegen den Religionsfrieden Erworbene restituiert werden solle; die Forderung hatte eine weit über den Vierklosterstreit hinausreichende Bedeutung. Als ihr Vertreter erschien unter vielen anderen eine Persönlichkeit, die uns bald wieder begegnen wird. Das war der Kapuzinerpater Hyacinth, einst Graf Federigo Natta, Doktor beider Rechte, von Bologna. Wie sein Orden immer erfolgreicher an die Seite des Jesuitenordens getreten war, übte auch Pater Hyacinth die hinreißende Volkspredigt so gut wie die entschlossene Beratung der Fürsten in katholischem Sinne. Bei seiner politischen Unerfahrenheit strömte die Inbrunst seiner kirchlichen Überzeugung nur um so ungehemmter aus, je leidenschaftlicher er sich gerade der Staatssachen annahm. Eben noch hatte er in Wien eine Schrift veröffentlicht, die ganz unverhohlen jede Religionsübung der Ketzer verurteilte und den Satz vertrat, daß erzwungene Zugeständnisse in der Religion die katholischen Fürsten nicht bänden. Wo lagen die Grenzen von Zwang oder politischer Nötigung?

Über den Verhandlungen schien Kursachsen in seine alte Friedenspolitik zurückzulenken. Da sammelten sich die Entschiedenen unter Führung von Kurpfalz und überreichten am 27. April 1608 eine Beschwerdeschrift, um gleich darnach den Reichstag zu verlassen. Der Vorgang erinnert an die Protestation von Speyer 1529; es erfolgte die klare Scheidung. Beteiligt waren außer Kurpfalz der frühere Administrator von Magdeburg, Joachim Friedrich, seit 1598 Kurfürst von Brandenburg, sodann seine jüngeren Brüder von Ansbach und Bayreuth, weiter Pfalz-Zweibrücken, Braunschweig-Wolfenbüttel, Baden-Durlach, Hessen, Anhalt und die Wetterauer Grafen. Es sind die Namen, die uns fortan immer wieder begegnen. Der Reichstag war gesprengt, der Religionsfrieden nicht erneuert. Zum ersten Male ging ein Reichstag ohne Abschied auseinander. Auch das war symbolisch, wie wenn zwischen zwei Menschen der gewohnte Abendgruß aufhört.

Unmittelbar darnach und doch unabhängig von diesen Vorgängen vereinigten sich unter der geistigen Führung des Fürsten Christian von Anhalt, kurpfälzischen Statthalters in der Oberpfalz, die süddeutschen protestantischen Fürsten am 14. Mai 1608 in dem Dörfchen Ahausen (wohl das jetzige Auhausen, nördlich von Oettingen an der Wörnitz) zu der oft geplanten Union.

Dieses Bündnis hatte, ganz abgesehen von der jahrhundertelangen Gewöhnung deutscher Stände an die Bundesidee, noch seine eigene Vorgeschichte. Sie führt in die konfessionellen Spaltungen der letzten Zeit zurück. Einerseits bestand nämlich ein inneres Verständnis zwischen Kurpfalz, Zweibrücken, dem Fürsten von Anhalt und den Söhnen seiner Schwester, den jungen Markgrafen von Brandenburg; von ihnen hatte der fünfundzwanzigjährige Ansbacher Joachim Ernst im Dienste der Generalstaaten auch den Krieg schon kennengelernt und seinen tatenlustigen Sinn für aktive Politik gestärkt. Auf der anderen Seite fühlten sich die lutherischen Fürsten Herzog Friedrich von Württemberg, Markgraf Georg Friedrich von Baden und der Pfalzgraf Philipp Ludwig von Neuburg zueinander hingezogen; sie sahen sich von Bayern, den vorderösterreichischen Ländern und Lothringen bedrohlich umgeben. Baden war außerdem in eine der Klosterstreitigkeiten verwickelt, Neuburg in die viel größere jülich-clevische Sache. Aber sie scheuten sich noch vor einer Verbindung mit den Calvinisten, obwohl sie doch alle das größere politische Bündnis wünschten.

So kam es, daß Württemberg die alte Verbindung mit der Pfalz zunächst für sich festigte und den Mittler darstellte zwischen beiden Gruppen. Da starb Herzog Friedrich. Aber der Tod, der das Mittelglied herausbrach, schien es selbst ersetzen zu wollen; bei dem Begräbnis des Württembergers war es, daß Baden und Neuburg sowie die kriegerischen Freunde Ansbach und Anhalt den jungen Herzog Johann Friedrich in ihre Pläne zogen. Als es gleichwohl noch Verzögerungen gab, ergriff Kurpfalz die Initiative mit dem Entwurf einer »Landsrettung« zwischen Oberpfalz, Neuburg, den Markgräfischen und einigen Städten. Nun zog Neuburg auch seine alten Freunde Baden und Württemberg mit heran. Aufgeschoben blieb der umfassendere Bundesgedanke des Kurfürsten von Brandenburg.

Die Gründungsurkunde der Union vermied die Betonung protestantischer Interessen, auch den Schutz der Anwartschaften, beschränkte sich vielmehr auf die Wahrung der Rechte friedliebender Stände. Aber die bewußte Anknüpfung an das Torgauer Bündnis von 1591 und die festere Organisation der Leitung hoben die auf zehn Jahre geschlossene Union doch weit über die bisherigen Bündnisbestrebungen empor. Stattliche Bundeshilfen wurden vereinbart; nicht minder die Erweiterung des Bundes. Das Haus Anhalt, Pfalz-Zweibrücken und Oettingen sowie die Städte Straßburg, Ulm und Nürnberg traten bei. Der Tod des Kurfürsten von Brandenburg verzögerte noch den Beitritt von Hessen.

Weite politische Verbindungen – mit Heinrich IV. von Frankreich, den Generalstaaten und England gegen Spanien – tauchten zeitig auf, doch wagten sich die ängstlichen Stände erst nach Jahren recht heran.

Dafür sammelte sich die Gegenseite in der katholischen Liga. Auch hier hatten parallele Bundesbestrebungen demselben Ziele zugesteuert. Die rheinischen Kurfürsten tagten im Sommer 1609 in Köln; die bayrischen Bischöfe um dieselbe Zeit zusammen mit Würzburg, Augsburg, Konstanz, zwei Äbten und dem Herzog in München. Es war eine ähnliche Zusammensetzung wie bei dem ersten altkirchlichen Einvernehmen von 1524, nur daß jetzt Österreich fehlte und die Führung bei Bayern lag.

Der Bund lautete auf neun Jahre. Geldmittel wurden allerdings nur auf ein Jahr bewilligt. Der Zweck wurde nicht verhehlt; außer zum Schutz der eigenen Gebiete bekannte man sich zur Verteidigung der katholischen Religion. So hatte es Herzog Maximilian in seiner ruhig eindringlichen Weise nach allen Seiten ausgesprochen; nicht am wenigsten gegenüber Spanien, wo man ihm fortan das größte Vertrauen entgegenbrachte. Noch im gleichen Jahre schlossen sich die rheinischen Kurfürsten an. Nach ihnen die Mehrzahl der katholischen Stände, außer Österreich. Man rüstete ein Heer unter Johann Tserklas von Tilly, einem Brabanter, der seine katholische Erziehung den Jesuiten in Köln verdankte, seine militärische dem Herzog Alessandro Farnese. Inzwischen war er auch im Türkenkrieg gewesen. Nun stand er im Dienste Maximilians von Bayern.

Mitten in diese Bundesgründungen fiel der Tod des Herzogs Johann Wilhelm von Jülich und Cleve (25. März 1609). Er war trotz seiner Krankheit eine zweite Ehe eingegangen mit Antonie von Lothringen. Ihr und den Räten übertrug der Kaiser die einstweilige Regentschaft. Konfessionelle Dinge standen auch hier auf dem Spiele, denn es gab im Lande neben Katholiken auch Lutheraner und zahlreiche Calvinisten. Dazu trat die Nähe Kölns und der Niederlande. Aber die kaiserliche Entscheidung wurde überrannt von den Prätendenten. Der neue Kurfürst Johann Sigismund von Brandenburg als Schwiegersohn der inzwischen verstorbenen Marie Eleonore, vertreten durch seinen Bruder Ernst, und der Pfalzgraf Wilhelm von Neuburg als Sohn der Anna von Jülich setzten sich zu größerer Sicherheit sogleich »in Posseß« der Lande. Zwar hatte Markgraf Ernst sehr gebundene Weisungen, doch gelang es dem Landgrafen Moritz, die Gegensätze zwischen den beiden Rivalen zu überwinden und ihre Zustimmung zu einer gemeinsamen Regierung im Dortmunder Vertrag vom 10. Juli 1609 zu erreichen. Festlich wurden sie in Düsseldorf und an anderen Orten von der Bevölkerung empfangen. Wie die protestantischen Stände es seit Jahren in Reichsstreitsachen gehalten hatten, lehnten die Possedierenden auch jetzt die Entscheidung des Reichshofrats ab und verlangten Schiedsspruch der Stände. Das Reich hörte sichtlich auf, ein Staat zu sein; es stellte sich schon jetzt als eine jederzeit durch Krieg kündbare Vereinigung von Ständen dar.

Allein, der Kaiser ließ sich seine Rechte nicht so einfach entwinden und fand in seinem Vetter Erzherzog Leopold, Administrator von Passau und Straßburg, das erwünschte Organ. Am 11. Juli 1609 hatte der Erzherzog Audienz beim Kaiser; kniend gelobte er ihm die Wahrnehmung kaiserlicher Rechte. In der Tat besetzte er alsbald die Festung Jülich und ließ in seinen Bistümern Knechte mustern, um, womöglich gestützt auf Spanien und Erzherzog Albrecht, das Herzogtum zu behaupten.

Auf der Gegenseite erschien dem König Heinrich von Frankreich, den Generalstaaten und der Union die Gelegenheit günstig, gegen das Haus Habsburg einen großen Schlag zu führen. Heinrich IV. rüstete, wie er dem Fürsten von Anhalt mitteilte, und schlug den führenden Holländern Oldenbarnevelt, Prinz Moritz und Graf Wilhelm Ludwig von Nassau vor, sich mit ihren Heeren in Jülich zu treffen und dort zu verhandeln. Schon zitterte sein Staatssekretär Villeroy vor den Folgen dieser kriegerischen Absichten, die weite Kreise des Volks von Frankreich verabscheuten. Vielleicht wußte der König selbst noch nicht, ob er die Spanier lieber zusammen mit Savoyen in Mailand oder mit der Union und den Generalstaaten am Niederrhein bekämpfen sollte. Da traf der Stahl Ravaillacs den ehemaligen Hugenotten und Verbündeten der Ketzer am 14. Mai 1610.

Die Union fühlte sich nicht stark genug, allein in den großen Krieg gegen Spanien, Österreich und etwa die Liga einzutreten und neigte wieder zum Frieden. Auch für die Rüstungen des Erzherzogs Leopold in Passau sollte sich später eine sehr merkwürdige andere Verwendung finden.

Inzwischen hielt der Kaiser in Prag einen Fürstenrat, der ihm zu gütlichem Austrag riet. Allein, er selbst verschlimmerte die Lage erheblich, als er am 7. Juli 1610 entsprechend den alten Anwartschaften, die uns schon beschäftigt haben, dem Kurfürsten von Sachsen ohne weiteres die Belehnung mit Jülich erteilte. Zum Glück scheute auch Sachsen ernstliche Verwicklungen und einigte sich mit Brandenburg im Mai 1611 auf Mitregierung. Das war freilich wieder nicht nach dem Sinne des Neuburgers, der sich über dem zeitweilig gepflegten Plan einer Familienverbindung erst recht mit Kurbrandenburg überwarf. Kurz nachher trat der Brandenburger in aller Form zum Calvinismus über, der Neuburger zur katholischen Kirche; er heiratete Magdalene, die jüngste Schwester des Herzogs von Bayern, des Führers der Liga (1613).

Die Parteien stellten sich damit aufs neue recht deutlich gegeneinander. Hinter der einen die Niederlande und vielleicht die Union; hinter der anderen Spanien und die Liga. Erzherzog Albrecht ließ seinen General Spinola über Aachen bereits zur Unterstützung des Pfalzgrafen Wolfgang Wilhelm einrücken, Moritz von Oranien rüstete zur Wahrnehmung der brandenburgischen Interessen. Für sich stand noch immer der Kaiser. Die Westmächte blieben neutral. Vielleicht war diese mannigfache Aufspaltung in Gruppen eine Erleichterung für das Zustandekommen des Vertrags von Xanten am

12. November 1614, durch den die Ordnung geschaffen wurde, die tatsächlich für zwei Jahrhunderte die Grundlage blieb, daß nämlich Cleve-Mark und Ravensberg mit Wesel, Unna, Hamm und Bielefeld zunächst in brandenburgischer, Jülich und Berg mit Jülich, Düren und Düsseldorf ebenso in pfälzischer Verwaltung blieben.

Damit haben wir schon weit vorgegriffen.

Es ist schwer zu sagen, ob die Quertreibereien des Kaisers die Einigung und friedliche Lösung im Falle Jülich-Cleve erleichtert oder erschwert haben; wie denn auch fraglich bleibt, ob nicht doch ein ängstlich zurückhaltendes Kaisertum wie dasjenige Ferdinands und Maximilians II. den konfessionellen Gegnern am ehesten die Möglichkeit lokalen Ausgleichs gab. Sicherlich schwankte die Bedeutung des Kaisertums nicht nur nach der Persönlichkeit, sondern auch nach den politischen Umständen im Reich und in Europa. Jetzt traf jedenfalls eine Reihe von Umständen zusammen, die das Problem des Kaisertums, ähnlich wie vor hundert Jahren, zum größten und drängendsten der Zeit machten.

Das Erzhaus wurde im Jahre 1608 dargestellt durch die überlebenden vier Söhne Maximilians, den Kaiser Rudolf, der nun sechsundfünfzig Jahre zählte, seinen einundfünfzigjährigen Bruder Mathias, den Hochmeister des deutschen Ordens, Maximilian, einst Prätendent für Polen, jetzt Verwalter der vorderösterreichischen Lande, den ehemaligen Kardinal, jetzigen Statthalter der Niederlande, Albrecht, und die Söhne Karls von Steiermark, nämlich den 1578 geborenen Ferdinand, seine eben erwachsenen Brüder Leopold, Bischof von Passau und Straßburg, und Karl, der, achtzehnjährig, soeben zum Bischof von Breslau erhoben war. Zwischen diesen Brüdern und Vettern bestanden keineswegs durchaus freundliche Beziehungen, obwohl sie alle einig waren in ihrer ausgesprochen katholischen Gesinnung. Von allen Erzherzögen hatte nur Ferdinand von Steiermark, der Jesuitenzögling von Ingolstadt und Schwager Maximilians von Bayern, erbberechtigte Söhne. Auf ihm und dem Könige von Spanien stand also dynastisch die Hoffnung des habsburgischen Hauses. Beide nahmen dementsprechend im Hausvertrage von 1611 eine bevorzugte Stellung ein; sie hielten sich auch für berechtigt, gelegentlich ohne Vorwissen ihrer Verwandten zu handeln.

Dabei war das Haupt der Familie noch immer der Kaiser. Aber in seiner Person lagen seit Jahren die schlimmsten Hemmungen für eine gesunde und zielbewußte Politik. Obwohl frühzeitig ein Sonderling, gilt Rudolf II. auch heute noch für begabt und feinsinnig in seinen Interessen. Indessen, in der Einsamkeit seines wenig geordneten Junggesellenlebens von Prag wurde er immer launenhafter, um nicht zu sagen despotischer. Der Ausdruck davon war, wie so oft, ein unwürdiges Kammerdienerregiment. Je mehr die Stände im Reich und die Verwandten im Hause Österreich die Unentschlossenheit oder die falschen Maßnahmen des Kaisers tadelten oder durchkreuzten, um so eifersüchtiger, bis zu krankhafter Steigerung, sah der

Kaiser auf die Behauptung aller seiner Ämter, Würden und Gerechtsame. Die Reibungen und Verwirrungen, die sich aus diesem wachsenden Mißverhältnis ergaben, wurden schließlich unerträglich.

Was sollte aus dem Reich, aus Böhmen, Ungarn und den österreichischen Erblanden werden, wenn der kinderlose Kaiser eines Tages aus dem Leben ging? Die Erzherzöge traten in Beziehungen zu den Kurfürsten, aber den Anstoß zu wirklichen Maßnahmen gaben weder das Reich noch die deutschen Erblande, sondern das schon berührte, ganz eigenwillige Eingreifen des Kaisers in die Einhaltung der ungarischen und türkischen Verträge von 1606. Die Erzherzöge wünschten die Übertragung der Geschäfte, zunächst in Ungarn, an Erzherzog Mathias. Das erreichten sie.

Nun wünschten sie mehr. Rudolf weigerte sich. Mathias gewann festen Boden in Österreich und rüstete. Erst unter diesem Druck übertrug der Kaiser ihm am 25. Juni 1608 in der Tat die Regierung in Österreich, Ungarn und Mähren, behielt selbst also nur Böhmen nebst Schlesien und der Lausitz.

Dieser Bruderzwist beflügelte natürlich in allen Erblanden die Ansprüche. Nicht nur in Ungarn. Auch Österreich, wo die Gegenreformation schon erfolgreich gewirkt hatte, erlebte mächtige Rückschläge. Unter Führung des Erasmus von Tschernembl und der beiden Starhemberg erhoben die Stände sehr weitgehende Forderungen auf Religionsfreiheit und auf Beschränkung der herzoglichen Regierungsgewalt. Mathias blieb fest, gestützt von Klesl. Aber auch die Haltung der Stände wurde gesteift durch Christian von Anhalt und die Freunde der Union. Die Stände wollten sich jetzt wohl gar vom Hause Habsburg abtun und einen calvinistischen Fürsten wählen. Am Ende blieb doch wenig Greifbares, und so hitzig man eine Zeitlang konspirierte, so fügten sich schließlich beide Teile nach mühsamen Verhandlungen in das Unvermeidliche. Mathias bestätigte dem Adel seine Freiheiten, wollte aber den Städten die Religionsübung nicht ausdrücklich einräumen und nur eine gewisse Parität in der Besetzung der Landesämter zugestehen.

In Böhmen dagegen glaubte der von der Familie bedrängte Kaiser die Gesamtheit der Stände an seine Person nur fesseln zu können durch die Zugeständnisse des »Majestätsbriefes« vom 9. Juli 1609. Der Inhalt dieser wichtigen Erklärung lautete auf Religionsschutz selbst für Bürger und Bauern, während die Ritter, Herren und königlichen Städte ausdrücklich auch das Recht erhielten, »frei an allen Orten« Kirchen und Schulen zu errichten. Noch wichtiger vielleicht, daß die protestantischen Stände fortan durch ihre Defensoren vertreten werden sollten. Mit dem Erlaß des Majestätsbriefes war somit zweierlei gewonnen: einmal die bisher unterdrückte offene Organisation des Protestantismus und zweitens das Zustandekommen dieser Ordnungen unter Mitwirkung der katholischen Minorität der Stände. Die Böhmen hatten sehr viel mehr erreicht als die Österreicher.

Gereuten nun den unsteten Kaiser seine Zugeständnisse, oder fürchtete
er sich vor weiteren Fortschritten seines Bruders Mathias? Genug, der fast
schon geisteskranke Herr begann alsbald die widerwärtigsten Zettelungen
mit seinem dreiundzwanzigjährigen Vetter Leopold. Für die Musterungen
im Bistum Passau wurde der Streit um Jülich jetzt immer mehr zum Vor-
wande, die Behauptung von Böhmen immer deutlicher die Hauptsache.
Wollte Leopold seinerseits in katholischem Eifer die Zugeständnisse des
Majestätsbriefes wieder aus der Welt schaffen oder nur für sich oder den
Kaiser gegen Mathias gerüstet sein? Zunächst wies alles auf einen neuen
Bruderkrieg mit dem endlichen Zweck der Nachfolge Leopolds statt Mat-
hias oder Ferdinand. Mathias rief die österreichischen, ja die böhmischen
Stände selbst zum Schutz ihrer Freiheiten auf, wohinter sich wieder der
Schutz seiner eigenen Ansprüche verbarg. So verfing er sich notgedrungen
in ein innerlich widerspruchsvolles Spiel.

Der Fürstentag in Prag gab dem Kaiser gute Worte zur Vermittlung mit
dem Bruder. Aber als schon der Friede winkte, fiel Leopold mit den unge-
löhnten und deshalb beutegierigen Söldnern in Österreich ein, wandte sich
bald nach Böhmen und nahm die Kleinseite von Prag. Die Stände dagegen,
von Mathias aufgerufen, erzwangen vom Kaiser den Zusammentritt des
Landtags und eine stattliche Rüstung; ohne den Kaiser bestellten sie ein
Landesregiment von dreißig Direktoren. Leopold wagte nicht den Angriff
auf die Altstadt, wo die Stände herrschten. Doch wünschten diese nun erst
recht die Hilfe von Mathias. Selbst der so lange vorsichtig kaisertreue und
kirchlich entschlossene Bischof Klesl sah keinen anderen Ausweg mehr als
das Bündnis der Stände mit Mathias. Als dieser aber mit 18 000 Mann wirklich heranrückte, hatte der Kaiser aus seiner Schatulle soeben die Truppen
Leopolds gelöhnt und abgedankt. Das Königreich war in den Händen der
Stände. Unter solchen Umständen erzwangen alle Beteiligten die Abdankung des Kaisers. Am 23. Mai 1611 folgte ihm Mathias. Die Kurfürsten im
Reich schlossen sich an; auch über das Kaisertum haben also nicht mehr sie,
sondern Mathias und die böhmischen Stände entschieden.

Mathias machte auf seinem ersten Reichstage 1613 um der Türkenhilfe
willen den Versuch, auch das Reichsproblem zu lösen. Er setzte seine Bemühungen selbst nach dem Reichstage auf besonderen Kompositionstagen
fort. Versagten die Stände schon den ordentlichen Gerichten im Reich die
Anerkennung, so sollten wenigstens die gütlichen Verhandlungen des
Reichstags in eine gewisse Form gebracht werden. Das Mittel konnten
paritätische Deputationstage sein, durch welche die Majorisierung der
Reichstagsminderheiten ausgeschaltet wurde. Allein, alle Anstrengungen,
die von dem bald zum Kardinal erhobenen Bischof Klesl mit zähem
Eigenwillen unternommen wurden, versagten, sobald man auf die materiellen Streitfragen selbst kam. Das Reich als Staat war am Ende seiner Möglichkeiten. Es gab offensichtlich nur noch die Entscheidung der Waffen.

Führte die Entwicklung der Dinge wirklich zu diesem letzten Mittel, so war es von verhängnisvoller Bedeutung, daß das Reich und die Dynastie des Kaisers von jeher in den weitesten universalen Beziehungen standen. Das deutsche Königtum lebte nur noch in seiner Verquickung mit dem römischen Kaisertum; noch immer bestand der Anspruch auf Reichslehen in Italien. Und nun gar die Ziele der Dynastie! Sie erschöpften sich keineswegs in Deutschland. Diese Habsburger betrachteten Österreich, Ungarn, Böhmen, das Reich, die Niederlande und Spanien mit allen Nebenländern als eine Art selbstverständlichen Gesamtbesitz, so verschieden auch im einzelnen ihre staatsrechtliche Stellung zu den Reichen und Gebieten war.

Als die Gesamtheit der Erzherzöge unter Vorantritt Maximilians gegenüber dem kinderlosen Mathias in bezug auf die Sukzession ähnliche Sorgen geltend machte, wie einst Mathias gegenüber Rudolf, ließ sich auch Philipp III. von Spanien mit Erbansprüchen vernehmen. Er war nicht nur ein Habsburger, sondern zum Überfluß auch noch der Sohn einer Schwester des regierenden und des letzten Kaisers. Im Jahre 1616 sandte er den politisch klugen Grafen Oñate zu neuen Verhandlungen. Diese führten zu entsprechenden Erklärungen der Erzherzöge über die spanische Sukzession, insbesondere zu dem geheimen Revers Ferdinands vom 20. Mai 1617, an Spanien die österreichischen Besitzungen im Elsaß und in der Ortenau abzutreten, sobald sie ihm selbst zufielen – außerdem die italienischen Fürstentümer Finale und Piombino, die freilich nicht habsburgische, sondern Reichslehen waren. Offensichtlich bedeutete aber auch die Abtretung des Elsaß an die Krone Spanien eine Verletzung des Reichsrechts und zugleich eine verschärfte Bedrohung Frankreichs, das damit erst recht eng, nicht bloß vom Hause Habsburg, sondern von den unmittelbar spanischen Ländern umschlossen gewesen wäre. Hier lag einer der Gründe für Frankreich, fortan erst recht seinen Gegendruck auf die Stelle des geringsten Widerstandes, auf Elsaß und Lothringen zu richten. Auch ohne die Tragweite der Abmachungen Oñates mit Ferdinand zu überschätzen, darf man in ihnen doch einen für den Fortgang der deutschen und europäischen Geschichte neuen, nachhaltig wirksamen Antrieb sehen.

Außerhalb des Reiches standen die Habsburger als Könige von Ungarn und von Böhmen. Zwar war der König von Böhmen Kurfürst des Reichs; er sollte nach der Goldenen Bulle sogar der vornehmste sein. Aber er saß nicht im Kurverein und hat auch nie im Kurfürstenrat des Reichstags eine Stimme geführt. Der Augsburger Religionsfriede galt für das Reich, nicht für die Niederlande und nicht für Böhmen. Hier beruhte das Kirchenrecht auf dem Majestätsbrief von 1609.

Wie staatspolitisch, so nahm auch konfessionell Böhmen eine eigentümliche Zwitterstellung ein. Wir kennen die alte, auch raumpolitisch bedingte Anlehnung Kursachsens an Böhmen und umgekehrt die Fürsorge Sachsens für die Protestanten in Böhmen. Christian II. betrachtete sich als ihren

Protektor. Aus kurfürstlichen Mitteln und Kollekten der sächsischen Landeskirche wurden in Prag lutherische Kirchen gebaut. Dafür war wieder die böhmische Konfession von 1575 ein gewisser Kompromiß mit den Calvinisten, und diese hörten ihrerseits erst recht nicht auf, mit Böhmen zu rechnen. Schon bei der dritten Tagsatzung der Union zu Schwäbisch-Hall im Jahre 1609 war geradezu ein Verständnis mit den Böhmen und den Schlesiern beschlossen.

Das bedeutete: mit dem Adel, dessen Majorität protestantisch und dessen selbstbewußte Macht seit der Erhebung des Königs Mathias gegen Rudolf nur noch gewachsen war. Andererseits zeigten sich aber auch die katholischen Stände eifrig genug, ihren Willen zu vertreten. Sie spürten zunehmend, daß sie die stärkere Anlehnung besaßen. Wenn nun die Protestanten unter die königlichen Güter auch die Kirchengüter rechneten, so mochte das dem mittelalterlichen Kirchenrecht und der böhmischen Amtssprache vielleicht nicht durchaus zuwider sein, aber die katholischen Stände bestritten jetzt mit Entschiedenheit den mit dieser Begründung vertretenen Kirchenbau der Protestanten in dem Städtchen Braunau, wo der Benediktinerabt, und in Klostergrab, wo der Erzbischof von Prag die Hoheit ausübte. Wie immer in den schwierigen Fragen der letzten Jahre versagte das Königtum. Nun überließ Mathias zwar schon 1617 dem Erzherzog Ferdinand, der sich auch über die Sukzession in Böhmen und Ungarn unterderhand mit Spanien verständigt hatte, die Verwaltung von Böhmen. Die böhmischen Stände fügten sich im Juni 1617 unter tatsächlichem Verzicht auf ihr Wahlrecht. Die »Annahme« Ferdinands aber bedeutete unzweifelhaft eine Verschärfung der konfessionellen Spannungen, denn der Erzherzog hatte in seinen steirischen Erblanden, wie wir wissen, längst aller Toleranz abgesagt. Bald spürte man auch in Böhmen die schärfere Luft. In Braunau vertrat jetzt der König die Sache des Abtes, in Klostergrab wurde die Kirche einfach abgebrochen. Der katholische Adel gewann Mut; die protestantischen Untertanen des Herrn von Martinitz wurden bei 50 Talern Strafe zur katholischen Beichte und Kommunion befohlen. Auch in die Städte griff die königliche Regierung ein.

Natürlich wehrten sich die Defensoren gegen die Verletzungen des Majestätsbriefes, beriefen einen Protestantentag zum 5. März 1618 und appellierten an den Kaiser. Der Kaiser aber schloß sich der Politik Ferdinands an, lehnte den Protest und die Anberaumung eines zweiten Tages ab. Das gab das Signal zu unerhörten Vorgängen.

Die Führer der Protestanten hielten natürlich an dem geplanten Tage fest und brachten am 22. Mai die Versammelten bald in die höchste Erregung. Erbost über den kaiserlichen Bescheid, schickten sie sich an, ihren Zorn an den kaiserlichen Räten Martinitz und Slawata auszulassen, die sie für den Bescheid verantwortlich machten. Am 23. Mai strömte ein starker Haufen auf die Burg; nach heftigem Wortwechsel warfen die Unzufriedenen mit kühlem Vorbedacht die beiden Räte samt dem Sekretär Fabricius aus dem Fenster ihres Sitzungssaales in den Burggraben. Die unglücklichen Herren fielen auf morastigen Dreck und kamen mit dem Leben davon. Aber die Tat war nicht wieder gutzumachen. Sie war die Äußerung verbrecherischer Volksjustiz und eine bewußte Verhöhnung der königlichen Autorität.

Die welthistorischen Verwicklungen, die sich an dieses Ereignis anschlossen, liegen heute klar vor unseren Augen. Der Fenstersturz war das Signal zur Entfesselung der Religionsparteien, deren Kräfte bis dahin durch die Reichsordnungen notdürftig, durch die Rücksicht auf den eigenen Nutzen und die Furcht vor den Gefahren des Krieges etwas wirksamer gebunden waren. Union und Liga hatten es bis dahin über die ersten Anläufe zur Aktionspolitik nicht hinaus gebracht, zum Teil wegen innerer Streitigkeiten. Die Union strebte natürlich nach ihrer Deckung mit den protestantischen Ständen; aber sie war je länger je mehr davon entfernt. Bei der Liga hatten die Erzherzöge in Rivalität gestanden zum Herzog von Bayern. Immerhin war die Möglichkeit des Ausbaus beider Bünde gegeben. Beide hatten auch ihre europäischen Anlehnungen; die Liga an die spanischen Niederlande und an Spanien selbst, vielleicht auch an den Papst und an Sigismund von Polen; die Union hingegen an die Generalstaaten, vielleicht an England und die nordischen Mächte, jedenfalls an alle ausgesprochenen Gegner des Hauses Habsburg.

Wie immer im Gang der Geschichte bedurfte freilich der Fortgang der Ereignisse neuer persönlicher Entschließungen. Sie erfolgten nach der ersten Bestürzung mit der aufsteigenden Einsicht in die Lage nur zu bald. Die Böhmen organisierten ihre revolutionäre Regierung unter einem der Rädelsführer des 22. Mai, Wenzel Wilhelm von Ruppa; sie begriffen auch die Notwendigkeit von Rüstungen und stellten den Grafen Thurn an die Spitze des zu bildenden Heeres. Während Mähren sich zurückhielt, schlossen sich die Schlesier an und stellten bald Hilfe unter dem Herzog Johann Georg von Jägerndorf. Ungarn und die beiden Österreich wollten einstweilen neutral bleiben.

Auf der königlichen Seite beschränkte man sich zunächst auf Briefe und Mandate. Aber die entschiedenere Richtung am Hofe, geführt von den Erzherzögen Maximilian und Ferdinand, unterstützt von dem spanischen Gesandten Oñate, erzwang vom Kaiser ein energischeres Handeln. Ihr erschien als Träger einer schließlich doch nicht recht durchgreifenden und endlich zur Erfolglosigkeit verurteilten Vermittlungspolitik der Kardinal Klesl. Mathias stand anscheinend selbst in der Gewalt seines langjährigen Beraters. Fast dem gesamten Hofe war der grobe und herrische Mann verhaßt. So rührte sich keine Hand, als der Erzherzog Maximilian in verwegenem Zugriff am 20. Juli 1618 den bis dahin allmächtigen Kirchenfürsten gefangennehmen und auf Schloß Amras bei Innsbruck bringen ließ. Der bettlägerige Kaiser wurde vor die vollendete Tatsache gestellt und fügte sich nach der ersten Erregung. Klesl blieb in unfreundlichem Gewahrsam, aus dem ihn erst seine Überführung nach Rom 1622 befreite. Nach Beseitigung Klesls ließ man Truppen aus steirisch-venezianischen Grenzkämpfen in Böhmen einrücken und bemühte sich gleichzeitig um Verstärkung bei Erzherzog Albrecht in den Niederlanden. Wirklich sandte Albrecht Truppen unter der bewährten Führung des Grafen Buquoy, die ebenfalls in Böhmen einmarschierten.

Konnte man die böhmische Revolution zunächst als einen inneren Kampf zwischen dem habsburgischen Königtum und den überwiegend protestantischen Ständen betrachten, so bemühten sich doch diese selbst von vornherein, sie als allgemeine Religionssache darzustellen. Von den deutschen Protestanten ging die kurpfälzische Partei bereitwillig darauf ein. Unter Führung von Anhalt und Ansbach anerkannte auch die Union auf ihrem Tage zu Rothenburg im Oktober 1618, daß die Verletzung des Majestätsbriefes eine evangelische Sache sei. Im Ausland aber sah man in erster Linie den Kampf gegen das Haus Habsburg. Nur unter diesem Gesichtspunkt konnte es geschehen, daß der katholische Herzog von Savoyen, von seinen spanischen Nachbarn in Mailand dauernd gereizt, zeitweilig schon mit Heinrich IV. gegen Spanien im Bunde, jetzt die freigewordenen Truppen des ebenfalls katholischen Grafen Mansfeld nach Böhmen ziehen ließ. Bei dem Gleichgewicht der Kräfte und dem Mangel eines größeren Kriegsplans entwickelte sich auf böhmischem Boden im Herbst und Winter 1618 ein roher und grausamer Krieg der Verwüstung. Das war ein schlechter Auftakt für die Zukunft.

Da veränderte sich die Lage mit einem Schlage durch den Tod des Kaisers Mathias am 20. März 1619. Nun mußte in Böhmen, Ungarn und im Reiche neu gewählt werden; auch die österreichischen Erblande sahen sich vor der Frage, ihre alten Freiheiten von einem neuen Herrn bestätigen zu lassen oder zu erkämpfen. Der schon früher erwogene Gedanke einer Konföderation aller von Mathias hinterlassenen Länder gewann greifbare Gestalt. Alle diese Dinge liefen nebeneinander her und führten begreiflicherweise auch zu festeren Gruppierungen in Deutschland und im Ausland. Daß Erzherzog Ferdinand nach dem Verzicht seiner älteren Vettern die österreichischen Lande erben mußte, war klar. Die Stände begehrten also von ihm alsbald die Bestätigung ihrer alten Freiheiten, vor allem in der Religion. Ferdinand weigerte sie und gab damit eine neue Parole.

Man pflegt den ehemaligen Erzherzog von Steiermark als einen mäßig begabten, innerlich weichen und eifrig katholischen Herrn darzustellen, und man wird damit recht haben im Gegensatz zu früherer Überschätzung seiner Kräfte und Ideen. Indessen bleibt bestehen, daß mit Ferdinands Eintritt in die Regierung überall eine neue Periode beginnt und daß deshalb seinem Wirken welthistorische Bedeutung zukommt. Der Erzherzog war nie führend, immer geführt, aber er bewies jetzt und später, auch in schwierigen und gefährlichen Lagen eine unerschütterliche Folgerichtigkeit und Ausdauer. Mochte immer zu der jesuitischen Erziehung dauernd der stärkende Einfluß seiner Beichtväter hinzutreten, schließlich ist es doch der Erzherzog selbst gewesen, der seit den spanischen Verträgen überall die letzte Entscheidung gegeben hat. Er tat das in dem festen Glauben an seine Pflichten als Fürst und als Katholik. Auch Ferdinand war von jener Religiosität, deren Maßstab in der äußeren Devotion lag. Zwei Messen hörte er täglich, und den Schilderungen vom Leben der Heiligen, ihren Abtötungen, Martyrien und Wundern konnte er sich völlig ergeben. Dazu übte er die Tugend des Gehorsams, wie er sie gelernt hatte, in der ständigen Prüfung seiner Handlungen und Entschließungen unter Leitung seiner Beichtväter. Wer wollte leugnen, daß mit alledem eine Disziplinierung des Willens und seine Einstellung auf ganz bestimmte Ziele unbedingt gewährleistet war. Die lange aufgespeicherten Kräfte der Gegenreformation kamen in den beiden Jesuitenzöglingen von Ingolstadt, Maximilian von Bayern und Ferdinand von Österreich, endlich zur politischen Wirkung. Die weitaus schwierigere Aufgabe fiel dabei Ferdinand zu.

In den Ländern, die Ferdinand sich anschickte zu beherrschen, galt sehr verschiedenes Recht – Grund genug zur Unzufriedenheit und zur Gefährdung des Friedens. In Steiermark, Kärnten und Krain hatte der Erzherzog das gesamte reformatorische Kirchenwesen ausgetilgt, obwohl sein Vater Karl 1572 und 1578 ähnliche Privilegien erteilt hatte wie Kaiser Maximilian in Österreich. Mit starken Aufgeboten war jede Neigung zum Widerstand niedergehalten; die verdrängten Prädikanten waren des Landes verwiesen und stellenweise wie das Wild gehetzt. Bischof Martin Brenner von Seckau, der »Ketzerhammer«, hatte das Werk der Zurückführung des Adels, der Bürger und Bauern unter obrigkeitlichem Schutz mit vollendeter Tatkraft in die Hand genommen.

In Österreich dagegen waren die fürstlichen Erklärungen auch zuletzt wieder zweideutig gewesen, der Adel jedenfalls noch durchaus im Besitz eines evangelischen Kirchentums und mit ihm ein großer Teil der Bauern. Auch die Städte beanspruchten die Freiheit und wollten darum kämpfen. Ihre Stunde schien gekommen, als Graf Thurn im Juni vor Wien rückte und mit seinen Böhmen schon in die Vorstädte eindrang. Allein der Erzherzog bewahrte seine Ruhe und machte auch jetzt keine Zugeständnisse.

In Böhmen war der Majestätsbrief weit über die Wahlversprechungen Maximilians II. hinausgegangen. Man handelte ihm zuwider, aber er bestand noch zu Recht. Im Reiche endlich mußte ein König nicht nur mit den Altkirchlichen und den Lutheranern rechnen, sondern trotz des Augsburgischen Religionsfriedens auch mit den reichsrechtlich ausgeschlossenen Calvinisten.

Der sattsam bekannten kirchlichen Haltung Ferdinands entsprach die Stimmung auf der Gegenseite. Die Pfälzer wollten auf alle Weise die Kaiserwahl Ferdinands verhindern. Sie dachten, mit der Kandidatur Maximilians von Bayern etwas recht Kluges zu tun, aber der Herzog wollte selbst gar nicht. Da die Kandidatur Savoyens die reine Phantasterei war, Sachsen ohnehin für Ferdinand eintrat, wurde er am 28. August 1619 schließlich doch von allen Stimmen gewählt. Er trug mehr als die Kaiserkrone von Frankfurt hinweg. Seine Besprechungen mit den geistlichen Kurfürsten hatten, wieder unter der Mitwirkung Oñates, zu tieferem Verständnis geführt. Auf der Rückreise aber besuchte der neue Kaiser seinen Schwager in München, um mit ihm am 8. Oktober die entscheidende politische Abrede zu treffen.

Die Ereignisse drängten in der Tat. Denn zwei Tage vor der Kaiserwahl in Frankfurt hatten die Böhmen zu Prag ebenfalls gewählt. Gestützt auf ihre Konföderation mit Schlesien, Mähren und den Ständen beider Österreich, erklärten sie die Annahme Ferdinands vom Jahre 1617 für verfassungswidrig; sie wollten nach altem Recht ihren König in freier Wahl erheben. Von den Kandidaten kam wieder Savoyen nicht ernstlich in Betracht. Kursachsen wollte nicht. Blieb also nur Kurpfalz. Friedrich V. von der Pfalz, eben dreiundzwanzigjährig, Schwiegersohn des Königs von England, hatte eigentlich keine große Neigung. Ihn drängten die flotte und ehrgeizige Gemahlin, auch Anhalt, die Böhmen und ein gewisses protestantisches Pflichtgefühl. Einige, auch am Hofe, warnten. Der König von England hielt zurück. Als der Kurfürst im Widerspiel der Stimmungen eine halbe Zusage gegeben hatte, griffen die Böhmen schon zu. Nach vollzogener Wahl fügte sich der Kurfürst. Er begab sich noch im Oktober nach Prag. Am 4. November war die prunkvolle Krönung.

Wenn die Pfälzer Räte gemeint hatten, das Regiment in Böhmen zu übernehmen, so täuschten sie sich sehr. Die herrschenden Kreise und Persönlichkeiten behielten ihre Macht, ohne wirtschaftlich und politisch der schwierigen Lage gewachsen zu sein; auch bis dahin hatten sie nur Revolution gemacht, nicht Staatspolitik. Immerhin wurde Christian von Anhalt Oberbefehlshaber der Truppen. Ein gewisser Stil kam in Rüstungen und Operationen. Man zahlte aus bescheidenen böhmischen und pfälzischen Mitteln; die Union hatte schon im Sommer Bürgschaft übernommen und Gestellung von 11000 Knechten; die Generalstaaten sogar die Zahlung von monatlich 50000 Gulden. Die meisten Stände der Union traten nun doch auch bestimmter für die böhmische Sache ein, besonders der Markgraf von Baden-Durlach und der zum Calvinismus übergetretene Landgraf von Hessen-Kassel. Man erwartete mehr von den norddeutschen Stiften und hoffte noch immer auf Kursachsen. Aber hier verdarben die Pfälzer alles durch ihr ungestümes calvinistisches Kirchentum. Der Bildersturm in Prag kostete sie den Rest der lutherischen Sympathien.

König Jakob von England wollte sich, auch nach der böhmischen Krönung, zu nichts verstehen. Er gab vor, seine Rolle als Vermittler nicht gefährden zu dürfen. In Wahrheit stand er in langwierigen Verhandlungen zur Verheiratung seines Sohnes mit Philipps III. Tochter Maria. Nur eine einzige auswärtige Hilfe von Bedeutung bot sich in dem Fürsten Bethlen Gabor von Siebenbürgen. Er dachte, wie einst Zapolya, die Herrschaft über möglichst große Teile von Ungarn zurückzugewinnen, kam nach Preßburg und verständigte sich mit den Böhmen (Oktober 1619). Für Ferdinand sah es bedenklich aus, als Bethlen und gleichzeitig wiederum die Böhmen auf Wien rückten.

Indessen, die kaiserlichen Rüstungen waren politisch und militärisch weit überlegen. Zum Schutze Wiens rückte Buquoy sogleich aus Böhmen heran; durch Tirol kamen spanische Truppen, und der ungarische Konvertit Graf Drugeth von Homonna warf 5000 polnische Kosaken in den Rücken Bethlen Gabors nach Oberungarn. Vor allem wirkte sich der Münchner Vertrag aus.

Wir sind an der entscheidenden Stelle in der Politik des Herzogs Maximilian. Bis dahin hielt ihn nicht nur seine überlegsame und vorsichtige Politik, sondern auch der uralte dynastische Gegensatz zum Hause Österreich von allen Überschwänglichkeiten zurück. Sie lagen ihm auch später nicht, aber sein eigener Vorteil und die offenbare Gefährdung der katholischen Kirche bestimmten ihn, jetzt mit dem Kaiser zu gehen. Was er einmal tat, das tat er auch ganz. Nur verlangte er Sicherheiten und einen hohen Preis.

Sicherheiten der Liga gegen die Union. Und Sicherheiten wegen der Kosten; im wesentlichen sollte sie der Kaiser tragen und dem Herzog dafür die eroberten Länder als Faustpfand geben. Der letzte Preis sollte die pfälzische Kur sein, die Maximilian schon seit Jahren mittels der historischen Deduktionen seines Hausarchivars anstrebte. Dabei wäre die beste Voraussetzung die Ächtung des Pfälzers gewesen, die auch der gesamten Kriegführung einen erwünschten Rechtstitel gegeben hätte. Aber der Kaiser zögerte, dieses letzte Machtmittel anzuwenden mit Rücksicht auf die Kurfürsten.

An die Seite Bayerns traten inzwischen Spanien und der Papst; Spanien mit sehr erheblichen Aufgeboten; der Papst mit zunächst 10000, bald 20000 Gulden monatlich, später noch größeren Mitteln. König Sigismund von Polen konnte die Sache des Katholizismus wenigstens durch Anwerbung polnischer Kosaken fördern.

Das Merkwürdigste bleibt doch die Mitwirkung Sachsens. Die kursächsische Politik in dieser Zeit setzt wirklich allem bisherigen die Krone auf. Von Haß gegen die Calvinisten völlig geblendet, nahm der Kurfürst in der für den Protestantismus entscheidenden Stunde die Partei des katholischen Kaisers. Die Aussicht auf den Erwerb der beiden Lausitzen spielte dabei sicher eine viel geringere Rolle als die politische Hinneigung zu der Partei von Recht und Ordnung, wie man sie in Kursachsen ansah. Ohne eine

Spur historisch-politischer Einsicht, vielmehr ganz befangen in ihre bekenntnismäßigen Begriffe erklärten die Dresdner Hofprediger von der Kanzel, daß der gläubige Lutheraner dem Katholiken näher stehe als dem Calvinisten.

Trotz der ganz unzweideutigen Lage rafften sich auch die übrigen Protestanten nicht zu mutvoller und großzügiger Vertretung der gemeinsamen Sache auf. Eine Versammlung zu Nürnberg formulierte die alten Beschwerden, schickte Gesandte nach München und stellte ihre Bedingungen mit einer Frist von zwei Monaten. Als wenn nicht der Brand bereits im Nachbarhause gesessen hätte. Die Städte vollends wollten sich nur defendieren. Etwas energischer zeigte sich nach einer Periode erneuter Doppelzüngigkeit wieder Bethlen Gabor. Am 20. August 1620 ließ er sich zum Könige von Ungarn krönen, womit also auch die dritte habsburgische Krone vergeben war. Die Böhmen nahmen aus diesem Bündnis sogar den Anlaß zu einer Anknüpfung mit den Türken, was ihnen natürlich nichts nutzte, wohl aber empfindlich schadete.

Wie ganz anders verhielten sich die katholischen Stände! Auf Einladung von Mainz waren sie am 16. Februar 1620 in Würzburg stattlich zusammengekommen. Selbstbewußt lautete ihre Antwort an die Union: sie dächten nicht an Angriff, hielten es aber für gut, gerüstet zu bleiben. Ebenso klug kamen sie Kursachsen entgegen. Wegen der niedersächsischen Stifte, die ja alle in Händen protestantischer Administratoren waren, möge man keine Sorge haben; zwar, das Reichsrecht wünschten sie nicht preiszugeben, winkten aber mit Entgegenkommen, wenn alle dem Kaiser beistünden. Kursachsen und mit ihm das lutherische Haus Hessen-Darmstadt zeigten sich befriedigt. Der Kaiser erklärte sich bereit, den Ständen entsprechende Verbriefungen zu erteilen. Sachsen trat gegen das Versprechen des Kostenersatzes und die Verpfändung der Lausitz auf der Seite des Kaisers in den Krieg ein; es war, als ob das Jahr 1547 wiederkehrte.

Die Rüstungen waren vollendet, die Truppen konnten marschieren. Spanien sollte die Pfalz, Sachsen die Lausitz und Schlesien übernehmen, Bayern den böhmischen, die Liga den oberösterreichischen Kampfplatz. Im Juni gab es zunächst eine Stockung. Der vorsichtige Bayer zögerte noch immer angesichts der möglichen Schutzlosigkeit seiner Lande. Als an der Donau unterhalb Ulm sich die Truppen der Union und der Liga gegenüber lagen, traf man nach langem Hin- und Herreden unter französischer Vermittlung einen Vergleich, der den Krieg von Oberdeutschland zunächst in der Tat fernhielt, dafür aber dem Kaiser ganz überraschend zugute kommen sollte. Denn durch die Waffenruhe an der Donau wurde das ganze Heer der Liga gegen Böhmen frei, während dasjenige der Union zum Schutze der Rheinpfalz im Lande blieb. In Wirklichkeit lagen die ohnehin viel zu früh angeworbenen Truppen der Union völlig in Untätigkeit, da Erzherzog Albrecht für seine niederländische Hilfe auf ein Zusammenwirken mit den Bayern gehofft hatte und nun natürlich sein Vorgehen gegen die Pfalz hinausschob.

Der Herzog von Bayern aber, der letzten Sorgen ledig, zog mit seinem, obschon bejahrten, doch kriegsgeübten und noch immer abgehärteten und tatkräftigen Heerführer Tilly ins Feld. Oberösterreich war bald in ihren Händen; 5000 Mann Besatzung blieben im Lande. Maximilian, der in allem auf das formale Recht den größten Wert legte und seine Sicherungen nie aus dem Auge verlor, hatte sich eine »vorläufige« Huldigung leisten lassen. Anfang September zog er nach Niederösterreich zur Vereinigung mit Buquoy. Christian von Anhalt wich jetzt nach Mähren aus. Das Heer der Liga überschritt die böhmische Grenze, um moldauabwärts einer zweiten über Pilsen einrückenden bayerischen Armee die Hand zu reichen. Mansfeld, der hier den Einmarsch hindern konnte, ließ sich sein Stilliegen für eine namhafte Summe abkaufen. Das Hauptheer aber traf auf Christian von Anhalt bei Rakonitz, drängte ihn zurück, doch ohne ihn zu schlagen. Beide Teile zogen ostwärts in der Richtung auf Prag.

Da nahm Christian von Anhalt noch vor Prag eine gute Stellung ein am Weißen Berge, leicht überhöht und beiderseits angelehnt, wie es die schon entwickelten Gesetze der Kriegskunst forderten. Buquoy sah die Vorteile der Stellung und zögerte, Tilly war zum Angriff geneigt. Beide stammten aus der Schule der niederländischen Kämpfe, das heißt aus den Traditionen des Herzogs von Alba, der schon im Schmalkaldischen Krieg gegenüber dem angriffsfreudigen Büren als der vorsichtigere Manövrierer erschienen war. Jetzt handelte es sich noch mehr als damals um einen Gegensatz des Temperaments, das ja in allen Kriegshändeln eine so große Rolle spielt. Und doch brachte die Entscheidung ein ganz anderes, wesentlich geistliches Moment. In den noch schwankenden Kriegsrat griff der dem Herzoge von Bayern beigegebene, als heiligmäßig verehrte Karmeliter Domenico a Gesù Maria ein. Er entflammte die Herzen der Führer und teilte den Truppen, deren Fahnen er weihte, den Schwung der Glaubenskämpfer mit. Auch Pater Hyacinth hatte dem Herzog wenigstens brieflich den Sieg versprochen, und der Herzog dankte ihm später für seine Gebete. So zögerte man nicht länger. Der Herzog gab das Feldgeschrei »Sancta Maria«, und bald brachte der ungestüme rechte Flügel der Kaiserlichen das gegnerische Treffen in Unordnung. Als der junge Anhalt mit seinen Schwadronen zu Hilfe sprengte, setzten vom linken Flügel bayrische Reiter ein und vollendeten den Sieg.

Man zählte den 8. November 1620. So rasch und einfach die Schlacht sich abspielte – sie war doch die erste große planmäßige Feldschlacht des Jahrhunderts und von unberechenbar weittragenden Folgen. Die böhmische Regierung, durch den Gegensatz der fremden Räte zu den einheimischen Magnaten ohnehin geschwächt, brach sofort zusammen. Der »Winterkönig«, wie er bald hieß, floh über Schlesien nach Norddeutschland. In

Prag standen sich Bürger und geschlagene Truppen ratlos und feindselig gegenüber. So wurde der Sieg der Kaiserlichen und Ligisten in jeder Hinsicht ein vollkommener. Schon am 13. November erfolgte auch in Prag eine »vorläufige« Huldigung der Stände gegenüber dem Herzog von Bayern.

Der Mangel an Erfolgen in Ungarn beeinträchtigte den Sieg der kaiserlichen Sache in Böhmen nur wenig. Denn in demselben Winter folgte auch dem Kurfürst von Sachsen das Glück der Waffen. War er im Oktober bereits im Besitz von Bautzen, so gewann er im Januar 1621 die Oberlausitz, im Februar Schlesien.

Die Kriegsarbeit schien getan. Nun galt es, nach Meinung Ferdinands, Vergeltung zu üben. Und sie trat ein, furchtbarer und wirksamer, als man erwarten durfte. Die nächsten Wochen, Monate und Jahre sind ausgefüllt mit Prozessen, Hinrichtungen und Konfiskationen. Die Güter aller in die böhmische Revolution verwickelten Adligen wurden eingezogen und versteigert, der protestantische Adel so gut wie vernichtet. An seiner Stelle siedelte ein neuer Adel, der für billiges Geld große Güter erwarb und überdies den kaiserlichen Finanzen die hochnotwendige Entlastung brachte. Da meldeten sich alte Gläubiger, mit denen jetzt die kaiserliche Kasse bequem verrechnete. Weiter kamen Kriegsobristen, wie die Wallonen Buquoy und Aldringen, der Bayer Heimhausen und der Spanier Marradas. Nach ihnen hohe Beamte, wie die Slawata und Martinitz, die nun Grafen hießen, der kaiserliche Rat Ulrich von Eggenberg, der es bald gar zum Reichsfürsten brachte, der Statthalter Karl von Liechtenstein und von den Altböhmen vor allem Albrecht von Wallenstein.

Dieser merkwürdige Mann hatte sich im kaiserlichen Heere schon verdient gemacht, nachdem er auf auswärtigen Hochschulen weniger den Studien als mannigfachen Händeln obgelegen. Unter Einfluß eines Jesuiten war er von der Brüdergemeinde zur katholischen Kirche übergetreten, hatte aus derselben Hand auch eine reiche Erbin zur Frau erhalten, eine Wallfahrt nach Loretto unternommen und auf seinen stattlichen Gütern Gegenreformation getrieben; an seinem Verhältnis zu der jesuitischen Frömmigkeit, der er sich ergab, ist nicht wohl zu zweifeln. Um so peinlicher sticht gegen diese Devotion die grenzenlose sittliche Skrupellosigkeit schon des jungen Mannes ab, zumal in wirtschaftlichen Dingen, gelegentlich auch in politischen. Selten nur zerreißt der Schleier, den Geschehnisse und Erfolge in der großen Welt über die tieferen Seelengründe der Persönlichkeiten breiten. Bei Wallenstein tut man erschreckende Einblicke in die Winkelzüge und die Schmutzigkeiten, mit denen in aufgelösten Zeiten märchenhafte Reichtümer, gefürchtetes Ansehen und reichsfürstliche Stellung erworben werden. Bei den Güterkäufen hat Wallenstein nachweislich fast zwei Millionen angelegt, deren Herkunft nur in Beute und dunklen Geschäften gesucht werden kann. Bald nachher stärkte er sich durch Beteiligung an einer Münzgesellschaft zur Herstellung »verlängerten« Geldes, zusammen mit den höchsten Würdenträgern des Hofes, einem Niederländer und einem Juden als Geschäftsführer, bei der wiederum höchst unlautere Gewinne gemacht zu sein schienen. Und dabei diese rührende Sorge für Wallfahrtskirchen und Klöster bis nach Czenstochau! Man wird an die königlichen Sünder des frühen Mittelalters mit ihren ungeheuren Schenkungen an die Kirche erinnert und empfindet mit einem gewissen Grauen die Wiederkehr dieser wenig reinlichen himmlisch-irdischen Verrechnung.

Wie bei Wallenstein wurden in Böhmen überall bis 1622 die protestantischen Geistlichen verjagt, natürlich trotz Kursachsen auch die lutherischen. Die Bevölkerung wurde mit Güte oder Gewalt zum katholischen Glauben zurückgeführt, Widerstrebende mußten auswandern. Zu spät sah Kursachsen seine grenzenlose Torheit ein. Ihm fehlte fortan die seit den Tagen Luthers so wichtige konfessionelle Anlehnung an Böhmen – von der Reichspolitik ganz zu schweigen.

Auch die staatsrechtliche Veränderung in Böhmen war gewaltig. Zwar, eine wirkliche Verschmelzung der Kronlande, etwa so, wie sie in ihrem Sinne vor kurzem noch die konföderierten Stände durch die Tendenz auf Generalstände angestrebt hatten, brachte die österreichische Regierung nicht zuwege. Aber in der »Erneuerten Landesordnung« von 1627 wurde dem alten böhmischen Wahlrecht das Ende bereitet. Die Ordnung verkündete, daß den Ständen nur dann ein Wahlrecht gebühre, wenn von der königlichen Familie weder »Mann noch Weibsperson« übrig sei. Böhmen blieb fortan, gleich Österreich, ein Erbfürstentum des Hauses Habsburg.

Die böhmische Restauration war die schärfste und zugleich nachhaltigste Form der »Gegenreformation«.

Der Inhalt dessen, was wir seit dem Göttinger Pütter (1776) mit diesem Worte bezeichnen, hatte sich in einem guten halben Jahrhundert fast unheimlich entwickelt, und es ist notwendig, darauf zurückzublicken. In Bayern hatte es sich in den sechziger Jahren des 16. Jahrhunderts um nicht viel mehr gehandelt als um die Beharrung beim alten, die Überwindung verhältnismäßig geringfügiger Sonderwünsche, wie Laienkelch und Priesterehe, und bescheidener Reformationsversuche des landsässigen Adels. Hand in Hand damit war die innere Umformung der Landeskirche erfolgt, die Erneuerung des Klerus und die Behandlung der kirchlichen Dinge als Fürsten- und Landessache mit zunehmender Wertschätzung der kirchlichen Devotion, auch als Zeichen politisch guter Gesinnung.

Die nächste Form der Gegenreformation war die schon gegen ein eingebürgertes protestantisches Kirchenwesen gerichtete Herstellung der alten Ordnungen in Steiermark und etwa im Stifte Würzburg. Dabei stellten die Bistümer – neben Würzburg vor allem Augsburg – insofern etwas verheißungsvoll Neues dar, als hier der Landesherr und Bischof in einer Person in der Lage war, das öffentliche Kirchenwesen zugleich zu kräftigen und zu vertiefen. Bei Julius Echter von Mespelbrunn sind Ansätze dazu erkennbar; nicht nur landesfürstliche Universität und Schule, sondern auch ein persönlicher Anteil des Fürstbischofs an der Unterweisung und Führung seiner Diözesanen. Hier war ein Kirchenstaatswesen in der Entstehung, das dann doch in der Keimung wieder verdorrte – nicht zum wenigsten infolge der dritten Form der Gegenreformation, wie sie in Köln und Straßburg hervortrat.

Da bedeutete Gegenreformation in erster Linie die Behauptung des Fürstensitzes bei der katholischen Kirche und dann erst des Landes durch den katholischen Bischof. Da dieser Kampf schon eine rein politische Aktion war, nur möglich in Anlehnung an die großen katholischen Mächte der Zeit, Spanien, Österreich, Bayern, so konnte auch die Sicherstellung der zurückgewonnenen Positionen trotz der Gebote des Trienter Konzils nur erfolgen durch Zusammenfassung ganzer Bündel von Diözesen in den Händen junger, vielfach wenig kirchlicher Fürstensöhne. Köln und die benachbarten Stifte blieben mehr als zwei Jahrhunderte in den Händen der Wittelsbacher; Straßburg, Passau, Breslau und Brixen in den Händen der Habsburger und des von ihnen abhängigen Adels. Damit traten in die deutschen Bistümer bald allgemein Persönlichkeiten ein, die wieder wie in alten Zeiten mehr Fürsten als Bischöfe waren und geradenwegs zu den prunkvollen geistlichen Höfen des 18. Jahrhunderts mit ihren wunderbaren Schlössern, Gärten und Jagden hinüberleiteten. Insofern ist in den geistlichen Fürstentümern, gerade über dem erfolgreichen Kampf darum, die Gegenreformation als geistige Erneuerung schon rückläufig geworden.

Die österreichische und böhmische Restauration vereinigte die beiden letzten Formen, die Wiedergewinnung von Volk und Fürstentum für die katholische Kirche. Die österreichischen Stände hatten mit der Berufung eines Calvinisten freilich nur gespielt, die böhmischen hatten sie verwirklicht. In beiden Ländern aber wurde nach dem Siege des Kaisers mit beispielloser Energie nicht nur das protestantische Kirchentum ausgerottet und ein neuer Adel an die Stelle des alten gesetzt, sondern auch das katholische Fürstentum politisch neu befestigt oder hergestellt und damit den kirchlichen Neuordnungen im Sinne landesfürstlicher Gewalt die Gewähr der Dauer verliehen.

Erst bei dem Versuch, den vielfach angelehnten Protestantismus in Norddeutschland durch Rückführung der geistlichen Güter zu zertrümmern, ist dann, wie uns bald beschäftigen wird, die Gegenreformation auf der ganzen Linie zum Stehen gekommen.

Inzwischen hatte sich aus dem Böhmischen Kriege der sogenannte Pfälzische entwickelt, richtiger der Kampf der beiden Verbündeten des Kaisers um ihren Gewinn. Bayern erwartete die Kur und zum mindesten den Besitz der Oberpfalz, Spanien oder die Regierung der spanischen Niederlande einen Anteil an den Territorien der Rheinpfalz zur Verbindung mit dem einst versprochenen Elsaß – mochte immer das Maß der Begehrlichkeit oder Vorsicht in Madrid schwanken. Allein, hier überall kam man trotz militärischer Überlegenheit diplomatisch doch nicht so rasch zum Ziele wie in Böhmen. Denn auch der Pfälzer hatte seine Freunde und jeder der Verbündeten seine gewichtigen Gegner. Die Union allerdings schied aus.

Zum 7. Februar 1621 hatten die Stände der Union noch einen Tag nach Heilbronn beschrieben und dort auch wirklich eine letzte Sammlung versucht. Allein, schon drei Monate nachher (14. Mai) wurde an derselben Stelle in einem letzten Abschied die Auflösung der Union verkündet. Lag der ungeheure Vorteil der Liga gerade darin, daß ihr Führer nicht zugleich der in erster Linie Betroffene war, so hatte die Union schon am Weißen Berge ihr Haupt verloren.

Dagegen war bei aller Zurückhaltung Englands doch das Wort des königlichen Schwiegervaters nicht ohne Bedeutung. Auch die Generalstaaten rührten sich; sie botschafteten nach England und an die norddeutschen Fürsten und an Dänemark im Sinne des Zusammengehens. Auf der Tagung zu Segeberg im März 1622 fand der vertriebene Kurfürst viel Eifer und guten Willen und ein lautes Bekenntnis zu seinem Recht; zwar nicht als König von Böhmen, wohl aber als Kurfürst und Herr der Pfalz – mehr oder minder auch als Erbe des politischen Protestantismus seiner Vorfahren. Auf der anderen Seite machten die Kurfürsten dem Kaiser die größten Schwierigkeiten wegen der Übertragung der Kurwürde an das Haus Bayern. Die Entscheidung in allen diesen Fragen wurde freilich von dem Gang der Ereignisse und vielfach auch von unverantwortlichen Personen noch lange hin und her geschoben.

Der Kurfürst von der Pfalz und der Fürst von Anhalt blieben einstweilen landflüchtige Leute. Der Kurfürst begab sich von Wolfenbüttel in den Haag, Christian von Anhalt zu Gustav Adolf nach Schweden. Es war nicht schön, daß er von hier aus an den Kaiser die Bitte um Gnade richtete und dabei unwahre und unwürdige Worte fand über die Motive seines Handelns in Böhmen. Es bedeutete auch eine tiefe Abwendung von der calvinistischen Kampfstimmung, die ihn scheinbar doch so lange beseelt hatte, wenn er seinem nachdenklichen und belesenen Sohne in den nächsten Jahren die »Gelassenheit des Gemütes« als das höchste Ziel irdischen Glücks bezeichnete. Rühriger erwies sich der pfälzische Rat Camerarius, der bald in schwedischen Diensten eine bedeutende diplomatische Tätigkeit entfaltete, und der natürlich auch heimatlos gewordene Graf Thurn aus Böhmen, der an der Seite Gustav Adolfs schon in Livland mit Auszeichnung kommandierte. Daß die eifrigen Parteigänger Friedrichs V., Moritz von Hessen und der Markgraf von Baden, die Nächstbetroffenen waren, versteht sich von selbst. In ihren schwebenden Streitigkeiten erging der

Spruch des Kaisers zugunsten ihrer Gegner, der Linie Baden-Baden und des Landgrafen Ludwig von Hessen-Darmstadt.

Der Herzog von Jägerndorf, dessen schlesische Lande natürlich verloren waren, hatte sich zu Bethlen Gabor nach Siebenbürgen durchgeschlagen. Auf dem ungarischen Kriegsschauplatz war nämlich der Kaiser im ganzen unglücklich gewesen. Dampierre war bei einem Angriff auf Preßburg gefallen; Buquoy ersetzte ihn mit Erfolg, fiel aber selbst bei Neuhäusel am 16. Juli 1621. Als nun Bethlen Gabor zusammen mit Jägerndorf in Mähren einrückte, zeigte sich der Kaiser im Juni 1622 zum Frieden von Nikolsburg geneigt. Bethlen Gabor gab Ungarn heraus bis auf sieben Komitate an seiner Grenze, erhielt dafür aber Oppeln und Ratibor mit dem Rang eines deutschen Reichsfürsten. Den Ungarn erteilte Ferdinand Amnestie.

Es war eine Gunst des Schicksals für die Habsburger, daß in dieser kritischen Zeit der Türke, durch Angelegenheiten im eigenen Hause und durch den Krieg gegen Persien abgelenkt, in die Verhältnisse der Donauländer gar nicht eingreifen konnte.

Dagegen pflanzte sich der Krieg in Mitteldeutschland als Zustand fort, nicht nur wegen der Freunde des Pfalzgrafen, die ihn nach der Ächtung vom 22. Januar 1621 vor der kaiserlichen Rache und dem Verlust der Kur bewahren wollten, sondern fast mehr noch aus der Natur des Heerwesens, wie es sich bis dahin entwickelt hatte.

Das Gewerbe der Condottieri, das in Italien seit Jahrhunderten blühte, in Deutschland aber bislang noch in bescheidenen Grenzen geblieben war, nahm nun auch hier großartige und befestigte Formen an. Eine neue Möglichkeit dazu gab das von den Spaniern in den Niederlanden seit den Tagen Albas, jetzt durch Spinola auch in den Gebieten um die Pfalz eingeführte und von anderen nachgeahmte Verfahren, die Truppen nicht nur mit einem gewissen »Servis« einzuquartieren, sondern von den besetzten Gebieten auch besolden zu lassen. Spinola hatte das seitdem unter Benutzung der alten Schatzregister der Gemeinden ganz planmäßig durchgeführt. Für die Soldaten ergaben sich daraus, ebenso wie für die Obristen oder Generale, ganz andere Sicherheiten, dazu noch unter dem Scheine rechtlichen Verfahrens. Die organisierte Ausplünderung wurde an die Stelle der willkürlichen gesetzt. Die Unterbringung bekam geregelte Form, das Heerwesen selbst einen neuen, wenn auch für die friedliche Bevölkerung höchst verhängnisvollen Stil. Denn nun wurden in allen Dingen himmelschreiendes Unrecht und brutale Gewalttat umgestempelt zu herkömmlichem Brauch und förmlichem Verfahren. Der Soldat so gut wie die Führung bildeten sich nach ihren Bedürfnissen eine neue Ehre und ein neues Recht. In guten Zeiten lohnte sich das Handwerk auch materiell in hohem Grade. Nach den Kriegskostenrechnungen der Liga gewann Tilly in zwölf Jahren außer Gütern und Gratifikationen von erheblichem Werte weit mehr als eine halbe Million Gulden. Andere machten noch sehr viel bedeutendere Geschäfte.

Dazu kam, daß unter den Nachwirkungen der theoretischen Studien über die Kriegskunst seit Machiavelli, gefördert durch Erfahrung und Tradition, das Kriegswesen auch seiner inneren Form nach immer kunstvoller durchdacht und gestaltet wurde. Gegenüber der grotesken Formlosigkeit des alten Fehdewesens und der mehr genialischen als planmäßigen Art der ersten Landsknechtsführer bedeutete die gefestigte Überlieferung der Italiener, Spanier und Niederländer eine Kette von technischen Fortschritten. Das gilt so gut für die Kriegsartikel der Disziplin wie für die Grundsätze des Manövrierens, für Märsche, Lagerbau, Angriff und Verteidigung. Die Kriegskunst wurde für den Adel ein Teil der allgemeinen Bildung, so daß die Freude an ihr auch von ganz anderen gesellschaftlichen oder philosophischen Neigungen genährt werden konnte. Spielerisches lief mit unter; aber auch Ernsthaftes. Herzog Wilhelm von Weimar stiftete zu Ehren des Soldatenstandes seinen »Orden der Beständigkeit«, dessen Träger sich zum Dienst im Kriege und zu gegenseitiger Hilfe, auch mit Geld, verpflichteten. Sein älterer Bruder Johann Ernst, der mit ihm zur Unterstützung des Pfälzers ausgerückt war und dann als Oberst in den Dienst der Generalstaaten trat, pflegte humanistische Studien und gab seinem Leben als Kriegsmann die Weihe philosophischer Grundsätze. Für Wilhelm von Weimar war es der Kampf für die deutsche Libertät, die seinem Eintreten für den Pfälzer eine tiefere Begründung gab; er hatte aufgerufen zu einem Bunde »der Patrioten hohen, mittleren und niederen Standes«. Über den reichsfürstlichen Zielen wollte er die konfessionellen zurückstellen, richtiger wohl, im Sinne des Reichsrechts für die Gleichberechtigung der Konfessionen eintreten, sicherlich nur unter Aufrechterhaltung des gegenwärtigen Besitzstandes.

Welcher Weg also auch den einzelnen zum Kriegshandwerk führte, es schloß in sich eine Fülle von Möglichkeiten. Ja, für Persönlichkeiten von Mut und Entschlußkraft gab es bald keine bessere Befriedigung des Ehrgeizes in jedem Sinne. Die Politik hatte wirklich abgedankt zugunsten des Krieges. Daß starke kirchliche Überzeugung und die oft damit verbundene äußerlich strenge Lebensführung dem Bilde des Heerführers einen mehr als äußeren Glanz geben konnten, verdient nicht zuletzt betont zu werden.

Noch befinden wir uns für Deutschland in den Anfängen der Entwicklung. So allgemein auch der Zug des hohen und niederen Adels im 16. Jahrhundert zum Kriegshandwerk gewesen war, so stattliche Vermögen dabei gewonnen und oft genug schon in halb burgmäßigen, halb herrschaftlichen Schloßbauten angelegt waren, wie der wundervollen Hämelschenburg als Sperre des Emmertals – die Persönlichkeiten großen Stils treten erst nach und nach auf den Plan, nachdem der Krieg zu einem Zustand geworden war, mit dem man auf lange Sicht rechnen konnte.

Die Niederländer, die in Böhmen führten, Dampierre und Buquoy im Dienst des Kaisers, Tilly im Dienste Maximilians, erzogen Nachwuchs und Gegner. Aus Italien war Mansfeld gekommen, ein Bastard seines Hauses, bis dahin im Dienste Savoyens, von ihm nach Böhmen geschickt, hier aber den Folgen der Schlacht am Weißen Berge entgangen. Er gehörte zu den abenteuerlichen Naturen, elastisch, fortreißend, sehr verschlagen und gründlich unzuverlässig. Nun stand er noch bei Pilsen mit unverbrauchten Truppen. In Böhmen ohne Hoffnung, rückte er in die Oberpfalz. Gleich hinter der Grenze, bei Waidhaus (östlich Weiden) bezog er ein festes Lager und wehrte darin planmäßige Angriffe Tillys erfolgreich ab. Da Herzog Maximilian von Süden her mit einem zweiten Heer heranrückte und sich mit Tilly zu vereinigen suchte, um auch die Oberpfalz als kaiserliches Pfand an sich zu nehmen, gelang Mansfeld noch einmal ein vorteilhafter Handel. Gegen eine sehr hohe Summe, die er für sein Heer notwendig brauchte, da er marschieren wollte, räumte er das Feld, um zum Rhein abzuziehen.

Von der rheinischen Pfalz waren noch im Winter 1620/21 durch den Marchese Spinola namhafte Teile besetzt. Nun führte Gonzales de Cordova das Kommando. Mansfeld zog von Osten heran. Ihm folgte Tilly. Eine Zeitlang spielte sich der Krieg ab in beiderseitigen Beobachtungen und Verstärkungen; beiderseits herrschten Geldmangel und andere Hemmungen. Mansfeld brachte das habsburgische Hagenau und das speyerische Bruchsal in seine Hände und hat auch Tilly beim ersten wirklichen Zusammenstoß unweit Mingolsheim (zwischen Bruchsal und Wiesloch) am 27. April empfindlich geschlagen. So blieb Heidelberg noch im Besitz der pfälzischen Regierung; die Truppen führte der Engländer Vere.

Darüber traten neue Herren auf das »Kriegstheater«, wie die Zeit selbst so gern sagte. Wir kennen Georg Friedrich von Baden-Durlach. Er gab seine Markgrafenschaft im April 1622 an seinen Sohn ab, um sich im Alter von fast fünfzig Jahren ganz dem Kriege und der protestantischen Sache des Pfälzers zu widmen. Eine eigenartige und schwungvolle Persönlichkeit; in seinem bewegten Leben wollte er die Bibel nicht weniger als 58mal durchgelesen haben. Nun vereinigte er sich mit Mansfeld, doch trennten sich beide wieder, so daß auch der Markgraf von Tilly allein angegriffen wurde. Es war südlich Wimpfen, wo die Führer am 5. Mai die Feldschlacht rüsteten, die sie am nächsten Tage schlugen. Die Truppen der Liga waren überlegen. Aber Georg Friedrich stellte ihnen nicht nur seinen kühnen Mut entgegen, sondern auch eine Kampfvorbereitung, die für Vorzüge und Nachteile der damaligen Taktik sehr lehrreich werden sollte. An den Flügeln postierten beide Führer wie gewöhnlich die Kavallerie als bewegliche Truppen, im Zentrum die geschlossenen Einheiten der Infanterie in den üblichen tiefen Karrees. Georg Friedrich gab ihnen nun dadurch noch eine besondere Festigkeit, daß er die Infanteriestellung als Ganzes zur Wagenburg ausgestaltete mit zwischengestellten Geschützen; sogar auf den vorderen Wagen, die als Sturmwall dienten, standen kleine Kanonen. Die Stellung schien sturmfrei; dazu entlud sie ein eindrucksvolles Feuer. Aber sie entbehrte der Beweglichkeit nur zu sehr. Als die Reitergeschwader der Flügel schon siegreich in das feindliche Zentrum eingebrochen waren, erhielten sie keine Unterstützung durch nachrückende Infanterie. Dafür explodierten mitten in der Wagenburg einige Pulverwagen, was eine solche Verwirrung anrichtete, daß die ungenügend unterstützte Kavallerie und die bis dahin unbewegten Regimenter dem entschlossenen Gegenangriff der Feinde unter der persönlichen Führung von Cordova und Tilly nicht mehr standhielten. Der Tag war schließlich für Baden und Pfalz verloren.

Inzwischen zog freilich eine neue Unterstützung ihrer Sache heran in der Person des ebenso höfisch phantastischen wie händellustigen Herzogs Christian von Braunschweig. Dieser »Pfaffenfresser« machte als Bischof von Halberstadt nicht gerade eine gute Figur; besser paßte er in das Lagerleben. Doch trieb ihn neben der unerschrockenen Lust am Abenteuer eingestandenermaßen auch die schwärmerische Verehrung für die schöne Engländerin von der Pfalz in den Kampf um ihre Rechte. Mit seiner selbstgeworbenen Truppe zog er von Norden her heran. Hätte sich nur Mansfeld mit ihm vereinigt! Zusammen mit den keineswegs demoralisierten Resten des markgräflichen Heeres wären sie dem Feldherrn der Liga doch gefährlich geworden. Aber Tilly kam auch dieser Vereinigung zuvor und schlug den Herzog bei Höchst am 20. Juni. Mansfeld versagte nun. Er sah seines Bleibens am Oberrhein nicht mehr. Nachdem er verschiedentlich nach neuen Diensten ausgeschaut, schlug er sich quer durch die spanischen Niederlande zu den Generalstaaten durch. Die Pfalz lag dem Zugriff der Liga offen.

Und sie zögerte nicht. Nachdem Tilly Heidelberg und Mannheim genommen hatte, wurde sogleich das calvinistische Kirchentum durch Mandate Maximilians beseitigt, die Heidelberger Kirche den Jesuiten übergeben und dem Kirchentum auf dem Lande, das ohnehin von der langen spanischen Besatzung tief gelitten hatte, weiter zugesetzt. Die prachtvolle Heidelberger Bibliothek schenkte der Herzog von Bayern dem Papste. Sie bildet noch heute als Palatina einen der wertvollsten Teile der vatikanischen Bibliothek.

Unerledigt aber blieb die wichtigste Angelegenheit, die Verfügung über die pfälzische Kur. Daß sich Brandenburg nach dem Verlust von Jägerndorf, Sachsen nach den Erfahrungen in Böhmen wenigstens vorübergehend, und aus verwandtschaftlichen Gründen England auf alle Weise gegen die Übertragung an Bayern sträubten, nimmt nicht wunder. Wenn die Kur von Friedrich V. genommen werden sollte, behauptete Wolfgang Wilhelm von Neuburg nach dem Verwandtschaftsgrade die näheren Ansprüche zu haben. Von allen Kurfürsten trat nur Ferdinand von Köln für seinen Bruder Maximilian ein, von auswärtigen Mächten die römische Kurie; eben diese Hilfe sollte merkwürdig wirksam werden. Der im Februar 1621 erhobene Papst Gregor XV. sandte den Pater Hyacinth mit vier

Sekretären aus dem Kapuzinerorden und drei ebensolchen Delegierten für den Verkehr mit Spanien, Frankreich und Flandern als Nuntius nach Deutschland. Diese Enkel der Renaissance im geistlichen Gewande vereinigten die Naivität der Heiligen mit der weltmännischen Sicherheit der Nobili zu einer sonderbar geschäftigen und erfolgreichen Diplomatie. Ihre Richtschnur bildete eine unbedenklich auch auf die Kirche angewandte Staatsraison.

Eine der Hauptaufgaben Pater Hyacinths war die Unterstützung der bayerischen Anliegen. Wirklich überwand der geistliche Diplomat die schweren Bedenken des Kaisers und die noch schwereren der Räte. Ferdinand mußte seinen Retter Maximilian irgendwie befriedigen, schon um seiner verpfändeten Länder willen. Zahlte er auch am bequemsten aus Reichsmitteln, so wagte er doch zunächst nicht, offen damit vorzugehen. Vielmehr machte er den Pater zum Überbringer eines heimlichen Dekrets vom 22. September 1621 an den Herzog. Pater Hyacinth traf ihn in dem eroberten Heidelberg und feierte die Herstellung des katholischen Gottesdienstes an seiner Seite. Dann eilte er weiter nach Spanien, um auch den spanischen Widerstand gegen die endgültige Übertragung der Kur zu brechen. Er fühlte sich wie in einer göttlichen Mission. Geistliches und Weltliches gingen völlig in eins. In Spanien widerstand er den englischen Gegenbemühungen nach seiner eigenen Meinung mit vollem Erfolg. Sogar in den spanisch-englischen Heiratsverhandlungen sah sein führender Optimismus weniger die Gefahr des Einflusses Englands auf Spanien als die Hoffnung auf eine gloriose Gegenreformation in England. Als Spanien in der Kurfrage weiterhin doch noch zögerte, sandte er den Kapuziner Quiroga, um seine Mission zu vollenden. Endlich krönte der Erfolg das langwierige Werk, und für den Pater war es etwas wie ein persönlicher Triumph, als am 25. Februar 1623 zu Regensburg die pfälzische Kur an Herzog Maximilian, wenn auch zunächst nur für seine Person, in aller Form übertragen wurde. In einer geheimen Obligation verbriefte der Kaiser dem neuen Kurfürsten gemäß seinen früheren Versprechungen auch die Erblichkeit.

Maximilian von Bayern hatte die nächsten Ziele seines Ehrgeizes erreicht.

Auch der Kaiser durfte die Taten seiner Bundesgenossen als Erfolge buchen. Das Heer Tillys befand sich in erfolgreicher Abwehr aller Gefahren, die den Ländern der Liga drohten, und aller Versuche der Gegner, die Pfalz zurückzugewinnen. Mit Bethlen Gabor schloß Österreich am 8. Mai 1624 einen neuen, verbesserten Frieden, wobei der Siebenbürger auf Oppeln und Ratibor verzichten mußte. Daß das Gesamthaus Habsburg in den letzten Jahren auch sonst, vor allem im Veltlin, namhafte Erfolge davongetragen hatte, wird uns noch beschäftigen.

Da Mansfeld in den niederländischen und friesischen Händeln zunächst verschwand, erschien auf dem deutschen Kriegsschauplatz von Gegnern eigentlich nur noch Christian von Braunschweig. Tilly folgte ihm durch Hessen nach Westfalen, um ihn entweder im eigenen Lande zu schlagen, oder ihm den Weg in die Niederlande abzuschneiden. Der Herzog rückte in der Tat nach Westen. Tilly folgte ihm. So zogen die beiden Heere eine Zeitlang einander parallel, bis sich der Herzog am 9. August 1623 nahe der geldrischen Grenze bei Stadtlohn (westlich Koesfeld) einer Feldschlacht nicht mehr entziehen konnte. Tilly schlug ihn nochmals und vernichtete den größten Teil seines Heeres.

Jetzt durfte die Liga wirklich glauben, am Ende zu stehen. Tilly schrieb dem Kurfürsten »wegen dieser von Gott gegebenen Victori, dadurch hoffentlich der katholischen Kirche Feinde in etwas gedämmt, daß sie sich mit ihren Forzen so bald nit mehr erholen und widersetzen können«. Er fragte an, ob der Kurfürst die Armee bei den schweren Kosten von monatlich 265 000 Reichstalern noch weiter behalten wolle, und schlug vor, sie dem Könige von Spanien gegen die Generalstaaten zu überlassen.

Pater Hyacinth triumphierte: »Freue dich, Jungfrau Maria, du allein hast alle Ketzer überwunden! Der Herr der Heerscharen kommt unserem geringen Glauben zu Hilfe.« Man müßte den Sieg gegen alle Rebellen und durch ganz Norddeutschland verfolgen. Wenn Sachsen und Brandenburg auf dem Reichstage nicht Verstand annehmen, so möge der Kaiser ihnen »das Rezept gegen das Kopfweh protestantischer Kurfürsten verschreiben«, nämlich Kosaken, Kroaten und Moskowiter; Kurköln soll durch den mainzischen Beichtvater auf dessen »alten Herrn« einwirken. An den Kaiser und an den Fürsten Eggenberg sollen Köln und Bayern und der Papst und andere in dem gleichen Sinne schreiben. Man möge alsbald auch Holland in Friesland treffen und Tilly die weiteren Entscheidungen vertrauensvoll überlassen.

Aus den spanischen Niederlanden hallte es ähnlich zurück von der Infantin, die in ihrem Schreiben an den Kaiser ausdrücklich auf Hyacinth Bezug nahm. Dieser wieder jubelte in einem neuen Briefe voll Dank und Triumphgefühl: »O mein Gott, wie bist Du groß und wunderbar.«

Unzweifelhaft war das jetzt die Frage, ob man den Krieg, der in Böhmen und in der Pfalz mit spanischer Hilfe begonnen, weiter nach Norddeutschland oder gar in die Niederlande hineintragen sollte. Tilly war durchaus dazu geneigt, gegen die Generalstaaten zu ziehen, »da (wie er dem Kurfürsten schrieb) doch das heilige römische Reich, bis diese Widerspänstigen auch extirpiert sind, des festen Friedens sicherlich sich nit zu vertrösten hat«. Allein, gegenüber dem enthusiastischen Pater und dem immer noch heißblütigen General urteilten die bedächtigen heimischen Räte sehr viel nüchterner. Der bayrische Rat Jocher meinte, der Pater Hyacinth dränge auf die Fortsetzung, ohne sich um die menschlichen Mittel zu kümmern, »so neben den miraculis erfordert werden«; dem Kurfürsten wie dem Kaiser fehle es an Geld, Spanien habe seine eigenen Ziele, die protestantischen Reichsfürsten würden widerstehen und die Folgen eines Vorgehens gegen die Holländer seien unübersehbar. Auch Maximilian selbst warnte den Pater vor dem »endlosen Krieg«; und Tillys Briefe selbst zeigen vor allem die Sorge um Geld.

Pater Hyacinth ließ nicht ab zu sorgen und zu raten. Eines Tages schrieb er nach München, zwei Soldaten von Ruf und Entschluß hätten sich angeboten, Mansfeld zu ermorden; ob Maximilian einverstanden sei, die erforderlichen 10000 Skudi aus der Ligakasse zu nehmen, wie der kurmainzische Kanzler vorgeschlagen habe? Ein anderes Mal griffen seine Gedanken noch viel weiter aus; er wollte unmittelbar mit dem Könige von England und mit dem Pfalzgrafen verhandeln lassen, um sie zur katholischen Kirche zurückzuführen; schon am 14. September 1623 deutete er seine Pläne geheimnisvoll an: »Im Namen Gottes und unserer großen Generalissima habe ich beschlossen, ein Mittel zu versuchen, das menschlichen Augen vielleicht als Torheit erscheint, anders aber denen, die mit dem Lichte Gottes und des lebendigen Glaubens die heiligen Geschichten studiert und gesehen haben, wie auch sonst Gott mit ähnlichen Mitteln außerordentliches gewirkt hat.«

Die Entwicklung der Dinge sollte diese Bahnen nicht beschreiten. Im Schoße des Schicksals schlummerten vielmehr neue Gefahren und Aushilfen, die in ganz andere Richtung wiesen. Die schlimmsten Zeiten für Deutschland sollten noch kommen.

Der Kampf um die Stifte in Norddeutschland / Sammlung gegen Habsburg

Die Macht des Gesamthauses Habsburg hatte ihre Höhe noch nicht erreicht, als sich schon die bedeutendsten Gegenbewegungen bemerkbar machten. Zunächst weniger von seiten des Protestantismus, der in Deutschland sichtlich im Sinken war, als aus dem Kreis der katholischen Mächte. Der alte Gegenspieler gegen die Habsburger war Frankreich. Seine Umklammerung wurde durch die Rückkehr der Niederlande in unmittelbar spanische Verwaltung, durch die mindestens allgemein erwartete Festsetzung der Spanier in der Pfalz, ihre Absichten auf das Elsaß und ihre unfreundliche Politik gegen Savoyen immer bedrohlicher. Dazu waren neuerdings Erfolge getreten, die den Habsburgern die sehr wertvolle Verbindung zwischen ihren mailändischen Garnisonen und dem Oberrhein gestatteten.

Die oberitalienische Ebene gliederte sich in das venetianische Gebiet, woran das von Österreich abhängige Bistum Trient grenzte, und das Herzogtum Mailand, dessen Nachbarschaft im Norden die Schweizer Kantone bildeten. Unter ihnen hatten die protestantischen Graubündner ihre Herrschaft vom Rheintal südöstlich ausgedehnt über das Engadin, das

Puschlav (jenseits der Bernina) und das obere Addatal, das sogenannte Veltlin – vom Comer See über Tirano bis Bormio am Fuße des Stilfser und des Wormser Jochs. Die Schweizer waren also im Besitz sämtlicher Alpenpässe bis auf das Gebiet von Savoyen, das aber nur Frankreich anging, und den Brenner, der nur ins Venetianische führte. Deutschland und die spanischen Herren von Mailand waren von allen zentralen Pässen ausgeschlossen; Tirol hatte auch vom Oberinntal keine unmittelbare Verbindung mit dem Mailändischen. Es liegt auf der Hand, was das Zwischengebiet des Veltlin und des Engadin für die Habsburger bedeutete.

Das Veltlin war katholisch mit protestantischen Einsprengungen, die Bündner protestantisch. Diese konfessionellen Verhältnisse legten die Möglichkeit von Eingriffen nahe; an Erregungen fehlte es natürlich beiderseits nicht. Nun dürfen wir die leidenschaftsbewegten Vorgänge, die uns aus der Meistererzählung des Jürg Jenatsch menschlich so nahe stehen, im einzelnen nicht wiedergeben; genug, schon 1620 gab es eine blutige Erhebung im Veltlin gegen die Protestanten. Doch blieb das Land im Madrider Vertrag vom April 1621 den Bündnern, nur daß jetzt umgekehrt Sicherheiten für das katholische Bekenntnis gegen die Rache der Bündner gegeben wurden. Eine zweite Erhebung aber führte zum Einmarsch des Herzogs von Feria aus dem Mailändischen und des Erzherzogs Leopold, der bald seine Bistümer Passau und Straßburg an seinen elfjährigen Neffen Leopold Wilhelm abgab, aus Tirol. Dieses Mal verzichteten die Bündner im Mailänder Vertrag vom Januar 1622 notgedrungen auf das Veltlin und überließen auch das Engadin den Habsburgern. Das Veltlin erhielt zum guten Scheine päpstliche Truppen als Besatzung, aber den Habsburgern blieb das Durchmarschrecht. Sie konnten also von Mailand aus über verhältnismäßig gute Pässe beliebig Truppen verschieben, sowohl innabwärts nach Österreich wie durch Vorarlberg nach dem Oberrhein.

Die Schweizer hatten verloren und waren dazu noch umklammert. Auch Venedig, Savoyen und Frankreich sahen voll Ärger und Sorgen ihren spanischen Nachbarn im Besitz eines gewaltigen strategischen Vorteils. Aber sie alle fühlten sich einstweilen machtlos. Frankreich war nach dem Tode Heinrichs IV. erneut von inneren Wirren beunruhigt. Die anlehnungsbedürftige Regentin Maria von Medici hatte ihr Heil sogar in engem Anschluß an Spanien gesucht. Erst nach den erneuten Erfolgen der Habsburger von 1620 und 1622 gewann die Furcht vor Spanien wieder die Oberhand. 1623 kam es zu einem Bündnis mit Savoyen und Venedig. Aber man zögerte noch zu handeln.

So verhielt sich denn Frankreich vorerst auch spröde gegenüber den Werbungen, die – erstaunlicherweise – eben jetzt, zur Zeit des scheinbar engsten Zusammenwirkens mit dem Kaiser, von Bayern ausgingen. Einer der Gehilfen des Pater Hyacinth, der ebenfalls aus vornehmer Familie stammende Kapuziner Valeriano Magni, war Träger sehr geheimer Anliegen Maximilians. Der Kurfürst wünschte damals noch bei der Zurückhaltung Spaniens für sich eine neue Stütze in der Kursache und für die Liga eine weitere katholische Anlehnung. Wie das gemeint war, ersieht man aus einem Briefe des Paters vom 28. Januar 1623, worin er dem Herzog unverblümt schrieb, er führe den französischen Staatsmännern vor Augen, wie ein Bündnis mit Bayern geeignet sei, »ein Gegengewicht zu bilden gegen die Macht des Hauses Habsburg, hochwillkommen allen, auf denen diese ungeheure und übermäßige Macht lastet«. Indessen, Frankreich wollte und mußte zunächst freie Hand behalten.

Erst als auch England, dessen fast unwürdige Bemühungen um die spanische Heirat für den Thronfolger Karl über den gar zu hochmütigen spanischen Ansprüchen schließlich scheiterten, plötzlich zu Frankreich hinüberschwenkte und gleichzeitig in den französischen Staatsrat am 29. April 1624 der Kardinal Armand du Plessis, Herzog von Richelieu, eintrat, gewann die französische Politik neuen Mut und feste Richtung. Richelieu, der vor siebzehn Jahren als blutjunger Bischof von Luçon seine Diözese reformiert hatte, bekämpfte die Hugenotten jetzt als *mauvais Français*. Denn nationalpolitisch nahm er alle Traditionen Heinrichs IV. auf – auch die Unbefangenheit in der Wahl der Bündnisse, wo er sie fand, wenn sie nur zum Nutzen der Einheit, Freiheit und Macht von Frankreich dienten. Schon im Februar 1624 hatte England über eine französische Heirat verhandelt und sogar Zugeständnisse bewilligt, an denen man bei den spanischen Verhandlungen Anstoß genommen hatte. Bald nach dem Tode seines Vaters Jakob (6. April 1625) führte Karl I. von England Henriette Marie von Frankreich heim.

In bezug auf weitergehende Bestrebungen hielt Frankreich noch zurück. In Bayern befürchtete man auf Grund vielfältiger Nachrichten im Frühjahr 1625 bereits ein Vorgehen Frankreichs gegen den Rhein zugunsten des Pfalzgrafen, und Maximilian schwebte in begreiflicher Sorge. Allein, Frankreich trat einstweilen doch nur da, wo seine unmittelbarsten Interessen bedroht schienen, offen in den Krieg ein. Gestützt auf das Bündnis mit Venedig und Savoyen verhandelte es geschickt mit den Schweizern, die ihrerseits alsbald die Postierungen Erzherzogs Leopolds aus dem Prättigau verdrängten. Frankreich selbst ließ den Marquis Coeuvre durch die Schweiz ins Veltlin vordringen und die päpstlichen Truppen leicht beiseite schieben. Der habsburgische Korridor durchs Veltlin wurde wieder geschlossen. Der Vertrag von Monçon vom 5. März 1626 stellte die alten Rechte der Bündner her, wenn auch unter erneuten Sicherungen für die katholischen Veltliner. Im Augenblick war es eine empfindliche Niederlage der Spanier; erst später boten die Bündner selbst die Möglichkeit, den Vertrag zu entkräften.

Noch entschiedener gab England seine bisherige Zurückhaltung auf. Nach dem Zerreißen der zarten Bande, die es eine Zeitlang an Spanien geknüpft hatten, vollends nach dem Thronwechsel, trat England ausgesprochen auf die Seite aller Gegner Habsburgs. Das bedeutete in erster Linie seinen Zusammenschluß mit den Niederländern.

Der durch eine jahrelange Waffenruhe unterbrochene Krieg der Spanier mit den Generalstaaten war nach der Thronbesteigung Philipps IV. (1621) zunächst nur schleppend geführt worden. Er spielte sich jetzt im wesentlichen ab südlich der Rhein- und Maaslinie. Die Belagerung, später die durch Velasquez' Gemälde berühmt gewordene Übergabe von Breda und die Kämpfe um Hertogenbosch wurden wesentliche Ereignisse. Von dieser Linie aus versuchten die Spanier nach Norden, die Reichsgrenze entlang, durch Verbindung mit Groningen und Friesland die Holländer von Osten zu umfassen. Eben jetzt dachten die Generalstaaten an den Entsatz von Breda und gewannen mit Hilfe englischer Susbidien dafür den Grafen von Mansfeld, der sich aber in seiner bekannten Unverträglichkeit mit Friedrich Heinrich von Oranien bald entzweite und schließlich zusammen mit Christian von Halberstadt wenig ehrenvoll wieder abzog.

Im übrigen dachten sich die Engländer und Holländer den gemeinsamen Kampf gegen Spanien jetzt, wie schon vor 50 Jahren, vorzüglich als See- und Handelskrieg. Als solcher fand er lebhafte Aufnahme bei dem Parlament, das sonst der Politik der Stuarts bereits starke Opposition machte.

Es lag in der Natur der englischen Pläne, daß man nicht nur für die fernen Ozeane, sondern auch für die heimischen Gewässer zu Seebündnissen und Gegenbündnissen kommen mußte. Im damaligen Handel spielte die Ostsee noch immer die bedeutendste Rolle. Für beide Gegner waren also die Hansestädte, Dänemark und Schweden, schließlich auch Polen und das Reich wichtige Größen. Wenn aber England die Zurückführung des Kurfürsten von der Pfalz in sein Programm des Kampfes gegen das Haus Habsburg aufnahm, dann wurde sein Zusammenwirken mit den protestantischen Mächten von Norddeutschland und Skandinavien erst recht unentbehrlich. Dafür waren der Pfalzgraf selbst wie seine alten Räte in England, in den Niederlanden, in Norddeutschland und in Schweden unablässig tätig.

So verband sich die spanisch-niederländische mit der baltischen Frage.

Da nun, wie wir dargelegt haben, Dänemark und Schweden beide ihre Macht im Baltikum auszubreiten wünschten, Schweden sich überdies dauernd in der Abwehr gegen die Ansprüche Sigismunds von Polen befand, hinter denen wieder die Gefahr der katholischen Restauration schlummerte – so entwickelte sich aus dem allseitigen Bündnisverlangen unter dem Drängen der Emigranten ein verwirrendes Spiel der Diplomatie, das fast fünf Jahre den Norden erfüllte und um so mehr zu wechselnden Kombinationen führte, als auf der Gegenseite genausogut die Bemühungen und Ermunterungen Spaniens, des Kaisers und des Papstes in Polen, bei den Hansestädten und sonst in Norddeutschland wirkten. Geographisch, aber auch machtpolitisch, drehte sich alles um Dänemark und Schweden. Da aber gerade deren politische Tendenzen vielfach entgegengesetzt waren, so glich das nordische System einer Ellipse mit zwei Brennpunkten. Die größere Energie und die intelligentere Führung lag längst bei Schweden, aber Dänemark wurde im Westen einstweilen noch für mächtiger gehalten.

Gustav Adolfs Gesichtskreis beschränkte sich nicht mehr auf die Auseinandersetzung mit Polen, zumal ihm dabei nach und nach bis zu dem großen Waffenerfolg von Wallhoff (1626) ganz Estland und Livland in die Hände fielen. Sein Blick umfaßte auch die rückwärtigen Verbindungen Polens, und wenn es ihm widerstreben mochte, die Türkenniederlage Polens von 1620 auszunutzen, so wünschte er doch den Rückhalt Polens an die katholischen Mächte nach Möglichkeit zu erschüttern. Im Gedankenaustausch mit den Pfälzern und Böhmen fesselte ihn immer mehr die Idee eines Vorstoßes die Oder aufwärts nach Schlesien, Böhmen oder gar Österreich hin. Indessen, gerade diese bedeutende strategische Idee fand bei England und den Niederlanden am wenigsten Beifall; höchstens einzelne kühne Politiker gingen in Gedanken mit.

Auf der anderen Seite dünkte den Westmächten der König von Dänemark näher und anspruchsloser. 1624, noch zu Lebzeiten von Christians Schwager Jakob I., war schon der Engländer Anstruther in Kopenhagen zu bestimmteren Verhandlungen. Dänemark dachte von vornherein an ein unmittelbares Eingreifen in Westdeutschland. In dieselbe Kerbe schlug zeitweilig auch der Kurfürst von Brandenburg, dessen Gesandter Bellin eine schon lange bei Brandenburg nicht erlebte umfassende diplomatische Tätigkeit an allen beteiligten Höfen entfaltete. Es gelang ihm sogar, Gustav Adolf zur Preisgabe seines Oderplanes und zum Eingehen auf die Ideen der Westmächte zu bestimmen. Als aber Dänemark davon hörte, wurde sein Kriegseifer vollends entflammt. Daß Schweden und Dänemark, wie die Westmächte auch einmal erwogen, zusammenwirken sollten, war nach den Verhältnissen, der Beschränktheit der verfügbaren Subsidien und den Persönlichkeiten der beiden Könige völlig ausgeschlossen. So lag dem Könige Christian IV. von Dänemark alles daran, seinerseits statt des Schweden in das Spiel zu kommen.

War also schließlich das Ergebnis dieser jahrelangen Fühlungen und Gruppierungen, daß der König von Dänemark auf dem Haager Konvent am 9. Dezember 1625 sein Kriegsbündnis mit England und den Niederlanden schloß, so bestimmten ihn dabei doch auch andere Gründe; nicht zum wenigsten die engen Beziehungen, in die er inzwischen zu den norddeutschen Fürsten und ihrer Politik getreten war.

Vergegenwärtigen wir uns die Lage Deutschlands nach Eroberung der Pfalz und dem siegreichen Vordringen Tillys nach Westfalen. Das ganze Mitteldeutschland, von Lothringen über Franken, Böhmen, Schlesien bis nach Polen und alles, was südlich davon lag, bildete um das Jahr 1624 eine einheitliche katholische Ländermasse, aus der nur die räumlich unbedeutenden Gebiete der Reichsstädte, einiger Ritter und Grafen, sowie Ansbach, Württemberg und das gefährdete Baden-Durlach wie Klippen aufragten. Die Gegenreformation hatte hier mit allen Mitteln innerer Erneuerung, bischöflicher und pfarramtlicher Seelsorge, aber auch obrigkeitlicher Gewalt und weithin selbst der Waffen und des Krieges einen fast vollkommenen Sieg errungen. War es für die katholische Partei nicht ein Gebot der Klugheit, sich damit zu begnügen?

Im Norden lagen die Verhältnisse wenigstens auf den ersten Blick genau umgekehrt. Zwar am Rhein, im Bereich der geistlichen Kurfürsten, war nach den wiederholten Kämpfen um Köln der Katholizismus so gesichert wie im südlichen Westfalen; die Anlehnung an die spanischen Niederlande stärkte ihn vollends. Aber östlich davon war fast alles protestantisch, das mainzische Eichsfeld und das benachbarte Hildesheim von heterodoxen Gebieten völlig umschlossen. Von Hessen und Nassau bis nach Preußen und Kurland hin gab es nur lutherische Landeskirchen, denen sich im Norden Dänemark und Schweden gleichgesinnt anschlossen; das calvinistische Bekenntnis der Brandenburger bedeutete politisch keine Abweichung.

Freilich das ganze Gebiet war durchsetzt von Fürstentümern, die nach dem Vorbehalt der Geistlichen im Augsburger Religionsfrieden der katholischen Kirche erhalten bleiben sollten, aber auf die wundersamste Art durch protestantische Administratoren, die in Helm und Harnisch Dienste taten, verwaltet wurden. Da waren Osnabrück und Minden, Verden und Bremen, Lübeck und Schwerin, vor allem Halberstadt und Magdeburg; von Cammin, Lebus und den landesfürstlichen Bistümern in Brandenburg und Kursachsen gar nicht zu reden. Die reichsrechtlich zweifelhafte Stellung aller dieser Stifte war bisher nur in den Kämpfen um die Session der Administratoren auf den Reichstagen hervorgetreten. Allein, die katholische Kirche und die Konfessionsgenossen im Reich hatten so wenig verzichtet, wie die benachbarten Fürsten gesonnen waren, sich den Besitz wieder entgehen zu lassen. Wie konnte auch ein Landesherr auf einfachere Weise sein Gebiet vergrößern und seine nachgeborenen Söhne versorgen?

Die benachbarten Fürstenhäuser waren zunächst das Haus Oldenburg in Dänemark und in seinen schleswig-holsteinischen Linien. Sodann das Haus Braunschweig-Lüneburg in Celle, Dannenberg und Wolfenbüttel – dem dänischen verwandt, da Friedrich Ulrich von Wolfenbüttel und Christian von Halberstadt durch ihre Mutter Vettern des Königs Christian IV. waren. Endlich das Haus Brandenburg, nicht minder eng verwandt, insofern Christian IV. wieder Schwager des Kurfürsten Johann Sigismund war, also Oheim des regierenden Kurfürsten Georg Wilhelm, sowie der Gemahlinnen des Herzogs Friedrich Ulrich von Wolfenbüttel, auch des Königs Gustav Adolf von Schweden (seit 1620) und bald (1626) sogar des Bethlen Gabor von Siebenbürgen.

Diese eng zusammenhängenden Fürstenhäuser und ihre Nachbarn waren die Besitzer und Nutznießer der niedersächsischen Stifte. Die Linie Holstein-Gottorp besaß durch die Bischöfe Johann Adolf (resigniert 1607) und Johann Friedrich Bremen und Lübeck. Die Mecklenburger waren lange »Verweser« des Bistums Schwerin; seit 1624 besaß es der unmündige Prinz Ulrich von Dänemark. Die Pommernherzöge Ulrich (bis 1622) und sein Neffe Ernst Bogislav hatten Cammin; Christian von Braunschweig das Bistum Halberstadt, das vor ihm zwei Brüder administriert hatten und das er im August 1623 an seinen Vetter Friedrich von Dänemark abtrat, obwohl bereits sein Schwager Christian Wilhelm von Brandenburg Koadjutor war – derselbe, der zugleich Magdeburg regierte und später noch bewegte Schicksale haben sollte. Philipp Sigismund von Wolfenbüttel vereinigte bis zu seinem Tode (22. März 1623) die beiden Stifte Verden und Osnabrück.

In Verden war Prinz Friedrich von Dänemark Koadjutor; natürlich trat er sogleich an die Stelle des Welfen. Er begehrte auch dessen Erbe Osnabrück, aber unter dem Druck der benachbarten ligistischen Waffen wählte das Osnabrücker Kapitel nach dem Kölner System einen mächtigen katholischen Kirchenfürsten, den Kardinal Eitel Friedrich von Hohenzollern, einen Bruder des bayrischen Geheimen Rats-Präsidenten – für Dänemark eine Niederlage. Nachdem der dänische Prinz auch in Halberstadt gegen den Brandenburger unterlegen war, gelang es, ihn wenigstens zum Koadjutor in Magdeburg und Halberstadt zu machen. Die Enttäuschung in Osnabrück aber wiederholte sich nach dem Tode des Kardinals schon im September 1625, insofern das Kapitel jetzt den Sohn des Herzogs Ferdinand von Bayern von der Marie Pettenbeck, Franz Wilhelm Grafen von Wartenberg, erkor. Daß im übrigen die jüngeren Söhne der benachbarten Fürsten auch Domherrnstellen oder Abteien erhielten, die Töchter ihre adeligen Damenstifte, wie Gandersheim und Quedlinburg, vervollständigt das Bild.

Die großen Familien, aber natürlich auch die stiftischen Räte, blickten angesichts der Osnabrücker Vorgänge sorgenvoll auf die Fortschritte der ligistischen und der kaiserlichen Waffen. Aber es fehlten ihnen die unmittelbaren Antriebe zum Handeln. Jene Tagung in Segeberg hatte keine nachhaltigen Folgen gehabt. Jetzt legte ihnen das Anrücken Tillys und sein Sieg über Christian von Braunschweig bei Stadtlohn die energische Wahrung ihrer Neutralität nahe, wozu freilich die Berufung Christians, der sich formell vom Pfalzgrafen lossagte und zeitweilig zum Kaiser bekannte, nicht gerade das geeignetste Mittel war. Umgekehrt wirkte es im Sinne ängstlicher Friedenswahrung, daß die niedersächsischen Stände zu derselben Zeit, da der König von Dänemark für das noch erhoffte Halberstadt am Kaiserhof Lehnsindult nachsuchte, allgemeine Sicherheiten erbaten im Sinne der kaiserlichen Versprechungen vor dem Böhmischen Kriege. Der Kaiser war jetzt nicht mehr ohne weiteres dazu bereit. Ja, der Hof stellte seinerseits

Gegenforderungen betreffs einzelner Kirchen und Klöster in den norddeutschen Stiften, wie die Rückgabe der Andreaskirche in Halberstadt an die Franziskaner und anderes. So bemerkte man auf den beiden Flügeln Niedersachsens, in Osnabrück und an der Elbe, bereits die Auswirkung der kaiserlichen Erfolge.

Natürlich kam sehr viel darauf an, ob die niederdeutschen Fürsten geschlossen waren und blieben. Sie waren von vornherein weit davon entfernt. Die Politik des benachbarten Kursachsen kennen wir. Aber auch die Herzöge von Lüneburg in Celle und die Lauenburger an der unteren Elbe hielten sich teilweise zum Kaiser. Herzog Georg von Lüneburg, der Bruder des regierenden Herzogs Christian, bildete ein Regiment für den Kaiser; für die beiden Brüder war das offenkundige Motiv die vorsichtige Berücksichtigung der Möglichkeit, daß nach dem kinderlosen Tode Friedrich Ulrichs von Wolfenbüttel und dem Ausschluß Christians von Halberstadt über die welfischen Lande Wolfenbüttel und Calenberg verfügt werden mußte. Von den sieben Brüdern des Lauenburgers traten Julius Heinrich, Rudolf Maximilian und Franz Albert in kaiserliche Dienste und wurden später katholisch; lediglich Albrecht hielt bei seinen Glaubensgenossen aus und trat bei Mansfeld ein; er fiel später bei Schweidnitz. Auch im Hause Holstein war man gespalten; ein junger Herzog diente dem Kaiser; der Administrator von Bremen und Lübeck wartete nur den Zeitpunkt ab, wo er zu guten Gnaden aufgenommen werden konnte. Selbstverständlich standen auf der kaiserlichen Seite die wirklich katholischen Bischöfe, wie der Wittelsbacher Ferdinand in Hildesheim und jetzt sein unebenbürtiger Vetter in Osnabrück. Kurbrandenburg, auf das viel ankam und dessen Gesandter Bellin eine Zeitlang im Norden und bei den Westmächten eine so bedeutende Tätigkeit entfaltete, schwankte, je nachdem, ob der katholische Schwarzenberg oder seine Gegner im Geheimen Rat das Übergewicht hatten. Auch Friedrich Ulrich von Wolfenbüttel bewegte sich zumeist in ungelöster Sorge.

Bei so viel Mattherzigkeit und Gewinnsucht war von den Niedersachsen eine offensive Verteidigung nicht zu erwarten. Die Frage war also, ob die Gegenseite aus ihrem System der bloßen Einquartierung heraustreten würde. Tilly lag mit seinen Truppen in Hessen, Hersfeld, Paderborn, Lippe und Minden, Hoya und Diepholz – bis diese Lande völlig ausgesogen waren und er notwendig die Quartiere verändern mußte. Das war für die Niedersachsen der eine unmittelbare Antrieb. Der andere lag in der Gefahr, daß sich der Gegner zusehends verstärkte. Und dieser zeigte in der Tat die Absicht. Vor den aufmerksamen Augen des Kurfürsten von Bayern zeichnete sich die Lage ziemlich reinlich ab. Er sah in Mansfeld das Organ der Dänemark verbündeten Mächte England und der Niederlande und deshalb drohende Gefahren, nicht nur für das Haus Habsburg, sondern auch für sich. So legte er dem Ligatag zu Augsburg im April 1624 neue Forderungen vor, mit denen er im wesentlichen zum Ziele kam. Tilly sollte die Werbungen Mansfelds in Niedersachsen stören. Der General sandte Mansfeld in der Tat den Grafen Anholt entgegen, der sich aber nicht stark genug fühlte. Da bediente sich Maximilian wieder des Kaisers, den er aus großer Not errettet hatte, dafür aber auch in schwierigen Lagen klug vorschob. Er ließ sich Vollmachten geben, Musterplätze zu sprengen, die ohne kaiserliche Genehmigung abgehalten würden. Der Kaiser spielte im übrigen seinerseits zwischendurch wieder mit der oft berührten »Assekuration der Stifte«, zumal die Hofkammer im Frühjahr 1625 mit Rücksicht auf die Finanzlage nachdrücklich die Abrüstung verlangte.

Inzwischen hatte Tilly die kaiserlichen Mandate und den Auftrag der Liga, in Niedersachsen einzurücken, erhalten. So verlegte er seine Quartiere nordwärts in die welfischen Lande Grubenhagen und Calenberg zwischen Weser und Leine. Reguläre Truppen traten ihm nicht entgegen. Nur vor den Mauern der Städte Münden, Göttingen, Northeim und weiter bis nach Nienburg mußte er Halt machen. Auf dem Lande gab es Zusammenstöße mit den Bauern, die sich ihrer Haut und ihrer Höfe wehrten und dafür von der hochmütigen Soldateska die roheste Behandlung erfuhren. Mit der noch unverdienten Steigerung des Soldatenbegriffs trat sofort auch die Frage des grausamen Kampfes gegen den Selbstschutz der Bevölkerung hervor.

Gegenüber dieser nicht nur wirtschaftlich drückenden, sondern bald auch mit allen Greueln der Verwüstung des Landes verbundenen Zwangseinquartierung, wurde es eine Sache der Not und der Ehre des niedersächsischen Kreises, sich endlich zu ermannen.

Im Frühjahr 1625 liefen also die längst vorbereiteten europäischen Offensivbewegungen gegen das Haus Habsburg, deren Werkzeug der König von Dänemark geworden war, mit den Sorgen um die niederdeutschen Stifte und der unmittelbaren Bedrohung von Land und Volk durch die ligistischen Einquartierungen zusammen, um den niedersächsischen Kreis mit seinem an Stelle des zurückgetretenen Herzogs Friedrich Ulrich gewählten Kreisobersten, dem König von Dänemark, endgültig in den Krieg zu bringen. Er gewann alsbald den Herzog Johann Ernst von Weimar. Nach Beschluß des Braunschweiger Kreistages vom Mai 1625 lautete das Mandat des Königs auf Abwehr gewaltsamer Einquartierungen und Durchzüge sowie auf den Schutz des Religionsfriedens. Mit dänischer Begleitmannschaft und den auf deutschen Musterplätzen rasch angeworbenen Truppen zog der König bis über die Grenzen des Kreises in das Gebiet von Verden und von Corvey auf westfälischen Boden. Von Holland rückte ihm Mansfeld entgegen als »von Frankreich und England dem niedersächsischen Kreis bestallter Diener«. Der Dritte im Bunde war Christian von Halberstadt, der im Winter an Stelle seines Bruders Friedrich Ulrich vorübergehend auch einmal die Regierung in Wolfenbüttel übernahm, im übrigen mit

Truppen gefaßt blieb. Bei einheitlicher Führung der drei Kontingente hätte es nicht schwerfallen können, den fast umklammerten Tilly zu schlagen oder wenigstens zu verdrängen.

Statt dessen geschah das Entgegengesetzte.

Während der König es versäumte, nach einem größeren Kriegsplan entschlossen vorzugehen, verstärkte sich die Gegenseite durch eine Armee, die der Kaiser unter Führung des bis dahin noch wenig erprobten Wallenstein im letzten Augenblick ebenfalls nach Niedersachsen dirigierte.

Wallenstein hatte seine erfolgreichen Geschäfte mit wachsendem Glück fortgesetzt; Darlehn, Güterkäufe und -verkäufe, und was sonst der Tag bot. Dazu hatte er es als guter Kaufmann verstanden, sein Ansehen zu stärken und seinem bereits vielberufenen Namen neuen Glanz zu geben. In zweiter Ehe Schwiegersohn des Grafen Harrach, längst auch mit anderen maßgebenden Persönlichkeiten der Hofburg eng verbunden, vertauschte er im Sommer 1625 die Fürstenkrone mit dem Herzogshut von Friedland. Dafür bot er dem Kaiser die Aufstellung eines eigenen Heeres an, und im Juli erhielt er wirklich das kaiserliche Patent zum Feldzuge gegen Mansfeld. Aber er zog nicht, wie ursprünglich geplant war, an den Rhein und von da in die Lücke zwischen die Niederlande und Niedersachsen, sondern, offenbar im geheimen Einverständnis mit den geistlichen Beratern des Hofes, an die Seite Tillys nach Niedersachsen, geradenwegs auf die großen Stifte Magdeburg und Halberstadt los. Wir wissen aus den Briefen des Nuntius Carafa, welche Hoffnungen man auf diese Wendung setzte. Die Absicht auf Wiedergewinnung der niederdeutschen Stifte wurde immer deutlicher.

Wallenstein folgte Tilly die Leine abwärts, ohne sich viel um die auch von Tilly noch nicht bezwungenen Städtchen zu kümmern, und nahm kurz seinen Sitz in Alfeld, nicht weit von Tilly, der in Hemmendorf bei Lauenstein (zwischen Elze und Hameln) sein Quartier aufgeschlagen hatte. In dem Dörfchen Hoyershausen traf sich der Herzog mit dem alten General. Sie verteilten ohne Schwierigkeiten untereinander die Okkupationsgebiete; Wallenstein nahm den Osten. Magdeburg und Halberstadt konnte er als Feindesland betrachten. Aber auch alle dazwischenliegenden Gebiete nahm er genauso wie die Lande an seiner Anmarschlinie rücksichtslos mit Einquartierungen, Lieferungen und Kontributionen in Anspruch. Denn das wurde immer mehr das System des Besatzungskrieges jener Tage, daß man die Truppen vom Lande selbst ernähren ließ, sie mit leichten Scharmützeln beschäftigte, im übrigen eine heillose Willkür übte durch Eingriffe in das Wirtschaftsleben und die öffentliche Ordnung – angeblich alles »auf Befehl des Kaisers«.

Aus diesem zermürbenden Zustande, der auf den Landen um Werra, Fulda und mittlerer Weser nun schon drei Jahre lastete, drängte zuerst der Dänenkönig hinaus durch einige Vorstöße. Christian von Braunschweig unternahm noch kurz vor seinem Tode (16. Juni 1626) eine Streife in das Hessische, freilich ohne große militärische oder politische Erfolge. Johann Ernst von Weimar rückte auf das Stift Osnabrück und erzwang die Annahme des Prinzen Friedrich von Dänemark wenigstens als Koadjutor – eine kurze Herrlichkeit, da die ligistischen Truppen unter Anholt das Stift bald wieder von den Dänen säuberten, Mansfeld endlich sollte sich in den Besitz der Elbe setzen und im Zusammenwirken mit Fuchs von Bimbach zunächst die Brücke bei Dessau gewinnen. Die auf dem linken Elbufer aufwärtsrückenden Truppen wurden aber durch die Wallensteiner bei Wolmirstedt zersprengt, während Mansfeld selbst sich auf dem rechten Ufer vor dem verschanzten Brückenkopf eine ruhmlose Niederlage holte.

Sonst geschah nichts, auch von der Gegenseite nicht. Tilly fühlte sich nicht stark genug zur Offensive und Wallenstein wollte erst recht mit schwachen Mitteln nichts wagen. Der frühere Hofkriegsratspräsident Collalto, der jetzt als nicht immer freundlicher Beobachter unter Wallenstein kommandierte, sah sehr deutlich (wie er an den Nuntius Carafa schrieb), daß »die Dinge für seine Majestät günstiger gelegen als für den Feind«. Aber »die schönste Armee, die er in seinem Leben gesehen«, lag still.

Immerhin, angesichts der offenbaren Überlegenheit der kaiserlichen Waffen, faßte man am Hofe weitschauende Pläne, für die schließlich auch Wallenstein gewonnen wurde. Nachdem der Krieg doch einmal in den Norden getragen, wollte man endlich getrost die Offensive ergreifen, nach Holstein und nach Dänemark vorstoßen. Antriebe gingen jetzt auch von Spanien aus. Stärker als früher tauchte am Hofe zu Madrid der Plan auf, den Kampf genauso wie die Engländer und Holländer als Handelskrieg großen Stils zu führen. Der spanische Staatsrat schlug vor, eine Handelskompagnie zu bilden aus Spaniern, spanischen Niederländern und den Hanseaten zum Ausschluß jedes fremden Handels unter kaiserlicher Besetzung der Küstenplätze und ausgiebiger Heranziehung von Handelsschiffen als Hilfskreuzern (wie wir sagen würden). Der große Plan – der erste von so umfassender Art in der deutschen Geschichte – scheiterte schon bei den Besprechungen in Brüssel (Mai 1626) an der Zurückhaltung des Kurfürsten Maximilian. Einen spanischen Zuzug zur Armee der Liga wollte er sich gern gefallen lassen – nicht mehr. In der Tat traf sich ein spanischer Oberst mit Tilly und Wallenstein in Duderstadt am 30. Juli 1626.

Aber es gab bald noch andere Hemmungen für den großen Plan.

Weit rückwärts, im Herzen der österreichischen und fast kann man sagen auch der bayerischen Macht, erfolgte beinahe überraschend eine neue furchtbare Erhebung der Bauern – in Österreich. Je mehr Ferdinand II. hier seine rücksichtslose Zwangsbekehrung ins Werk setzte, um so unruhiger wurden die Bauern, um sich schließlich unter Männern wie Stefan Fadinger und nach seinem Tode unter neuen entschlossenen Führern in dichten Massen zusammenzuballen. Die Bewegung gewann die schlimmsten Formen des Bauernkrieges von vor hundert Jahren. Die Bauernhaufen bemächtigten sich der Stadt Wels, plünderten und zerstörten Schlösser und Klöster. Man bemerkte bald, daß es neben den kirchlichen Dingen die bayerische Besatzung war, die ihnen ganz unerträglich schien. Sie errangen auch im Felde gegen den bayerischen Statthalter Herbersdorf am 20. Mai 1626 noch einen beträchtlichen Erfolg, ließen sich aber, wie vor hundert Jahren ihre Genossen in Schwaben, zu einem Stillstand bereden, nach dessen Ablauf die fürstliche Rüstung vollendet war und rasch zu blutigen Siegen ausholte. Nachdem im September noch einmal der Herzog von Holstein eine Niederlage davongetragen, drangen die Truppen Pappenheims im November unaufhaltsam vor und brachen die Widerstandskraft der Bauern. Das Ende war wieder, wie 1525, eine Verschärfung der Reaktion und die furchtbare Sorge der Herren vor der Entvölkerung des Landes, das sie mit ihrer kirchlichen Fürsorge und brutalen Gewaltsamkeit derartig verwüstet hatten.

Gleichzeitig mit dem oberösterreichischen Bauernkrieg gab es eine zweite Sorge im Rücken der zum Vordringen geneigten katholischen Front. Der unruhige Bethlen Gabor, bis dahin von einem Friedensschluß zum anderen im Grunde genommen weiter zurückgedrängt, hatte sich – von England und Frankreich umworben, 1626 sogar mit der Prinzessin Katharina von Brandenburg vermählt – aufs neue erhoben, zumal er auf Mitwirkung des Paschas von Ofen rechnen durfte. Zwar gewann ihm Ferdinand politisch in Ungarn den Rang ab, insofern der Adel ihm fast spontan zu Ödenburg am 7. Dezember 1625 die Wahl seines Sohnes zum Könige entgegenbrachte. Aber Bethlens Hoffnung gründete sich jetzt auf den Zuzug des vor der Dessauer Brücke geschlagenen Mansfeld, der in kühnem Zuge wirklich quer durch das kaiserliche Schlesien oderaufwärts eilte, um sich mit Bethlen Gabor die Hand zu reichen; nur freilich – daß nun gerade dieser auf sich warten ließ, und man weder jetzt noch später zu einem wirklich gedeihlichen Zusammenwirken kam.

Immerhin, alle diese Umstände, das Zögern Maximilians, der Bauernaufstand, die neue Gefahr in Schlesien und Ungarn hatte doch die beiden wichtigen Folgen, daß man nicht nur den großen Plan eines Vorstoßes in den Norden zunächst aufgab, sondern scheinbar auch die schon eingeleitete Politik gegen die niederdeutschen Stifte. Wallenstein teilte seine Truppen, sandte sieben Regimenter zur Unterstützung Tillys, ließ bescheidene Garnisonen in Magdeburg, Halberstadt und Anhalt und führte selbst seine Feldarmee nach Österreich. Das alles bedeutete, daß dem Kaiser und der Liga die Initiative aus der Hand genommen schien. Da gleichzeitig Christian IV. von Wolfenbüttel aus südwärts rückte, um die Vereinigung der Wallensteinschen Truppen mit denen Tillys zu verhindern und, wie man annehmen durfte, beide Heere getrennt zu schlagen, sah es aus, als stehe man vor einer Wendung der Dinge.

Allein, gerade hier versagte die Führung. Christian von Dänemark rückte zwar südwärts bis gegen Duderstadt, aber er kam zu spät. Die Wallensteinschen Regimenter hatten die Armee Tillys bereits erreicht, und der kriegserfahrene alte General stand östlich vor Northeim, das er belagert hatte, gefechtsbereit in der rechten Flanke des Königs. Christian scheute sich, die ihm angebotene Schlacht anzunehmen, eilte vielmehr schleunigst wieder nordwärts auf seine alte Basis. Aber Tilly folgte ihm wie so oft in scharfen Märschen und stellte ihn in der Gegend von Lutter am Barenberge zwischen Seesen und Wolfenbüttel am 27. August 1626 zum Kampf. Die Truppen Christians hielten eine Zeitlang erfolgreich stand, dann aber wurden sie, wie es scheint, von den Wallensteinschen Reitern umgangen und zersprengt. Der König verlor alles Geschütz, hatte sehr viele Tote und rettete sich nur mit Teilen seiner Reiterei am Abend nach Wolfenbüttel.

Tillys Sieg wirkte ähnlich, wie einst die Schlacht am Weißen Berge oder der Erfolg von Stadtlohn. Die katholische Sache, eben noch gefährdet, war glänzend hergestellt. Besonders stark war auch jetzt der moralische Eindruck. Waren die norddeutschen Fürsten, wie wir gesehen haben, ohnehin keine Helden, so benahmen sie sich jetzt erst recht kümmerlich. Einer nach dem anderen beugte sich dem Kaiser. Selbst in der eigenen Familie erlebte der königliche Herzog von Holstein den Abfall. Nur die so oft getreuen Mecklenburger hielten auch diesmal stand. Von Friedrich Ulrich von Wolfenbüttel lohnt sich kaum zu reden; er gelobte die Schließung seines Landes für die Gegner und Gehorsam gegenüber der kaiserlichen Rechtsprechung. Auch der Kurfürst von Brandenburg bemühte sich um Gnade. Schwarzenberg kam der kursächsischen Politik rückhaltlos entgegen durch eigenmächtige Preisgabe des brandenburgischen Widerstands gegen die bayrische Kur. Die beiden obersächsischen Kurfürsten gefielen sich in der Freude darüber, daß der Däne und wohl auch der Schwede vom Reiche ferngehalten seien; sie übersahen, daß der Kaiser seit hundert Jahren mit spanischen und italienischen Truppen in Deutschland kämpfte.

Mittlerweile war Wallenstein dem Grafen von Mansfeld und dem Herzog von Weimar durch Schlesien nach Mähren und an die ungarische Grenze gefolgt. Am 2. September 1626 stand er in Olmütz. Bald rückte er Mansfeld unmittelbar nach, traf ihn bei Kremsier, aber Mansfeld wich einer Schlacht aus, und der zögernde Wallenstein verlor zunächst seine Spur. Dafür rückte er den Ungarn entgegen, und es schien am 30. September zu einer Entscheidung wenigstens zwischen ihm und Bethlen Gabor kommen zu sollen. Allein, jetzt vermieden beide Teile das Schlagen, und bald befand sich der Siebenbürger wieder in Friedensverhandlungen, in denen er Mansfeld preisgab. Mansfeld und Weimar zogen ihre Truppen in Oberschlesien zusammen, doch verließ Mansfeld in Kürze die Armee, um, wie er sagte, in Venedig für neue Mittel zu sorgen. Mit wenigen Reitern schlug er sich quer durch Ungarn und Bosnien in der Richtung auf Dalmatien. In Rakovica unweit Sarajewo erlag er am 30. November einem Blutsturz. Am 14. Dezember folgte ihm, auch zu Tode erschöpft, der erst zweiunddreißigjährige Johann Ernst von Weimar in dem ungarischen Städtchen Szent Marton. Ihre Truppen wurden von Joachim von Mitzlaff zusammengefaßt und einstweilen in Winterquartieren geordnet untergebracht.

Man begreift, daß außer dem Kurfürsten Maximilian von Bayern auch die Gegner Wallensteins am Hofe von dem Ergebnis seiner so großartig begonnenen Kriegführung wenig erbaut waren. Was hatte »die schönste Armee« Positives geleistet? Den Erfolg in Niederdeutschland hatte Tilly davongetragen; die Niederwerfung Oberösterreichs verdankte man Pappenheim; und die Befreiung von dem Angriff auf Schlesien und Ungarn schien weniger ein Erfolg Wallensteins als ein Versagen seiner Gegner. Nahm man am Hofe dazu die beweglichen Klagen aller Stände des Reiches, auch der friedlichen, ja sogar der verbündeten, über die unerträglichen Anforderungen des Friedländers, über die Aussaugung ihrer Lande und die Willkür der Armee, so begreift man eine bis zur Erregung gesteigerte Mißstimmung über die in so grobem Mißverhältnis zu seinen Leistungen stehende Haltung des kaiserlichen Generals. Den Gipfel bildete seine Absicht, den Truppen ausgerechnet die kaiserlichen Erblande als Winterquartiere anzuweisen – das bedeutete die kaiserlichen Kammergüter und die Besitzungen des Hofadels. Die Verstimmung blieb dem Herzog nicht verborgen. Geschickt fing er sie auf, indem er um seine Entlassung bat.

Sollte der Kaiser die Armee entlassen? Woher wollte er die Mittel nehmen, sie zu entlohnen? Auf jeden Fall bedeutete die unversehrte Armee eine Macht; erst recht ihr Führer. So sandte der Hof den Fürsten von Eggenberg zu Verhandlungen mit Wallenstein nach Bruck an der Leitha. Das Ergebnis dieser Besprechung von Ende November 1626 war ein voller Erfolg des Herzogs. Er erreichte alle seine Forderungen, die Winterquartiere so gut wie die Werbe- und Musterplätze. Dafür unterbreitete er nun freilich dem Hofe einen gewaltigen Kriegsplan für das neue Jahr.

Das Vorspiel sollte die Vernichtung der gegnerischen Reste in Oberschlesien bilden; dann, als gälte es die Pläne Gustav Adolfs in umgekehrter Richtung aufzulösen, Unterstützung der Polen gegen die Schweden und Vertreibung Gustav Adolfs aus dem polnischen Lehnsstaat Preußen, wo er in der Tat im Sommer 1626 in Pillau, dem Hafen von Königsberg, und an den Nogat- und Weichselübergängen von Marienburg und Dirschau Fuß gefaßt hatte; endlich, Eingehen auch auf die spanischen Pläne des Handelskriegs und der Herrschaft über die Meere.

Maximilian von Bayern spürte mit der von Eifersucht geschärften Einsicht deutlich genug, wie sehr sich Wallensteins Pläne von seinen Idealen einer reichsfürstlich katholischen Politik entfernten. Kein Wunder, daß er seine Stellung in der Liga stärkte und für die Verbindung mit Frankreich gegen die Übermacht des Hauses Habsburg empfänglich blieb. Frankreich hatte seinerseits allen Grund, nach einem Bundesgenossen auszuschauen, da seine Freundschaft mit England längst in den Fundamenten wankte.

So verschoben sich die Figuren des Hintergrundes, während Wallenstein immer selbstbewußter, aber auch großartiger in den Vordergrund trat. Es gewährt noch heute eine geistige Befriedigung, sich zu vergegenwärtigen und nachzuerleben, mit welcher sicheren Folgerichtigkeit Wallenstein mit dem Sommer 1627 in die Operationen eintrat, die Truppen Mitzlaffs umstellte und den letzten leistungsfähigen Rest in Kosel am 10. Juli zur Ergebung zwang, im übrigen in Anlehnung an die feste Position Tillys im südlichen Niedersachsen, die politische und militärische Front Christians von Dänemark in Norddeutschland von Osten nach Westen hin planmäßig aufrollte. Brandenburg, Preußen, Mecklenburg, das südliche Holstein wurden nach und nach besetzt, die Elbe von Osten her erreicht.

Während dieser Zeit bezwangen die Truppen Tillys Northeim, belagerten und nahmen (24. Dezember) Wolfenbüttel, rückten über Nienburg, das der Oberst Erwitte am 12. November nahm, ins Bremische vor und, an der Elbe, auf die Übergänge von Lauenburg und Boitzenburg. Von der Elbe aus beherrschte der General westwärts Oldenburg und die Bistümer bis nach Ostfriesland.

Schon vorher, seit Anfang September, konnte Wallenstein von seiner sicheren norddeutschen Basis aus durch den General Grafen Schlick seine Truppen über Holstein nach Schleswig und Jütland vorschieben, überall nach der uns bekannten Art Kontributionen und Leistungen erzwingend. Die kaiserliche Armee hatte die Nordspitze des mitteleuropäischen Kontinents erreicht. Die Blicke der Führer durften über Nord- und Ostsee schweifen. Hätte sich jener Plan der Handelskompagnie verwirklichen lassen und der Kaiser jetzt über eine Flotte verfügt, so wäre der Krieg gegen Dänemark noch weiter zu unabsehbaren Folgen zu führen gewesen. So aber bei der ablehnenden Haltung auch der Hansestädte stand man im Winter 1627/28 wieder einmal an einem Ende. Denn die Ernennung Wallensteins zum »General des baltischen und ozeanischen Meeres« im Januar 1628 war einstweilen nicht viel mehr als eine der hochtönenden Phrasen, die das Jahrhundert zur Mode brachte.

Und doch berührten sich mit diesen Ideen Wallensteins Bemühungen um das Herzogtum Mecklenburg. Er war längst Reichsfürst und sogar Herzog, aber zwischen dem Titularfürstentum in Böhmen und einem wirklich reichsständischen Fürstentum alten Stils, wie Mecklenburg, war denn doch noch ein gewaltiger Unterschied. Nur aus der überraschenden Verschiebung der Grenzen des Möglichen, die ein großer Krieg mit sich bringt, läßt es sich erklären, daß die Hofburg auf den ungeheuren Gedanken einging, die mecklenburgischen Herzöge einfach ihrer Lehen für verlustig zu erklären und einen geborenen Tschechen nichtfürstlichen Geblüts in ein deutsches

Reichsfürstentum einzusetzen – erst in der Form des Pfandbesitzes, dann (16. Juni 1629) durch förmliche Belehnung.

Dem neuen Herrn von Mecklenburg war es seinerseits anscheinend Ernst mit dem Eintritt in den Wettbewerb um die Herrschaft über die Ostsee an der Seite Dänemarks und Schwedens. Die erste Kraftprobe galt Stralsund.

Hier kam er schon zum Stehen. Es ist das Wunderbare an aller Geschichte, daß sie immer wieder bald den einzelnen, bald ein kleines Gemeinwesen an den Wendepunkt der Ereignisse stellt und deren Fortgang von ihrer Haltung entscheidend abhängen läßt. Jetzt winkte diese Gunst der pommerschen Hansestadt, die sich längst den Ansprüchen ihrer Herzöge gegenüber selbstbewußt und tapfer gehalten hatte. Das protestantische Stralsund bewährte seinen Mut, indem es sich gegen eine kaiserliche Besatzung sträubte. Dänemark und Schweden stützten die Stadt von der See her. Gegen die Neigung des Rats beharrte gerade die Bürgerschaft in ihrem Trotz und in ihrer Treue zum Vertrage mit Schweden. Eine Zeitlang durch Hans Georg von Arnim, dann durch Wallenstein selbst belagert, hielt Stralsund 1628 auch planmäßigen Sturmangriffen stand.

Zum Überfluß landete im Rücken Wallensteins König Christian auf Usedom und rückte vor in Pommern. Wallenstein zwang ihn zwar zum Rückzuge auf seine Schiffe, vermochte aber mangels einer Flotte nicht, ihn zu verfolgen. De Ray saß in Wismar ohne viele Möglichkeiten; Wallenstein wollte nicht auch Lübeck verärgern. Aus dieser wenig erfreulichen Lage befreite den kaiserlichen General das schon seit Monaten bemerkbare Friedensverlangen der Dänen und der Holsteiner. Wallenstein mochte daran denken, daß es Zeit sei, wieder einmal eine reiche Ernte in Sicherheit zu bringen.

Auch in den Kreisen der Liga beschäftigte man sich angesichts der überraschenden Erfolge an der niederdeutsch-dänischen Front längst mit Erörterungen über die Kriegsziele. Der Liga lag nichts an den Ideen der Herrschaft über die Meere, an der Stärkung der Macht des Kaisers oder gar des Friedländers. Vielmehr wollten ihre Mitglieder jetzt endlich das Erworbene genießen und sich der Herstellung des alten Reichsrechtes erfreuen. Dazu gehörte freilich kirchenpolitisch auch die Behauptung der Stifte, allgemein der Kirchengüter. Wenn ihnen daneben noch eine Frage als wichtig galt, so war es natürlich die vollkommene Sicherung Maximilians im Besitz der pfälzischen Kur.

Schon auf dem Kurfürstentage zu Mühlhausen im Oktober 1627, der unmittelbar auf die großen Erfolge Tillys und Wallensteins folgte, war von allen diesen Dingen die Rede. Die förmliche Verbriefung, auch für die Erblichkeit der Kur, erfolgte in der Tat schon nach einem halben Jahre am 22. Februar 1628. Der so befestigte Kurfürst ließ im nächsten Jahre (Februar 1629) den Ligatag von Heidelberg noch einmal nachdrücklich beim Kaiser gegen

Wallenstein vorstellig werden. Die Liga gab ihren Forderungen durch Bereitstellung von Mitteln für eine stattliche Armee den nötigen Nachdruck.

Während dieser Zeit hatte der Kongreß zu Lübeck begonnen. Seine Verhandlungen erhielten ihr besonderes Gepräge durch den Anteil der Schweden, die sich schon wegen Stralsund mit eingefunden hatten. Zwischen Christian IV. und Gustav Adolf bewährte sich der alte Gegensatz, der den Kaiserlichen zugute kam. Für sie war es doch ein großer Erfolg, Dänemark nicht nur von den Schweden, sondern fortan auch von den Norddeutschen fernzuhalten. Am 22. Mai 1629 kam man zum Abschluß des Friedens, Christian IV. erhielt Schleswig-Holstein und Jütland ohne Gegenleistung zurück – nur, daß er allerdings auf die niedersächsischen Stifte, in denen er Fuß zu fassen hoffte, verzichten mußte.

Die Frage der Stifte aber wurde unmittelbar danach nicht auf einem europäischen Kongreß, auch nicht auf einem deutschen Reichstag, sondern der neuen Richtung der Hofburg entsprechend durch das kaiserliche Restitutionsedikt vom 6. März 1629 entschieden. Es bestimmte ganz im Sinne der uns bekannten Reichskammergerichtsentscheidungen und erst recht des kaiserlichen Hofrates in strengster Auslegung des Augsburgischen Religionsfriedens, daß alle seit dem Passauer Vertrag von 1552 eingezogenen reichsmittelbaren, also landsässigen geistlichen Güter und alle seit dem Augsburger Religionsfrieden von 1555 von Protestanten in Besitz genommenen reichsunmittelbaren Stifte zu restituieren und demgemäß auch der katholischen Reformation zuzuführen seien.

Die Folgen des Edikts sind später durch den unerwarteten Fortgang des Krieges überholt worden. Im Augenblick aber waren sie bedeutend genug und als Ausdruck des Zieles der katholischen Politik überaus bemerkenswert.

Wir erinnern uns des schwebenden Kampfes um Halberstadt zwischen Braunschweig, Brandenburg und Dänemark. Braunschweig-Wolfenbüttel, das unter Heinrich Julius noch an führender Stelle der Macht und der Kultur in Norddeutschland gestanden, schied ganz aus; ohnehin ging die geforderte Restauration des »Großen Stifts« in Hildesheim auf seine Kosten. Auch Brandenburg, obwohl schon in der Coadjuterie, erreichte seine Hoffnungen nicht. Unter dem Eindruck der kaiserlichen Erfolge war vielmehr schon am 30. Dezember 1627 der nun glücklich dreizehnjährige Sohn des Kaisers, Erzherzog Leopold Wilhelm, zum Bischof erkoren. In Magdeburg kam ihm im nächsten Jahre zwar das kaisertreue Kursachsen zuvor; doch konnte nach dem Restitutionsedikt von einem protestantischen Administrator fortan nicht mehr die Rede sein: Der Papst ernannte Leopold Wilhelm auch für Magdeburg, und Sache des Kaisers war es, ihn zwangsweise in das Stift zu bringen. In Osnabrück, wo ebenfalls Dänemark in Wettbewerb mit der katholischen Partei des Kapitels stand, befestigte sich natürlich der schon 1625 gewählte Graf von Wartenberg, der es aber erst 1628 gewagt hatte, in seine Diözese zu ziehen. Dann freilich ließ er sich angelegen sein, den schon von seinem Vorgänger berufenen Jesuiten ein Kollegium zu stiften und die angeblich von Karl dem Großen mit lateinischen und griechischen Studien begründete Domschule zu einer *Academia Carolina*, zu einer Akademie mit zwei Fakultäten, mit Rektor und Promotionsrecht, auszubauen. Aus den alten Einkünften der Augustiner und zahlreichen anderen Benefizien schuf er die materielle Grundlage für das Kollegium, während er aus laufenden Mitteln die Räume der Akademie erbaute, die ursprünglich schon am 1. Mai eingeweiht werden sollte. Durch allerlei Zwischenfälle, Antritt des Bistums Verden (1630), und Mindens (1631) verzögerte sich das große Fest, zu dem aber die Festschriften *Coronis Apollinea* und des *Athenaeum Christianum* schon 1630 gedruckt wurden. Selbstverständlich verschönten Deklamationen und prunkvolle moralische Aufführungen nach jesuitischer Tradition das Fest.

Die kulturellen Folgen des allgemeinen Umschwungs spürte man auch an der jungen schaumburgischen Hochschule zu Rinteln, 1619 durch den gebildeten und künstlerisch feinsinnigen Grafen Ernst gegründet, im März 1630 aber in willkürlicher Ausdeutung des Restitutionsedikts von Benediktinern, anscheinend aus Corvey, übernommen; denkwürdig dadurch, daß gerade in dieser Zeit (1631) zu Rinteln die *Cautio criminalis* des Jesuiten und Dichters Friedrich von Spee, die erste aus der Seelsorge an den Opfern selbst erwachsene Bekämpfung des Hexenunfugs, gedruckt wurde. Bald darnach vollendete der aus Kaiserswerth gebürtige Dichter die mystisch tiefreligiösen Poesien seiner »Trutznachtigall« (1634).

Rinteln ist ein sprechendes Beispiel für die Störung gesunder und glücklicher Tradition; nicht minder aber auch dafür, daß die Gegenreformation geistig den Erfolgen der Waffen in ihrer Art gewachsen blieb und der priesterliche Nachwuchs mit ernstem Bemühen ans Werk ging, eine neue Kultur aufzubauen.

Da bereiteten sich im Reich und in den Nachbarländern weitere Veränderungen vor, die den fast schon vollendeten Sieg der Gegenreformation in Deutschland wieder zunichte machen sollten.

Gustav Adolf und Wallenstein

Seit den Tagen Luthers und Karls V. entbehrte die deutsche Geschichte der Persönlichkeiten von eigenem Stil und ursprünglicher Einwirkung auf den Gang der Dinge im großen. Die geistlichen und weltlichen Vorkämpfer der Gegenreformation, wie Julius Echter von Würzburg und Kurfürst Maximilian von Bayern, haben sich schließlich doch mit kürzeren Zielen begnügt. Die Generale von Bedeutung, wie Tilly, waren Fremde, die deutschen großenteils Abenteurer oder, wie Baden und Weimar, vom Glück nicht getragen und zu kurz auf der Bühne.

Dagegen war in der Figur Wallensteins ein Geschäftsmann und Truppenführer hervorgetreten von ganz ungewöhnlicher Intelligenz und Organisationskraft; großartig in seinem Auftreten und doch lauernd und den Augenblick ergreifend, wenn er ihm zu dienen schien; hemmungslos ungebunden und doch irgendwie nach etwas Bleibendem trachtend; von hochgemutem Ehrgeiz und wirklicher Herrengabe, aber zu leicht emporgekommen und vom Schicksal verwöhnt. Bis auf Maximilian und Tilly war er ohne charaktervolle Gegenspieler oder Genossen geblieben und vielleicht deshalb von gefährlicher Menschenverachtung. Er überschaute wie die hervorragenden Berater der spanischen Könige und die geistlichen Diplomaten Frankreichs und der römischen Kurie die sachlichen und persönlichen Bedingungen des Geschehens weitblickend und scharfsinnig. So zeigte er sich bei den Verhandlungen auch in scheinbar verzweifelten Lagen immer allen anderen überlegen. Das drohende Gewölk des Unmuts, des Hasses und der Eifersucht auf seine Stellung und auf sein Verhalten hatte ihn bisher nicht ernstlich gekümmert. Dem Kaiser immer wieder unentbehrlich als Geldgeber und als Heerführer, hatte er alle Angriffe verhältnismäßig leicht abgewehrt.

Aber für den Kaiser gab es doch noch andere Rücksichten. Mochte immer der Kurfürst von Bayern dem Habsburger nicht bequem sein – als mächtiger Landesfürst und kluger Führer der Liga besaß er eine zu gefestigte Stellung, als daß man ihn ganz hätte beiseite lassen können. Und eben er war zugleich Träger höherer Ideen, denen der Kaiser innerlich sich ergeben fühlte. Der Kaiser war ihm verpflichtet, und der Bayer hatte Pfänder in Händen. Auch war er jetzt als Kurfürst einer von den Sieben, die hinfort über die Verbundenheit der Dynastie der Habsburger mit dem Reiche zu entscheiden hatten. Ferdinands II. älterer Sohn Johann Karl war mit 14 Jahren gestorben; jetzt zählte der nächste, Ferdinand, 21 Jahre. Er war mit einer Tochter Philipps III. verlobt, und diese Verbindung erweckte die höchsten Aussichten, solange dem Könige von Spanien ein männlicher Erbe fehlte. Ferdinand war 1625 in Ungarn, 1627 in Böhmen schon zum Könige erhoben; sein Vater wünschte auch im Reiche seine Nachfolge zu sichern.

Anfang Juni 1630 eröffnete der Kaiser einen Kurfürstentag zu Regensburg. Sachsen und Brandenburg hatten sich auf Gesandte beschränkt, die obendrein vor allem Verwahrung einlegen sollten gegen das Restitutionsedikt, gegen die unerträgliche Last der kaiserlichen Truppen und gegen die befürchtete Königswahl. Die katholischen, das heißt die geistlichen Kurfürsten und Bayern waren zwar persönlich erschienen, aber auch sie klagten über die Ansprüche der kaiserlichen Truppen und das Gebaren Wallensteins, hatten im übrigen ebenfalls wenig Neigung, auf die kaiserliche Proposition einzugehen. Diese hatte klug abwartend im Augenblick jedes Wort von Königswahl und Restitutionsedikt vermieden, verlangte nur

Abwehrmaßregeln gegen die Generalstaaten, Gustav Adolf, Frankreich und Venedig. Aber die Aussprache gab Gelegenheit genug zu weitergehenden Erörterungen und Klarstellungen. Mitte Juli erteilten die Kurfürsten ihre förmliche Antwort: die Armee solle verkleinert und durch einen Reichsstand geführt werden, nach innen und nach außen müsse man auf Frieden bedacht sein; ja sie sprachen es aus, daß man durch Einwirkung auf Spanien die Generalstaaten, durch Herstellung der Herzöge von Mecklenburg am Ende auch den König von Schweden befriedigen werde. Der Kaiser mußte sich davon überzeugen, daß er mit der bisherigen Politik jedenfalls das ganze Reich gegen sich habe. So opferte er Wallenstein. Am 13. August teilte er den Kurfürsten mit, daß er die »Kriegsdirektion« der Armee ändern wolle; am 13. September wurde die Entlassung Wallensteins seinen Generälen bekannt gemacht.

Dieses alles geschah in denselben Monaten, da Gustav Adolf sich anschickte, nicht etwa wegen der Herzöge von Mecklenburg, sondern aus viel größeren und allgemeineren Notwendigkeiten mit klarem Vorbedacht in die deutschen Kriegshändel einzugreifen. Der König von Schweden hatte die deutschen Dinge bisher nur zögernd berührt, so leidenschaftlich sie ihn auch machtpolitisch und konfessionell seit Jahren erregten. Schon 1627 hatte er den Protestanten eine Freistatt in Schweden angeboten. Auch für ihn waren die Erfolge der kaiserlich-katholischen Gegenreformation offensichtlich. Seit dem Sieg am Weißen Berge und der Überwältigung des Bauernaufstandes war in den Erblanden bis zur polnischen Grenze jeder Widerstand erstickt. Die Erfolge am Mittelrhein und Tillys Waffentaten bei Stadtlohn und Lutter am Barenberge hatten die drohende Verstärkung der deutschen Protestanten durch die Niederlande und Dänemark abgeschnitten. Für Norddeutschland hatte Wallenstein die Summe gezogen, durch den Lübecker Frieden bekräftigt und als Herzog von Mecklenburg Anstalten gemacht, als Mitbewerber um die Ostsee aufzutreten – gerade in dem Augenblicke, da Schweden seine Überlegenheit über Polen und Dänemark gesichert hatte. Für Deutschland nahm zudem das Restitutionsedikt weitere Fortschritte des Katholizismus vorweg. Was Wunder, wenn dem König von Schweden ebenso die protestantische Sache wie seine Herrschaft über die Ostsee auf das schwerste gefährdet erschien! Die geringe Widerstandskraft des Kurfürsten von Brandenburg hatte er schon in Preußen erproben können. Was blieb sonst an Gegenmächten nach der immer wieder zweifelhaften Haltung Kursachsens? Die Stellung Wallensteins war noch nicht erschüttert, als der König am 8. April 1630 seine Truppen von Stralsund nach Rügen übersetzen ließ; auch nicht, als er sich Ende Mai von seinen Ständen mit dem denkwürdigen Hinweis darauf verabschiedete, daß er vielleicht nicht zurückkehren werde. Am 6. Juni landete er bei Peenemünde, am 16. betrat er nach leichter Überwindung der kaiserlichen Besatzungen auf Usedom und Wollin die pommersche Herzogsstadt Stettin.

So befand man sich im Sommer 1630 welthistorisch in der Tat an einem kritischen Punkt, und es mag sich auch für unsere Darstellung empfehlen, innezuhalten, um die Tendenzen und die Kräfte zu würdigen, die sich bald mit so furchtbarer Wirkung auf deutschem Boden gegeneinander bewegten.

Die katholische Welt darf man sich politisch keineswegs als geschlossene Einheit gegenüber der aufsteigenden protestantischen vorstellen. Sie umschloß noch immer das Staatensystem des frühen 16. Jahrhunderts mit den alten Gegensätzen. Darin bildete auch der Papst als Herr des Kirchenstaates eine Größe wie alle anderen. Und Urban VIII. dachte so wenig wie seine Vorgänger in den Tagen Karls V. daran, das in Italien noch immer so mächtige Haus Habsburg um seiner konfessionellen Verdienste in Deutschland willen noch weiter zu stärken. War schon der Religionsfriede von 1555 der Kurie ein Greuel gewesen, so gefiel sie sich darin, auch das Restitutionsedikt, das sich äußerlich darauf gründete, zu verwerfen. Es dauerte nicht lange, so tat der Papst die verwegene Äußerung, daß das Unglück des Kaisers wohl göttliche Vergeltung sein werde.

Frankreichs Politik schien erst recht vorgezeichnet. Ihr Träger war immer uneingeschränkter der Kardinal Richelieu. Emporgekommen als Kleriker und Bischof in einer Zeit vorwiegend kirchlicher Richtung, kannte er doch bald nur die Macht des Staates, dem er diente, dem er alle, auch die protestantischen Mächte nutzbar zu machen wußte. Gewiß mehr überzeugter Katholik als Heinrich IV. trat er doch ganz bewußt in dessen Bahnen. Einheit im Innern, Geschlossenheit und Macht nach außen blieben die Ziele; seine Mittel kluge Diplomatie, Wartenkönnen und im richtigen Augenblick unbedenkliches Zugreifen.

Die Umklammerung Frankreichs durch die spanische Macht war keineswegs gelöst. Auch durch das Veltlin bewegten sich immer wieder spanische Truppen. Bald sollte der Kardinal-Infant, dem die Niederlande anvertraut wurden, mit Heeresmacht die alten Straßen ziehen. Doch bot sich inzwischen die Möglichkeit einer Auflockerung der spanischen Macht in Italien, insofern durch den Tod Vincenz' II. aus dem Hause Gonzaga (1627) die Herrschaften Mantua und Monferrat erledigt wurden und der Franzose Karl von Gonzaga-Nevers der nächstberechtigte Erbe war. Das Herzogtum Mantua lehnte sich östlich gegen Venedig, die Markgrafenschaft Monferrat westlich gegen Piemont unmittelbar an das spanische Herzogtum Mailand an. Der Kaiser, in diesem Falle ganz der spanischen Politik ergeben, machte die alten Rechte des Reiches geltend und schickte sich an, das Herzogtum und die Markgrafschaft einstweilen in Sequester zu nehmen. So liegt die Bedeutung der Sache, die an sich die deutsche Geschichte kaum berührt, in den beiden Umständen, daß die Einheit der habsburgischen Politik aufs neue vor aller Augen sichtbar wurde und daß sie kriegerische Verwicklungen nach sich zog, die Richelieu zum persönlichen Eingreifen und die Spanier in Mailand zu militärischen Reserven veranlaßten, die jeden Augenblick in Oberdeutschland Bedeutung gewinnen konnten.

Wirklich gelang es den Franzosen im Frühjahr 1630 über Susa vorzurücken, Pinerolo am Rande der oberen Poebene und damit in der Tat eine Art Schlüsselstellung Oberitaliens zu nehmen, bald auch ganz Savoyen zu unterwerfen. Allerdings behaupteten sich Spinola in Monferrat und Collalto in Mantua, aber von der Energie Richelieus war weiteres zu erwarten. Wenn auch sein Heer bald durch Seuchen litt, so nutzte er doch seine Stellung rücksichtslos aus, in Regensburg den nötigen Druck auf den Kaiser auszuüben.

Die Stimmung der katholischen Kurfürsten kam ihm entgegen, und der Kapuzinerpater Joseph tat das Seinige, durch salbungsvolle Reden das politische Spiel zu verschleiern. Aber es bestanden auch wirkliche Interessengemeinschaften der katholischen Reichsstände mit Frankreich; beide fürchteten die wachsende Übermacht des Hauses Habsburg. So pflegte die römische Kurie ähnlich wie Frankreich den alten Gegensatz Maximilians gegen das Kaiserhaus. Barberini schien sich dem Kaiser gegenüber für die Wahl seines Sohnes zu interessieren, versicherte aber gleichzeitig dem Kurfürsten von Bayern, daß die Kurie für ihn einträte. Auch die spanische Politik schied die Parteien. Suchte Wallenstein solange es ging, Spanien zu dienen durch eine zur Schau getragene Vorliebe für den italienischen Kriegsschauplatz, so lag eben darin nur um so mehr Grund zum Widerwillen Maximilians gegen ihn. Maximilian mißbilligte von jeher jede Einmischung in nichtdeutsche Verhältnisse; wir kennen das von den Niederlanden. Deshalb arbeitete ihm auch der spanische Gesandte auf alle Weise entgegen. Wallenstein seinerseits verwarf das Restitutionsedikt, in dessen Durchführung hinwiederum Maximilian und die streng katholische Partei das eigentliche Ziel aller Kämpfe sehen mußten; wenn sie zu Milderungen in der Handhabung geneigt waren, so betonten sie dadurch erst recht die Übereinstimmung im Grundsätzlichen. Die Meinungen gingen so weit wie möglich auseinander. Die katholische Gruppe hätte am liebsten Maximilian, der längst ihr Schwert und Schild war, zum Reichsfeldherrn erhoben gesehen.

Lösbar waren nach alledem die deutschen Verwicklungen nicht. Denn jede schroff katholische Gegenreformation unter Führung Bayerns mußte zum mindesten mit Gegenbewegungen der norddeutschen Kurfürsten und mit um so größeren Anstrengungen auf Seiten Schwedens rechnen, ohne der französischen Hilfe ganz sicher zu sein. Jede ausgesprochen kaiserliche Führung der katholischen Sache durfte sich vielleicht auf Spanien stützen, mußte aber der stärksten Gegenbewegung von seiten Frankreichs und Schwedens gewärtig sein.

So sah sich Kaiser Ferdinand in der neuen europäischen und deutschen Situation durch die ganz ablehnende Haltung der protestantischen Kurfürsten und die Zurückhaltung der übrigen sowohl in den Reichssachen wie in dem mantuanischen Handel verlassen und überall zum Nachgeben gezwungen. Pater Joseph führte die französische Sache zu einem für den

Kaiser höchst ungünstigen Vertrage über Mantua und Monferrat; aber selbst dessen Ratifikation verwarf noch Richelieu nach dem Tode Spinolas (23. September 1630) und unter dem Eindruck von Ferdinands Schwäche.

So lagen die Dinge, als sich die schwedische Landung auszuwirken begann. Gustav Adolf war ein mittlerer Dreißiger. Seine Natur war in allem das gerade Widerspiel des Friedländers. Dem äußerlichen Katholizismus des Böhmen stand ein weniger theologisch definierter, als lebensmächtig ergriffener Protestantismus gegenüber. Galten die Ehen Wallensteins einer ältlichen Erbin und höfischen Verbindungen, so überstrahlt die Jünglingsjahre des Prinzen von Schweden die schwärmerische Liebe zu Ebba Brahe, der er nur mit Rücksicht auf die Pflichten als König entsagte. Schienen die skrupellose Intelligenz und Entschlußkraft Wallensteins mit den Jahren von eigentümlicher Melancholie umdüstert und unsicher geworden, so sehen wir den König immer klarer und herrscher die persönlichen und die politischen Fragen behandeln und überall den gleichen festen Ernst bewahren. Sein Sinn war zeitlebens auf das Große und Bedeutende gerichtet. Kein Zweifel, von allem Anfang an tritt das Heldenhafte als der beherrschende Zug im Wesen des Königs hervor. Nicht, daß er den eigenen Nutzen, den Ruhm und die Größe seines Staates jemals aus dem Auge verloren, daß er im diplomatischen Spiel versäumt hätte, alle Mittel der Einschüchterung, im Kriege alle Waffen und alle Schrecken rücksichtslos einzusetzen, aber seine Richtung blieb gerade, sein Streben einheitlich, seine Treue unwandelbar.

Unendlich oft behandelt und doch nur aus dem weiteren Verlauf von Gustav Adolfs Unternehmung in ihrer Steigerung ganz zu verstehen, sind die Ziele des Königs in Deutschland. An der deutschen Küste Fuß zu fassen, wie an der baltischen, und Gegenmächte, wie den Kaiser, Wallenstein oder gar die Spanier fernzuhalten, war der noch nicht näher bestimmte Ausgangspunkt seiner Landung; das eigene Interesse diente offenbar zugleich der protestantischen Sache.

Aber gleich in dem ersten Vertrag auf deutschem Boden fixierte sich der Inhalt der angestrebten Machtstellung näher. Bogislav von Pommern mußte ein Bündnis eingehen, das auf der Voraussetzung eines Kampfes nicht gegen das Reich, sondern gegen die Tyrannei dieses Kaisers beruhte und das den Herzog gegen kaiserliche Besatzungen und andere widerrechtliche Gewalt schützen sollte. Dafür mußte der Herzog seine Lande, Städte und Häfen in den Dienst des Königs ergeben, eine Beisteuer von 200 000 Talern und einen Zollertrag von $3^1/_2$ Prozent leisten. Die kriegerischen und diplomatischen Operationen sollten ganz in den Händen des Königs bleiben. Von einem gleichberechtigten »Bündnis« war man weit entfernt. Die späteren Verträge gingen über diese Linie noch hinaus, wenn die Lage oder die Schwäche der Vertragschließenden dazu einluden; sie blieben umgekehrt dahinter zurück, soweit sich Widerstände ergaben oder das Interesse des Königs am Binnenlande geringer war, als an der Verfügung über die pommersche Küste. Erst später taucht der eigentlich imperialistische Gedanke auf. Wie die Erfolge des Königs wuchsen, steigerten sich auch die Worte in den Verträgen. Schon im Frühjahr 1631 ist von des »Königs absoluter Direktion dieses Bundes und des Bundeskrieges« die Rede; Fürsten traten in die *clientela* der schwedischen Majestät. Welche Formen ein protestantischer Staatenbund im einzelnen gewinnen würde und wie sich die Idee eines protestantischen Kaisertums verwirklichen ließ, darüber mögen der König und sein vertrauter Kanzler Oxenstierna oft gesonnen haben. Wie immer in der Geschichte, hätte erst der Verlauf der Geschehnisse ihren Gedanken die endgültige Form gegeben.

Gustav Adolf zog als kluger Politiker das freiwillige Bündnis natürlich dem Zwange vor. So lud er durch Gesandte alsbald Brandenburg und Sachsen, aber auch die entlegenen protestantischen Stände Nürnberg, Ulm und Württemberg zum Anschluß ein. Für Brandenburg war von vornherein sein Anspruch auf Pommern nach dem Tode Bogislavs, der seit 15 Jahren in kinderloser Ehe lebte, der entscheidende Punkt. Der König bestritt die Erb-Einung zwischen Brandenburg und Pommern nicht, stellte aber für den Anfall Pommerns fast unerfüllbare Bedingungen, so daß bald deutlich wurde, er werde die wichtige Odermündung nicht wieder aus der Hand geben. Brandenburg war an sich zum Bündnis geneigt, aber nicht um den Preis von Pommern oder gar von Preußen. Noch weniger war Sachsen gewillt, sich in einseitige Verträge einzulassen. Der Kurfürst Johann Georg (1611 bis 1656) schmeichelte sich, wie einst Moritz, eine Stellung zwischen den Parteien behaupten zu können und bereitete eine Tagsatzung der protestantischen Stände in Leipzig vor. Damit schien er auch anderen einen Rückhalt zu geben. Jedenfalls trat der von Gustav Adolf vielleicht erwartete allgemeine Anschluß der protestantischen Stände und damit die nötige Verstärkung seiner anfangs noch bescheidenen Streitkräfte nicht ein. Er war mit 13 000 Mann gekommen; gegen Ende 1630 waren es höchstens 40 000. Sein Vormarsch erhielt dadurch etwas zaghaft Stockendes.

In dieser Lage waren es zwei binnendeutsche Fürsten, deren mehr oder minder gut begründetes Vorgehen den König mit sonderbarer Notwendigkeit bald in das Innere des Reiches zog. Das waren der frühere Administrator von Magdeburg Christian Wilhelm von Brandenburg, der noch junge Oheim des Kurfürsten, und der Landgraf Wilhelm von Hessen-Kassel. Beide bemühten sich ihrerseits um Verträge, die entsprechend ausfielen, und der Landgraf hatte bald den verwegenen Mut, den Kaiserlichen die Quartiere zu kündigen. Christian Wilhelm aber, der einige Jahre durch die Welt gezogen war, erlebte die Freude, daß seine Stadt Magdeburg nach ihm und schwedischer Hilfe ausdrücklich verlangte. Die Gemeinde hatte die ausschließliche Macht der dreizehn Zünfte gesprengt und das Regiment der

Stadt verändert. Als das Ansinnen an den König gelangte, hütete er sich wohl, dem Administrator selbst militärische Gewalt zu geben; er sandte vielmehr seinen Hofmarschall, den tatkräftigen Dietrich von Falkenberg als Befehlshaber nach Magdeburg, verpflichtete sich dafür aber im Vertrage vom 11. August auch seinerseits zur Hilfeleistung.

Inzwischen hatten sich der Kaiser und die Liga dahin geeinigt, daß Tilly zugleich Befehlshaber der kaiserlichen Streitkräfte sein sollte. Als General trat ihm der erfahrene und entschlossene Pappenheim zur Seite. Aber die kaiserlichen Streitkräfte waren wegen der Unterkunft und Verpflegung weit auseinandergezogen, die Besatzungen im einzelnen schwach. So fand Gustav Adolf, als er sich von Stettin aus vorsichtig oderaufwärts bewegte, sehr viel geringeren Widerstand, als er erwartet hatte. Greifenhagen und Garz, die nächsten Plätze, fielen ihm fast mühelos zu. Als er aber Anfang Januar 1631 in Bärwalde stand, hatte er das Festungsdreieck Küstrin, Landsberg an der Warthe und Frankfurt an der Oder unmittelbar vor sich. So ging er auf Stettin zurück und wandte seine Kräfte zunächst südwestlich zur Einnahme von Demmin an der mecklenburgischen Grenze und zum Kampfe um Neubrandenburg, das ihm Tilly wieder abnahm. Dafür gewannen die Schweden nun doch den Wartheabschnitt und die mittlere Oder. Am 13. April fiel Frankfurt, wo sich die Rache für Neubrandenburg furchtbar austobte. Man vergaß, daß der König gekommen war, seine Glaubensgenossen zu schützen, nicht sie umzubringen.

Über den militärischen Operationen blieben die diplomatischen im Gange. Als Gustav Adolf noch in Bärwalde weilte, empfing er den französischen Gesandten Charnacé und schloß mit ihm am 23. Januar einen folgenschweren Vertrag auf fünf Jahre. War es ein täuschender Schleier oder der Ausdruck der eigenen Unklarheit über die besonderen Kriegsziele, was die Vertragschließenden zu Papier brachten über die »Befreiung der Nord- und Ostsee«, die »Restitution unterdrückter Reichsstände« und den Vorbehalt katholischer Religionsübung in den eroberten Orten – genug, daß die beiden Mächte, die sich in vorbeugender Sorge vor der Übermacht des Hauses Habsburg zusammenfanden, jetzt zu offensivem Vorgehen ausholten. Der König von Schweden verpflichtete sich auf Gestellung von 30 bis 40000 Mann, der König von Frankreich auf jährliche Zahlung von einer Million Pfund. Auch Holland trat bei mit einer Leistung von 50000 Gulden monatlich.

Es entsprach nicht den Wünschen Gustav Adolfs, und doch bedeutete es eine offensichtliche Stärkung wenigstens der protestantischen Sache, wenn einige Wochen später, Ende Februar, die protestantischen Reichsstände, Fürsten, Grafen und Städteboten in Leipzig wirklich zusammentraten und in seltener Einmütigkeit gegen das Restitutionsedikt und die kaiserlichen Kriegslasten protestierten. Nur der unbedingt kaiserliche Landgraf von Hessen-Darmstadt hielt zurück. Dafür hatte Gustav Adolf in dem Landgrafen von Hessen-Kassel, dem Herzoge Wilhelm von Weimar und dem Grafen Philipp Reinhard von Solms seine entschiedenen Parteigänger. Die Stände hielten eine mittlere Linie und beschlossen am 12. April 1631 eine kreisweise umzulegende Hilfe von 40000 Mann. Sie beharrten dabei trotz der kaiserlichen Warnung, daß die »Stände ohne kaiserliche Konsens kein *jus armorum* hätten«. Sie waren zu schwach, um zwischen dem Kaiser und Schweden wirklich unabhängig zu bleiben, und doch bedeutete dieses Aufraffen sehr viel, wie sich bald zeigen sollte. Sachsen rüstete unverzüglich und nahm sogar den ehemaligen kaiserlichen General Hans Georg von Arnim in seinen Dienst.

Ganz absonderlich, aber nach allem, was wir über die Zerklüftung Deutschlands wissen, doch wieder verständlich, war der fast gleichzeitige Abschluß des so lange vorbereiteten Bündnisses zwischen Maximilian von Bayern und Frankreich am 8. Mai. Frankreich wollte mit 11000 Mann, Bayern mit 4000 Mann gefaßt sein, dabei den Kaiser »ausgenommen« wissen. In Anlehnung an diesen Rückhalt stärkte Maximilian sich und die Liga auf dem Tage zu Dinkelsbühl.

Alles dieses trat weit zurück hinter dem längst entfesselten Kampf um Magdeburg. Die Bedeutung der alten Stadt als Schlüssel der Elbe und die erprobte Bekenntnistreue seiner Einwohner sollten eine wahrhaft grauenvolle Bestätigung erfahren. Tilly bewährte sein Feldherrntalent in der entschlossenen Zusammenfassung seiner Mittel. Die weit auseinanderliegenden kaiserlichen Truppen wurden um Magdeburg zusammengezogen; von den im ganzen sehr viel besser geordneten Truppen der Liga kam Pappenheim zur Verstärkung. Aber auch Gustav Adolf richtete sich auf die neue Lage ein. Sein linker Flügel behielt die Oder, sein rechter den Vormarsch über die Unterelbe im Auge. Mit dem Zentrum seiner Macht dachte er Magdeburg zu entsetzen.

Er kam zu spät.

Die Einschließung durch die kaiserlichen und ligistischen Truppen wurde ganz eng. Die kleine schwedische Besatzung von 2000 Mann, verstärkt durch 5000 Mann Bürgermiliz, hatte Mut und in Falkenberg einen entschlossenen Führer. Aber der Munitionsmangel begann drückend zu werden. Er pflegt moralisch noch stärker zu wirken, als materiell. Als am 4. Mai die Anfrage der Kaiserlichen auf Übergabe erging, waren gleichwohl Besatzung und Bürgerschaft in der Ablehnung noch so gut wie einig. Bei der Erneuerung am 18. Mai zögerte man. Am 20. Mai, frühmorgens, war man zu Verhandlungen geneigt. Aber eben an diesem Morgen hatte Tilly bereits zum Sturm angesetzt. Jeder wußte, was das bedeutete. Es bedeutete die Auswirkung des rohesten Kriegsrechts, und es sollte in Magdeburg entsetzlicher walten, als je zuvor. Denn nachdem Pappenheim von der Nordseite her den Sturm über die Bastionen zum Straßenkampf fortgetragen hatte, von den anderen Seiten ebenfalls die Wälle genommen waren und die Soldaten schon ihrem Blutdurst und allen ihren Lüsten hemmungslosen Lauf ließen, entstand, wiederum im Norden, eine Feuersbrunst, die sich bald in frischer Lohe über die ganze Stadt ergoß, über Gerechte und Ungerechte, Räuber und Lüstlinge so gut wie über wehrlose Bürger, schreckhaft und verzehrend. Daß Tilly dieses Letzte nicht verschuldete, darf man behaupten. Aber wo liegen überhaupt noch Verantwortlichkeiten, wenn die Kriegsfurie derartig entfesselt ist?

So standen am Anfang des neuen Kriegsabschnittes Feuerzeichen übelster Art. Der Krieg trat in seine am meisten zerstörende Periode. Waren bisher die Zwangseinquartierungen und Kontributionen mit allen Äußerungen der Roheit und Willkür die ärgsten Plagen der deutschen Lande gewesen, so sah sich jetzt auch der König von Schweden gezwungen, dasselbe System der Spanier und Wallensteiner zu übernehmen. Man glaubt zu sehen, wie der Krieg selbst nach und nach das Herz des Königs verhärtete. Nun gab es bald wenige Gebiete in Deutschland mehr, in denen nicht schwedische oder kaiserliche, ligistische oder protestantische Bundestruppen lagerten, verpflegt werden mußten und sich selbst in den Maßen der Gewalt bewegten.

Die nächste wichtige Wendung lag bei Kursachsen.

Gustav Adolf hatte seinen brandenburgischen Schwager zu dem neuen drückenden Vertrage vom 20. Juni vermocht, worin die Auslieferung der Festungen Küstrin und Spandau bis zum Ende des Krieges und eine Kontribution für zehn Regimenter vereinbart war. Auch in Mecklenburg und gegen das Stift Bremen machte Gustav Adolf Fortschritte. Tilly umgekehrt trieb nach Sachsen. Maximilian hinderte es so lange er konnte, um die Verbindung zu den reichsfürstlichen Stimmungen in Sachsen aufrechtzuerhalten. Darüber trat Tilly eines Tages südlich Werben, gegenüber Havelberg am linken Ufer der Elbe, ganz dicht vor die schwedische Stellung. Aber beide Teile vermieden das Treffen, um sich zu verstärken. Den Kaiserlichen zogen in absehbarer Zeit neue Truppen aus Italien zu. Insgesamt waren sie den Schweden an Zahl bereits überlegen. So kam auf Kursachsen alles an.

Tilly war nicht mehr zu halten. Am 5. September nahm er Merseburg. Damit trieb er die Sachsen den Schweden in die Arme und gab diesen zugleich diejenige Verstärkung, die das Gleichgewicht wieder herstellte. Denn am 11. September wurde zu Torgau das folgenschwere Bündnis zwischen Schweden und Sachsen geschlossen, diesmal auf dem Boden fast der Gleichberechtigung. Die kursächsische Politik war seit 1547 fast ununterbrochen kaiserlich gewesen, auch in sehr kritischen Tagen, wie vor der Schlacht am Weißen Berge. Nun erfolgte der völlige Umschwung.

Die welthistorischen Folgen traten alsbald ein. Am 15. September stand Tilly in Leipzig, während ganz in der Nähe die schwedische und die sächsische Armee sich vereinigten. Sachsen drängte zur Schlacht. Gustav Adolf zögerte; es war doch der erste wirklich schwere Waffengang auf deutschem Boden. Doch zogen sich die Feinde in der Tat entgegen. Am 17. September 1631 kam es nordöstlich Breitenfeld wirklich zum Schlagen. Ohne den Fuggerschen Zuzug abzuwarten, ordnete Tilly seine Reihen. Die Schweden waren beweglicher in ihren kleinen Einheiten, außerdem tiefer gegliedert; die Sachsen standen auf dem linken Flügel. Zwischen die schwedischen Kürassiere waren Musketiere eingeordnet, was den Kaiserlichen noch in der Erinnerung schreckhaft war. Aber die Kaiserlichen hatten zunächst Vorteile. Sie zersprengten die Sachsen und kamen in die linke Flanke der Schweden, wo Horn befehligte. Auch Pappenheim gelang es, links zu umfassen und in die rechte Flanke, in das Treffen Baners zu gelangen. Aber die zweiseitige Umfassung hatte wie so oft die Folge, daß die Mitte zerriß. Der schwedische Kern mit dem Könige konnte durchstoßen und die Gegner nach beiden Seiten auseinandertreiben. Tilly wurde verwundet; seine Armee völlig aufgelöst. Über Aschersleben gelangte Tilly nach Höxter an der Weser. Die kaiserlichen Truppen sammelten sich erst nach und nach weit im Westen des Schlachtfeldes, sofern sie nicht von den Bauern totgeschlagen wurden.

Die Schlacht von Breitenfeld bedeutete wieder einen Wendepunkt der deutschen Geschichte. Tilly und die Kaiserlichen hatten die erste schwere Niederlage erlitten. Das anspruchsvolle Auftreten des Königs von Schweden erhielt nachträglich seine innere Rechtfertigung. Das Gesetz des Handelns wurde fortan von ihm bestimmt, und auch der Geschichtsschreiber hat zunächst seinen Fahnen zu folgen. Sachsen hätte die Schweden gern über Schlesien weiter in die kaiserlichen Erblande abgelenkt, aber das entsprach nicht den Absichten des Königs. So kehrte er den Kriegsplan um und ließ Sachsen den Osten, während er sich westwärts wandte. Erfurt wurde sein erster Stützpunkt. Von hier brandschatzte er die reichen Stifte am Main, ließ sich aber bald weiter treiben gegen die Liga. Hans Georg von Arnim drang erfolgreich in der Lausitz vor und ließ sich durch die böhmischen Emigranten sogar vor Prag locken, das am 15. November in der Tat kapitulierte.

Unterdessen setzte sich Gustav Adolf am Main und am Mittelrhein in Winterquartieren fest. Unter dem Eindruck seines großen Sieges betrieb er den politischen Anschluß jetzt mit gesteigertem Nachdruck. In diesen Gebieten der unzähligen kleinen Reichsstände verhandelte er nicht mehr mit einzelnen Fürsten, sondern mit den Kreisen, die sich ja eben auch als Organe protestantischer Bundesbestrebungen dargestellt hatten. Der König hielt im Süden wie im Norden immer noch die Idee des Bundes aufrecht. Im Texte für den Herzog von Wolfenbüttel hatte er sich als »Haupt und Direktor der evangelischen Defensivverfassung« bezeichnet. Aber gleichzeitig betrachtete er sich in Oberdeutschland als Herrn der Länder, die er nach Kriegsrecht erobert haben wollte. Aus ihnen, besonders aus den geistlichen Gütern, begann er Belohnungen auszuteilen an Fürsten, Herren und Generale. Damit verließ er den bis dahin fast ängstlich gewahrten Boden des Vertragsrechts. Auch politisch gab es neue Wendungen. Die Generale erhielten ihre Besitzungen als schwedische Lehen. Aber auch gegenüber Fürsten begann man den Heimfall an Schweden beim Erlöschen des Hauses zu vermerken.

Jedenfalls war nun immer von der »Oberherrlichkeit des Königs« die Rede, womit er offensichtlich an die Stelle des Kaisers zu treten meinte. Damit änderte sich das Verhältnis zu Pommern. Der König dachte daran, als Herzog von Pommern Reichsfürst und als solcher wohl gar einmal erwählter Kaiser zu werden. Man darf fragen, ob es noch dieser Förmlichkeit bedurfte; der König übte längst die freiere Form unmittelbarer Herrschaft aus Macht. Allerdings war sein Verhältnis zu den einzelnen Ständen noch überaus ungleich. Einer festeren Verbindung mit Brandenburg stand jetzt und später Pommern im Wege, einer Eheschließung zwischen Prinzessin Christine und dem Kurprinzen Friedrich Wilhelm die Möglichkeit, daß der König noch Söhne erhalten konnte, während er schon jetzt die Erziehung Friedrich Wilhelms in Stockholm forderte. Kursachsen wollte seine Selbständigkeit noch weniger aufgeben. Ihm vor allem mußte daran liegen, den glücklich erreichten Zustand zu sichern. Hier also lagen, wie so oft, Tendenzen des Friedens.

Trotz ihres Frontwechsels zeigte die kursächsische Politik im wesentlichen die alten Züge aus der Reformationszeit – die ausgesprochene Neigung zu einer kaisertreuen Reichspolitik, sobald das Evangelium in den eigenen Grenzen gesichert war. Auch jetzt scheute sie die Auflockerung des Reiches, nahm geringes Interesse an einer Ausbreitung der Kirchenfreiheit auf die Calvinisten oder auf andere Staaten und sah in dem Könige von Schweden in erster Linie doch die fremde Macht. In dieser einheitlichen Richtung lebte noch immer das alte unpolitische Wesen des Luthertums. Seiner einfachen Rechtlichkeit entsprach auch das Streben nach neuen reichsrechtlichen Sicherungen, nach Ablehnung des Restitutionsediktes und Festlegung eines Normaljahres.

Es fragte sich, wie die übrigen Mächte zu solchen Friedensideen standen. Tilly hatte sich durch Fugger, Aldringen und das Kölner Ligaaufgebot wieder gestärkt und zog nach Süden zum Schutz der vornehmsten Bundesglieder. Durch Hessen gelangte er über das Mainzische Aschaffenburg nach Nördlingen nahe der bayrischen Grenze. Norddeutschland war nicht verloren, aber was die schwachen kaiserlichen Besatzungen bedeuteten, hatte man im Laufe des Jahres genugsam kennengelernt. Vernünftigerweise konnten auch der Kaiser und die Liga nur zum Frieden geneigt sein. Aber waren nicht alle Kämpfe vergebens gewesen, wenn man jetzt Frieden machte?

In diesem Zustande wurde das behutsame Eingreifen Frankreichs in den Krieg von wachsender Bedeutung. Für Richelieu lagen neue Antriebe in der Konkurrenz Schwedens und seinen immer deutlicher hervortretenden Ansprüchen auf eine Protektoratspolitik über die wesentlichen Reichsstände. Der Kardinal sah den König von Schweden am Mittelrhein bereit, jeden Augenblick über den Rhein hinüberzugreifen. Hier stand ein doppeltes französisches Interesse an der Macht in Lothringen auf dem Spiel; einmal in Fortsetzung der Politik des Jahres 1552 das Reichsvikariat über die lothringischen Bischofsstädte, zum zweiten die Sorge vor der Haltung des Herzogs von Lothringen, der bayrische und spanische Beziehungen pflegte und jetzt Richelieus Todfeind, dem Herzog von Orléans, Aufnahme gewährte. Am 27. Dezember 1631 ließ Richelieu das Städtchen Moyen-Vic im Stifte Metz durch la Force besetzen, später den Herzog von Lothringen zu einem ungünstigen Vertrage zwingen. Schweden gegenüber tauchte die Idee der Rheinlinie auf. Im ersten Stadium handelte es sich noch um eine Demarkationslinie innerhalb des Reiches; aber die Politik Richelieus wurde von Jahr zu Jahr anspruchsvoller und änderte darüber ihr Gesicht.

Neue Antriebe kamen auch, wie früher, aus Deutschland selbst.

Denn gleichzeitig erfolgten von seiten der spanischen Regierung in Brüssel Übergriffe in das Reichsgebiet, sogar der Anspruch auf Schutzherrschaft in der Stadt Trier. Das trieb den Erzbischof Philipp Christoph von Soetern, zugleich Bischof von Speyer, in französischen Schutz. Ehrenbreitstein und Philippsburg sollten französische Besatzungen erhalten. Damit bauten sich auch schon in die Idee der Rheingrenze die Brückenköpfe auf dem rechten Rheinufer ein. Dem Kaiser winkten umgekehrt die Spanier mit einer neuen Hilfsarmee in denselben Gebieten mit Rücksicht auf ihre alte Machtstellung in der linksrheinischen Pfalz. Hier überall also verhängnisvolle Lockungen.

In der Tat, zu einem allgemeinen Frieden fehlten im Grunde alle Voraussetzungen; am meisten bei den Schweden. Aber auch beim Kaiser. Er hatte in der letzten Kampagne eigentlich auf ein eigenes Heer verzichtet, denn Tilly war zuerst Feldherr der Liga und empfing von ihr zumeist auch seine Weisungen.

War es unter diesen Umständen nicht begreiflich, daß die Räte des Kaisers seine Aufmerksamkeit immer nachdrücklicher wieder auf Wallenstein lenkten?

Der unruhige Mann saß verärgert und doch voll von Plänen auf seinen Gütern, auch Aufgaben friedlicher Verwaltung und Bildung in seiner vom Sternenglauben so seltsam durchzogenen Geistigkeit hingegeben. Mit seinem alten Waffengefährten, dem Protestanten Hans Georg von Arnim stand er immer noch in Verbindung; ebenso mit den böhmischen Emigranten im schwedischen Heere. Wollte er sich und seinen Besitz für den Fall einer völligen Wendung der Dinge nur in Sicherheit bringen? Er ließ den König von Schweden wissen, daß es bei entsprechender Unterstützung möglich sei, den Kaiser in seinen Erblanden vernichtend zu treffen. Indessen blieb er zum Kaiserhof nicht minder in sehr engen Beziehungen und leistete ihm ab und zu seine guten Dienste. Er bediente sich also weiter, wie ein Reichsfürst, der absoluten Freiheit des Handelns, und man scheint es ihm nachgesehen zu haben, solange er nicht ausdrücklich wieder in kaiserlichen Diensten stand.

Eben darüber wurde nun verhandelt. Wallenstein hatte seine alten Freunde und die Unterstützung der Spanier. So konnte er hohe Forderungen stellen. Nicht nur, wie Gustav Adolf gegenüber den deutschen Ständen, die uneingeschränkte Befehlsgewalt, was unter anderem die Möglichkeit einer Betätigung des ehrgeizigen und begabten jungen Erzherzogs Ferdinand ausschloß; sondern auch starke finanzielle Sicherheiten; und endlich die Übernahme des Auftrags zunächst nur bis Ende März 1632, also nur zur Aufstellung einer Armee. Die Meinung war offenbar, daß dann der Kaiser an den in ganz anderer Position befindlichen Heerführer erneut als Bittsteller herantreten sollte.

Der Kaiser ging auf alles ein, und schon strömten die alten Soldaten zu den alten Fahnen. Mit den Soldaten die Obersten und Generale Ilow, Mathias Gallas, Aldringen, Schlick. Nach Aufstellung der Armee verlief die neue Verhandlung wie zu erwarten. Auf dringendes Ansuchen der kaiserlichen Räte ließ sich Wallenstein herbei, sich der allerhöchsten »Intention zu akkommodieren«.

Aber auch der Hof akkommodierte sich dem Herrn »Generaloberstfeldhauptmann« in allen Dingen. Ihm blieb die Auswahl der Offiziere überlassen; genug, wenn der Kaiser die Patente unterzeichnete. Ihm wurden finanzielle Sicherheiten geboten und Ersatz für das verlorene Mecklenburg; höhere Belohnung blieb vorbehalten. Nicht genug damit. Auch diplomatische und politische Machtvollkommenheiten erhielt der neue Armeeführer. Mit Sachsen sollte er in Güte verhandeln. Wie weit der Hof zu gehen geneigt war, lehrt das Gewissensbedenken der kaiserlichen Theologen, daß die Suspension des Restitutionsedikts, die Rückgabe norddeutscher Bistümer und besonders die zeitweilige Überlassung geistlicher Güter an Kursachsen und Brandenburg erlaubt sei, »wenn größerer Schaden der katholischen Religion dadurch verhütet werde«. Wallenstein löste seine Verbindung mit den Schweden, blieb aber auftragsgemäß mit Sachsen in Fühlung. Unzweifelhaft überschritt er aber dabei die Linie der Zugeständnisse, zu denen der Hof noch bereit war.

Während der Kaiser auf diese Weise wieder als starke und aktive Macht auf die Kriegsbühne trat, ordnete auch Gustav Adolf für den Sommer 1632 seine Armeen, die kleinen, meist von deutschen Fürsten befehligt, im Norden, die beiden Hauptmassen unter Horn und dem Könige selbst im Süden.

Die dritte Macht, die Liga, war zuletzt am meisten beiseite gedrängt. Ihr Feldherr war geschlagen, ihre wichtigsten Gebiete, bis auf Köln und Bayern, vom Feinde besetzt oder bedroht. Im Norden und Nordwesten befehligte Pappenheim. In Süddeutschland noch immer Tilly mit Unterstützung Aldringens. Tilly, trotz seiner dreiundsiebzig Jahre von jugendlichem Feuer, begann die Operationen mit einem erfolgreichen Vorstoß gegen die Armee Horns, die sich Bambergs bemächtigt hatte. Als der König selbst heranzog, wich ihm Tilly in die Oberpfalz aus. Der König hatte sich inzwischen wesentlich verstärkt; sein Heer zählte jetzt 19000 Mann zu Fuß und 16000 Reiter – man sieht, wie sehr die berittene Waffe gegen das 16. Jahrhundert wieder an Bedeutung gewonnen hatte.

In diesem Augenblick war zum ersten Male das Herzogtum Bayern ernstlich bedroht. Maximilian selbst erschien im Heere der Liga bei Ingolstadt. Die Schweden standen wenig aufwärts bei Donauwörth, das sie genommen hatten. In dem alten Operationsgebiet von 1546 manövrierten nun die ligistischen und die schwedischen Truppen. Gustav Adolf wollte den Übergang über den Lech bei Rain erzwingen. Tilly verwehrte ihn am 15. April mit großem Nachdruck. Aber er selbst wurde im Kampf tödlich getroffen und starb am 30. April zu Ingolstadt. Auch Aldringen wurde verwundet. Jetzt fürchtete der Kurfürst eine Umgehung durch die Schweden und führte seine Truppen nach Ingolstadt und Regensburg zurück. Oberbayern lag offen und Gustav Adolf schickte sich an, es mit bewaffneter Hand zu nehmen und gegen Österreich vorzurücken. Am 20. April kapitulierte Augsburg; man vereidigte Rat und Bürgerschaft als »Untertanen ihres natürlichen Herrn«, des Königs von Schweden. Dann rückte der König vor Ingolstadt. Aber diese bayrische Festung hielt sich ihres Kurfürsten würdig. Nach viertägiger Belagerung zog der König unverrichteterdinge ab. Es war sein erster Mißerfolg. Nun drohte er das Land Bayern »zum wenigsten zu verderben« Wirklich erlebte jetzt auch das bis dahin vom Kriege so völlig verschonte Bayern Tage rohster Plünderungen und Gemeinheiten. Der König selbst hielt in München Hof.

Endlich bequemte sich Wallenstein zum Eingreifen. Der Kaiser, machtlos gegenüber seinem fürstlichen General, hatte die Bayern, die ihn einst in Böhmen und Österreich vor allem gerettet hatten, völlig im Stiche lassen müssen. Erst nach der Kapitulation von Prag bewegte sich Wallenstein auf Eger; der Kurfürst stieß in der Oberpfalz zu ihm. Gustav Adolf kam zu spät, die Vereinigung zu hindern. Die Gegner, die er nahe vor Nürnberg sich gegenüber sah, waren ihm vielleicht um mehr als das Doppelte überlegen. So wäre es das Natürliche gewesen, die Übermacht auszunutzen und die Armee des Königs zu erdrücken. Das war auch die Meinung Maximilians, wie einst vor Prag.

Wallenstein hielt es für sicherer, sich in der Defensive zu halten. Er bezog ein ungemein festes Lager bei Zirndorf gleich westlich Nürnberg über dem Rednitztal, und setzte sich hier fest. Ja, er ließ es sogar geschehen, daß der König sich im Laufe von Wochen so verstärkte, daß sich das Verhältnis ihrer Kräfte nahezu umkehrte. Dann wagte der König den Sturm, vier Tage lang, vom 31. August bis zum 4. September. Mit ungeheurer Hartnäckigkeit wurde angerannt und gerungen. Es waren Massen- und Nahkämpfe, wie sie die letzten Jahrhunderte so nicht erlebt hatten. Der junge Bernhard von Weimar hatte einmal einen örtlichen Erfolg, aber im ganzen wurde der immer wiederholte Ansturm des Königs siegreich abgewiesen. Sein Heer war ermattet und entmutigt.

Wieder wäre es das Gegebene gewesen, nachzustoßen, und wieder war das die Meinung des Kurfürsten. Aber Wallenstein wies ihn mit anmaßenden Worten ab und ließ es geschehen, daß sich das schwedische Heer vor seinen Augen langsam wieder sammelte, erholte und ungefährdet am 18. September abzog. Immerhin, der König hatte eine zweite jetzt empfindlichere Niederlage zu verzeichnen. Wallenstein brach nach einigen Tagen auf, um jetzt den Kurfürsten von Sachsen zu dem zu zwingen, was er bisher in Güte von ihm nicht erreicht hatte. Maximilian, durch eine neue schwedische Bedrohung seines Landes bestimmt, verließ mit Aldringen die kaiserliche Armee, um in das verwüstete Bayern zurückzueilen.

Zunächst folgte ihm unerwarteterweise der König, der sich eine Zeitlang wieder an der Grenze Bayerns und Schwabens festsetzte. Allein, auf die ungünstigen Nachrichten aus Kursachsen und Norddeutschland hin kehrte er um und rückte auch seinerseits nach Sachsen. Wir folgen dem Könige, ohne des näheren auf den westfälisch-niedersächsischen Kriegsschauplatz einzugehen, wo Pappenheim sich gegen eine Übermacht in Ehren behauptete, und ohne bei den Taten des Feldmarschalls Gustav Horn am Oberrhein zu verweilen, die schließlich zur Beherrschung des ganzen Elsaß führten. Der König durfte sich trotz des Mißerfolges von Zirndorf noch als Herrn der Lage in Deutschland betrachten. Sein Kanzler Oxenstierna erhielt am 3. November als Vertreter des Königs im oberrheinischen und fränkischen Kreis den Auftrag, »den Krieg zu dirigieren« und die Stände »in Devotion zu halten«. Der König selbst war den Spuren Wallensteins gefolgt.

Sachsen erlebte nun, wie Bayern, alle Greuel des Durchzugs großer kämpfender Heere; neuere Arbeiten über die Auswirkungen des Krieges auf den Stand der Bevölkerung lassen das auch zahlenmäßig erkennen; an der Elbe geht das Sinken bis über 50 Prozent. Der Krieg, der jahrelang in Kontributionen und gelegentlichen Treffen sich müde hingezogen, erschien jetzt in voller Entfaltung mit all seinen Schrecknissen. Beide Heere hatten sich unterwegs verstärkt. Nur die Sachsen unter dem Kurfürsten und Arnim waren noch nicht mit dem königlichen Heere vereinigt; um sie fernzuhalten, mußte auch Wallenstein ein Detachement unter Gallas wieder abzweigen.

Im übrigen lagen sich die beiden großen Armeen gegen Mitte November in Sachsen nahe gegenüber. Wallenstein traf ganz unbegreiflicherweise

Anstalten zum Abmarsch in die Winterquartiere. Glaubte er, daß der König ihm darin folgen werde? Er legte Wert auf Schonung der Soldaten, aber er lieferte sie jetzt durch sein Vorgehen fast der Vernichtung aus. Die gefährlichste Maßregel war der Befehl an Pappenheim, mit seinen Truppen nach Halle und weiter in die Stifte Magdeburg und Halberstadt zu rücken, ohne daß man irgendwelche Sicherheiten hatte über die Absicht des Gegners. Als sich Wallenstein am 15. November bei dem kleinen befestigten Lützen (zwischen Leipzig und Weißenfels) befand, erhielt er die offenbar ihn selbst völlig überraschende Kundschaft von dem Heranrücken des Königs und seiner Absicht, sich zu schlagen.

Schleunigst erteilte er Pappenheim den Befehl zur Rückkehr, und Pappenheim traf wirklich am Vormittag des 16. ein, als der starke Nebel sich eben gesenkt und die fast überstürzt vorbereitete Schlacht gegen elf Uhr schon begonnen hatte. Wallenstein hatte in Anlehnung an Lützen Aufstellung genommen und erwartete den Feind. Die Schweden kamen von Süden und begannen in der Tat das Gefecht. Wallensteins rechter Flügel stand in seiner starken Anlehnung lange fest. Auf dem linken rang man mit wechselndem Erfolg bis zur Dunkelheit. Hier wankten die Kaiserlichen, von den Schweden unter ihrem Könige hart bedrängt; Pappenheim unternahm einen Gegenstoß, fiel aber von einer tödlichen Kugel getroffen. Glücklicher war die kaiserliche Mitte unter Götz und Piccolomini mit ihren Gegenstößen. Aufs neue sah man Gustav Adolf selbst, wie Pappenheim und früher Tilly, mitten unter den Kämpfenden an der Spitze eines Regiments. Nun winkte auch ihm das Verhängnis. Beim Ansturm feindlicher Kürassiere wurde er von drei Kugeln durchbohrt, etwa um ein Uhr mittags. Nun war es, als habe dieser Tod beiderseits erst die volle Glut des Kampfes entfacht: vorzeitiger Jubel auf der einen, wütender Ingrimm auf der anderen Seite; jetzt erst wankten die Kaiserlichen zum ersten Male ernstlich auch auf dem rechten Flügel; die so lange wirksame »Windmühlenbatterie« ging verloren – und doch wurden die Schweden erst nach völligem Einbruch der Dunkelheit ihres Sieges gewiß. Sie behaupteten das Feld.

Der frühe Tod des tapferen Königs auf der Walstatt veredelte, ja verklärte sein Bild. Ganz sicher hatte er in dem entscheidenden Augenblick den hilflosen norddeutschen Protestantismus gerettet. Noch war er dieser Mission nicht untreu geworden. Aber war sein Ende nicht ebenso für Deutschland wie für seinen Nachruhm eine Gnade des Schicksals? Was konnte aus einem weiteren siegreichen Vordringen des Königs von Schweden für Deutschland noch erblühen? Ein großes nordisches Reich? Eine schwedische Dynastie in Deutschland? Eben diese Möglichkeit bestand hinfort nicht mehr. Der König hatte keinen männlichen Erben. Dafür eine Fortdauer des Krieges, da man sich dem Gleichgewicht der Kräfte wieder genähert hatte?

Der blutjunge Herzog Bernhard von Weimar sammelte das führerlose schwedische Heer. Wallenstein war noch am Abend nordwärts nach Leipzig abgezogen. Von da wandte er sich wie ein geschlagener Heerführer weiter in die sicheren Quartiere Böhmens.

Sehr mit Recht hat Heinrich v. Srbik betont, »daß nach der Schlacht bei Lützen der psychologische Moment gekommen war, den grauenvollen, durch nahezu ein halbes Menschenalter wütenden Krieg zu beenden.« Wir verdanken ihm auch die Auswertung einer sehr einsichtigen Denkschrift des kaiserlichen Rates Gundaker von Liechtenstein, die zwei Monate nach der Schlacht, am 26. Januar 1633, an Max von Trauttmannsdorff übersandt wurde, ohne ihr Ziel, den Kaiser, zu erreichen. Das ist zu beklagen, denn sie beurteilte unübertrefflich die Lage. Liechtenstein verlangte vom Kaiser, daß er nunmehr auf alle Eroberungsziele für die katholische Kirche und sein Haus verzichte. Noch ist Frankreich nicht unmittelbar in den Krieg eingetreten, sagte er. Währt aber der Krieg länger und gewinnt der Kaiser die Oberhand, so ist das für Frankreich unerträglich. Siegen dagegen seine Widersacher, so hat Frankreich eine neue Erhebung der Hugenotten zu befürchten. Jetzt sind alle Teile geschwächt, was Frankreich nur erwünscht sein kann; außerdem verursacht der bestehende Vertrag mit Schweden ihm hohe Kosten. Das alles könnte den Franzosen durch Bayern oder Lothringen klargemacht werden.

Schweden hat seinen Führer verloren, fährt die Denkschrift fort; es kann zunächst nur um Ersatz für seine hohen Opfer ringen. Die evangelischen Fürsten entgehen im Augenblick am leichtesten der drohenden Gefahr, daß eine fremde Macht sich dauernd im Reiche festsetzt und sie selbst unendliche Lasten tragen; gerade sie können sich »der ganzen deutschen Wohlfahrt« unmöglich verschließen. Kommt es aber zum Frieden, so müssen die Bedingungen billige sein. Der Kaiser muß sich klarmachen, daß der Krieg zwischen Christen geführt wird, daß er Deutschland völlig »enerviert«, auch Österreich schwersten Schaden bringt: Haß gegen den Kaiser und das Haus Habsburg, Verödung und Verarmung der Erblande durch die Abschließung und die Kontributionen, verbitterte Stimmung der Untertanen, die durch Lasten, »gezwungene Reformation *in religione*« und Vertreibung ihrer Obrigkeiten erbittert sind. So weit haben es die fünfzehn Kriegsjahre gebracht.

Auch Spaniens Sache in den Niederlanden steht schlecht. Es fehlt überall an Geld. Die zum Teil nichtkatholischen Soldaten drohen zu meutern, sie könnten nur aus Konfiskationen besoldet werden. Seit der Schlacht am Weißen Berge nichts als Verlust! Denn auch auf die katholischen Reichsstände ist kein Verlaß. Sie sind entweder feindlich oder neutral oder ruiniert. Erringt der Kaiser wirklich noch wieder Erfolge, so werden ihm England und Frankreich, Dänemark und Schweden, Polen, Rußland und die Türken,

Venedig und der Papst in den Arm fallen. Die Mündungen der vier Hauptströme Deutschlands sind in des Feindes Hand; er kann deshalb immer Kriegsmaterial ins Land schaffen. Die Türkengefahr wird wieder größer. Bei einem Erliegen der kaiserlichen Waffen ist ein Anschluß auch der katholischen Reichsstände an das Ausland zu erwarten und dann die Wahl eines Kaisers aus dem Hause Österreich gefährdet. Alles in allem: Der Kaiser möge »ehist einen mittelmäßigen Frieden machen«.

Nach Mitteilung Liechtensteins hätte er über alle diese Dinge zu Znaim mit Wallenstein gesprochen und dessen Anschauungen übereinstimmend gefunden mit den seinigen. So ist die lehrreiche Denkschrift auch ein Schlüssel für gewisse Gedankengänge des Friedländers.

Doch müssen wir zunächst bei den Schweden verweilen, denn bei ihnen finden wir die erste Erklärung dafür, warum es jetzt doch nicht zum Frieden kam. Es ist ein rühmliches Zeichen der tiefen Einheit und Gesundheit der damaligen schwedischen Staatsleitung, daß trotz des erschütternden Todes Gustav Adolfs mitten im fremden Lande seine Politik erfolgreich weitergeführt werden konnte. Oxenstierna trat an die Stelle des Königs mit ungeheurer Arbeitskraft, Einsicht und einem Willen, der demjenigen seines königlichen Herrn ähnlich war. Im Frühling 1633 ließ er sich vom Reichsrat die nötige »absolute Vollmacht« für die Führung der deutschen Dinge ausfertigen. Er kannte die Ziele seines Herrn, die Restitution der Vertriebenen im Reich und in den Erblanden, die Freistellung der evangelischen Religionsübung, die Klärung aller Zweifel über die Auslegung des Religionsfriedens, endlich die Abtretung der unter Bogislav bereits vereinigten beiden Pommern, Entschädigung der Betroffenen, auch Brandenburgs und Sachsens, sogar Wallensteins. Die Schweden waren selbstverständlich mit dem Kanzler darin einig, daß nun der Krieg nichts mehr kosten dürfe, daß man auch »die Küsten« vor Kontribution um der Stimmung willen möglichst bewahren sollte.

Sachsen glaubte seine große Stunde sei gekommen, aber Oxenstierna manövrierte den Kurfürsten aus allen seinen Positionen. Sein erstes bedeutendes Mittel war die Zusammenfassung der politischen Abhängigkeiten Oberdeutschlands im Heilbronner Bund vom 23. April 1633. Oxenstierna wurde sein Direktor. Der Bund hatte fortan die Sorge für die Heere zu übernehmen. Im Bunde ließ der Kanzler auch den Vormund der Kinder des im November jung verstorbenen Winterkönigs, den Pfalzgrafen Philipp Ludwig von Simmern, als Träger der pfälzischen Kurstimme ohne weiteres zu, vertrug sich mit ihm über die Herstellung der Pfalz unter militärischer Hoheit Schwedens und den Schutz für die Lutheraner. Im Sommer gab es nach Rückgewinnung von Frankenthal und Heidelberg wieder eine kurpfälzische Regierung.

Frankreich dachte gleich nach dem Tode des Königs an eine Erweiterung des Bundes mit Schweden durch Aufnahme einer dritten Macht. Kursachsen sollte als Führer der deutschen Reichsstände beitreten. Überdies wollte Richelieu die Gelegenheit benutzen, die ersehnte Stellung am Rhein auf halb friedlichem Wege durch Besetzung elsässischer Städte und einzelner Brückenköpfe am Rhein, wie Philippsburg und Breisach, zu gewinnen. Aber weder der Heilbronner Bund, noch Sachsen hatten merkliche Neigung auf die französischen Ideen einzugehen. Dem Heilbronner Bund wurde Frankreich vollends durch Forderungen für die katholische Sache unbequem. Das kam natürlich Schweden zugute, denn nun mußte Richelieu das Bündnis von Bärwalde erneuern und dadurch die schwedische Regierung stärken. Diese überwand gleichzeitig sehr üble Umtriebe in den Armeen, in denen sich die Soldaten mit den Obersten vereinigt hatten zur Forderung auf Zahlung der rückständigen Löhne und zu dem Verlangen nach den an die hohen Offiziere versprochenen »Rekompensen«. Schwieriger noch war der kühne Ehrgeiz des rasch aufsteigenden Herzogs Bernhard von Weimar, der mit seinen 29 Jahren als Preis des Krieges ein Fürstentum verlangte und wirklich noch im Sommer 1633 als Abstand von seinem Begehren nach der obersten Heeresleitung das »Herzogtum Franken«, das heißt Würzburg und Bamberg, freilich nur als »rechtes Mannlehen der Krone Schweden« feierlich verbrieft erhielt.

Auf der Gegenseite lagen die Verhältnisse insofern ähnlich, als nicht nur Wallenstein, sondern auch seine Generale nachgerade gewaltige Gewinne begehrten und einstrichen. Immerhin, auch hier war man im Mai 1633 einigermaßen wieder kriegsbereit. Nach Sicherung des nordwestlichen Böhmen unter Holk wandte sich Wallenstein, fast unbekümmert um die Bedrohung Bayerns und der Ligagebiete durch Herzog Bernhard und den Feldmarschall Horn, seinerseits nach Schlesien. Wieder wäre er der sächsischen Armee, die Gallas Truppen bedrängt hatte, an Zahl überlegen gewesen, aber er vermied hartnäckig die Schlacht. Vielmehr schloß er mit Arnim alsbald einen Waffenstillstand und erneuerte ihn noch ein paarmal. War einst vor Breitenfeld der Anschluß Sachsens an Schweden das Entscheidende gewesen, so sollte jetzt umgekehrt Sachsen zur kaiserlichen Partei zurückgeführt werden. Die Möglichkeit war vorhanden, wenn nun der kaiserliche Hof nicht alle Zugeständnisse von wirklicher Bedeutung verworfen hätte. Hatte Wallenstein schon das verhängnisvolle Restitutionsedikt mißbilligt, so fühlte er sich jetzt, gichtisch, selbst friedensbedürftig, einige Jahre hindurch an die segensreiche Friedenstätigkeit gewöhnt, in immer stärkerem Gegensatz zur Politik der Hofburg. Das Programm Wallensteins, soweit wir es zu erkennen vermögen, entbehrte nicht der Großartigkeit. Vielleicht hätte er durch Frieden mit Sachsen und Brandenburg die Schweden so isoliert, daß es schon starker französischer Anstrengungen bedurft hätte, das Gleichgewicht wieder herzustellen. Die Frage war nur, ob die Gegenseite ihrerseits gewillt war, auf die Ideen des Friedländers einzugehen. Sachsen und Brandenburg zögerten.

Der Friedländer, sonst sehr geneigt zu warten, geriet über dem Zögern seiner Gegner in eine eigentümlich nervöse Überreizung, die ihn verleitete, gleichzeitig die verschiedensten Fäden anzuknüpfen, ohne sie zu verstärken und beharrlich zu verweben. Er verstrickte sich bald in ein lockeres Netz von widersprechenden Verbindungen. Neben der sächsischen Verhandlung lief der alte Gedankenaustausch mit den böhmischen Emigranten, die unter Thurn im schwedischen Heere dienten. Dem klugen Geschäftsmann kam es nicht klar genug zum Bewußtsein, daß natürlich auch die Gegenseite ihr Spiel trieb und ihn, der sich so gern als handelnden Mittelpunkt betrachtete, nicht minder mißtrauisch beobachtete. So wenig wie die Sachsen und Schweden trauten auch die Franzosen den lockend hingeworfenen Ködern Wallensteinscher Agenten, solange er selbst sich nicht zu eindeutigen Handlungen entschloß.

Zwischendurch schien es, als wolle Wallenstein wirklich handeln. Und zwar als kaiserlicher General. Nachdem eine letzte Zusammenkunft mit Arnim ergebnislos geblieben, gewann er zusammen mit Schaffgotsch Schlesien zurück und bedrohte Sachsen und Brandenburg. Crossen, Frankfurt, Landsberg fielen ihm mühelos in die Hände. Dann zögerte er wieder, glaubte wieder an die Möglichkeit von Verhandlungen.

Mittlerweile waren in Oberdeutschland wichtige Veränderungen eingetreten. Widerspruchsvoll war auch hier das Spiel, insofern Kurfürst Maximilian, der alte Gegner Wallensteins und der spanischen Politik, schließlich doch auf irgendwelche Hilfe bedacht sein mußte –, anderseits die spanische Politik, aktiver als lange vorher, geneigt war, mit in die Bekämpfung der Franzosen und Schweden einzutreten. Eben diese Politik paßte denkbar schlecht zu Wallensteins Absichten auf Ausgleich mit den obersächsischen Kurfürsten; aber sie beschleunigte die Erneuerung der alten Leidenschaften aus dem heillosen Zündstoff der auf Fortune gestellten militärischen Kräfte.

Die Vorgänge knüpften an die Reste der katholischen Besatzung an, die in Regensburg, Konstanz und den Rheinfestungen Philippsburg und Breisach lagen, von den Schweden durchweg bedroht. Es galt also Ablenkung oder Entsatz, und dazu sollte die spanische Armee dienen, die den Auftrag hatte, unter dem Herzog Feria dem für die Niederlande bestimmten Kardinal-Infanten die Wege zu öffnen. In der Tat vereinigte sich Aldringen mit Feria auf kaiserlichen Befehl bei Ravensburg. Sie drängten Horn von der Belagerung von Konstanz ab und entsetzten Breisach.

Darüber aber eilte Bernhard von Weimar, vorübergehend mit Horn vereinigt und jetzt durch Oxenstierna beauftragt, Sachsen zu entlasten, in Eilmärschen auf Regensburg. Sein überraschender Anmarsch, eine kurze Belagerung und Beschießung erzwangen am 14. November 1633 die Übergabe der Stadt. Wieder war trotz Maximilians Bitten und Vorstellungen von seiten Wallensteins nichts geschehen. Als der Kaiser endlich unmittelbar an Gallas bestimmte Befehle gab, setzte sich Wallenstein selbst in Bewegung, verlegte sein Quartier nach Pilsen, schob einige Truppenunterstützungen nach Bayern vor, verblieb aber schließlich trotz der großen Worte, die er von sich gab, still liegen. Die Positionen der Kaiserlichen in Oberdeutschland gingen darüber zum Teil wieder verloren, im Januar 1634 auch Philippsburg.

Nun häuften sich denn doch die Klagen gegen Wallenstein von allen Seiten und über alles bisherige Maß. Seit dem Herbst wußte man von seinen an offenen Verrat grenzenden und im einzelnen willkürlich über die kaiserlichen Instruktionen hinausgehenden Verhandlungen mit den Gegnern. Bayern, jetzt auch Spanien, sahen in ihm den eigentlich Schuldigen für die Mißerfolge der letzten Jahre. Wallenstein entging das so wenig wie früher.

Die alten Mittel waren verbraucht. Es bedurfte neuer Künste. Der alte Meister der Verhandlung suchte sie diesmal in Fühlungnahme mit den Gegnern des Kaisers, denen er sich innerlich, zum wenigsten politisch, immer mehr genähert hatte. Das Mittel der Macht sah er nach wie vor in der Ergebenheit seiner Armee; eben dieser wollte er sich besonders versichern.

Im Januar 1634 empfing er zu Pilsen den Grafen Wilhelm Kinsky und den Herzog Franz Albert von Lauenburg. Es handelte sich jetzt um bestimmte Abmachungen mit Schweden, Frankreich, Sachsen und Brandenburg gegen den Kaiser. Frankreich sandte den längst in den deutschen Dingen verwandten Herrn von Feuquières mit weitgehenden Angeboten, die Wallenstein ungefähr so gestellt hätten wie Gustav Adolf im Vertrag von Bärwalde. Er sollte zu spät kommen.

Inzwischen verschrieb sich Wallenstein seine höheren Offiziere durch Versammlung von 49 Regimentskommandeuren in Pilsen. Graf Trzka und Feldmarschall Ilow führten seine Sache. Die alte Komödie des beabsichtigten Rücktritts wurde vor den Generalen und Obersten noch einmal aufgeführt – mit vollem Erfolg. Sie verbrieften, daß sie auch ihrerseits bis zum letzten Blutstropfen bei ihm aushalten wollten, wenn er bliebe.

Der Hof sah in dem Pilsener Revers mit Recht eine Verschwörung der Offiziere und traf seine Maßnahmen. Noch vor Erlaß des Patentes vom 24. Januar über die Absetzung Wallensteins unter Vorbehalt der Bestrafung versicherte sich die kaiserliche Regierung der Generale Gallas, Aldringen und Piccolomini. Sie wurden unbedingt kaisertreu befunden; aber man erschrickt fast, wie leicht sie sich von ihrem Führer trennten. Piccolomini erhielt den bei seinem engen Verhältnis zu Wallenstein überaus fatalen Auftrag zur Mitteilung des Patentes an die Offiziere und zugleich zu ihrer Trennung von dem Oberbefehlshaber, den er mitsamt den Mitverschworenen »tot oder lebendig« in seine Hand bringen sollte.

Der furchtbaren Entscheidung des Kaisers waren lange und schwere Erwägungen vorausgegangen. An dem Sinne des Auftrags bestehen keine Zweifel. »Der Kaiser fällte ein Schuldurteil wegen Meuterei und Hochverrats.« Er verlangte die Gefangennahme der Verräter oder ihre Hinrichtung im Felde; im zweiten Falle erfolge die Verurteilung ohne Anhörung der Angeklagten. Und eben diese Möglichkeit erforderte eine besondere Begründung. Der Ansturm auf den Kaiser, dessen persönliche Entscheidung unumgänglich war, begann zeitig. Man sieht die Partei des Thronfolgers, die alten Feinde Wallensteins und die Spanier am Werke. Sie sparten nicht die schwersten Waffen. Ein Votum des kaiserlichen Kriegsrates kritisierte Wallensteins strategisches Verhalten. Slawata übertraf es an Schärfe in dem »Votum eines kaiserlichen Rates«. Darin ist das Bild des Friedländers so gezeichnet, wie seine Feinde ihn sahen, als Atheist und Sterngläubiger, Anhänger der kalten Staatsraison und Verräter. Um Weihnachten kursierte eine Denkschrift in der Form einer »Ermahnung des Schutzengels Österreichs«, die scharf ins Gericht ging mit dem Herrscher, der einen Heerführer bestellt hat, von dem er wußte, daß er nicht Gottes, sondern nur den eigenen Ruhm sucht, Predigten der Ketzer im Lager duldet, statt Gottes Rat den Weisungen der Gestirne folgt, aus nackter Rache Kaiser, Kurfürsten und Gutgesinnte zugrunde richtet; der den Kampf haßt, 100 000 Mann stille liegen läßt, an einen törichten Frieden glaubt und sich dabei in offenen Verrat mit den Feinden einläßt.

Zwischendurch kam Trauttmannsdorff an den Hof mit seinem Bericht aus Böhmen; er enthüllte die Lage, warnte aber noch vor der Macht des Heerführers, den auch am Hofe immer noch einige zu halten suchten. Auf der anderen Seite wirkte durchschlagend eine neue Denkschrift des gemäßigten, aber klugen Liechtenstein. Sie sprach den Friedländer in schlüssigen Sätzen des Ungehorsams schuldig, auch der Nichtachtung des Kaisers, der Schädigung des Landes und der Religion. Er riet dem Kaiser zu einer Rechtserwägung, »ob Euer Majestät, wenn sie kein anderes sicheres Mittel haben, ihn abzusetzen, ihn ohne Offension der Justiti des Lebens privieren können«. »Permittierts die Justitia, so ists zu exequieren, Euer Majestät Person, Haus, die Religion und so viel Unschuldige zu salvieren.« So entschied sich der Kaiser.

Nach Ausfertigung der kaiserlichen Befehle handelten die Generale Gallas, der nun Höchstkommandierender wurde, Aldringen und Piccolomini berechnend und verschlagen wie ihr Meister; sie versicherten sich nach und nach fast sämtlicher Regimenter für den Kaiser. Ein neues Patent vom 15. Februar verbot allen Offizieren den Gehorsam gegen Wallenstein, ein zweites tat aller Welt den Verrat des Herzogs kund.

Wallenstein sah deutlich das Vertrauen seiner Offiziere wanken und berief sie zwischendurch nochmals nach Pilsen. Die Zahl der Erschienenen war geringer als das erstemal. Wallenstein beschwichtigte sie durch die Klausel, daß die Verpflichtung nicht gegen den Kaiser oder die Religion gehen sollte. »In dieser Form wurde die Urkunde unterzeichnet, – aber eigentlich entkräftet«, bemerkt Ritter mit Recht.

Der mit fünfzig Jahren allzufrüh Gealterte verlor zunehmend die Sicherheit des Handelns. Während er bei Hofe noch einen ehrenvollen Abschied nachsuchte, ließ er mit Arnim und durch den Herzog von Lauenburg mit Bernhard von Weimar Fühlung nehmen über eine endgültige Erhebung gegen den Kaiser. Ihm blieb nichts anderes mehr übrig. Am 22. Februar zog er von Pilsen nach Eger, dem Feinde entgegen. Bernhard von Weimar brach seinerseits von Regensburg auf, um in Eger bereit zu sein zur Verbindung oder, mit berechtigtem Mißtrauen, zur Abwehr.

Da nahmen die Dinge eine andere Wendung.

Wallenstein ist am Abend des 24. Februar in Eger eingetroffen, umgeben von den Getreuen Trzka, Ilow und Kinsky, seiner Leibkompanie und schwachen Truppen. Unterwegs war noch das Regiment des katholischen Iren Butler zu ihm gestoßen. In Eger befehligte der calvinistische Schotte Gordon. Er öffnete Wallenstein die Stadt. Um Wallenstein sein gutes Quartier in dem stattlichen Pechelbelschen Hause am Ring zu überlassen, zog er selbst auf die Burg. Noch in der Nacht auf den 24. gelangte an Wallenstein die erste Ausfertigung des kaiserlichen Absetzungspatentes vom 24. Januar. Die Gefahr für ihn und die Seinigen stand also unmittelbar vor der Tür. So verpflichtete Ilow am nächsten Morgen im Auftrage des Herzogs unter denselben falschen Vorspiegelungen, die dieser selbst tags zuvor Butler gemacht hatte, die Offiziere noch einmal unter Eidschwur zur unverbrüchlichen Treue. Allein schon am Abend vorher hatten Butler und Gordon zusammen mit dem Oberstwachtmeister Leslie in dem Gefühl peinlicher Unsicherheit untereinander davon geredet, daß sie alsbald einen Ausweg zwischen dem Herzog und dem Kaiser finden müßten, und daß er vielleicht nur in der Tötung der Verräter gesucht werden könne. Butler, Gordon und Leslie haben sich erst nach und nach einander entdeckt. Sie beherrschte, wie die alten Generale, noch immer eine scheue, fast ängstliche Furcht vor dem Gewaltigen.

Als sie noch überlegten, drängte sie die Nachricht von dem Anmarsch Arnims und anscheinend die eben jetzt auch ihnen vermittelte Einsicht in den ausdrücklichen Befehl des Kaisers vorwärts zur Tat. Der 25. verging mit Vorbereitungen unheimlichster Art. Wallenstein zog die Beziehungen zu den Feinden fester. Leslie, Gordon und Butler überlegten immer neue, nicht genügend sichere Möglichkeiten der Ermordung des Herzogs und seiner »Adhaerenten«. Aber schon am Mittag lud Leslie die drei Getreuen Wallensteins und den Rittmeister Niemann, der dem Herzog auch als Kanzler gedient hatte, auf die Burg zum Nachtmahl. Der im Grunde feige Anschlag gelang. Arglos gingen die vier in die ihnen gelegte Schlinge. Nach umfassenden Vorsichtsmaßregeln ließ Butler gegen Schluß des Gelages seinen Oberstwachtmeister Geraldin mit einem Haufen Spießgesellen in das Gemach dringen. Geraldin rief: »Wer ist gut kaiserisch?« Butler, Gordon und Leslie schrien alsbald: »Vivat Ferdinandus!« Die wehrlosen Gäste, überrascht und überrannt, wurden von der Übermacht fast auf der Stelle umgebracht.

Die Mörder waren Herren der Stadt. Am wenigsten bestand noch die Notwendigkeit, den ungeschützten Herzog selbst zu überfallen und zu töten. Aber der Blutrausch der vollbrachten Morde und eine grobe Hilflosigkeit der Besinnung riß die gedungenen Soldaten fort. Mit Geraldin brach der Kapitän Deveroux unter Schimpfreden in das Schlafgemach Wallensteins ein und durchstach den Gnade stammelnden Herzog erbarmungslos mit seiner Partisane. Das war noch vor Mitternacht des 25. Februar.

Der Mord war gemein und wäre zu vermeiden gewesen. Und doch wirkt das Ereignis noch heute wie die Vollstreckung eines lange vorbereiteten Urteils der Geschichte. Wie herausfordernd hatte der herrische Mann nicht fast zeitlebens das Schicksal heraufbeschworen! Mochte er immer an der politischen Einsicht des Hofes verzweifeln und seit Jahren anderen Lösungen der deutschen Frage nachhängen – ernsthafte und würdige Mittel zur Durchführung einer solchen Lösung hat er nicht ergriffen. Mochte seine Krankheit, seine Entschlußlosigkeit und die müde Neigung zum Frieden seine alte Tatkraft lähmen, – er war zuletzt doch zum hilflosen Verräter geworden und verfiel dem Schicksal nicht des Helden, sondern des Übeltäters.

Die Kaiserlichen aber hatten in ihm die letzte wirklich große Kraft verloren.

Europäischer Krieg und Westfälischer Friede

Es ist der Nachteil des Historikers gegen den Dichter, daß er seine Erzählung nicht auf den Höhen tragischer Lösungen enden darf, sondern seinen Bericht hinabführen muß durch die Niederungen mühseliger Verhandlungen zu den für neue Zeiten maßgebenden rechtlichen Ordnungen.

Der ungeheuren Ermüdung nach dem Tode Tillys, Gustav Adolfs und Wallensteins folgte die Periode des Prager Friedens zwischen Sachsen und dem Kaiser. Und diesem Frieden schloß sich – als hätte der Schatten Wallensteins doch noch fortgewirkt, – trotz erheblicher und ungleicher Bedenken eine stattliche Zahl von Reichsständen an. Mehr als zehn Jahre vor dem Ende des großen Krieges sah es in Deutschland wirklich nach einem allgemeinen Frieden aus. Verweilen wir einen Augenblick bei dieser Situation.

Wir erinnern uns, daß Wallenstein vom Kaiser das Recht erhalten hatte, mit Sachsen zu verhandeln, daß seine Verbindung mit Hans von Arnim nicht abgerissen war. Allein, es ist ihm eben doch nicht gelungen, Brandenburg und Sachsen von Schweden abzuziehen. Auch nach Wallensteins Fall kamen die Kaiserlichen zuerst nicht weiter. Die sächsischen Forderungen waren noch zu hoch. Sie gingen nicht nur auf Beseitigung des Vorbehalts der Geistlichen im Augsburger Religionsfrieden, auf Entschädigung Schwedens lediglich aus katholischen Gebieten, auf Anerkennung der Augsburgischen Konfession auch außerhalb der Landeskirchen, sondern sogar auf erhebliche Abtretungen, wobei man an die Lausitz, an Magdeburg und Halberstadt, nötigenfalls zum Ersatz an das nördliche Böhmen dachte. Um zu günstigeren Bedingungen für den Kaiser zu kommen, bedurfte es neuer wirksamer Erfolge im Felde.

Wallenstein hatte jede nachdrückliche Beteiligung am Kriege in Oberdeutschland, ja eigentlich auch jede kräftige Unterstützung Maximilians von Bayern gegen die feindseligen Brüder Horn und Bernhard von Weimar gehindert. Jetzt dagegen verstärkte sich die bayrisch-kaiserliche Armee nach der Rückgewinnung von Regensburg am 26. Juli 1634 noch durch die längst erwarteten spanischen Truppen des Kardinal-Infanten, belagerte Nördlingen und wies am 5. und 6. September in blutiger, schließlich vernichtender Schlacht den Entsatz durch Horn und Weimar vor den Toren Nördlingens ab. Die oberdeutsch-schwedische Armee wurde zersprengt, Horn gefangen. Die Schuld lag in der Uneinigkeit der Führer und in der zahlenmäßigen Unterlegenheit.

Unter dem Eindruck dieses Erfolges löste sich der Heilbronner Bund auf; Süddeutschland fiel wieder dem Kaiser zu, was sich auch konfessionell auswirkte. Vor allem fand man die Sachsen jetzt geneigter, und aus den Präliminarien von Pirna im November 1634 konnte am 30. Mai 1635 der Prager Friede hervorgehen. Die wesentlichste Bestimmung betraf die hohen Reichsstifte; für ihre Zugehörigkeit sollte der 12. November 1627 als Termin gelten. Das bedeutete Preisgabe des Restitutionsediktes; freilich nur für vierzig Jahre und, wie die neue Kammergerichtsbesetzung, nach alter sächsischer Tradition auch nur für die Augsburgischen Konfessionsverwandten. So wurde natürlich die calvinistische Kurpfalz in allen Dingen preisgegeben. Dafür sollte Johann Georg die Lausitz behalten und sein Sohn August Magdeburg bekommen. Der Kaiser und Kursachsen wollten mit einer großen Reichsarmee die Fremden aus dem Lande drängen. So lag das eigentlich Entscheidende dieses Friedens in der Herstellung der Reichsidee und in dem Beginn einer neuen Sammlung.

Wirklich gelang es, trotz der geringen Zugeständnisse des Kaisers in den kirchenpolitischen Fragen, auch Brandenburg gegen das Versprechen des Schutzes für Pommern, und danach die meisten mitteldeutschen Stände (außer Hessen-Kassel und Bernhard von Weimar) zum Anschluß zu bewegen. Selbst der Führer der Katholischen, Maximilian von Bayern, trat gegen Zusicherung seines Anteiles an der Führung des Reichsheeres dem Frieden bei. Daß man unter solchen Umständen eine Verständigung mit Schweden erreicht hätte, war zwar nicht wahrscheinlich, aber bei der allgemeinen Lage durchaus möglich. Die Verhandlungen, zumal durch Brandenburg, nahmen eine Zeitlang einen guten Fortgang.

Da waren es Frankreich und in zweiter Linie Spanien, die von einer Sammlung und Einigung der deutschen Stände eine Gefährdung ihrer nächsten politischen Ziele befürchteten und deshalb der vorzeitigen Befriedung entgegenwirkten. Auch der eine oder andere unter den deutschen Reichsständen des Westens mochte, halb frei, halb gezwungen, dazu neigen, im Bunde mit Frankreich seine politische Lage zu verbessern oder drohenden Gefahren zu begegnen. Die eben noch hell leuchtenden Aussichten auf den allgemeinen Frieden verblaßten wieder, und die neuen Verbündeten des Kaisers sollten bald schwerer leiden, als die kaiserlichen Erblande selbst. Ungeheure Tragik unserer Geschichte! Kaiser und Stände waren endlich untereinander leidlich einig geworden; aber sie konnten noch nicht fest und opfermütig genug zusammenhalten und beschworen so die letzte Phase des Krieges herauf, in der eigentlich überhaupt nicht mehr um deutsche Anliegen, sondern in erster Linie um den Kriegsgewinn Schwedens und des ursprünglich gar nicht beteiligten Frankreich gestritten wurde.

Richelieu verständigte sich am 8. Februar 1635 mit den Generalstaaten, die ja von Spanien erneut schwer bedroht wurden, auf gemeinsame Eroberung und Teilung der spanischen Niederlande. Er gewann auch den Anschluß der kleinen oberitalienischen Mächte Savoyen, Parma und Mantua zur Eroberung von Mailand und ließ den Herzog von Rohan erneut die wichtigen Graubündner Pässe besetzen. Endlich verhandelte er nicht minder eifrig in Deutschland mit den Ständen des ehemaligen Heilbronner Bundes. Dabei trat die Schwierigkeit hervor, daß Schweden als der bisherige eigentliche Träger der antihabsburgischen Politik doch nicht gewillt war, seine alte Position einfach an Frankreich abzutreten. Allerdings hing Schweden nach wie vor von den französischen Subsidien ab, hatte außerdem noch immer Dänemark und Polen als offene oder verdeckte Gegner in den Flanken. Nun wurde zwar Dänemark durch Bremen befriedigt und Polen durch französische Vermittlung 1635 zu einem sechsundzwanzigjährigen Waffenstillstand vermocht; allein zu dem alten engen Verhältnis zwischen Schweden und Frankreich kam es zunächst nicht wieder.

Darüber begann noch zögernd die aktive Anteilnahme Frankreichs am Kriege durch eine Rheinarmee, die Ende 1634 sogar den Rhein überschritt. Nach der Schlacht bei Nördlingen waren die Kaiserlichen anfangs noch stark genug, Philippsburg und Speyer zu nehmen, auch dem Herzog von Lothringen wieder zu seinem Lande zu verhelfen. Als sich aber Bernhard von Weimar mit den Franzosen vereinigte, gelang diesen wenigstens die Rückgewinnung von Speyer. Immerhin mußten sie noch mit ansehen, daß die Spanier den mit Frankreich verbündeten Kurfürsten von Trier, Philipp Christoph von Soetern, gefangen abführten. Erst der förmliche Eintritt Bernhards von Weimar als Marschall in den französischen Dienst, die Bestellung des Prinzen Condé und die wachsende Gefährdung der unmittelbaren französischen Interessen in Lothringen und Burgund brachte wirklich einen energischeren Zug in die französische Kriegsführung. Bernhard von Weimar erhielt im Vertrage von St. Germain am 27. Oktober 1635 als Preis die sogenannte Landgrafschaft Elsaß nebst der Landvogtei Hagenau, worunter man die österreichischen Hoheiten im Elsaß verstand, und überdies die Anerkennung seiner alten Anwartschaft auf das Herzogtum Franken bei einem allgemeinen Friedensschluß. Einstweilen waren die Kaiserlichen am Rhein und, von ihnen unterstützt, die Spanier in Flandern durchaus Herren der Lage.

Im Osten Deutschlands kommandierte Baner die schwedischen Truppen ohne Zusammenwirken mit Frankreich. Er verwüstete Sachsen, wurde wieder verdrängt, stellte aber die über Magdeburg vorgedrungene vereinigte kaiserlich-sächsische Armee bei Wittstock zu einer Schlacht am 4. Oktober 1636 und blieb unbestritten Sieger trotz der gegnerischen Übermacht und der entschlossenen Eingriffe von Hatzfeld und Leslie. Baner drang dann wieder nach Süden vor, setzte sich in Erfurt ganz fest, nahm von hier aus Torgau und bedrohte Leipzig; Kursachsen wurde schwer getroffen.

Der eigentliche Oberbefehlshaber der kaiserlichen Armee war seit Wallensteins Fall der schon lange auf diese Verwendung wartende Sohn des Kaisers, Erzherzog Ferdinand, dem Gallas zur Seite stand. Bei dem neuen Freundschaftsverhältnis zu Brandenburg und Sachsen erreichte der Kaiser am 22. Dezember 1636 ohne Schwierigkeiten auch die Wahl Ferdinands zum römischen König und damit nach so großen Gefahren für die Dynastie wenigstens ihre formelle Sicherung für die nächste Zukunft. Das wurde um so wichtiger, als der kaiserliche Vater schon wenige Wochen nachher starb, am 15. Februar 1637. Begreiflicherweise verstärkte sich nun auch am Kaiserhofe der Wunsch nach dem allgemeinen Frieden.

Auf der anderen Seite aber wirkten sich zunehmend der Eintritt Frankreichs in den Krieg und seine alte Gegnerschaft gegen Spanien aus. Friedensverhandlungen, deren Abschluß auf einem Tage in Köln geplant wurde, gediehen nur ein Stück weit; Richelieu wollte im Elsaß entgegenkommen gegen Sicherheiten in Lothringen, aber es blieb bei Fühlungen. Darüber beherrschte Bernhard von Weimar mit französischen Truppen gegen den Herzog von Lothringen, die Kaiserlichen und die Bayern mehr und mehr das oberrheinische Gebiet. Sein großer Sieg bei Rheinfelden am 3. März 1637 und die Gefangennahme des so lange gefürchteten Reitergenerals Jan van Werth, die Eroberung von Freiburg und die Erfolge bei Wittenweier und Thann sicherten ihm schließlich auch den Erwerb Breisachs am 17. Dezember. Nun kamen endlich die lange stockenden Verhandlungen mit Schweden zum Abschluß. Am 5. März 1638 vereinigten sich Frankreich und Schweden zu Hamburg wieder auf gemeinsame Kriegführung und verpflichteten sich, nur miteinander Frieden zu schließen.

Waren die Franzosen Herren am Oberrhein, so die Schweden in Sachsen. Die Kaiserlichen hatten sie wohl einmal bis Pommern zurückgedrängt, aber die Führung von Gallas ermüdete nur zu sehr und vermochte bald nicht einmal einen neuen Einfall in Böhmen zu hindern. Im Frühsommer 1639 standen die Schweden wieder vor Prag.

Der Zeitpunkt schien gekommen, die Operationen am Oberrhein mit denen in Böhmen zu verbinden und, entsprechend der eigentlichen Absicht der Franzosen, den Kaiser in seinen Erblanden zu treffen. Da begann sich die widerspruchsvolle Stellung des protestantischen Herzogs Bernhard von Weimar in französischen Diensten zu rächen. Er begehrte als geborener Reichsfürst ein Reichsfürstentum im Elsaß, aber Richelieu erstrebte das schöne deutsche Land immer unzweideutiger unmittelbar für die französische Krone. Vielleicht kann man sagen, daß ihm der Wunsch durch die betonten Ansprüche Bernhards von Weimar erst recht dringend geworden ist. Aber der tapfere Heerführer selbst erlag am 18. Juni 1639 einem Fieber; seine Brüder waren nicht in der Lage, seiner Hoffnung entsprechend das elsässische Erbe anzutreten. Seine Armee geriet natürlich ganz unter französische Führung. Gleichwohl ist es trotz aller Bedeutung der Condé und Turenne an dieser Front nicht mehr zu einer großzügigen Kriegführung gekommen.

Vielmehr zogen noch einmal zwei glücklichere Jahre für die Kaiserlichen herauf. Baner mußte vor Piccolomini und dem Erzherzog Leopold Wilhelm wieder aus Böhmen weichen. Er behielt seine feste Position um Erfurt, und von hier aus gelang es ihm sogar, mehrere mitteldeutsche Fürsten trotz des Prager Friedens wieder zu sich herüberzuziehen. Als er aber nach weiterem Zuzug Georgs von Braunschweig-Lüneburg, auch französischer Streitkräfte, den General Piccolomini bei Saalfeld angriff, erlitt er eine unzweifelhafte Niederlage. Nach weiten und entsprechend verwüstenden Zügen, die Piccolomini und Baner wiederholt im Gebiet der mittleren Weser gegeneinander führten, wagte Baner anfangs 1641 sogar eine kühne Unternehmung gegen Regensburg, wo der Reichstag versammelt war. Allein, Piccolomini wußte auch Regensburg zu schützen und Baner immer wieder vor sich her zu treiben, bis der schwedische General selbst am 20. Mai 1641 starb und die schwedische Kriegführung vorübergehend nachließ.

Auf dem Reichstag zu Regensburg herrschte unter den Ständen ganz allgemein die Friedensstimmung, freilich nicht ohne Betonung der Unzulänglichkeit des Prager Friedens in den Reichs- und Kirchensachen. So traf denn auch der Reichstagsabschied vom 10. Oktober 1641 ausdrücklich Vorsorge zur Beilegung der Reichsbeschwerden. Allein, das erneute französischschwedische Bündnis vom Dezember 1641 hemmte trotz der schon damals für Osnabrück und Münster in Aussicht genommenen Friedensverhandlungen einstweilen noch auf fünf Jahre den Zusammentritt der Gesandten.

Inzwischen hatten auch die niederländischen Verbündeten der Franzosen ihrerseits überall glücklich gegen die Spanier gekämpft, während diese selbst im eigenen Lande von einem Unglück nach dem anderen verfolgt wurden.

Im Januar 1641 wählten die aufständischen Catalanen den König von Frankreich zum Grafen von Barcelona; die Spanier verloren auch Roussillon und Perpignan; und das von Spanien unter einem entfernten Braganza wieder getrennte Portugal verbündete sich ebenfalls am 1. Februar 1641 mit Frankreich. Ein Jahr darnach, am 17. Januar 1642 wurden die Spanier von den Franzosen unter Guébriant auch am Niederrhein bei Kempen derartig geschlagen, daß die Franzosen von Jülich aus sogar die niederrheinisch-westfälische Domäne des bayrischen Kurfürsten von Köln völlig beherrschten. Die neue Wendung zog für kurze Zeit auch die Kaiserlichen und die Bayern an den Niederrhein, wo sie aber gegen Guébriant kaum Raum gewannen.

Vielmehr gelang Guébriant schon jetzt die Verbindung mit dem Nachfolger Baners, dem Schweden Lennart Torstenson, der, noch unter Gustav Adolf herangebildet, jetzt mit frischen Truppen aus Schweden herübergekommen und von Schlesien aus vorübergehend nach Mähren vorgedrungen war. Dann rückte er in Sachsen ein, das den Prager Frieden immer teurer zu bezahlen hatte, schlug den Erzherzog Leopold Wilhelm und den General Piccolomini am 2. November 1642 auf dem alten Kampfplatz von Breitenfeld vernichtend und gewann Leipzig. Auch von Gallas nicht gehindert, stieß er später sogar wieder tief nach Mähren vor.

Wie Sachsen, so hatten auch die katholischen Verbündeten des Kaisers in Süd- und Westdeutschland furchtbar unter den Feinden zu leiden, bis in dem aus Longwy nordwestlich Metz stammenden General Franz von Mercy ein neuer Führer der bayrischen Armee auftrat, der Guébriant gewachsen war. Er schlug ihn wiederholt, zwang ihn zum Rückzug und nötigte nach Guébriants Tode (24. November 1643) seinen Nachfolger Josias Rantzau bei Tuttlingen zur Kapitulation. Das war für die Franzosen der letzte Anlaß, den noch jungen Henri de Latour d'Auvergne, Vicomte de Turenne, aus Italien heranzuholen. Der Tod Richelieus (4. Dezember 1642) und der Tod Ludwigs XIII. (14. Mai 1643) bedeuteten keinen Systemwechsel in Frankreich, insofern die Regentin Anna von Österreich und ihr Berater, der Kardinal Mazarin, ganz und gar an der Politik Richelieus festhielten.

Während Torstenson infolge des zunächst nur diplomatischen Eintritts Dänemarks in die kaiserliche und polnische Koalition gegen Schweden von Oxenstierna zu einem kühnen Zuge nach dem Norden veranlaßt wurde und durch sein Vorrücken bis nach Jütland im Herbst 1644 starken Eindruck machte, blieben die kaiserlichen Waffen unter Gallas im Norden und Süden gleich unwirksam. Ungehindert bemächtigten sich die Schweden, die ohnehin Osnabrück und Minden besaßen, auch des Erzstifts Bremen, Schleswigs und Holsteins, so daß der dänische Reichsrat im Jahre 1645 wieder dringend nach dem Frieden verlangte. Er kam in Brömsebro am 13. August zustande, sicherte den Schweden die Stifte Bremen und Verden sowie außer anderen Vorteilen die volle Sundzollfreiheit. Die Kaiserlichen hatten das alles nicht hindern können. Auch ihre neue Vereinigung mit den Bayern bewahrte sie nicht vor der Niederlage von Jankau bei Tabor in Böhmen im März 1645. Da vor kurzem Georg Rakoczy, Fürst von Siebenbürgen, gleich seinen Vorgängern die kaiserlichen Erblande von Süden her gefährdete und sich neuerdings mit Schweden und Frankreich verbündete, war selbst Wien bedroht und nur durch österreichisch-türkische Verhandlungen unter Verzicht auf die auch früher schon umstrittenen sieben ungarischen Komitate zu retten. Nun verließen Sachsen und Brandenburg endlich die Basis des Prager Friedens, der ihnen so gefährlich geworden war.

In Brandenburg war am 1. Dezember 1640 auf den Kurfürsten Georg Wilhelm sein Sohn Friedrich Wilhelm gefolgt, den die Nachwelt den Großen nennen sollte. Er verurteilte längst heftig die kaiserfreundliche Haltung des katholischen Grafen Schwarzenberg, der bei seinem Vater trotz aller Wechselfälle so viel gegolten hatte, und änderte schon vor Schwarzenbergs Tode (14. März 1641) ganz entschieden die Richtung seiner Politik. Im Juni 1644 kam es zu einem Waffenstillstand mit Schweden. Noch mehr Anlaß zum Waffenstillstand hatte das schwer heimgesuchte Sachsen; unter dem Einfluß der Haltung Brandenburgs und der kaiserlichen Niederlagen kam er am 6. September 1645 zu Kötzschenbroda zustande. Das bedeutete, daß nun das schwedische Aufmarschgebiet wieder bis an Böhmen herangeschoben wurde.

Am Oberrhein standen die Franzosen unter Turenne; die Kaiserlichen und die Bayern unter Mercy, der Freiburg mit dem Breisgau zurückgewann (28. Juli 1644), von dem Herzog von Enghien mit starken Kräften angegriffen, sich behauptete und den Franzosen schließlich am 5. August eine neue schwere Niederlage beibrachte. Doch konnte es Mercy nicht verhindern, daß die Franzosen die Rheinlinie mit Philippsburg, Speyer und Mainz festhielten. Im nächsten Frühjahr wagte es Turenne sogar, gegen Bayern vorzurücken, um auch Bayern vom Kaiser wieder zu trennen und womöglich zu einem Sonderfrieden zu bestimmen. Mercy eilte zum Schutz herbei und schlug Turenne bei Mergentheim. Freilich zog diesem alsbald der junge Herzog von Enghien mit überlegenen, frischen Truppen zu Hilfe, drang aufs neue gegen Bayern vor und nötigte am 3. August Mercy zu der ungewöhnlich blutigen Schlacht bei Alerheim östlich Nördlingen über dem Wörnitztal. Mercy selbst blieb auf dem Schlachtfeld. Aber obwohl die Bayern nach Mercys Tode das Feld räumten, fühlten sich die Franzosen zu einem weiteren Vormarsch nicht mehr stark genug. Dafür drängten sie die kaiserlichen Hilfstruppen unter dem Erzherzog Leopold Wilhelm und Gallas wieder bis über den Rhein zurück. Wieder winkten die Aussichten auf eine Befriedung, jetzt von Oberdeutschland, aber alle bayrischen Fühler blieben ergebnislos. Die französische Regierung Mazarins spürte keine Neigung zum Entgegenkommen, da sie begründete Aussicht zu haben glaubte, die Kriegslage wieder zu ihren Gunsten zu verbessern. So war Maximilians

Beichtvater, der Jesuit Vervaux, 1645 in Paris noch ganz ohne Erfolg. Sein Hinweis auf die gemeinsamen katholischen Interessen machte gar keinen Eindruck und in den Klagen über die Habsburger, die man in Paris ja schon öfter aus bayrischem Munde vernommen hatte, witterte man jetzt nur eine Finte. Erst in Münster spann sich eine ergebnisreichere französisch-bayrische Unterhandlung an, insofern Frankreich Bayerns alte Ansprüche auf die Kur, Bayern dagegen Frankreichs Verlangen nach dem Elsaß und den Festungen Breisach und Philippsburg allzu beflissen unterstützte.

Gleichwohl vereinigten sich 1646 wieder die bayrischen und die kaiserlichen Truppen, wofür nun endlich auch die gemeinsame Operation der Franzosen (unter Turenne) mit den Schweden (unter Karl Gustav Wrangel) ihren Fortgang nahm und ein für Bayern gefährlicher Vormarsch an die Donau erfolgte, der den Kurfürsten selbst in München bedrohte. Die auf die Dauer unerträgliche Drangsalierung seiner Lande zwang Maximilian schließlich doch zu dem einseitigen Waffenstillstand von Ulm am 14. März 1647. Er einigte sich mit den Franzosen auf Neutralität für den bayrischen, schwäbischen und fränkischen Kreis sowie für die Gebiete des Kurfürsten von Köln. Notgedrungen also trennte er sich vom Kaiser in der Hoffnung, wie er versicherte, dadurch den allgemeinen Frieden zu fördern. Allein, er sollte bald teils durch die Unklarheit, die seit dem Prager Frieden über die Zugehörigkeit seiner Truppen zur kaiserlichen Befehlsgewalt bestanden, teils aus anderen Gründen in die allergrößten Schwierigkeiten geraten.

Hatte der Kaiser schon vor dem Ulmer Waffenstillstand Gallas beauftragt, für den Fall, daß Maximilian sich von ihm trenne, möglichst stattliche Teile der »bayrischen Armada« anzunehmen, so befürwortete auch der kaiserliche Gesandte in München, Christoph Khevenhiller, die 20000 Mann schlachtbewährter »überaus guter und wohlgekleideter« bayrischer Truppen in die Dienste des Kaisers zu überführen. Nun bestand aber zwischen Wien und München ein gegenseitiges Mißtrauen; der Kurfürst hütete sich wohl, Khevenhiller über seine Beziehungen zu Frankreich reinen Wein einzuschenken, und die kaiserliche Regierung suchte ihrerseits die bayrischen Truppen beizeiten zu sich hinüberzuziehen, ehe sie etwa den Gegnern zukämen. Während Gronsfeld nach seiner Pariser Mission durch Maximilian zum Oberbefehlshaber der Armee gemacht war, fühlte sich Jan van Werth, inzwischen aus der französischen Gefangenschaft wieder gelöst, als General der Kavallerie nicht genügend gewürdigt; auch die Truppen klagten hie und da über unregelmäßigen Sold und schlechte Verpflegung. So konnte es den sehr geheimen Bemühungen der Kaiserlichen gelingen, den Übertritt des noch in Maximilians Pflicht stehenden Jan van Werth zu erreichen und schon dadurch bei den Franzosen und Schweden ein Mißtrauen gegen die bayrische Neutralität wachzurufen, das dem Kurfürsten teuer zu stehen kommen konnte. Indessen glückte es dem überaus einsichtigen und tatkräftigen Vorgehen der bayrischen Kriegskommissäre, nach den ersten sicheren Nachrichten von der Meuterei des Jan van Werth die schon auf dem Marsch befindlichen Truppen unter der Hand und zum Teil durch verwegene Mittel zu verständigen und fast ausnahmslos zur Umkehr zu bewegen – ein glänzendes Zeugnis für die bayrische Beamtenschaft und für das echte Treuverhältnis, das nicht nur die »Landeskinder«, sondern auch die fremden im bayrischen Dienst stehenden Offiziere und Soldaten zum Kurfürsten empfanden. Die vorübergehend Schwankenden wurden von Maximilian begnadigt; Jan van Werth und Spork blieben für ihre Person im kaiserlichen Heere, wurden aber von Maximilian noch lange mit Abscheu betrachtet.

Inzwischen bahnten sich auf dem niederländischen Kriegsschauplatz wirkliche Friedensverhandlungen an. Hier waren die Generalstaaten unter Friedrich Heinrich von Oranien von Norden her ebenso erfolgreich vorgedrungen, wie von Süden das französische Heer. Die Spanier sahen sich 1646 fast auf die festen Plätze Gent, Brügge, Antwerpen und Namur beschränkt. Die Holländer hatten ihre defensiven Absichten vollkommen erreicht und beobachteten schon mit wachsendem Mißtrauen die Fortschritte der Franzosen, die ihnen als unmittelbare Nachbarn sehr viel unbequemer werden konnten, als die entlegene spanische Regierung. Unter diesen Umständen waren sie geneigt, auf Friedensverhandlungen mit dem spanischen Gesandten in Münster einzugehen, die schon im Januar 1647 festere Gestalt gewannen; auch hier also die Anbahnung eines Separatfriedens.

Indessen, in Süddeutschland sollte sich die schwierige Lage Maximilians zwischen dem Kaiser und den für ihn neutralisierten, aber immer noch unsicheren Feinden nicht so bald klären. Hatte schon die Episode mit Jan van Werth zu allerlei Verstimmungen geführt, so mußte sich Maximilian sagen, daß er sein Hauptziel, die pfälzische Kur und alles was damit zusammenhing, schließlich nur mit dem Kaiser endgültig erreichen konnte. So schloß er mit dem Kaiser einen neuen Vertrag zu Passau am 2. September 1647, ließ seine Truppen unter Gronsfeld zu den Kaiserlichen unter Melander von Holzappel stoßen, zog aber gerade dadurch noch einmal die Feinde vorzüglich auf seine bayrischen Lande. Es kam erneut zu schweren Zusammenstößen. Bei Zusmarshausen an der Zusam, westlich Augsburg, fiel Melander von Holzappel; Gronsfeld wurde bis an den Inn zurückgedrängt und konnte erst nach und nach, unterstützt von Piccolomini, langsam westwärts wieder Raum gewinnen. Währenddessen drangen die Schweden unter Königsmark erneut in Böhmen ein, bemächtigten sich der Kleinseite von Prag und versuchten die Stadt selbst im Sturm zu nehmen. Da brachte auch hier, wo der Kampf vor 30 Jahren so drastisch begonnen war, die Kunde von dem Abschluß des Westfälischen Friedens die Kriegshandlungen zum Stehen.

Vom Frieden war seit mehr als zehn Jahren die Rede und die Einzelabmachungen dürfen nicht zuerst als Treulosigkeiten gegen die jeweiligen

Verbündeten betrachtet werden, sondern als ernstliche Versuche, dem immer wieder um sich greifenden Brande Einhalt zu tun. Man hat sehr richtig gesagt, daß Deutschland angesichts der parallelen Spannungen an der Ostsee, am Rhein und in den Niederlanden einem ungeheuren Brandherd glich, bei dem das Feuer auch aus der Asche von irgendeinem Winkel aus immer wieder angefacht werden konnte. Unter vielen anderen in der historischen Entwicklung liegenden Gründen spielte dabei dauernd auch die Natur des Söldnerwesens eine ungeheure Rolle. Wenn man liest, daß der General Wrangel auf die Nachricht vom Friedensschluß hin seinen Federhut fluchend zu Boden warf, so kennzeichnet das allgemein die Stimmung entlassener und verdienstlos gewordener Soldaten und Offiziere; sie kehrte seit Jahren bei allen lokalen Friedensschlüssen wieder. Als Gefühl allgemeiner Unsicherheit spielte sie auch in die Meuterei des Jan van Werth hinein.

Auf der anderen Seite waren die deutschen Lande durchweg – von den kaiserlichen Erblanden insbesondere Böhmen – aufs härteste mitgenommen. Man verlegte die Truppen seit Jahren bewußt in die zuletzt am meisten geschonten Gebiete, schon um der Truppen willen; aber man zog damit nur immer neues, bis dahin behütetes Gut in die allgemeine Verwüstung hinein. Den kriegführenden Mächten selbst ging das Geld aus, in Schweden fehlte seit langem die selbständig tragende Persönlichkeit, Spanien hatte zuletzt nur Verluste und auch die französische Staatsleitung mußte sich nach den Wechselfällen der letzten Jahre eben jetzt wieder sagen, daß man eine verhältnismäßig günstige Situation doch nur mit großen Opfern erreicht hatte. Dabei waren sich die deutschen Stände beiderseits über die Undurchführbarkeit ihrer höchstgestimmten Ansprüche ebenfalls längst notgedrungen klar geworden.

Um die Friedensverhandlungen im einzelnen zu verstehen, müssen wir uns die freilich vielfach schwankende, aber im Grunde doch einigermaßen feste Gruppierung der Parteien, ihre Machtmittel und ihre Kriegsziele vor Augen führen.

Der Kaiser vertrat seit der Schlacht am Weißen Berge für seine Erblande, zumal für Böhmen, weniger für Schlesien, die Forderungen der Gegenreformation in ihrer schärfsten, jedem Zugeständnis abholden Form. Ferdinand II. war sogar lange Zeit, besonders in der Periode des Restitutionsedikts geneigt gewesen, auch gegenüber den hohen Reichsstiften von Norddeutschland die katholische Politik rücksichtslos durchzuführen. Aus verwandtschaftlichen und konfessionellen Gründen hing das Haus Österreich außerdem fast unlöslich an der spanischen Politik, wenn auch die Neigung zum Eingriff in die Niederlande wechselte.

Bayern verdankte seinem energischen Eintreten für die Habsburger in den Tagen der böhmischen Revolution den seit hundert Jahren umworbenen Besitz der pfälzischen Kur nebst beträchtlichem Landgewinn, sah sich aber sowohl am Rhein wie in der exponierten Oberpfalz und, nach dem jähen Wechsel des Kriegsglücks, selbst in den altbayrischen Stammlanden dem Kriege in seiner verheerendsten Gestalt ausgesetzt. Bemüht, gegen die Habsburger seine Selbständigkeit zu behaupten durch Anlehnung an Frankreich, fühlte es sich doch durch die schwedische Gefahr umgekehrt immer wieder auf die Seite des Kaisers gedrängt. Da zudem Köln mit Münster, Paderborn und Hildesheim zu einer Art geistlicher Sekundogenitur Bayerns geworden waren, fesselte Bayern, trotz seiner oft genug betonten Abneigung gegen jede Einmischung in die Niederlande, doch auch das spanische Interesse. So erklärt es sich, daß der in seiner Lebensrichtung so einheitliche, in seinen Handlungen so überlegte und dabei durchaus tatkräftige Kurfürst Maximilian in dem verwirrenden Widerstreit der Ideen und Notwendigkeiten am Ende zu den meistgefährdeten Figuren gehörte.

Die geistlichen Stifte, soweit sie nicht in Händen der Habsburger und Wittelsbacher waren, bedurften auch nach den Zeiten der Liga durchaus des Anschlusses an den Kaiser oder an Bayern. Außer ihnen gab es katholische Fürstentümer von wirklicher Bedeutung nicht mehr, es sei denn Lothringen, das lange genug zwischen Frankreich und dem Reich eine wenig gefährdete Doppelstellung innegehabt hatte, jetzt aber für den innerlich erstarkten französischen Einheitsstaat um so erstrebenswerter erschien, als die letzten Kriegszüge die völlige Wehrlosigkeit der hinter Lothringen gelegenen oberrheinischen und Mosel-Gebiete zum Vorschein gebracht hatten. Die Verbindung Lothringens mit dem Herzog von Orléans gab den bequemen Vorwand zum Eingreifen; am Ende drängten die entschlossenen französischen Feindseligkeiten den Herzog mit Notwendigkeit an die Seite des Kaisers.

Die großen protestantischen Mächte, zunächst die Kurfürsten, befanden sich erst recht im schwersten Zwiespalt seit dem Eingreifen der Fremden. Pfalz war aus der aktiven Politik seit mehr als zwanzig Jahren ausgeschieden. Brandenburg empfand trotz der konfessionellen und verwandtschaftlichen Beziehungen den unverhüllten Anspruch Schwedens auf das zunächst noch unerledigte Pommern vielleicht um so stärker als Verletzung seines Selbstgefühls und seiner stolzesten Träume, je mehr die Anwartschaft auf Pommern lange Zeit nur eine gern gepflegte Zukunftshoffnung war. Auch fühlte sich Brandenburg durch den Wunsch auf den stillen Erwerb geistlicher Stifte ebenso wie Sachsen immer wieder auf die Seite des Kaisers gedrängt. Sachsen erschien darüber hinaus um seiner Machtmittel und seiner geographischen Lage willen dem Kaiser selbst dauernd von der größten Wichtigkeit. Seine Haltung zu Beginn des böhmischen Krieges war entscheidend gewesen gegen die protestantische Sache; sein Übergang zu Gustav Adolf umgekehrt entscheidend für ihren Sieg. Der Prager Friede mit seinem erneuten Wechsel kostete das unaufhörlich heimgesuchte Land erst recht furchtbare Verluste. Wenn durch das Ausscheiden der Pfälzer und das Vorherrschen der Kriegsgeräusche auch der konfessionelle Gegensatz des alt-lutherischen Sachsen gegen den Calvinismus geschwächt wurde, so blieb in Sachsen doch das ebenfalls mehr als hundertjährige Bedürfnis zum Ausgleich mit dem benachbarten katholischen Österreich, vielfach im Sinne der Hoffnung auf eine privilegierte Stellung des strengsten Luthertums bestehen.

Von den übrigen protestantischen Mächten war die Haltung des Landgrafen von Hessen-Kassel, zuletzt der Landgräfin-Witwe Amalie Elisabeth, am entschiedensten antikaiserlich, aber eben deshalb notgedrungen bald schwedisch, bald französisch, ohne Aussicht auf großen und sicheren Gewinn. Die kleinen Stände mußten sich wohl oder übel fügen. Die noch immer in mehrere Linien zerfallenden Welfen sahen sich zu häufigem Wechsel gezwungen; während sie die Lande Grubenhagen 1596 noch eingeerbt hatten, versäumten sie nach dem Aussterben der Linie Braunschweig-Wolfenbüttel die Gelegenheit zur wirklich großen Vereinheitlichung ihrer Macht, begründeten vielmehr aus ihrem Lauenburger Zweig aufs neue das Haus Braunschweig. Zerspalten waren auch die machtlosen Lauenburger. Von Baden und Württemberg war eine selbständige Politik zwischen den großen Mächten kaum zu erwarten; sie hatten unter den Erfolgen der Kaiserlichen immer nur gelitten, ohne von den französischen Waffen Gewinn zu haben.

Das Gesamtgewicht der kleinen Stände, deren Verlangen die fremden Mächte unterstützten, veranlaßte den Kaiser nach der Niederlage von Jankau im Herbst 1645 alle Reichsstände, nicht nur die Kurfürsten, zu den Friedensverhandlungen, die nun bestimmter nach Osnabrück und Münster anberaumt wurden, einzuladen. So traten auch sie nach dem Vorbild und in der Art der Reichstagsverhandlungen mit ins Spiel, ohne große Möglichkeiten.

Von den ausländischen Mächten war Dänemark nicht nur an Holstein und dem baltischen Handel, sondern auch an den niederdeutschen Stiften ganz unmittelbar interessiert; aber es war zugleich ängstlich besorgt vor der aufsteigenden schwedischen Übermacht. So hatte es sich einst sehr aktiv an den Kämpfen in Norddeutschland beteiligt, seit dem Lübecker Frieden aber nur einmal noch für kurze Zeit in diese Händel hineinziehen lassen. Schweden, in seinem Aufstieg durch den frühen Tod des Königs aufgehalten, war durch die energische Politik des Kanzlers Oxenstierna gleichwohl in seiner vollen Machtstellung befestigt, durch hervorragende Generale und eine immer wieder durch Landeskinder aufgefrischte Truppe aus Gustav Adolfs Schule bis zuletzt militärisch fast ungeschwächt; in seinen Kriegszielen für Sicherung der protestantischen Mächte und gegen die katholische Restauration, besonders mit Rücksicht auf Polen. Daneben in Anbetracht seiner großen Opfer zum mindesten für die gegenwärtige Armee der Kriegsentschädigung bedürftig; im übrigen auf dauernden Landerwerb an der Ostseeküste, vor allem in Pommern, aber auch sonst im Reich seit Jahren eingestellt. Eben noch hatte es gegen Dänemark Bremen gewonnen.

Seine Bündnisse im Reich waren vom Anfang an fast durchweg erzwungene; eine natürliche Bundesgenossenschaft hätte in Brandenburg-Preußen gegen Polen bestanden, wurde aber durch den Streit um Pommern aufgewogen.

Die Franzosen, in säkularem Gegensatz zu den niederländischen Habsburgern, wurden eben deshalb immer zuerst durch die Rücksicht auf Spanien bestimmt, auch in ihrer Abwehr gegen eine spanische Landverbindung von Mailand über den Oberrhein nach den Niederlanden hin. Ein Menschenalter lang stand besonders die Frage der Graubündner Pässe im Mittelpunkt der Politik. Dann wies das gespannte Verhältnis zum Herzog von Lothringen Frankreich erst recht den Weg an die obere Mosel und an den Rhein. Der Gegensatz gegen das Reich ist noch lange durchaus sekundär. Daß Frankreich in den vom Krieg heimgesuchten oberrheinischen Landen mit dem Vorgeben des Schutzes der Bedrückten und Gefährdeten auftrat, erklärt bei dem notwendigen Anlehnungsbedürfnis der Kleinen an die Großen die zeitweise freundliche Aufnahme seiner Politik im Lande. Aber eine wahre Interessengemeinschaft mit den dortigen Reichsständen bestand nirgends. Vollends, als aus der ursprünglich defensiven Haltung gegen das Haus Habsburg bald ein offensives Vorgehen wurde, konnte das nur auf Kosten aller kleinen Stände von Lothringen bis zur Pfalz Erfolg haben und mußte die gequälten rheinischen Lande erst recht dem Kriegselend aussetzen. Von größeren deutschen Fürsten nahm die französische Partei, vor allem doch wieder im Gegensatz zur spanischen, lediglich der Kurfürst von Trier.

Die Niederländer und vollends die Engländer hatten keine unmittelbaren Beziehungen zu den deutschen Kämpfen, nur daß auch ihr Gegensatz gegen die spanische Macht und ihre Zugehörigkeit zur protestantischen Welt die Parteigruppierung bestimmte. Das Haus Stuart in England war zeitweilig durch die Sorge für den kurpfälzischen Schwiegersohn beteiligt, ohne daraus auf die Dauer erhebliche Folgerungen zu ziehen. England fehlte auch bei den Friedensverhandlungen.

Die besonderen Bedingungen des Friedens waren merkwürdigerweise durch die vielfach unnatürlichen Bündnisse oder Anlehnungen zwischen dem Kaiser und einzelnen Protestanten, zwischen Bayern und Frankreich, Bayern und Österreich, Frankreich und Schweden, Frankreich und den Niederlanden teils vorgezeichnet, teils aber auch gehemmt.

Ganz sicher fehlte es in Deutschland nicht an nationalen Stimmen, also auch nicht an idealer Abneigung gegen die Fremden als politische Mächte und als Vertreter einer nicht deutschen Kultur. Von seiten des Kaiserhofes wurden diese Stimmungen gelegentlich benutzt, wie beim Prager Frieden und beim Regensburger Reichstag von 1640/41, zumal es vor aller Augen lag, daß sowohl Schweden wie Frankreich nur auf Kosten des Reichs gewinnen konnten. Aber die entgegengesetzten politischen und konfessionellen Hemmungen erwiesen sich durchwegs als die stärkeren.

Am schwierigsten gestalteten sich bis zuletzt die konfessionellen Fragen. Schon in Regensburg wollte man sich auf das Jahr 1630 für die weltlichen Besitzungen und auf den 12. November 1627 für die geistlichen Güter einigen. Sonst aber bestand keinerlei Einigkeit. Die strengen Lutheraner in Kursachsen und in Sachsen-Altenburg standen noch gegen die Calvinisten, und wenn auch das allgemeine Gefühl der Zeit sich allmählich abstumpfte, so wirkten die alten Gegensätze noch immer in die Führung der Protestanten hinein. Die Kurfürsten von Brandenburg und Sachsen wollten oder konnten teils mit Rücksicht auf den Kaiser, teils eben wegen dieser Spannungen die ausgesprochene Führung nicht übernehmen. So standen die kleinen Stände ohne starkes Haupt, als es sich darum handelte, die Religionsbeschwerden vom 25. Dezember 1645 nachhaltig zu vertreten. In gewissem Sinne trat Schweden in die Lücke.

Ähnlich war es um die Gegenseite bestellt. Unter den katholischen Ständen waren friedliche und unversöhnliche. Zu den letzteren gehörten die Bischöfe von Augsburg und von Osnabrück, Heinrich von Knöringen (gest. 1646) und Franz Wilhelm von Wartenberg, dem der Verlust von Minden und Verden drohte und dessen Hochstift Osnabrück die Schweden ebenfalls besetzt hielten. Zu ihnen gehörten auch der Vertreter des katholischen Rates der Stadt Augsburg, Dr. Leuxelring, und der Sachverwalter der durch Österreich nach dem Vordringen der Kaiserlichen wieder katholisch gemachten württembergischen Klöster, der Benediktiner Adam Adami. Der Bischof von Augsburg ließ durch den Dillinger Jesuiten Wangnereck in heftiger Polemik alle Zugeständnisse in Kirchensachen ablehnen. Von den Unversöhnlichen wurden alle endgültigen Verzichtleistungen durchaus verurteilt, obwohl doch nur darin nach den Erfahrungen eines Jahrhunderts die Aussicht auf einen wahren Frieden gesehen werden konnte. Ritter hat im Anschluß an die handschriftlichen Gutachten und die gedruckten Streitschriften dieser Jahre dargetan, wie wenig im übrigen sich grundsätzlich die mehr politisch gesinnten Publizisten, etwa der Prager Abt und Mainzer Weihbischof Juan Caramuel y Lobkowitz und der Jesuit Johann Vervaux, von den Radikalen, wie Wangnereck und Adami, unterschieden. Sie erweckten auch praktisch kein großes Vertrauen zu der Ehrlichkeit des Friedensschlusses, wenn sie ihn, wie Vervaux, etwa mit der Erwägung befürworteten, »jede Verpflichtung gelte nur so lange, als ihre Erfüllung ohne Sünde möglich sei. Zur Sünde würde die Duldung der Ketzerei erst, wenn unter veränderten Zeitumständen die Notwendigkeit ihrer Duldung aufhöre.«

Im Hintergrunde wirkte der Nuntius. Was er als seine Pflicht betrachtete, die Unversöhnlichen zu stärken, erwies sich doch, wie immer in solchen Fällen, als eine gefährliche Entfernung von der Wirklichkeit der Dinge, die sich den Verhandelnden bei einigem Nachdenken täglich furchtbarer aufdrängen mußte. Oder sollte es gottgefällig sein, bis zur völligen beiderseitigen Vernichtung zugunsten der fremden Mächte weiter zu kämpfen? Wangnereck scheute selbst diese Meinung nicht.

Die Wahl der alten westfälischen Bischofsstädte Osnabrück und Münster zum Sitz der Friedensverhandlungen war zuerst im Dezember 1641 in Hamburg zwischen dem kaiserlichen Gesandten v. Lützow und dem schwedischen Gesandten Adler Salvius verabredet. Die Beratungen aber begannen erst Ende 1644 mit einer kaiserlichen Proposition vom 23. November gegenüber Schweden und einer zweiten vom 4. Dezember gegenüber Frankreich. Die Schweden hatten das von ihnen besetzte Osnabrück neben Münster schon deshalb gewählt, um dem päpstlichen Nuntius auszuweichen.

Osnabrück und Münster boten für einen europäischen Kongreß von diesen Ausmaßen nur bescheidene Bedingungen. Man hat daran erinnert, daß Europa seit den großen Konzilien von Konstanz und Basel dergleichen nicht mehr erlebt hatte. Selbst die stattlichen spätgotischen Rathäuser beider Städte boten für die Sitzungen der Gesandten kaum auskömmliche Räume. Die Beherbergung der zahlreichen vornehmen Botschaften mit ihrem Gefolge mußte trotz der Gewöhnung an Kriegsquartiere immer noch dürftig erscheinen. Der französische Abbé Jolly, Begleiter der Damen des Herzogs von Longueville nach Münster und Osnabrück, berichtet unter Aufwand einiger Gelehrsamkeit von den vielfach kümmerlichen Verhältnissen der beiden kleinen Städte. Unterzubringen waren der päpstliche Nuntius Fabio Chigi und der kaiserliche Gesandte, Obersthofmeister Maximilian Graf von Trauttmannsdorff, der Spanier Peñaranda, der französische Herzog von Longueville und seine beiden Begleiter, die Grafen Servien und d'Avaux, die Vertreter Schwedens, Staatsrat Adler Salvius und der jüngere Graf Oxenstierna. Im übrigen waren außer den deutschen Ständen noch Gesandte Portugals und der Generalstaaten, Savoyens, Toscanas, Venedigs, Mantuas und der Eidgenossenschaft erschienen. Viele Mächte waren doppelt vertreten. So hatten die Schweden bei den katholischen Mächten in Münster noch als Geschäftsträger den Herrn von Rosenhane, Statthalter in Ostgotland, der Kaiser neben seinen vornehmen Vertretern in Münster noch den Grafen Lamberg und den Dr. Krane in Osnabrück, Frankreich erst den Herrn de la Barde, dann einen Verwandten des Grafen Servien. Die Arbeiten der Gesandten sollten im übrigen, wie wir gesehen haben, noch vier Jahre lang von dem Gang der kriegerischen Operationen beunruhigt und beeinflußt werden, obwohl im Grunde die Meinungen allerseits ziemlich feststanden.

Die Stadt Osnabrück war um ihrer Neutralität willen schon 1643 von der schwedischen Besatzung geräumt und dem Magistrat wieder übergeben. Der Bischof Franz Wilhelm hielt auch nicht als Landesherr, sondern nur als Gesandter des Kurfürsten von Köln und damit zugleich als Vertreter der Bistümer Münster, Hildesheim, Paderborn und Lüttich seinen Einzug.

Von den unendlichen Verhandlungen über Rang und Titel, Session und andere zeremonielle Fragen empfiehlt es sich zu schweigen. Nach den Akten ist unendlich viel Zeit damit vergeudet worden. Aber die ernsthaften Verhandlungen erschwerten sich nicht nur durch derartige Äußerlichkeiten und den unvermeidlichen Fortgang der Kriegsereignisse, sondern auch durch die Zerlegung der Verhandlungen auf die beiden Städte und durch die niemals ausbleibenden Rückfragen bei den heimischen Regierungen.

Zuerst kamen die Verhandlungen zwischen Spanien und den Generalstaaten zum Abschluß. Die überwiegenden Handelsinteressen Hollands verlangten längst nach einer Beruhigung von Land und See. Die drohenden Fortschritte der Franzosen konnten beide Gegner in ihrem Willen zur Verständigung nur bestärken. So wurde der erste Sonderfriede schon am 30. Januar 1648 in Münster unterzeichnet. König Philipp IV. von Spanien anerkannte die Souveränität der »Vereinigten Niederlande« für sich und seine Nachfolger; er verpflichtete sich auch, die Anerkennung durch den Kaiser herbeizuführen, was im Juli wirklich erfolgte. Es kennzeichnet den veränderten Geist der Zeit, daß in diesen Verhandlungen von den kirchlichen Dingen wenig die Rede war, die Holländer aber um Amsterdams willen besonderen Wert darauf legten, gegen Antwerpen die Scheldemündung zu schließen. Die neue niederländische Großmacht besaß in Europa nur eine schmale Basis, allein sie hatte sich während der Freiheitskriege in Asien und Amerika ein bedeutendes Kolonialgebiet geschaffen, vorübergehend sogar Brasilien besessen und in Ostindien Fuß gefaßt, wo 1619 Batavia gegründet war.

Die nächste schwierige Bereinigung, die in Münster gesucht werden mußte, betraf Frankreich und das Haus Österreich. Daß Frankreich nicht mit dem Reich, sondern mit Österreich zu kämpfen behauptete, erleichterte ihm sein Vorrücken im Elsaß, erklärt aber zugleich die gerade hier später hervortretenden und bis heute nachwirkenden Unklarheiten.

Bei Behandlung der französischen Ansprüche auf das Elsaß zeigte sich zum ersten Male die Hilflosigkeit der europäischen Diplomatie in bezug auf die verwickelten Territorialverhältnisse Deutschlands. Aber man muß leider hinzufügen, daß die maßgebenden deutschen Regierungen das ihrige dazu getan haben, die Unklarheiten zu erhalten und das Elsaß als Ganzes preiszugeben. Verhandelt wurde in Münster nur über die Abtretung von österreichischen Besitzungen und Hoheiten, wie sie früher den Inhalt des Bernhard von Weimar zugedachten Fürstentums gebildet hatten. Aber die Kaiserlichen hüteten sich in der Furcht vor weitergehenden Ansprüchen der Franzosen auf dem rechten Rheinufer, etwa im Breisgau, den französischen Unterhändlern volle Klarheit zu verschaffen über das bescheidenere Ausmaß der habsburgischen Besitztitel. Zwar in der Landgrafschaft Oberelsaß besaßen die Habsburger fast zwei Drittel des Landes unmittelbar und über den Rest wenigstens begründete Hoheitsrechte, auch über die wiederholt als reichsunmittelbar angesprochene Herrschaft Rappoltstein. Dazu gab ihnen die Landvogtei Hagenau seit 1559 auch die Hoheit über die vier Reichsstädte; nur Mühlhausen gehörte seit 1515 zur Eidgenossenschaft und blieb bei ihr.

Ganz anders stand es um das Unterelsaß. Hier gab es in Wahrheit keine Landgrafschaft mehr; einen Rest von Scheinrechten besaß der Bischof von Straßburg. Er selbst aber, die sechs kleinen Reichsstädte der Landvogtei, einschließlich Weißenburg und Landau, die alte Bischofsstadt Straßburg und eine große Anzahl von Grafschaften und Herrschaften nebst Gebieten der Reichsritter gehörten zum Reich und nicht zu Österreich. Die sogenannte Landgrafschaft Unterelsaß, mit der in Münster operiert wurde, deckte also gar nicht entfernt das gleichnamige Land so, wie etwa die Landgrafschaft im Oberelsaß. Da aber die Franzosen darüber nicht aufgeklärt wurden, die Abtretung außerdem nicht nur von seiten Österreichs, sondern auf Verlangen der Franzosen auch im Namen des Reichs erfolgte, konnten sich bis zum heutigen Tage so grundverschiedene Vorstellungen über das Ausmaß der 1648 an Frankreich abgetretenen Rechte festsetzen. Der Stadt und dem Bistum Straßburg, Basel, den alten Abteien Murbach, Lüders, Andlau und Münster im Gregoriental, weiter den Landen des Pfalzgrafen von Lützelstein, der Grafen und Herren von Hanau, Fleckenstein und Oberstein, der Reichsritterschaft und den zehn Städten der Landvogtei war zwar ihre Reichsunmittelbarkeit gewahrt, doch mit der Maßgabe, daß Frankreich ihnen gegenüber die angeblichen Rechte des Hauses Österreich erhalte. Auf der anderen Seite sollte aber der König von Frankreich für keines der ihm abgetretenen oder seiner Hoheit unterstellten Gebiete ein Stand des Reiches werden; das wünschte weder der Kaiser noch auch mit Rücksicht auf die geringe Würde eines Landgrafen der französische Hof; so wurde auch dieser Rest von Sicherung der Reichszugehörigkeit verloren. Völlig willkürlich war die Forderung von Breisach und Philippsburg als Brückenköpfe auf dem rechten Rheinufer. Gerade die Forderung der Brückenköpfe straft die damals und noch so oft erneuerte Theorie von dem Rhein als der natürlichen Grenze Lügen, sie enthüllt vielmehr die rein militärische Absicht der Besetzung. Der Präliminarvertrag vom 13. September 1646 ging im wesentlichen wörtlich in den endgültigen Frieden über.

Am 11. November 1647 einigte man sich über die lothringischen Bistümer, da ja Frankreich seit 1552 nur die Bischofsstädte Metz, Toul und Verdun besaß und selbst diese nur durch einen völkerrechtlich höchst anfechtbaren Vertrag. Leider blieben auch jetzt Unklarheiten in bezug auf die bischöflichen Lehen, schuldhafte Voraussetzungen für die weitergehende Annexionspolitik der späteren Zeiten Ludwigs XIV. Dagegen setzte sich der Kaiser sehr heftig ein für seinen Verbündeten, den Herzog von Lothringen. Frankreich wünschte ihn vom Frieden ausgeschlossen zu sehen. Schließlich wurde die Entscheidung späteren Verhandlungen vorbehalten.

Der dritte große Bereich von Fragen ergab sich aus den schwedischen Ansprüchen. Sie waren entsprechend der langen und opferreichen Beteiligung Schwedens am Krieg anfangs ganz maßlos – sowohl in bezug auf die Höhe der Kriegsentschädigung wie in bezug auf die abzutretenden Länder. Da sich darunter auch die Forderung von Schlesien befand, veranlaßte gerade diese den Kaiser um der Ablenkung willen zu dem größten Entgegenkommen wegen Pommern. Hier war der Gegenspieler ganz allein der junge Kurfürst von Brandenburg, der auf seinem guten Rechte gegenüber dem inzwischen seit zehn Jahren erledigten Herzogtum bestand und erst, als er die völlige Unerreichbarkeit erkannte, in die sehr ungünstige Teilung willigte.

Auf dem Wege zu dieser Lösung und den entsprechenden Entschädigungen für Brandenburg lagen viele Fehlversuche und Enttäuschungen. Ein alter Plan tauchte auf, die Tochter Gustav Adolfs, die Königin Christine, mit dem Kurfürsten zu vermählen und damit zwischen den schwedischen und den brandenburgischen Interessen den einfachsten Ausgleich zu finden. Dann versuchte es der Kurfürst mit Unterstützung durch die Generalstaaten. Er warb um Luise Henriette, Tochter des Prinzen Friedrich Heinrich von Oranien, reiste auch noch während der Verhandlungen zur Hochzeit in den Haag, aber die Generalstaaten waren nicht in der Lage, Hilfe in dem erwünschten Maße zu leisten. So kamen vom 17. bis zum 20. Februar 1647 jene Abmachungen zustande, wonach die weitaus wichtigere Hälfte Pommerns, Vorpommern mit Rügen und ein Teil von Hinterpommern mit Stettin und den Odermündungen an die Schweden überlassen wurde. Sie erlangten auch Wismar, wofür die Mecklenburger mit den ihnen eigentlich schon gehörenden Stiften Schwerin und Ratzeburg nur ungenügend entschädigt wurden. Endlich behauptete Schweden die Stifte Bremen und Verden als weltliches Herzogtum, und auch dafür Sitz und Stimme auf den Reichstagen.

Der Kurfürst von Brandenburg, mit dem es die Mächte nun doch nicht ganz verderben wollten – weder Frankreich noch der Kaiser –, erhielt allerdings eine stattliche Entschädigung durch die Stifte Cammin, Minden und Halberstadt nebst der Anwartschaft auf Magdeburg, das sich zur Zeit ja noch im Besitz eines sächsischen Prinzen befand. Schweden aber blieben die Mündungen aller drei großen deutschen Ströme Oder, Elbe und Weser ausgeliefert; auch mit der Elbe nahmen es die Schweden durchaus ernst, wie ihr lebhaftes Interesse an Stade als Elbfestung beweist. Die Geldentschädigung zur Abdankung der Soldaten wurde in den letzten Verhandlungen des Jahres 1648 von zwanzig auf fünf Millionen herabgesetzt.

Unter den innerdeutschen Besitzverhältnissen war die pfälzische Frage unstreitig die schwierigste. Sollte sonst das Jahr 1618 maßgebend sein für Landbesitz und Hoheiten, so konnte man angesichts der vielfach verbrieften Ansprüche Bayerns auf die Pfalz in diesem Falle nicht daran festhalten.

Nach langen Verhandlungen verständigte man sich dahin, daß Bayern außer der Kur die an Altbayern angrenzende Oberpfalz mit der Grafschaft Cham als Kriegskostenentschädigung behielt, während die Rheinpfalz mit einer neuen achten Kur an den Sohn Friedrichs V., den jungen Karl Ludwig, gegeben wurde; das war Schwedens unbedingte Forderung. Der Kaiser und die katholischen Stände behielten somit die Mehrheit im Kurkollegium mit den drei geistlichen Kurfürsten, Bayern und (bei der Königswahl) auch Böhmen gegen Pfalz, Brandenburg und Sachsen. Damit war zugleich der Besitz des Kaisertums in den Händen der Habsburger so gut wie gesichert.

Sachsen erhielt als Kriegskostenentschädigung die beiden Lausitz. Hessen-Kassel, das ja von Anfang an die schwedische und zuletzt auch die französische Partei genommen hatte, erhielt als Trost außer seinem Anteil an Schaumburg die längst in Abhängigkeit genommene Abtei Hersfeld – immerhin eine endgültige Sicherung des Besitzes.

Kirchlich traten die Calvinisten in den Genuß des Augsburger Religionsfriedens, auch im Sinne einer Freistellung für die Zukunft. Doch sollte ein Konfessionswechsel des Landesherrn nach diesem Friedensschluß keine Folgen mehr für die Untertanen haben. Damit war eine der unsittlichsten Anwendungen des Augsburger Religionsfriedens endlich abgestellt. Für die geistlichen Güter wurde statt des im Prager Frieden angesetzten Termines von 1627 schließlich der 1. Januar 1624 festgelegt und der Genuß des Normaljahres auch Reichsstädten und Reichsrittern zugebilligt. Die protestantischen Inhaber der säkularisierten Stifte sollten außerdem die so lang umstrittene Session auf den Reichstagen ungefährdet besitzen, die Kapitelsitze dagegen wieder nach dem Stand vom 1. Januar 1624 verteilt bleiben.

Das Normaljahr wurde auch für die dornige Frage des Konfessionsstandes der Untertanen festgehalten. Die Kaiserlichen weigerten für die Erblande die glatte Annahme, zeigten aber in zahlreichen Einzelfällen Neigung zum Entgegenkommen, wie schon im Prager Frieden. Trotzdem gab es im Herbst des Jahres 1647 noch ein letztes Sturmlaufen der Unversöhnlichen gegen den ersten Friedensentwurf vom 3. Juni. Erst am 24. März 1648 konnte zu Osnabrück zwischen den Schweden und den Protestanten einerseits, den Kaiserlichen und den Vertretern der katholischen Stände andererseits die Friedensformel in Religionssachen vereinbart werden. Dabei wurde den Gewissensbedenken der Strengsten zwar nicht durch eine Befristung des Friedens, wohl aber durch die allgemeine Einfügung der Formel »bis zur Religionsvereinigung« Rechnung getragen. Die nach dem Normaljahr bestehende Einschränkung der landesfürstlichen Rechte gegenüber den Untertanen wurde für die Pfalz und für die fortan bayrische Oberpfalz wechselweise bestritten.

Ein Kuriosum blieb die Regelung der Verhältnisse im Hochstift Osnabrück. Wir haben hier früher hohe bayrische Adlige, wenn nicht Prinzen, und eine entschiedene Gegenreformation einziehen sehen – zwischendurch aber dänische und schwedische Besatzungen. Nach dem Normaljahr mußte das Stift den Katholiken zufallen. Allein, da das Haus Braunschweig-Lüneburg rings um sich her auf alle Stifte zugunsten von Schweden und Brandenburg hatte verzichten müssen, so fand man für Osnabrück den Kompromiß so, daß immer ein katholischer und ein protestantischer Bischof abwechseln, der letztere aber regelmäßig aus dem Hause Braunschweig-Lüneburg stammen sollte.

Faßt man alles zusammen, so war die wesentlichste Folge des Friedens für die geistlichen Stifte die tatsächliche Anerkennung der protestantischen Säkularisationen, die bis dahin noch verschleiert gewesen waren. So sind zwar die süd- und westdeutschen Bistümer und Abteien der katholischen Kirche erhalten geblieben, einschließlich Hildesheim, die norddeutschen aber ebenso durchweg verlorengegangen. Der Riß ging quer durch Osnabrück. Da die geistlichen Stifte, wie die Kapitelsitze, bis zuletzt umstritten waren, so erhielten sich auch in den säkularisierten Landen bemerkenswerte Reste des Katholizismus, die nach Reichsrecht und nach dem toleranter werdenden Zuge der Zeit auch fürderhin geschont geblieben sind.

Endlich traf man, eigentlich doch im tiefsten Sinne der Speyerischen Protestation von 1529, die überaus wichtige Bestimmung, daß fortan in Religionssachen keine Majoritätsbeschlüsse mehr gelten sollten, sondern nur eine *itio in partes*. Da gleichberechtigte Gruppen sich nicht überstimmen können, gab es auf diesem Gebiete in Zukunft also nur gütliche Vereinbarungen, – ideengeschichtlich ganz gewiß ein Markstein auf diesem Gebiete. Dem entsprach die paritätische Besetzung der Reichsgerichte und der Deputationstage.

Die Veränderung des staatsrechtlichen Verhältnisses zwischen dem Kaiser und den Ständen trug der Entwicklung Rechnung, die inzwischen die Dinge ganz allgemein genommen hatten. Der Osnabrücker Friede begrenzte die Hoheit der Stände gegenüber dem Kaiser im Reich dahin, daß ihre Mitwirkung in allen Sachen von Krieg und Steuern, Aushebungen, Befestigungen und Bündnissen unerläßlich sein sollte. Die einzelnen Stände erhielten außerdem für sich das Bündnisrecht, das *jus foederis*, nicht minder das *jus territoriale*, das man als *droit de souverainité* interpretierte. Auch der in der Reformationszeit und späterhin so oft erregte ärgerliche Streit um das Stimmrecht der Reichsstädte auf den Reichstagen wurde durch Anerkennung ihres Rechtes auf ein *votum decisivum* neben dem Kurfürsten- und dem Fürstenrat aus der Welt geschafft.

Der Abschluß des Gesamtfriedens erfolgte durch die feierliche Unterzeichnung des endgültigen Textes am 24. Oktober 1648. Wie gegen den Augsburger Religionsfrieden, so richtete auch gegen diesen Friedensschluß das Papsttum seinen Protest in Innocenz' X. Breve *Zelo domus Dei* vom 20. November, änderte aber in diesem Falle so wenig etwas, wie in dem früheren.

Die Wirkungen des Friedens wie des Krieges auf den verschiedenen Lebensgebieten sind auch heute noch begreiflicherweise umstritten. Nach den furchtbaren Erschütterungen mehr als eines halben Jahrhunderts seit Beginn des kölnischen Krieges hat der konfessionelle Kampf in grenzenloser Ermüdung geendet. Mit dem Absterben der Idee einer durch die Waffen zu erkämpfenden Konfessionalität von Land und Leuten wurden fruchtbare Kräfte frei, auch innerhalb der kirchlichen Welten. Der Streit um die Form der Bekenntnisse als solche verlor durch das Dahinschwinden des Kampfes um ihre Geltung an Wert und an Sinn. Johann Valentin Andreae hatte sich längst wirksam gegen das Theologengezänk gewandt und in seiner »Christenburg« schon 1618, in der »Christianopolis« 1619 einen neuen innerlichen Christenstaat geschildert. Solche Gedanken mochten sich nun ausbreiten und verwirklicht werden. Paul Gerhardt nahm Luthers große Tradition der geistlichen Lieder mit höchster Innerlichkeit auf; noch im Friedensjahre 1648 entstanden »Wach auf mein Herz und singe« und »Nun ruhen alle Wälder«; wenige Jahre nachher »Befiehl Du Deine Wege«.

Die katholische Gegenreformation hatte den Schwung der ersten Zeiten noch nicht ganz verloren, aber ihre wichtigsten Dienste in einer neuen Disziplinierung der Menschen und dem Wiederaufbau des kirchlichen Lebens schon geleistet. Fortan bestimmten auch hier wieder einzelne Persönlichkeiten die geistigen Entwicklungslinien. Bald ragen die Schlesier bedeutend hervor, seit Johannes Scheffler (Angelus Silesius) seinen »Cherubinischen Wandersmann« (1657) hatte ausgehen lassen. Seine »Heilige Seelenlust oder geistliche Hirtenlust der in ihren Jesum verliebten Psyche« bezeichnet die völlige Abkehr von den streitbaren Richtungen, die so lange das Feld beherrscht hatten.

Wenn es so bald noch keinen bewußten Wettbewerb der Konfessionen gab, so stärkten sich doch beide um so unbefangener aus ihren tiefsten und eigentümlichsten Zügen. Wieder brachte die katholische Kirche aus ihrem Zusammenhang mit der romanischen und antiken Kultur auch in Deutschland eine Fülle herrlichster Werke kirchlicher Kunst hervor, während sich der beruhigte und vertiefte Gottesdienst der Lutheraner die unerschöpflichen Schätze seiner Orgelwerke und seiner geistlichen Lieder und Kantaten schuf. Von Heinrich Schütz (1585–1672) geht es über Buxtehude auf Händel und Bach. Nur an wenigen Stellen, in großen Reichsstädten und etwa im Stifte Osnabrück gab es durch das enge Zusammenleben der Konfessionen in demselben Staat auch eine höhere Form der Toleranz, wie sie im brandenburgisch-preußischen Staat durch den notwendigen Ausgleich des Luthertums mit dem Calvinismus, stellenweise durch den Erwerb katholischer Gebiete angebahnt wurde und der höheren Geistigkeit zum Segen gereichte.

Politisch war das alte Reich so gut wie aufgelöst. Die bedeutenderen Fürstentümer waren schon seit einem Jahrhundert Größen auf der europäischen

Bühne geworden; die Fürsten in den schweren Zeiten der Reformation und der Religionskriege weit mehr als früher auch in den heiligsten Lebensfragen nur noch sich selbst und ihren Dynastien, sonst niemandem verantwortlich. Denn die Landstände, deren wichtigster Teil, die Ritterschaft, in den katholischen Gebieten fast überall nach langen Kämpfen unterlegen war, traten auch in den protestantischen Territorien hinter der neuen Souveränität der Fürsten zurück. Über Landtage und alle Formen sogenannter Selbstverwaltung – die Reste des einst so blühenden Genossenschaftswesens – triumphierte das heraufziehende absolute Fürstentum, gestützt auf seine Truppen, seine geistlichen und weltlichen Räte und alle Möglichkeiten der auswärtigen Politik. Für die Entwicklung des Heerwesens, sowohl für seine Finanzierung wie für Ausrüstung und Taktik, hatte der Krieg überall neue Wege gewiesen, die sich die größeren Länder alsbald zunutze machten. Sie traten dadurch nur noch mehr aus der gleichen Masse der kleinen Reichsstände heraus.

Über nichts ist so oft gestritten worden und so schwer ein reines Urteil zu gewinnen, wie über die wirtschaftlichen Folgen des großen Krieges. Früher weit überschätzt, wurde es eine Zeitlang zur Mode, sie erheblich zu unterschätzen. Richtig ist, daß das Maß der wüst gewordenen Siedlungen in manchen Perioden unserer Geschichte größer gewesen ist. Aber natürlich fehlt es auch jetzt keineswegs daran. Wichtiger ist das ungeheure Zusammenschrumpfen der Dörfer und Flecken, also die zahlenmäßige Abnahme der Menschen und der Feuerstellen um 30, 40, ja stellenweise um weit über 50 Prozent. Es läßt sich aktenmäßig erweisen, daß fast überall die Bevölkerung und erst recht überall der Viehbestand furchtbar zurückgegangen sind. Allgemein machte man dieselbe Beobachtung, die sich einst den Florentinern nach der großen Pest von 1348 aufdrängte: sie glaubten, daß bei der geminderten Menschenzahl alles billiger würde; statt dessen trat des Gegenteil ein; der Mangel an Arbeitskräften ließ alle Preise in die Höhe schnellen. Verschuldung aus dem Kriege und Geldknappheit steigerten sich gegenseitig.

So dauerte es natürlich eine Weile, bis man die vielen zerstörten Häuser, Güter und Städtchen wieder aufgebaut hatte und durch die Lust am Bauen das äußere Gepräge von Sicherheit und Ordnung wieder herstellte. In der zweiten Hälfte des 16. Jahrhunderts hatte der kleine Adel, besonders von Nordwestdeutschland, in auswärtigen Kriegen viel Geld verdient und es in prächtigen Schlössern und Burgen angelegt. Jetzt gingen die großen Kriegsgewinne in das Ausland und von den deutschen Heerführern, Generalen und Obristen sind nur wenige mit nennenswertem Vermögen übriggeblieben. Fast rascher als der äußere Wiederaufbau gestaltete sich die Erneuerung der Bevölkerung: reicher Kindersegen schon verhältnismäßig bald nach dem Kriege; dazu eine Art von Innenkolonisation unter namhaftem Zuzug aus den »Schongebieten« des Krieges, aber auch aus den Versprengten der

Heere mit gelegentlich buntester Mischung der landschaftlichen Herkunft. Die landwirtschaftliche Produktion stand gefördert und treibend in diesem Kreislauf.

Der Rückgang des Handels und in unmittelbarem Zusammenhang damit auch des Handwerks in den deutschen Städten hatte viel zahlreichere und ältere Gründe als den Krieg. Man hat mit Recht hervorgehoben, daß schon im späten Mittelalter auf Kosten des produktiven Landes ein Überschuß von Städten gegründet und ausgebaut worden ist. Soweit sie nicht ohnehin immer mehr oder weniger Ackerstädte geblieben waren, kehrten sie nun erst recht zur bäuerlichen Wirtschaft zurück; – in Kriegszeiten, zumal wenn sie leidlich befestigt waren, immerhin ein sehr viel besserer Schutz als das Wohnen auf freiem Felde. Viel Gut und Hausrat ist dadurch doch beschützt geblieben. Die neuen Kolonialwege übten vielleicht noch immer keine starke Rückwirkung auf den deutschen Handel aus. Eher schon das Sinken' der Hanse, die seit dem Ende des 16. Jahrhunderts aus ihren westlichen Stellungen ganz verdrängt und im Osten längst in schwere Kämpfe verwickelt war. In Süddeutschland spürte man natürlich auch das Nachlassen des italienischen Handels und ebenso (man denke an die Fugger) das Anwachsen der Konkurrenz im Auslande. Und doch weisen die stolzen Giebelbauten der nord- und süddeutschen Städte, wenigstens stellenweise auch noch aus den Zeiten nach dem Dreißigjährigen Kriege auf ein Fortleben des alten Wohlstandes, zum mindesten auf eine Erneuerung der alten Schaffenslust und ein im Wesen ungebrochenes Formgefühl.

Wer will es wagen, die Wirkungen schwerer Zeiten auf das geistige Leben unmittelbar darzutun? Das Geistige lebt in längeren Rhythmen als die materielle Kultur und zieht im Gegensatz zu ihr oft genug gerade aus Elend und Not höhere Werte, als aus Wohlstand und Lebenssicherheit. Die großen Sittenschilderer des Dreißigjährigen Krieges, Johann Jakob Christoph von Grimmelshausen, als junger Bursch gereift in Troß und Truppe, und Johann Michael Moscherosch lassen bei allem Barock der Erfindung und der Diktion doch den wachsenden Realismus in der Beobachtung und die menschliche Vertiefung erkennen, die sich aus der harten Schule des Krieges ergeben hatten. Den »Wunderlichen Gesichten Philanders von Sittewald« (1642) ist dabei der »Abenteuerliche Simplizissimus« (1669) an innerer Geschlossenheit noch überlegen.

Dazu kam nun, gerade unter der starken Befruchtung durch fremde Kulturelemente von Spanien und Italien, Frankreich und England, dieses rührende Sichzurückfinden zum Eigenen, diese Wiederentdeckung des Nationalen – allgemeiner, tiefer, nachhaltiger als in der ersten Periode des Humanismus zu Beginn des 16. Jahrhunderts. Man lernte zuerst noch sehr akademisch und mit herausfordernder Pedanterie Sprachreinigung und Literaturverständnis. Aber diese tiefgreifenden Zurüstungen wirkten wie im 14. Jahrhundert zu Beginn der italienischen Renaissance als eine ferne Zurichtung für ein kommendes Jahrhundert. Es bleibt doch bemerkenswert, daß mitten im Dreißigjährigen Krieg des Martin Opitz »Buch von der deutschen Poeterei« (1624) erscheinen konnte, die von thüringischen Fürsten und Adligen 1617 in Weimar gegründete *Fruchtbringende Gesellschaft* sich ausbreiten und in den schlimmsten Jahren (1643) des Philipp von Zesen *Deutschgesinnte Genossenschaft* und ihr Zunftbericht »Das hochdeutsche helikonische Rosenthal, das ist der Rosenzunft Erbschrein« vorbereitet werden konnte. Nimmt man dazu, daß bald auch die juristischen, publizistischen und historischen Studien einen neuen Aufschwung nahmen, überall anknüpfend an die Anfänge des Humanismus und hinüberleitend zu der großen Ernte des 18. Jahrhunderts, so gewinnt man einen Eindruck von dem durch Kriegszeiten und Nöte nicht unterbrochenen gesunden Zusammenhang unserer Kultur. Ein Jahrhundert nach dem Westfälischen Frieden befand man sich schon wieder auf einer neuen Höhe, großenteils aus eigener Kraft. Es wäre vermessen, die objektiven Voraussetzungen dafür zeitlich allzu eng begrenzen zu wollen.

Das konfessionelle Zeitalter hatte sich überlebt. Seine inneren Werte, die Ideen, um die man bis zur letzten Erschöpfung gestritten hatte, mochten sich nun in den tieferen Schichten der Volksseele wieder reinigen von dem Beisatz der Kämpfe, um später wiedergeboren neues Leben auszuströmen. Umsonst sind jene Kämpfe nicht gewesen.

Register

August, Markgraf von Brandenburg, Domherr in Straßburg, 394
— Kurfürst von Sachsen (1553–1586), 223, 264, 268, 306, 318, 322–325, 332, 341, 347f, 367, 371f, 385
— von Sachsen, Sohn Johann Georgs I., Administrator von Magdeburg, 486
Augustinerorden 59, 61, 74, 116, 128f, 130, 461
Augustinus, Aurelius, Kirchenvater, 15f, 61, 66, 121
Aumale, Herzog v., 343
Austria, Don Juan d', s. Juan
Avaux, Claude du Mesme, Graf d', franz. Gesandter, 499
Aventin (Turmair), Johannes, bayer. Humanist, 312
Averroismus 47
Avesnes im Artois 182
Avila, Sancho d', span. General, 347

B

Bach, Joh. Sebastian, 505
Baden an der Limmat, Disputation (1526) 160
Baden, Markgrafschaft, 80, 153, 308, 327, 349, 388, 394, 417f, 496; vgl. Philibert
— Marie Salome von Baden, Gräfin Haag, 311
Baden-Durlach, s. Ernst Friedrich, Georg Friedrich, Jakob
Badoero, Federico, venez. Gesandter, 326
Bärwalde, Neumark, Vertrag (1631) 468, 480
Bajesid, Sultan, 88
Baltikum 409f, 412, 447
Bamberg, Stadt 146; Bistum 80, 164, 259, 261, 306, 357, 377
Baner, Johan, schwed. General, 471, 488f
Bankhäuser 25, 39, 137; vgl. Fugger, Geldwirtschaft
Banz, Abtei, 359
Barbarossa, s. Friedrich I.
Barberini, Francesco, Kardinalnepot, 465
Barcelona, Friede (1529) 182
— Grafschaft 490
Barde, de la, franz. Gesandter, 499
Bar le Duc, Zusammenkunft (1534) 195
Barnabiten 214
Barnim, Herzog von Pommern, 198

Bartholomäusnacht (1572) 345, 408
Basel, Stadt 81, 121, 129, 150, 160, 188, 190, 501; Bistum 119, 501; Konzil, s.d.
Basta, kaiserl. General, 404
Batavia 500
Bathory, ungar. Fürsten, 403f
— Andreas, Kardinal, 404
— Sigismund, 404
— Stephan, 404, 408f, 410
Bauern 47, 401, 452, 471; Bauernkriege (1381) 48, (1524/25) 139–149, (1595) 392f, (1626) 401, 454f
Bauernjörg, s. Truchseß
Baumgartner, Handelshaus, 138
Bautzen, Stadt 434; Zusammenkunft (1538) 224
Bayer, Christian, kursächs. Kanzler, 184
Bayern, Herzogtum, 80, 116, 174, 189, 195f, 222, 240, 262, 306, 308–317, 388, 445, 475, 494, 502; Vertrag (1546) 238; vgl. Albrecht, Maximilian, Wilhelm; Ernst, Ferdinand, Ludwig, Philipp
— Bistumspolitik 365, 420
— Kur, s. Pfälzische Kur und Bayern
Bayonne, Zusammenkunft (1565) 338, 345
— Bischof von, s. Fresse
Beatus Rhenanus 54, 128
Beckenried am Vierwaldst. See, Bund der Schweizer (1524) 152
Beham, Barthel, Maler, 123
— Hans Sebald, Maler, 123
Beichte, Ohrenbeichte 22, 37, 294, 309, 361; Beichtbriefe 39, 59; Beichtdispens 229; Beichtzettel 390; Beichtzwang 153, 393, 426
Beichtväter, fürstl., 105, 185, 278f, 296, 399, 406, 429
Bekenntnisse, s. Konfessionen
Bellarmin, Robert, S. J., Kardinal, 363
Bellay, Guillaume du, 196
— Jean du, Kardinal, 216
Bellin, brandenburg. Rat, 448, 451
Bellinzona 87
Bembo, Pietro, Kardinal, 211
Benediktiner 17, 128f, 280, 461
Benno von Meißen, Heiligsprechung, 59
Berlichingen, Götz v., 146
Bern 90, 168, 190, 327f
Bernhard von Clairvaux 19
— Herzog von Weimar, 476, 478, 480f, 484, 486–489
Bernini, Giov. Lorenzo, Bildhauer, 211, 279

Jülich-Cleve-Berg, Herzogtum, 80, 102, 223, 262, 308, 364, 370, 395f, 420ff; vgl. Johann, Johann Wilhelm, Karl Friedrich, Wilhelm, Cleve
St. Jürgenschild (Schwäb. Bund) 98
Jenatsch, Jürg (Konrad Ferd. Meyer), 445
Jütland 415, 458, 460, 490
Julius II., della Rovere, Papst (1503–1513), 40, 86, 92, 182, 217
— III., del Monte, Papst (1550–1555), s. Monte, Giov. Maria del
— Herzog von Braunschweig-Wolfenbüttel, Bischof von Minden, 356, 368
— Heinrich, Herzog von Lauenburg, s. Lauenburg
Junius, Johannes, 350
Junta, heilige, 100
Jurisdiktion der Bischöfe 165, 186, 198, 217, 268, 287, 341
Jus armorum 469
— *divinum*, s. Bischöfliche Rechte
— *foederis* 504
— *territoriale* 504

K

Kaaden bei Eger, Friede (1534) 196f, 221
Käser, Leonhard, 116
Kaiserkrönung Karls V. (1530) 183
Kaiserslautern 349
Kaisertum zum Papsttum 13, 41f, 75, 97, 103, 179, 246; protestant. Kaisertum 467
Kalmar in Schweden, Festung, 415; Statuten (1587) 414
Kalmarische Union (1397) 204, 208, 412
Kammergericht, s. Reichskammergericht
Kammin, s. Cammin
Kapitalbildung 133, 136ff, 329f
Kappel bei Zürich, Gefecht (1531) 190; Landfrieden (1529) 161
Kapuziner 214, 418
Kardinäle 23, 216
Kardinalinfant, s. Ferdinand
Karelien 415
Karl d. Gr., Kaiser, 18, 42, 51, 75, 103, 461
— IV., Kaiser (1346–1378), 83, 175
— V., Kaiser (1519–1556), 74, 86f, 94, 99–110, 116, 154f, 163f, 176ff, 181–188, 192, 198f, 205, 218ff, 224f, 226ff, 230,

232–247, 250f, 256–261, 264f, 271f, 278, 288, 291–294, 302f, 334f, 395; Memoiren 237f, 240
— der Kühne, Herzog von Burgund, 89f
— I., König von England (1625–1649), 446
— VIII., König von Frankreich, (1483–1498), 91, 194
— IX., König von Frankreich (1560–1574), 330, 345, 408
— Herzog von Geldern, 223
— IX., König von Schweden (1604–1611), 414f
— XII., König von Schweden (1697–1718), 409
— Erzherzog von Steiermark, 319f, 342, 388, 422, 429
— dessen Sohn, Bischof von Breslau, 422
— Friedrich von Jülich-Cleve, 364
— Ludwig, Kurfürst v. d. Pfalz (1649–1680), 503
Karlstadt (Andreas Bodenstein aus Karlstadt bei Würzburg), 66, 124, 130f, 149f, 163, 201
Kasimir, Markgraf von Brandenburg-Kulmbach, 149
Kassel in Niederhessen 157, 195, 254
Katharina, Schwester Karls V., Gemahlin Juans III. von Portugal, 94, 96
— von Aragon, Gemahlin Heinrichs VIII. von England, 182, 194, 264
— von Brandenburg, Gemahlin Bethlen Gabors, 455
— von Medici, Gemahlin Heinrichs II. von Frankreich, Regentin, 193, 298, 330, 338, 344f, 381
— von Polen, Gemahlin Johanns III. von Schweden, 409, 413f.
Katholische Kirche, Katholizismus, 273ff, 277, 283, 301f, 376, 379f, 436; politischer Katholizismus, 275f, 379, 389, 399, 432, 436, 442
Katholischer Bund (1524) 151f, (1538) 221f, 227
Katzenelnbogen 167, 174
Kelchfrage 314f, 317, 359 364, 391; vgl. Laienkelch und Priesterehe
Kempen bei Krefeld 490
Kempen, Stephan, 128
Kempten, Reichsstadt und Abtei, 80, 142, 161, 165, 185, 196
Kepler, Johannes, Astronom, 367
Keßler, Johann, aus St. Gallen, 122

Kunst, kirchliche, 28, 31, 40, 56, 123, 211, 213, 284, 378, 505; Kunstkammern, fürstliche, 308, 341, 388
Kurbrandenburg, s. Brandenburg
Kurfürsten 80, 84f, 96, 102, 113, 187f, 250, 267, 269, 425, 431, 437, 441, 459, 462f, 465, 503
Kurie, römische Behörden, 25
Kurland 410
Kurpfalz 262, 325f, 342, 348f, 503; vgl. Pfälz. Kur, Pfalz; Friedrich, Karl Ludwig, Ludwig, Ottheinrich
Kursachsen, Ernestiner 57, 86, 148, 153, 158f, 165f, 184, 188, 191, 195f, 221f, 223, 237; Übergang der Kur an die Albertiner 244, 248, 267f, 307, 322, 325f, 343, 347f, 378, 385ff, 418, 431f, 434f, 460, 462, 467, 470ff, 474, 476, 479, 485f, 488, 491, 495, 498, 503; vgl. Kurfürsten August, Christian, Friedrich, Johann, Johann Friedrich, Johann, Georg, Moritz
Kurz von Senftenau, Jakob, Reichshofrat, 370

L

Ladislaus, Graf von Haag, 311f
Laien und Klerus, s. Klerus
Laienbildung 50, 78
Laienchristentum 130, 201
Laienkelch und Priesterehe 128, 224, 247, 294, 296, 298, 310, 312, 314f, 317, 359, 435
Laiming, Achaz v., 310, 312
Lainez, Jacob, S. J., 279, 283, 294
Lamberg, Johannes Max Graf v., kaiserl. Gesandter, 499
Lambert, Franziskus, O.F.M., 157f
Landau in der Pfalz 501
Landesfürsten 82f, 382, 503
Landeskirchen 129, 169, 187, 253, 274, 300f, 307, 435, 449; vgl. Territorien
Landfrieden 83f, 98, 143, 190, 266, 268, 306; ewiger, 81, 85f; von Eger (1389) 86
Landriano in der Lombardei 181
Landsberg am Lech, Bund (1556) 306, 325, 343
Landsberg an der Warthe 468, 481
Landshut in Bayern, Landtag (1553) 309

Landsknechte 140
Landstände 82, 270
Landstuhl 135
Lang, Matthäus, Erzbischof von Salzburg, Kardinal, 116
Lange, Johann, Augustiner zu Erfurt, 128
Langen, Humanist, 53f
Langnauer und Co., Handelshaus, 137
Lannoy, Charles, Vizekönig von Neapel, 154, 179f
La Rochelle 344
Laski, Albert, 407
— Jan (Johann a Lasco), poln. Reformator, 406f
Laterankonzilien (1215) 29, (1512–1517) 40, 215, 217
Lauenburg, Elbübergang, 458
Lauenburg, Herzöge von, 80, 333, 451, 496
— Franz Albert, 451, 482, 484
— Friedrich, Chorbischof von Köln, 369ff
— Heinrich, s. Heinrich von Sachsen-Lauenburg
— Julius Heinrich, 451
— Rudolf Maximilian, 451
Lauffen am Neckar 195
Lausitz, zu Böhmen 423, zu Sachsen 431f, 434, 486, 503
Lautrec, franz. General, 181
Lebus, Bistum, 356, 449
Lefèvre d'Etaples, Jacques, 194
Lehnsindulte und Assekuration der Stifte 369, 398, 450, 452
Lehrstreitigkeiten, theologische, 324, 326f, 332, 407
Leicester, Earl of, 355
Leiden 347
Leipheim an der Donau 145
Leipzig, Stadt 223, 257, 467f, 490; Disputation 66, 74, 122; Interim 248, 300; Universität 119, 407
Leo X., Medici, Papst (1513–1521), 40, 43, 58, 93, 97ff, 109, 170, 212, 217
Leopold, Erzherzog von Österreich, Bischof von Passau und Straßburg, Herr in Tirol, 398, 421f, 424, 445f
— Wilhelm, Erzherzog von Österreich, Sohn Ferdinands II., Bischof von Passau und Straßburg 445, von Magdeburg und Halberstadt, 460, 489f, 491
Lepanto 351
Leslie, Walter, Oberstwachtmeister, 484, 488

Maffeo, Bernardino, päpstl. Sekretär, 290
Magdalene von Bayern, Tochter Wilhelms
V., Pfalzgräfin von Neuburg, 421
— von Jülich-Cleve, Pfalzgräfin von Zweibrücken, 395
— von Sachsen, Kurfürstin von Brandenburg, 224
Magdeburg, Stadt 164, 171, 189, 198, 244,
248f, 253ff, 349, 467, 469f; Erzstift
57f, 80, 239, 253, 319, 349, 356, 369,
397, 449f, 453, 460, 486, 502; Sessions-
streit 397
Magdeburger Centuriatoren 324
Magnus, Prinz von Dänemark, 410, 412f
— Herzog von Mecklenburg, 356
Maier, Nikolaus, hess. Rat, 189
Mailand, Herzogtum und Stadt 87, 89,
91ff, 94, 101, 109, 154, 173, 220, 226f,
278, 303, 444f, 464, 487; Vertrag (1622)
445
Mainz, Stadt 491; Erzbistum 57f, 164,
190, 222, 249, 262, 357, 385; Jesuiten-
kolleg 360
Majestätsbrief (1609) 423, 425f, 428f
Malaspina, Germanico, Nuntius, 362, 371,
414
Malvenda, span. Theologe, 238
Mandelsloh, Ernst v., 305
Manderscheid, Johann v., 394
Mannheim 441
Mansfeld, Grafen v., 80, 141, 153, 159,
189, 243f., 262
— Agnes, Gräfin v., Stiftsfräulein, 366
— Ernst, Graf v., 428, 433, 439ff, 442f,
447, 451ff, 454ff
Mantua, Herzogtum, 89, 181, 464ff, 487,
499
Manuel, König von Portugal, 154
Manuel, Juan, castil. Grande, span. Ge-
sandter, 101
— Nikolaus, genannt Deutsch, Maler und
Literat, 126
Manz, Felix, Wiedertäufer, 151
Marburg, hess. Residenz, Universität 83,
121, 158f
— Gespräch (1529) 166f
Marcellus II., Cervini, Papst (1555) 265f,
284, 295; vgl. Cervini, Marcello, Kardi-
nal
Margarete von Österreich, Tochter Maxi-
milians I., Regentin der Niederlande,
93f, 181, 187

— von Parma, nat. Tochter Karls V.,
110, 220, 334, 337–340, 353
— von Valois, Tochter Heinrichs II., Ge-
mahlin Heinrichs IV., 345
Maria I., die Katholische, Königin von
England (1553–1558), 110, 182, 264f,
330, 407
— Tochter Karls V., Gemahlin Maxi-
milians II., 250f, 318f, 391
— Tochter Ferdinands I., Herzogin von
Cleve, 239
— Tochter Philipps III. von Spanien, 431,
462
— von Medici, Gemahlin Heinrichs IV.
von Frankreich, Regentin, 445
— Stuart, Königin von Schottland, 330,
343, 351
Maria-Einsiedeln 121
Mariana, Juan de, S. J., 381
Marianische Kongregation 360ff, 377
Marie von Burgund, Tochter Karls des
Kühnen, Gemahlin Maximilians I., 90,
93
— Schwester Karls V., Königinwitwe von
Ungarn, Regentin der Niederlande, 94,
116, 175, 236, 239, 250, 256
— von Jülich-Berg, Gemahlin Johanns
von Cleve-Mark, 223, 395
— Christine von Steiermark, 404
— Eleonore von Brandenburg, 416, 420
— — von Jülich-Cleve, Herzogin von
Preußen, 395, 420
— Salome von Baden, Gräfin Haag, 311
Marienburg an der Weichsel 457
— im Baltikum 410
— über Würzburg 148
Marienkultus 34; Marienleben 123
Marignano, Schlacht (1515) 93, 96, 121
Marina Mniszek 411
Mark, Robert von der, 109
— Wilhelm von der, 344
Marnix, Johann und Philipp, 336, 338, 344
Marradas, Don Balthasar, span. General,
434
Marsilius von Padua 42, 45
Martelli, Braccio, Bischof von Fiesole, 292
Martinianer 119
Martinitz, Jaroslav v., kaiserl. Rat, 426,
434
Martinuzzi, Georg, Mönch, Regent von
Siebenbürgen, 230, 403
Masius, Andreas, clev. Rat, 226

(1547–1553), 171, 223, 228, 230ff, 235,
239, 241ff, 245, 250, 252–264, 294, 303f,
337
— Landgraf von Hessen-Kassel (1592 –
1627), 397f, 420, 430, 437
— von Oranien, s. Oranien
Morone, Giov., Kardinal, 179, 213, 215,
220, 222, 225, 265, 285, 288, 297, 323,
362
Morus, Thomas, Kanzler Heinrichs VIII.,
193f
Moscherosch, Johann Michael, 507
Moskau, Großfürstentum 405, 409, 411;
Patriarchat 411
Moyen-Vic in Lothringen 473
Mühlberg an der Elbe, Gefecht (1547)
243f
Mühldorf, Synode (1553) 309
Mühlhausen im Elsaß 160, 501
— in Thüringen, Reichsstadt, 130, 141,
148f, 459
München, Stadt 308, 317, 383, 420, 430,
475; Jesuitenkolleg 316, 388
Münden 452
Münster im Elsaß, Abtei, 501
— in Westfalen, Stadt 202ff, 489, 493,
496, 499f; Bistum 80, 223, 357, 374,
495
Münsterberg, Joachim v., Bischof von
Brandenburg, 356
Münzer, Thomas, 130, 141f, 148ff, 201
Muffel, Nürnberg. Patrizier, 35
Mulert, Gerhard, niederländ. Rat, 207
Murad I., türk. Sultan, 88
Murbach im Elsaß, Abtei, 501
Murillo, Bartolomeo Esteban, Maler, 277
Murner, Thomas, aus Oberehnheim, 56,
117f
Murten in der Schweiz 90
Mustaeus 116
Mutian (Mutianus), Rufus, 54, 56, 61, 120
Myconius, Friedrich, 128, 166
Mystik 28, 53

N

Nacchianti, Jacob, Bischof von Chioggia,
290
Namur 352, 493
Nancy 90
Nantes Edikt (1598) 382

Narwa (1558) 410
Nassau, Grafen v., 80, 99, 363
— Heinrich, 253, 347
— Johann, 348, 353, 364, 366, 369, 371
— Ludwig, 338, 341, 343ff, 347, 364
— Philipp, 368
— Wilhelm, s. Oranien
— Wilhelm Ludwig, 421
Nassau-Dillenburg, Wilhelm Graf v., 335
Nationalbewußtsein 49ff, 99, 400, 507
Nationalversammlung 114, 154, 156, 268
Natta, Graf Federigo, s. Hyacinth
Naumburg Stadt 267, 295, 327; Bistum
231, 356; Fürstentag (1560/61) 318, 332
Naumburg, Walram v. (Ulrich v. Hutten),
68
Navarra, Königreich, 95, 109, 381; vgl.
Jeanne
— Anton, Bourbon, Gemahl der Jeanne
d'Albret, 330
— Heinrich, Vater der Jeanne d'Albret,194
— Heinrich, Sohn der Jeanne d'Albret, s.
Heinrich IV., König von Frankreich
Naves, Johann v., Reichsvizekanzler, 240
Neapel, Königreich und Stadt, 87, 89, 91f,
95, 97, 173, 179, 181, 212, 220, 304
Neidhard, Ulrich, 144
Nesson in Lothringen 343
Neubrandenburg, Stadt, 468
Neuburg an der Donau 238, 313; vgl.
Pfalz-Neuburg
Neudeck, Ortenburg. Schloß, 313
Neuenahr, Adolf Graf v., 372f
— Hermann Graf v., 99
Neuhäusel an der Neutra, Ungarn, 438
Neuß am Rhein 90, 373f
Nicäanisches Glaubensbekenntnis 289
Niedbruck, Caspar v., österr. Rat, 251
Niederlande 88, 90f, 93f, 116, 175f, 202f,
207, 250, 303, 334–341, 344ff, 350–355,
364, 380, 398, 447, 493, 497, 500; Kolo-
nien 176, 500
Niedersachsen 200, 307, 451ff, 458
Nielßen, Lorenz, S. J., 413
Niemann, Heinrich, kaiserl. Rittmeister,
484
Nienburg an der Weser 452, 458
Nikolausberg bei Göttingen 35
Nikolsburg, Friede (1622) 438
Nikopolis, Sieg der Türken (1396) 88
Ninguarda, Felizian, Nuntius, 317, 362
Nischni-Nowgorod 411

R

Raab in Ungarn 397
Rabelais, François, 194, 382
Radziwil, Fürsten, 406 f
— Christoph, 407
Rain am Lech 475
Raittenau Wolfdietrich v., Erzbischof von Salzburg, 377
Rakoczy, Georg, Fürst von Siebenbürgen, 405, 491
Rakonitz in Böhmen 433
Rakovica 456
Ramsau, Kloster, 311
Ranke, Leopold v., Historiker, 113, 237
Rantzau, Johann v., 207
— Josias, 490
Rappoltstein, Herrschaft, 80, 501
Ratibor, schles. Fürstentum, 404, 438, 442
Rattenberg am Inn 116
Ratzeburg, Bistum, 356, 397, 502
Rau, Johann, Drucker in Wittenberg, 124
Raubrittertum 67, 134, 136
Ravaillac, François, 421
Ravensburg, Stillstand (1525) 145
Ray, de, Truppenführer, 459
Rechberg, Reichsritter v., 190
Recht, göttliches und natürliches, 147
Rechtfertigungslehre 63, 226, 246, 273, 281, 291, 299, 327, 378
Rees, Stadt am Niederrhein, 398
Reformation *(reformatio ecclesiae in capite et membris)* 12, 157, 160, 169, 208 f, 216 f, 297
Reformierte (Calvinisten, Zwinglianer), 268
Regensburg, Stadt 151, 225, 240, 322, 442, 481, 486, 489, vgl. Reichstage; Buch 153, 226; Konvent 116, 151, 221; Kurfürstentag (1630) 462, 465
— Vertrag (1541) 227, 232
Reggio und Rubiera 179
Reich, deutsches, fürstl. Kultur 382 f; Ordnung 79, 104; Reichshofrat 385, 417 f, 420; Reichskammergericht 85 ff, 104, 147, 187, 196, 225, 227, 234, 250, 268, 385, 397, 417; Reichsreform 84 f, 103, 138 (Heer 85, Steuern 85 f); Reichsregiment 84, 86, 104, 113, 136; Reichsritter 81, 290, 380, 503; Reichsstädte 81, 98, 195, 266, 269, 276, 349, 380, 503 f; Verfassung 13, 75 f, 86, 302

Reichstage 83 ff, 136, 266, 396
— Augsburg (1500) 86; (1518) 64 f, 86, 96; (1530) 183–188, 227; (1547/48) 245, 247, 293; (1555) 265–271; (1559) 417; (1566) 321; (1582) 367 ff
— Köln (1512) 86
— Nürnberg (1522/23) 112 f, 136, 138, 266; (1524) 114, 138
— Regensburg (1532) 191; (1541) 226 ff, 358; (1546) 238; (1556) 326; (1576) 322 f, 351 f, 363; (1594) 396 f; (1597) 397; (1603) 417; (1608) 418; (1613) 424; (1640/41) 489, 497 f
— Speyer (1526) 154 ff; (1529) 156, 164 f, 273, 504; (1544) 234, 267; (1570) 344
— Trier (1512) 86
— Worms (1495) 85; (1521) 103–108, 113, 152, 184, 266; (1535) 203; (1544/45) 236
Reichersberg, Gerhoh v., 19
Reims, Erzbistum, 336
Reischach, Eck v., 177
Religionsfriede 165, 227, 264
— Augsburger (1555) 190, 265 ff, 271, 276, 304, 321, 333, 358, 365, 368, 374, 416 ff, 449, 452, 460, 464, 486, 503
— »Beständiger Friede« 224 f, 259, 267 f
— Nürnberger (1532) 191 f, 196, 198, 225, 227
— von Speyer (1544) 234, 236, 259
Religionsgespräche 225 f, 267, 281
— vergleichung 267 f, 321, 503
Religionsmandat, bayer. (1569) 317
Reliquien 34 f, 388
Renaissance in Italien und Frankreich 26, 194, 210 ff, 283 f, 382
Renata (Renée de France), Herzogin von Ferrara, 214 f, 327
Renate von Lothringen, Herzogin von Bayern, 368, 394
Requesens, s. Zuñiga
Reservatfälle 38, 59, 70, 118, 294
Residenzen, fürstl., 383
Residenzpflicht der Bischöfe 293, 296 ff
Restitution 187
— Edikt (1629) 460 ff, 464 f, 468, 472, 474, 480, 486, 494
Reuchlin, Johannes, Humanist, 54, 56, 122
Reutlingen 98, 129, 165, 184, 189
Reval, Hafen von Estland, 410, 412 f
Revolution in Franken 145 f
Rhegius, Urbanus, 198

Schaffhausen 150
Schappeler, Christoph, 142
Scharnebeck, Lüneburger Landtag (1527) 160
Schatzger (Schatzgeyer), Kaspar, Theologe 119
Schaumburg, Grafen v., 383, 503
— Adolf, Erzbischof von Köln, 242, 252
— Anton, Bischof von Minden, 375
— Ernst, 461
— Silvester, 70
Schauenburg, Herren v., 80
Scheffler, Johannes, s. Angelus Silesius
Schenk von Blyenbeck, Martin, 373f
Schenk von Schweinsberg, hess. Landvogt an der Werra, 189
Schenkwitz, schmalkald. Obrist, 240
Scherer, S. J., 392
Schertlin von Burtenbach, Sebastian, 180, 240
Scheyern, Vertrag (1532) 194
Schirlentz, Drucker in Wittenberg, 159
Schlachta 408
Schlägl, Praemonstratenserstift, 392
Schlesien 175, 423, 434, 481, 502
Schleswig-Holstein 458, 460, 490
Schlettstadt, Humanistenschule 54
Schleupner, Dominicus, 129
Schlick, Heinrich Graf v., kaiserl. General, 458, 474
Schmalkalden in Thüringen, Artikel 167, 221, 348
— Tagungen und Bund 167, 188f, 190, 196ff, 207f, 221f, 224f, 227f, 231, 237, 239ff, 242, 252, 364
Schmalkaldischer Krieg (1546/47) 239–244, 283, 292, 308
Schmid, Ulrich, v. Sulmentingen, 142, 144
Schnepf, Erhard, 186, 197
Scholastik 28, 33, 47, 52f, 121, 299
Schomburg, Nicolaus v., Erzbischof von Capua, Kardinal, 216
Schore, Ludwig van, niederländ. Rat, 251
Schottland 176, 245, 330, 354; Kirche 330
Schütz, Heinrich, Komponist, 505
— kursächs. Hofprediger, 347
Schulden, fürstl. 309ff, 384, 387f, 389
Schulenburg, Christoph v. d., 356
Schulwesen 52, 54, 82, 121, 159, 234, 279, 314, 316f, 328, 358, 362, 375, 377, 404, 406; Bücher 119, 316f; vgl. Gymnasien
Schwabacher Artikel 166, 184

Schwäbisch Hall, Reichsstadt, 129, 186, 242, 426
Schwäbischer Bund 54, 98f, 102, 135f, 144f, 148, 190, 195, 260, 305
Schwärmer, s. Wiedertäufer
Schwarzburg, Graf v., 321
Schwarzenberg, Hans v., Landhofmeister, 112f, 116, 134
— bayer. Rat, 252
— Adam Graf v., brandenburg. Rat, 451, 456, 491
Schweden 204f, 222, 231, 288, 409–416, 447f, 459f, 470f, 487f, 496, 502; Kirche 205, 413f, 416
— und die deutschen Strommündungen 467, 479, 502
Schweinfurt 191
Schweizer Eidgenossenschaft 87, 89–93, 99, 102, 139, 160, 173, 185, 189f, 444ff, 499, 501
Schwenckfeld, Kaspar, 201
Schwendi, Lazarus v., kaiserl. Rat, 251
Schwerin, Bistum, 356, 449f, 502
Schwertritter in Livland 410
Schwyz, Kanton, 152
Seckau, Bischof Martin Brenner von, s. Brenner
Seefahrt 88, 176
Seeland 89, 338, 350, 352f
Segeberg in Holstein, Tagung (1622) 437, 450
Seiboldsdorf, Hieronymus v., 310, 312
Seld, Georg Sigismund, Reichsvizekanzler, 251, 261, 265, 295
Selim II., Großherr der Türken, 321
Sendomir in Polen, Synode (1570) 407
Senlis, Friede (1493) 93
Sepulveda, span. Geschichtsschreiber, 277
Serbien, 88f, 402
Seripando, Girolamo, General der Augustiner, 282, 289
Servet, Michael, span. Theologe und Arzt, 329, 406
Servien, Abel, Comte de la Roche des Aubiers, franz. Gesandter, 499
Sessa, Juan Manuel, Herzog v., kaiserl. Gesandter, 179
Seuse, s. Suso
Seymour, Jane, Mutter Edwards VI., 194
Sforza, italien. Adelsgeschlecht, 92
— Bona, Gemahlin Sigismunds I. von Polen, 406

Wurzach, Stadt südwestl. Memmingen, 145
Wurzen, Amt, 231

X

Xantener Vertrag (1614) 421f
Xavier, Franz v., S. J., 279
Ximenez, Francisco di Cisneros, Kardinal, 94, 100, 277

Y

Yuste, Kloster San Hieronymo, 272

Z

Zabern im Elsaß, Sitz des Straßburger Kapitels, 148, 394
Zamojski, Jan, Großkanzler von Polen, 409
Zapolya, Johann, Fürst von Siebenbürgen, 164, 175, 177, 222, 224, 230, 402f
Zasius, Joh. Ulrich, kaiserl. Rat, 251, 269
Zell (Zeller), Matthaeus, 129, 143
Zensur, s. Buchdruck
Zesen, Philipp v., 508
Zevenbergen, Maximilian, Herr von Berghes, niederl. Rat, 99, 102

Zips, ungar. Landschaft, 402
Zirndorf bei Nürnberg, Schlacht (1632) 475f
Ziska, Jan, Hussitenführer, 105
Zisterzienser 17, 280
Zithard, Dominikaner, Beichtvater Ferdinands I., 296
Znaim 479
Zobel, Melchior, Bischof von Würzburg, 305
Zoch, Lorenz, magdeburg. Kanzler, 113, 116
Zölibat 71, 187, 314; vgl. Priesterehe
Zölle 82, 104, 136, 138, 147, 205
Zons, Stadt im Kölnischen, 370
Zrinyi, Miklos, Verteidiger von Szigeth, 304, 321
Zürich 90, 121, 129, 150, 160f, 188, 190
Zütphen, Heinrich v., 116
Zug, Kanton, 152
Zuñiga y Requesens, Don Luis, span. Stadthalter, 347, 350
Zusmarshausen bei Augsburg, Gefecht (1647) 493
Zwichem, Viglius van, niederl. Rat, 251
Zwickau 130, 149
Zwilling (Didymus), Gabriel, 130
Zwingli, Ulrich, 121, 129, 136, 143, 150, 161, 162f, 164, 166ff, 173, 185f, 190, 197, 263, 324
— Konfession 185, 274
Zwölf Artikel der Bauern 143f, 146, 149

Literaturhinweise

Frühere Auflagen des vorliegenden Werkes enthalten keine Literaturhinweise. Über die vom Verfasser im Text genannten Werke hinaus sei deshalb der Leser, der sich über weitere und neuere Literatur informieren will, verwiesen auf *Handbuch der deutschen Geschichte,* begründet von Bruno Gebhardt, 9. Aufl., hrsg. von Herbert Grundmann, Band 2, Stuttgart 1970, mit dem einschlägigen Beitrag von Walter Zeeden *»Das Zeitalter der Glaubenskämpfe 1555–1648«.*

Das vom gleichen Verfasser vorgelegte Werk *»Kaiser Karl V – Werden und Schicksal einer Persönlichkeit und eines Weltreiches«* enthält im Zweiten Band – Quellen und Erörterungen – (zur Zeit vergriffen) ausführliche Hinweise zur Literatur dieses Forschungskomplexes.

Der Verlag

Verzeichnis der Abbildungen

1 Luther 1520, Kupferstich von Lucas Cranach.

2 Zwingli 1531, Gemälde von Hans Asper (Zürich, Stadtbibliothek).

3 Kalvin (Französischer Stich).

4 Melanchton, Gemälde von Lucas Cranach (Uffizien).

5 Erasmus um 1512, Gemälde von Hans Holbein d. J. (Öffentliche Kunstsammlungen, Basel).

6 Luther neben Lucas Cranach, links der Apostel Johannes (Ausschnitt aus der Weimarer Altartafel). Luthers Hand ruht auf den Worten der Schrift: Das Blut Jesu reinigt uns von allen Sünden.

7 Kurfürst Friedrich der Weise, Handzeichnung von Albrecht Dürer (Germanisches Nationalmuseum, Nürnberg).

8 Kurfürst Moritz, Gemälde von Lucas Cranach, nach dem Tode des Kurfürsten 1554 vollendet (Galerie Dresden).

9 Landgraf Philipp von Hessen 1534, Holzschnitt von Lucas Cranach.

10 Kurfürst Maximilian I. von Bayern um 1543, Stich von Paul Zeggin (Graphische Sammlung, München).

11 Kaiser Karl V. 1548, Gemälde von Tizian (Bayerische Staatsgemäldesammlungen Alte Pinakothek, München).

12 König Gustav II. Adolf, Gemälde von A. van Dyck (Bayerische Staatsgemäldesammlungen Alte Pinakothek, München).

13 Wallenstein, Gemälde eines unbekannten Meisters (Schloß Friedland).

14 Kaiser Maximilian II. nach 1576, Kupferstich von A. Soutmann.

15 Kurfürst Friedrich Wilhelm von Brandenburg, Gemälde von Adriaen Hannemann (Dessau, Schloßmuseum).

16 König Ferdinand II., Stich von Hans Sebald Lautensack (Kupferstichkabinett, Berlin).

17 Prinz Wilhelm von Oranien, der »Schweiger« (Rijksmuseum, Amsterdam).

18 Nicolas Perrenot, Sieur de Granvelle 1548, Gemälde von Tizian (Museum von Besançon).

19 Kurfürst Johann Friedrich nach 1547, Gemälde von Tizian (Staatsgalerie, Wien).

20 Bischof Julius Echter von Mespelbrunn, Gemälde eines unbekannten Meisters (Luitpoldmuseum, Würzburg).

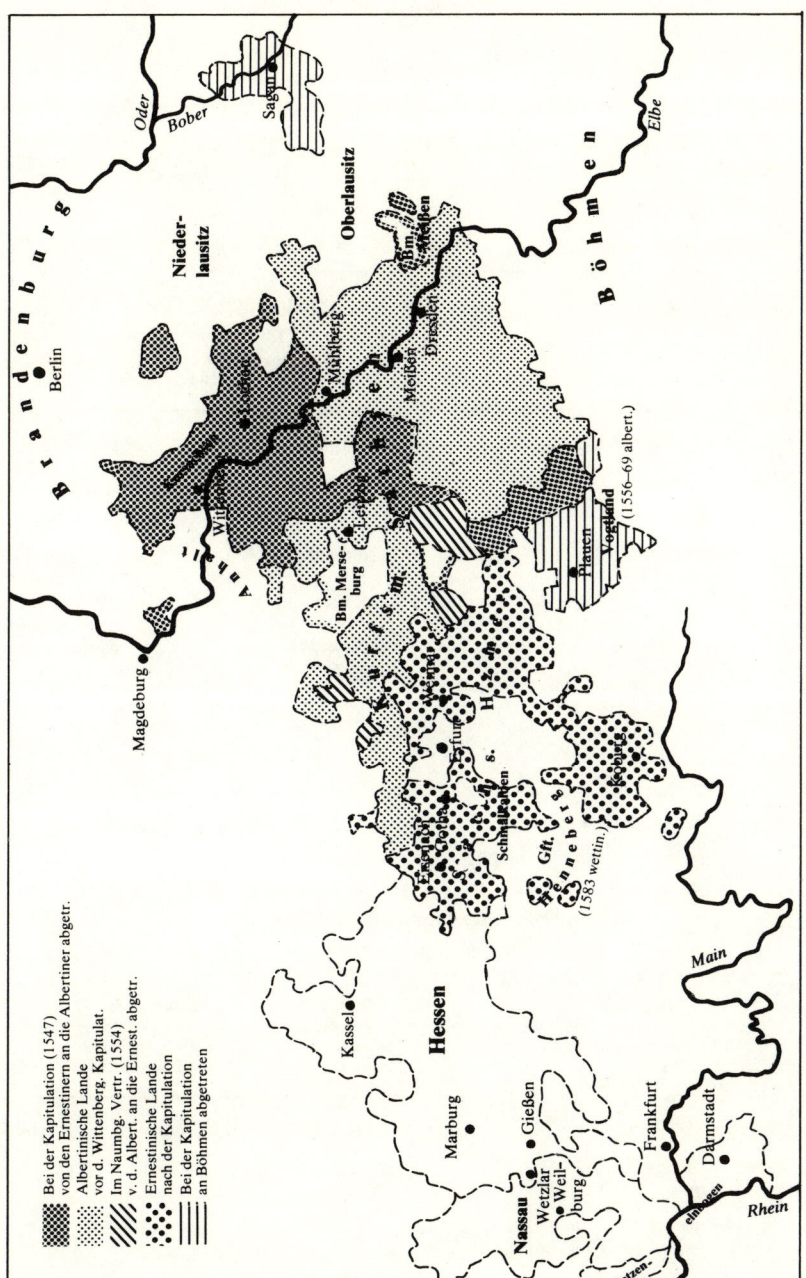

Wettinische Lande 1547 u. 1554

Bei der Kapitulation (1547)
von den Ernestinern an die Albertiner abgetr.

Albertinische Lande
vor d. Wittenberg. Kapitulat.

Im Naumbg. Vertr. (1554)
v. d. Albert. an die Ernest. abgetr.

Ernestinische Lande
nach der Kapitulation

Bei der Kapitulation
an Böhmen abgetreten

Habsburg

Maximilian I.
† 1519
Deutscher König, Kaiser

Philipp der Schöne
† 1506
∞
Juana von Kastilien-Aragon

Margarethe
† 1530

Karl V.
† 1558
Dt. Kg., Kaiser, Kg. v.
Kastilien-Aragon

Philipp II.
† 1598
Kg. v. Span. und
Portugal

Philipp III.
† 1621
Kg. v. Span. und
Portugal

Philipp IV.
† 1665
Kg. v. Span.

Ferdinand I.
† 1564
Dt. Kg., Kaiser,
Kg. v. Böhmen-Ung.

Maximilian II.
† 1576
Kaiser

Rudolph II.
† 1612
Kaiser

Matthias
† 1619
Kaiser

Ferdinand
† 1595
Erzh. v. Tirol

Ferdinand II.
† 1637
Kaiser

Ferdinand III.
† 1657

Karl
† 1590
Erzh. v. Innerösterr.

Leopold V.
† 1633
Bischof v. Passau-
Straßburg,
Erzherzog in Tirol

Hessen

Landgraf Philipp der Großmütige
† 1567

Wilhelm IV.
† 1592
Hessen-Kassel

Ludwig III.
† 1604
Oberhessen, Marburg,
Gießen

Philipp
† 1583
Nd. Katzenelnbogen,
Schotten, Stornfels

Georg I.
† 1598
Ob. Katzenelnbogen,
Hessen-Darmstadt

Moritz
† 1632

Ludwig V.
† 1626
Hess.-Darmst.

Philipp
Hess.-Butzbach
† 1634

Friedrich
† 1638
Hess.-Homburg

Wilhelm V.
† 1637

Wilhelm VI.
† 1663

Hermann
Hess.-Rotenburg
† 1658

Friedrich
Hess.-Eschwege
† 1655

Ernst
Hess.-Rheinfels

Georg II.
† 1661

Hohenzollern

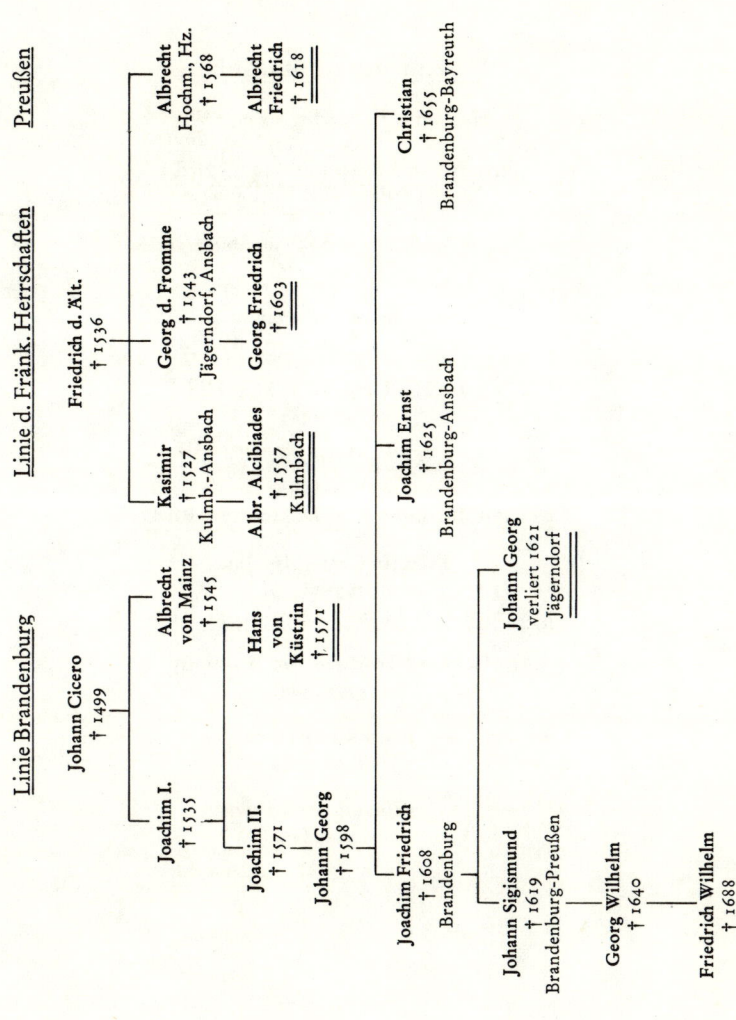

Linie Brandenburg   Linie d. Fränk. Herrschaften   Preußen

Kurfürstentum Köln

Hermann V. Reichsgraf von Wied
(1515–1547)
führt 1542 die Reformat. ein u. wird 1546
durch Kaiser Karl V. abgesetzt

Adolf III. von Schauenburg
(1547–1556)

Anton von Schauenburg
(1556–1558, Bruder Adolfs III.)

Johann Gebhard v. Mansfeld
(1558–1562)

Friedrich IV. Graf v. Wied
(1562–1567)
gewählt durch die prot. Domherren, Rücktritt

Salentin Graf v. Isenburg
(1567–1577)
gewählt durch die prot. Domherren, Rücktritt

Gebhard Truchseß von Waldburg
(1577–1583)

Ernst von Bayern
(1583–1612)

Ferdinand von Bayern
(1612–1650)

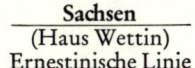

Sachsen
(Haus Wettin)
Ernestinische Linie

Ernst
Kurfürst
† 1486

Friedrich der Weise
† 1525

Johann der Beständige
† 1532

Johann Friedrich
† 1554

Johann Ernst
† 1563

Joh. Friedrich II. der Mittlere
Herzog, 1566 geächtet
† 1595

Joh. Wilhelm
Hz. † 1573
Weimar

Joh. Casimir
Coburg
† 1633

Joh. Ernst
Eisenach
† 1638

Johann
† 1605

Friedr. Wilhelm I
† 1602
Altenburg

Joh. Ernst
† 1626

Wilhelm
† 1662
Weimar

Albrecht
† 1644
Eisenach

Ernst d. Fromme
Linie Gotha
† 1675

Bernhard
† 1639

1672

Sachsen
(Haus Wettin)
Albertinische Linie

Albrecht d. Beherzte
† 1500

Georg d. Reiche
† 1539

Heinrich
† 1541

Johann
† 1537

Moritz
1547 Kurfürst v. Sachsen
† 1553

August
† 1586

Anna ∞ Wilhelm I. v. Oranien

Christian I.
† 1591

Christian II.
† 1611

Johann Georg I
† 1656

Johann Georg II.
† 1680

Haus Wittelsbach

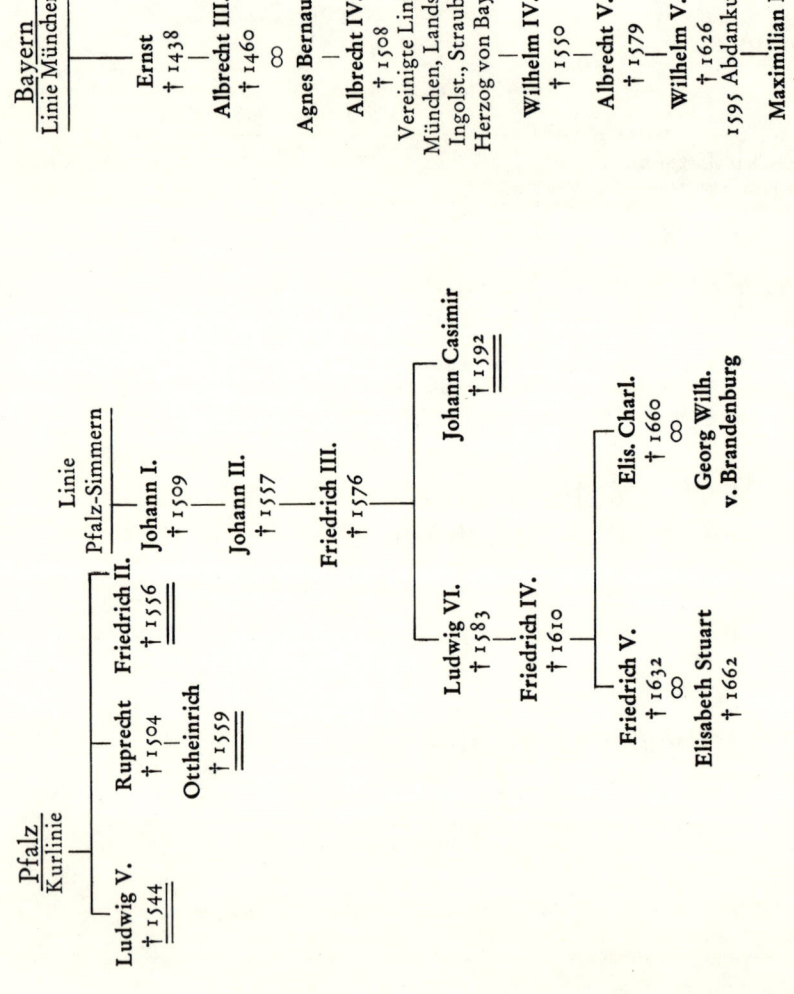

Bayern
Linie München

Ernst
† 1438

Albrecht III.
† 1460
∞
Agnes Bernauer

Albrecht IV.
† 1508
Vereinigte Linien
München, Landshut,
Ingolst., Straubing
Herzog von Bayern

Wilhelm IV.
† 1550

Albrecht V.
† 1579

Wilhelm V.
† 1626
1595 Abdankung

Maximilian I.
† 1651
Kurfürst v. Bayern

Pfalz
Kurlinie

Ludwig V.
† 1544

Ruprecht
† 1504

Friedrich II.
† 1556

Otheinrich
† 1559

Linie
Pfalz-Simmern
Johann I.
† 1509

Johann II.
† 1557

Friedrich III.
† 1576

Johann Casimir
† 1592

Ludwig VI.
† 1583

Friedrich IV.
† 1610

Friedrich V.
† 1632
∞
Elisabeth Stuart
† 1662

Elis. Charl.
† 1660
∞
Georg Wilh.
v. Brandenburg

Württemberg

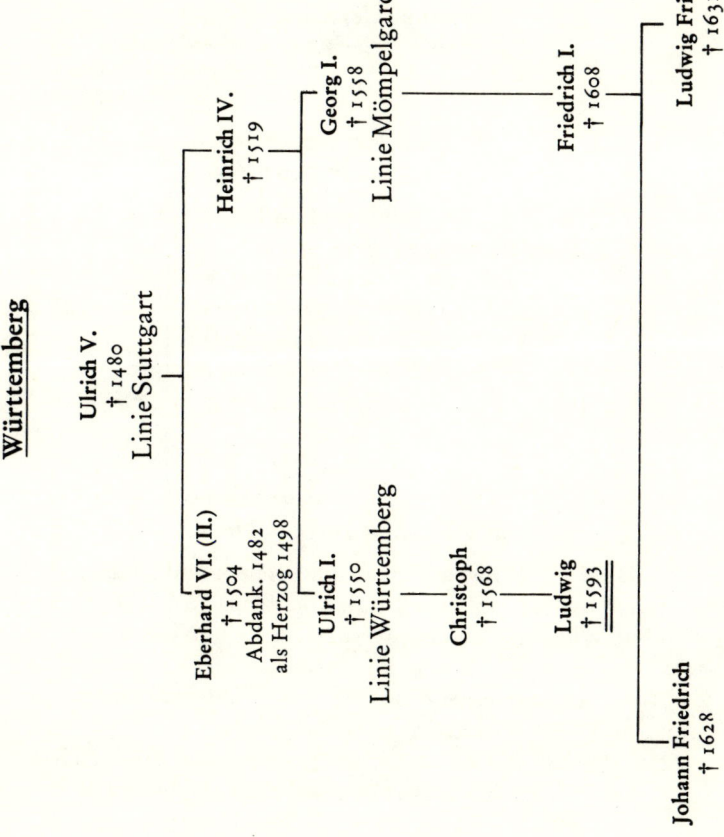

Ulrich V.
† 1480
Linie Stuttgart

Heinrich IV.
† 1519

Georg I.
† 1558
Linie Mömpelgard

Friedrich I.
† 1608

Ludwig Friedrich
† 1631

Eberhard VI. (II.)
† 1504
Abdank. 1482
als Herzog 1498

Ulrich I.
† 1550
Linie Württemberg

Christoph
† 1568

Ludwig
† 1593

Johann Friedrich
† 1628

Inhalt

CIP- Kurztitelaufnahme der Deutschen Bibliothek

Brandi, Karl:
Reformation und Gegenreformation / Karl Brandi. –
5. Aufl., unveränd. Neudr. – Frankfurt (Main):
Societäts-Verlag, 1979.
1.–4. Aufl. u. d. T.: Brandi, Karl: Deutsche
Geschichte im Zeitalter der Reformation und Gegen-
reformation.
ISBN 3-7973-0341-6

Vom gleichen Verfasser ist erschienen

Karl Brandi
Kaiser Karl V.

»Karl Brandi schildert – ein Meisterwerk pragmatischer Geschichtsschreibung – das ganze Auf und Ab im Leben dieses »Helden wider
Willen«, wie man Karl V. bezeichnen möchte. Gestützt auf ein fast un-
begreiflich anmutendes Wissen erreicht Brandis Darstellung eine mit-
unter beklemmend wirkende Dichte. Oft glaubt man, ein Zeitgenosse
Karls aus dessen unmittelbarer Umgebung sei hier mit minuziöser Ge-
nauigkeit, aber auch kritischem Urteil am Werk gewesen. Alle noch so
nebensächlichen Begebenheiten sind ihm bekannt, alle Mitwirkenden
des großen Dramas treten auf, nach Nam' und Art vorgestellt, Berichte,
Briefe, Denkschriften, Abrechnungen aus vergilbten Archiven werden
geprüft und bewertet; so ist ein Werk entstanden, das die Geschehnisse
mit allen ihren Hinter- und Untergründen gleichsam unter die Zeitlupe
nimmt.«   Rudolph Wahl

⣿	Lutheraner
⣿	Calvinisten
⣿	Mährische Brüder
⣿	Römisch-Katholische
☐	Zwinglianer

Dänemark

Holstein

P o m

Bremen

Mecklenburg

Weser

Brandenbur

Braunschw

Niederlande

Münster

Anhalt

Elbe

West-falen

K u r s a c h s e n

Köln

Hessen

Nassau

Sächs.

Fürstentümer

Rhein

Franken

Kurpfalz

Oberpfalz

Baden

Württemberg

Donau

Straßburg

Bayern

Schweiz

Salzburg

Tirol